樵川系列丛书之九

邵武历代碑铭集录

李 军　蔡忠明　傅再纯　编著

西南大学出版社
国家一级出版社　全国百佳图书出版单位

图书在版编目（CIP）数据

邵武历代碑铭集录 / 李军, 蔡忠明, 傅再纯编著
. — 重庆：西南大学出版社, 2023.10
ISBN 978-7-5697-1998-7

Ⅰ.①邵… Ⅱ.①李… ②蔡… ③傅… Ⅲ.①碑刻 –汇编 – 邵武 Ⅳ.①K877.42

中国国家版本馆CIP数据核字(2023)第186471号

邵武历代碑铭集录
SHAOWU LIDAI BEIMING JILU

李　军　蔡忠明　傅再纯　编著

选题策划：	段小佳
责任编辑：	黄　璜　段小佳
责任校对：	赖晓玥
装帧设计：	何　璐
出版发行：	西南大学出版社（原西南师范大学出版社）
地　　址：	重庆市北碚区天生路2号
邮　　编：	400715
本社网址：	http://www.xdcbs.com
网上书店：	https://xnsfdxcbs.tmall.com
印　　刷：	重庆新金雅迪艺术印刷有限公司
成品尺寸：	170mm×240 mm
印　　张：	36.25
字　　数：	614千字
版　　次：	2023年10月 第1版
印　　次：	2023年10月 第1次印刷
书　　号：	ISBN 978-7-5697-1998-7
定　　价：	128.00元

本书如有印装质量问题，请与我社市场营销部联系更换。
市场营销部电话：（023）68868624　68253705

《邵武历代碑铭集录》编辑委员会

顾　问　常建华　傅唤民

主　任　蔡忠明

副主任　兰美香　李友生　罗群荣　薛信遥　肖志平

主　编　李　军

编　委　邓东旭　丁建发　黄长迎　傅再纯　高绍萍　刘小明
　　　　杨家茂　黄承坤　段芹莉　赵云霞　周远航

序
PREFACE

　　碑铭是我国古代重要的大众传播媒介,其数量庞大、种类繁多、内容丰富,是独特的历史文化载体。古代学者历来十分重视鼎铭、碑刻的收集著录,形成了悠久的金石学传统,涌现出一大批碑铭整理名家和名著。例如宋代欧阳修编《集古录》、赵明诚编《金石录》,清人孙星衍与邢澍撰《寰宇访碑录》、王昶编《金石萃编》等,皆为典范。长期以来,史家主要看重金石碑铭对历史史料的补充功能,主张以碑铭补经史之不足,与纸本文献相互印证。

　　碑铭研究的深化得益于社会史的兴起。早在20世纪二三十年代,傅衣凌、梁方仲等学者在开创中国社会经济史研究时,便已积极从事社会调查,提倡"以民俗乡例证史,以实物碑刻证史,以民间文献(契约文书)证史"的研究路径。20世纪80年代以来,随着区域社会史、历史人类学研究的发展,"由下而上看历史"与"置社会史于地理空间"的研究理念逐渐为学界熟知。前者让研究者的视角更重视基层社会,关注民众日常生活;后者则将地域社会"视为一个复杂的、互动的、长期的历史过程的'结晶'和'缩影'"(陈春声《走向历史现场》)。由此,碑铭的收集与研究有了两大突破:一是不再只关注那些年代久远、艺术高超、文辞典雅的名家名碑,大量散见于乡野之间,并非名家手迹,反映民间生活的普通碑刻也获得重视;同时,除了碑刻正文,捐助题名、捐施金额及田土坐落等信息也受到关注。二是碑铭不再只是证经补史的资料,而成为区域史的重要史料之一,更受重视;研究者在收集和使用碑铭的同时,也将其与族谱、契约文书、诉讼文书、寺庙志、宗教科仪书、唱本、剧本、账本、书信、日记等其他民间历史文献结合起来,发掘碑铭所蕴含的历史信息,揭示碑铭所反映的历史动向。受此影响,近年来越来越多的地方碑刻得到搜集、整理和出版。郑振满师、丁荷生教授主编《福建宗教碑铭汇编》（已出版兴化府、泉州府、漳州府分册，1995—2018年），即是这方面的代表。

邵武自古便是闽西北门户、军事重镇。光绪《邵武府志·疆域》载："邵武提封六百余里，上通汀粤，近临江右，重开复键，山溪盘固，信重镇也。谚云：'一夫当关，万夫莫御。'盖亦地势有可凭者。"邵武是福建省历史文化名城，历史悠久，古迹众多，《邵武历代碑铭集录》(以下简称《集录》)的出版可为讲好邵武故事，打造历史文化名城，建设文化强市提供重要的史料支撑。在我看来，该书主要有以下三方面价值。

其一，呈现了邵武历史碑铭的总体面貌。《集录》对邵武碑铭进行系统收集和整理，收录碑铭356通，并配以187张图片，展现了邵武历史碑铭刻成年代、类型形制、存录情况、史料价值。在年代方面，《集录》覆盖了宋、元、明、清等主要历史时期。在类型方面，《集录》覆盖了碑、墓志、钟鼎、石塔、摩崖石刻等主要类型。同时，《集录》以"简跋"形式，简要说明碑铭的制作时间、刊立地点、流传情况、形制书体等，对碑铭的题署者（包括撰文、书丹、刻立人）和墓主及重大史实等进行考释，以便于读者更好地理解碑文的社会文化价值，进行更深入的研究。就此而言，该书也是一部研究闽西北历史文化的基础性工具书。

其二，为研究区域历史文化提供了重要的史料支撑。《集录》内容丰富、类型多样、时空序列明晰，对于研究各个历史时期邵武乃至闽西北地区的政治经济、社会生活、科举文化、理学文化、姓氏文化、名人文化、信仰风俗等，提供了可靠的实物证据和史料支撑。

其三，有助于推动历史文化遗产的抢救和保护。历史碑铭大多散布乡野祠庙、田间地头，由于风蚀水浸，以及一些人为的因素，不断遭到损毁，有的甚至进入文物市场流散外地。《集录》编撰团队系统地收集、整理邵武历史碑铭，不仅可以为人文社会科学研究提供宝贵的资料，还可以推动当地民间文化遗产的抢救和保护。

  我与李军博士相识近十年，知道他长期致力于闽西北民间文献的收集和区域社会史研究，孜孜不倦。近年来我一直从事明清巴蜀移民墓葬碑刻文献的整理与研究工作，陆续走访了上百个川渝市县，深知碑刻整理意义重大，也明了其中的艰辛和不易。如今李军与邵武市政协蔡忠明主席、傅再纯同志合作编著的《邵武历代碑铭集录》即将出版，我感到十分高兴。这本书不仅是编著者的研究成果，也是他们向学术界和社会公众提供的一份珍贵史料集。我期待政府部门和社会各界能更加重视对地方碑刻的保护、著录和研究，期待更多的地方碑刻集得到出版。

梁勇
2023年11月于厦门大学
（作者系厦门大学历史与文化遗产学院教授、博士生导师）

前言
PREFACE

习近平总书记指出："保护好古建筑、保护好文物就是保存历史，保存城市的文脉，保存历史文化名城无形的优良传统。"历史碑铭是一种常见的文物类型。古人为了承载信息、传递情感、表达思想，常以石质或金属材料作为书写载体，铭刻文字图案，以便公之于众、垂之久远。碑铭文物既是历史的见证、文化的载体，也是艺术的形式。它记录了中华民族、中华文明发展历程中政治、经济、社会、文化、地理、风物等多维度的、丰富的历史信息，具有很高的研究价值和文化价值。

邵武，古称昭武、武阳，别称樵川、樵阳，位于闽北山区，地处武夷山南麓，雄踞闽江上游。因介于闽浙赣三省交界地带，邵武自古以来即是他省进入福建的交通要道。宋人胡寅即言："昭武固东南名垒，扼飞猿峭石，其险足恃。自洪潭、广桂、江汉、巴蜀之有事于东瓯者，道必出此。盖瓯闽之西户也。"嘉靖《邵武府志》亦云："入闽有三道：建宁为险道，两浙之所窥也；邵武为隘道，江右之所趋也；广、漳航海为间道，奇兵之所乘也。"邵武作为闽西北重镇，号称"铁城"，具有重要的军事战略地位。

得益于交通和战略上的优越条件，邵武成为福建较早开发的区域之一。三国吴永安三年（260年），邵武即已置县。北宋初年，邵武设军，下领邵武、建宁、泰宁、光泽四县，这一行政格局一直延续至清末。邵武历史文化资源丰富，早在1999年就被评为首批福建省历史文化名城，全市共有一般文物406处，尚未列入保护单位的有数百处。

历代学者对碑铭进行了深入的研究，积累了大量的碑铭资料。清代和民国时期福建区域内的代表性成果即有（清）冯登府《闽中金石志》14卷、（清）陈棨仁《闽中金石略》15卷、（清）叶大庄《闽中金石记》、

（民国）《福建通志·金石志》30卷，可惜这些文献所录邵武碑铭仅寥寥数通。2018年，邵武市方志办编印了由邵武文史前辈傅唤民先生主编的《樵川金石刻录》，收录48通碑铭。这是傅先生从事文物保护工作多年的辛勤积累，是对邵武历史文化传承的重要贡献。然而，受条件所限，该书未能对全市范围的碑铭进行全面普查、系统收集，也未能收录大量散见于文集、族谱中的碑铭。同时，该书作为内部出版物，流通范围较小。

近年来邵武市委市政府对历史文化资源的传承与保护工作高度重视，邵武市政协专门成立了文化专班，并积极开展与高校之间的学术合作。正是在市政协的大力支持下，在编撰团队的密切协作下，《邵武历代碑铭集录》才得以在短期内顺利出版。

《邵武历代碑铭集录》共收集、著录历史碑铭356通，配图187张，近60万字。从时间上看，这些碑铭包括了疑似五代碑1通，宋碑116通，元碑12通，明碑78通，清碑142通，民国碑铭7通。就种类而言，涵盖了文告(示禁)碑、规约碑、学校碑、祠堂碑、寺庙碑、会馆碑、德政碑、诉讼碑、水利碑、亭桥碑、会社碑、赋役碑、墓志铭、买地券、摩崖题刻、钟鼎铭文等。碑铭类型多样，内容丰富，大体可归结为以下六大主题：

一、**告谕规约**。这类碑铭有26通，主要有"官府禁碑"和"乡规民约"两种。前者是由官府发布的文告和裁判文书，属官方文件，具有强制性法律效力，如《禾坪分县保障乡民种豆养鱼告示碑》《邵武县正堂断金坑高氏与黄氏坟山纠纷告示碑》；后者属民间行为，一般也得到了官府认可，如《官颁校准官斗及其碑记》《邵武县三十四都奉宪联甲碑》。两者都是通过勒石立碑的方式，长期谕示，以约束乡民的日常行为，维持地方社会的秩序。

禁约内容既有对山林和祖坟的保护，如《龚氏祖坟封山碑》《钟山禁碑》等，其初衷虽是为宣示所有权或维护风水，但客观上有利于保护山林资源，彰显环保意识；也有对赌博、溺婴、盗窃等地方恶习的禁绝，如《公议革除积弊以挽淳风碑记》《奉宪严禁烟馆赌博》《邵武府县正堂正俗碑》等；还有对地方经济事务的约定，如《朝廷国课之事》《禁止稻米外运碑》等。

二、**地方公益**。此类碑铭共56通，内容丰富多样，涵盖了众多方面。如修建官学、书院、贡院等教育文化设施（《邵武军学置庄田记》《邵武县改作学官记》《和平书院建造记》《邵武试院重修碑记》）；修造驿馆、路桥、凉亭、水利等公共工程（《樵川新驿记》《通泰桥记》《昼锦亭乐助题名碑》《邵武城西鹭鸶池筑堤记》）；修筑官署、城池、谯楼、关隘等政治军事设施（《重建府署碑记》《城西填濠记》《邵武军新建军治谯楼》《新建行春关记》）；设置社仓、育婴堂等慈善救助设施（《邵武军光泽县社仓记》《始创旧市义仓各户乐捐题名碑》《重修育婴堂记》）；褒扬官员的德政善行（《均徭记》《周方伯全城碑记》《许天宠肃伍泽民碑》）等。

涉及地方全局性的重大公共活动，一般以地方官员劝募为主导，士绅捐款捐物，积极参与。如康熙间，邵武知府魏麟征等人决定填平城内大壕沟，便先由官员倡捐，再向士绅民众募捐："乃与郡丞张公、别驾施公、邑尹严公各捐金募夫，属幕僚罗君董之。一时绅士里民咸踊跃趋事恐后，未逾月而工竣"（《城西填濠记》）。那些涉及范围更小的地方事务，则多由士绅主导，相关民众协助参与。如《澄清义仓记及田塅坐落》记录了光绪间和平镇坎头村邓源、周宗和、郑钧澄、赵廷生等乡绅，创办义仓，储谷备荒，"倡义劝捐，敛谷为资"，得到60多户乡民的响应的经过。值得注意的是，佛教徒也常是地方公益事业的发起者和参与者。如《宋安福院僧募修山路题刻》记载从北宋元祐六年（1091年）至南宋嘉定十五年（1222年）的130多年间，安福院僧人不断劝募信众出工修路之事，显示出两宋时期佛教在邵武地方社会中具有一定的影响力。

三、祠庙信仰。闽越素有"信巫尚祀"的传统，各种宗教活动频繁，民间信仰发达，宗教信仰在人们的日常生活中占有重要的地位。历史时期邵武祠庙众多，既有佛教、道教、伊斯兰教的寺院宫观，如宝林寺、玉隆观、清真寺等，也有官方建立的文庙、武庙、城隍庙，以及供奉儒家先贤的李忠定（纲）公祠、朱文公（熹）祠，更多的则是奉祀民间神明的乡村庵庙，如福善王庙、中乾庙等。

这部分的58通碑铭记录了邵武丰富多彩的宗教信仰文化，如信众捐资施田，建庙奉神（《会圣岩原记》《光源寺寺产碑》）；铸造钟鼎，祈求安宁（《惠安祠铜钟铭》《西乾宫铁钟铭文》）；以及迎神赛会，娱神娱人（《文社会记》《中乾庙游神规约》）。在种类繁多的神明崇拜中，欧阳祐崇拜较具特色。该信仰大约肇始于唐代邵武大乾乡，宋代在地方官员和士绅的推动下，进入官方祀典，成为广受乡民崇奉的地方保护神和备受士子推崇的科举神明，其信仰圈也扩及闽北全境和周边江西、浙江等地，《垆阳明应广祐王庙记》《敕赐惠应庙记》《邵武县惠应庙神增封敕》《中乾庙游神规约》等碑便是欧阳祐信仰演变、传播和融入乡村生活的实证。

四、宗族组织。此类碑铭数量最少，仅12通，但这并不意味着历史时期邵武宗族组织涣散、宗族活动衰落。相反，早在宋代，光泽乌洲李氏、邵武上官氏、五经黄氏等世家大族便已开始尝试理学的宗族实践，编修族谱、组织墓祭、聚族讲会。不过，闽北"绝大多数聚居宗族，直到清中叶以后才开始建祠堂、修族谱"（郑振满《明清福建家族组织与社会变迁》）。清乾嘉以降，邵武的庶民宗族逐渐普及，宗族碑刻记录了人们热衷于建祠堂、修族谱、订族规、置族田、办族学等敬宗收族活动，如沿山镇危家寨《合众顿析清明碑》、拿口镇加尚村傅氏《秉艺公享祠记》、大埠岗镇《傅氏蒙塾义田序》所记。那么为何宗族类碑铭偏少呢？我们认为原因可能有三：其一，邵武本地缺乏优质的碑石资源，立碑刻石的成本较高，对于普通庶民家族而言可能是一笔不小的负担；其二，清代包括邵武在内的闽西北地区刻书业发达，家谱编修与刊刻之风盛行，人们习惯将谱序、祠记、族规家训、族产，乃至家族纠纷裁定文书等材料，以纸本文献的形式编入族谱，传诸后世；其三，不少宗族碑铭可能已在历次战乱、火灾、政治运动中遭到毁坏。

五、风景名胜。这类碑铭共有16通，大多为文人雅士缔造的文化结晶。如《宋石笋诗刻》《邵武城北仓山宋明石刻》《六虚亭柱石题诗》是士人雅集游乐的吟咏唱和与寄情山水时的即兴题刻；《味道堂记》《云风台记》《弘斋记》则是士人对书斋、园宅等日常生活与创作空间的精神性建构；《谢坊绣溪石刻》《双台峰碑文》《桂林乡横坑村题刻》表现了士绅塑造乡里文化景观的努力。

六、墓志地券。这类碑铭包括墓志、圹志、买地券、神道碑、墓表、墓界碑、塔铭等，有188通之多，约占本书碑铭数的53%。其中，年代最早的《王氏石铭》，疑似制作于后唐清泰三年（936年）；宋代墓志地券93通，几乎占此类碑铭数的一半；明代墓志37通；清代墓志54通。宋明时期，邵武官宦缙绅之家随葬墓志之风盛行，墓志石常与墓志盖配合。志盖一般刻朝代、官名和墓主姓氏。志石通常刻志文和铭辞。志文多用散文，记载墓主的姓名、籍贯、家世、生平事迹、婚配子嗣、卒葬年月、埋葬地址等。铭辞多为韵文，为概括墓主事迹以及表达赞颂、慰念之辞。

本书所录墓志，有的墓主为显宦名流，如北宋状元、官至吏部侍郎叶祖洽的《叶祖洽墓铭》，北宋状元、官至参知政事邹应龙的《故少保大资政枢密参政邹公圹志》，南宋抗蒙名将杜杲的《宋吏部尚书龙学光禄赠开府杜公之墓》。有的出自硕彦名儒之手，如《高公墓志铭》《宋故夫人上官氏墓志铭》撰文兼书丹人为北宋邵武籍榜眼、仕至监察御史的上官均；《宋故邵武黄君墓志铭》撰文人是官至尚书右丞的黄履，书丹并篆盖人系北宋文字学家、书学理论家黄伯思；《何叔京墓碣铭》《夫人吕氏墓志铭》《金紫光禄大夫黄公墓志铭》等11通墓志皆由理学宗师朱熹所撰。本书还收录大量女性墓志，就身份而言，既有官宦士庶之家女性，也有节妇、烈妇及妾室、在室女等身份特殊的女性，还有宋代宗室女、明清商人妇等群体。

《邵武历代碑铭集录》既是对邵武市范围碑铭文献的系统梳理、著录，也为系统认识邵武传统社会、传承优秀历史文化、促进区域历史文化深入研究提供了可信的史料支撑。本书的学术价值和现实意义主要体现在以下三方面：

一、具有弥足珍贵的历史文献价值。碑铭文献时代性强、地域性强、保存性久，能够为史学研究提供真实可靠的第一手资料，具有十分重要的文献价值。尽管邵武历史文化悠久，然而其传世文献记载并不丰富。《邵武历代碑铭集录》在一定程度上扩充了邵武历史文献内容。全书所录356通碑铭，包括存世碑铭152通、从族谱中辑录碑铭68通，当中绝大多数系首次公开刊布。此外，我们还从文集、方志、今人论著中辑录了136通实物已佚碑铭，以求最大限度地保存邵武碑铭资料的历史信息。有些碑铭收入各种地方志、文集，我们也予以注明，并首选可靠的版本与实物进行对校。同时，每篇碑铭之后以"简跋"形式，对碑铭的制作时间、留存情况、形制特征、题署者和墓主等背景信息作简要说明，以便于读者更好地理解碑文的社会文化价值，进行更深入的研究。

二、有助于揭示邵武地域社会结构的历史过程。尽管在三国时期邵武既已置县，但在此后数百年间仍属"化外之地"。北宋初年，邵武设军，文教事业得到发展，儒家礼仪开始普及，士人群体逐渐孕育形成。文化教育与风景名胜类碑刻及士人墓志在宋代的大量出现，正是这一历史进程的真实写照。明清乡绅成为邵武地方社会的重要力量，在基层秩序、祠庙信仰、地方公益、宗族建设方面扮演了主导角色，留下了类型多样的碑铭资料。我们可以通过对碑铭的综合分析，考察邵武地域社会的结构过程，特别关注碑铭与地方社会、普通民众、日常生活的关系，深化对闽西北地方社会文化的认识。

三、有利于加强历史碑铭的抢救和保护，传承历史文脉。碑铭是不可再生的历史文化资源，深刻认识其历史文化价值，更为妥善地保护碑铭、整理碑铭文献，对于尊重历史、传承文化、学术研究、发展旅游事业等具有重要意义。在急速的现代化进程中，大量碑铭或受风吹、雨淋、日晒等自然侵蚀，风化严重；或遭人为破坏、盗卖、掩藏，趋于消失。

历史碑铭的保存现状不容乐观。我们期待本书的出版能够助力地方碑铭的抢救和保护，流布利用珍贵资料；同时，希望能够借此引起各界对地方碑铭保护的更多关注与重视，让普通民众知晓保护碑铭文化资源对于传承优秀历史文化遗产的重要意义。

李军

2023 年 11 月记于西南大学宓园

凡 例
EXPLANATORY

一、本书收录1949年以前刊刻的邵武碑铭356通。地域范围，以今福建省邵武市的行政区划为重点。同时，参酌明清时期邵武府行政建制适当张弛，对于府属泰宁县、光泽县与建宁县，乃至个别与邵武密切相关的外地碑刻，酌情收录。碑铭中常以昭武、武阳、樵川、樵阳等别称指代邵武。

二、本书碑铭种类包括：告谕碑、禁约碑、亭桥碑、护林碑、祠堂碑、宫庙碑、神位碑、墓志铭、神道碑、墓表、塔铭、买地券、摩崖题刻、钟鼎铭文等。本书依据碑铭内容主题，大致划为：告谕规约、地方公益、祠庙信仰、宗族组织、风景名胜、墓志地券六大部分。每部分以朝代、年号、年、月先后为序。年代一般根据刻石、立石时间，墓志一般根据葬年，无葬年者据卒年，年代不详者，列于各部分之末。

三、本书碑铭录自实物或拓片、照片，以及地方志、族谱、金石集、文集等，数据源见文后简跋。若原文见诸多种文献，则取其内容较详或生成较早者，参校其余版本；若实物或拓片尚存，概以实物或拓片为准，缺损漫漶处再参校文献。

四、本书录文采用规范的简体字和新式标点符号，对碑铭试作断句、标点、分段。除人名、地名等专用名词外，凡不规范的异体字、缺笔避讳字一律径改，对于表示数值的俗体字予以保留；原文中出于书写格式和避讳等需要的空格、换行等，不予保留；凡原文有错字、别字、原注，均以（ ）号标明之；对原文酌补文字以〔 〕表示；原文破损缺漏或字迹不清者，以口号代之，缺字数量不明者以■表示，日期数字空缺未刻以空格表示。

五、凡原文有明显误刻的讹字、别字、脱字、衍字、倒文，或图版不明或残缺时，本书尽量校勘，并以页下注的形式说明。

六、本书以"简跋"形式，简要说明碑铭的刊立时间或成文时间、出土时间地点、现藏地点、流传情况、石刻尺寸与书体等；对碑铭的题署者（包括撰文、书丹、刻立人）和墓主等进行集中梳理，重点对人物名讳、籍贯、科第出身、人物关系、重大史实等词句进行必要的、简略的考释，以揭示该碑铭的史料价值，突出其对于邵武地区产生的历史文化作用。

目录
CONTENTS

序 1

前言 1

凡例 1

第一章　告谕规约 1

瓯粤铭（绍兴二年）... 2

西塔禁碑记（崇祯九年）... 3

龚氏祖坟封山碑（雍正三年）................................... 4

官颁校准石斗铭文（雍正十年）................................ 5

官颁校准官斗及其碑记（嘉庆七年）......................... 5

清邵武县正堂断金坑高氏与黄氏坟山纠纷告示碑（嘉庆二年）...... 7

朝廷国课之事（嘉庆十六年）................................... 7

泰宁县奉宪联甲碑（道光十五年）............................. 9

邵武县三十四都奉宪联甲碑（道光二十一年）............ 12

旧市街管理碑（道光三年）..................................... 14

黄族禁碑（道光十七年）....................................... 14

李氏禁条（道光二十六年）..................................... 15

公禁鸭子往来（道光二十六年）............................... 16

西濠禁碑（咸丰四年）.. 17

公议革除积弊以挽淳风碑记（同治四年）.................. 18

禾坪分县保障乡民种豆养鱼告示碑（同治七年）........ 20

清邵武县正堂断何氏与邹氏宝林寺坟山纠纷告示碑（光绪四年）22
钟山禁碑（光绪十七年）23
天成岩禁碑（光绪十八年）24
奉宪严禁烟馆赌博（光绪二十六年）24
邵武府正堂正俗碑（光绪三十年）25
邵武府县正堂正俗碑（宣统元年）26
邵武县知事断官廖两姓土地纠纷碑（民国八年）28
和平狮形山护林碑（明清至民国）30
禁止稻米外运碑（清中后期）31
来龙水口社坛庵堂志（民国时期）31

第二章　地方公益 33

邵武军学置庄田记（庆历七年）34
宋安福院僧募修山路题刻（元祐六年；嘉定十五年）35
泮宫纪事（绍兴八年）36
邵武军光泽县社仓记（绍熙四年）37
邵武军新建军治谯楼（绍定四年）38
新作大成殿记（至元二十年）39
樵川新驿记（至元二十三年）40
邵武县学复田记（元统二年）41
樵溪书院记（至元六年）42
重建文庙记（至正十年）43
克复城池记（至正十二年）44
均徭记（至正十六年）46

通泰桥记（天顺五年）……47

邵武城西南石枧修筑记（弘治十二年）……48

重建卷峰桥记（弘治十四年）……49

邵武县学尊经阁记（弘治十五年）……49

邵武县改作学宫记（嘉靖二十年）……50

重建邵武学记（隆庆四年）……53

重建府学记（万历三十年）……54

长春桥记（万历三十一年）……54

尊经阁记（万历三十三年）……55

建城堡上寿记（万历三十三年）……56

重修学宫记（万历三十七年）……58

步云桥记（明万历间）……59

邵武城西鹭鸶池筑堤记（明万历间）……59

邵武城西南石枧重修记（崇祯十年）……60

重建溪桥捐赀题名碑（明后期）……61

周方伯全城碑记（顺治六年）……63

撤兵记（顺治十三年）……64

许天宠肃伍泽民碑（顺治十四年）……65

重建邵武府学记（康熙十九年）……66

城西填濠记（康熙四十八年）……66

新建龙桥记（康熙五十八年）……67

邵武城西南石枧复修记（乾隆九年）……69

深复地基记（乾隆十三年）……70

南桥碑记（乾隆二十年）……71

和平书院建造记（乾隆三十四年） …………………………………… 72

拨仁寿寺田租记（乾隆三十五年） …………………………………… 73

捐助正音书院膏火记（乾隆四十七年） ……………………………… 74

重修育婴堂记（道光六年） …………………………………………… 75

小西门桥捐赀田塅（道光十年） ……………………………………… 76

曹侯德政碑（道光十九年） …………………………………………… 77

建桥缘碑（道光二十七年） …………………………………………… 78

邵武试院重修碑记（道光二十七年） ………………………………… 79

新建射圃记（道光三十年） …………………………………………… 81

刊刻捐充贡院岁修经费碑记（咸丰元年） …………………………… 82

新建行春关记（咸丰三年） …………………………………………… 83

昼锦亭乐助题名碑（咸丰六年） ……………………………………… 84

重修学宫记（咸丰十一年） …………………………………………… 86

重建邵武县学记（同治十年） ………………………………………… 87

始创旧市义仓各户乐捐题名碑（光绪十四年） ……………………… 88

重建府署碑记（光绪元年） …………………………………………… 90

澄清义仓记及田塅坐落（光绪三十三年） …………………………… 91

和平西门斗井碑（民国七年） ………………………………………… 93

迎春亭碑记（民国十五年） …………………………………………… 94

新建中宇桥碑（民国三十五年） ……………………………………… 95

第三章　祠庙信仰 …………………………………………… 97

宝林寺记（元符三年） ………………………………………………… 98

丰应庙碑（政和元年） ………………………………………………… 99

邵武军泰宁县瑞光岩丹霞禅院记（绍兴元年）..................100
庐阳明应广祐王庙记（绍兴二年）..................102
大乾祠香炉铭并序（淳熙六年）..................104
邵武军学丞相陇西李公祠记（淳熙十三年）..................104
弥陀会记（庆元五年）..................106
敕赐惠应庙记（嘉定十六年）..................108
邵武县惠应庙神增封敕（宝祐元年）..................110
惠应庙神妻及子妇增封敕（宝祐元年）..................112
题大乾庙壁（至元三十一年）..................113
社稷坛碑记（大德四年）..................114
灵峰寺重兴石碑记（宣德六年）..................115
重建丞相太师忠定李公祠记（正统六年）..................116
玉云庵砧基记（景泰六年）..................119
改建李忠定公祠记（成化七年）..................120
会圣岩原记（成化十八年）..................121
惠安祠铜钟铭（弘治十一年）..................122
忠定公祠堂祭田记（正德十一年）..................124
忠定公祠田记（嘉靖二年）..................125
刘忠烈祠记（嘉靖二年）..................126
朱文公祠记（嘉靖二年）..................127
福民祠记（隆庆五年）..................128
邵武会馆创始志（万历三十四年）..................128
留仙峰供佛香座（万历三十六年）..................130
重建万灵峰记（万历四十七年）..................131

留仙峰（天启五年） 133

文社会记（崇祯十一年） 133

鼎创金轮堂碑记（崇祯十一年） 134

感应城隍庙记（明代） 136

新丰寺造天井记（隆武元年） 137

邵武诗话楼碑记（顺治九年） 138

重修朱文公祠记（康熙初年） 139

重修建保泰院碑记（康熙三年） 141

忠定公祠序（康熙二十二年） 142

重建忠定公祠碑文（康熙二十二年） 143

守忠定公祠志（康熙二十九年） 144

旧市街董家坪仙母碑志（康熙三十五年） 145

清邵武县正堂断长明庵山场纠纷碑（乾隆二十六年） 146

光源寺寺产碑（乾隆二十八年） 147

观星山三仙真君神位碑（乾隆三十八年） 150

圆通寺碑（乾隆四十三年） 151

玉隆观记（乾隆四十三年） 153

重建化乾庙碑记（乾隆四十九年） 154

西乾宫铁钟铭文（嘉庆十三年） 155

重建祥云庵记（道光元年） 156

增口祠碑（道光十三年） 157

莲花庵乐助碑（道光十四年） 158

中乾庙游神规约（道光十五年） 160

北京延邵纸商会馆碑（道光十六年） 162

云谷庵石碑记（道光二十九年）……163

建宁县南乡长吉保铁钟铭文（咸丰五年）……164

新建厉坛碑序（同治七年）……165

真君观山场地名坐落碑（同治五年）……165

重修捐缘碑（光绪元年）……167

慈云庵志（光绪十年）……168

兴仁社（嘉庆十七年）……169

灵仙观（民国三十三年）……170

第四章　宗族组织……173

西山祠堂记（万历二十九年）……174

肖家坊黎大中墓碑（乾隆十九年）……175

笃亲堂（乾隆二十一年）……176

合众顿析清明碑（嘉庆十四年）……178

黄府君祠堂碑（嘉庆二十四年）……179

鼎建吴氏瑾公宗祠碑记（道光四年）……180

傅氏义塾序（一）（道光十年）……182

傅氏义塾序（二）（道光十年）……182

傅氏义塾序（三）（道光十年）……183

傅氏蒙塾义田序（道光十年）……184

秉艺公享祠记（道光十二年）……186

新建家庙记（光绪九年）……187

第五章　风景名胜 191

　　宋石笋诗刻（熙宁五年） 192

　　石岐山石刻（绍兴十一年） 192

　　吏隐堂铭（绍兴末年） 193

　　谢坊绣溪石刻（南宋初期） 193

　　味道堂记（乾道九年） 194

　　云风台记（淳熙七年） 195

　　翠微阁记（至正年间） 197

　　醒翁亭记（正德元年） 197

　　弘斋记（嘉靖八年） 199

　　邵武城北仓山宋明石刻（宋明时期） 200

　　灵杰塔修建记（明万历间） 200

　　聚奎塔门额（天启元年） 201

　　双台峰碑文（明末清初） 202

　　桂林乡横坑村题刻（乾隆十年） 203

　　天成岩江氏山庄摩崖题刻（道光十四年） 204

　　六虚亭柱石题诗（清道光间） 205

第六章　墓志地券 207

　　王氏石铭（清泰三年） 208

　　宋故处士虞君墓志铭并序（嘉祐五年） 208

　　上官氏墓志（熙宁八年） 210

　　宋俞七娘买地券（元丰六年） 211

　　宋故处士李君妻黄氏夫人墓志铭并序（元丰八年） 212

宋故邹氏墓志铭并序（元祐四年）......214
宋故承议郎宋君墓志铭（元祐八年）......216
高公墓志铭（元祐八年）......218
宋沛国先生夫人墓志铭（绍圣二年）......220
尚书都官员外郎高君墓志铭（绍圣四年）......222
宋故夫人上官氏墓志铭（元符二年）......223
宋故徐君中美墓志铭（元符三年）......225
宋故邵武黄君墓志铭（建中靖国元年）......227
宋尚书右丞墓志盖（建中靖国元年）......229
邹尧叟墓志铭（大观元年）......229
宋承议郎吴君墓志铭（大观二年）......231
孙龙图墓志铭（大观三年）......234
宋故朱府君墓志铭（政和元年）......238
宋故承议郎朱君墓志铭（政和元年）......240
宋正奉大夫上官公神道碑铭（政和四年）......242
宋故旌德县君梁夫人墓志铭并序（政和年间）......247
叶祖洽墓志铭（政和八年）......248
宋故朝请郎朱公墓志铭（宣和元年）......249
宋故李修撰墓志铭（宣和四年）......251
令人吴氏墓志铭（宣和四年）......256
宋故龙图张公夫人黄氏墓志铭（宣和四年）......258
莫中奉墓志铭（宣和五年）......261
李公之墓（靖康元年）......263
故秘书省秘书郎黄公墓志铭（绍兴五年）......264

宋故右朝请郎上官公墓志铭（绍兴十年）..................267

宋故左中大夫直秘阁致仕黄公墓志铭（绍兴十年）..........269

有宋李氏墓志（绍兴二十五年）..........................273

故右朝奉郎通判筠州黄公墓志铭（绍兴二十七年）..........274

宋故右承务郎致仕高公墓志铭（绍兴三十一年）............276

右通直郎知袁州万载县杜君墓志铭（乾道七年）............278

何叔京墓碣铭（淳熙二年）..............................280

知县何公圹志（淳熙四年）..............................282

宋故居士李公之墓（淳熙四年）..........................282

荣国太夫人上官氏墓志铭（淳熙五年）....................284

夫人吕氏墓志铭（淳熙五年）............................286

建安郡夫人游氏墓志铭（淳熙五年）......................287

金紫光禄大夫黄公墓志铭（淳熙六年）....................288

特奏名李公墓志铭（淳熙六年）..........................290

武经大夫赵公墓志铭（淳熙六年）........................292

有宋江夏郡侯夫人詹氏墓志（淳熙七年）..................294

宋故端明殿学士黄公墓志铭（淳熙八年）..................295

金华游玠母陈氏墓志铭（淳熙八年）......................301

宋故孺人李氏墓志（淳熙八年）..........................302

宜人王氏墓志铭（淳熙十年）............................304

西山先生李公墓表（淳熙十二年）........................305

赣州赵使君墓碣铭（淳熙十二年）........................307

宋严君朝兴茔（淳熙十三年）............................309

朝议大夫致仕赠光禄大夫黄公神道碑铭（淳熙十五年）......310

宋故孺人黄氏埋铭（淳熙十六年）	314
南宋何氏墓志（绍熙三年）	315
宋故太夫人满氏圹铭（绍熙四年）	317
有宋江东常平提干平甫黄公墓铭（庆元三年）	318
中大夫秘阁修撰赐紫金鱼袋赵君善俊神道碑（庆元五年）	319
宋故括苍通守大夫杜公圹铭（庆元六年）	323
田公暨廖氏合葬墓碑（嘉泰元年）	325
澹轩李君吕墓志铭（嘉泰三年）	326
宋黄永存墓志（嘉泰四年）	328
宋杜仁达墓志（开禧二年）	332
宋杜仁达妻余氏墓志（开禧二年）	333
宋故张三十八府君圹记（开禧三年）	334
宋李妙缘墓志（嘉定元年）	335
有宋沛国十五府君朱公墓志（嘉定元年）	336
宋黄念三娘买地券（嘉定二年）	338
有宋衡阳主薄赵君之墓（嘉定二年）	339
杜郎中墓志铭（嘉定三年）	340
有宋上官君之夫人朱氏墓志（嘉定六年）	342
宋故令人伍氏之墓（嘉定八年）	344
故中大夫提举武夷山冲佑观祥符县开国男赵公墓志铭（嘉定十年）	346
宋赵善恭墓志（嘉定十年）	348
宋故玉牒赵氏墓志（嘉定十年）	351
宋始兴郡守黄公墓志（嘉定十一年）	352

宋司农少卿黄公墓志（嘉定十二年）......354

宋黄道成墓志（嘉定十四年）......355

有宋中奉大夫知郡太博开国黄公圹志（宝庆三年）......357

有宋湖南提举户部黄公圹志（绍定五年）......361

宋诸王孙百三贡士墓志（端平三年）......363

故少保大资政枢密参政邹公圹志（淳祐五年）......364

宋故奉议赵公墓志（淳祐六年）......368

杜尚书神道碑（淳祐八年）......370

宋吏部尚书龙学光禄赠开府杜公之墓（淳祐八年）......378

有宋朝奉大夫南安太守赵公墓志（淳祐九年）......380

有宋象州阳寿县令萧公圹志（宝祐三年）......382

制置杜大卿墓志铭（景定二年）......383

宋故贡士赵公墓志（景定五年）......390

有宋三益居士黄公墓志（咸淳元年）......391

宋提举参谋开国谢公墓志铭（咸淳三年）......392

宋庐州舒城县尉制议谢公墓志铭（咸淳五年）......396

元提举张汉卿墓志铭（至正九年）......398

元故奉训大夫湖广等处儒学提举黄公墓碑铭并序（至正九年）......400

故明威将军邵武卫指挥佥事胡公墓志（永乐二年）......402

正议大夫资治尹户部右侍郎吴公墓碑（正统九年）......403

户部右侍郎吴公墓志铭（正统九年）......405

安人陈氏墓志铭（正统十年）......406

明龚文清敕命碑（景泰六年）......408

明陈氏诰命碑（景泰六年；天顺三年）......409

都察院右副都御史陈公墓道碑铭（成化六年）..................410

明故将仕佐郎梅坡李先生墓铭（成化二十一年）..................412

明故赠孺人谢母戴氏墓志铭（成化二十一年）..................414

明故寿官徐公墓志铭（嘉靖七年）..................417

诰封昭信校尉百户文堂何公墓志铭（嘉靖二十二年）..................418

明故显妣朱氏老孺人墓志铭（嘉靖二十七年）..................420

明故谢母余孺人墓志铭（嘉靖三十六年）..................421

明故如山龚翁墓志铭（嘉靖四十二年）..................423

敬斋傅君墓志铭（隆庆三年）..................425

明故助教怀莲谢公墓表（隆庆六年）..................427

故迪功郎南滨黄公钟氏孺人合葬墓志铭（万历五年）..................429

明故李母魏氏太孺人墓志铭（万历七年）..................431

明故饶母张氏老孺人墓志铭（万历九年）..................432

明故妣吴母官氏孺人墓志铭（万历十年）..................434

明故徐母杜氏孺人墓志铭（万历十一年）..................436

明任母廖孺人墓志铭（万历二十二年）..................438

故江公梅泉先生墓志铭记（万历二十六年）..................440

明故东泉黄处士墓志（万历三十年）..................442

明故处士玉阳杜公同母郑氏老孺人合葬墓志铭（万历三十六年）..................444

吴氏老孺人墓志铭（万历三十八年）..................445

宋儒何镐墓界碑（万历四十一年）..................446

明太学龙见陈公墓志铭（天启三年）..................448

明中宪大夫太仆寺少卿崇祀乡贤完素江公墓志铭（崇祯元年）..................450

明故七十八显妣张母饶氏孺人墓志（崇祯八年）..................455

明显考太学龙见府君暨妣施氏孺人合葬志（崇祯十年）..........456

明进士陈之美母墓志铭（崇祯十年）..........457

萧孺人墓志铭（崇祯十一年）..........459

明黄正忠墓志铭（崇祯十三年）..........460

故王母曾氏奶奶四孺人墓志铭记（崇祯十五年）..........462

明赐进士光禄大夫勋柱国少保兼太子太师协理京营戎政兵部尚书二白李公暨元配累诰封一品夫人江氏合葬墓志铭（崇祯十六年）.464

霖宰公墓志铭（永历十五年）..........471

长明庵慧日和尚墓塔铭（康熙十三年）..........473

吴孺人墓志（康熙四十年）..........474

待诰封八十寿母陈太君老孺人暨李淑人合葬墓志铭（康熙五十五年）475

启元先生墓铭（康熙六十一年）..........477

皇清敕封孺人黄母王老太君墓志铭（乾隆四年）..........478

显考屏玉公暨旌表先妣黄太君合葬墓志铭（乾隆五年）..........480

李母聂太安人暨何安人墓志铭（乾隆六年）..........481

长明庵照阶和尚墓塔铭（乾隆八年）..........483

皇清赐进士第例赠奉政大夫江南苏州府太湖同知黄公墓志铭（乾隆十四年）..........484

协和公墓志铭（乾隆二十三年）..........485

清某孺人墓志（乾隆二十四年）..........486

皇清岁进士竹园朱先生墓志铭（乾隆二十五年）..........488

范孺人墓志铭（嘉庆十一年）..........490

清李泽娘夫妻合葬墓志（嘉庆十一年）..........491

若愚李公墓志铭（嘉庆十二年）..........491

皇清待赠显妣傅母吴太君墓志铭（嘉庆十六年）......492

皇清诰赠奉直大夫刑部奉天司员外郎龚公墓志铭（嘉庆十七年）493

待诰赠显考太学生秉艺傅府君墓志铭（嘉庆二十一年）......496

奇玉公墓志（嘉庆二十二年）......496

君用公墓志铭（嘉庆二十二年）......497

克明公墓志铭（嘉庆二十二年）......498

云从公墓志（嘉庆二十二年）......499

其佩黄先生墓志铭（嘉庆二十四年）......500

清饶宗本暨张氏合葬墓志（道光三年）......501

清太学生饶宗本暨张氏合葬墓志（道光三年）......504

吴府世伯惟臣老先生大人墓志铭（道光七年）......505

皇清诰授奉直大夫显考南轩君墓志（道光十一年）......506

皇清太学生廷扬傅先生墓志铭（道光十一年）......507

皇清太学生德馨傅府君墓志铭（道光十五年）......509

清故显考素轩葛府君暨显妣江孺人合葬墓志（道光十五年）......510

博野县知县何君墓表（道光十五年）......512

半耕萧先生墓志铭（道光二十年）......513

广平府知府杨君墓志铭（道光二十六年）......514

诰授朝议大夫前直隶广平府知府杨公墓表（道光二十六年）......516

邑庠生松轩廖姻翁先生墓志铭（咸丰元年）......518

先祖母黄老太君墓表（咸丰元年）......519

先孺人李君墓表（咸丰元年）......520

亡妻赵孺人墓志铭（咸丰元年）......522

亡妻曾孺人墓志铭（咸丰元年）......523

诰赠中宪大夫萧柳溪公碑记（咸丰七年）..................524
皇清待诰赠例授修职郎显考文轩黄公墓志铭（同治四年）........525
候选同知琼斋公墓志铭（同治六年）..................526
诰赠奉政大夫貤封文林郎勤斋萧公墓志铭（同治七年）..........528
文学卓峰姻翁墓志（同治十年）..................530
诰封奉直大夫岐山府君墓志铭（同治十一年）..................531
光瑾公墓表（光绪四年）..................533
邑庠生瑞堂公墓铭（光绪八年）..................534
诰封奉直大夫光琚墓表（光绪十四年）..................535
岳母徐太孺人墓表（光绪十四年）..................536
子正公德配陈孺人墓铭（光绪十四年）..................537
太学生晴岚李公墓表（光绪十四年）..................538
直隶州分州香泉李公墓表（光绪十五年）..................539
则堂公墓志铭（宣统元年）..................540
苏州府知府杨公墓志铭（清中期）..................541
李母吴宜人墓志铭（民国六年）..................542

后记..................545

第一章

告谕规约

瓯粤铭

(绍兴二年)

建炎四年秋，瓯贼范汝为啸聚回源。统制官李捧帅师轻进而没。朝廷遣官招抚，乃请留屯万人。贼势益张，陵轹郡县，莫敢谁何。群盗歙艳，环视蜂起。绍兴改元之冬，遂据建城以叛。部勒党与，焚掠诸邑，破邵武，犯南剑，气焰炽甚。福帅程迈以闻，上命左中大夫、参知政事孟庾为宣抚使，检校少师、武成感德军节度使韩世忠副之。使总神武兵步骑三万，水陆并进。既次近境，贼犹抗拒。屡战屡捷，径薄城下，犹负固不服，攻围累日，乃始克之。仰体仁圣好生之德，宽释胁从，老稚士女，安堵如故。剿殄贼党以巨万计，分遣偏师扫荡巢穴，余盗以次讨定，一方粗宁。

唯瓯粤为天下至险，其民尚气而好斗，胁以盗威，失其常产，相挺为乱，自相屠戮劫掠，不可胜数。及王师削平，其徒尽歼，诛杀之惨，必有所政，非偶然也。议者谓愚民不知逆顺之势，因循至此。而释氏之流，则谓瓯俗生子，仅留一二，余悉溺之，二百年间，所杀几何，因果报应，理固宜然。二说虽殊，实相表里，原其不明君臣之义，盖缘不笃父子之恩。孝慈忠义，本由一心，更无别法。平居于父子之间，无非虎狼之心，则临变故之际，责其守节不为乱，岂可得哉！乐羊食子之羹，而文侯疑之；易牙杀子以适君，而管仲非之。于所厚者薄，则无所不薄，因果报应，又不论也。避地闽中，具见始末，欲以药石之言，明著劝戒，稍革其风，乃作铭曰：

人之大伦，惟君与臣。尊卑既定，其谁敢干？闺门之内，父子天属。德唯怙恃，恩在鞠育。为父戕子，为臣叛君。逆道悖理，何以为人？鬼神所诛，天地不祐。刀兵剿屠，其孰能救？相彼瓯粤，民俗剽悍。负气尚勇，轻生喜乱。巨盗挺之，蜂附蚁从。曾未期年，同恶内讧。王师之来，如雷如霆。讨叛舍服，千里震惊。锋猬斧螳，犹敢旅拒。转战逐北，婴城自固。怒其觳觫，以抗乔岳。翘其萌芽，以傲霜雹。肥牛偾豚，一举碎之。宥彼胁从，剪其鲸鲵。凶徒逆俦，尸相枕藉。天威所临，敢有违者？君臣以义，父子以恩。克笃父子，乃明君臣。咨尔瓯民，自今以往，爱育子孙，尊君亲上；焚尔甲胄，折尔戈兵；服勤耒耜，以保尔生；

孝慈以忠，砥砺名节。勒铭山阿，敢告耆耋。

【简跋】

此碑未见，碑文录自《李纲全集》卷一四二[1]，又见嘉靖《邵武府志》卷十、民国《福建通志》卷二六《金石志》。弘治《八闽通志》卷七五《寺观》记载福州府闽县报恩光孝寺"有李纲所撰《瓯粤铭》"[2]；民国《福建通志》转引雍正《福建通志》云"刻在建安，又有一刻在福州"。可见昔日建安（今建瓯）和闽县（今闽侯县）都有题刻此铭。碑铭未有落款时间，《宋李天纪先生纲年谱》将其系于绍兴元年[3]，误。绍兴元年（1131年）十月，范汝为占据建州城，分兵攻邵武军、光泽县、南剑州等地。次年正月，宋廷派韩世忠军攻克建州，平定变乱。碑铭提及此事，故可推断此碑当刊于绍兴二年（1132年）。撰文人李纲，字伯纪，号梁溪，谥忠定，邵武人，南宋名臣，官至尚书左仆射兼门下侍郎。《宋史》卷三五八有传。

西塔禁碑记
（崇祯九年）

山名金鳌，脉发岷岭。历沅渡赣，迤逶东走，折而南。由天目一支，入仙霞而来，且昂且伏，至鳌峰而止。熙春为之护沙，而左灵泉，右樵水，樵治立焉。宋有城垣，范围鳌山，秀气全聚，名贤董出，所由然也。明改筑，进里许，而鳌山遂为白虎，万里结脉，已不能全收矣，况有挑泥、掘堑、乱窆穸之，以泄其气哉！不佞登眺相视，稔知地之仰泽于来脉，犹孩之仰哺于乳母，保母乃以育子，保鳌山乃以福樵治，所关甚大。习俗罔知，谨树珉于山之绾脉处：有挑泥、掘堑、乱窆穸者，罪无赦。

崇祯丙子岁午月吉日，昭阳令吴人金邦柱识

---

[1] [宋]李纲著；王瑞明点校：《李纲全集》，长沙：岳麓书社，2004年，第1354页。
[2] 弘治《八闽通志》卷七五《寺观·闽县》，福州：福建人民出版社，2006年修订本，下册，第1091页。
[3] 赵孝宣：《宋李天纪先生纲年谱》，台北：商务印书馆，1980年，第151页。

【简跋】

此碑立于明崇祯九年（1636年），碑石未见，碑文录自康熙《邵武府续志》卷九。作者金邦柱，苏州人，崇祯中任邵武知县。"廉明慈慎，有治才"，"士民感其德，为建祠，立三碑"。[1]光绪《邵武府志》有传。金鳌峰，即西塔山，在邵武城西，紧邻熙春山，为郡治主山，"遇有警，为必守要地"[2]。

龚氏祖坟封山碑
（雍正三年）

祖墓山场狭隘，安荫福被千年。各股散迁不一，祭扫照应难全。年久，子孙疏略，坟颓碑碎，谁言触目，随时修理。后人祭祀，绵延谱载。安座祖冢，不得盗葬。先公众会同封禁，盗葬合族起扦。以上六处祖山，印于谱牒。再，各处祖坟葬所，具载本人名下，或有失照者，因远久莫稽，后若查知，务要照应祭扫。自今修谱为定，合族公议封禁。凡系祖山，概不准再扦再葬，盗卖私占等情。犯者查知，通族革其醮胙，呈究惩治。

雍正三年乙巳年六月望日立

【简跋】

此碑立于清雍正三年（1725年），碑名为编者加拟，碑石未见，碑文录自城郊镇《龚氏族谱》（1999年刊印本）。龚氏族人为维护祖墓山场，立碑封禁，不准扦葬、盗卖、私占。

---

[1] 邵武市地方志编纂委员会整理：光绪《邵武府志》卷十五《名宦》，福州：海峡书局，2017年点校本，第400页。（本书所引光绪《邵武府志》皆用此本，后文不再详注）
[2] 光绪《邵武府志》卷三《山川》，2017年点校本，第23页。

官颁校准石斗铭文
(雍正十年)

右:"佃送主家者照此斗式";

左:"主自往挑者照此斗式";

中:"呈奉各宪颁定送城斗式";

落款:"雍正十年十一月 日公立"。

【简跋】

石斗铭文刻于清雍正十年(1732年),题名为编者加拟,现存邵武市博物馆。铭文在石斗外侧。石斗呈长方体,断面呈梯形,长73厘米,上宽38.5厘米、下宽36厘米、高34厘米。楷书。凿有两眼圆锥形量斗,口径25-26厘米,深26厘米。两眼量斗的容积略有差异,右边一眼容积略小,左边一眼容积略大。

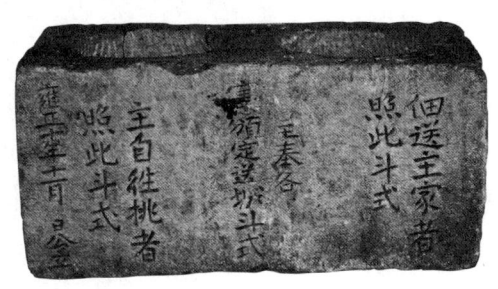

官颁校准官斗及其碑记
(嘉庆七年)

石斗铭文:"较准官斗"四字。

石碑记文:上宪设立斗斛颁有定式,毋许违式私造、增减作弊,律禁森严。吾八堡地方,粮户斗斛悉属违式,竟大加二不一,且大入小出,作弊害民。廖昌梓目击不平,公仝者众以颁斗给示,金呈府厅县各宪。蒙县宪房即颁给官斗,饬照遵行。但恐日久，不无贪豪视官斗为故物，仍违式作弊，故廖笃恭同危玉生、廖乾礼、赵荣春、张仕宁等又以恳赐勒碑，具呈房主，蒙谕准即勒碑以杜后患。合即勒碑竖立，并较勘官式造一石斗，公存为式。凡八堡人等如有违式私造，查出即经众禀究，决不徇情。宜各永遵勿替！此记。

皇清嘉庆七年壬戌岁仲冬月中浣吉旦　竖惠安祠

八堡合众公立

【简跋】

此碑立于清嘉庆七年（1802年），碑名为编者加拟，石斗与石碑现存和平镇坎头村惠安祠。石斗高48厘米，顶部外径53厘米，底径35厘米，腹径56厘米。量斗为圆锥形，口径39厘米。碑高104厘米、宽57厘米、厚12厘米，楷书。嘉庆年间，坎头一带八个村落粮户斗斛均属私造，形制不公，乡民不堪忍受盘剥，上书官府，请求颁给官斗，并准许勒碑公示。[1]

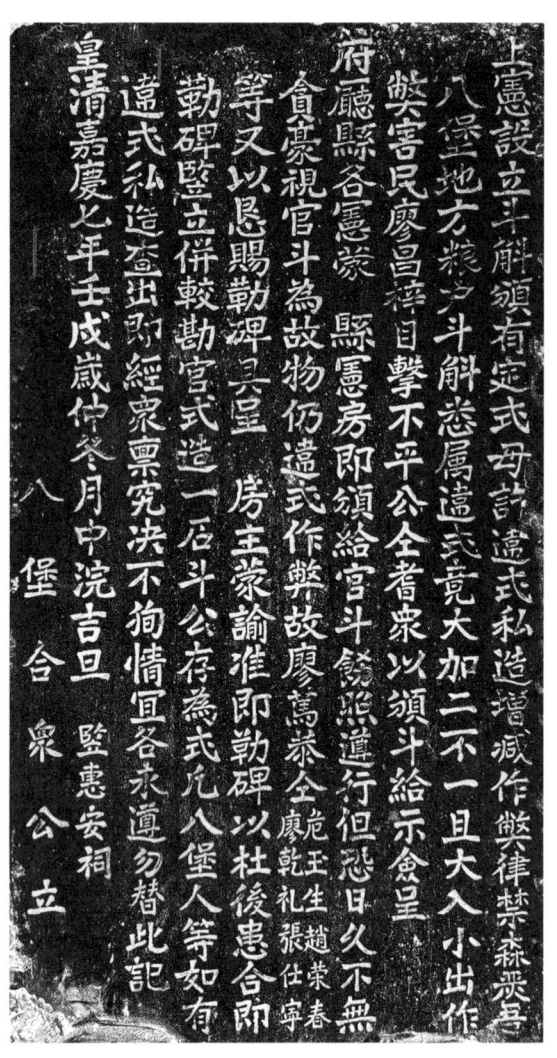

---

[1] 李军：《村落中的国家印记、宗族与民间信仰——以闽北和平古镇为个案的考察》，《农业考古》2014年第3期。

清邵武县正堂断金坑高氏与黄氏坟山纠纷告示碑
（嘉庆二年）

特授邵武县正堂加五级纪录十次郑，为勒石永〔遵〕事。

案据高臣以贿搁沉冤等事，赴道辕具控黄潽、黄天章、黄赓唐等跨穴层戕、挖棺图陷一案，蒙批：仰查明。案据改差勒限押迁，以安良懦，等因。查此案，前据高冠贤以沥陈冤蔽等事，具控黄贯百等盗葬挖戕等情，业经前县主于乾隆五十年九月十三日堂讯，断令黄贯百等迅将新葬王氏、李氏二坟，勒限起迁于本山右旁界边，毋许占葬，致碍高姓祖坟。并候发稿勒石永禁，不许二地再行添葬，以杜争端。黄贯百、黄淑淮等讯无主使，掘坟情事，应予免议。黄可行、黄水生潜山掘坟，本应按究，姑念乡愚无知，从宽各予杖、枷，取具各依限存案。等判在卷。续因黄贯百等延搁不迁，致高臣以前事具控，经本县改差押迁。据该差将起迁缘由带到，原、被人等当堂讯明确供，取结在案。除详明道宪、府宪察核，批示销案，并发瀔外，合行给示，勒碑永禁。为此，示仰高、黄二姓人等知悉，嗣后此王石坑山场，不许黄姓在此山再行盗葬，即高姓亦不得在此山添葬，以断葛藤。各宜凛遵毋违。特示！

嘉庆二年三月初五日给发勒碑

【简跋】

此碑立于清嘉庆二年（1797年），碑石未见，碑文录自金坑乡《樵杭高氏宗谱》卷首下（1995年刊印本）。明清闽赣山区的坟山纠纷案频发。金坑村高氏与黄氏为争夺王石坑山场，累讼数十余年，后经知县断明双方都不得在此山添葬。

朝廷国课之事
（嘉庆十六年）

皇清嘉庆拾陆年岁次辛未正月　日吉旦，蒙邵武县正堂何批准一图二甲立，邵邑三十四都立存田输课，编立禁碑。甲内人等原因东林寺古刹系毁寺场，吴、杨二姓共充头图。二甲里民甲内国课，东林冠首，统计输纳钱数不下式十余千。缘嘉庆拾年间，遭僧衍贵盗卖寺田四百余秤，随田苗粮，未行推出，该僧逃窜别住。今恐僧宽容、僧衍秀复将寺田出售。由是，共甲里民合口商议：寺田目今，日卖日少，倘令卖罄，无田何以养僧？无僧谁为输课？及至杭（抗）课无休，势必上累官长，下累共甲里民。况买卖寺田，久干列禁。爰向僧宽容、僧衍秀议定，寺田尚有田产，计其田之所出，仅堪养僧、输纳国课，永禁不许变卖。一使神佛香火不息；更致国课输将有赖；三俾僧人衣食无缺。如僧背议变卖，则国课难输，课移累不浅，任凭甲内人等，寻觅妥僧住持，耕种寺田，以祀神佛火香，以输国课，僧人不得异说。僧人甘允。恐后无凭用，立合约禁字四纸，并将寺田坐落列后，各执一纸存据。

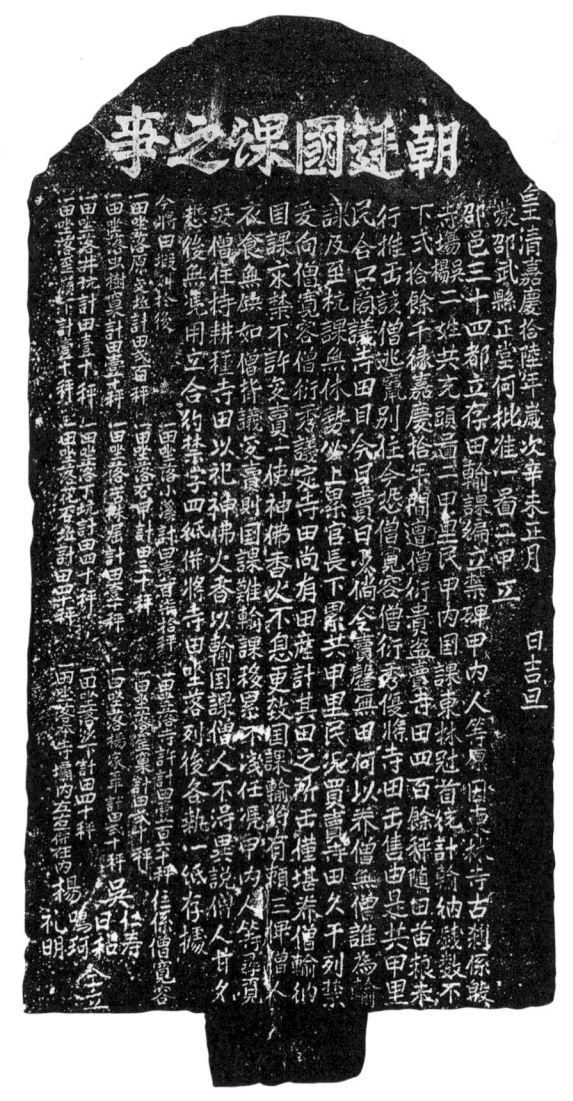

今将田塅列于后：一田坐落原交圫，计田式百秤；一田坐落虫树窠，计田壹十秤；一田坐落井坑，计田壹十秤；一田坐落歪岭下，计田壹十秤；一田坐落小溪，计田壹百柒拾秤；一田坐落石甲，计田三十秤；一田坐落苦株届，计田壹十秤；一田坐落下坑，计田四十秤；一田坐落花石圫，计田四十秤；一田坐落寺许，计田壹百六十秤；一田坐落窟窠，计田式十秤；一田坐落杨家坪，计田式十秤；一田坐落沙下，计田四十秤；一田坐落本寺坝内，左右并在内。

住系僧宽容、吴仁寿、〔吴〕日和、杨鸣珂、〔杨〕礼明 仝立

【简跋】

此碑立于清嘉庆十六年（1811年），现存肖家坊镇新厝村。[①] 清代邵武三十四都一图二甲的国课由吴、杨二姓共同承担，乡民置办东林寺寺田，一以供养寺僧，一以输纳国课。嘉庆年间有寺僧盗卖寺田、逃窜别处，乡民遂与寺僧重新订立字约，维护寺产。

泰宁县奉宪联甲碑
（道光十五年）

署邵武府正堂陆，为劝谕自行联甲，以卫闾阎而收实效事。照得各乡联甲为除匪安良善法，乃历年奉行已久。民间仍有推诿退缩者，闻系章程繁琐，视为具文，或以充当联首，惧有扰累，转致疑虑不前。本署府于所属地方悉心体访，深知民情不便，特思酌量变通，设立联甲简便之法。禀明大宪批示遵行，并饬各县尊办外，合将现办事宜列条晓谕。为此示仰合郡绅耆、军民人等知悉，务各遵照后开结谕，实力奉行。不查户口，不派胥差，易知易从，最为简便，自己联结，保护自己，贫富可以相安，升平可以共享。所有简便法开列于后：

一联首领给木戳，专司保助。原与地方练保不同，既以安分之人承充地方官，应加优待，毋使与下役为伍。其地方钱粮，命盗词讼，一切概不干涉，永无后累。地方官亦断不以他事传唤当差。如果该联首能于一年之内任劳任怨，并无贻误，县令即以红花匾额奖赏；三年有效，由县详明大宪给匾嘉奖。如系乡耆，详给民顶带，以示鼓励。倘有受贿容隐及挟嫌诬陷情事，亦即立予斥退，治以应得之罪。

一各村联甲相度地势远近，大村则一村联为一甲，小村则数村联为一甲，每一甲官给大黄布旗一面，悬挂村内，上写某村联甲。每村共置一锣、一梆，每至昏夜起更，共击锣梆三次，以壮声势，彻夜支更巡锣（逻）。如遇盗警，各村一闻锣声立即驰往，并力救应，不得观望。如违，许联首禀究。

[①] 此碑录文及照片由傅再纯提供，编者据照片修订。

一联甲之法，贫者出力，富者出钱，方足以固众志而收实效。各联首应就本乡殷户婉劝，如有情愿捐赀者，听其酌量题捐，交本乡第一殷户收领、存储，会同联首立薄（簿）登记出入。无事之时，按户轮流出丁，分段悬灯支更。一遇盗警，除孤寡外，每户派丁一人，协同擒捕，其支更灯烛以及捕盗壮丁饭食，即于公费支销。凡遇地方官或访闻某处有匪，或闻某乡失事，需用乡勇，传单一到，联首即齐人听用，不得临期违误。

一各乡附近山场，凡有纸厂、炭厂、笋厂、茶厂、靛厂等处，责成联首协同乡民一体稽查，不得容匪。仍取山主及地保切结存案，如敢容匪，并将山主、地保惩究。至于无人空寮、枯庙最易藏奸，联首务须不时查缉，遇有过路匪徒，亦即盘擒送。

一联甲事关紧要，地方官不时亲临稽查。如有阳奉阴违，稽察不力，惟联首是问。至于地方官下乡，随从人火食盘用，并书役、饭食、纸张等项，均由本官捐给自备，断不丝毫扰累。如有不肖书役私行需索，许即指禀，立提重究。

至四县已办联甲，地方只须照旧办理，不必更改。其余未办各处，务须遵照举行，毋负本署府一片苦心，毋违特谕！

大清道光十五年乙未岁九月廿日 给谕 北乡崇化保敬立

【简跋】

此碑立于清道光十五年（1835年），现存泰宁县上青乡[①]，碑名为编者加拟，碑额"奉宪联甲"，楷书。碑高192厘米、宽69厘米、厚10厘米，楷书。清代自雍正朝开始在基层社会普及保甲制，各地推行保甲因地制宜，具有地方特色。[②]例如嘉庆、道光年间闽北延平、建宁、邵武三府实行联甲法，收效甚佳。曾任建阳知县、邵军厅同知的陈盛韶称："联甲法，前孔荃溪观察仿保甲法变而通之。嘉庆二十五年，道光元、二年，延、建、邵三府赖此安堵，民受实惠。"[③]

[①] 此碑录文及照片由傅再纯提供，编者据照片修订。
[②] 常建华：《清朝大历史》，北京：中华书局，2020年，第264-271页。
[③] [清]陈盛韶著，刘卓英标点：《问俗录》卷五《邵军厅·会茶》，北京：书目文献出版社，1983年，第103-104页。

邵武县三十四都奉宪联甲碑
（道光二十一年）

特授邵武府正堂、随带加二级、纪录七次中，为再出示晓谕事。案据邵武县三十四都联甲监生黄方恒，耆民萧代恭、杨增锦等呈称：切生等住居邵邑三十四都，地僻民稀，山高岭峻，间有外来积匪及本境土窃，于深山古庙之中，日则聚赌，夜则行窃，攫取民间鸡犬，残害栽种芸生，砍伐山中竹木，恣意横行，或加稽察，及肆咆哮，藉端图赖。土窃之患无殊，外匪又有一等开设花会，虽经生等驱除，而愚民易于诱惑，亦是地方大害。种种恶习若不及时整顿，将来必酿事端。于是，合都绅耆及公正乡民佥同酌议，遵保甲之成规，为靖匪之善计。欲靖外来积匪，先严境内土窃，清源正本，莫善斯为，此祷口恩赏给示，俾知怀法畏威。庶几洗心革面，倘仍负固不悛，准予甲内人等公同捆送究治，则莠去苗滋，民安匪靖。联名呼叩无任望恩上禀等情。

据此，查联甲一事，最为弭盗安民之良法。先经本府前任内并黄前府，叠次出示劝谕妥办，并行县查照在案。兹据前情，除呈批示外，合再出示晓谕。为此示仰该都绅耆、联甲人等知悉，尔等即速公举联首，认真编联，务须实力奉行，同心协力，妥速办理，不可始勤终怠。至于零星小户，附入大村；山厂棚民，一律查编。一面仿照团练之意，乡内各户除孤寡之家无壮丁者，毋庸轮派外，余俱各出壮丁一人，分为数班，习练技勇。或令贫者出力，富者出钱，亦可此在尔等联首、乡老秉公酌办。昼则分段巡查，遇有匪类潜匿、抢获、肆窃，许即协拿，禀送究办。并置木梆、铜锣，每夜轮流巡缉，设遇贼匪窜入，即击梆锣为号，村内壮丁齐出兜擒，以期有犯必获，共保无虞。倘能拿获著名匪徒，及开设花会并设立会名各匪禀送赴辕，定即奖赏，断不使尔等受累。如遇匪伙众，势难力敌就获，许即飞赴府县衙门密禀，以凭会营严拿。尔等务须彼此和衷，妥商速办，切勿强所难，藉端科敛。亦毋假公济私，挟嫌彰大，具势安拿，无辜拖累，至干查究耳。仍将公举各联首姓名，即行赴县呈名造册，详报备查，其各勉遵毋违。特示！

道光二十一年十一月廿五日给告示 发三十四都

第一章 告谕规约 13

【简跋】

此碑立于道光二十一年（1841年），现存肖家坊镇琢石村交溪庙门前[1]，碑名为编者加拟。碑额"奉宪联甲"，楷书。碑高132厘米、宽71厘米、厚13厘米，楷书。告谕颁发者中祐，内务府正红旗满洲人，道光二十年任邵武知府。清代保甲制被认为是弭盗安民，维护乡村治安之良法，得到朝野上下的拥护。联甲法的特点在于以小村联大村，以远村附近村，同心缉捕关防，从而达到保固乡邻、树立村庄正气的目的。[2] 此碑为道光年间邵武县三十四都绅耆主动请求推行联甲的生动例子。

---

[1] 此碑录文及照片由傅再纯提供，录文据照片修订。
[2] 雷家宏：《中国古代的乡里生活》，北京：商务印书馆，2017年，第29页。

旧市街管理碑
（道光三年）

此街狭窄，上下人多，两边不许堆积卖物，以滴水为界，违者公罚。

清道光三年，合市整修。

【简跋】

此碑立于清道光三年（1823年），现存和平镇和平村北门谯楼口，碑名为编者加拟。碑高87厘米、宽47厘米，楷书。旧市街，又称旧圩街，清代和平村市集所在地，为邵南地区最大圩市。清中叶，于此设和平分县，建县丞署，隶属邵武府。光绪《邵武府志》载："县丞署，在禾坪旧市街。乾隆三十二年以拿口县丞改驻，〔三〕十四年，县丞何琳奉文建"[1]。同时，设立把总署，派兵驻防。[2]

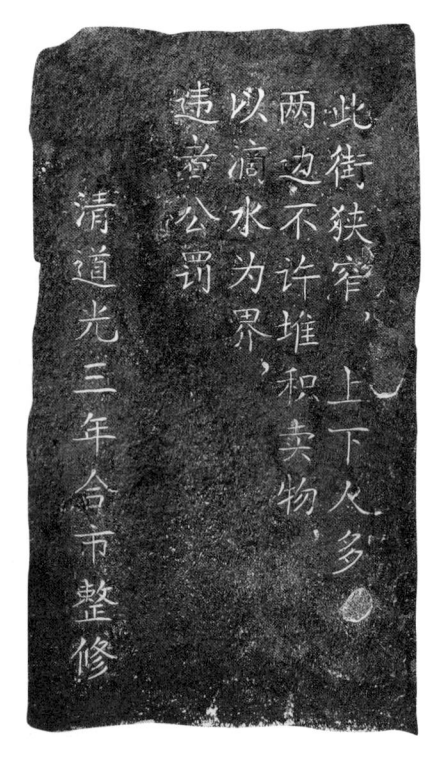

黄族禁碑
（道光十七年）

鹳薮之地，为黄姓南迁始祖锡公坟山，峭公附葬其下。自唐迄今，支派繁衍，从无盗葬等情。旧冬乃有远地后裔敢于界内私开生基，违越殊甚，虽经公罚，令其平毁，但恐日久弊生，无以儆将来，爰立禁碑于侧，俾各触目警心。自后倘有不肖子孙仍于界内盗葬、盗砍，一经查出，定行鸣官究治，决不宽贷。

---

[1] 光绪《邵武府志》卷六《公署》，2017年点校本，第144页。
[2] 张春和、黄敬宗：《和平分县》，《邵武文史资料选辑》第10辑，邵武：政协邵武市文史资料委员会编印，1989年，第11页。

凡我族众各宜凛遵，毋贻后悔！

道光丁酉十七年冬月吉旦合族公立

【简跋】

此碑立于清道光十七年（1837年），现存和平镇坎头村黄峭墓地。清中后期福建的宗族运动日趋兴盛，对祖先的追寻与塑造成为构建家族组织的重要内容[①]。邵武多个黄氏家族都将始迁祖认定为黄峭之父黄锡，其坟茔修造与保护也受到重视。

李氏禁条
（道光二十六年）

乡之有禁，犹国之有律也。国无律，孰知法度之宜循？乡无禁，孰知规条之难犯？此二者，其大小虽殊，而其为不可无则一也。今者纂修谱牒，所以收族也。务期踏矩循规，各守其分。斯族皆正人，乡无敝俗，而浸昌浸炽，行将拭目俟之矣。因作禁条引。

时皇清道光廿六年岁次丙午季春月 吉旦　　合族公立

合族禁条列后：

一禁族中不许窝藏贼匪。犯者革醮，通众逐出境外，子孙不许复入。

一禁族中不许丧耻为盗。犯者革醮，通众逐出境外，子孙不许复入。

一禁族中不许纵淫乱伦。犯者革醮，通众逐出境外，子孙不许复入。

---

① 陈支平：《福建族谱》，福州：福建人民出版社，2009年，第92-121页。

一禁祭田不许盗卖盗买。盗卖者，本人革醮，另罚铜钱十千文正；盗买者，合众追还原田外，罚铜钱二十千文正。

一禁祭田不许私租。如有隔年私租，临时不能备祭者，族长查知，重责四十，合众起田耕作外，罚铜钱五千文正。

一禁族中不许开庄聚博。犯者，族长查知，重责四十外，〔罚〕钱五千文正。

一禁后龙、水口各祖坟山所蓄荫木，不许砍伐。犯者，罚钱三千文正。

循情私放者，查出，罚钱二仟文正。

以上所立禁条，各宜父戒其子，兄勉其弟，慎勿视为泛常，误踏其咎。凛之，慎之！

【简跋】

此碑立于清道光二十六年（1846年），碑石未见，碑文录自金坑乡《琴山李氏宗谱》卷一。① 明清时期，族规家训在基层社会治理中发挥着重要的作用。它们一般以"族规""家训""家法""禁约"的形式载于家谱，或刊于碑石，其核心内容多是要求族人敬宗收族、遵循国法、劝善戒恶。

公禁鸭子往来
（道光二十六年）

盖闻天气动于上而人为应之，人为动于下而天气从之。是故风雨晦暝，饥馑荐臻，虽本天时之告灾，未始非人事之感召也。切愚众等，世住莲花山耕种，历年秋季每多暴风，吹坏五谷。四处无风，唯敝处有之。众皆骇然，不解其故。诸父老传闻云：祥云山有鸭公神，凡遇鸭子往过一番，必有一番大风。先年亦尝禁止，今秋试验，一一不爽。于是众等重申禁约：每年立秋禁至立冬止，百日之内，不许莲花山往过，如有不遵者罚钱三千文。谨列碑申禁预告，四方鸭子客人知音共谅。

上至程家山止；前至西坪止；左至张家坊止；右至官磜止。

---

① 金坑《琴山李氏宗谱》卷一，民国三十三年刊印本，谱存邵武市金坑乡金坑村。

道光二十六年　月　日立秋日申禁

【简跋】

此碑立于道光二十六年（1846年），现存城郊镇朱山村大阜上莲花庵旁路边。碑高79厘米、宽48厘米、厚9厘米，楷书。莲花山一带每到秋季多暴风，吹坏五谷。乡民认为这是由于附近的祥云山有鸭公神，遇到鸭子往过，必有一番大风。因此立碑禁约：每年立秋至立冬，莲花山不许过往鸭子。

西濠禁碑
（咸丰四年）

为出示永禁事。城西填濠，有前朝邑人周宏机及国朝邑人张孟玫填濠碑记，载在府志。皆称郡脉西来鳌峰，为到头一节，宋时理学忠节、文章干济之才，比肩接踵，四县累起甲科，在上游文风为最。

元至正间，改筑新城，剜城掘堑，郡脉遂伤，文物亦衰。明万历后，议填未果。至国朝魏郡侯来守是邦，乃与张郡丞、施别驾、严邑尹捐金填塞，计广十丈，修十三丈，立碑以志其事。嗣后人文渐有起色，是其明征。盖郡脉自西峰直贯而入，为全郡咽喉。且城内九曲水由鹭鸶池绕入，转过元武，正借此地蓄水，不令由北直泄，为全郡龙脉所系，业已填塞二百余年，该居民等，岂未闻知？乃因上年骤雨冲成沟渠，并不报官填塞，擅自掘挖沟道；该处绅衿，亦茫无觉察，不行拦阻，即截住吉气，断无一郡受祸，该处居民独受其福之理。况挖断郡县来龙，谋占风水，例有明条，尔等现犯重罪，自投法网，先已祸及其身，福于何有？

本府亲勘挖断情形，深至三四尺，左首率建闸板。本应饬县按名拿究，姑念乡愚无知，未及查明成案，暂从宽宥。除饬该县绅士诹吉填塞，撤去闸板，以复旧规而培地脉外，合行勒石示禁。嗣后该处军民人等，如敢再行私挖，不顾王章，一经府县查出，或被他人告发，定即严拿究办，决不稍从宽典。至金鳌峰旁土堆，亦系来龙经过，现查有掘挖情形，自应一并禁止，不得再行盗挖，致干重罪，各宜永遵毋违！

【简跋】

此碑刊于清咸丰四年（1854年），碑文录自咸丰《邵武县志》卷二（民国二十八年抄本）。元代邵武改筑新城，于城西挖掘壕沟。自明万历而后，郡人认为地方龙脉因此而断，主张填补。清康熙年间，邵武知府魏麟征、知县严德泳等人组织填平。不过，此后不断有市民擅自掘挖沟道，因此，咸丰四年知府周揆源勒石示禁，以图"复旧规而培地脉"。

公议革除积弊以挽淳风碑记
（同治四年）

余乡历樵西古矣。自明徙斯土，环堵而居数百余年，人烟稠密。若晋昌氏之□，李、高、黄、虞之姓，后先并跻，人地相宜。读也、耕也、织也，胥有事也。故坊之□曰□安。安土所以敦仁，仁敦则让讲。先民之风，其在斯乎？惟新正演戏，文设龙烛，礼尚往来，缠为风俗。事在可去，而未遽去者，一则忝属葭莩，情难割拒；一则谊如管鲍，念必景从。由是，仗强壮之力，适彼乐郊；闻莞簹之音，抬来故事。此演彼接，彼习此迎。或则两相迎接，弗让而争。恃强大而凌小弱，作虺蜴以害善良。羿羿复生，豺狼当道。往往□□仇，余殃莫释。甚至因凶致命，涉讼公庭。破产倾家，身罹国法。视其事者，安可不深思远虑，而为预防哉？此俗之宜违弊之不可不去者也。

乙丑春，合乡父老绅耆，公论斟酌，议革争箱演戏积弊，及溺女、聚赌数大端。刻石立碑，以垂久远。庶几风俗日淳，地灵人杰，文教炽昌，武功丕振。在家而讲让兴仁，洵为肖子；出仕而尽忠教孝，允推良臣。则是不与人争势利，争胜负，争是非。乃与祖宗增光，乡间增盛也。顾不伟欤？吾乡世世子孙，戒之勉之，斯仁里之风，悠然远播也夫。

一禁出乡演戏。本乡春祈秋报，演戏奉神，自应不议。出乡演戏穿灯，搅扰亲友，永禁不宜。违者罚钱陆仟文。

一禁接箱演戏。亲戚朋友喜相庆，忧相吊，礼尚往来。接箱演戏，启争端，萌祸害，弊宜永革。违者罚钱陆仟文。

一禁开场聚赌。引类呼朋，贤否不一。诱良家之子弟，丧行倾家；招无赖之匪徒，为非致盗。例禁綦严，凛当遵奉。违者分列轻重议罚。

一劝戒溺女孩。溺弃女婴，没良极甚。干天地之和，失阴阳之道。大伤阴鸷，有乖天伦。欲产麟儿，先存好生之念；望生贵子，宜有不忍之心。惟愿积善之家，思人道之大端。有夫有妇，体上天之好德，多子多孙。

大清同治四年岁次乙丑仲春月谷旦　阖乡通众公立

【简跋】

此碑立于清同治四年（1865年），现存沿山镇危家窠观音堂。碑高49厘米、宽41厘米，楷书。晚清时期，危家窠父老绅耆认为风俗日益衰坏，公议立碑禁革争箱演戏、溺女、聚赌等"积弊"。

禾坪分县保障乡民种豆养鱼告示碑
（同治七年）

钦赐蓝翎五品衔、即补县正堂、特授禾坪分县马，为泐石永遵事。

据岁贡廖元瑞、职贡廖维周、职附黄志高、生员李报琼、程华松、黄洪孝、监生许逢时、潘秉刚、李科进、黄敬先等，呈请种豆养鱼，兴利除害□情前来。本分县任此三载，历询绅耆，知所属□〔田〕亩均有种豆养鱼之利，惟□地因窃受累，未得种养，深堪恨惜。兹据所请□批准其泐石，及申邵武□并移县存案外，合行给示，泐石知悉。自后田亩□须种豆养鱼，不必疑虑，□□小仍敢偷窃扰累，或纵鸭畜残害，以及偷茶□秆、盗砍松杉杂木等项，□□撞获，准扭送署，以凭枷责示众，于事主毫不□碍。本分县为地方兴利起□初无所私，即该分差等亦是同乡共井，遇前项案情，不得安索堂规，致民未便。如违，并

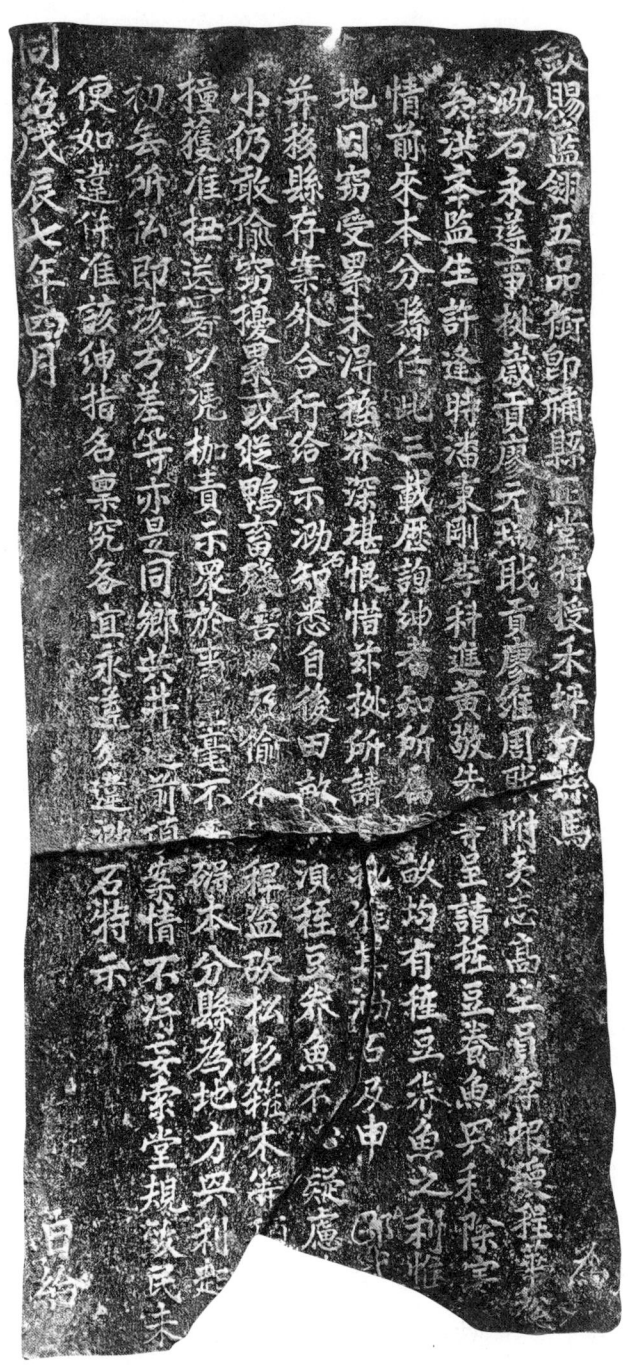

准该绅指名禀究。各宜永遵勿违。泐石特示。

同治戊辰七年四月　日给

【简跋】

此碑立于清同治七年（1868年），现存和平镇和平村旧市义仓，碑名为编者加拟。碑高113厘米、宽52厘米、厚10厘米，楷书。廖元瑞，字兰谷，岁贡生；廖维周，号岐山，诰赠奉直大夫。碑文提及，禾坪（今和平村）一带有种豆养鱼的副业传统，然时遭盗窃，乡民深受其害。于是廖元瑞、廖维周等众乡绅请求县丞刊碑警示。

清邵武县正堂断何氏与邹氏宝林寺坟山纠纷告示碑
（光绪四年）

钦加同知衔、署邵武县正堂加十级纪录十次王，为给示严禁事。案据生员何元英呈控邹茂祥等，藉坟混占。旋据职员邹春江即茂祥等，以砌诬图占具诉，当经饬差查明，并据捕衙勘覆在案，查讯得：坐落县辖，土名朝山垅山场一带，原系何元英祖上，于宣德元年向邹姓价买。邹姓原有祖坟一穴，葬在山内，续又添葬一穴，以致互相争执不休。兹本县断令：该山仍归何姓看守，邹姓已葬坟处，既历年久，免予起扦，以后不准再行添葬。山上蓄积树木，原系何姓遮蔽风煞，邹姓不得砍伐，何姓亦不必砍伐。并由县出示，给予勒碑永远遵守。为此，示仰何、邹两姓及附近邻乡人等知悉，嗣后如有不遵者，准何姓指名禀控。倘有枯枝，亦不准外人砍取，以杜后讼。各宜凛遵毋违。特示！

光绪四年七月廿二日 行

【简跋】

此碑立于光绪四年（1878年），碑石未见，碑文录自大埠岗镇《樵南宝积何氏族谱》卷四。[①] 晚清时期，宝积何、邹两姓对于宝林寺坟山的产权归属各执一词，知县作了折中判决：该山仍归何姓看守，邹姓已葬坟处，免予起扦，亦不准添葬；山上树木，两姓都不得砍伐。

---

① 大埠岗《樵南宝积何氏族谱》卷四，光绪十五年刊印本，谱存邵武市大埠岗镇宝积村南坑。

钟山禁碑
（光绪十七年）

此是钟山脚下。周围界限为洋源、龚家、隔岭、杉坑、河源五乡水口。原以保卫地方，栖驻神灵。山中有松杉杂木茅柴。山脚有古圳一条，水源由溪，溪中有石陂。凡圳边溪中左右之石，五乡人等，并上下左右乡邻、碓户俱不许打破。凡碓圳只许修扫，不得錾石致害地方。即山中松杉杂木茅柴，亦不许乱砍，违者议罚。

一砍伐钟山松杉杂木茅柴者，罚钱五千文。

一私打钟山石头及掘土泥者，罚钱陆千文。

一报信者赏钱五百文。

此山系洋源黄信海公助出。

光绪十七年冬月　公禁立

【简跋】

此碑立于清光绪十七年（1891年），现存大埠岗镇河源铺。碑高160厘米、宽60厘米、厚12厘米，楷书。邵武的传统村落一般都有"水口"，即小河汇入大河处。水口被视为"栖驻神灵"之所，是至关重要的神圣空间，禁止砍伐树木和采石掘土。禁扰水口的做法虽出于神明信仰的目的，但客观上保护了生态植被，让村民形成了强烈的环境保护意识。

天成岩禁碑
（光绪十八年）

一禁松杉杂木笋竹不许盗砍。
一禁梨枣果品等物不许残害。
凡有违者，罚钱六百文。
光绪十八年秋月，童姓合众公立

【简跋】

此碑立于清光绪十八年（1892年），现存肖家坊镇将石村天成岩风景区。晚清时期，邵武的山林经济愈加发达，山间广种松、杉、笋竹、水果等经济作物。为防止发生盗砍残害，乡民往往刊碑立约，明令禁止。

奉宪严禁烟馆赌博
（光绪二十六年）

惟赌博一项，年例正月无事，亲朋往来，准以纸牌、骨牌两宗消遣。若开庄赌宝及花会诸博，亦不准赌。至二月初一，各安事业，仍照烟馆执行永禁。盖吾乡自光绪七年，在富宪台前禀请给示，禁此两宗，地方颇称清肃。但恐年湮纸遗，难以善终。故照告示所载"开馆赌博者，从重究办"并"屋租烟馆、赌博者，封锁充公"等语，刊刻石碑，以垂久远。愿人人触目警心，相为保固，庶风清俗美，长治久安。诚为吾乡之大幸也。

大清光绪二十六年二月初一日六乡公立

【简跋】

此碑立于清光绪二十六年（1900年），现存沿山镇百樵村。碑高100厘米、宽 51 厘米、厚 10 厘米，楷书。晚清时期，邵武赌风盛行，纸牌、骨牌、开庄赌宝、花会等五花八门，官府屡申禁令，一些乡村也立碑示禁。

邵武府正堂正俗碑
（光绪三十年）

府正堂彭示禁事。照得本府访闻，邵属有病民者六事：一曰借端图赖；二曰纠演赌戏；三曰盗卖耕牛；四曰偷梳田谷；五曰籍税婪索；六曰卖产找价。虽经分饬禁办，卒未能弊绝风清。推原其故，皆由衙门兵役与土棍一气相通，上朦下袒，致被害者有冤难抒。而联首人等又以事不干己，一经出头告发，既苦衙门之需索，又虑小人之结怨，故皆缄默而不敢言，岂不深堪痛恨。夫除暴安良，有司之责，身为民牧，而忍坐使地痞蠹役鱼肉良弱，父母斯民之谓何？

本府现拟清查户口，整顿联甲，除派委，按乡确查，将所有素行不端、行踪诡秘者，分别拿办驱逐。一面移行营县，一体查拿禁办外，合亟示禁。为此，示仰阖属军民诸色人等知悉，自示之后，尔等务各互相儆戒，勉为善良。所有图赖、赌博、盗牛、梳禾等事，固不宜稍犯，即绝卖之产，既经愿立断契，亦不得一再找价，情同讹诈。而税契一项，亦只须查照高前令详定章程，每契价银一两，折收制钱八十八文，一切使费均在其内，不得格外需索。倘何人敢犯以上六禁，准被害之家，投明联首、乡长，将犯捆送赴辕，立为发县，从严讯办。本辕丁役自有工食，不受乡民分毫私馈，尔等毋庸过虑，并着各都将此勒石永禁，

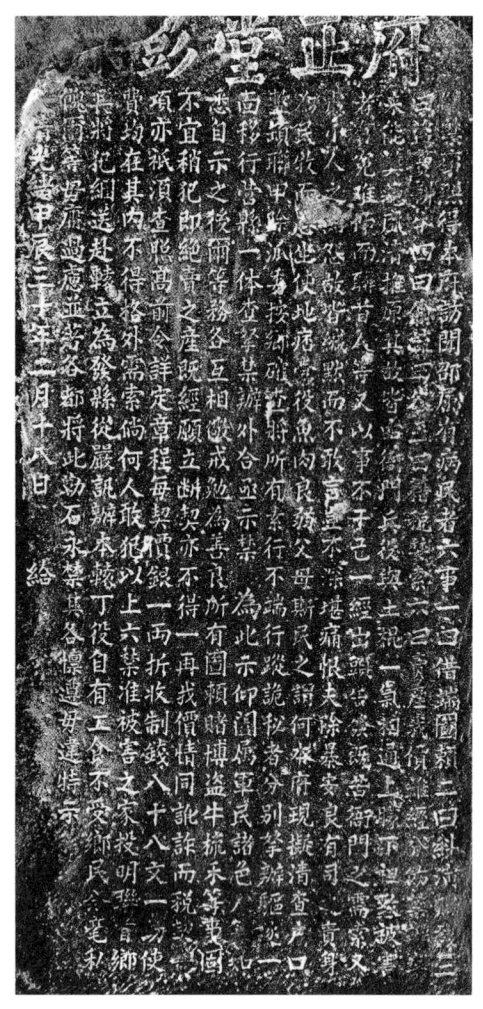

其各懔遵毋违。特示！

大清光绪甲辰三十年二月十八日 给

【简跋】

此碑立于清光绪三十年（1904年），现存和平镇坎头村新建街24号门前。[①] 碑名为编者加拟。碑高190厘米、宽65厘米、厚12厘米，楷书。晚清时期，光绪间邵武知府为杜绝借端图赖、纠演赌戏、盗卖耕牛、偷割田谷、籍税婪索、卖产找价等鄙俗，一面清查户口，整顿联甲，拿办驱逐；一面发文告示，令行禁止。

邵武府县正堂正俗碑
（宣统元年）

赏戴花翎、兼袭一等轻车都尉、特授邵武府正堂彭

赏戴花翎、同知衔、特授邵武县正堂、加十级纪录十次刘

为严禁事。照得本府、本县邵属有病民事者十事：一曰借端图赖；二曰窝娼聚赌；三曰盗卖耕牛；四曰偷梳田谷；五曰籍税婪索；六曰卖产找价；七曰

[①] 此碑录文及照片由傅再纯提供，录文据照片修订。

樟杉柃木；八曰来龙水口；九曰放火烧山；十曰六畜践害。虽经分饬禁办，卒未能弊绝风清。推原其故，皆由衙门兵役与土棍一气相通，致被害者有冤难伸。而联董人等又以事不干己，一经出头告发，既苦衙门之需索，又虑小人之结怨，故皆缄默而不敢言，岂不深堪痛恨哉！夫除暴安良，有司之责，身为民牧，而忍坐使地痞蠹役鱼肉良弱，父母斯民之谓何？

本府、本县现拟清查户口，整顿联甲，除派委，按乡确查，将所有素行不端、行踪诡秘者分别拿办驱逐，一面移县行营，一体查拿禁办外，合亟示禁。为此，示仰阖属军民人等知悉，自示之后，尔等务互相儆戒，勉为善良，所有图赖、赌博、盗牛、梳禾、伐木、烧山、践害、来龙水口等事，固不宜稍犯，即绝卖之产，既经愿立断契，亦不得再找，情同讹诈。而税契一项，亦只须查照高前任详定章程，每契价银一两，折收制钱八十八文，一切使费均在其内，不得格外需索。倘何人敢犯以上十禁，准被害之家投明联董、乡长，将犯捆送赴辕，立为发县，从严究办。本辕丁役自有工食，不受乡民分毫私馈，尔等毋庸过虑，并着各都将此勒石永禁，其各懔遵毋违。特示！

一、禁藉端图赖；二、禁窝娼聚赌；

三、禁盗卖耕牛；四、禁偷梳田谷；

五、禁籍税婪索；六、禁卖产找价；

七、禁樟杉柃木；八、禁来龙水口；

九、禁放火烧山；十、禁六畜残害。

如有违者，公众轻重议罚。

宣统元年葭月 日　七、八都合众公立[①]

【简跋】

此碑立于清宣统元年（1909年），现存邵武市民俗馆，碑名为编者加拟。[②] 碑额"禁碑"，楷书。碑高158厘米、宽92厘米、厚5.6厘米，楷书。宣统元年，邵武官府总结了"病民事者十事"，包括图赖、窝娼、赌博、盗牛、梳禾、伐木、烧山、践害、来龙水口等，宣称要严办，并饬令各村勒石公禁。

[①] 明清王朝在乡村推行都图里甲体系，以管理土地和户籍。邵武县的乡村被划分为53个都、170个图，其中，七都、八都在今吴家塘镇一带。
[②] 此碑由傅唤民录文，编者据原碑修订。

邵武县知事断官廖两姓土地纠纷碑
（民国八年）

邵武县知事黎瑛给示勒石，以垂久远事。照得四十三都塪头村官、廖两姓，因桑梓坪涉讼一案，现经调人和解，两造订立合约具结，呈署销案。并据上官明、上官登瀛、上官华堂暨廖祖武、廖炳辉等先后抄粘原订合约，呈请颁示勒石，以保古迹，而息争端等情，前来察阅合约。内开：本邑塪头村廖姓宗祠门前有空地一大片，名曰"桑梓坪"。四至皆有石路，其坪为上官洎古迹。从前因廖姓在该坪内建筑，官、廖两姓屡次涉讼，经官判令照旧保存，均不得建筑侵占，两姓均结在案。本年廖姓修理祠内右边店屋，改直壁为墙，比旧长约尺许。两造又起交涉，控诉在案。兹经亲友聂南阳、傅竹斋、朱九思等力为排解，官姓自愿桑梓坪永为空地，以存古迹，并愿永不建筑及其他营造。廖姓亦不得侵越，只准公众照旧交通，并圩期贸易。廖姓亦愿将长出新墙尺许缩短，其余概照现状。所有祠前横直石路，亦依古存留。两姓族众此后均无异说，永杜争端，仍敦和好。除请官颁示勒石外，立议明合同字，两姓各执一纸为据等语。查桑梓坪为唐忠臣上官洎书室遗址。古人已杳，惟此片壤仅存，犹足令后人凭吊景仰，忠义之气油然以生。是桑梓坪不独为一乡胜地，抑亦全县古迹，断不容个人以私意处分。据呈前情，合将桑梓坪四至开列于后，给示勒石，以垂久远。自示之后，无论官、廖两姓及附近居民人等，永不许在桑梓坪界内建筑营造及侵占等事，倘敢不遵，定即拘案严惩，决不稍予姑容，切切。特示。

计开：东至廖义思墙外石路，西至赵文来墙外石路，北至廖祠门前檐步，及厨房前相连店屋前横石路，南至大街官沟。所有四至界内横直石路，永远存留。

中华民国八年四月念五日给官姓勒碑

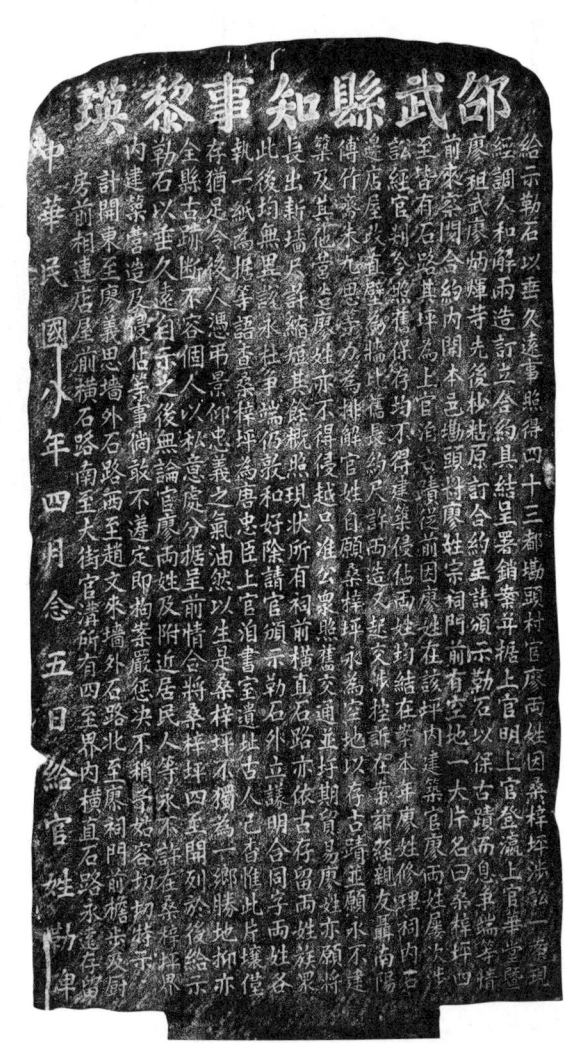

【简跋】

此碑刊于民国八年（1919年），在和平镇坎下村前山坪上官家庙、坎头村廖氏祠堂都有立存，碑文又见和平镇《闽樵和平上官氏宗谱》卷首。[①] 碑名为编者加拟。官、廖两姓为争夺"桑梓坪"空地的所属权而屡屡兴讼。民国八年，经过亲友调停，双方达成和解，愿意遵循原状，重新划定界限，两姓重归于好。邵武县知事同意销案，并颁发告谕，勒石以示。

和平狮形山护林碑
（明清至民国）

合市公白：不许盗砍松杉竹木、地柴、挖笋，违者鸣官究治。

【简跋】

此碑立于和平镇和平村镇公桥边狮形山道旁，碑名为编者加拟。碑高120厘米、宽43厘米，楷书。原碑无落款时间，傅唤民据乡民口传"与聚奎塔建造时间相近"，推断为明万历至天启间所立，[②] 因无法断定，似宜推测为明清至民国时期。狮形山，又称宝塔山，位于和平村水口，故乡民立碑禁伐，保护"风水"。

---

① 和平《闽樵和平上官氏宗谱》卷首，民国十九年刊印本，谱存邵武市和平镇坎下村前山坪。
② 傅唤民主编：《樵川金石刻录》，邵武：邵武市地方志编纂委员会编印，2018年，第4页。

禁止稻米外运碑
（清中后期）

禁止搬运，保固地方。

【简跋】

此碑现存和平镇和平村东门谯楼口，碑名为编者加拟。碑高62厘米、宽43厘米，楷书。原碑无落款时间，推测为清中后期。据傅唤民调查，清代绅民为控制粮市，限制稻米外运，分别于四座谯楼口竖立禁碑，派人把守。而今仅存东门和南门石碑①。不过，在一些官员看来，这种行为极具地方保护主义色彩，扰乱了粮食市场。道光十二年（1832年）就任邵军厅同知的陈盛韶即言："邵武土宜稻而北境狭，稻米出于东北与西南者为多。拿口之米，顺流而东运之省城。西南禾坪、古山，市集颇大，城内食米率取诸此。土棍乘米价稍昂，聚匪把持，私禁搬运，托为保固地方。官出差谕名曰开把，悍然不畏，必得贿始放行。境内殷户开粜，城中贫民益困。"②

来龙水口社坛庵堂志
（民国时期）

尝闻来龙发地脉之祖宗，水口拥地脉之罗城。立社安土谷，所以护佑乡村也；建庵堂安神佛，所以保庇人民也。今本乡四者，并未缺一，后人须要世守旧规：一不可伤害来龙，斩脉绝气也；二不可残害水口，砍树伐木也；三宜敬社稷，

---
① 傅唤民主编：《樵川金石刻录》，邵武：邵武市地方志编纂委员会编印，2018年，第3页。
② [清]陈盛韶著，刘卓英标点：《问俗录》卷五《邵军厅·开把》，北京：书目文献出版社，1983年，第103页。

不可亵慢也；四宜奉庵堂，不敢疏失也。所有四件之土名、规额，各列于〔下〕，以垂千古不朽耳。

一禁来龙、水口坟山，松杉杂木不许人盗砍。如有不遵者，公议罚光番六元正。见者报知者，尝（赏）光番二元正。

【简跋】

此碑未见，碑文录自拿口镇《陇西李氏族谱》卷一[①]，为保护村落来龙、水口、社坛、庵堂规约碑。原文没有明确时间，但提到违者"罚光番六元"，"光番"即光洋、银圆。据此推断，此碑当刊于民国时期。

[①] 拿口《李氏族谱》卷一，1997年刊印本，谱存邵武市拿口镇册前村洋尾组。

第二章

地方公益

邵武军学置庄田记
（庆历七年）

庆历七年春三月几望，武阳假守宋公以治学宫成，识之已详。后三甲子有奇，教授龚君与其学子授使者以币，走三百里，谒于余曰："敝邑得天，故吾公来。昔昏以旦，昔寒以燠。视人如其身，视学如有神。言必于是，行必于是。虽牒诉盈庭，简墨在前，而与士大夫讲解对问，犹燕居时。故自庠门开，不几月，慕焉而来者不绝。将恐褊小弗能容，又翼中门，筑两斋矣。乡之善良喜公之为子弟之有属也，不爱其赀，愿易土田以备粮用。凡出泉若干万，得田若干顷，岁食若干人。既有成矣，而公之记所未书。吾惟子之望。"

觏闻命，窃商之曰：儒者诟释氏，为其笼于世也，而不解其所以然。释之徒善自大其法，内虽不韪而外强焉。童而老，约而泰，无日不在乎佛。民用是信，事用是立。儒者则不然，其未得之，借儒以干上；既得之，则谓政事与文学异，孳孳唯府史之师，顾其旧如蝉蜕。及其困于淫辟，恤乎罪疾，欲闻性命之趣，不知吾儒自有至要，反从释氏而求之。

吾游江淮而南不一日，有庠序者不一邦，踵其地而问之："栋宇修欤？"或曰："为去官之舍馆矣。""委积完欤？"曰："充郡府之庖厨矣。""刺史在欤？"曰："某院参禅，某寺听讲矣。"噫！释之行固久，始吾闻之疑，及味其言，有可爱者，盖不出吾《易·系辞》，《乐记》《中庸》数句间，苟不得已，犹有老子、庄周书在，何遽冕弁匍匐于戎人前邪？

蚩蚩之氓，尚克有夫妇、父子，不尽拔发为寺奴则幸矣，何暇彼之诟哉？今宋公之仕，唯其本之培。下应其诚，优为之备，教化之效也。如此，吾所谓学，非若释夸庄严；吾所谓田，非与释垺供养。诚以今兹学者，或自远来，居处不宁则愁，饮食外取则劳。去愁与劳，人虽下中，得以自尽于术，况其卓者哉？厉文之津，茁道之芽，入可以正其家，出可以表天下。为民教子，为国养材，莫之尚已。

龚君以道艺立其中，又欲扬公之美于无穷，皆应于义，敢不书？公之学问无不该，而其是非一之圣人，故文辞可法。施于吏道，民大悦。盖将挥之庙朝，一郡一学乃其辂。闻命后三日，冬十月辛酉书云。

【简跋】

此碑撰于北宋庆历七年（1047年），碑石未见，碑文录自《直讲李先生文集》卷二三（四部丛刊初编本）。作者李觏，字泰伯，建昌军南城（今江西资溪）人，北宋哲学家、教育家，人称盱江先生。碑文记述了北宋庆历间邵武知军宋咸增广学舍，复置学田五百亩之事。宋咸，字贯之，建阳人，勤政爱民，弘治《八闽通志》卷三九、光绪《邵武府志》卷十五有传。

宋安福院僧募修山路题刻
（元祐六年；嘉定十五年）

左上部：□时元祐六年四月八日，化到男女弟子修开此路，□〔皆〕行铺就。

安福院勾当僧道钦

右上部：壬申年六月，石匠林十计。

右下部：壬午十月，化到男女重修路，计一百二十工。

嘉定十五年化缘，妙愿立。

【简跋】

此题刻现存邵武市卫闽镇王溪口村东面超华山山腰约300余米处的山路崖壁上，题名为编者加拟。据傅再纯、高绍萍实地考察，平溪山上有古桥跨山涧，旧有民居和佛寺安福院，规模不小，已荒芜百余年。题刻所在为高约8米的悬崖峭壁，古人凿石筑路，长约数十米。题刻有三块，都在一处，离地约1.7米。左上部题刻高70厘米、宽55厘米，记载北宋元祐六年（1091年）四月八日，安福院勾当僧道钦募化到男女弟子开修山路一事。右上部题刻高56厘米、宽62厘米，系壬申年六月，石匠林十计落款。元祐七年（1092年）为壬申，此题刻很可能是左上部题刻的落款。右下部题刻刊于南宋嘉定十五年（1222年，壬午），高43厘米、宽20厘米，记载是年十月僧人妙愿募化男女信众重修山路之事。安福院，方志俱作"安福寺"。弘治《八闽通志》载其在十七都，"宋

绍兴中建"。嘉靖《邵武府志》云"宋绍兴二年建"。[①] 由摩崖题刻可知,安福院在1091年即已存在,比方志记载的时间早了40多年,并且在130多年间,寺僧不断劝募信众出工修路,显示出两宋时期佛教在邵武地方社会中具有一定的影响力。

泮宫纪事
（绍兴八年）

　　昭武学居水之北,周墙凡一百五十丈,横十五楹,缭以回廊、翼室。为屋四十二间,斋六,曰:智、仁、圣、义、忠、和。殿高四丈,广七丈。得像于阙里故家,工人慎劼形之惟肖,端冕华衮,粹然道德之容也。两庑一十二间,绘从祀于壁。堂曰明伦,视殿为广。堂后曰泠轩,轩后有阁。学前二山,正直棂星门,蜿蜒水湄,中峙圆峰。门外有采芹亭、杏坛,与棂星门对,古木苍蔚,

---

[①] 弘治《八闽通志》卷七八《寺观·邵武县》（下册）,2006年修订本,第1202页。嘉靖《邵武府志》卷十五《外志·寺观》,明嘉靖二十二年刊本,第10页a。

孔林宛然，基宇宏伟，视七闽为冠。

【简跋】

　　此碑撰于南宋绍兴八年（1138年），碑石未见，碑文录自光绪《邵武府志》卷十二。作者陈之茂，时任邵武府学教授。邵武军学，宋天圣二年（1024年），知军曹修睦始建，宋咸重修。建炎二年（1128年），邵武城遭兵燹，军学独存，被改为官吏宿舍。绍兴八年，教授陈之茂申请重建。

邵武军光泽县社仓记
（绍熙四年）

　　光泽县社仓者，县大夫毗陵张侯訢之所为也。光泽于邵武诸邑最小而僻，自张侯之始至，则已病夫市里之间民无盖藏，每及春夏之交，则常籴贵而食艰也。又病夫中下之家当产子者力不能举，而至或弃杀之也。又病夫行旅之涉吾境者，一有疾病，则无所于归，而或死于道路也。方以其事就邑之隐君子李君吕而谋焉，适会连帅赵公亦下崇安、建阳社仓之法于属县，于是张侯乃与李君议，略放其意，作为此仓。而节缩经营，得他用之余。则市米千二百斛以充入之。夏则捐价而粜，以平市估；冬得增价而籴，以备来岁。又买民田若干亩，籍僧田、民田当没入者若干亩，岁收米合三百斛，并入于仓，以助民之举子者如帅司法。既又附仓列屋四楹，以待道途之疾病者，使皆有以栖托食饮，而无暴露迫逐之苦。盖其创立规模，提挈纲领，皆张侯之功，而其条划精明，综理纤密者，则李君之力也。邑人既蒙其利而歌舞之，部使者亦闻其事而加劝奖焉。于是张侯乐其志之有成，而思有以告来者使勿坏，则以书来请记。

　　予读古人之书，观古人之政，其所以施于鳏寡孤独、困穷无告之人者，至详悉矣。去古既远，法令徒设而莫与行之，则为吏者赋敛诛求之外，亦饱食而嬉耳，何暇此之问哉？若张侯者，自其先君子而学于安定先生之门，则已悼古道之不行，而抱遗经以痛哭矣。及其闻孙，遂传素业，以施有政，宜其志虑之及此，而能委心求助以底于有成也。李君于予盖有讲学之旧，予每窃叹其负经事综物之才以老而无所遇也,今乃特因张侯之举,而得以粗见其毫末,是不亦有感夫!故予既书张侯之事,而又附以予之所感于李君者,来者尚有考云。绍熙四年春二月丁巳新安朱熹记。

【简跋】

此碑撰于南宋绍熙四年(1193年),碑石未见,碑文录自《晦庵先生朱文公文集》卷八十①,又见弘治《八闽通志》卷八四。光绪《邵武府志》卷二八《古迹》载,此碑在光泽县治东桥南废仓前。作者朱熹(1130—1200年),字元晦、仲晦,号晦庵,谥文,世称朱文公。生于南剑州尤溪,南宋著名理学家。《宋史》卷四二九有传。朱熹曾为南宋社仓制的普及起到过主导作用。社仓是宋代乡村重要的社会救济机构,在春荒期为农民出贷米谷,以维持乡村秩序的稳定。

邵武军新建军治谯楼
(绍定四年)

世人言闽盗,多曰汀、邵,非也。盗皆起于汀境,邵与邻,所渐者然耳。初,宁化贼既残建、泰二邑,势且及府。天子命朝臣某人某人出守,皆固辞,王侯遂独奉诏。引道未至,郡已失守,千里为墟。侯露居于野,空拳转战。诛筋竹洞渠魁,群丑或僇或降,惟下瞿贼据险戕县令,拒官军。侯方声罪致讨,会以风闻去,诏用赵侯以夫代之,慨然以夷难葺废为己责。一清溪洞,再造府治,将吏禀严令,工师受成抚。以绍定四年八月经始,明年十一月落成。縻钱楮若干缗。堂寝显严宏邃,如大家甲族之营其居;谯楼突兀钜丽,如名藩雄镇之裕于力。招捕使陈公韡过而叹曰:"轮奂美哉!"

初,朝家以祠牒八十助侯赡兵廪徒之费,侯一钱粒粟皆自致,归祠牒于朝,而属记于余。余观世之士大夫,雅俗勇怯不同,及乎当乘障干方之任,或曰事不可为,辞不拜,或曰事尚可为,患力不足,求兵与财,然后往。无雅俗无勇

---

①[宋]朱熹撰;朱杰人、严佐之、刘永翔主编:《朱子全书》(第24册),上海:上海古籍出版社,合肥:安徽教育出版社,2010年修订本,第3798页。

怯,其说必同。昔〔刘〕越石于并,〔祖〕士稚于谯,咸无资粮,弗给铠仗,不旬月而荆棘复为官寺,夷虏愿为华人。〔陆〕长源于汴,〔张〕弘靖于燕,士马强盛,金帛充斥,不俄顷而井邑荡为战场,部曲化为仇敌。盖祖、刘能理荒残久废之郡县,张、陆不能抚循治安无事之军府。牧守才不才,一方之休戚,三军之生死,而万姓之祸福系焉,乌可不谨择欤?故夫诿事于不可为者,庸人也;有待于资与助,中人也;无待于资与助,豪杰之士也!若王侯驰单车,横绝群寇,赵侯收余烬,兴复一郡,孰资助而助之哉?特其忠愤廉约,有以詟盗贼之气,得军民之心尔!予故著之,以辟夫谓事为不可为者也,且以愧夫谓事虽可为而患力不足者也。王侯,金坛人。赵侯,长乐人。

【简跋】

此碑刊于南宋绍定四年(1231年),碑石未见,碑文录自《刘克庄集笺校》卷八九[①],又见光绪《邵武府志》卷六。作者刘克庄,字潜夫,号后村,莆田人。南宋豪放派词人,官至工部尚书。南宋邵武军公署,绍定三年(1230年)毁于战火,次年知军王遂建正厅。赵以夫继任,续建谯楼、仪门、两廊。王遂,字去非,又字颖叔,金坛人;赵以夫,字用文,长乐人,两人任邵武知军时,皆有治绩。弘治《八闽通志》卷三九有传。

新作大成殿记
(至元二十年)

至元二十年夏四月,邵武县学新作大成殿成。邵武自唐为建属邑,宋升军学为郡治。庆历间,诏郡县立学,其后军学迁于水北,因以为县学,几三百年矣。地接熙春之脉,秀水出焉。庭有瑞榴一株,每视实多寡,为选举之符。兵兴,栋楹圮毁。前副达鲁花赤初公元方经营郡泮,寻以秩满去,同知总管府事奉直石公哈剌不花谋及明府,则达鲁花赤中顺王公弼、总管府尹明威许公进,于是

[①][宋]刘克庄著;辛更儒笺校:《刘克庄集笺校》(第9册),北京:中华书局,2011年,第3780—3782页。

委前录事伍森与黄中同襄斯役,鸠工度材,丹青华焕。卜日释菜,儒绅咸集,黄中因谂于众曰:"昔文翁在蜀,大兴孔庙,招徕弟子,至今美之。吾樵干戈甫定,公汲兴学,比文翁有加矣。士游斯学者,免力役而事诗书,俾弦歌之声播于榴庭秀水,以副兴学之意,盖知所勉矣。"

【简跋】

此碑刊于元至元二十年(1283年),碑石未见,碑文录自光绪《邵武府志》卷十二。作者洪黄中,时任邵武县学教谕。至元二十年夏四月,邵武总管府同知石哈剌不花新建县学大成殿。[①]

樵川新驿记
(至元二十三年)

至元二十有三年春正月,邵武路新作樵川驿成。先是,郡驿在通阛之南道,东西行者非便也。今达噜噶齐、大夫明公安莅政之明年,始议改创,暨诸府公相攸厥址,得水北涯之地。前踞长川,后枕平阜,面势清旷,风气爽垲,驿置实宜。揆日庀徒,是营是筑。工师得木,意匠规授。前荣轩轩,中堂渠渠。缭以周垣,启以高闬。赭垩鲜焕,玄荫窔升。凡为若干楹,视旧馆有加,卓为他邦之甲矣。既成,相马使辂,蹄辙载路,于我乎馆,所至如归,君子于此观政焉。昔者《周官》候馆野庐之事,由郊而都,由十里至于五十里,宿顿有所,饫饩有具,其法之纤细如此。至春秋之世,郑子产论晋文之霸,乃在于崇大诸侯之馆,馆如公寝。司空以时,平易道路,圬人以时,塓馆宫室。《春秋》《周官》之法度也,于乎仁矣。

大元一统以来,际天蟠地,舟车所至,罔不砥属。故凡通驿公馆之制,率维用兹,圣作之典。而斯郡也,逾闽以东,界江以右,胥此而路分省。牧隶重臣、大官往来无时,使者相望于道,吾父老将迎之不暇。若司里不授馆,而隶人坏垣以为宾羞,宁不亦舍者争席,炀者争灶,而使吾民无有宁宇,斯固为政者之

[①] 光绪《邵武府志》卷十二《学校》,2017年点校本,第253页。

所用心者也。夫世一蘧庐，官一传舍，惟吏于土者不以一宿视蘧庐，而必于一日葺，不以阅人多视传舍，而期于历年多是以能远。然则斯驿之成，其于尊命，隆客礼，便人心，作永久之弘基，成太平之盛观，岂曰饰厨传、事过客？皆以为民计也。唐崔佑甫记滑台新驿，谓古之君子约己而裕人，知龢而勤礼，所以陋居室而恢宾馆，节丰华而广荫庥，于以弘德，此其端焉。仁哉！公之心乎。采诸舆诵，著在路碑，袭石刻文，用声美绩。仆亦民也，不敢以固陋辞。

【简跋】

此碑刊于元至元二十三年（1286年），碑石未见，碑文录自《在轩集》（清文渊阁四库全书本）。作者黄公绍，邵武人，字直翁，咸淳元年（1265年）进士，宋元之际音韵训诂学家。

邵武县学复田记
（元统二年）

樵庠复田记者，大复田于异端氏而记之也。初，樵有荐舍人廪，在樵南三十七都茶源，曰石结丘，曰塘下，曰石角牛，曰下隔亩，岁纳总一百二十有奇；曰藕田塘①，岁入楮一十五贯。畛畷周浮屠之庐，溦溦如也。至元戊子，有袒而缁者率众扦耕，径芟禾以去，邑博士官治之，总属不专，租以不入。泰定间，邻田吴氏忿缁众不义，暴其诈，有司召而诘之，信验其籍，率无佐②，乃议反于庠，俾完贮以听。上若府，移若隶，督若赋，而其众据地若初。至顺壬申，宪副彦芳李公按郡，训导③夏道子有志期复，率同舍友李予忠④、危公昌、林必茂以事闻。公曰："嘻，其不仁哉！"追至庭诘之，乃以田归。租纳于官者，凡楮一百五十有一贯。盖自始失而复，凡四十五年矣。多士胥以克复为功，来请记。窃惟〔夫子之道，自生民迄今，懿德良心在人者，一息不可忘也。矧蔑

---

① 藕田塘，和平镇《竹粟黄氏宗谱》作"藕白塘"。
② 率无佐，和平镇《竹粟黄氏宗谱》作"率无左"。
③ 训导，和平镇《竹粟黄氏宗谱》作"庠教导"。
④ 李予忠，和平镇《竹粟黄氏宗谱》作"李子忠"。

然芹藻，以追本始报功德，其何忍于利而取之哉？岂夫人性习异趣一，不知吾君臣父子之彝，诗书礼乐之教，斯其昧速，而弗之思欤！〕①贤使者〔肃风纪，范人心。〕正名反经，〔使邪慝禁而不作，事虽若微，志则大矣。〕于法应书，于是博士沙阳萧德馨公出夏道子摄讲，克复其田，以租入，增鹭地六十总于和山之阳，又以萧博士所捐金②，更筑贤祠斋居若干楹，于秀水之上，皆可书也。予尝撤皋比而宾于乡，父兄师友每有切磋之思，〔而兹田又尝报本焉。〕因喜而书之。③〔俾勒诸石以示后之人。元统二年甲戌岁孟冬吉日记。〕

【简跋】

此碑刊于元元统二年（1334年），碑石未见，碑文录自光绪《邵武府志》卷十二，又见和平镇《竹粟黄氏宗谱》卷尾④，碑名为编者加拟。作者黄清老，邵武人，字子肃，学养高深，人称樵水先生。泰定四年（1327年）进士，累迁奉训大夫、湖广等处儒学提举。弘治《八闽通志》卷七十有传。本书有收录其墓志铭（《元故奉训大夫湖广等处儒学提举黄公墓碑铭并序》）。元代邵武县学田，一度遭僧人侵占，至顺元年（1330年）教谕萧德馨、训导夏道子、学录陈士元重建乡贤祠及号房，又收复侵田及增置学田⑤。

樵溪书院记
（至元六年）

至元三年丁丑，浚都王子嗒剌虎台来监昭武，兼董治教，幕宾陈经言曰："樵溪书院，宅郡治之阳，经诵相闻，民观瞻在焉，礼殿甚弊，政兹阙。公以职总两学，盍图修诸？"于是命山长林嗣源考籍征租，庀材涓吉，明年夏六月甲申集工。越八日辛卯，大雨，水骤至，侵四几以上神配，从位胥没。乃隆桴

---

① "夫子之道……而弗之思欤！"光绪《邵武府志》本缺，据和平镇《竹粟黄氏宗谱》补。本文以下缺补，均据《竹粟黄氏宗谱》。
② 捐金，和平镇《竹粟黄氏宗谱》作"捐俸资"。
③ 因喜而书之，和平镇《竹粟黄氏宗谱》作"固亦喜而为之书"。
④ 和平《竹粟黄氏宗谱》卷尾，民国三十四年敬爱堂刊印本，谱存邵武市和平镇和平村。
⑤ 弘治《八闽通志》卷四五《学校·邵武府》（下册），2006年修订本，第48页。

耘，厚基址，塞碑决壅，益为远图，堂皇广修。楹阅多寡仍旧，其崇增三之一。两阶重阿撤旧，其新增十之九。庑东西仍者杀于堂皇，撤者倍于重阿，余各增其四分之一。规模制度，视初有加。肖者绘之，毁者象之，歌者正之，解者属之，刻者丹之，朽者涂之，咸精其艺。高明壮丽，与新作等。己卯夏止工，庚辰秋七月，水复作，不害而退。诸生以斯文之功，不可泯而不传也，胥来谒记。且曰监郡于书院，自下车至于报政，用心如一日焉。昔水之未至，礼殿之未修也，尝避堂途矣，作崇文门矣。迨水之再退，礼殿之既修也，又尝茸先贤堂矣，营咏沂亭矣。工役广而民无扰，废坠举而学不匮。福建闽海使者廉视有加，庸委学事，仍以陈君佐之，公益茂彰厥绩。至是幕府赞画之效，学宫祗承之乐，皆有光焉，请并书之。

余记：泰定丙辰①，西侯达一尝修营，其有功者皆志于石，距今十有四年，复得与书厥美，使后之为政者用心咸若兹，岂非斯文之幸欤？愿记之以告后之君子。

【简跋】

此碑刊于元至元六年（1340年），碑石未见，碑文录自和平镇《竹粟黄氏宗谱》卷尾。②作者黄清老，邵武人，字子肃，学养高深，人称樵水先生。泰定四年（1327年）进士，累迁奉训大夫、湖广等处儒学提举。樵溪书院，宋景定中知军方澄孙肇建，祀宋丞相李纲。元世祖至元十八年（1281年），同知万不花移建于樵溪五曲之上。元惠宗至元四年（1338年），监郡浚都王子哈刺虎台重修，建崇文门、咏沂亭。③

重建文庙记
（至正十年）

今邵武县之庙学，旧为郡学，宋熙宁间，迁于郡城之水北，遂以其地为县学。中经兵燹，日就简陋。至正六年，携李陆侯文英宰斯邑，以颓废不治为忧。

---

① 丙辰，原文作"丙申"，元泰定无丙申年，应以丙辰（泰定四年，1327）为是。
② 和平《竹粟黄氏宗谱》卷尾，民国三十四年敬爱堂刊印本，谱存邵武市和平镇和平村。
③ 弘治《八闽通志》卷四五《学校·邵武府》（下册），2006年修订本，第48页。

七年，豫章郑之纪为教谕，陆侯乃与郡博士周溥交章，荐请丰城儒者周僖助其训导。九年春，周君摄教谕事，因白之监郡，曲出通议，公图更新之。而陆侯又以省台荐举，选为都转运盐使司经历。今县令耶律公继至，与典史林希源移委周君专督其事。劝好义者输金，庀材鸠工，始自至正九年夏六月，明年五月落成。规制坚敞，丹艧明焕。耶律公及郡士黄君镇成具书请记，乃为推本国家兴崇庙学之意。盖自世祖初，得赵仁甫于江汉，尽以朱子之书授姚文献公洎、许文正公。性本仁义，书则孔孟，说则周、邵、程、张。大中至正之矩，天理人事之全，无不在焉。有志之士诚以是为日用之实，则进有所为，退有所守矣。

【简跋】

此碑刊于元至正十年（1350年），碑石未见，碑文录自光绪《邵武府志》卷十二。作者杜本，字伯原，号清碧，京兆人，后徙居武夷之平川。至正中，征为翰林待制兼国史编修官。至正九年（1349年），邵武县尹陆文瑛倡建文庙，达鲁花赤耶律唯一继之，次年竣工。[①]

克复城池记
（至正十二年）

至正十有二年春二月，淮汝叛，犯湖省，连陷江西诸郡，图龙兴，进陷建昌，所至蜂起，闽中大震，昭武独守杉关。夏四月，建宁县首祸应必达洎其党诱致江西首贼宜黄涂一、涂祐，新城童远，袭据建宁县治，遂陷泰宁。癸亥，遣贼扬旗执榜至邵武界，胁傍民三百余人，持白挺大噪入城。先是，官民闻贼将至，皆挈孥远遁，贼遂乘虚据郡治。明日，诸贼首扬言摧富益贫，以诱从逆，凡婪者欲财，仇者思报，群起从之，旬日间聚至数万，大掠富家，入山搜劫，无得免者。东犯顺昌，遣其党至将乐，而南自泰宁，侵万安寨。方是时，远迩恟疑交煽，无一人为御守计，独吴公慨然发愤曰："世受国恩，忍坐视贼为乱乎？"适省檄募义兵三千人援江浙，未及行，因与弟子赣、侄完者秃等谋，权

[①] 弘治《八闽通志》卷四五《学校·邵武府》（下册），2006年修订本，第48页。

以所募义兵击贼,遂先杀贼党之在邑者,领兵水陆继进。五月癸酉朔,晨抵顺昌,殪贼数千,收所掠印章三十有七,遂复县治。移檄诸郡,而延平、建安守将亦各举兵败贼,皆公倡之也。贼自顺昌大衄之后,皆惶惧失据。虽群丑时攻顺昌、将乐,而出即败还。未几,宣闽移书擢赏,命公专意克复昭武。六月,进至吉舟、石湖,连战屡捷。七月,进营婪潭洲,侦知贼栅水口寨为固,而水涨,无舟不可渡,乃编木为浮桥于下流。翌日,分兵渡浮梁,由大干趋南岸。公与总兵副帅丑厮帅师由驿道趋富屯,进至水口与贼战,杀二百余人,获舟二十余艘,因得渡,与南岸兵合。拔其栅,俘斩首从数千人。水口扼邵武冲,既克,则兵可长驱。戊子,进营陈坊。庚寅,前军奄至拿口。贼众遁昭武,官吏闻之,聚谋曰:"吴公军已压境,我辈宜早为计。"因各出私财,赂贼卫卒,叱散其党。夜诱其渠帅,缚之械于狱,遣使驰报。癸巳,大军至城东,适贼帅童远前队至自建阳,公即麾兵渡水歼之,与副帅丑厮整军入郡。百姓迎拜,如婴儿之见慈母。方部分间,又报贼至城北,复勒兵出战,杀童远并其党千余。乃招谕居民,凡避难者皆襁属来归。槛送贼帅涂祐、应必达、孔以立、张彦敏、侯玉等及童远、徐富以下首级于帅阃,而宥其余党。其后,逭诛者知公宽厚,潜回村落,诱逼乡民据巢穴行劫,鼪啸蚁聚,合十余道攻城。其从义击贼者,独城南之芹田,城西之樵岚耳。公从容指挥,诸将四面应敌,随战辄捷。十一月壬午,贼大合数万人薄城,抵陔岭。义兵稍却,公下马持矛以身先之,射其前锋。贼见旗仆即走,因纵兵追击,斩获殆尽。由是贼中自相诟怨,或杀其渠首来降,或负阻自固,无敢复向城者。明年正月乙酉,将乐大军来援,崇安、建阳诸军亦至,诸贼一夕遁去。东乡水路既通,他所望风降附,地方悉平。二月,公以宪府檄援福州,昭武士民合辞征文以纪公功德。予不能辞,因勒之刚珉,以志不朽。公家三华,名按摊不花,竹堂其号也。

【简跋】

此碑刊于元至正十二年(1352年),碑石未见,碑文录自光绪《邵武府志》卷十三。作者黄镇成,字元镇,邵武人。屡试不第,历游南北,后归故里隐居著书,工诗文,学者称存斋先生。弘治《八闽通志》卷七十有传。光绪《邵武府志》载:至正十二年,江西起义军董元帅、铁和尚等攻陷邵武,被建宁路总管府同知彭庭坚、邵武路达鲁花赤吴按摊不花合兵讨平。建宁起义军应必达与宜黄的涂一、涂祐等攻陷建宁、泰宁，占据邵武，也被吴按摊不花及其弟子赣、侄完者秃讨平。[1]

均徭记
（至正十六年）

　　吾邑居万山之中，随身曲折高下。去丘陵林麓，得十之一，土隘故民稀，力劳故产薄。通一邑岁入县之役数，其为石者，万六千余，而占籍官田居大半，其可役者不满十之五。于五之中，又有其二去为杂役。至乡胥在官者三岁更番，仅五之一。其豪民避役，又率破碎匿名，不可钩摘，大抵存者，十之二耳。重以寇毁，亡失版籍。比岁军兴，供费十倍，见役者率惟称贷于本邑市产以应，民且不堪，将胥为逋播，则官亦病矣。至正十六年冬，监邑安公安答儿秃，洎今张公祥来，上稽吏牍，召役者而讯焉。十不五六，皆蓝褛箠困，征责无所出，荷校负绁，号苦难诉，而奸猾隐避，乃偃仰自休。二公廉知之，以国制以五事六事为守令殿最，均赋役其一也。盖赋役均，则民无偏重，无偏重，则无破产之患，既有恒产，则有所养以为生，词讼乃可简，田野乃可辟，盗贼可息，学校可兴，常平可行，是赋役一事，实五事六事之根柢也。今弊若此，可不思所以更张乎？即具因革利弊，上于总府，总府韪之，下其书与张公，公乃同监邑安公，合僚属洎邑之役户佥议之，复采儒宿老成之论。既克协矣，于是下令，约隐折苗产者，首实厘正，加核上年卷牍，比较登耗之数，而参稽焉。先是，邑以里正立首，十乡同役，地广而役重，费同而产力不同，移后促前，就轻避重。今各设主首一人，五十三都岁二番，为主首者一百有六，三岁六番，总为三百一十有八。一主首率以苗二石五斗为正役，在官应办，余畸碎小户为助役，出钱佐费。凡邑之租苗、课铁、职田、废寺、僧人，粮役有征无征，皆差次截补为三百一十八分。一主首止理一都，地窄而民易知；在官者常五十三人，人众而事易就。户有定，产无轻重偏倚之私；役有常，岁无移趱疏数之弊。编次

---
[1] 光绪《邵武府志》卷十三《寇警》，2017年点校本，第285页。

既定，为总籍二，一上总府，一留本县。分之为三百一十八籍，主首各收其一。凡籍之所载，岁各视其数而具焉。当役之期，亦视其次而用焉。事若繁而实简，法若略而实详，可谓大公而至均者矣。自非至仁足以推诚率下，通才足以经事综物，安能如是？后之长斯邑者，永念二公创理之劳，勿以己志汨陈之，则良法可久，而治效亦永有令誉矣。

【简跋】

此碑刊于元至正十六年（1356年），碑石未见，碑文录自光绪《邵武府志》卷七。作者黄镇成，字元镇，邵武人。屡试不第，历游南北，后归故里隐居著书，工诗文，学者称存斋先生。弘治《八闽通志》卷七十有传。元末邵武的徭役征派不均，民众不堪其扰。达鲁花赤安答儿秃、县尹张祥设法改革，重新编次徭役户籍，"民咸称便"[①]。

通泰桥记
（天顺五年）

七闽山水，武阳号最清绝。其土夷旷，其势蜿蜒。通泰为桥，左卫福山，右旋寿屿。前踵重冈，而三峰峙其南；后拥金汤，而万峰耸其北。其水则自云锦逶迤而东，为众流之经会。桥建于昔，亦已久矣。天顺戊寅夏，为洪潦所隳。郡守何侯抗章于朝，许之，遂易木以石。捐金以倡，莫不欢然给助。节推周侯董其事，同寅咸精白一心。经始于是年冬十一月，落成于辛巳春二月。为址者五，砥柱中流者三，酾水四道，高三丈有奇，广三丈余，延袤二十余丈，翼以栏楯，精密坚完，足以跨江流而为济川之大用矣。以工计则数十万力，以资计则一千余镒，以日用供给计则稻粒一千余石。其余应用之物，又不可以胜数。乃走书命予属笔。通泰襟带南北，绵亘西东，固为要冲。何侯牧是郡，济众之仁既已见于行事，而节推周侯一苾以公，诸执事亦奉行而无爽，宜其不日成之也。昔诸葛武侯谓：治世以大德不以小惠。侯其有之，则英声茂实，腾播遐迩，又岂不与武阳山水相为辉映者乎？

[①] 光绪《邵武府志》卷十五《名宦·张祥传》，2017年点校本，第399页。

【简跋】

此碑刊于明天顺五年（1461年），碑石未见，碑文录自光绪《邵武府志》卷五。作者邹允隆，泰宁人，名昌，以字行。正统间进士，官至广东按察司提督学校佥事。[1]光绪《邵武府志》卷十九有传。通泰桥，跨白渚溪，旧名至善桥，天顺二年（1458年，戊寅）夏被冲毁，是年冬开始重修，天顺六年何友修竣。[2]

邵武城西南石枧修筑记
（弘治十二年）

邵武城西南隅旧有木枧一道，跨濠通沟，引樵岚下流入城。自西营东折，由武阳书院，达上、下二水寨巷上。尾分一流，北折而至福民坊，以及仓巷口，少西折，而至九龙观前，北流探花亭，折而至凤池坊。其自仓巷口北流者分一派入常丰仓，余从巷口达饶家井。少折，旋复东流布政分司前，而至莲塘。后又北折，出凤池坊，与观前北流而东者相会，而入乌龙巷。乃循阴沟出城，以达于溪。故老相传，以为至正间府守常公瓒所为，但惜枧以木，屡葺而屡坏，今枧坏者已五十年。火灾疫疠无岁无之，说者谓关于枧之废兴。弘治己未，知府夏方田先生来守，民以此告于公。公以其有益于民，乃规度而一新之。址以石甃者五，枧以石刓，延袤一十七丈。北枕濠岸，以通于沟而入城。南亦枕岸，以接其流而入枧。坚壮永固，萦纡委折。军民上下翕然称快，以记请于公。公曰："记为某作，则不可。若曰记以岁月，俾后人知所自，知此枧之利不可废，其修护之惟谨，则可。"命卓记之。

【简跋】

此碑刊于明弘治十二年（1499年），碑石未见，碑文录自光绪《邵武府志》卷五，碑名为编者加拟。作者许卓，邵武人。元至正间，官府修建了引水木槽——木枧，引樵岚之水入城。明弘治十二年，知府夏英以更为坚固的石枧取代之，

---

[1] 光绪《邵武府志》卷十九《列传·邹允隆传》，2017年点校本，第579页。
[2] 弘治《八闽通志》卷十九《桥梁·邵武县》（下册），2006年修订本，第522页。

募枧夫一名，工食七两二钱。[1]

重建卷峰桥记
（弘治十四年）

武阳郡治之南三十一都，土名山口，崇冈绝壁，萦纡屈折。中有涧泽，诸水所会，旧有石桥，岁久就圮。近年建以木，易于朽腐，且当建、泰往来要冲，淋潦时，往往病涉。弘治己未，吉水夏方田先生来守此邦，求民之利害当兴革者，以是桥为不可缓，谋于僚佐。江阴陆公、陆川庞公洎邑侯安仁姜公首募，义民李福辈出金为倡，余则或劝赀，或赎锾以充之。经始于庚申四月，至辛酉二月告成。自是屹跨中流，往者来者，悉就坦途，无复乡之病涉矣。公之是举，惟知民利之当兴，王政之当行，一以至公处之。其役虽重，而未尝劳民之力；费虽侈，而未尝伤民之财。功既成，俾予记其颠末，寿之贞珉，以告来者。

【简跋】

此碑刊于明弘治十四年（1501年），碑石未见，碑文录自光绪《邵武府志》卷五。作者何钦，番禺人，举人，时任邵武府学训导。卷峰桥，明弘治间建，在三十一都山口村（今城郊镇山口村）。

邵武县学尊经阁记
（弘治十五年）

邵武县，予旁近县也，然未始一游之。而登览其山川，考其志牒，以求其故。故其学亦不知其何始作，作庙作堂。凡为学作者，宜莫不有记，以未考故，皆不详其何时暨谁氏之作。作尊经阁，则今太守夏侯英也。侯自延平移守是郡，凡郡之有丽于政教者，其庙、其坛、其廨宇靡不创初或葺治者，学官与其士度

---

[1] 光绪《邵武府志》卷五《水利》，2017年点校本，第70页。

知之。乃弘治壬戌□月□,相率走庭下,以是阁请。侯曰:"其基安在?"曰:"未有也。"侯艴然不悦曰:"然则请何为?"曰:"西墙阴之废地,武人地也,直十金,金旦入之,夕其基也。"侯曰:"若然,是无难者。"呼之至,如数畀之。乃合僚率属,发墙而营度焉。芟芜窒窦,登其污之涂,燥而出之。畚客土其上,高加于旧五尺有奇。材斩于山,匠召于豫章之良,而徒役于民之在官者。明年□月□日,阁成。左为学舍,右如之前,为馔堂在舍之左。登经于高,栖士孔安,况遗壮观于万斯年,楚哉斯举也乎!其武人也者,其何知?惟德侯之畀金,曰:"吾受金也实藉是。"其学官与士必曰:"吾志在尊经。然何力之为,微吾侯,何能为是?"其知县必曰:"是吾事也。顾吾于事塞,微吾侯,何能为是?"其同知、下判、判之下推官亦必曰:"是亦吾志也。然微侯,何能为是?"乃合以走使于京师,属予记。噫!予行天下,见郡有是阁矣,然亦不尽然也。县有之,殆或自兹始,且守俯为之,皆异事。太史氏宜书,书之。同知□□、通判□□、推官朱彩、知县姜桂、教谕□□、训导□□,皆欲记是阁者。书法例当附,附焉。

【简跋】

此碑刊于明弘治十五年(1502年,壬戌),碑石未见,碑文录自《翰林罗圭峰先生文集》卷九(明嘉靖五年刻本)。作者罗玘,字景鸣,号圭峰,江西南城人。成化二十三年(1487年)进士,正德中,官至吏部右侍郎。弘治十四年,邵武知府夏英为县学购地建尊经阁,次年请罗玘记其事。

邵武县改作学宫记
(嘉靖二十年)

■使奉■钱塘田汝成撰

〔大寓之内,别壤分封,山川隔〕[1]越,必风气开而人物阜,然后仁义礼乐之化浸淫洋溢乎其间。故情未荡而质有余者,犹可〔宣之文章,以裁饰其固

---

[1] 此碑缺文处,均据《田叔禾小集》补。

第二章 地方公益

陋。而〕淫液已久，狃染成痼者，虽有善政善教，令之未必行，倡之未必和也。故大江以北谓之中原，〔则五帝三王之所临莅也，〕劝进以仁义，而绸缪以礼乐，无虑三千年，而民始就理。秦汉而下，则又戕以战争，驱以功利，呦〔以老佛，导诱纷纭，一反一〕覆，听者玩矣。即欲鼓舞而甄陶之，猝难响应。若夫瓯闽岭海之间别为区域，周季已前，犹鸿蒙〔之世也。虽辟于秦，县于汉，〕而其民卉服鲜食，跧伏荒莽，与麋鹿蛙黾无异，暗暗汤汤，仅可名纪。孙吴张设官吏，仅赋租庸。〔唐宋之间，而民始向学，〕英俊始茂，号为乐土。上距秦汉不过千三百年，乃今较其世数，始可以当中原三代之隆。而邵武〔又瓯闽之奥壤也，保界〕西鄙，风气之开独迟，而教化之渐被更晚，故其民闻见孤鲜，宇内纷纭反覆之说罕所喧豗，淳朴〔简静，重稼力田，不健诤〕讼，所谓情未荡而质有余。为吏于兹土者，不烦夙夜而卧治，庶几有邃古之风焉。由是而宣之文〔章，以裁饰其固陋，宜无〕弗应者。

邵武县学肇自有宋，迄今五百年，或圮或复，仅称苟完。明兴，普学校于天下，兹复仍其〔旧而修之，规制卑隘。而〕郡城有九龙观者，形胜巨丽，宜作黉宫，以群俊秀而嚣然为黄冠之居，邦人惜之。是年六月，丁君〔湛以都给事中谪倅兹〕郡，端履勤政，留意人才。既采舆议，适巡按御史徐公宗鲁行部至郡，遂偕同知曹君金白举其事，〔而分守参政梁公廷振、〕分巡佥事郑公有周，纵臾赞画。徐公慨然许之，乃命知县王君训揆营改作，协于规度，存其可仍，〔而易其不当物者。会知〕府邢君址、通判朱君应云，骈趾履任，益阜偻功，复委照磨苏德相助为理。厥工乃成。而妥神、肄业、〔会馔、习礼之所，莫不翼翼〕枚枚，既备且丽，曳籍弟子亦莫不欣觐昌会，争相激昂，勉勉渠渠，进修德业，副上官鼓舞之心，〔于是教谕潘日升，训导杨〕番、夏宁等启事，请记于予。予则叹曰："嗟乎！邵武之治，其将大兴乎！"夫教之施也，患受之者无地，〔与作之者无机尔。吾闻此邦〕之俗近厚，盖旁郡所难。夫淳朴保家之守也，简静寡过之术也。重稼力田，安土之经也。不健〔争讼，修睦之本也。四者受教之〕大端，所乏者，文章之宣与固陋之饰耳。由是而新其学舍，群俊秀而教之，枕藉书史，诵弦〔饮射，彬彬焉翱翔于仁义礼乐之〕中，浸淫渐被于乡党闾里平康之进，庶几于三代之隆，机非偶者。然则邵武之治，不〔将由是而大兴乎？

奉
□塘田汝成譔

越必風氣開而人物皇然後仁義禮樂之化浸淫洋溢乎其間故清夷蕩而質有餘者猶可
淫液已久狃滋成痼者雖有善政善教令之矢必行倡之未必和也故六江以比謂之中原
御進以仁義而綢繆以禮樂無慮三千年而民始就理秦漢而下則又歲以戰乎驅以功利咻
復聽者玩矣卽欲鼓舞而甄陶之猝難響應若夫颶閩嶺海之間別爲區域周季已前猶鴻蒙
而其民卉服鮮食路伏薦莽與麋鹿處鹿無異閩閩汩汩僅可名紀孫吳張設官吏宣賦租庸
英俊始茂號爲樂土上距秦漢不過千三百年延今較其世歆始可以富中原三代之隆而邵武
西鄙風氣之開獨遲而教化之漸被更晚故其爲見彙見彭寓爲紛綸反覆之說罕所喧呶漳朴
訟所謂情未薄而質有餘爲吏於茲土者不煩夙夜勞嘿幾有遂古之風馬白晝而宣之義
非應者邵武縣學肇自有宋迄今五百年或圮或復僅稱苟完明興普學校於天下弦復仍其
郡城有元龍觀者形勝巨麗宜作賢宮以群俊秀而置然爲黃冠之居邦人惜之是年六月丁君
郡端履勤政留意人才銳抉輿議遷巡按御史徐公宗曹行部至郡逐偕同知曹君金白樂其忠
分巡僉事鄭公有周縱史贊畫徐公慨然許之乃命知縣王君訓搽營改作協於規度於其可
之郡君址通判朱君應雲駢趾履任益阜偏委照磨蘇德相助爲理厥工延成而妥神肆業
枚枚皸備且麗虬籍弟二六莫不欣觀昌會爭相激昂勉勉渠渠進修德業副上官敖舞矣
入六端所之者文章之宣與巨酒之飾由是而新其學舍群俊秀而敖之者無地
之俗近厚蓋郡所難諉託於予予則嘆曰嗟乎邵武之治其將大與乎夫教之施也患受之者無
土愧無風德以刑儀多士勤辞公之嘉惠竊懲爲黉三二子之無負泛

推官丁潛　華周　監造照磨蘇德　誓工知縣王訓　教諭潘日升　訓導樓蕃　夏

念予不类，典教兹］土，愧无风德以刑仪，多士勤群，公之嘉惠，窃殷殷焉，冀二三子之无负也！

□□：推官丁湛、华周；监造：照磨苏德；督工：知县王训，教谕潘日升，训导杨蕃、夏〔宁〕■

【简跋】

此碑刊于明嘉靖二十年（1541年），现存邵武市李纲纪念馆碑廊，又见田汝成《田叔禾小集》卷三（明嘉靖四十二年田艺蘅刻本）。石碑顶部与左下角残损。作者田汝成，字叔禾，钱塘（今浙江杭州）人。嘉靖五年（1526年）进士，官至福建提学副使。工古文、善叙述，时称博洽。邵武县学旧在府治西北，嘉靖二十年，乡官饶瑄、举人王绅、生员吴从周等因校区褊狭，请求与城中九龙观置换地基，巡按徐宗鲁批准，推官丁湛、知府邢址相继推动。[1]

重建邵武学记
（隆庆四年）

昭武学旧在古西门，元末毁于寇，乃迁建焉，其规模粗具耳。洪武初，复圮于大水，遂迁于忠定精庐，盖胜地也。隆庆庚午，包侯以贵阳督学左迁郡丞。明年，熊侯、吴侯来佐郡事。包侯询于博士陈君尚诚曰："郡庠人物彬彬，胡年来科第之鲜？"则对以泮水未改，堂局未辟之故。侯谋于熊侯、吴侯，辟堂局，更泮水。无何，以为尚书郎时直道忤权贵事免，乃谓熊、吴二侯曰："吾免官，不足惜。所惜者，黉宫未就耳。二公成吾志乎？"包侯既归，而吴侯摄郡篆，熊侯设邑符，遂相与倍捐金而督成功。岁辛未，赖侯来守郡，从而润饰之，不逾年而成。萃精鸠灵，真足以发山川之秀矣。

【简跋】

此碑刊于明隆庆四年（1570年），碑石未见，碑文录自光绪《邵武府志》卷十二。作者郭应聘，字君宾，莆田人，嘉靖二十九年（1550年）进士，官

---

[1] 光绪《邵武府志》卷十二《学校》，2017年点校本，第254页。

至南京兵部尚书。隆庆四年，邵武府同知包柽芳扩建府学，辟明伦堂，改泮水，葺墙宇。知府赖嘉谟踵成之。①

重建府学记
（万历三十年）

邵武为闽西户，自宋迄明，学基渐广，规模屡新。万历辛丑秋，民居火延尊经阁，庙、庑、堂、祠、亭、斋尽毁，仅存棂星门，环墙赤土耳。执政者以宿业无资，人材放失为惧，乃简材鸠工，仍前人之制而益拓之，土石孔良，规模周备。始壬寅之春，至甲辰夏乃竣，费金钱二千二百有奇。主议者，前郡守阎君士选，就绪者，后郡守严君瀓、同知冯运升、通判柳国祯、推官朱履仪，而知县商周祚则综理而率作，至始终受成以济盛举，实藉守巡沈儆炌、刘毅、督学饶景晖三公之力云。

【简跋】

此碑刊于明万历三十年（1602年），碑石未见，碑文录自光绪《邵武府志》卷十二。作者方元彦，字士美，徽州歙县人。万历十四年（1586年）进士，时任福建巡按御史。万历二十九年（1601年，辛丑）邵武府学被烧毁，仅存戟门、仪门。次年，知府阎士选、推官赵贤意请求守巡两道，以监粮银三千两重建。知府严瀓、同知冯运升、推官朱履仪、知县商周祚踵成之。②

长春桥记
（万历三十一年）

距邵城之东五里，渡樵津，抵建州，故未有桥，一遇洪涛，咫尺不得渡。

---

① 光绪《邵武府志》卷十二《学校》，2017年点校本，第246页。
② 光绪《邵武府志》卷十二《学校》，2017年点校本，第246页。

且津流由西北折而东南，西北为万年桥，而东南缺焉。天门翕，地户张，其形倒置，人文或未尽兴，民财或未尽阜，由此也。缙绅父老聚族而谋，募财鸠工，建于鹿口津。凡费缗三千，始基于矣。明年壬辰大水，基坏，夫亦地形未得以至。是乃谋徙建于天妃宫饮猿崖下。夫水之所注，山形随之，兹崖独逆流内向，讵非郡脉攸关乎？第溪面益广，费更不赀。维时直指何公熊祥、大参高公从礼、沈公微价下檄征赎锾，而郡伯李公之用、丞若倅钟公万春、蒋公时偕、邑长黎公应凤后先出钧矢劝相，不佞碌碌，乃礼缙绅侯明府衮、王明府坛，相与和衷弹力，为士民先。始壬辰，越今癸卯，岁支已周，乃告成事。不佞窃谓郡脉发于熙春，溪流环抱，得斯桥也，如盖藏之有锁钥，民物安康，熙于春台，于万斯年，有基勿坏，宜名"长春"。且是役也，时绌举赢，一鼓而应，再而不衰，人之力欤，维神之庥也？神司水府，微神之官，何以护斯桥？谋于侯君，葺而新之，拓其前三楹为楼，面山临水，长桥如虹，颜其额曰"跨虹楼"，择人以司楼之启闭，供是官之洒扫。置田若干亩，僧人承之，香供无乏，庙貌常新，则桥其永赖乎！盖是役也，五美具焉：以济巨川，以闻地脉，以兴人文，以阜民财，以壮一郡之大观。即不可谓非常之功，而虑始乐成，匪朝伊夕。是用勒之贞珉，以纪岁月。

【简跋】

此碑刊于明万历三十一年（1603年），碑石未见，碑文录自光绪《邵武府志》卷五。作者赵贤意，时任邵武推官。方志记载："长春桥，跨大溪。明万历间知府李之用、同知钟万春、推官赵贤意创建。为墩十五，梁以木，甃以甓，覆以屋，修一百二丈，广二丈三尺有奇。"[1]

尊经阁记
（万历三十三年）

先王之言，具载于六经。夫言谓之经，固已尊矣。尊经者，尊其所以言也。

---

[1] 光绪《邵武府志》卷五《津梁》，2017年点校本，第97页。

经，常也，尊其所以言亦常言耳。常，非奇之所必收，则尊又未可必得也。语道德，逃之元；语性命，逃之空；语治天下国家，逃之清净。不曰此二氏之教也，而曰此六经之教也。耳食者群而和之，且以为发六经所未发也，是操入室之戈，反不如显畔于经外者，犹不至愚天下后世之耳目。天下后世当必有起而尊之者，盖天下无两尊，不尊六经，不得复尊二氏，固不若涉百家之言，犹有可为六经之羽翼者也。邵之多士，能于庸言庸行间，求圣贤所以有言，求圣贤之所不容言者，视听言动于《礼》，舞蹈于《乐》，修身正家化国于《诗》，治于《书》，寡过于《易》，谨微于《春秋》，则子、臣、弟、友皆经也，又安用求奇于常之外也？严君以世胄出守，政本于经，且加意于兴育大夫之贤者也。于是乎书。

【简跋】

此碑刊于明万历三十三年（1605年），碑石未见，碑文录自光绪《邵武府志》卷十二。作者饶景晖，字映垣，江西进贤人，进士，时任福建学政。万历三十三年，邵武府学继续扩建，同知冯运升、推官朱履仪新建尊经阁。[①]

建城堡上寿记
（万历三十三年）

吾闻大臣宜树绩于千古，乡民当设规于百世，不可作蛊蛊之氓矣。余乡同姓、异姓虽迁于吾先人之后，而其后裔日见繁盛，住屋渐蜜（密），于万历十六年戊子春，邀众酌议筑建城堡。自己出十分之四，编派丈尺，分上、中、下三等，率户供役。蒙天福庇，城堡告竣。

然此事虽成，而余辈李定荣与余颇在相知，常并坐闲谈，叙及敬老尊贤之义，复于十七年己丑岁十月丙子日，出己财将庵宇修整，下廊及大门鼎新建造。十八年春，余与荣倡首与众商议，每年八月中秋取名"祝筵圣寿会"，设其上寿年登七十及百岁，并游泮及科甲者诣庵饮福，簪花送往迎来，仿乎乡饮之仪。虑难永继，捐出银五十两，敛银五十两，买田米二十石以赡其资。坐落列后，

---
① 光绪《邵武府志》卷十二《学校》，2017年点校本，第246页。

粮苗各散输纳，上不负国，下不虑民。蒙乡举倡首，乡杰请同，簪花饮酒，日后子孙世领上寿一桌。余等虽不敢居乡贤之名，亦聊以遂吾志也已。是为记。

将各族捐银花名列后：

四六黄公名下捐银十两，散粮一斗六升正。

乾六黄公名下捐银十两，散粮一斗六升正。

鼎兴黄公名下捐银十两，散粮一斗六升正。

万四黄公名下捐银十两，散粮一斗六升正。

万峰李公名下、受九李公名下共捐银十两，共散粮一斗六升正。

此项每年八月中秋，祠中值年迎神者诣延喜庵，领上寿一桌。六月初二日，领茶筵肉贰份，酒一份。又四月初八日，领馒首一份。

迪五公分下捐银五十两，散粮八斗正。共捐银一百两，买田米二十石。将各坐落列后：

一买张家山下，计田一百秤。一买铁坑，计田七十秤。一买马岭塅，计田五十秤。一买企坪下，计田十秤。一买掩猪笼，计田四十秤。一买落家边，计田四十秤。一买山头品坵，计田三十秤。一买东山窠，计田三十坪。

共计田四百秤，年收租谷四十石正。

大明万历乙巳三十三年春正月，黄迪五手识

助田花名列后：

李定荣助冢许塅十五秤，又助朱家窠十二秤。黄信忠助梁家坪八十秤。黄日宣助神不塅五十秤，又助落家边均许二十秤。李英荣助石曹窠二十五秤。黄德宣助王公坑田十秤。黄达德助朱家窠四十秤。黄淑旅助甘付上三十秤。李在闵助猪母坑二十秤。黄□□助山头田二十秤。宁斗元助楼下二十秤。黄头奇助仙曹窠十秤，又助西山坑十秤。黄仲生功马岭塅二十秤。黄茗岐助斗角湾二十秤。张子爵助吴家坊二十秤。聂佛保助枫林田三十秤。黄嘉亨助箬坑二十秤。谢长熙助沙坑危冲田共一十秤。黄重华助车司坡二十秤。陈奇珍助聂家埂二十秤。黄乾发助鱼山下二十秤。黄圣滨助枫林前三十秤。黄扶纪助炉石鼻二十秤。黄□□助吴家坊二十秤。叶君盛助长寿山五十秤。

【简跋】

此碑刊于明万历三十三年（1605年），碑石未见，碑文录自和平镇《庆亲里李氏宗谱》卷十。[①]作者黄迪五，明末乡绅。明嘉靖以后，由卫所和民壮构成的乡村防御体系逐渐形同虚设。[②]为防御匪寇，福建许多村落在地方绅士和宗族领导下建造了大大小小的堡寨。[③]万历十六年（1588年），鉴于"土寇窃发"，和平村乡绅黄迪五、李定荣、黄景慎、黄景华、聂太三等人联合各家族，"鸠众创建土堡，周围三百六十丈"[④]。他们不仅首发倡议，捐献巨资，同时，组织村民"编派丈尺，分上、中、下三等率户供役"[⑤]。

万历十八年（1590年）春，黄迪五与李定荣又捐资倡建"祝筵圣寿会"，仿照乡饮酒礼之仪，宴请年寿七十以上的老者，及有功名的士人，以示尊老与崇文之意。此举得到和平各族的积极响应，纷纷捐银助田。《庆亲里李氏宗谱》在该碑文后备注："康熙十四年乙卯八月，一班劝首照信忠老簿抄写四本，各存簿内，书有合同。"表明祝筵圣寿会并未因明清鼎革而中断，延续到了清康熙年间。

重修学宫记
（万历三十七年）

邵武县学之设远矣，迁立不一，往牒可考。万历壬寅岁，会稽商公令兹土，以棂星门外即为通衢，民居杂沓，遂购其地。广袤方正，环筑宫墙。辟行道于外，而凿泮池于内。越数载，豫章宋公莅任。己酉之夏，冯夷为灾，殿堂之门壁木瓦摧败者剧矣，启圣祠浸溃尤甚。公皇然不安，即捐金，命尉高君与栋董之。

[①] 和平《庆亲里李氏宗谱》卷十，民国三十三年刊印本，谱存邵武市和平镇和平村。
[②] 万明：《晚明社会变迁问题与研究》，北京：商务印书馆，2005年，第292页。
[③] 陈支平：《近五百年来福建的家族社会与文化》，北京：中国人民大学出版社，2011年，第243页。
[④] 和平《东垣黄氏宗谱》卷六《世德集略·若岐公传》，2000年睦九堂刊印本，谱存邵武市和平镇和平村。
[⑤] 参见李军：《村落中的国家印记、宗族与民间信仰——以闽北和平古镇为个案的考察》，《农业考古》2014年第3期。

越一月而竣，丹雘焕然矣，乡贤、名宦祠宇并皆修焉。

【简跋】

此碑刊于明万历三十七年（1609年），碑石未见，碑文录自光绪《邵武府志》卷十二。作者蒋孟育，时为翰林院侍讲。万历三十七年大水，邵武县学两庑、启圣祠、敬一亭倾圮，知县宋良翰重修。

步云桥记
（明万历间）

今天下公帑，半锱尺帛，皆隶大农，而欲以不时之工勤兹土之众，难矣！是以前人诿之后人，后人复诿之后人，视之如传舍，鲜有能任之者。是桥之役，视崔雍州之治渭水，蔡端明之治洛阳，简钜不同矣。然且钱公始之，予终之，勿谓成之易易也。予故记之，使后人知其难，庶谨视之云。

【简跋】

此碑刊于明万历年间，碑石未见，碑文录自光绪《邵武府志》卷五。作者鲁史，字雅存，余姚人，万历甲辰进士，以刑部郎中出知邵武府。光绪《邵武府志》卷十五有传。方志载：步云桥，跨将溪口。宋淳祐间建，明代推官钱名世重建，知府鲁史成之。修十五丈，广三丈有奇。[①]

邵武城西鹭鸶池筑堤记
（明万历间）

城西旧有鹭鸶池，源出樵岚，经泥桥一曲。其水澄碧，深可二丈，玟环石在焉。流为九曲，至泮宫，入通津桥，出北关紫云、大溪，水泛则溢，赴南濠，故入城之水曲曲皆清。年久池阁，玟环石里人移砌官道，至今俗呼为青石。前

---
① 光绪《邵武府志》卷五《津梁》，2017年点校本，第103页。

所以池水散漫卒无统纪,今则沿泥桥筑长堤一十七丈,广五尺,东迤北转,而南北界处中竖一闸,视水大小及时启闭。其闸下河地旷荡,凿一大池以潴水流,即鹭鹚池。周四百三十六丈,深一丈,使水蓄而复流。戊水入城非宜,则接池作一水门,转戊向辛,筑南北两堤,修各二丈,广一丈。池左一带则筑堤以障池水,修一十二丈,广十三丈。其堤左界任家沟,仍筑长堤,修一十七丈,广三丈。凡费缗百金,郡人侯衮实经理之。

【简跋】

此碑刊于明万历年间,碑石未见,碑文录自光绪《邵武府志》卷五,碑名为编者加拟。作者严澂,字道澈,常熟人,万历中,任邵武知府。"以郡城乏水,命凿鹭鹚池,浚石枧,筑东坝,导九曲水入郡泮,绕郡治以达于大溪,勒石禁两岸居民不得架屋侵占。"[1]

邵武城西南石枧重修记
(崇祯十年)

邵武国万山中,屭屃磝礐,间以垺渎灡泉,潾涧浅溪,导引渟潚艰甚。而樵岚其瀵魁也。滥泉至油榨陂西南,流数十折岐半解者凡几。昔人欲导流注城沟,分股引水,有木枧一座,跨濠传度,弘治间守夏公易以石。嗣因坏既修者,万历己丑有令王公,乙卯有守韩公,无何又损,城沟水脉屠然尽矣。今上御极十年,吴淞金公令我邵四载,巡行市廛,辄疑水盍,故而田、梁二生以斯枧请。于是步郊外,徇峐岵旁地数十里,果曰:"拨辟支行,匪此蔑繇也。"乃命义士督工匠为之,坚旧址,刳新枧,延袤一十七丈。南枕濠岸,以接油榨陂数折之流而入枧;北亦枕濠岸,以通于水坽而入城。又念油榨陂昔经碓户贿匠藏穴漏水,而南流之脉鲜,且民资灌溉,截洄分断而南流之脉枯。乃为增痺培薄,擎障蘸瑕,节制旁途以归一。又念迩来城沟削壅,乃谕居民扩循故道,侵者有禁。由西营东折,而西历朱子祠、射圃。又折而东,经城隍庙南上股支引注月池。

---

[1] 光绪《邵武府志》卷十五《名宦·严澂传》,2017年点校本,第389页。

已又北折，而至福民坊及仓巷。由仓巷北流者，腰股而东，入常丰仓，注护火池。繇仓巷口少西折，而至九龙观前者歧为二。一折而西，绕县治北流，与七曲合，一南折，经高家巷而过八泰街，一经流四角亭下，折而东，至凤石坊。其自仓巷北经饶家井者，又少折而东，流布政分司前，至汤家田街又北折，出凤池巷。诸东流者俱入乌龙巷，循斩马桥阴沟入于东之大溪。盖枧水之源委，所宜疏者靡一不浚焉。凡五阅月，功始告成，所费金钱，公半斥锾，半募义，而民不扰。又设枧夫上下察流，以守此枧，谕禁碓户勿有决堤盗流者，用图经久。都人士建祠立碑，以报公德，以纪鸿功，属不肖能恭为记，不肖因得诵言其略。盖兹枧之亟修，一为县治，一为邑庠，一为常丰仓，一为民居。譬人身之血，周流则润，壅抑则槁，闭而他注则疾。作水不可一日不流，犹血不可一日不行也。人文户口皆于是赖，其系重不小。公于任满之时，犹不肯驿视，而加意修复，信明德如水之长，如石之寿也。保成勿坏，在嗣武之人矣。公讳邦柱，号我生。时乡官魏朝明捐田若干助守者养，乡官米嘉穗，孝廉高佐，暨不肖能恭，庠生田文庆、梁维孟，义士周庶等，凡诸竭蹶从事者例得并书云。

【简跋】

此碑刊于明崇祯十年（1637年），碑石未见，碑文录自康熙《邵武府续志》卷九，又见光绪《邵武府志》卷五，碑名为编者加拟。作者张能恭，邵武人，字礼言，崇祯三年（1630年）乡试第一，为明末清初名儒，崇祀乡贤祠。光绪《邵武府志》卷二一有传。邵武城内石枧，万历十七年（1589年），知县王应昌重修。崇祯十年，知县金邦柱再修，乡绅魏朝明捐田租五十二亩充枧夫工食。[①]

重建溪桥捐赀题名碑
（明后期）

■积遵古创，今丕振，气象之万千，勒石■坊之保障，莲宫鼎峙，观音护众姓之■而东之永培富庶。第桥立古溪，其来旧矣。■源、汝敬、文锦、口龙

[①] 光绪《邵武府志》卷五《水利》，2017年点校本，第71页。

慨然同心曰：此一桥也■寅协谋，义士云拥，始终如一，天人咸助，义起于■岁德泽，光昭奕世。正建前人之所未建，竖后人之所欲竖。■无管见。少籍嘉谟，聊赠数言刻于石，以志不［朽］。□将捐赀之士■介福惟均。

邵武府□庠生何禹疏、黄明辉全顿首书

义士：

何进兴、王亨壮、■汝钊、何金政、何应魁、何金乾、王文珍、危赐兴、何文涛、何世荣、何■妹娘、何金兑、危玉达、高秋茂，各助银贰两三钱。

何维泰、何元明、王■助银贰两正。

黄文通、江月禄、江■汝铉、李銮娘，各助银壹两伍钱正。

江日华、王通旺各助■正。江起龙，助银伍钱正。

王世奖、何应元、黄■辉、黄明耀、何金辅、王文宪、何金维、何金显，各助银贰两六钱正。■壹两伍钱正。

何起龙、何应熙各助■，何金聘助银伍两正。

何文源、王汝敬■两正。

合乡每户齐心助工■ 石匠危兴旺、［危］兴缘

【简跋】

碑存邵武市大埠岗镇宝积村，碑名为编者加拟。原碑残损，时间缺失。碑中黄文通、黄明辉、黄明耀三人，据大埠岗镇《宝积黄氏族谱》记载为叔侄关系。黄文通，字慎吾，号淳夫，生子四人，第三子黄明灿生于万历十一年（1583年）。黄文通之兄黄文英生明辉、黄明耀。[①] 由此可知此碑刊于明代后期。

周方伯全城碑记
（顺治六年）

樵棘而穴，然闽西钥也。丁亥秋，会芝城变，郡东南竿木林起，而适我栎园周公祖携宪节，从杉关入驻焉。宪署旧莅会城。故事，使君乘传，由分水，进道周莽。辟太守陈公喆，司马洪公秉铨，倡勇敢峙。糗粮则有若县尹赵公之珽，而公实总厥成云。已而芝、镡并恢，大援日至，公方卜以仲夏吉，莅治于榕。樵之黄发龀齿，熏香跽泣，堵江皋不使行。一一达者曰："岱云肤寸雨天下，河水涓匀滋四野，讵人得区畛之者？公泽及樵已饫，而七州之仰于下流，亦祷且显矣。抑照临在会区光又未当以樵匿也，胡为而欲私之？"于是前之熏五香跽泣者佥曰："唯唯，否否，不可私者。"公之大而必欲私者，吾樵受恩之区区耳。因谋，所以志公功，命京言而寿之石。京不敏，侧从父老，聆前后，勋劳甚悉，用是熏沐稽首，而识焉。公讳亮工，字元亮，栎园，其别号也。庚辰进士、前维扬备兵使者、进八闽观察使、今升右方伯。

时顺治己丑嘉平谷旦，内翰林国史院庶吉士林云京撰

【简跋】

此碑刊于清顺治六年（1649年），碑石未见，碑文录自康熙《邵武府续志》卷九。作者林云京，时任内翰林国史院庶吉士。顺治三年八月，清兵由仙霞关入闽，邵武归顺。不过，福建的抗清斗争仍在持续。次年十月，新任福建按察使周亮工入闽，因水陆两路都被阻断，省会音信不得达，被迫滞留邵武办公。

---

① 大埠岗《宝积黄氏族谱》，1994年刊印本，第75页，谱存邵武市大埠岗镇宝积村。

直到顺治五年（1648年）初夏，时局逐渐安定，周亮工才抵达福州。

撤兵记
（顺治十三年）

泰宁邑侯王公誉命，江南上元人。莅泰之初，伏莽未靖，公单骑往谕，顽骜革心，咸归农业。既而均赋革耗，清饷策荒，严保甲，训什伍，修学校。敷政优优，又陈保泰三策，大约本于《管子》内政之制。会部臣请令直隶诸省，相机宜权缓急，裁兵以足饷。议既下，公遂慨然谓："泰宁自招抚以后，蠢动咸靖，兵宜去。因移会营将以上请。"虽然，兵岂易言去哉？必团练有法，守御有方，则可去。不然，议去而无可去之实，犹决痈去疣后将不支。今闽省惟泰宁议撤兵，防帅且力格其议，而督抚鉴公之忠诚，疏称泰宁令以实心行实政，能亲督百姓以固其圉，不费朝廷粒粟，自成闾井。三单固请裁撤，岁可省饷金六千余两，此亦可征良令之明效也。得报可。公又密请于宪臣，以调发为名，乃防卒宿饱偷安，汹汹有异言，公静以镇之，厚以犒之，始帖然去。兵去而民安，向苦乱我坛坫也，今士攻于帷矣；向苦蹂我菽稻也，今农力于野矣；向苦颠越贸易也，今贾藏于市矣；向苦咆哮街衢也，今旅出于涂矣。而格去兵之议者遂欲巧中公，公执雌虑下，柔以克之，且操履严明，上下亲之，忌者无所置其喙。昔蔺相如之避廉颇，汾阳之拜光弼，岂无勇哉？凡以为国为民也。夫以公之不惜身名，出其深心厚力为泰宁计乐利，宜父老子弟之欲志公德于不忘也。因为记，而勒于石。

【简跋】

此碑刊于清顺治十三年（1656年），碑石未见，碑文录自光绪《邵武府志》卷十三。作者江应昌，泰宁人，生平事迹不详。清初，泰宁县设驻防兵350名，地方筹饷压力巨大。顺治十三年，泰宁知县王誉命设法获准裁撤。[1]

---

[1] 光绪《邵武府志》卷十三《兵制》，2017年点校本，第276页。

许天宠肃伍泽民碑
（顺治十四年）

惠此南国

公讳天宠，号明清，辽东辽阳人

钦命统辖旗下官兵驻剳福建昂邦府恩主老爷许肃伍泽民碑

顺治拾肆年丁酉岁，东关外绅衿子民仝立

【简跋】

此碑立于清顺治十四年（1657年），系称颂随征福建中路总兵官许天宠能约束部卒、兵不扰民的德政碑。现存邵武东关邵武市第四中学老宿舍门口。据傅再纯了解，此碑之前立于东关外猴子山下面，20世纪70年代被人运来做水沟盖板。碑高185厘米、宽96厘米，楷书。许天宠，号明清，辽东辽阳人，镶黄旗汉军。初为明副将，后金崇德三年（1638年）降清，屡从多尔衮等征明。顺治十四年，时任随征福建中路总兵官，驻军邵武东关外。

重建邵武府学记
（康熙十九年）

邵武风俗敦庞，人才莫盛于有宋。良由上有育才之天子，下有育才之官司。育才之源，莫亟于学校。郡学昔为樵溪书院，明代卜建斯地。国朝丙辰岁，逆藩变乱，叛帅执军政。及其走遁，则通城一炬，而郡学遂为灰烬。议者先建庙以妥圣灵，经营三载，弗克就绪。岁庚申，广宁张君梅庵守是邦，复遴曩之首事谢光蕙辈综理。于是殿、庑、门、壁、墙、坊、祠、阁丹垩焕然。顾明伦堂及廊、门犹为焦土，维时经营力殚，张君乃捐金饬材，命广文如林焕、张纯仁、曾昌进，属员如戴国恩之公且勤者督之，阅五月而观成。适余视学登堂，诸生进而言曰："学校重光，郡伯之力也。"余告之曰："今国家右文养士，轶于往代。张君承右文之化，方将为国家储数百年之材，岂特目前学校重光而已哉？若张君者，可不谓之知先务乎？继自今多士砥砺德业，以副国家之雅化，与司牧之深仁，是在朝夕勉之而勿懈矣。"因书以记之。

【简跋】

此碑刊于清康熙十九年（1680年），碑石未见，碑文录自光绪《邵武府志》卷十二。作者丁蕙，时任福建学政。康熙十五年（1676年），三藩之乱波及邵武，耿继善兵肆焚掠，府学尽毁。后经修复，规模粗具。康熙十九年，知府张一魁重建明伦堂东西廊、仪门，又疏浚泮池。[1]

城西填濠记
（康熙四十八年）

樵郡来脉，自金莲峰而东，蜿蜒昂伏，至金鳌山之阳，平原旷衍，是开郡境。宋时城跨金鳌之脊，敛秀于中，理学忠节、文章干济之士比肩接踵。迨元至正间，改筑新城，去金鳌数百武，剜城掘堑，而郡脉顿伤，其与城相属者，不绝

---
[1] 光绪《邵武府志》卷十二《学校》，2017年点校本，第246页。

如线，文物遂浸衰落。明自万历而后，郡人每议填补，终不克举。曩者，耿逆窃据，并如线者亦凿断之。未几，廛庐灰烬，妇子流离，非祸害之明验欤？郡侯魏公来守是邦，视郡若家，然周览山川，相度形势，谓城西郡之咽项，宜急加培广。适郡治方改建谯楼，以废址之土实西濠，斯一举而两利。乃与郡丞张公、别驾施公、邑尹严公各捐金募夫，属幕僚罗君董之。一时绅士里民咸踊跃趋事恐后，未逾月而工竣。西接关隅，东达城闉，计广十丈，修一十三丈，延袤周拓，若敷裀展席。公省视之喜曰："郡之兴也，其自兹始乎？"众皆拜手颂曰："利普哉！使君之德远矣！"盖兹役，修数百年久隳之迹，启千百世无疆之休，藉非公志先定，询谋佥同，其孰与图之？是用纪诸贞珉，使后人览者知是濠所由塞，裨益于郡甚钜，而护之不可以弗继也，则樵川其永有赖也夫！

【简跋】

此碑刊刻时间推测约为康熙四十八年（1709 年），碑石未见，碑文录自光绪《邵武府志》卷六。作者张孟玫，字龙玉，明清之际邵武名儒张能恭之子，著有《亦山堂诗文集》。光绪《邵武府志》卷二一有传。元代邵武改筑新城，于城西挖掘壕沟。自明万历而后，郡人认为壕沟掘断了地方龙脉，主张填补。康熙间，在邵武知府魏麟征、知县严德泳等人的推动下才得以填平。

新建龙桥记
（康熙五十八年）

■观音坑御茶园助银卅两。

官仁接、梁荣茂、正柏兄弟、正崇、求一、梁永丘、付金玄、〔金〕戎、仁二、何子胜、黄恭、梁兴赐、廷松、囗峰、廷聘、廷朗、廷寿、廷茂、荣富、官仁试、仁宁、云生、梁正福、永康、梁正淑、梁正东、永贵、永显、李兴有、卯月华、梁门周氏六、李门黄氏囗，各助银三钱。

横坪梁正囗、正星、张求福、求宁、梁正开、梁富崇、正弼、正孟、正接、正吉、廷品、正益、富玄、官仁权、仁美、付廷吉、友生、姚仙长、梁永恭、王得胜，各助银二钱。

洋里黄门谢氏金助银七钱。惠林肖门梁氏赐助银五钱。梁门李〔氏〕、梁富贵、永胜、正曙、正孜、永发、陈茂根、官贤□、官贤信、仁太，各助银一钱伍分。

梁正荣、〔正〕标、〔正〕晋、〔正〕侯、〔正〕常、〔正〕永、〔正〕星、正奇、官贤明、贤恭、周世明，各助银一钱。

正生、梁门月氏艳，各助银二钱。

四十六都危雅太、登太，各助银四钱三分。

子彬、□公亮，各助银六钱六分。

正宁、〔正〕昂、〔正〕瑞，各助银二钱。

肖元实，助银一钱伍分。

三坑李鼎玉、〔李〕如新、僧必正、付茂远、吴荣标、〔吴〕凌汉，各助银五钱。

李门梁氏爱、〔梁氏〕赛，各助银一两。

李连玉、李智王、〔李〕汉昇、吴君增，各助银三钱伍分。

本里劝缘杰士梁自成、〔梁〕以弘、君敷、〔君〕仰、君腾、〔君〕能、德祥、胜珍、李君良、官贤瑞、梁君钦、〔梁〕君林、梁文选、〔梁〕叔奇、梁君奇、〔梁〕以先、梁文魁、〔梁〕以吉、李仕□、官仁□、付光宇。

皇清康熙己亥五十八年五月吉旦，合坊鼎新甃砌监造，祈祝合坊获福也。

【简跋】

此碑刊于清康熙五十八年（1719年），原立于和平镇坪上村化乾庙，现存邵武某茶叶公司，碑座赑屃尚存原址。碑石原名"■龙桥记"，残损不全，今名为编者加拟。① 古人认为，水流会带走一个地方的财气和福气，所以要在聚集财运的村落水口（水头和水尾）"守住"象征财源的水流，而廊桥就发挥了这样的"作用"。化乾庙廊桥俗称"龙桥"，是位于坪上村尾的一座石拱桥，上有木构桥屋，造型优美、结构精巧，可谓"河上架桥，桥上建廊，以廊护桥，桥廊一体"。当中还设有供奉真武大帝的神龛，"庙在桥中，桥在庙中"。

---

① 此碑由傅唤民录文，编者据原碑照片修订。

2020 年，此桥被列为邵武市第十批市级文保单位。

邵武城西南石枧复修记
（乾隆九年）

  邵武西南有水枧导水入城，自元迄今，垂四百余年。昔人第刳木为之，其废木而易以石，则自弘治间郡守夏公英始。其既圮而修，助田以充枧夫工食，则自崇祯间邑令金公邦柱、乡绅魏朝明始，省元张能恭记可考也。鼎革后，助田为寺僧隐匿，枧夫无稍失守，经呈府县追还田价，别买租米十石三分，其入以给城内外枧夫并学官膳夫，使专疏导沟渠、开浚泮池之任。岁久守懈，水道淤塞如故，雍正庚戌，息县任公为郡，尝达其事于部，委丞以时察其通塞。既而丞分驻拿口去，不果就。于是魏绅裔孙国华奉其家藏枧志一卷，暨绅士冯濛、朱元俦、李由让等请于今郡宪魏公，公下其状于余。将支给公羡从事，而邑人乐输者接踵至。故不烦动饷，而大工已成。水之所经，悉由故道。惟自射圃折而入邑泮者旧嫌其驶，今稍改而迁。其他湮者浚，坏者修，计添补石槽若干，复以其余赀架亭于桥西。将勒石其中，用纪功垂后，会魏公罢郡，既代，有诸生数辈断断争之，佥诣新宪胡公，诡言郡泮池将涸状。状下，余急诣水所勘之，则郡泮之涸由久淤不开，与碓户盗流利春所致，非水枧之罪也，且是枧为利于樵久矣。数子者既坐视其成败莫之理，幸贤大夫悯念地方不惜捐廉俸为士民倡，而余亦得从簿书余暇，偕邑中绅士相与襄厥成，此曹乃张其载鬼之词从旁阻之，异矣。谳出，复为纪其颠末。如此，使后之吏兹土者知地方之兴革，而郡人士之好义者毋惑于浮言，懈其初心，庶几人杰地灵，郡邑百里间必有因是以不朽者。

【简跋】

  此碑刊于清乾隆九年（1744 年），碑石未见，碑文录自光绪《邵武府志》卷五，碑名为编者加拟。作者王廷枢，时任邵武知县。清前期，邵武导水入城的石枧田产遭侵占隐匿，水道淤塞。乾隆九年，知府魏素复修。[1]

---

[1] 光绪《邵武府志》卷五《水利》，2017 年点校本，第 72 页。

深复地基记
（乾隆十三年）

天下郡邑立学，崇祀先师，名曰"黉宫"，其地与大祀之坛壝等。考邵武《学校志》，宋曰军学，元曰路学，各异其所。明为府学，建于今地。自洪武迄万历，创修者屡矣，故其址渐拓，其规渐备。引樵溪五曲分为左右二流：一绕西偏，环明伦堂后而北去；一绕墙南，入黉门，为大泮池，北折而入，为二小泮池，洄旋潆曲，于仪门、戟门之外乃东出，而环学为小溪，至仙源桥与西偏之水汇。故两水盘绕，中皆为学地焉。成化时，有浸溪内地为民居者，师生言于叶御史，复之。后以民居延毁，重建，乃于旁多留隙地以防不测。溪外居民遂有觊为己业者，如今之张谐五借崇圣祠东偏地造书室，迨其子售屋于王世忠，而遂据其地。本学生员都凌正于雍正年间造屋于学东之溪外，既而越溪构屋，直逼殿左侧。乾隆甲子屋火，几延殿庑，官弁奔救获免，而故基仍在其围墙之内。岁丁卯，郡县两庠诸生以凌正先曾欺隐张、何二姓助学祀田，并以学地未归请于前学使吴公，前道丁公檄下府勘。及余莅任巡视，诸生复力请于余。余周阅之，两水环绕，如《志》所载，其学宫后有樵川书院在西偏，在溪水绕流之内者，亦即学中尊经阁、敬一亭诸故址。盖乾隆三年郡守任公始改建为书院，则两水环绕之内尽为学地，益昭然矣。嗣郡守王公、署邵武县马君勘讯详覆，请将凌正所侵学田学地追还，并清归张谐五先年所借学基。余以凌正屋基本属学地，应照界退清；祀田为学中公项，应照议归结，并追其所收租米以充文庙公用。饬学收管，勒石以杜讼端，同时学使葛公亦悉如所议。郝生遵断退清，而王世忠以买自张姓，犹健讼两载。会刘郡丞至，首清此案，片言剖决，世忠乃心折，以基归学。自是《志》中所载之学地，庶乎完璧矣！诸生虑年久事湮，或有奸民蹈其辙者，复请余记之，以勒于石，并记前此复田事。余惟学宫重地，祀田公产，何容侵匿？倘果有蹈前辙者，有司肯轻纵耶？然诸生倦倦莫释，则实虑远之意，因为详记之。

【简跋】

此碑刊于清乾隆十三年（1748年），碑石未见，碑文录自光绪《邵武府志》卷十二。作者来鸣谦，时任分巡延建邵道。明清邵武府学东北隅的空隙地遭到居民侵占，乾隆十三年，诸生熊日东、王体震、吴澍、符世隆等请求官府收复侵地。[1]

---

[1] 光绪《邵武府志》卷十二《学校》，2017年点校本，第247页。

南桥碑记
（乾隆二十年）

吾乡距郡治五十五里，为郡南邮会之区，西转瞰古■曰"南桥"，道通泰、建二邑，迄汀、漳二郡，行人络绎不绝■之。南桥之设，明以前不可考。洪武间有黄君子受，累石■而易以木，即江、傅姓之祖号〔江〕云门、〔傅〕元正二公为之。经十稔辄■二百余年。去年春遭火烬，往来者不无病涉，桥之建■非直桥为然也。而桥何独不然？于是余等不敢忘先人■枧□□宏廓，盖鉴于前而防水患也，是德也，费四□三百■落成仲秋，非云□□绍光意也，且不敢□没黄君子之善焉■

江重□捐银捌拾两　　　江吴氏元配万孚银五十两

江重新捐银肆十两　　　傅梦文、傅梦□捐银叁拾陆两

傅珖捐银叁拾两　　　　傅□全■

傅瑛捐银二十两　　　　江童榰捐银二十两

傅琮捐银十陆两　　　　江□□捐银□两

傅□□捐银□两　　　　江□□捐银□两

皇清乾隆二十年乙亥岁冬月

董首：傅瑛、傅璜、江锦城、傅琮、江道广、江道城、傅珖、江重新

仝勒

【简跋】

此碑刊于清乾隆二十年（1755年），现立于大埠岗南边溪桥北岸，下半部埋于土中，故仅录得上半部碑文。[①]南桥地处驿道，为邵武南往泰宁、建宁，乃至汀州、漳州所必经。光绪《邵武府志》载："南桥，在大阜岗，明洪武间乡人黄子受建，国朝乾隆二十年，里人重建。"[②]

---

① 此碑由傅唤民录文，编者据原碑照片修订。
② 光绪《邵武府志》卷五《津梁》，2017年点校本，第101页。

和平书院建造记
（乾隆三十四年）

设官分治，教其首务矣。禾坪县丞之设，所以广教化，移风俗也。余下车甫二年，士民蒸然向风，即有请捐神会田租以立义馆者，虽始基无多，而相劝于善，如良苗怀新，勃不可遏。余嘉其请，稽古而命之以"禾坪书院"，且酌议条规，申之上台矣。夫相率而动于善者，机也；因机顺导者，太守事也。禾坪衿耆造庭言曰："自有营义馆之请，远乡隶西南者，咸翘首慕思曰：'奈何乎遗予？'相与父勉其子，兄劝其弟，愿输材力以助。"余固知人心有同然，俾衿耆持簿以往，从其乐输之情可也。《诗》曰："攸介攸止，蒸我髦士。"又曰："神之听之，终和且平。"异日行部至乡，仰书院之落成，聆弦歌之弗辍，见童冠中有学成行优者，此禾坪髦士也。庶几科名文物有以追唐宋，和平之盛而蔚为国家之光，岂非守土者之所深企欤？

【简跋】

此碑刊于清乾隆三十四年（1769年），碑石未见，碑文录自光绪《邵武府志》

卷十二。碑名为编者加拟。作者张凤孙，时任邵武知府。《府志》载："和平书院，在禾坪县丞分辖之旧市街。乾隆三十四年，士民黄浩然等请以昔年所置迎神号佛田租建塾，延师以教子弟。台司嘉其义，许之。知府张凤孙即文昌阁辟地创始，以唐宋旧名名之。"[1]

拨仁寿寺田租记
（乾隆三十五年）

　　书院，辅学校之所不逮也。选精则人不滥，课勤则业不堕，廪裕则志不分，其收效也较速，故为政者重之。樵川书院，创于前守任公，至秦公而规模略具。毕业之士以二十人为额，选既精矣；月之考艺者三，课既勤矣。旧拨城濠地租等项为经费，一岁才得二百数十金，师生之廪给未能优裕也。岁戊子，城南仁寿寺僧志昆等以公捐田租充书院膏火请，盖其时有清厘寺产之令，志昆等为此举，既以补前人废弃之过，复以息后人争讼之端，而又得崇儒慕义之美名，洵一举而三善备焉。遂属尹核实其数，申之台司，咸荷嘉允。计捐田米三十八石，银租一百二十一两三钱九分三厘，岁纳丁赋粮饷之外，实羡银六十二两有奇，米二十八石九斗有奇，以之资经费，特小补耳。然安知继此之不更恢扩之也？

　　按：仁寿寺，为有宋杜开府故宅，寺产或即其所遗留。开府父子具文武才，功在社稷。今兹弦诵之士沐其流泽，缅其勋名，慨然奋兴于有用之学，而毋徒呫哔之。是攻所裨，又岂在区区膏火哉？又曰：功令，寺产不得私买卖。而狡黠之僧既废其产，复因以渔夺他人之产。有泰宁龙湖监生童德洁者，旧买王姓民田十二处，共三百二十秤，额租四十七石，不知其为寺产也。僧会洞隆指为惠应庙之业，鸣于官。德洁懦而病，其母惧讼累，不得已而施之，谓可息争矣。乃僧会欲未饱，复于所施外笼罩其附丽之田。德洁不能堪，控府，请归书院。余为履勘得实，并察知是田之出于善缘寺，与惠应无涉也。允德洁之请，而详惩僧会焉。计其额租，除完纳钱粮并酌留庙僧香火外，岁得谷价银才十六两有奇，

[1] 光绪《邵武府志》卷十二《学校》，2017年点校本，第259页。

所入甚细，然讼端以绝，德洁自此保先畴，无蚕食虞矣。因寺产附识之，志昆之与洞隆其贤不肖相去何如也？

【简跋】

此碑刊于清乾隆三十五年（1770年），碑石未见，碑文录自光绪《邵武府志》卷十二。作者张凤孙，时任邵武知府。樵川书院，创立于乾隆初年。乾隆三十四年，知府张凤孙、知县沈之本增拨仁寿寺田租以助膏火。次年，再拨泰宁监生童德洁所施惠应庙田十二处助之。①

捐助正音书院膏火记
（乾隆四十七年）

书院，所以佐学校之不逮。古者八岁入小学，十五入大学。人才之兴，端自幼学始，此邵郡正音书院所为先樵川书院而设也。正音之义，延师训迪，范以官音，率邑之秀者童而教之，长而成习，俾知语言文字，间不可拘于其方。小为谐声属对之资，大为敷奏扬言之本，其意至美，其法至良。然自雍正七年奉文创建迄今，历有年所，旋举旋废，效不及于久远。揆其所以，皆由膏火无资故。乾隆十七年，郡守刘公嗣孔改祀邵公像于其内，并附金、宋二令神主，以时祭享。相沿既入，数典忘初，后之人若惟知邵公祠者，盖正音之废久矣。乾隆四十二年，前郡守申公大年有意作人，欲复旧制，尝以樵川书院地租厘为两院膏火，而以彼移此，卒难久行。戊戌秋，余奉简命来守是邦，与诸绅士相接见，询及正音书院源委，急思修举，为樵人士乐育地。而下车未久，随监司泉南，亦遂不果意者，废久难以遽兴，而兴之者抑将有待耶？阅二载，岁在辛丑，魏生邦泰为膏火计，请于官，愿以己租三百三十八石有余、庄屋二所一并助入正音书院，请立章程，斟酌至善，期与樵川书院并垂久远。经县令李源据请通详各宪，俱蒙褒嘉，饬府从优议奖。秋杪，余适旋郡，接奉宪檄，更为加意，复详抚、藩二宪。宪重其请，旌以额曰"佐兴文教"。噫！有待而兴，其即待

---

① 光绪《邵武府志》卷十二《学校》，2017年点校本，第252页。

魏生也欤？夫见义必为，人尽可勉，而每阻于意之不坚与为之不力。今正音书院废已数十年，而一旦兴复，不惜千金之产为诸生费，非勇于好义者，不能也，魏生此举为不朽矣。樵之人士，固多秀良，而又兴复旧制，仿古小学之意，正其蒙养，将长有成于樵川书院者，幼已有造于正。而人文丕振，士风愈隆，彬彬焉和其声以鸣国家之盛，必在乎此！余守兹土，与董其事，既幸魏生之贤之能，勇于为善，而又喜其嘉惠来学，有裨文教，而余并相与有成也，于是乎书。乾隆四十七年，邵武府知府沽河廷毓题。

【简跋】

此碑刊于清乾隆四十七年（1782年），碑石未见，碑文录自光绪《邵武府志》卷十二。作者廷毓，时任邵武知府。《府志》载：正音书院，在北隅宝严坊，雍正七年（1729年）奉文创建，延师教习正音，后裁。乾隆四十二年（1777年），知府申大年恢复旧制。乾隆四十六年，生员魏邦泰以已租三百八十石有奇、庄屋二所捐助，书院才开始有独立的办学经费。[1]

重修育婴堂记
（道光六年）

上帝本好生之德，前王宏保赤之仁，伊古以来，未之有易也。我朝顺治间，奉旨严禁溺女。雍正二年，谕建育婴堂，恩至渥也。邵武前县令张建堂于南市通衢，拨高阳寺产以充乳膳，婴儿全活者众。厥后经胥玩法，废弛以至于今。本署府初临郡治，采访舆情，提核堂中公存遗产并旧日条规，举而责成诸绅士，冀其尽力经营，开诚抚育，以共襄厥事。

呜乎！父子天性，男女何分？至忍心而溺之，真禽兽不若也！抑亦教养未周与？不有人焉，维持而补救之，人道或几乎息矣。爰是葺其庐宇，酌其章程，俾乳哺有资，生息有藉，拯赤子于陷溺之中，牖愚民以知觉之性，体天心而遵国宪，此宇宙所以长存，人心所以不死也。至乐善好施，仗义题捐，推广仁术，

---

[1] 光绪《邵武府志》卷十二《学校》，2017年点校本，第258页。

俾城乡胥忠厚之风，子女罄全生之福，是在诸绅士遍为尔德矣，本署府有厚望焉！

【简跋】

此碑刊于清道光六年（1826年），碑文录自咸丰《邵武县志》卷二（民国二十八年抄本）。育婴堂，清雍正年间建，旧在邵武城西亨泰坊，乾隆二十四年（1759年），知县张增改建于南市福镇坊，拨高阳寺田及捐助续置田亩为乳哺费。此后管理日渐废弛，道光六年薛凝度出任知府，力图整顿，修葺屋宇，酌定章程。

小西门桥捐赀田墩
（道光十年）

陈智袁，捐钱五千三百。黄贤焯、〔黄〕永关，各捐钱三千。

潘念贞、黄元利、王魁先各捐钱二千。

邱康太、黄文采、〔黄〕信冈、〔黄〕家怡、黄贤燮、〔黄〕东球、高埒、邱敏恭、江景殷、〔江〕敦御、〔江〕敦修、〔江〕行信、谢之屏、〔谢〕朝绅、叶远詹、李友荣、罗开辉、邹孔口，以上各捐钱一千。

黄名口、〔黄〕教俪、廖其模、彭文有、谢国太、〔谢〕道行、吴永茂、杨立纲，以上各捐钱五百。

黄文豪、〔黄〕利俊、谢李乾、芮梓来、李衍坤、张钟义、鄢祚栋、僧登福，以上各捐钱四百。

黄安傅、鄢祚庆、王元贞、江安庆、聂贞松，以上各捐钱三百。

廖其枢、〔廖〕德溥、〔廖〕德邰、〔廖〕德储、〔廖〕德均、黄文英、〔黄〕文澍、〔黄〕文锦、〔黄〕教英、黄家进、〔黄〕家绪、〔黄〕家诗、〔黄〕家槭、〔黄〕家宜、〔黄〕兆林、〔黄〕定中、〔黄〕德佩、〔黄〕利名、黄永驯、〔黄〕永舞、〔黄〕信冉、〔黄〕迪付、〔黄〕惠绍、〔黄〕家谋、〔黄〕安徇、〔黄〕兴周、邹自豪、张钟林、〔张〕钟行、〔张〕钟纯、〔张〕钟维、〔张〕际惠、饶凤竹、〔饶〕时熙、〔饶〕德泮、邱康澍、李熙灿、〔李〕

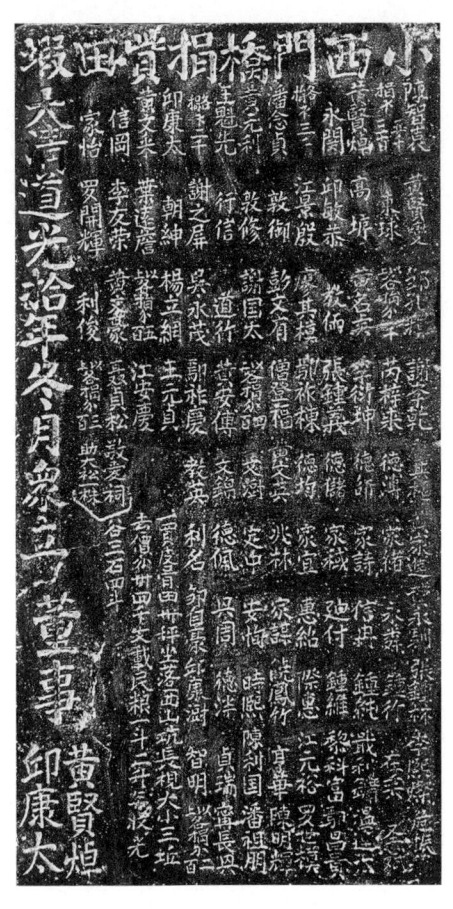

在□、戴利镛、黎科富、江元裕、〔江〕亨华、陈利国、〔陈〕贞瑞、〔陈〕智明、危振□、〔危〕圣斌、温连天、鄢昌贵、罗世模、陈明辉、潘祖朋、宁长兴，以上各捐钱二百。

一买皮骨田卅秤，坐落西山坑长枧，大小三坵。去价钱卅四千文，载民粮一斗二升，年收光谷三石四斗。敬爱祠助大松一株。

大清道光拾年冬月众立

董事：黄贤焯、邱康太

【简跋】

此碑立于清道光十年（1830年），现存和平镇和平村小西门斗井旁。碑高102厘米、宽51厘米，楷书。

曹侯德政碑
（道光十九年）

初侯之来，当甲午大祲，井里凋敝。治一年，民气大复。乃修郡城，建义仓，二役并兴，民不言病。城工费一万余缗，既坚以固。义仓实储谷八千石，在民仓一万八千石，永不患饥。除害如彼，兴利又如此，侯之政，于是无遗善矣。而侯所难能，尤在清节，摊款岁四千三百两有奇，重以倚县，差务殷繁，赔累盖万计，其操益厉。盖侯性坚定，心民之心，不知有己。固大为利回，并不求赫赫名。人但知侯除害兴利，善在有为，不知五年中，与民休息，俾十乡五十三都阴受无穷之福者，乃在无为。民与相（相与）恬而忘之，而澍然能言之也。

【简跋】

　　此碑刊于清道光十九年（1839年），系颂扬邵武知县曹衔达政绩而立的碑石。原立于正音书院，今已不存，碑文录自咸丰《邵武县志》卷二（民国二十八年抄本）。曹衔达，字子安，浙江嘉善人，道光十三年（1833年）进士，道光十四至十九年任邵武知县，有干济才。修城墙、建义仓、去摊派、缉盗匪，政绩卓著，光绪《邵武府志》卷十五有传。撰文人高澍然，字雨农，光泽人，嘉庆六年（1801年）举人。博学能文，著有《抑快轩文集》73卷，卒祀乡贤祠。光绪《邵武府志》卷二一有传。

建桥缘碑
（道光二十七年）

　　皇清道光二十七年丁未岁九月吉日，宝积合坊重建□桥屋宇，各户捐缘刻石。黄行咏十六千、华启才十六千、华兴隆十四千、黄行谐十二千、黄匡后十二千、李和顺十二千、陈光太十二千、邹茂文十千、黄匡□十千、温文质十千、黄行安八千、王允成八千、王居庄七千、何长甫五千、黄正心七千、黄正龙六千、黄大蓉六千、江行生六千、何长潢五千、黄匡伦五千、华兴胜五千、王宗禹五千、黄行太五千、黄正龄五千、何庚寅四千、黄匡济四千、何家贵四千、黄元有四千、黄大松三千、黄正宝三千、张吉寿三千、张全俊三千、黄匡举三千、□承龄三千、何茂才二千五百、刘详贞二千、巫作华二千、朱世松二千、翁天维二千、邓文彬二千、何长连二千、何振荣二千、何家必二千、邹正生二千、王德仁二千、王德义二千、张贞兰二千、王盛辉二千、黄匡民二千、黄大杉二千、黄大梅二千、黄行诗二千、高光兴一千四百、王天眷一千二百、王皎玉一千二百、黄行龙一千二百、王盛贵一千、王化涛一千、黄行奇一千、黄德兴一千、黄行化一千、黄行庆一千、黄大礼一千、王普仁一千、□□生一千、白火生一千、王□华一千、黄行章

一千、江□粦一千、黄行俊一千、黄□诗一千、王天任一千、王世才一千、□沐恩一千、□家让一千、黄连生一千、李令隆一千、邱国安一千、何尚华一千、张吉宾一千、何家禄一千、黄继生一千一百、熊学辉一千、周思先一千、邱新发一千、朱正发一千、黄正礼一千、黄正旺一千、何明万一千、黄振兴一千、黎允生一千、何长学一千、温永茂一千、张成贵一千、张成绪一千、温儒珍一千、熊子寿一千。

董□〔首〕

王德仁、黄匡伦、黄行□、华兴胜、王皎玉、□学辉、何庚寅、黄大□、□□□、黄行安、何长潢、张□□、何振

【简跋】

此碑立于清道光二十七年（1847年），现存邵武市大埠岗镇宝积村。由碑文可知，该桥为宝积村合坊共建，属于明清邵武常见的廊桥——桥梁和屋宇的巧妙结合体。

邵武试院重修碑记
（道光二十七年）

余自壬寅奉命视学闽省，迄今五载，按试邵武者三。试院旧制分左右二院：左院接暖阁，以居使者；右院稍逼仄，然与号舍相连。余以试事关防近密，徙

居于右。时溽暑，每校艺辄挥汗不已，而号舍尤形欹侧，堂宇均觉卑隘，中荫亭太守慨然谋所以大之者，帅所属四邑令暨郡人士捐资创始，购附近民舍以广其基址。比乙巳，余再至，则向之所谓右院者已奂然居中，规模宏敞，其号舍堂宇及左右院，方庀材而工始集也。今夏四月，自汀抵郡，甫下车，耳目为之一新。随阅考棚墙垣，稽察其地，正中为考棚大堂，堂之左右为东西号舍，棚有四，回廊周之达于堂。堂以内为上房，使者所居也。右直列三楹，为室六，为幕友分校之所。更右有隙地，移建三王庙于此，加轮奂焉。其下为射圃，添设箭道、较射厅，备岁试校武之用。堂左为内厨房，通旧暖阁，为正大堂，为仪门，为试院头门，折而右，为罩耳门，为龙门。左右有翼室，前三面皆有游廊，所以避风雨也。其云路、天衢、两华表、东西辕门、鼓炮亭，以逮提调堂、供给所诸制，悉从新鼎建。巍然焕然，洵足以上循国典，下振文风，为试院之极观矣。非太守政通人和，百废具（俱）举，而又图度形势，详审周密，邵邑人士急公好义，踊跃趋功，安能蒇事如此之速耶？夫天下事，盛衰兴废，相为倚伏，亦视乎为之者何如耳。苟因陋就简，从事于补苴，稍图一息之安，狃目前之计，则亦何不可已者？顾葺而新之，拓而大之，继长增高，不至于广大崇闳之域不止。於戏！此岂第堂室之为哉？学问之事，富有日新之业，视此矣。邵郡居闽之西，与天文奎壁合，本宋元县学旧址，国朝始为试院，人文蔚起，历称极盛。今郡人士愿朴而秀，遗风未坠，诚能体太守振兴文教之意，读书敦行，励廉隅，崇经术，日新月盛，以储异日栋梁之用，为他年邦国之光，是贤太守有造于斯土，亦即使者殷殷属望之意也夫。太守，满州黄旗人，名中祐。襄其事者，为邵令金树荣、来锡蕃，光邑令兴廉、刘钊，泰邑令李士伟，建邑令张广埏、周保勋。其董事诸人及捐资士庶捐数若干，另详册籍，将为之上于朝以请叙，兹不赘。

【简跋】

此碑刊于清道光二十七年（1847年），碑文录自咸丰《邵武县志》卷七（民国二十八年抄本）。题名为编者加拟。撰文人李嘉端，直隶大兴（今北京）人，字吉臣，号铁梅。道光九年（1829年）进士，时任福建学政。试院又称考棚，它是清代举行府试和院试的专用考场。咸丰县志载："（邵武试院）在县治西魁善坊。知府中祐谕捐重修。道光二十五年，又督四邑令暨众绅士改建，大加增广,二十七年告竣。费缗三万二千八百一千有奇。迄今巍然焕然,诚伟观也。"[1]

新建射圃记
(道光三十年)

邵武考棚重修于道光乙巳,中荫亭太守集四邑人士捐输之力,庀材鸠工,拓旧址而新之。自堂室号宇、垣墙内外,靡不匠心经营,规模之宏敞,栋宇之巍峨,阶砌之平旷,与夫飞檐反宇、抱厦回廊、前后左右布置之纡余而周密,实为各郡考棚所未有。其创始落成诸缘起,而学使者李君铁梅为之记,泐石堂庑。惟岁试校射,必及技勇,刀石蹂躏,辄损堂阶,太守怒焉。岁丁未,乃因修创余资,复于三圣庙祠西偏,扩而大之,建校射堂于其上。工料坚固,精益求精,不独庭院宽广,地亦平衍而光洁,叹观止矣。庚戌,余按试至郡,校射技勇,咸于此所,以成太守之志,而为试院爱惜调护于不朽也。夫人情于一名一器,苟力所自致,稍可以娱耳目而供玩好,即莫不什袭藏之,甚且珍爱摩挲而不忍释,况阖郡邑之经费,贤太守之经营,积数年之功作,加膏希光,润泽丰美,而顾听其残踢破坏、视若泥涂,漠焉不为之置意,有是理乎?至于学校风淳,人材蔚起,秀髦英伟之士接踵于其间,是又使者所厚期,而抚有斯土者,更何如爱惜调护之也。试竣,太守请为文记之,仰著为例,因述其大略如此。

【简跋】

此碑刊于清道光三十年(1850年),碑文录自咸丰《邵武县志》卷七(民国二十八年抄本)。撰文人黄赞汤,字莘农,江西庐陵(今吉安)人,道光十三年(1833年)进士,时任福建学政。道光二十五年(1845年),邵武知府中祐组织重修邵武试院,两年后,又用余款扩建校射堂。

---

[1] 咸丰《邵武县志》卷七《学校》,民国二十八年抄本,第15页。

刊刻捐充贡院岁修经费碑记
（咸丰元年）

　　据邵武县民妇李黄氏呈称："氏义男李光玉，即必昌，援例捐纳国子监太学生，又男李光寿于建造贡院时捐缘，荷蒙详咨议叙，恩给八品职衔，感深肺腑，报效无从。爰于氏夫遗产内拨出民田租谷五十石正，充入贡院，永为岁修经费。恳赐示勒石"等情到府，除批示外，合行给示勒石，以垂久远。今将田塅坐落、佃名开列于后：一田坐落杜家桥，又名杨枚塅七罗丘，计田一坋，载民米一石二斗五升五合正，年交谷三石零一升，佃杜栋；一田坐落大源窠山脚下西坑，又名柴坑，计田一坋，载民米五斗二升五合正，年交谷一石二斗六升，佃李芳亮；一田坐落大源窠钟丘，计田一坋，载民米五斗正，年交谷一石二斗正，佃张坪；一田坐落中营塅门口，计田一坋，载民米五斗正，年交谷一石二斗，佃黄长富；一田坐落吞源塅上，计田一坋，载民米一石，年交谷二石四升，佃黄长富；一田坐落吞源塅上鱼塘坵，计田一坋，载民米二斗正，年交谷四斗八升，佃何兴；一田坐落吞源扁岭塅上，计田一坋，载民米八斗正，年交谷一石九斗二升，佃何兴；一田坐落高启坊门口塅上，计田一坋，载民米一石零三升，年交谷二石四斗八升，佃陈仕胜；一田坐落金山李家埠墈下，计田一坋，载民米一石，年交谷二石四斗，佃刘朝爵；一田坐落金山李家埠墈下，计田一坋，载民米一石，年交谷二石四斗，佃曹细毛；一田坐落小磜塅上，载民米一石，年交谷二石四斗，佃石窟龚水生；一田坐落李家都塅上长窠，计田一坋，载民米四斗五升，年交谷九斗六升又一斗二升，佃洪德德；一田坐落枣树垅乌石前，载民米一石，年交谷二石四斗，佃黄长寿；一田坐落余家楼窠口，载租米七斗，年交谷一石六斗八升，佃徐细堂；一田坐落鹤林坪三霸（坝）上，载租米一石，年交谷二石四斗，佃陈胜焰；一田坐落鹤林坪长窠石王桥，载租米五斗，年交谷一石二斗，佃陈荣简；一田坐落三十都杜家坊赖家坛，计田一坋，年纳谷九石，耕人吴茂标；一皮骨田坐落三十都杜家坊中村背后何细窠，计田一坋，又一处坐落中沙洲，计田一大坵，共纳谷六石，耕人吴茂标；一田坐落里双溪高窠垟，租米五斗五升，年交谷一石三斗二升，佃龚长太，小名暮暮；一田坐落上窠暮窠，租米五斗，年交谷一石二斗，佃许顺贵；一田坐落大竹深圻路上，租米一石五斗，交谷三石，佃丁宏敞；一田坐落大竹城下圲，计田二坵，租米一石正，年交谷二石，佃杨寿。计共租谷五十二石四斗三升。咸丰元年正月勒石。

【简跋】

此碑刊于清咸丰元年（1851年），碑文录自咸丰《邵武县志》卷七（民国二十八年抄本）。道光二十五年（1845年），邵武知府中祐组织重修邵武贡院（即试院），得到了一些乡绅的赞助。邵武县民妇李黄氏之子李光寿因捐款，获得八品职衔；义男李光玉，也援例捐纳国子监太学生。李氏感念恩荣，决定从丈夫遗产内拨出民田租谷五十石正，充入贡院，作为维修经费，并请求知府给示勒石。

新建行春关记
（咸丰三年）

邵武为闽西要区，居南剑、建、汀、盱、信五都之间，道路四通，倚山溪为形势。名险巨阨，屯戍故迹，远近相望。承平日久，垒栅颓坏，违设险守邦之训，远识者常忧之。太守周公铁臣既莅郡，修明纪纲，百废俱举。乃谋于邑侯郭公仲和，将按图经以次修缮，又以郡处十闽上游，或素未设防而地处冲要者，咸轻舆简从，躬履勘其山川险夷而为之备，于是创建行春关以为郡城东面屏障。

谨按是地初无关隘，出郡东门，正东达延平，东北达建安，道路岐出，所谓千里之途，判于跬步，顾必取道于此，其为冲要可知。堪舆家言："山者，类以形似命名。"兹山两峰耸峙，一细一巨，状似猿猴俯而吸于溪者，里人因目为渴猿饮水之山。相传唐宋以前，道路皆由两山之间，迨宋元时始凿小山临溪石壁，别为新路，而故道遂湮。太守登冈阜，览川原，慨然曰："新路缘麓傍溪，难以防阨，不若旧道高据山岭阨要眺远，实为雄胜，宜杜新蹊复故道。建醮（谯）楼，置关门，锁钥必严，炮台必具，度为樵郡百世利。"爰与郭令谕饬董事举人李树芬、生员巫仰期、州同朱国栋等醵金修筑，里闾闻之，不期而集，踊跃赴工，经始于癸丑年四月二十七日，至十二月一日，乃告厥成。既竣事，请名于太守，命之曰"行春"。树芬等谂于众曰："太守命名必有取尔，礼迎春于东郊，故郡东曰行春门，跨溪之桥曰行春桥。兹道荒芜已六百年，形家者流皆谓宜辟之以迓阳和之气。前守莫能为，赖贤太守不惮艰巨，以成此举，行春之名有自来矣。"方夏秋之交，寇扰江右，而延平所属之永安、沙县，群偷跳梁，东西戒严，阖郡户十数万倚太守从容镇抚，不动声色而措我氓庶于衽席之安。古所谓有脚阳春者，非是之谓欤？夫设关以御暴，即以卫民，继自今旄节之司、民社之任经由是关者，必念安不忘危之义，而益思致治保邦之上策，斯民将并游于东风和气之中。而关之险且备而不用焉，岂非太守引而未发之微意，而吾侪所不能已于言者哉！乃相与伐石镌词，纪实绩以垂永久。

【简跋】

此碑刊于清咸丰三年（1853年），碑文录自咸丰《邵武县志》卷一（民国二十八年抄本）。撰文人何秋涛，字巨源，邵武府光泽县人，道光二十四年（1844年）进士，官刑部主事。著有《朔方备乘》，为清代史地学名著。光绪《邵武府志》卷二十有传。咸丰县志载："行春关，在东郊石岐山下，即猴子颈。咸丰三年，郡守周公揆源新建。"[①] 咸丰三年二月太平天国定都天京，四月派兵西征，攻占九江等地。与此同时，邵武周边沙县、永安也动乱不止。为此邵武知府周揆源急命人在西面赶筑杉关、黄土关等处关隘，在邵武东关外猴子山修筑行春关，添设炮台、谯楼，以加强防务。

昼锦亭乐助题名碑
（咸丰六年）

曾吉庆六千文。李光湖、陈世权各五千。许元溥、刘永达、睦九祠、黄兆林、聂永长、危字梓各叁千。本仁祠弍千六百文、凉凳弍条。敬爱祠、锡类祠、黄定光、王嘉成、黄安瑞、汤义茂、李行升、黄永関各弍千。廖德昌、黄定熙、

---
① 咸丰《邵武县志》卷一《关隘》，民国二十八年抄本，第2页。

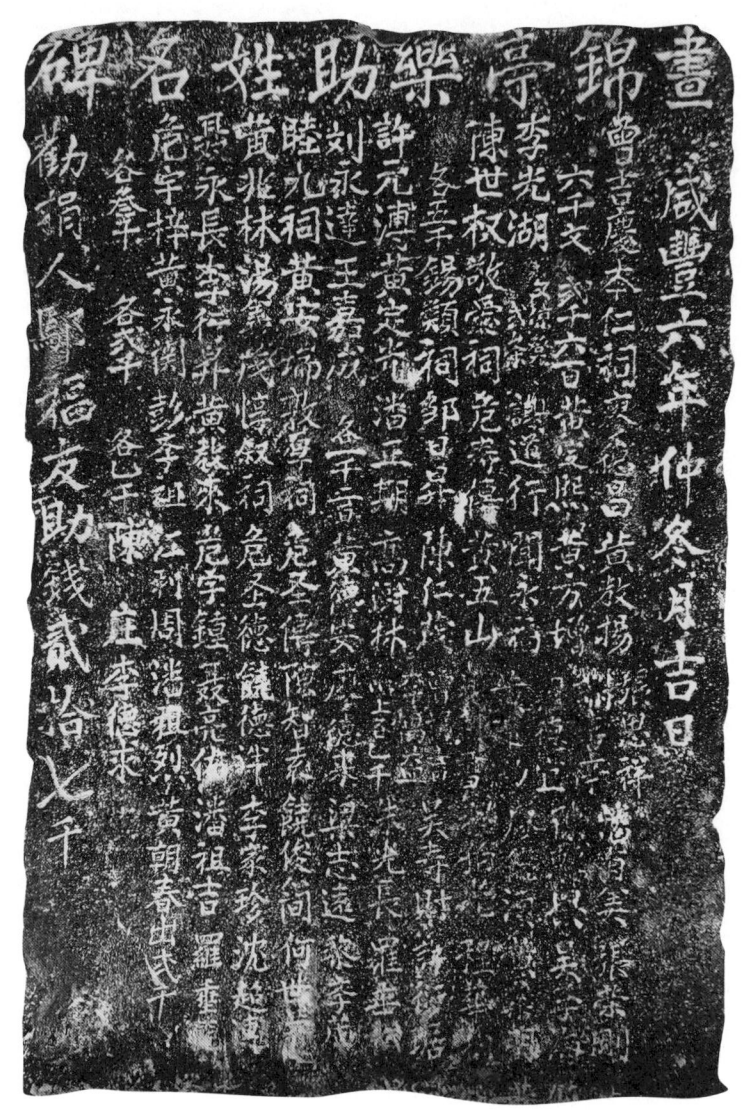

谢道行、危寿傅、邹日升、潘正期各一千二百。敦厚祠、惇叙祠、黄教来、彭孝祖各一千。黄敖阳、黄方增、闻永福、黄五山、陈仁茂、高树林、黄德安、危圣傅、危圣德、危宇钟、江利周、陈庄、张思祥、谢喜亭、罗德宜、黄建□、吴建昼、曾协□、李□益,以上各一千。廖德来、陈智袁、饶德泮、聂亮佑、潘祖烈、李德求、潘有美、陈□兴、廖德源、程伯光、吴寿财、朱光长、梁志远、饶俊简、李家珍、潘祖吉、黄朝春、张荣刚、吴子海、黄□明、程华裕、许衍琚、罗垂松、黎孝茂、何世荣、沈超连、罗垂范出式千。李熙任、饶俊峰、黄永裕，以上各□。曾□□、吴□□，各五百。

劝捐人鄢福友助钱贰拾七千。

咸丰六年仲冬月吉日 立

【简跋】

此碑立于清咸丰六年（1856年），现存和平镇和平村北门外昼锦亭。凉亭在闽西北乡村道路边很常见，可供行人避雨歇脚。古人认为，建造凉亭与修路造桥一样，都是积福的善举，因而乐于助建。此碑题名中多为普通乡民，也有黄氏睦九祠、敬爱祠、锡类祠，李氏本仁祠、廖氏惇叙祠等家族堂号。

重修学宫记
（咸丰十一年）

昭武学宫，历代兴废不一。乾隆三十五年，前任张公凤孙议以拿口地基变价充费，及四县劝捐，重修殿、庑、祠、阁、明伦堂西廊等处，载在郡志。迄今九十余年，其中有无修葺，碑记缺然，故老亦无传闻。咸丰丁巳、戊午两遭兵寇，殿宇墙柱仅有存者。余己未回任，恭谒圣庙仰瞻，宫墙圮废殆尽，前任仅设先师四配十二哲木主设祭，两庑均成平地茂草之场，触目心伤。时以试院被毁，试期伊迩，兴工年余，始克竣事。辛酉夏，集局绅陈鸿章、洪思本、邹晋泰、宁有文、张祖培、王诏卿、饶英、孙德刚等议，允捐修。教授沈绍九董率其事，集缗四千有奇，饬材鸠工。经始于仲秋，至仲冬落成，所有圣殿、神座、门壁、丹墀、两庑、先贤先儒神位、戟门、棂星门、学门、名宦乡贤二祠、崇圣祠、月台、石栏、明伦堂及仪门等处一律完竣，堪以妥圣灵而肃观瞻。两年来，境内初安，邻氛未靖，筹防诸务，闲无寸晷，而在事诸人协力襄助，克完盛举。事竣，请于余曰："是不可以无记。"窃惟学校为育才之地，邵郡理学名臣溯惟宋代彪炳，一时位列卿尹者，同时辈出，蔚为八闽之冠。我朝右文崇化，翔洽海宇，凡尔多士，亟应崇学正品，继美前贤，以冀力挽颓风。若尽诿诸堪舆之说，不求诸实事而信之渺茫，人文安望振兴耶？忆咸丰二年议修郡志，将拟采辑数十年轶事以备采择，时因各属捐资未集中止，至今追思，犹深怅然。兹全工告竣，详叙年月，付之贞珉，俾异日纂修郡乘者有所稽考焉。

【简跋】

此碑刊于清咸丰十一年（1861年），碑石未见，碑文录自光绪《邵武府志》卷十二。作者周揆源，字铁臣，沔阳（今属湖北）人，道光六年（1826年）进士，时任邵武知府。咸丰七年（1857年，丁巳）、八年（1858年，戊午），邵武城两度被太平军攻占，兵燹过后，府学殿宇仅存墙柱。咸丰十一年夏，知府周揆源召集局绅，商议募捐重修，冬季竣工。

重建邵武县学记
（同治十年）

邵武县学之建，肇自有宋，即其先军学地也。明嘉靖间，邑人士以九龙观形势壮丽，请于有司易之。阅今三百有余年矣，其间或圮或修，经营者屡。国朝咸丰八年，粤逆突关，邵武再陷。学官之地，自奎星楼、训导署外，焚毁殆尽。宰斯土者谋重建，而民力未逮。岁丁卯，炳华来守是邦，见邑学荒墟，难安寝馈。因思邵武风俗醇厚，代有闻人，而宋为极盛，若李忠定、黄简肃，暨朱子发、何叔京诸先辈，类皆以德行文章传于后世。熙宁间庚戌，学宫榴结十四实，是科选举者如其数，士林称瑞焉。今者学校无存，大惧文艺之士矻矻于操觚弄翰，弋科目而贸冠裳，无复为务本学，乃首捐廉俸，集众绅分司其事。庀工于同治八年三月，落成于十年十月，其各祠亦一律告竣，计费工料银二万两有奇。于是炳华率诸属及弟子员恭迎至圣先师神主登之座，排比先贤、先儒神位循其制，行奏古礼乐。是日，圜桥观者如堵，靡不交口称庆，以为礼制复，教化行也。他日人文蔚起，挹濂洛之余风，追邹鲁之遗泽，仕则经术饰治为名公卿，学则修辞立诚居君子业。骎骎乎风气日进于古，讵非县学之重建，有以启其文明耶？因备纪其事而勒之石，其在事诸人例得书名于后，兹不赘。

【简跋】

此碑刊于清同治十年（1871年），碑石未见，碑文录自光绪《邵武府志》卷十二。作者叶炳华，时任邵武知府。咸丰八年（1858年），邵武再次被太平军攻陷，县学建筑"自奎星楼、训导署外，焚毁殆尽"。同治八年，知府叶炳华、知县邓厚成集绅劝捐重建，同治十年落成。[①]

始创旧市义仓各户乐捐题名碑
（光绪十四年）

今将始创义仓各户乐捐银钱田租谷石芳名列左：

廖歧山，捐洋银壹千两正。李熙雯，捐皮骨田租壹百四十石正。陈元恺，捐皮骨田租叁十八石正。谢榕，捐皮骨田租叁十石正。徐金本，捐皮骨田租四石五斗正。黄显瑞，捐皮骨田租四石弍斗正。武曲桥社，捐典卖皮骨田租叁石正。黄承裕，捐谷四十四石五斗弍升。黄敬爱祠，捐谷四十石正。李本仁祠、黄睦九祠、谢国炳，以上三户各捐谷叁十五石正。李熙祀、黄时拔、谢孝全、彭龄、黄定祯，以上五户各捐谷叁十石正。黄贵卿、饶凤鸣、廖傅海，以上三户各捐谷弍十石正。高士周捐谷一十八石一斗正。黄顺德祠、黄永卿、黄思达、黄加爵，以上四户各捐谷一十五石正。黄衍煜、黄衍谟弍共捐谷一十五石正。李绍滋捐谷拾叁石正。肖亨淮、黄尚琦、潘玉先，以上三户各捐谷一十弍石正。

李守模捐谷一十一石六斗三升。傅有光、杜璘光、谢炳彪、邱元太、黄卿祥瑞、黄政荣、黄德荣、黄昼初、李前材、黄锡类祠、张映全、黄榕城、黄安佩、叶裕采、黄迪书，以上共十五户各捐谷壹十石正。谢行恕捐谷八石八斗四升。李前俊捐谷八石弍斗正。黄兆印、聂正元、邱声扬，以上三户各捐谷八石正。李重升捐谷六石五斗四升。张家保、汤仁祥、王加成、李熙良、黄国顺、张星桥、张星养，以上七户各捐谷六石正。陈仁茂捐谷五石八斗七升。傅有兴、李绍培、陈永癸、李德时、叶裕苞、李锦灿、黄振鸿、吴子龙、张光兰、谢宗安、高士俊、刘明友、

[①] 光绪《邵武府志》卷十二《学校》，2017年点校本，第254页。

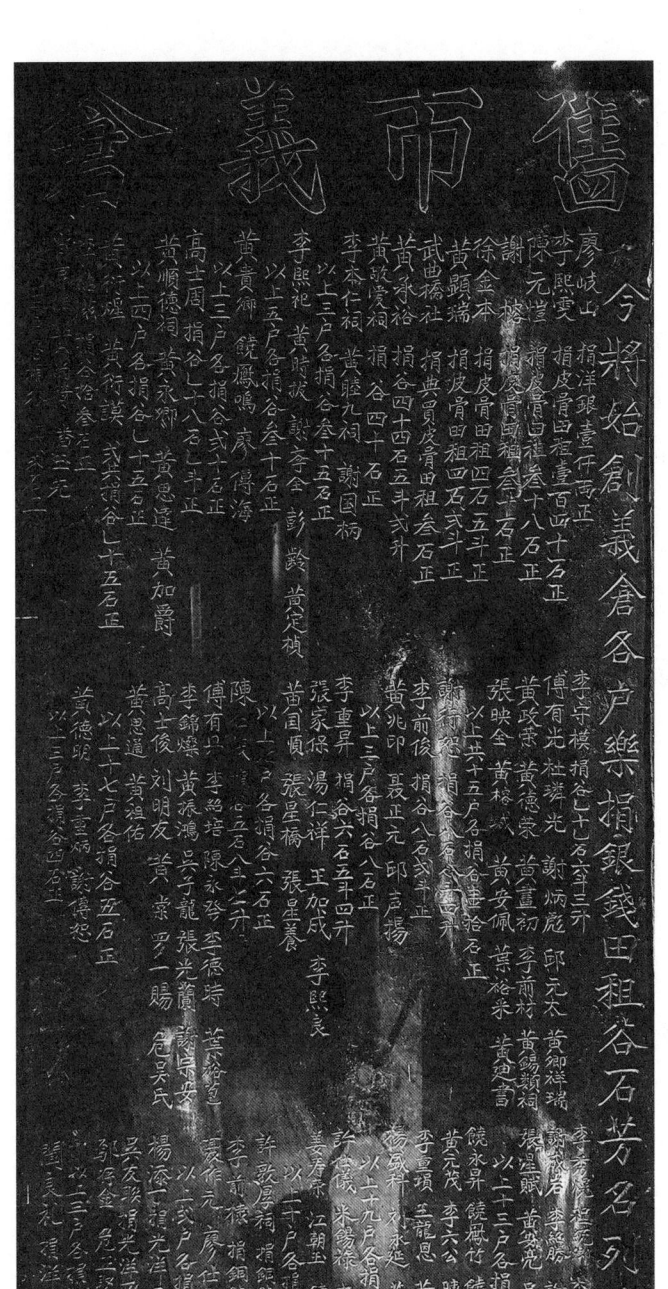

黄棠、罗一赐、危吴氏、黄思通、黄祖佑,以上十七户各捐谷五石正。黄德明、李重炳、谢傅恕,以上三户各捐谷四石正。

李秀煜、程统卿、李玉成、戢祯沂、李模材、谢成岩、李绍胜、谢德本、沈超连、高澍谦、张星赋、黄安亮、吴恭平,以上十三户各捐谷叁石正。饶永升、饶凤竹、饶德泮、黄家杰、朱志权、黄元茂、李六公、陈长顺、李绍淮、梁光佑、李重埙、王龙恩、黄昭陞、黄绍庆、戢立本、杨盛科、刘永延、黄惠仁、江介眉,以上十九户各捐谷式石正。许仕义、米锡禄、李秀锦、黄启盛、宁元才、姜寿荣、江朝玉、饶德谦、饶德广、熊育才,以上十户各捐谷壹石正。许敦厚祠捐铜钱叁十五千文。李前棣捐铜钱叁十千文。聂作元、廖仕元,以上式户各捐铜钱五千文。杨添丁捐光洋五元正。吴友联捐光洋四元正。鄢存金、危正聚、黄显来,以上三户各捐洋银一两四钱正。闻良礼捐洋银七钱正。

【简跋】

此碑嵌于和平镇和平村旧市义仓内墙,碑名为编者加拟。碑额"旧市义仓",楷书。碑高约155厘米、宽55厘米,楷书。原碑无落款时间,据《旧市义仓便览》(民国八年刻本)及方志史料可推断为清光绪十四年(1888年)。光绪《邵武府志》卷八《仓储》载:"和平义仓,在旧市街。光绪十四年,绅士廖玉翘、李行升倡捐银一千两、田租七十石,并劝募各殷户,现存谷一千四百余石。"[1]

重建府署碑记
(光绪元年)

昭武为闽屏,宋置邵武军,筑城于紫云溪南,西跨熙春、西塔二山,周十里,开七门,金汤之固也。元人修城,移二山于城外,城不易守矣。咸丰时,城再陷于发逆,官廨、民舍半归于火,府署废为瓦砾场,守是邦者率寓居于试院。同治甲戌,余权府事,重阳前二日,同许司马季荃、马广文子翙登熙春山,周览形势,为之慨然,发改城之议,二子咸以为然。顾地瘠民贫,未易兴役也。适奉檄营府署,爰集四邑赀,招匠省垣,度材估值,必躬必亲,方位基址悉仍旧址。鸠工于光绪元年二月十五日,至六月朔而门庑、大堂成。土之工银三百二十两,木之工银四百二十两,瓦甓、石灰费银七百二十两,槤栌、榱桷费银九百九十两,共费银二千五百六十两。拮据烦劳,固守土之责,而瓜期倏届,未观厥成,用怀惓惓尔。

【简跋】

此碑刊于清光绪元年(1875年),碑石未见,碑文录自光绪《邵武府志》卷六。作者梁元桂,时任邵武知府。咸丰八年(1858年),邵武城被太平军攻陷,

---

[1] 光绪《邵武府志》卷八《仓储》,2017年点校本,第199页。

"官廨、民舍半归于火，府署废为瓦砾场"。光绪元年，知府梁元桂重建府署。

澄清义仓记及田塅坐落
（光绪三十三年）

义仓之设，肇自宋贤。天下后世，莫不遵而行之。原以储谷备荒，以周贫乏，诚善举，亦急务也。吾乡地瘠民贫，虽乐岁犹虞不给，如遇凶年，其艰苦尤不可胜言者矣。岁丙申，邓君源、周君宗和、郑君钧澄及赵廷生等，倡义劝捐，敛谷为贷。时有旧市，联绅李芳蹊与亲房合议，将其祖熙雯公祭田六十秤内抽出二十秤，助归义仓。黄天和、潘念祯、邓尚文，皆助田租，共成美举。当经禀请厅县各宪，立案给印，以昭世守。仿朱子社仓之法，春放秋收，渐图增益，积有年所。其簿帐（账）钱谷，系生员郑某经理。至庚子、辛丑，周宗和、陈代坤、赵彪全合乡人等，控其到县，有案。因撤簿归众，重复振兴，薄有存蓄。遇丰则分贷，遇歉则平粜。董事者，当众公举勤换，毋得久而生弊。俾乡里均沾遗惠，非一人一家事也。惟冀后人矢慎矢公，期垂久远，斯不负前人兴创之苦心焉。查部载，劝捐请印，皆邓忠德信首，实即其长子源竭力以经营也。

周宗和始则任劳，终则任怨。府志失名，乃报志者遗漏之咎焉。今创设诸君半已作古，谨将向存公项、新置产业，并各户乐捐租谷，泐之于石，用传不朽。而忠德、宗和之子与周宗邦等，续助田租，用广资斧，亦不可没其善。因兹数言于此，庶后人有以观感而勉之矣。时光绪丁未，董事周宗邦、陈代根、陈世贵、〔陈〕光有、〔陈〕光裕、赵廷□仝识。

一皮骨田，坐落路下田杨家圳，计田一区，米弍石伍斗正。一皮骨田，坐落庙前塅黄泥塝，计田一区，米一石正。一皮骨田，坐落横路光岇下，计田二区，米九斗正。一骨米田，坐落当洲，计田一区，米弍石二斗正。一骨米田，坐落秧口，计田一区，米伍斗正。一骨米田，坐落虾蟆石，计田一坋，米四斗正。一骨米田，坐落欧家园，计田一区，米四斗正。一没田，坐落坪区，计田一区，米伍斗正，年交曹宅主租捌斗正。一陆地，坐落欧家园，计地基一片，收地租叁石正。

旧市李熙雯公助出皮骨民田一处，坐落本村新桥头平区，抽租式拾秤，年收光谷叁石正。宝积黄天和号助出洋银式拾一元，作租式石正。在城邓尚文助出陆地一片，坐落上碓树头。旧市潘念祯公助出皮田一处，坐落东溪塅，年交谢宅主租光谷一石正。

兹将澄清新兴义仓合乡各户捐谷并续助田租芳名列后：

邓忠德四石正、周宗基四石正、郑云柱二石正、周宗和二石正、周宗邦二石正、陈韶舞二石正、陈世贵二石正、陈代贵二石正、周可勤二石正、蓝维忠一石三斗、陈世柄一石三斗、陈光裕一石正、陈光财一石正、高振生一石正、张水行一石正、郑光斗一石正、郑映春一石正、郑锦荣一石正、夏贤承一石正、夏贤荣一石正、蓝维恕一石正、陈代隆七斗五升、陈代和七斗五升、陈世发七斗五升、陈代顺七斗五升、黄亦楷七斗五升、赵廷生七斗五升、赵吴保七斗五升、陈恭柏五斗正、陈代金五斗正、陈代坤五斗正、陈代根五斗正、陈代进五斗正、陈光洪五斗正、陈光发五斗正、邓丁成五斗正、邓妹子五斗正、邓发兴五斗正、周德厚五斗正、周秉坚五斗正、黄添丁五斗正、陈世增五斗正、陈光瑞五斗正、陈代善五斗正、陈代端五斗正、陈代传五斗正、陈代潘五斗正、邓昌寿五斗正、夏华生五斗正、聂□□五斗正、邓乾福五斗正、张朝元五斗正、陈光华五斗正、虞三根五斗正、虞金城五斗正、虞隆节五斗正、虞隆文五斗正、陈光良五斗正、虞隆标二斗五升、虞有生二斗五升、陈世球二斗五升、张梓林五斗正

邓忠德续助田租壹石正、周宗和续助田租壹石正、周宗邦续助田租壹石正、蓝维忠另助田租壹石正

一骨米坐落珠岭脚下，计田一坋，计米八斗正。

一皮田坐落坪坵，计田一坵，计米五斗正。

光绪三十有三年岁在丁未冬十月 谷旦 澄江坊、河清坊合乡公立

【简跋】

此碑刊于清光绪三十三年（1907年），现存邵武和平镇坎头村坪坛澄江祠门口。石碑两块，楷书。光绪《邵武府志》载："澄江村义仓，在四十三都，其仓廒久废。光绪二十一年，绅董邓忠德、郑邦栋等劝捐，仅储六十余石，其

第二章 地方公益　93

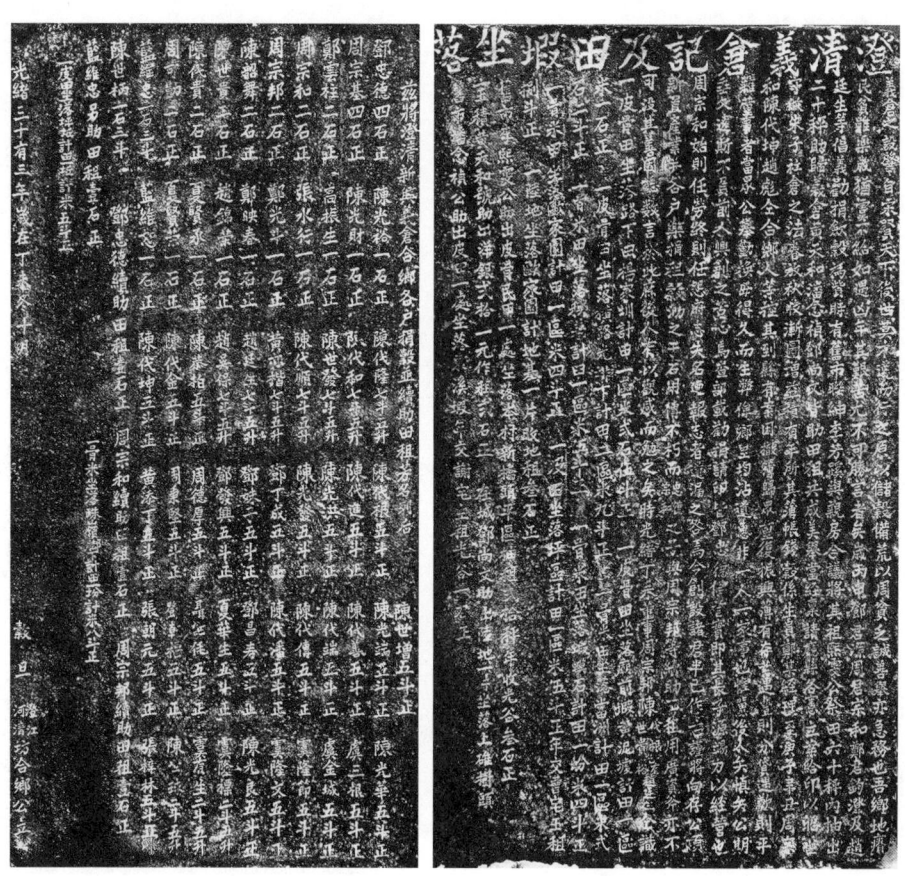

费尚未充拓。"①《府志》修成于光绪二十三年，反映了澄江义仓早期的储谷情况。

和平西门斗井碑
（民国七年）

窃本市西门外，古建吸水斗井。其水源由西溪筑陂入筒至井后，西门水碓同赖此陂。或借用，或合筑，世远难考。近因该陂洪水冲破，碓主未曾照旧修理，致井水缺乏。于是西南关合众公议，将该陂加高，以免缺乏。旋有西门碓主许元宽等近前承认，将古陂照旧加高，向众取去小洋二百五十个。其息作碓

① 光绪《邵武府志》卷八《仓储》，2017 年点校本，第 199 页。

主每年加陂之费。经众许可，日后此陂大冲小破，该碓主自应独力修整，不涉西南关之事，并不得索取分文。倘遇大旱，先听吸水，后准灌碓。或逢溪干，不能拨车，西南关自行筹画，不得干涉碓主。日后该碓倘有变更，此陂仍随碓主修理。当经许元宽等立有议明字据。恐日久遗失，爰勒石碑以垂久远云。

民国戊午七年西南关绅耆公立

第四眼井基谢恩沛助

【简跋】

此碑立于民国七年（1918年），现在和平镇和平村西门城门口，碑名为编者加拟。[1] 原先和平村东门、北门、西门外各有一处斗井，形制相似，四周铺筑青石板，设计科学。每处都有四眼水井，净水依次流入。第一眼为饮用水；第二眼洗菜；第三眼洗涤衣物；第四眼洗刷污物。乡民自觉遵循着约定俗成的规矩，严格按照各井的功能用水，从不混淆。

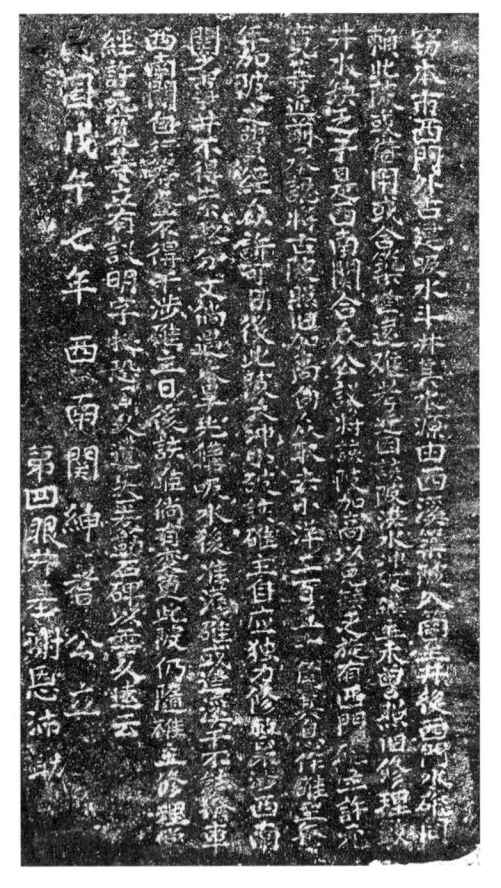

迎春亭碑记

（民国十五年）

旧市人烟稠密，甲于他乡，耕牧渔樵，往来络绎不绝。自南以西，自西而北，附近一二里外均各建有新亭，以为休息趋避之所。而东关较为繁盛，自不能付诸阙如。李君芳蹊因念及此，爰发起添筑一亭于斯，名曰迎春，盖取迎春东郊之意也。所有工料开支，

---

[1] 此碑由傅唤民录文，编者据原碑修订。

悉系保婴社余款拨出,其地基乃属敬爱祠、辅仁社捐助。唯恐月久年深,莫知缘起,职此勒碑以记,以垂不朽云。

中华民国十五年秋月,保婴社同人廖济川谨识

【简跋】

此碑立于民国十五年(1926年),现存和平镇和平村东门外迎春亭,碑名为编者加拟。碑高约80厘米、宽50厘米,楷书。和平村四个城门外二三里各有一个风雨凉亭,东门外迎春亭、南门外暧喜亭、西门外鹧鸪亭、北门外昼锦亭。[1] 迎春亭之建,由恒盛李氏富绅李芳蹊发起,得到了本地善堂保婴社、辅仁社及黄氏敬爱祠的赞助。

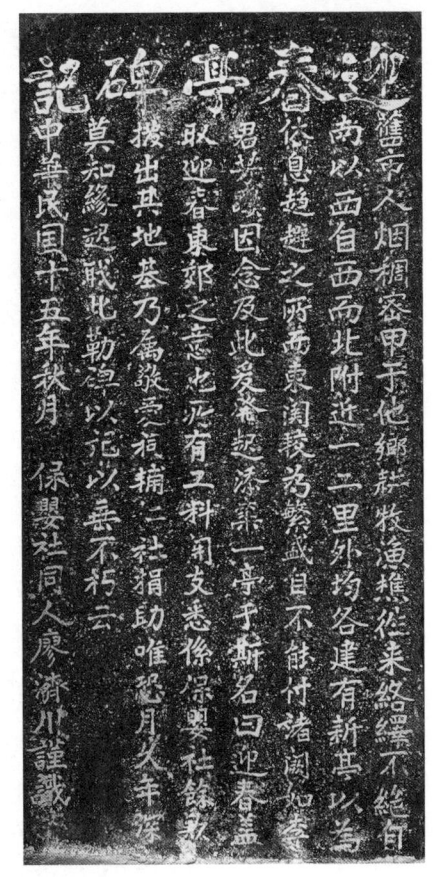

新建中宇桥碑
（民国三十五年）

中宇桥易木而石,取其固也。建始于民国壬午之冬,越四稔乙酉春而蒇事。费资百余万,乡人士之力也,屏山籍手以告成功焉。谨勒石以志纪念。

里人李屏山识

中华民国三十五年仲春月　立

---

[1] 丁建发:《和平古镇的四亭》,《邵武文史资料选辑》第29辑,邵武:政协邵武市文史资料委员会编印,2017年,第176页。

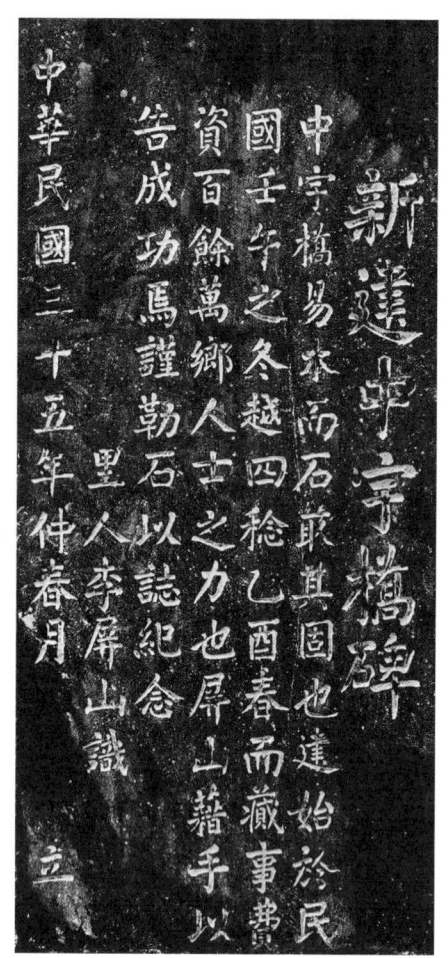

新建中宇桥碑

中宇桥易木而石歔其固也建始於民国壬午之冬越四稔乙酉春而藏事费资百餘萬鄉人士之力也屏山藉手以告成功焉謹勒石以誌紀念

里人李屏山識

中華民國三十五年仲春月立

【简跋】

此碑立于民国三十五年（1946年），现存和平镇和平村南门桥头。碑高约130厘米、宽60厘米，楷书。作者李屏山，邵武和平人，民国乡绅，毕业于福建师范学堂，历任泰宁、黎川、南丰等县县长。抗战时期回乡，热心公益事业，倡建中宇桥、筹建和平初级中学（邵武第二中学前身）、兴修水坝、创办农场。

第三章

祠庙信仰

宝林寺记
（元符三年）

元丰二年，均外祖高公新其里宝林寺之钟楼，时均为光泽令。属识其事。后二十余年，殿宇寖敝，佛像侈剥，远迩观者不足兴肃敬之心。均之舅氏暇日步其庭，仰视栋宇，恻然流涕，曰："此吾父之遗构也。讵可废而弗完欤？"新于绍圣丁丑，成于元符己卯之岁，穹崇翼张，金碧层出，巍如焕如，瞻望以严。

世之学浮屠者，其持说必高，其索理必妙。小天地而短古今，卑儒术而陋老庄之学。及细察其行，或蹈众人之所愧，何也？彼徒逐末而玩华，以夸耀世俗之耳目，安知体蹈之实哉！其泥于报应之说者，至疑所见而信所闻，捐昭昭之行而冀冥冥之福，岂不重惑欤？

舅氏幼为儒学，识远行纯。既壮，厌科举之累，散迹邱园，冥意势利。白首事亲，谨顺弗违。友其兄弟，怡怡如也。际于友朋、乡闾，温温如也。虽未尝玩浮屠之书，肄浮屠之教。其于体蹈之实，盖有得于中矣。至于敬向严奉之诚，岂有意于报应欤？盖恂恂承考，曾不以初终存殁，少易其志。其孝弟信义洁然高蹈之趣足逮今。余四十载系官京师，不克从落成之会，瞻栋宇而承话言。至于泉石之清润，烟霞之明晦，溪山松竹，徜徉憩游之地，犹可概而想也。舅氏名傃，字子正。元符三年十月既望，上官均记。

【简跋】

此碑刊于北宋元符三年（1100年），碑文录自光绪《邵武府志》卷二八。此碑清代尚存，古诗《高氏宝林院碑宋元符上官舍人均记》描绘道："沃州栖隐烟霞癖，门罗青岑荫松柏。何人遗构历沧桑，古殿阴房成往迹。碣然姓氏揭贞珉，色异摩挲黝光泽。仙籍香浮灿银青，高文雄视镂金碧。风飘日落水流东，神州几阅帝王宅。珍重斯人不可闻，惟余寒山一片石。"[1]

作者上官均（1038—1115年），字彦衡，邵武人。熙宁三年（1070年）榜眼，任监察御史等职，廉正不阿，以龙图阁待制、赠金紫光禄大夫致仕。《宋史》

---

[1] 和平《竹栗黄氏宗谱》卷尾《绸园公诗集》，民国三十四年敬爱堂刊印本，谱存邵武市和平镇和平村。

卷三五五有传。宝林寺，在大埠岗镇宝积村，唐会昌初建，后圮[①]，北宋高世罕、高傃父子重建。高世罕墓志铭（《高公墓志铭》），本书有收录。

丰应庙碑
（政和元年）

　　大观四年，邵武耆老与士夫之里居者，相率言于郡守曰："去城一里余，有庙曰石岐，载在祀典，祷祈屡应。愿以闻于朝，丐所以褒封答神贶者。"郡守委僚属考验不诬，上其事部使者，部使者以闻。其明年，改元政和，夏四月有敕，以"丰应"为庙额。乡人荷神之休，荣上之赐，求予文以记之，义不得辞。

　　谨按旧记，五季后唐时，有陆侍郎者，其子小字大岩，失其名，博学善鼓琴，雅不以名宦为意。会其父执某牧南安，遂从戎游驻温陵者累年。旋归，假道邵武之故县，舣舟水南，遇疾而没，瘗于石岐峰下。既而颇出灵响，乡人畏仰，为建庙以祀之，因号石岐庙。凡水旱蝗螟之灾，疠疫之疾，必斋诚以祷之，岁即丰穰，疠疫亦已。信能擅一方雨旸生杀之权，以庇荫斯民者。自后唐迄今逾二百年，庙貌益崇，而神之灵响益著，用能受明命唐显号，以传无穷，而施罔极，岂偶然哉！

　　夫人神之理一也，生为伟人，聪明正直，功利在民，则必没为明神，英爽不昧，为民之所瞻仰，不可诬也。若神者，虽其平生行事不可详考，然既没之后，英爽如此，是必有大过人者。予既书其事，又作《迎享送神诗》遗乡人俾歌以祀焉。并刻之石。其词曰：

　　石岐苍苍兮，樵水溶溶。溪山幽邃兮，维神之宫。庇荫一方兮，实尸其功。克受明命兮，膺此褒封。神之来兮慰我思，乘回飙兮载灵旗。风肃然兮吹室帷，惟神之往兮将安适？帅百灵兮巡四域，求民瘼兮振厥职。朝出游兮暮来归，酒醴洁兮牲牢肥。箫鼓鸣兮清且悲，维神之乐兮毋我违。已疠疫兮驱螟蝗，调水旱兮时雨旸。岁丰稔兮民寿康，维神之德兮何时忘！

[①] 光绪《邵武府志》卷二八《古迹·寺观》，2017年点校本，第1042页。

【简跋】

此碑刊于北宋政和元年（1111年），碑石未见，碑文录自《李纲全集》卷一六六。[1] 作者李纲，字伯纪，号梁溪，谥忠定，邵武人，南宋名相。《宋史》卷三五八有传。

邵武军泰宁县瑞光岩丹霞禅院记
（绍兴元年）

东南名山，如所谓四明、天台、衡岳、庐阜，号为瑰伟秀绝者，多为浮图氏所居，名蓝巨刹，绵亘相望。至于下州小邑，一岩一壑，搜奇择胜，亦靡遗者。推原其端，必有开士法眼清净，道行高洁，为一方之所信仰。乃能披荆榛，创道场，肇基开迹，以贻后人，非偶然也。

邵武军泰宁县，山水之胜，冠于诸邑。出县西门二十里曰"瑞溪"，有山焉，三峰秀峙，岩洞相联，西曰"丰岩"，东曰"瑞光岩"，中曰"罗汉岩"，岌嶪嵌空，鼎足而列，皆有兰若建于其下。不涂蔇茨，而风雨之患除；不凿户牖，而日月之光入。堂殿楼阁，窈窕玲珑，泉石草木，幽奇芳润。叠嶂屏其前，层峦拥其后，山回路转，岩洞乃出，谓造物者融结无意，吾不信也。三岩中独瑞光岩兴于近年，盖宗本禅师之所建立也。师，邵武农家子，初不知书。大观庚寅中，游山间，遇异僧，示以出家时节因缘，且密有所付，心地豁然，遂能通儒释诸书，作偈颂，道未然事多验。既落发，受具戒，居双林院，远近向风，户外之屦满矣。

政和辛卯春，师诣汀州南安岩，谒定光古佛，道出泰宁，夜梦紫袍神人告之曰："师此行宜住瑞溪。"觉而异之。诘旦，瑞溪有檀越曰江牧、曰邹捍，迎师以居丰岩，礼意甚勤，师以符梦所告，从其请。既而，同游前岩，爱其幽胜，二檀越相与曰："师倘有意驻瓶锡，于此当为创筑新庐，以垂无穷。"师许之。鸠工抡材，不三月而告成。会有旨，天下佛寺有神仙迹者还为道观，听以旧额

---

[1] ［宋］李纲著，王瑞明点校：《李纲全集》，长沙：岳麓书社，2004年，第1535页。

建寺他所，而郡之丹霞院应改，朝散大夫、权郡事陈侯绍移额于岩中，以成师志，寺因号"丹霞"。先是，岩有光景之异，未几，院额至。故集贤殿修撰罗公畴时帅长乐，与师有素，闻而喜之，为目其岩曰"瑞光"，且施财率众力而新之。为门、为殿、为法堂、为丈室于中，为钟楼、为厨、为库于左，为华严阁、为应真阁、为僧堂于右，皆规模丛林，具体而微，制度精巧，金碧炳焕，一旦出丰岩、罗汉岩右，互相辉映，若图画然，真胜地也。

宣和初，余以左史论事，谪官沙阳，殿撰罗公方里居，相从甚厚，称道师不容口，因寓书以偈颂相往来。迨建炎末，蒙恩归自海上，来居泰宁，始与师相识，尝访于岩间，为留宿赋诗而后返。今年春，盗起邻郡，余徙长乐。未阅月，邑遭兵火焚蓺殆尽，独三岩岿然，栋宇如故，岂非神佛护持，师之道力有以感格之也耶？其秋，以书来求予记之，予既雅重师为人，又爱岩壑之美，记其敢辞？然窃怪近世贵耳而贱目，读前史见鸠摩罗什、佛图澄、万回、普化之流，竦然慕之，恨不与同时，偶有其人，则又不甚信重，类多如此，何独浮图氏哉？书于记末，俾览者有感于斯言。

绍兴元年辛亥八月五日记

【简跋】

此碑刊于南宋绍兴元年（1131年），碑石未见，碑文录自《李纲全集》卷一三三①，又见光绪《邵武府志》卷二八。泰宁县城西际溪村有瑞丰岩，又名丰岩，由丹霞岩、罗汉岩、丰岩三个相连的岩穴组成。丹霞岩内建有丹霞禅院，系北宋政和元年（1111年）邵武名僧宗本所建。宣和初，李纲谪官沙县，曾来此拜访。后人在岩内建李纲读书楼，乾隆十五年（1750年），福建按察使来鸣谦于楼侧岩壁上题刻"李忠定公读书台"七个大字。②

---

① [宋]李纲著；王瑞明点校：《李纲全集》，长沙：岳麓书社，2004年，第1282页。
② 武夷山朱熹研究中心编：《武夷胜境理学遗迹考》，上海：三联书店上海分店，1990年，第447页。

垆阳明应广祐王庙记

（绍兴二年）

君有志于斯民者，不以死生易其志，故生为循吏，而死为明神。为吏以治民，民歌颂之，天子则嘉其课最而明陟之；为神而福民，民奉事之，天子则优其祭秩而褒宠之。吏率三岁一迁去，虽见思世久则泽熄，唯神作镇一方，小大承祀，永永万年无斁也。明应广祐王，守温陵，葬昭武，皆异代事，载之祀典，叙记详矣！温陵听讼之棠无复存者，而昭武血食之庙日益以严，自侯而公，自公而王，仰其威灵，凛凛犹有生气，水旱祷祈，时雨时旸，民心益虔，相与谋报，且谓财非己施，力非己出，朝夕不时赡奉，乃心慊然。因设其像，随所在而祀之。千室之邑，三家之村，祠宇相望，居者行者，或塑或绘，香火弗绝，凡有所为，必决于王而后敢从事。呜呼盛哉！

绍兴元年，范汝为盗，据建安。冬十月，分其徒剽掠昭武。陵提携妻子避于垆阳，山径荦确，扪萝而上，其地皆黄茅白苇，独东南林木森然，望之有异，曰："嘻！前涧后冈，龙首之藏，岂仙圣所宅邪？"有告者曰："此王祠也！"明日斋戒，恭谒祠下，潜心默祷，而祝史谨伺王意，手携杯珓掷之，云："吉！"。是时，南城亦复，有寇奔突及境，众惧，莫知适从。既而二寇远遁，桴鼓不鸣，安堵如故，咸归德于王焉。居民梁氏率其族来言曰："兹庙募众缘而成，成于政和甲午。逮七闰，粳稻常丰，鸡豚自肥，疫疠不作，兵火莫起，非王我私，是监于诚。惟僻居深山穷谷中，缙绅先生足迹无一至者，故庙未有记，愿书其事以侈后观。"陵自念去国流落，遇难而免，无以答神贶，因书以遗之。实二年二月十五日也。

左朝奉大夫、充右文殿修撰、提举临安府洞霄宫、赐紫金鱼袋季陵记并书

左奉议郎、主管临安府霄宫上官愔篆额

左中大夫、提举亳州明道宫、历阳县开国男、食邑三百户上官恢立石

仁顺西堡弟子梁阆与男哲釿，施金三十千，置石刊碑，永为不朽。保扶眷属增延福寿，族人梁庆、梁咏干办。觉慧禅院住持嗣祖芝苫、致祥劝缘。

延陵吴遐、男闳模刻

【简跋】

此碑刻于南宋绍兴二年（1132年），碑已不存，碑文录自和平镇《仁顺梁氏族谱》卷十六[1]，又见和平镇《闽樵和平上官氏宗谱》卷首。[2] 垆阳明应广祐王庙，又称化乾庙，在和平镇坪上村（别称垆阳、炉阳、芦阳），始建于北宋政和四年（1114年，甲午），奉祀地方神明欧阳祐。欧阳祐信仰肇始于唐代的邵武大乾乡，至宋代已是"千室之邑，三家之村，祠宇相望"，成为闽北地区重要的地方信仰。[3]

撰文并书丹者季陵，字延仲，祖籍处州龙泉，娶上官恢女，入籍邵武，官至户部侍郎。《宋史》卷三七七有传。篆额人上官愔，字仲雍，邵武人，龙图阁待制上官均之子。政和二年（1112年）进士，知南剑州，以刚介著政声。弘治《八闽通志》卷七十有传。立石人上官恢，字闳中，系上官均堂侄。元丰八年（1085年）进士，官至中大夫，崇祀乡贤祠。[4]

刻石人吴遐，宋代邵武知名刻工，生平信息不详。本书中有9通碑石由其所刻，其中最早者《宋故处士李君妻黄氏夫人墓志铭并序》刻于元丰八年（1085年），最晚者《宋故左中大夫直秘阁致仕黄公墓志铭》刊于绍兴十年（1140年），前后相距55年。在绍兴年间的碑刻落款中，可以看到其子吴闳、吴闵（子吴杞）、吴寿的名字。可见，南宋初期邵武形成了吴氏刻工家族。此外，北宋靖康元年（1126年）《李公之墓》刻工吴阎、南宋淳熙四年（1177年）《宋故居士李公之墓》刻工吴梓、淳熙七年（1180年）《有宋江夏郡侯夫人詹氏墓志》及淳熙十六年（1189年）《宋故孺人黄氏埋铭》刻工吴谔，也很可能出自该家族。

---

[1] 和平《仁顺梁氏族谱》卷十六，1998年刊印本，谱存邵武市和平镇坪上村。
[2] 和平《闽樵和平上官氏宗谱》卷首，民国十九年刊印本，谱存邵武市和平镇坎下村前山坪。
[3] 关于福善王欧阳祐的研究，参见张侃、朱新屋：《"正统"的层累及流动——以南宋闽北地方神欧阳祐为例》，《学术月刊》2013年第5期；李军：《南宋以来欧阳祐信仰的演变、传播与闽北地方社会》，《全北史学》（韩国）第48号（2016年5月）。
[4] 光绪《邵武府志》卷十九《人物·上官恢传》，2017年点校本，第549页。弘治《八闽通志》卷七十《上官恢传》记其：字闳中，上官均从子（即侄子），元丰八年进士。（2006年修订本，下册，第670页）

大乾祠香炉铭并序
（淳熙六年）

淳熙五年，郡侯赵师龙来守之明年，爰饬有司，辑所藏凶器，铸为炉鼎，敬致大乾祠下，重神贶也。维邵武俗尚剽僄，眦睚之隙，凭怒恃狠，动必申剚。先是，为政者徒事刚击，威备力弛，犹罔克禁。侯独济以平恕，俗用浸驯而刃不可处，以为钱镈，则农必必悍；以为矛槊，则时无弄兵。惟夫销铄其鸷忍，熏爇其螟螯，杜茁绝芽，以垂于永久者。

铭曰：汉卖剑刀，良二千石。刚不从革，害何由息？吴氏之风，犀渠鹤漆。因俗勿禁，如咒而翼。伟哉此鼎，一成不易。坐召和气，潜消阴慝。朝熏暮霭，有感有格。太守之仁，明神之德。其千万年，永永无斁。

【简跋】

此炉铸于南宋淳熙六年（1179年），铭文录自嘉靖《邵武府志》卷十，又见《闽书》卷二六、《闽中金石志》卷九。大乾祠，又名惠应庙、欧阳太守庙、福善王庙，在邵武市水北镇大乾，系唐宋以来奉祀地方神明欧阳祐的祖庙。赵师龙，字舜臣，宋宗室子，时任邵武知军，卓有政绩，光绪《邵武府志》卷十五有传。

铭文作者黄涣，字德亨，淳熙五年（1178年）进士，官至岳州知州。光绪《邵武府志》卷二十有传。本书有录其墓志《有宋中奉大夫知郡太博开国黄公圹志》。

邵武军学丞相陇西李公祠记
（淳熙十三年）

建炎丞相、陇西李公，邵武人也。少有大志，自为小官即切切然以天下事为己忧。宣和初，一日大水猝至，几冒都城，人莫能究其所自来，相与震惧，而无有敢以为言者。公时适为左史，以为此夷狄兵戎之像也，不可以不戒。亟上疏言之，遂以谪去。数岁乃得召还，则虏骑已入塞而长驱向阙矣。公复慨然图上内禅之策，诚意感通，言未及发而大计已决。虏围既迫，群小方谋挟至尊犯不测,为幸免计,公又独扣殿陛,力陈大义,得复城守,以退虏兵。然自是以来,割地讲和之议遂起,公又再谪,而大事去矣。光尧太上皇帝受命中兴,畴咨人望,首召公为宰相,公亦痛念国家非常之变,日夜图思所以修政事、攘夷狄者,本末甚备。盖方诛僭逆以正人心,而建遣张所抚河北,傅亮收河东,宗泽守京城,遂将益据形便,大明纪律,以示必守中原、必还两宫之势。而小人有害公者,遂三谪以去,而不复还矣。

淳熙丙午,距公去相适六十年,而永嘉徐君元德命教此邦,谓公之忠义筹略,海内有志之士莫不诵而传之,顾其乡人子弟,乃无有能道其万一而兴起焉者,于是辟讲堂之东,肖公之像而立祠焉。四月吉日,合郡吏率诸生进拜跪奠,妥侑如法。已事,而以书来,属熹记之。熹惟天下之义莫大于君臣,其所以缠绵固结而不可解者,是皆生于人心之本然,而非有所待于外也。然而世衰俗薄,学废不讲,则虽其中心之所固有,亦且沦胥陷溺,而为全躯保妻子之计,以后其君者,往往接迹于当世。有能奋然拔起于其间,如李公之为人,知有君父而不知有其身,知天下之有安危,而不知其身之有祸福。虽以谗间窜斥,屡濒九死,而其爱君忧国之志,终有不可得而夺者,是亦可谓一世之伟人矣。徐君之祠之也,非其志之所好,学之所讲,有在于是,则亦孰能及之哉!故熹喜闻其事而乐推其说,以告郡之学者,虽病且衰而不自知,其感慨发愤,犹复误有平日之壮心也。

十二月癸巳,宣教郎、直徽猷阁、主管华州云台观朱熹记

朝奉大夫、主管台州崇道观吕胜己书

朝奉郎、权知邵武军兼管内劝农事、赐绯鱼袋侯彦绳立石[①]

【简跋】

此碑立于南宋淳熙十三年(1186年),碑石未见,碑文录自《晦庵先生朱文公文集》卷七九[②],又见《闽中金石志》卷九、《李纲全集》附录四。邵武军学李公祠,祀南宋初年邵武籍丞相李纲。淳熙十三年,教授徐元德始建于军学讲堂之东。

撰文人朱熹,字元晦,号晦庵,南宋著名理学家。朱熹对于李纲忠君报国

---

① 吕胜己书、侯彦绳立石二句,《晦庵集》未载,据《李纲全集》补。
② [宋]朱熹撰;朱杰人、严佐之、刘永翔主编:《朱子全书》(第24册),2010年修订本,第3781页。

之志极为推崇，盛赞其为"一世之伟人"。书丹人吕胜己，字季克，籍贯建阳，因父吕祉敕葬邵武，子孙因家焉。受学于张栻、朱熹，擅长书画。官至朝议大夫。光绪《邵武府志》卷二一有传。立石人侯彦绳，时任邵武知军。

弥陀会记
（庆元五年）

本会于大宋绍熙四年癸丑冬，出愿劝化四方善信同修，四方争立因果，各人分受忏图，逐辰请诵南无阿弥陀佛、四圣宝号。每岁秋集会，□率金固请道僧就翠云庵庆忏。其庵定于政和戊戌秋，里人张子充□草为之咒水，救病炼药，始行六年成仙。见今崇奉龚刘二圣者香火，故就忏焉。

始者第一会副劝首九人，执疏劝首五十三人，入会善信八百人。明年第二会，劝首二百一十人，入会善信二□〔千〕四百四十人，设斋礼忏六日。至第三年忏会，劝首二百二十人，入会三千六百人。及丁巳、戊午为第四、第五会，移就光元寺庆忏，共计四千二百人。先□丙辰秋将会□□忏会余钱，并化会众缘钱，就山口建弥陀桥一座。功德庞大，言不□尽，勒石为记，求彰不朽，庶几来者有考焉。

伏以佛有愿心，普垂摄度，人兴善念，悉获感通。以今生圣号之因，佑来世菩提之果。

愿以此功德普及于一切，我等与众生皆共成佛道。

庆元五年五月　日，都劝缘李全义刻石

副劝首黄光宗等一十五人，执疏首聂高昇等二百余人

白云庵医生林觉印书于□□□巳，采石匠冯日新、张永新刊

造桥都绳黄旺

劝世颂云：我今刻此石，力劝后世人，齐念弥陀佛，早证如来身。

【简跋】

此记文刊于南宋庆元五年（1199年），仍存和平镇朝石村愁思岭古隘道

第三章　祠庙信仰　107

石壁，2013年6月邵武市博物馆拓片。① 长350厘米、宽160厘米。该文记录了南宋前期和平村落僧俗集会念佛的盛况，反映了宋代净土弥陀信仰在闽西北的传布情形。当中提及翠云庵和张子冲。翠云庵，位于邵南名山武阳峰（亦名观星山）之巅，嘉靖《邵武府志》载："翠云庵，唐天祐间建，俗传云张子冲创建。题其梁曰：'金谷翠云峰，开山张子冲。官添儿择日，王朗墨绳工。'其后修庵，以所题梁刨削，其迹犹存。新志云：张子冲又号张二（三）丰，邵武四十二都磜下人。卖樵事母，常曰一心无尘碍，愿见吕先生……〔子〕冲弃妻儿，寄迹北胜寺，创建翠云庵，居址无定处……"②

明清时期不少地方流传着著名道士张三丰的传说，各具特色，且日渐丰富。③ 张子冲即张三丰的说法在邵武地区影响甚广。④ 但对于张三丰的出生地和出生时间，众说纷纭。为此，清道光间邵武名儒张文瑾撰文考证，文中提到"朝石石壁刻绍兴时《念佛记》，列有张子冲名"⑤。张文瑾所称《念佛记》当为此《弥陀会记》，首会时间也不是绍兴间，而是稍晚的绍熙间。

---

① 此碑由傅唤民录文，编者据邵武市博物馆提供拓片修订。
② 嘉靖《邵武府志》卷十五《外志·寺观》，明嘉靖二十二年刊本，第11页b。
③ 黄兆汉：《明代道士张三丰考》，台北：学生书局，1988年。
④ 傅唤民：《张三丰故里考》，《邵武宗教寺院概览》，政协邵武市文史资料委员会、邵武市民族与宗教事务局编印，2019年，第100-108页。
⑤ 福建省邵武市地方志编纂委员会整理：咸丰《邵武县志》卷十四《仙释》，1986年标点本，第438页。

敕赐惠应庙记
（嘉定十六年）

　　昭武在闽为佳山水之郡，出城西行五十里，又有佳山水之乡曰"大乾"，峙雄洞深，献状俱秀，则有明应威信广祐福善王庙在焉。奂轮栋宇，峝立于清溪之上，英声赫然，众所倾仰。及考诸壁记，证诸乡人，其本始历历可知也。王，洛阳人，姓欧阳，讳字示旁从右。隋义宁间为泉州太守，官满西归，舟次大乾之下，顾瞻山川，乐其雄秀，因谓人曰："吾死当庙食于此。"登岸徘徊久之而后去。行未数十里，舟忽倾覆，而神之倏忽变化，复至大乾泊焉。或者导而他之，旋则又至。乡人咨嗟，惊其神异，乃即其山而封墓焉。众又欢传其庙食之语，好事者乃于墓侧设祠，然未显也。立祠之后岁忽疾疫，乡人就祠祷禳，境内悉安。继或遇旱暵，精致其祷，则云兴雨流，莫不如愿。自是，乡人无歉岁之患，而其灵益烜矣。粤惟肸蚃潜通，随感而著，四方功名之士，占前定者亦争趋之。精祲交于香火之前，而兆朕开于事物之表；机锋发于宵寐之顷，而契钥行于数十载之后。其吉凶美恶的如也。三刀十八公之象，可纤悉而较之宛如也。又尝有暴寇猖獗于乡间，守捍不能遽却，则又有著见自作销沮，神之威抑广矣。

　　我朝康定初元年，以侯爵，实用先正张文懿公请也，元丰中进□公，崇宁间赐庙额曰"惠应"。政和六年册尊为王，皆启于守。应□之疏上，而朝廷遂乃极其褒崇之礼。〔绍〕兴以来，又封及其亲，爵延其子。自非神之德有以感动乎人心，其功足以显扬于国之祀典，宁有是哉？乡人又言："方庙食之盛兴也，自岁时致祭之外，而祈禳于祠者又众，牲牢槌击殆无虚日。于是有龙湖圆觉大师，为王说偈且化邦土，使之具疏食以祭。众初以为疑，其后有荐苹蘩，神益歆纳。迄今成俗，膻荤不用焉。祠宇耽耽，倬有胜概。左驿道，右江流，犇蹄走毂之往来，运楫张帆之上下，无不勤拳起敬也。"嗟夫，幽明之际密矣，昧者不知其密而以为暧；死生之理贯矣，昧者不知其贯而以为断。吾夫子两楹梦奠，既旦则逍遥曳杖而为梁木之歌，死生之变涣然冰释，与天游也。浑浑其天，昭昭其神，是以道行万世，为民宗主，庙祀达于天下。惟明应威信广祐福善王生有聪明正直之性，其终则又能致其知于死生同域之妙，乐哉斯丘！逝若此水，瞬息幻化，周流终古，宏基永崇，令闻无已，霆辉斗灿。呜呼显哉！光，建之诸生也，屡以宦游经祠下，必炷香稽首，拜而后退，每叹丰碑之未立。比至衡阳官所，则庚使李公实惟昭武英彦，合议久之，欲光撰记而相与立石于庙，以诏后来。□是敬述其大概而且为之词曰：

生于京洛兮，储□祥而自嵩。宦于泉城兮，泽彼民而海浴。奄□□〔福〕闽山兮，精爽飞扬于昊穹。设祠于斯土兮，考四十围之故松。休咎兮来卜，肸蠁兮何速。折盗之锋兮，卷神旌而销虺。驱疠之虐兮，扇神风而清肃。有祈之雨祈之旸兮，所以顺成于年谷。有兆为龙兆为鹗兮，所以陶成于士族。其聪明一根于正直兮，永以介此邦之福。自明应三加而福善兮，显以为褒封之目。由唐而历宋兮，阅六百载以为秋继。自今而往兮，当千亿龄而复。周圜窈窕兮，清宫以为游。常淡泊兮，菲食以为羞。坟三尺兮，石不斫以从朴。草萋萋兮，春且敷而复挚。记有文兮未阐，易之碑兮犹俭。于以俟制作于将来兮，茂铺张于祀典。

嘉定十六年正月　日
朝奉大夫、前通判衡州军州兼管内劝农营田事魏光撰
朝请郎、新知潮州军州兼管内劝农事黄荣书
朝奉郎、提举荆湖南路常平茶盐公事李东篆额

【简跋】

此碑立于南宋嘉定十六年（1223年），现存水北镇大乾村福善王庙前。碑额"敕赐惠应庙记"，篆书。碑高183厘米、宽100厘米，楷书。惠应庙，又名大乾祠、欧阳太守庙、福善王庙，在邵武市水北镇大乾，系唐宋以来奉祀地方神明欧阳祐的祖庙。

撰文人魏光，建州人，绍熙元年（1190年）进士，曾任衡州军州通判。书丹人黄荣，字肃甫，邵武人，端明殿学士黄中之孙、司农卿黄瀚之子。嘉泰二年（1202年）进士，时任潮州知州。弘治《八闽通志》卷七十、光绪《邵武府志》卷二一有传。篆额人李东，字子贤，丞相李纲族孙。与魏光同年进士，受学朱熹，号精敏。弘治《八闽通志》卷七十、光绪《邵武府志》卷二十有传。

邵武县惠应庙神增封敕
(宝祐元年)

敕：有鬼神，有礼乐，道无间于幽明；曰风雨，曰阴阳，事悉由于感应。所谓化之迹也，盖有物以司之。邵武县惠应庙明应威圣广佑福善王，隋朝衣冠，闽地香火，保几载英灵之脉，存诸佛慈造之仁。德动九天，道弘八极。救水旱于翻覆手之顷，调寒暑于出入息之间。民为幻则亟济阴兵，天荐瘥而大驱厉鬼。欲子者与以子，不负匹夫匹妇之心；求名而得其名，盖造多艺多才之士。为民效著，助国功深。宜涣号于当今，用显灵于终古。更"广佑"为"英惠"，美哉又尽善焉；配博厚与高明，盛矣蔑（茂）以加已。可更封"明应威圣英惠福善王"。奉敕如右,牒到奉行。

宝祐元年八月五日

左丞相方叔

参知政事清叟

给事中德舆

兼直舍人院甫

八月六日午时,都事刘大任、司农少卿兼左司赵付吏部

左丞相

参知政事

同知枢密院事兼权参知政事

吏部尚书阙

吏部侍郎兼

告明应威圣英惠福善王,奉敕如右,符到奉行。

□□主事金以遇

员外郎令史董汝弼

□书令史刘举源

主管院□祖

宝祐元年八月六日下

邑民高计(原注:第一行)、李定(原注:第二行),随神封侯(原注:第三行右,在"主事金以遇"之间,似是后人题名羼入者,笔法亦与敕文不类,改别附此)。

【简跋】

此敕书颁发时间为南宋宝祐元年(1253年)八月六日,原碑立于邵武大乾乡惠应庙,今已不存。碑文录自晚清陈棨仁《闽中金石略》卷十。[①] 陈棨仁在标题下备注:"石高五尺六寸,广三尺四寸。分四层,皆十二行,每行字数不等,行书。额篆'宝祐癸丑增封纶告'凡八字。在今邵武县本庙内。"宋代欧阳祐信仰被纳入官方祀典,屡受加封,使其由僻处乡野的地方神灵上升为邵

---

① [清]陈棨仁:《闽中金石略》卷十,民国十六年菽庄丛书本,页7—10。

武全郡之福主，闽北区域之名神。[1]有宋一代，欧阳祐及其家人先后14次得到敕封。欧阳祐本人得到册封9次、赐庙额1次。[2]宝祐元年，宋廷将欧阳祐的神号由"明应威圣广佑福善王"更敕为"明应威圣英惠福善王"。此碑保留了宋代敕书的完整形制，落款处有左丞相谢方叔、参知政事徐清叟等"流转"官员的签署。

惠应庙神妻及子妇增封敕
（宝祐元年）

敕：阳得阴而成化，日并月以为明。维神既灵，厥配斯显。邵武军邵武县惠应庙神妻昭宁慈应顺惠英淑妃，辅赞之功，既旁流于宇内；窈窕之德，尚想见于闺中。道叶坤行，爵随夫起。封更新于八字，祚永保于千年。可更封"昭宁慈应圣懿英淑妃"。奉敕如右，牒到奉行。

告昭宁慈应圣懿英淑妃，奉敕如右，符到奉行。

宝祐元年八月六日下

敕：邵武军邵武县惠应庙神长子光世嗣庆崇济孚佑休宁侯、次子光祖绍应显济昭惠保宁侯，尔父死而为神灵，德被乎宇内，上及二代，俱有封爵。尔长子、尔次子，其易侯而公，往助尔父，调阴阴（阳）而育民物，可特封"灵惠公"、"孚济公"。奉敕如右，牒到奉行。

告灵惠公、孚济公，奉敕如右，符到奉行。

宝祐元年八月六日下

敕：邵武军邵武县惠应庙神长妇燕氏嗣佑隆顺显助淑慈夫人、次妇梁氏广顺灵懿善利淑安夫人，父之泽既及乎子，妻之爵合从其夫。久正位于小君，今

---

[1] 参见张侃、朱新屋：《"正统"的层累及流动——以唐宋闽北地方神欧阳祐为例》，《学术月刊》2013年第5期；李军：《唐宋以来欧阳祐信仰的演变、传播与闽北地方社会》，（韩国）《全北史学》第48号（2016年5月）。

[2] 李军：《闽北欧阳祐信仰的演变与传播》，政协邵武市文史资料委员会、邵武市民族与宗教事务局编印：《邵武宗教寺院概览》，2019年，第252页。

更名其佳号。可更封"嗣佑衍福显助淑慈夫人",次妇可更封"广顺衍庆善利淑安夫人"。奉敕如右,牒到奉行。

告嗣佑衍福显助淑慈夫人,告广顺衍庆善利淑安夫人,奉敕如右,符到奉行。

宝祐元年八月六日下

【简跋】

此碑保留了宋廷对惠应庙神欧阳祐之妻、子及子妇的三道增封敕书。敕书颁发时间为南宋宝祐元年(1253年)八月六日,原碑立于邵武大乾乡惠应庙,今已不存。碑文录自晚清陈棨仁《闽中金石略》卷十。[①] 陈棨仁在标题下备注:"石高、广及篆额同于前石。"即碑石的尺寸形制与《邵武县惠应庙神增封敕》相同。

文末,陈棨仁对欧阳祐事迹有如下考述:"神姓欧阳,名祐,洛阳人。隋义宁中为泉州刺史。(原注:案,《闽书》及《通志》均载祐于泉州名宦,乾隆《泉州志》则云:"隋之泉州,为今福州府治,非今之泉州",其说甚确。但《通志·祠祀》载:"广祐庙在邵武郡城五十里大乾乡,祀隋温陵太守欧阳祐",考温陵名郡,亦始于唐,隋时无此称,则当入之福州名宦为信。)秩满西归,行至邵武,闻隋鼎既迁,耻事二姓,迟留大乾乡山之间,挈家投水死。其英风义烈,足以熠太原王气,而枭獍如化及辈更愧死无地耳。乃《隋书·诚节》不为立传,村醵社鼓,徒庙食于荒陬僻甸,岂三代直道留于愚贱者多,留于士大夫者少邪?考《通志》宋康定、元丰、政和中,累加封'仁烈显圣文惠福善广祐王'。此敕为宝元(祐)元年所降,前此诸敕不知犹有存否也。神长子光世、次子光祖,长妇燕氏、次妇梁氏,或死孝,或死烈,均宜附祐以传,《图经》固未及之也。"

题大乾庙壁
(至元三十一年)

大业龙舟竟远巡,义宁孤媚忍欺人。北方各署新年号,南娇犹遗旧守臣。

---

① [清]陈棨仁:《闽中金石略》卷十,民国十六年菽庄丛书本,页7–10。

身合沉江甘殉楚，心知蹈海胜归秦。尘间俯仰几杨李，樵水东流万古春。

跋：隋大业十四年戊寅，泉守欧阳公满归至此。夫妇俱溺水死，时楚林士弘，长乐窦建德，魏李密，定阳刘武周，梁梁师周[①]，秦薛举，凉李轨，梁萧铣各已僭号割据，而唐李渊以代王侑帝于长安。是年二月，江都有变，宇文化及立秦王浩。五月，李渊王侑而自帝，以隋为唐。王世充以越王于东都。公洛人也，将安归乎？生盖不如死矣。噫！公之心，谁其知之？后六百七十七年春二月朔，过庙壁题。

【简跋】

此记文题于元至元三十一年（1294年），记文录自《吴文正集》卷九五（清文渊阁四库全书本），又见弘治《八闽通志》卷八四、《闽中金石志》卷十三。作者吴澄（1249—1333年），字幼清，抚州崇仁人。宋元之际理学家、教育家，人称草庐先生。至大元年（1308年）召为国子监司业，迁翰林学士、经筵讲官。

社稷坛碑记

（大德四年）

社为天下之通祀，农为天下之大本。春秋祈报，严尊之至也。昭武社稷坛，旧在城西南禅山之顶，政和中，尝移县西。绍兴壬戌，会宰受遄复其旧。本朝初定，江南邻寇未靖，郡邑凋敝，旧坛鞠为榛莽。初，廖守邦杰创建郡社于西北，至是亦废。岁时行事，守令始合祀于樵岚门之右，拔竹剪蓬，取具造次，风雨震凌，绵蕞特甚，礼鲜克终，而神亦不我格。大德三年，李侯来尹兹土，越明年，太守将有事于社稷，俾县治之。李侯捐俸为倡，爰复故址而新之，治坛于中。以石为主者各一，坛之前则亭之，以为行礼之次；亭之北则庐之，以为受胙之位。环以两庑，树以众木。门焉，以降神也；庖焉，以涤牲也。甍栋翠飞，丹臒相照。经始于六月之甲子，讫事于八月之社。太守乃帅其属以落之，荐献雍容，礼腆

[①] 梁师周，《八闽通志》《闽书》均作"梁师都"。梁师都为隋末唐初地方割据势力头领，建立梁国。

神歆，岁则大熟。于是邦人以迁复分合之不常，立碑以纪其事，庶几侯之嘉绩，亦相与垂之于无穷。余承乏邑教，目击斯美，因不辞而为之记。

【简跋】

此记刊于元大德四年（1300年），记文录自光绪《邵武府志》卷十一，又见和平镇《闽樵和平上官氏宗谱》（民国十九年刊印本）。邵武县社稷坛，宋建于城西北隅，元代移置西塔山之巅。上官文子，邵武人，时任邵武县儒学教谕。

灵峰寺重兴石碑记
（宣德六年）

盱江郡治之东逾八十里，地曰□□，有寺曰灵峰，□其事，于宋开宝元年敕赠■光泽十二都牛田龚勖公，乐为檀施，喜舍田亩于寺。至元末，厄于兵燹，煨烬精舍，惟寺基、田亩、山地存焉。数载间，颓垣断，础萧然，僧希（稀）屋朽矣。洪武之初，未能复旧。永乐己亥，有僧有圆暨师弟有庆，毅然发感，念自幼时，落发于寺，因循迨今数载矣，而吾居其居，食其食，弗能有所继述功业，泯泯无闻，是亦诚可愧矣。遂劬躬戮力，革故鼎新，以兴创为己任。其费用则罄（罄）钵囊之积，哀诸施者之助也。于宣德辛亥庀工抡材，始创大佛殿三门，东楼法堂、云堂、天厨香积，东西前厅，翼为廊庑，栖僧泡（庖）湢之室。凡卑隘者，则彻而增新之；凡宜有者，无不毕具。复置田亩，以裕香积之需。重兴缔构，像设庄严。穹栋雕栏，金碧绚烂。

一日，同门王玑璿师领有缘，造于松窗之下，揖香告其前曰："敢求文砻石，以垂永久之章矣。"予曰："若习操觚弄翰，吾教以为外事耳，义难得辞，毋乃矢述，数年间而能恢复旧观，焕然而新，业成矣。行立人从而向之，非其才识卓尔，又焉得如是乎？噫！是非所谓能辅成乎宗教，而兴立乎事功者，与所谓能胜其重任者欤？故予不能不有以取之也。"适际圣天子在位，作兴吾教之重，吾徒可不□□□乎？宜当□相与扶植教基，益敦祖道，则有缮完葺之功，其志亦尚矣。予考之宋《开宝经》，今五百一十八祀矣。立斯碑，明如宗镜，俾后续者照见之，有弊者补之，阙者增之。庶使寺安于磐石，悠久弗替。亦可稽其岁月兴废，而不忘继述永久焉。铭曰：

禅师愿力，浩浩其天。灵峰招提，混混如泉。慈幢高监，法垒永坚。魔口退舍，永固祇园。龙湖增深，象启愈传。一弛一张，起替起颠。万灵森卫，华坐敷严。作大依附，人天具瞻。嵩呼三祝，圣寿万年。

【简跋】

此碑刊于明宣德六年（1431年），碑石未见，碑文录自光泽《龚氏宗谱》卷首。灵峰寺，大约在光泽与资溪两县交界处。碑文称宋开宝元年（968年）敕建，光泽十二都牛田龚勖施舍田亩于寺。元末毁于兵燹，明宣德间僧有圆、有庆重建。

重建丞相太师忠定李公祠记

（正统六年）

嘉议大夫、礼部左侍郎、翰林侍读学士、国史总裁兼经筵官泰和王直

嘉议大夫、吏部右侍郎严陵洪璵，中顺大夫、太常寺少卿兼经筵侍书广平程南云仝赠

宋自绍圣以来，君子日否，小人相继用事，至宣和极矣。上之人既无道，揆一听其所为，天乃出灾异以谴告之，而犹不悟。君臣上下肆然，自以为得志。于是交夷狄，开边衅。及疆场既隳，虏骑向阙，而小人犹排忠直，误国家，靖康之祸有不忍言者。当是时，烛事于未然，奋力于已然，志虽不就，忠则有余者丞相李公也。

公讳纲，字伯纪，邵武人。宣和初，为左史，京师大水。公谓有夷狄兵戎之变，即上章乞戒备，斥为县。迨虏寇至，上欲避而东，且割地以求和，公时复用，言祖宗地尺寸不可弃，力赞城守，而以身任焉。屡出兵败虏，小人间之，遂罢，众相与力争，得复留。虏既退，上下恬然，不复理边事。公独忧之，数

陈备兵御戎之策，不听，又为小人所沮。出巡边。未几，罢不用。

建炎初，起公为相，即上十议：诛僭逆以正人心，务治内攘外，经理两河，图复京师，还二帝。事方就绪，复为小人所谗，辄罢斥，自是益远去，而中原失守，偏安之势成矣。

公虽去朝廷，然惟知纳忠，不以福祸易意。事有益于国者无不言，而言辄不用，且卒于不返。呜呼！公之用舍，生民之利害，国家之安危系焉。此宜为君者所倚任，而乃使小人之间得行，何其厚于小人，而薄于君子也。方其罢而复留，太学诸生、都城之细民，皆知公之忠。其后凡使至虏，虏人必问公安否？公之所存，见信于下人与夷狄，而不见信于时君，岂非其蔽之甚哉！或以宋之不振归诸天，直则以为人谋之不臧，于天何尤焉。

淳熙丙午，教授永嘉徐元德立公祠于郡学讲堂之左，后毁于兵。景定中，郡守方澄孙创樵溪书院以祠公。元至正辛巳，邵武同知万不花移创于郡治东南，樵溪五曲之上。洪武初，以书院为府学，祠堂遂废。正统己未，郡人上官祐为弋阳令归，以公祠事，请于郡守严陵徐侯述，侯欣然从之，乃复建于故址，而与县僚属及诸士大夫修祀焉。行在户部侍郎吴公玺亦郡人，俾直记其事，直谓公之忠诚，载之国史，传之天下，后世为君子者，必当起敬起慕，而取以为则焉。乡郡人士，迩公之居，而思公之迹，其于感发，宜尤易。况拜公之祠，瞻公之像，为亲炙之乎？徐侯之为此，上官令赞于初，吴公欲有示于远，是三贤者，皆尚德之至，且有风励之意焉。《诗》曰："高山仰止，景行行止。"邵武之士诚能如其意，将不皆为君子矣乎？故为之记，俾刻之庑下以俟。

正统六年岁在辛酉正月望日，后学王直记

【简跋】

此碑撰于明正统六年（1441年），现存邵武市李纲纪念馆。碑高185厘米、宽70厘米、厚15厘米，楷书。碑额"重建丞相太师忠定李公祠记"，篆书。碑文又见《抑庵文后集》卷五（清文渊阁四库全书本）、嘉靖《邵武府志》卷十。作者王直（1379—1462年），字行俭，别号抑庵，谥文端，江西泰和人。永乐二年（1404年）进士，授修撰，官至吏部尚书。明初，奉祀李纲的樵川书院被改为邵武府学，祠祀遂废。正统四年（1439年），曾任弋阳知县的郡

人上官祐说服知府徐述，在府学大成殿之东的原址复建李纲祠。此举得到行在户部侍郎、郡人吴玺的支持，他邀请王直写下记文，以志其事。

玉云庵砧基记
（景泰六年）

　　本庵起自皇明永乐十七年庚子，西来禅僧之所立也。其地峰峦耸拔，山势回环，蜿蜒鸾抱，关锁有情，泉甘土肥，树木阴茂，人迹罕到，迥别尘纷之所，潜身之静境也。禅僧目而爱之，遂询其地，乃里人张文一之业，僧是以造门，求为驻锡修息之所。文一允其恳，募捐舍与，僧苦居于此，修慕静行。文一给赡，唯恐不及，数年方构草庐，覆庇风日。宣德间，始得乡士割田资给。西僧既没，文一公男仲清，命道人李道成继住，勠力修进，更无异心，垦山畲而种粟，掘草莱以成田。仲清周密护持，朝昏调治，油盐粮食，惟恐有阙。禾麻种植，工虑失时，方颇得成规矩。崇奉观音大士、三济祖师香火，民乃雨旸疾疫，祷之皆符响应。抑无峻宇殿堂，至是以构数椽瓦屋，仅得容身。奈山高风猛，雨雪飘凌，不数年桁梁朽坏，壁倒基倾。

　　正统丁巳，住人郑性悟与仲清同心协志，捐资出力，平夷险隘，治堞圮毁，辟土增制，纵横寻丈。重成殿宇、门廊、厨房、饭室、仓囷、猪牛牢等屋。塑饰佛相，及置钟鼓，晨昏祝圣寿，以及福于乡间。农具家器，一一皆备；田园山场，片塅凑集，可谓出一时之表也。仲清、性悟思其历尽艰辛，不遑寝寐，积累成铢，略得资身给用，恐后人视于田业，动使犹如草芥，是以嘱予以成其记，不能辞而许之也。吁！余惟有德之君子，不私其财，不惜其力，但以垂裕而泽后人，名昭万世而不朽，此君子之心也。仲清、性悟，其心一也，又恐事迹久而沦没，将田地山场等物记载于后，使后人久久而承之，庶几不忘于来历，以知前人之德乎。于是为之。

　　景泰六年乙亥秋七月解制日

　　住人曾道兴立

　　檀越张仲清记

【简跋】

　　此碑刊于明景泰六年（1455年），碑石未见，碑文录自大埠岗镇《清河张氏宗谱》卷尾。[①]玉云庵,在金坑乡大常村,明永乐、宣德间张文一、张仲清父子施田创建,正统间增修,玉云庵遂成为张氏的"家族庙宇",其运行和管理深受施主家族的支配。

改建李忠定公祠记
（成化七年）

邵武郡学东,故有宋建炎丞相李忠定公祠。淳熙中,教授徐元德建,晦庵朱夫子为之记。其后迁改不常,以至于废。迨我朝正统己未,郡守徐述复建于旧址,吏部尚书王文端公为之记。

成化戊子,诏有司岁春秋享祀,盖因教授张君济之请,而郡守盛君颙、同知王君琳、通判刘君贯遵承惟谨。又访其后之秀颖者,进为学生,且尽复其家,以称德意。既而盛君又欲新公祠,致仕都宪、郡人陈公泊郡学,师生请以学傍佛舍曰化城院者改为之,提学佥宪游公亦怂恿其成。方谋始事,而盛君以朝觐去,及归,更任延平,遂不果。

庚寅之秋,巡抚都宪滕公莅兹郡,谒拜公祠,举公忠义,风励诸生,谕郡守冯君孜封植李氏坟墓,且进其后于学者数人,诸生因白向者改祠之事。滕公即诣化城院,见屋宇犹完整,不假修治,遂撤去佛像,奉迁公之神主于其中,裸献妥侑如法,郡之人士来观,咸欣跃以为宜。冯君谓兹盛举不可无传,乃走笔致滕公之意,属潜记其事。

潜惟李公学行纯正,负天下重望,以一身去就,为国家之安危。其忠义诚切见于奏议,而措诸行事者已震耀一时,传至于今。虽庸夫俗子犹能诵其勋名,欲跂见之而不可得。又有朱、王之文实在于壁,其出处始终,载之详矣。潜复何言?顾惟古今人物如公者,盖不多见。当时小人侧目,谗言蜂起,使公屡遭窜斥,不得尽用其才于世,而宋业卒至偏安于一隅,重可慨已!夫谗邪之能坏人国也如此,有天下者所宜深戒覆辙,信任忠贤以为长治久安之计,不使谗言

[①] 大埠岗《清河张氏宗谱》卷尾,光绪三十二年刊印本,谱存邵武市大埠岗镇谢厝村。

得以间之。而委质事人者，当励公所为，不以谗间之言变易其节，以至于失身而忘君。此潜之所以欲见于言也。况兹改祠，非特表崇忠良为可纪，而不惑异端，不费民力，皆世之为政者所不能及也。遂具书之，俾刻于石，以示来者，寓潜景慕先哲之心云。

成化七年岁次辛卯二月十七日，中顺大夫、詹事府少詹事、兼翰林学士、经筵官、同修国史、莆田柯潜记。①

【简跋】

此碑刊于成化七年（1471年），碑石未见，碑文录自《竹岩集》卷十二（清雍正十一年柯潮刻本），又见嘉靖《邵武府志》卷十、和平镇《庆亲里李氏宗谱》卷八。作者柯潜，莆田人，时任詹事府少詹事、翰林学士、经筵官。成化六年秋，福建巡抚滕昭谒拜李忠定祠，指示知府冯孜培修李纲祖辈坟墓，并在其后裔中选拔聪颖者数人，授予生员（秀才）功名。又顺应士绅之请，将僻隘的祠所改迁到更为宽敞的化城院佛寺中。

会圣岩原记
（成化十八年）

樵城之南，有乡曰昼锦，里曰太和，山水环绕，气象万千。中有石岩，悬崖百仞，延袤数层，诚天作之胜境也。世传其岩名曰会圣，载在郡志可考矣！宋世咸淳年间，锦溪教谕公印端杨老先生者，于斯岩之内创建祖先祠宇。虑其香火有缺，乃立佛殿，塑佛像，备钟鼓，招僧住持。岩外园塘田地，悉归住持是岩者焉。迨我朝景泰元年，住持朱慧深复劝教谕公裔孙伯善先生，增建房屋，卷砌桥。经始于二月初十日甲申，落成于六月十三日甲申。由是，入其地者莫不览兹胜境，俗尘浑忘，以为别有天地，非人间也。慧深于告成之后，窃恐杨氏建祠祀祖与祀佛之意，年深月久，莫知其由，思欲勒石以垂不朽。因乡友邹

---

① "成化七年岁次……莆田柯潜记"，《竹岩集》与嘉靖《邵武府志》缺载，据和平《庆亲里李氏宗谱》卷八补。

秉烈客游相与，乃托其致币，求志于予。予谓：释，西方圣人之徒；儒，东鲁圣人徒。儒以孝悌忠信教人修身，释以明心见性教人修行。其教人虽殊，而化人为善，则同归于一也。若慧深者，可谓能秉教以劝善，而杨氏子孙，又不徒崇信其教，且能以祀佛而尽祀祖之忱，更为莫大之善，较之区区施舍以图功果者，不诚判若天渊哉！予弗能文，特嘉慧深之善，善在劝善以崇佛；杨氏之善，善在崇佛而尊祖也。予故乐为之志，以垂永久焉。

时大明成化十八年岁在壬寅七月中元日 立

赐进士出身、文林郎、浙江金华府龙游县知县、钟陵王建撰

【简跋】

此碑立于明成化十八年（1482年），碑石不存，碑文录自肖家坊镇《锦溪杨氏宗谱》卷首。[①] 会圣岩，在今肖家坊镇将石村坳上天成岩自然保护区，宋咸淳年间杨印端建祖祠，虑香火有缺，乃立佛殿，招僧住持。撰文人王建，江西进贤人，进士，时任金华府龙游县知县。

惠安祠铜钟铭
（弘治十一年）

次劝首积福、龙兴二坊，会同四十三、四十四、三十三等都，募同二十六坊，抽己资财，命工鼎新铸造铜钟壹口，充入敕封惠安庙三位尊王御前，晨夕祈祷叩应。伏愿金钟鸣镇千千载，保庇诸坊万万春，家家清吉，户户沾恩，谨题。

光禄大夫，侄官智亮

劝首：丁旻祐、黄伯成、高罗旻、虞文凯

住持：郑继清

三十二都匠人吴友清

三十三都荣铭保福庆中坊，信官吴生同侄仲仁、仲义原舍罗一面，充入惠庙应用。今同（铜）心朽破，仍入本庙凑注铜钟，祈保吴宅永远子孙昌盛者。

[①] 肖家坊《锦溪杨氏宗谱》卷首，1999年刊印本，谱存肖家坊镇将上村。

　　信士丁秉瑛舍铜二斤。澄江坊信女黄礼娘舍铜七斤，祈保男欧成孙自身清吉、合宅平安。南市坊李试华舍铜十四两，吴玄娘、李九娘舍铜九斤半，张恭保、〔张〕文钊舍铜四斤半，江西万贯。

　　龙归坊信女黄妙端助银一千，保自身清吉。信士危文恭助同（铜）一斤半，保男求孝寿命延长。信士高佛得助同（铜）一斤，保男善孙清吉。

　　弘治十一年戊午岁仲秋月吉日志

【简跋】

　　此铜钟铸于明弘治十一年（1498年），现存邵武市博物馆。钟高94.5厘米、口径70.9厘米、厚6—8厘米，重约137.5千克。钟体呈喇叭状；钮为双龙蒲牢造型，高约16厘米。钟肩部装饰九组简易莲花瓣一周，其下局部横向铭文"光禄大夫侄官智亮"8字。钟体壁略直，由七周弦纹及一组对称莲花瓣纹分成为上下两部分，每部分又以方框均分为四区，钟体下部四区内皆素面，而上部四区内有铭文。[①]

---

①铭文录自高绍萍《邵武市博物馆馆藏二口钟考析》(《福建文博》2018年第4期)，编者据拓片修订。

忠定公祠堂祭田记

（正德十一年）

宋丞相忠定公，柄国于南渡之初，然得行其志之日少矣，至今天下诵其功、服其正者，何也？义利明而三纲立也。春秋之义，莫大于华夷之防，而况君父之仇乎？莫严于君臣之分，而况僭逆之贼乎？公在当时，论国是必曰复雠，论修政必曰诛僭逆，此恢复第一义也。视诸葛武侯明汉贼不两立、王业不偏安之心岂异哉？夫三纲者，万世公共之大经，非一时一人之私也。公适身任其责，主张维持，惟恐或坠，此天下后世所以不忘乎公也欤。

正德乙亥，巡按御史张君景旸拜谒祠下，顾洒扫之弗谨，以赎金若干，命邵武知县萧泮致饰焉。已而，泮请于守葛君浩，曰："古有圭田，示有专敬，卿大夫家且然，况公为一郡之通祀乎？而俎豆之实取具临时，非所以虔事也，盖转请以余金置祭田于祠。"葛君韪其言，各益以己俸。适张君以忧去，未果。行御史胡君文静继至，遂主其议。复相与规措，买田五十亩，付公之孙太学生绍芳、郡学生廷瑞掌之，岁计其入，为有司之常祭。其赢也，则以为子孙之常祭，非敢渎也，广亲亲之义也。

洪惟国朝列圣相承，表公之忠，以风示天下，而群臣将顺休德，有加无已。既有祠矣，复请祭；既有祭矣，复置田。志同谋协，如出一人。盖礼恶其不备也，不必己事；事贵其有勤也，不必己功。君子崇祀之心，如是而已。以是心而施于政，公岂有弗享者哉？于乎后之欲象忠者，视斯祠；欲教敬者，视斯祭。

时正德丙子秋八月吉旦

赐进士出身、前翰林院国史编修、泰和王恩撰

邵武县知县、泰和萧泮立石

【简跋】

此碑刊于明正德十一年（1516年），碑石不存，碑文录自和平镇《庆亲里李氏宗谱》卷九。[①] 撰文人王恩，江西泰和人，进士，前翰林院国史编修。立石人萧泮，泰和人，时任邵武知县。光绪《邵武府志》载："正德间，知府

---

① 和平《庆亲里李氏宗谱》卷九，民国三十三年刊印本，谱存邵武市和平镇和平村。

潘旦、同知邹武、知县萧泮增置祠田，米五十六石五斗，畀其后裔，使守祠事。"①

忠定公祠田记
（嘉靖二年）

宋丞相忠定公，宣和初官左史，上水灾变，罢。暨（既）复召，金虏犯阙，定策守京城。虏退，力斥和议，再罢。既入相，修政攘夷，为恢复中原计，小人间之，遂连罢以终。公忠义在社稷，筹策在奏疏，天下后世咸企望其风采，而况其乡之人乎？邵武，公乡井也，礼宜有祠。祠创于宋，屡废辄兴，我朝复于樵溪四曲之滨。成化间，诏翰林院撰文，有司春秋举祀如仪。前守葛君浩、萧尹泮买田五十亩，付公之孙，课其人以供祀事，其盛典也。正德辛巳，旦奉命来代，偕二守邹君武、节判李君华谒祠致祭，视仪物苟简，惕然不怿，诘其故。李君曰："岁凶，入廉私祭，咸取足焉，公斯杀矣。"邹君曰："圭田，卿以下家祀常需尔，公享国祀，而以圭弗称"，且曰："此长史责也，当徐图之。"嘉靖元年，购田若干亩。二年，益田若干亩入祠，嗣孙共世享之。公私俎豆，庶均有豫矣。景先哲而崇祀典，后之人岂无闻风而兴起者乎？因命耆民李轩刻田租于石，俾勿忘。

嘉靖二年癸未孟秋

赐进士出身、中宪大夫、邵武府知府、新安潘旦谨记

【简跋】

此碑刊于明嘉靖二年（1523年），碑石未见，碑文录自和平镇《庆亲里李氏宗谱》卷九。② 撰文人潘旦，徽州婺源人，时任邵武府知府，官至南京兵部侍郎。光绪《邵武府志》卷十五有传。

---

① 光绪《邵武府志》卷十一《典礼》，2017年点校本，第230页。
② 和平《庆亲里李氏宗谱》卷九，民国三十三年刊印本，谱存邵武市和平镇和平村。

刘忠烈祠记

（嘉靖二年）

夫人得天地之气以生，而理随形赋。浩然之气，天地之正气也，惟刚毅正直者能全之。能全由于能养，此养气之说也。宋绍定间，闽寇晏头陀等啸聚汀、邵境上，残破宁化、清流、将乐，陷南剑，犯建宁府，祸甚酷。侯时为监军，与陈韡同被命，仗义戮力，募兵集众，击破潭飞磜，降连城七十二寨，头陀计穷伏诛。既而邵武有刘安国者，先因民之困于贪暴，鼓众而起，官军不能敌，又不招抚之，郡邑骚动。守王公遂与侯论事，明晰条畅，乃请于朝，以侯知邵武县，军声大振。事闻，命侯改宣教郎，号其军曰"忠武"以镇之。逾岁，安国复握兵，遣子弟四出劫掠。王守命周喜领军绕击贼后，于是穷盗相继俘获，而安国遁逃。侯次梅口受降，而冯去辨、李迁者以安国献，遂斩以徇。未几，建宁下瞿之寇猖獗，侯提兵追逐，直抵其巢穴，为贼所执，不屈而死。士哭于营，吏哭于舍，逾旬而后定。贼既诛，厥配任遣将校负尸以归，殓葬之崇化里。事闻，赠朝散郎，加谥"义庄"，赐庙额"忠烈"，官其子一人。於戏！若义庄公者，可谓有浩然之气，刚毅正直者也。侯旧有祠，在府城东，正德戊寅灾，民争负像寄东岳庙。因思靖寇功，复建祠以安之。侯刘姓，纯名，字君锡，建阳人。父崇之，任四川总镇。少喜骑射，以父荫主簿沙县，调湖北帐干，历邵武知县，加侯谥，赐庙祀。子一人，嗣忠，吏部郎中。孙二人：长震孙，福建总管；次和孙。庙成，刘氏居建阳麻沙、崇安五夫及邵武者，各来观拜。某曰是正派子孙，某亦曰是正派子孙。而案麻沙图系，则于义庄为近祠，付东岳庙道士卢敬司之，刘氏子孙岁时来荐则迎侯之，庶神不亵而事无竞也。祠庙复新，武倡之，朝质助之，潘候觐还，又规画而落成之，唐知县凤亦与有劳，委任督造则耆民李轩也。既摭《宋史》，索传志为记，复为乐章，歌以祀之。歌曰：

紫云浮兮若襟，碧玉环兮为屏。武阳东兮祠复新，侯之神兮于此攸临。集衣冠兮一堂，奠椒浆兮馨香。靺韐兮洋洋，感忠烈兮意无量。侯之气兮横天，寇授首兮何言。怅怏兮瞻望，固山河兮俨然。

【简跋】

此碑刊于明嘉靖二年（1523年），碑文录自光绪《邵武府志》卷十一。撰文人为邵武同知邹武。光绪府志载："刘忠烈祠，在行春门外，祀宋知县刘纯。纯死于王事，封义庄侯（一作义壮），赐额'忠烈'，事见本传。明正德间祠毁，嘉靖二年，同知邹武重建，自为记。岁以春秋仲月诹吉致祭。"[1]

朱文公祠记

（嘉靖二年）

弘治壬子，府贰张君棨创武阳书院以祀文公。文公宅里在建阳，去邵武甚近，且文公足迹所至，皆有祠，固宜祠于邵武。正德辛巳，郡大夫潘公旦来守兹土，稽祠之岁入，则提学副使姚公谟尝置祭田二石八斗，嘉靖改元，潘公益以庵田之租十二石四斗，明年又益以十石，而析其半以畀何台溪先生后人之在上麓者，因书而刻石，使后有所考云。

【简跋】

此碑刊于明嘉靖二年（1523年），碑石未见，碑文录自光绪《邵武府志》卷十一。撰文人为邵武同知邹武。光绪府志载："朱文公祠，在城南隅。明弘治五年，同知张棨即旧社学地建祠，祀宋朱子，以何镐、李方子配，诸从游皆从祀，榜曰'武阳书院'。提学姚谟、知府潘旦、知县曹察前后共置田租，畀其后裔使守祠事。"[2]

---

[1] 光绪《邵武府志》卷十一《典礼》，2017年点校本，第229页。
[2] 光绪《邵武府志》卷十一《典礼》，2017年点校本，第233页。

福民祠记
（隆庆五年）

麓有闽越王庙旧矣。永乐间，上麓输运于镇东，中流遇风波，莫不惊惶，思闽人奉王之勤也，呼吁求救，果安济而归，遂建祠于其里。凡水旱疾疫，无不赴祷。嘉靖己未，乡有马妖，王显其灵，上麓独无害。辛酉岁，流贼煽掠，由顺昌抵将乐，麓势甚危，王又降大雾蔽之。王之祐上麓者，德匪浅矣。隆庆辛未，里人以祠狭小，不称报祀，邱琚、陈成周因议拓之，咸乐捐金应焉。鸠工选材，制恢于昔矣。以某年月告成，爰记其事。

【简跋】

此碑刊于明隆庆五年（1571年），碑石未见，碑文录自光绪《邵武府志》卷十一。碑名为编者加拟。作者邱希周，邵武人，生平事迹不详。光绪府志载："福民祠，在十九都上麓，祀闽越王无诸。明永乐间，里人邱孟宗以获王佑，建祠祀之。隆庆五年，里人邱琚、陈成周辈拓基重建。"[1]

邵武会馆创始志
（万历三十四年）

胜国时愚始祖与戎马从龙起家邵阳，随沂而南航，遂世阀阅。迨余历仕，与百而四十，斟水思源，宁能一日忘故里哉！幸故里诸君子不宾（原注：疑系"摈"字之误），群兄弟称乡人，得追随长安道上，岁时宴集。闲（原注：疑"问"之误）询吾入闽八郡会馆所在，惟邵阳独无，佥云："是役也，昔尝屡议矣。然辍亦屡罢，道旁之讥，遂成画饼，吾郡亦缺事（原注：疑有错字）。"余私心韪之，一日略草檄倡布告，诸君子咸欣欣乐助。爰岁余，集千五百缗市廛焉。市凡三易，乃得今所，则故荆楚邸也。半亩旧宫，人弃我取，然值不甚昂，视其榱栋，依然可新。于是以属戴君仰川，萧公少云暨诸君子，序鸠工，朝夕

---

[1] 光绪《邵武府志》卷十一《民祠》，2017年点校本，第237页。

拮据。高厅事之前楹，倍加础，其余即底葺。罨亚坛壁，饰以丹铅。濡月已落成。噫嘻，亦已难哉！（原注：下略）

【简跋】

此碑刊于明万历三十四年(1606年，丙午)，原碑在北京正阳门外邵武会馆，今已不存。碑文录自民国李景铭编撰《闽中会馆志》卷一。[①]文末李景铭备注："按，志末书'万历岁在丙午孟夏戊戌，邑人黄克谦顿首撰'，志中又有'勒之贞珉，以垂不朽'之文，可见当时此志，已镌刻上石。丁济生志云：'嘉会堂外，右侧墙阴有石碑一方。即黄克谦先生手书会馆创始志。'今查此碑无存矣。"

撰文人兼书丹人黄克谦，祖籍邵武，入浙江官籍，明万历二十六年（1598年）进士，官至广东布政司参政，倡建邵武会馆。邵武会馆，坐落北京正阳门外，东草厂二条胡同，兴隆街一百四十号。《闽中会馆志》载其沿革："该馆明万历丙午，黄克谦先生创建，并手书'嘉会堂'匾额。额悬于馆中，笔势飞动，朴茂。一望而知为明人法书，历清一代，保存无失。光绪中叶，馆地被黄冈馆侵占，后又收回修葺。自科举停罢，邵人来京者日少，馆事稍形寂莫。民国元年丁济生当选入都，与宁李泰协力整理，馆务稍复旧观，历今又三十年，而旧馆之规模尚在也。"[②]丁济生，邵武府建宁县人，道光二十八年（1848年）生，清拔贡生，民国初当选国会议员，历任建宁县潍川书院掌院、邵武中学校校长。

[①] 此碑由傅再纯录文，编者据原书修订。
[②] 李景铭编撰：《闽中会馆志》卷一《邵武会馆》，国家图书馆藏，1943年铅印本，第1页。

留仙峰供佛香座

（万历三十六年）

□□万历戊申年九月廿六日吉时谨题

四十二都信人张□

子张永桂媳黄□

孙张□□□

妇危氏□周氏

神真慈济三佛罗汉圣僧

五岳山主大德真人

开山金谷张真人

大乘妙法莲华□经

南无观世音菩萨

□南无多宝如来

五谷大道真仙

大乘金刚般若波罗经

大方广佛华严尊经

永镇四方大吉

刘狮峰住持僧□怀徒□兴

香座

任张元妇□

合家发心□

金匠□舍□

□保子孙绵

【简跋】

此碑刊于明万历三十六年（1608年），系四十二都信人张永桂捐刻供佛香座，现嵌于和平镇留仙峰庙后崖壁龛内。碑名为编者加拟。[①]刘狮峰，即刘师岭，今名留仙峰，紧邻武阳峰（观星山），在和平镇境内。弘治《八闽通志》载："刘师岭，在三十八都。旧传尝有刘姓者结庵于此，故名。路通盱江，鸟道崎嵌，绵亘六、七里，人以为病，戏名'愁思'。"[②]可知，刘师岭俗名愁思岭，因是刘圣者的道场而得名。

碑文中"神真慈济三佛罗汉圣僧"，即龚、刘、杨三位圣者，他们在宋代获得神济、真济、慈济大师的封敕，被称作三佛祖师。[③]"开山金谷张真人"，指的是张子冲，嘉靖《邵武府志》载："翠云庵……俗传云张子冲创建。题其梁曰：'金谷翠云峰，开山张子冲。官添儿择日，王朗墨绳工。'"[④]邵武地区流传着张子冲即张三丰的说法，本书《弥陀会记》"简跋"已有介绍，兹不赘。

重建万灵峰记
（万历四十七年）

金坪在樵郡治之南一百里，其间山峦嶙峋，川流迂回，冈岭四合，若有灵气。更极目□□，尤万有不可指数者。西山之麓，升高而望得异境焉。龙飞而忽降，虎踞而旋伏，其中□□凤翱翔，斯固万灵峰之一大观也。始自元至正年，构庵于其阳，而山灵始得所凭依。□□女清福□命如向，乃其间虽走四方之缘，而食税金坪者居多，爰授腴田以志不坠。□明万历四十四年间，住持僧乘栋桡之象而席金坪之有闻望者，为鸠四方物力，晰而□□。且举往昔之基更易位焉，用庚甲为方位而睥睨乎。大塈则川光绕带，峰气环交，盖□□云封古寺也。越己未年，工师告吉，复有释氏种树穿竹，以护灵气于不散。噫嘻，彼释□□所

[①] 此碑由傅唤民录文，编者据原碑拓片修订
[②] 弘治《八闽通志》卷十《地理·山川》，2006年修订本，上册，第277页。
[③] 张雨：《闽北三佛祖师信仰探究》，福建师范大学硕士学位论文，2017年。
[④] 嘉靖《邵武府志》卷十五《外志·寺观》，明嘉靖二十二年刊本，第11页b。

谓伏虎降龙，天湖子所云东璧金凤，其谓是耶。更有藤树葱茜，而灵基于今益列□绪成□鸠工之事少慰，愿得申言于后焉。天地之灵，人之杰为之也。予尝居此地，万家□树千峰，月色朗朗如入怀中，有能分得山趣者，安知江北麻姑、西山武夷，不随在斯地□为郡南一鼎峙也哉。山灵有知，谓我若何，既已言于僧，爰笔为之记。

　　万历四十七年己未岁仲夏上浣之吉

　　　　郡庠生李应芳顿首拜

大劝首：□□五、□□友、李文□、李文□、李文□

檀越：李四六　仍孙：〔李〕仁钰、〔李〕文胜

又舍田二石，坐落礤上□家坪

舍田：李仲贵、李志坚、李志深、李志远

募化天井僧淇□、募缘僧宽□

【简跋】

此碑立于明万历四十七年（1619年），现存金坑乡下坊观音阁门前。万灵峰庵始建于元至正间（1341—1368年），明万历四十四年（1616年）重建。

留仙峰
（天启五年）

今将水田山场列明：

一田坐落塔前，六石；一田坐落巴公田，二石；一田坐落桃树寨，二石；王依册，五石；一田坐长坑，计租十石。

一山坐落井下，上至平岗，下至合溪横路，左至中坰，右至长坰软坳。

一山坐落凉伞栋平寨，上至金星顶，下至大路，左至长坰及梁宅山，右至中坰及刀背山。

一山坐落老庵壇，上至平岗，下至横路，左至石壁，右至腊烛坰。

天启五年七月 施主炉阳合坊敬立

刊刻石碑 以志不朽

【简跋】

此碑刊于明天启五年（1625年），系留仙峰庵水田山场碑，现存和平镇坪上村留仙峰庵门前。碑名原为"留仙峰"，编者重新加拟。关于留仙峰的得名与神明奉祀，本书《留仙峰供佛香座》"简跋"已有介绍，兹不赘。

文社会记
（崇祯十一年）

盖闻天子至于庶人皆有立祀之义，吾辈乎昔相与，而其互相观摩以各有其志者非一日矣。岂可不仿宾客聚会之文，以结乡社者乎？夫事成固成美于数年，而犹虑其继之难久，是以酌议各助纹银二两正，历年放积。迨崇祯十年间，合口相商即塑帝君奉祀庵宇之后，将银付出，买租数石，以为每年春秋庆贺之费。所于纹银拾两存众轮流管理，切勿各负其志而不为恢宏者也。是为记。

计开各位捐银数列后：

黄廷用　捐银二两；黄廷试　捐银二两；黄圣衡　捐银二两；

黄以宁　捐银二两；黄圣仪　捐银二两；李友桃　捐银二两；

李友杜　捐银二两；黄儒根　捐银二两

以上共捐银一拾六两正。再将各位收银拨租列后：

黄廷用收去银六两，拨出桥头田租三石正。

黄廷试收去银六两，拨出西门塅田租三石正。

黄圣衡收去银三两，拨出红桥三百塅田租二石正。

尚存银十两，众分放积。

明崇祯十一年岁次戊寅晚春良辰，后学弟子黄利福廷用氏拜识

【简跋】

此碑刊于明崇祯十一年（1638年），碑文录自和平镇《庆亲里李氏宗谱》卷十。作者黄廷用，字利福，邵武和平人。碑文反映了明末和平士绅组织文社会，奉祀文昌帝君的史实。碑文中李友桃、李友杜，出自庆亲里李氏家族，皆为康熙间岁贡生。和平村东门"岁进士"牌坊，即为康熙二十七年（1688年）李友杜所立。

鼎创金轮堂碑记
（崇祯十一年）

赐进士第、文林郎、直隶苏州府推官、三山周之夔撰文

同郡邵武县儒学庠士胡宗若书丹

稽古名山胜地，岩林丘壑，得立区宇舆图。莫不翦辟草诛茆，而垂开创之功。然功成志之不朽，在勒碑刻铭耳。余司铎杉阳时，闻樵阳南乡，离城八十里，地名禾平，三十七都与杉阳接壤。有壁阳禅师，筑静室而居，修净土业，

所谓精严弘愍者也。杉之先达、冏卿完素江老先生，嘉其了悟，常以诗偈相通，赠其扁（匾）额以传于无穷。余职守杉阳，辄得其详。兹因门人请余勒石，以志不朽，不辞而为之。

记曰：夫壁阳，别号也，系樵城居士，著姓吴氏，禅讳如觉，幼失怙，恃伺嫡母，极承顺。生三子，课义方，长子邑庠，颇有辈声。壁阳性禀慈良，夙赋善根，中年茹素。毕子平愿，欲获五湖游，离室弃家，祝发修行。偶会镜池禅师来樵，觇其禅学不凡，遂舆延至禾平庄所，近有王□、□□、静□三至。镜池有妙法之请，去之。壁阳先收有僧徒性诚、性念、性见，不忍穷无所归，欲成静室，遍寻至此。乐其山明水秀，环拱幽异。询山乃本都宁文旺业，即募山脚片地，辟草成址。山之下系江姓田，与徒三人各出资赎佃，而获立锥之本。地与田相辏，辟成基模。尤构小室、经斋，蒲团二三，命名金轮堂，盖有终□之意。

事始于万历四十五年丁巳，而粗成于次年戊午也，粤岁己未，捐资募□〔银〕，鼎建殿宇、廊庑、方丈，塑□〔诸〕佛像，轩敞辉煌，固将垂亿万年之基，以□办道场之典。意以道场虽成，无焚修之资，何以绵衍？緐是发心，捐赠老租米壹拾石，舍入本堂充香灯。田出，上报祖考，超□□□，□〔福〕泽儿孙。僧徒迨天启五年，价买宁宅山场，以全后龙。至崇祯八年，性念、性诚各捐衣钵五两，凑买本堂前江宅田□□□□，募有施主舍田数亩，颇克禅悗之需。噫！壁阳之修行可谓慈悲！开创增置可谓垂远！非僧徒三人协力，何以克成？在三人，非壁阳发轫，曷足鼎创？后之系其宗者，当念前人肇造之艰，迪戒定慧之心，诚可以绵亿万年之基，无负壁阳今日创置之□□□是为之志。

皇明崇祯十一年岁在戊寅夏四月朔旦

立碑开山僧如觉，仝徒僧性诚、性念、性见，徒孙海□、海藏、海□

杉阳请撰门人邹中孚、助立碑师弟如愚

仝立男吴善志、善述，孙吴守纲、守纪，婿□□□赞碑乡绅居士江涵巽，证碑居士胡玉章、曹□□、□仁兴、曹□□、黄□□、□□

【简跋】

此碑立于明崇祯十一年（1638年），现存肖家坊镇坊前村茶坑金轮寺，碑阳额首为"鼎创碑记",碑名由编者加拟。碑阴额首为"今将本堂鼎创及檀越捐田亩录其下",因碑文已漫漶不清,故未录文。[①] 撰文人周之夔,福州(别称三山)人,进士,崇祯二年任泰宁县(别称杉阳)教谕,时任苏州府推官。光绪《邵武府志》卷十五有传。书丹人胡宗若,邵武人,邑庠生。

感应城隍庙记
(明代)

郡县祀城隍神,制也。严田市之乡何祀焉?盖以神发灵显迹于斯乡也。昔宋之季,元遣总管黄万石招降诸郡,其时宋臣赵崇玑、张彭老在建宁,林起鳌在南剑,三人合兵拒之。万石败走邵武,道经严田,梦神告曰:"宋不用征也,逢兔尽矣。"其后又遣也的迷失率兵入杉关,兵疾疫,逾月不能进,亦梦神告曰:"必取严田市之水饮之,乃可愈。"又曰:"宋亡不出三年,闽广自可得也。"迷失如神言,取水饮军士,疾果皆愈。迷失奏其事,世祖喜曰:"曩者,尝梦一神告朕曰:'赵祥则灭,宋兴则亡;归山则没,入海则藏。'询其何人,则曰:'严田市之神'。是与朕梦同也。"其后宋改元祥兴,至三年果亡。遂敕邵武,于严田市建邑,既而未果。乃取宁万二、谌伯安两家地建庙,封神为城隍,像而祀焉,又并祀之于京都。此严田市所以别有城隍庙也。夫兴废者,天也。神恒顺天而佑焉,岂惟佑元?屡屡告以宋亡之期者,盖欲稍缓攻战,而并免邵武之民之数罹于锋镝也。是神之佑邵武者,亦至矣。严田之乡,又安得而不祀乎?

【简跋】

此碑刊于明代,具体时间不详。碑文录自乾隆《邵武县志》卷十一(清乾

[①] 20世纪80年代泰宁县博物馆有录文,2022年傅再纯在肖家坊镇坊前村收集到此录文。

隆三十五年刻本）。撰文人林士都，明代南京国子监博士。清方志载："感应城隍庙，在四十六都古山严田市，祀严田之神。元世祖时，诏封神为城隍，于严田建庙。"[1]明清的古山严田市即今邵武沿山镇沿山村，也称严山街。城隍崇拜是中国最广泛的民间信仰之一，城隍被认为是冥界地方官，东吴时期已有城隍庙。明朝将城隍祭祀列为国家祀典，每个府州县都须设立城隍庙。明后期江南许多市镇也修建了城隍庙。[2]严田之神因预测元朝代宋，而被元世祖封为城隍神的故事，虽属荒诞，却也反映出明代严田市镇繁荣，建有城隍庙的史实。

新丰寺造天井记
（隆武元年）

开山师祖原籍福州府长乐县廿四都郑氏贞祝，法名如珍，于隆武元年建造天井，存记。

石匠：汪凤台

【简跋】

此碑刊于南明隆武元年（清顺治二年，1645年），现存晒口街道新丰村画眉禅寺（原新丰寺）。碑长90厘米、宽50厘米、厚12厘米，楷书。碑名为编者加拟。

---

[1] 乾隆《邵武县志》卷十一《民祠》，清乾隆三十五年刻本，第26页。咸丰《邵武县志》卷九《民祠》、光绪《邵武府志》卷十一《民祠》亦载。
[2] 徐晓望：《福建民间信仰源流》，福州：福建教育出版社，1993年，第395页；张传勇：《试论城隍庙的建造依据》，《民俗研究》2005年第2期。

邵武诗话楼碑记

（顺治九年）

诗话楼何以名？以宋严羽也；楼何以碑？以今大方伯栎园周公也。壬辰春，余校士邵武毕，登斯楼而饮焉。楼介万山间，其东北环樵溪，溪水深碧色，如绿草方雨过，下注若奔马，即汉楼船将军出豫章故道也。其西则熙春之山也，其城则越王之乌阪也，玦合倚复，飘忽吐荡。其南则沟畔井疆，若绣若绮，嘉木美箭出言（焉）。其后楹壁间有勒石，则周公所赋《寒食登楼诗》四章也。余读而叹曰："甚矣！公之雅以风也。"郡守进曰："公之来也，自弦诵筅匏，靡不式下也；山居谷饮，靡不恤也。甚矣！公之文也。"诸校进曰："未也，不闻公之武且仁也。公以偏师定郭天才之变，单车而降曾省，猰牙狼喙，击如羊豕，羹其破獍，以贻哺我子弟。子弟之有首领股肱，则公保也。"三老释杖进曰："未也，是旧勋也。盱江耿虎之叛也，我昭武之北门勿启。公大抚，而又治之，不日月也。又何畴昔之是征？"余曰："其详可闻。"诸三老曰："循岭而西为杉关，关右道豫章。光泽之县八千户，封豕狐狸蚀焉，弗克，固吾围。叛帅耿虎自盱江杀吏民，鼓行而造郡城。先声请伏精甲，犷犷彻为方陈，而疏行首夹以驷马，马皆鍱铁。建螫弧，伏屈卢升樵岚之巅，以瞯城中。千人沸唇，扣地大噪，中宵伐松柏、举燧火。城中互惊曰：'西门甲矣，东门旆来于于矣。'叛卒又自惊曰：'师出矣，周公苍矣。'黠者疑，愿者贺，弱者扬，强者夺气，民登陴而望。自郭门以及松洲曰：'我周公也。'自松洲以及石岐曰：'我周公也。'相喜叹有泣者。公至，令叛卒勒甲伍，摩其垒而鼓之曰：'若知顶与踵乎？反踵而行，趾必蹶；踵加于顶，身必毙。尔逆天常，是自覆也。'又鼓之曰：'以峒寇张自盛之扰我鄙也，俯尔为羽翮焉，抟鸡之狸，其力几何？毋与同烬。'三鼓之曰：'军律有之：登城者爵，执珪靡旌者一级，刑者弛，死者赎。大司马虔纠于海甸也，是有尔生者，盍不奋？'一军稽首，崩角踊跃。公使吏饩之稷若筐、酒若罂、牛彘若肩，徒一伍者一舟，骑一伍者倍舟。春水始放，烝徒疾进，其来如风，其去如环，邵人以安。今卒之所屈，吾不知也；公之善备，吾亦不知也。吾小人牧鸡豚，拥妇子，朝耕夕偃而已。"余叹曰：

"懿哉！公之绩乎。"天下之动，草窃为弱，戎士为猛，其坐伐击刺，恒肆也。玄矛朱绶，龙旂犀渠，丁宁錞于恒庀也。齐之难也以瓜期，秦之难也以间左。是以先王之教兵也，出车以送往，采薇以劳还，而又申之以话言，讽之以咏叹，闵之以饥渴，迟之以室家，悲之以雨雪，鼓之以执丑，故士奋其死而民乐其生。其有不率，则建旌以招之，父母乘墉以呼之。又不率，则斩戮于社，以衅钟鼓。今盱江之众，戎贼州，将至逆也。大司马陈公解剑赠公，临食三叹，至忧也。公播以令闻，临以至诚，羁马不鸣，告成厥功，毋以豺狼而扰稽事，公真大臣风哉！邵民于是群进曰："民俎豆公矣，在兹楼也。登斯祝焉，望斯祝焉。起而视严先生之左，则公在焉。"余曰："邵僻壤也，知祀公，又知祀公于严先生之楼，何其文也。盖公之德教远矣。"是为记。顺治九年岁次壬辰秋日，福建提督学政、布政使司右参议、云间宋徵舆撰。①

【简跋】

此碑刊于清顺治九年（1652年），碑石未见，碑文录自《林屋诗文稿》卷七（清康熙九籥楼刻本），又见康熙《邵武府续志》卷九。作者宋徵舆，江苏华亭人，顺治四年（1647年）进士，时任福建提督学政布政使司右参议。诗话楼，原名望江楼，祀南宋诗人严羽，祔祀清福建按察使周亮工。光绪《邵武府志》载："在治东城上。下瞰长川，万景毕至，故老言未筑城，先建此楼，与西城二楼相望，高十余寻，郡人严羽尝与天台戴式之说诗于此。国朝顺治四年，按察使周亮工入闽，访羽故居，不存，遂祀羽楼中，加修饰焉，改额曰'诗话'，以羽所著有《诗话》三卷也。后郡人以亮有全城功，并祀焉。"②

重修朱文公祠记
（康熙初年）

道自孔子而著，人言不殊。韩退之谓孟子功不在禹下，著孔训也。位食异

---

① 落款时间及作者信息，《林屋诗文稿》未载，据康熙《邵武府续志》补。
② 光绪《邵武府志》卷二八《古迹》，2017年校本，第1034页。

代，谁曰非宜？至朱文公作笺注，所著益渊，且微详且备，不惟斯人祝之苾芬，卤管间孔孟引手矣。独是邵郡专祀文公者何？盖建阳，公所生也，与邵峰云接，凡著书画卦，诸迹可望而指。若夫半岭以西，则嘉禾敛樀地。当何、李诸君子躬亲函丈，懿诲日闻。而公之胜游泛览，在樵岚、乌坂尤多。以故，社坛之建，亦如曲阜之陵，邹山之寝。道范始基，久而勿替。

按，有明弘治间，司马张荣爱公履辙，力构行祠。正德中，再修，置田若干亩，选其裔奉焚祝。万历中，再修，日迁而盛。诚向道之志，未尝或岐。季代多哗，正宗尤丞。余慨异学之纷揉，惧六经之罔振，早岁观书，已缅芳矩，矧兹出而仕焉，又幸值蕴灵之乡乎？然年世既悠，古人莫觏。及考其遗踪，徒使十丈苔莓，肆延侵剥几何，而非函壁颓垣，埋琴断甃者乎？当践其庭，愀然感焉。因询其四十八代孙名以纬者，进而曰："今之乡先生，生有功德，没而祭于社，比比皆然。况孔孟大业，赖之兴起者？雨痕风窦，祠貌墟芜，尔之咎欤，非欤？虽然，今日亦予事也。"爰手撰募疏，先捐工价三十金，及杉木瓦石，命就近诸生襄其役，抑知大道在人，共相鼓舞。阅数旬，而鼯鼪之穴已弥，桁梲、廊庑之缺已葺，向来为马肆（厩）、为豕牢，垢积而欲盈者已洁，列坐之名已正。因再瞻拜其下，目旷神怡，获以时亲道域幸也。凡夫秀者、顽者，立乎其后，怀芳风之如在，犹俯仰而未遥。则奋而膺簪笏之华簪，而味渊源之理，使孔孟经法昭炳来兹，岂惟予幸也哉！爰即竣工日月，为之记，以告后人。

【简跋】

此碑未见，碑文录自康熙《邵武府续志》卷九。作者汪丽日，安徽六安人，时任邵武知府，多有善政，光绪《邵武府志》卷十五有传。此碑成文时间未有确载，汪丽日任职于康熙三年至十二年（1664—1673年）。光绪府志云："（朱文公祠）国朝康熙初知府汪丽日，二十三年知府张一魁皆捐金修之。"[1]

---

[1] 光绪《邵武府志》卷十一《典礼》，2017年点校本，第233页。

重修建保泰院碑记
（康熙三年）

余里保泰院，阅郡志，始于唐会昌三年，故老率相传为唐相曲江张九龄香火院，前世碑载甚具。其子胤中衰，故碑仆浸然。至今补陀岩殿梁上，有"署中散大夫十二世孙张伯达建"，犹可验也。伯达之后，今复炽于里中，庠生张畴、张畯、张略，皆其云礽也。戊子己亥，鼎革之初，里中庐舍兵火焚毁过半，寺僧尽逃。十数年间，金刚倒塌，僧舍所存仅栋瓦耳。戍将营马鸣嘶齕苕于三宝殿下，罘罳、廊房尽已无遗。三宝顶上微见漏痕，若再半载，则千年福地荡于一旦矣。余间同友人入寺，藉草而坐，嗟吁久之。夫佛之为言觉也，学之为言亦觉也，三教圣人皆一音弘演。今兹院者，昔为演法之地，将废矣。其修复之时节、因缘，在何人欤？未几，友人以晓三上人《宝安语录》，并答响诗帙遗余者。余叹谓友人："前所谓时节、因缘，以待其人者，其在兹欤？"于是陈子士瑚与其叔梅芳首以赀财，大木为檀。而邓子郇圃、张子畴、陈子锦、梁子士弘、柴子文柱暨诸友人，相与迎晓三上人入院，扫砾破苔而居之。上人他院登讲座多年，特以胞胎之地不获辞。凡架木运瓦，垩壁椓堵，皆身同其劳，于施者之一钱一合，皆籍记之。二载间，凡正殿钟楼，方丈皆复旧观矣。当上人未入院之前，三夜钟楼上，夜半无人，其钟自鸣。当兹赋重张亏，民穷财匮之日，而能竣斯役也，百倍于昔人创修之艰矣。诸檀施虽从觉皇慈云鸠工，亦从曲江风度起见也。寺碑虽仆，因康熙二年九月换正殿顶栋梁木，始见天花板上柱间字，载前佛殿为唐五代长兴四年建，宋太平兴国三年修，庆历二年僧法珍重建，元大德六年修，明成化二十三年僧宗贵重建，嘉靖四十二年僧道茂修，崇祯八年僧如岜修。今据所载，前佛殿始于长兴，则院必始于佛昌。今日寺僧尚抱有元大德簿，阅之则兹院昔皆法师、住持，法众甚多。入明，始为钱粮寺。乃今众善信仍旧僧庐之址架修，分而为二：一以居晓三师徒，以禅悦为食，募里中米；一以居寺中旧僧主管钱粮者。郡主陈公、邑主张公，皆疏金并施舍。首事诸姓氏，详列碑末。康熙三年九月十五，里人某撰。

【简跋】

此碑刊于清康熙三年（1664年），碑石未见，碑文录自康熙《邵武府续志》卷九。作者邓上衮，字佩水，号恣园，邵武人，康熙元年岁贡生，著有诗文集《恣园集》。光绪《邵武府志》卷二一有传。

忠定公祠序
（康熙二十二年）

乡先生有功德于民者，殁后皆得以享祀，况以一身系天下之安危，丰功伟烈、彪炳宇内、照耀千秋，如忠定李公者？其宜特祀，又非他乡先生可比也。

淳熙间，教授徐公始建祠于军学讲堂之东，自是以后废兴迁徙不一，而止至前明嘉靖郡侯吴公，又移建南门水塞之白莲堂。仁皇帝十有九年，予奉命来守兹土，甫下车，即谒公祠。拜瞻之余，见屋宇荒芜，颇为风雨所侵，因思起而新之。而公务倥偬，未遑即及。适泉郡李公亦忠定公之裔，其先世自邵迁泉，今来镇樵阳，过庙思敬，重建之思更迫，谋及于予，予幸同志有人。急为怂恿，访忠定后裔，得李生友杜，积学士也。取其宗谱验之，知为忠定公十六代孙，因与李公各出己赀，鸠工庀材，仍移建于五曲之上，而嘱友杜董其事焉。中为堂，设像于上，左右各建屋数椽。致书嘱李生等作寓看守，以奉香火。阅数月而功告竣，都人士莫不欢欣鼓舞，以庆落成。

夫修废举坠，虽守土之责，实公之功德深入人心，有不容已者焉。至公之功德，详于青史，岁时祀典，具载志书，故不赘。

时国朝康熙二十二年孟冬月吉旦

特授邵武府知府张一魁拜题

特授邵武参将安溪裔孙日煋、看守祠宇裔孙岁贡生友杜、生员翰储、荫生登龙仝立

【简跋】

此碑刊于清康熙二十二年（1683年），碑石未见，碑文录自和平镇《庆

亲里李氏宗谱》卷八①。李纲祠堂自宋代创建后，屡有兴废，康熙二十二年，知府张一魁、副将李日煜主持复建于樵溪五曲上府学之南。撰文人张一魁，镶黄旗人，时任邵武知府，光绪《邵武府志》卷十五有传。立石人李日煜，泉州安溪人，李纲后裔，时任邵武参将；看守祠宇、贡生李友杜、生员李翰储、荫生李登龙，均为邵武李纲后裔。

重建忠定公祠碑文
（康熙二十二年）

　　食禄至二千石，辖里甲至三万户，此古昔诸侯之贵，天子所嘉赖以理天下者也，位既尊而任綦重矣。汉治课刺守相类，以兴学校、劝农桑、励风俗、厘奸猾为首务，故循良之吏，惟汉独隆。三韩张公梅庵来守干樵，樵处闽西偏，所辖四邑里甲以三万计，然地瘠而民贫，加以丙辰之变，焚掠之惨，甲于他郡。城郭邱墟，妇子流散。江右巨寇蜂聚都鄙者，藉招抚而肆蹂躏，樵城复有累卵之危。公下车，巨寇受抚，招复流离，加意而惠鲜之，民之哀鸿始辑也。郡学毁于兵燹，鞠为茂草矣。公曰："学校，王政之本也，致治之盛衰，视其学之兴废，堂构之事，予力任之。"捐金倡助，营庀三年，迄今圣庙明伦堂、启圣祠、名宦、乡贤、尊经、奎阁、宫墙、牌坊、泮池、栏楯，巍峨壮丽，殆胜于昔，□庠生儒望而德公者，称道弗绝。及谒晦翁祠，圮废已甚，公独力捐金，鼎而新之，称杰构矣。公之敬先师而崇先哲，其识大体如此，诸生念公德不已，欲祠公于学，公坚辞弗允。

　　予季父省甫公作镇樵川。予祖忠定公者，起家于樵，而后裔分处于三山、温陵，今其祠之在樵者，俱已颓落。予季父恻然，与公谋移创于郡学之南，《志》载"五曲精庐"者也。适公有蓴羹终养之行，季父又有台湾之命，樵之绅韦父老以公与予季父文武协恭，咸有保厘和恒之泽，佥谋建祠奉二公像于忠定祠之右，与先郡守邵公祠并峙，樵人以志去思于不朽云。予惟公之善政不可枚举，

---
① 和平《庆亲里李氏宗谱》卷八，民国三十三年刊印本，谱存邵武市和平镇和平村。

其大者如杜里民之解运，免都图之收头，禁秋粮之耗，革近乡之夫，讲乡约以厚民风，躬祷雨以祈稼穑，汰图差而里甲不扰，饬胥役而狐鼠潜踪，日用薪蔬悉依民价，听断词讼一秉至公。莅邵七载，与民休息，弗生事扰民。其宽严节爱，凡所兴革，悉协舆情。夫建学崇祠，则桂阳之庠序兴矣；卖刀买犊，则渤海之农桑劝矣；教孝教礼，则南阳之风俗励矣；令行禁止，则东阳之奸猾厘矣。汉治循良，公皆备美，于以上承天子，下宁群黎，宜樵人之德公者深也。是乌可以不记，予岂敢以不敏不文，谢诸君之请乎？是为记。

赐进士出身、通议大夫、内阁学士兼礼部侍郎、前奉旨特授学士优升侍读学士、癸丑会试同考试官、翰林院编修、内宏文院庶吉士、年家侍生李光地顿首拜撰

【简跋】

此碑刊于清康熙二十二年（1683年），碑石未见，碑文录自和平镇《庆亲里李氏宗谱》卷八。[①] 撰文人李光地，字晋卿，安溪李纲后裔、李日煜之侄。进士，清代理学家，时任内阁学士兼礼部侍郎。康熙二十二年，邵武知府张一魁、副将李日煜复建李忠定公祠。

守忠定公祠志
（康熙二十九年）

忠定公，宋室一代伟人也。当徽宗时，内肃权奸，外安社稷，其勋业昭垂于史册者，赫赫在人耳目间，以故当时宗之，后世仰之。迄今读公之奏议者，莫不景其德徽，慕其忠义。莅兹土者，惟公是重焉。兹因省甫李老先生，以和平嫡派贡生讳友杜者，委之看守祠宇，且捐金二十两购田，以赡香灯，给照，以垂永久。后裔子孙宜敦品励行，以继续前徽，以光昌谱谊，以无负同官爱慕之忱。俾后之贤裔登仕籍者，藉为羡谈，是予之愿也夫。

国朝康熙廿九年庚辰仲秋立碑志

[①] 和平《庆亲里李氏宗谱》卷八，民国三十三年刊印本，谱存邵武市和平镇和平村。

邵武县知县、宁阳董贞祚题

【简跋】

此碑刊于清康熙二十九年（1690年），碑石未见，碑文录自和平镇《庆亲里李氏宗谱》卷八。①撰文人董贞祚，宁阳人，时任邵武知县。光绪《邵武府志》将董贞祚始任时间记为康熙三十六年（1697年）。②

旧市街董家坪仙母碑志
（康熙三十五年）

仙人张子冲，和平坑池人。生元末时，闻从樵城遇仙，授以丹术，归翠云峰修道。于明初永乐年间道成，白日升举。仙母去世日，仙人自葬其母于此，冢无砖迹，三百年来无碑无碣，隐跃犹存。爰于今大清丙子岁立石于墓，仙踪遗事在人传述，难以悉记，略志所自，俾后人见而生敬仰云。

时在大清康熙丙子年夏月吉旦，同里旧市敬立

【简跋】

此碑刊于清康熙三十五年（1696年），原碑立于和平旧市街董家坪（一作杜家坪），已不存，碑文录自和平镇坑池《张氏族谱》卷一。③1929年张氏修谱，增录此文，并备注："此坟于清末年间，有坎下同姓不宗者某认仙人为己祖，清明登坟祭扫，见碑记载详明系坑池之祖，即将碑推倒。后予兄弟至墓，将碑竖起，知是予族之祖，何得外人侵越？今增诸谱，俾后人而勿忘也。民国己巳十八年仲秋月吉旦，裔孙传河谨识。"光绪《邵武府志》载："仙婆墓，在旧市南关外升仙桥。葬张子冲之母，康熙中，里人立石碣。"④

---

① 和平《庆亲里李氏宗谱》卷八，民国三十三年刊印本，谱存邵武市和平镇和平村。
② 光绪《邵武府志》卷十四《职官》，2017年点校本，第328页。
③ 和平《张氏族谱》，民国十八年刊印本，谱存邵武市和平镇坎下村坑池。
④ 光绪《邵武府志》卷二八《古迹·冢墓》，2017年点校本，第1051页。

清邵武县正堂断长明庵山场纠纷碑
（乾隆二十六年）

案奉特简邵武县正堂、加三级纪录三次张太老爷，廉明神宰，判断昭彰，仁慈高厚，恩固佛僧，准立此碑，永垂万世者。

原古长明庵，号梅谷，迹自宋代。因僧子式微，迨及大明天顺七年，僧无假重兴梵宇，庵山悉属僧业，僧俗从无争竞。惟后门山顶，系该山来脉。康熙四十三年，突有邻村洪水坑黄仕仪，妄生觊觎，冒旧坟安新碑，致住持僧照阶讦控。县主严审，断以"坟久莫考，只许黄姓祭扫，不许迁动再葬；山归庵僧照管，永远封禁"。讞断煌煌，已历数十余载。讵意仪裔盛兴，胆以事久年湮，复于乾隆廿三年抬棺强葬。旋经练邻邓天植等屈劝勿较，订立合同，永不再葬。殊黄姓人等欺衲孤弱，得寸进尺，又于旧十月间仍在旧坟圹内强开新穴，意图再葬，迫衲鸣究。叩宪钧票饬练谕止，如抗禀究。而黄姓人等稍知悔惧，投仝廪生袁琮伯、生员吴基暨邻人涂启祥等，排释解讼，重立合同，劝衲捐资勒石。全山封禁，如再抗违，执约呈究。练总何启严据实具覆，蒙批准勒石。此宪天慈祥，泽及枯骨，恩垂佛地，靡不全备。遵镌石碑，敬刊明批，以志不朽焉。碑成之日，遵批将前后合约印刷碑摹，即行呈验存案。乾隆贰拾伍年拾月廿八日，僧心朗以叛案悖约等事具控，明蒙批："既有断案议约可凭，黄仕标等何得听唆复图强葬？着练邻速行谕止，如抗禀究。"乾隆贰拾伍年拾贰月十二日，练总何启严、乡邻暨永明以遵票禀覆，乞察核示，永断讼根事，粘票具覆，明蒙批准勒石永禁，仍将议立合约同碑摹，呈验经承兵科余中。

乾隆贰拾陆年岁次辛巳孟春月

住持僧心朗、徒源定、〔徒〕孙广安遵批敬泐

【简跋】

此碑刊于清乾隆二十六年（1761年），现存洪墩镇长明庵。碑额"奉宪泐石永禁"，篆书。碑高132厘米、宽68厘米，楷书。碑名为编者加拟。清康乾时期，长明庵僧人与邻村黄姓屡次发生山场纠纷，知县判决"坟久莫考，只许黄姓祭扫，不许迁动再葬；山归庵僧照管，永远封禁"，僧众遂勒碑公示。

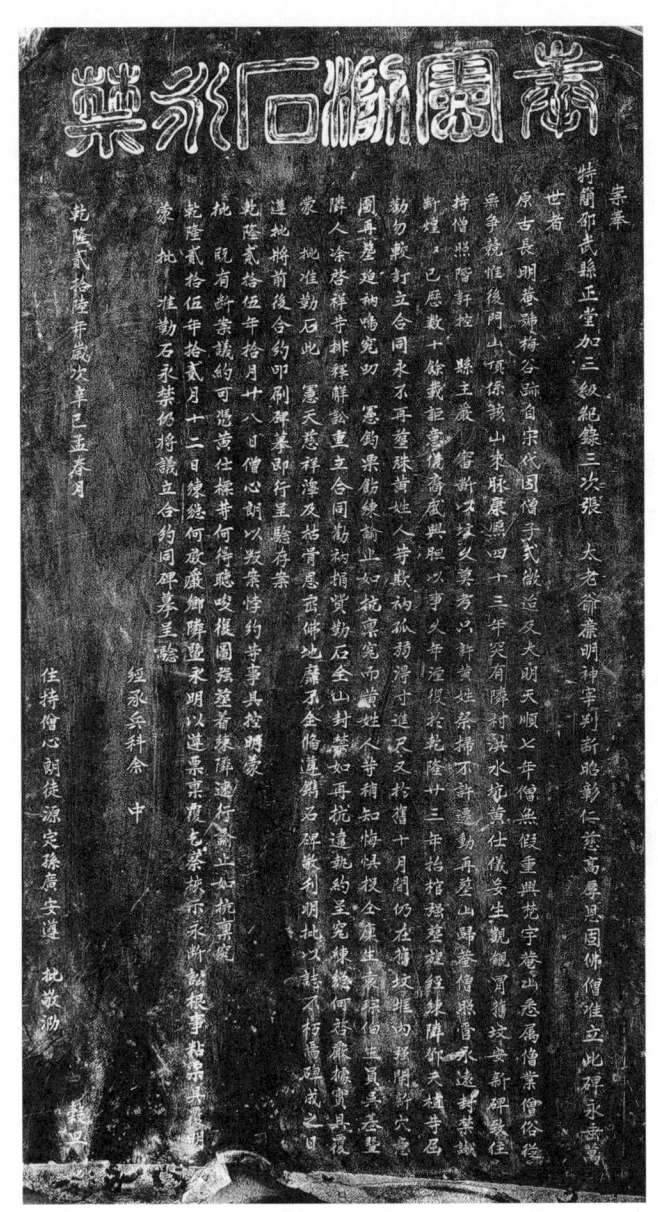

光源寺寺产碑
（乾隆二十八年）

考《梁氏家谱》，其始祖曰成公历宦入闽，徙居城南之卅七都仁顺东堡，即今之梁家坊是也。嗣后，唐英公因祖十一郎名聪公、吴氏、危氏等墓葬卅八都地名先元坑，爰捐其地建造坟庵，曰"光源寺"。其地四至团旋约二里余宽，助田赡僧计米八十九石一斗五升，载官民苗一顷三十亩零二分。开千百年之佛地，代越代，僧继僧，历宋元明清于斯，其不坠矣。比年来，有住持僧希天者，谋灭梁式祖迹，改削古制，背理忘本，已征败类。而梁氏子孙之速于讼者，亦以维持寺产、光昌祖德计耳。欣逢仁明县主张公断复梁氏祖迹，其祭米八斗全祭品照旧交送，则自今以后，寺产全而祖德藉以不没者，皆县父母特赐之洪恩也。爰将祖舍田产刊载于后，俾后起者勿替引之云尔。谨序。

樵南邑庠生萧辰撰

再将寺坛山场田垅坐落具列于左：

一寺坛前后左右山场四至水流归内，悉归寺僧照管。一寺前及上坑至三门墙路外田共三百五十秤。一盘石栋及上色丛田四十秤、吴家洋六十秤、坑池垅三十秤、白岭下七十秤、破硬下面方坵五十秤、石壁上下共弍百秤、寺前路下八十秤、寒分头五十秤、胡家庄五十秤、神山前及乌石墩共弍百秤、神山尾及神山湾共一百秤、张家山下四十秤、冢窠樟树下卅五秤、旧市猫儿窠十秤、杨源口四十秤、磜上一百秤、寺后左垅十五秤、鸡啼坑七十秤、葫芦丘一百廿秤、桥头大圲六十秤、坝外共一百六十秤。

大清乾隆廿八年岁在癸未仲夏月谷旦

宋檀越梁唐英嗣孙众立

【简跋】

此碑立于清乾隆二十八年（1763年），现存和平镇罗前村光源寺。碑文见于和平镇《仁顺梁氏族谱》卷十六[1]，碑名为编者加拟。光源寺为邵南名寺，宋元时期系梁氏先祖十一郎夫妇的坟庵，清乾隆间梁氏为争夺对该寺的支配权，同寺僧及该寺另外的檀越罗氏发生了数次纠纷。这一过程增强了梁氏族人的家族认同感和凝聚力，成为扩大家族结合的契机。[2]

---

[1] 和平《仁顺梁氏族谱》卷十六，1998年第9次修订，谱存邵武市和平镇坪上村。
[2] 参见李军：《明清家族庙宇的运行、纠纷与家族组织——以闽北邵武地区为例》，《中国社会历史评论》第31卷，2023年7月。

第三章　祠庙信仰

蒋梁氏家谱其始祖曰成公历宦入闽徙居城南之卅七都仁顺康堡即今之吴家坊是也关后唐英公梦
祖于一脚名聪公奏武邑氏坐真峯沙八狮地名走二坑受捕吉也建造庵曰光源幸其地四至围旋约
二里馀宽计田膳官畎亩一顷三十亩零二分阅千百年之佛地代越代
僧继僧历宋元明清予斯其不陵奈此年求有佳梓僧希天者议减奈氏祖跡败削古制背理忝本已微
败频五乩氏子孙之远於记茔亦继祷寺产光昌祖德计且欣逸
仁明縣主誵公断復奈氏祖跡土奈米八亢余荼品照旧交递即自今以後寺产全奈祖德籍以不没者皆
縣妥母供贻之洪恩也矣將祖捨田產列載开后俾後起於念童引之云尔谨序
凛南邑庠生萧
琪馛   题撰
一寺壇前後左止场西到水流月内慈归寺僧隁管   再將寺壇山场田螺兹丘且刘乎左
        一寺前及上亢至三門墙路外田共三百五十秤
　　　　　　　　　 後硬下麵方坵五十秤
吳家洋六秤　寒入頭五十秤　 楊源口四十秤
                              堤外共二百六十秤
吳家路下八十秤　胡家生左秤　橋頭子坵十秤
　　　　　　　　神止則食烏石塭共二百秤
　　　　神山尾及神山造共百秤　田市價共棄十秤
　　　　寺後法龍十五秤　大陂頭共廿五秤　菊叔左前廿秤
                　雞哊坑七下秤
　　　　　　　　　　　穀旦

宋檀越梁唐興嗣孫衆立

大清乾隆廿八年歲在癸未申夏

观星山三仙真君神位碑
（乾隆三十八年）

碑文：
邱王郭 三佑辅国真君
大常张蜚池敬立
乾隆三十八年秋月

【简跋】

此碑立于清乾隆三十八年（1773年），现存和平镇观星山顶，碑名为编者加拟。金坑乡大常村信士张蜚池所立。三仙真君，全称华盖祖师三仙真君，是以邱、王、郭三仙为崇祀对象的民间信仰，起源于江西抚州华盖山（又名大华山）。宋元以来，被纳入道教系统，盛行于闽浙赣山区。[1]

观星山，又名武阳峰、官尖山，是邵武宗教名山，上有三清宫、翠云庵，紧邻留仙峰、愁思岭。咸丰《邵武县志》载："（观星）来自殊山，特障西南。有庙，上有石塔，登之东望闽海，西瞩豫章，千里云山如绘。山半有寺名翠云庵，张子冲炼丹处。岭为骝狮岭（俗名"愁思岭"），路通盱江……"[2]

---

[1] 参见[美]韩明士著：《道与庶道：宋代以来的道教、民间信仰和神灵模式》，皮庆生，译，南京：江苏人民出版社，2007年。
[2] 福建省邵武市地方志编纂委员会整理：咸丰《邵武县志》卷一《山川》，1986年标点本，第31页。

圆通寺碑
（乾隆四十三年）

寺名圆通，何谓也？佛经云：乐行修曰圆，六欲去曰通。斯之取义，名寺欤？名人欤？浮屠仁现师，字光泰，汀宁张氏子，少好佛，祝发于邵邑会圣岩，长参支果，证戒鼓山，受偈壶山，得衍临济三十四派，最后入黄龙塅。龙塅，虎窟也，山幽涧阻，恶木森翳。师倾囊购之，倚林巢之，挂瓢于树，煮饭于盂，垦刈十六年，衣钵忧稽，构佛堂，置膳香积厨，产十二处，护山旃檀九处，岂非拮据瘏痡行修欲去乎？时郡铎昌公天锦过访，爰赠其榜，曰圆通寺，名寺也，名人也。君子乐道人善也。其徒□□□师开山创业之难，因乞予一言，以垂不朽，是为记。

一田坐落棕树二窠，米一斗，民苗五合。又北岩脚下焦窠，米三斗，官粮一升五合。又黄龙塅，米六斗，民粮三升。又黄泥塅水衍窠，米□石，粮五升。又黄龙塅马窠，田二分。又娇窠口，田一分，共民粮二升。又黄泥垅，田一十六坵，外桥头五坵，里大小十一坵，民粮二升。又黄龙塅一十六坵，外桥头五坵，里大小十一坵，民粮二升。又黄龙塅水口里田一分，水口外田一分。又黄泥塅，田大小一片，载米六斗，民粮三升。又黄龙塅，田大小廿坵，米一石，民粮五升。

一祭田，系祭光炳张公、辉玉张公，坐落黄泥塅水口，上至横路，下至社坛，左至棕树窠，右至本庵田为界。开山和尚仁现议定，其田同宁化血侄兆荣与本庵轮流收租祭扫，如本庵值祭□钱伍百□与兆荣、兆瞿，作路费，永为例。

一田坐落□□□□塅，计田大小四坵，米五斗，民粮二升。其田每年□□□□□庆贺暨公老佛寿诞，并十二日作开山和尚诞辰资费。

一山坐落黄龙塅大窠；一山交窠鼻；一穴社公背后一坪；一山三杉□；一山黄泥塅水口外黄竹坪四围庄内，葬张□□玉二穴。

一山黄龙塅水口外到毕窠一窠；一山本庵后来龙员山䯻中鼻，又相连员山䯻三鼻六排，今作庵□□山□麓，葬汝琳张公二穴。

一山黄龙塅老庵坛鼻上，葬光炳与开山和尚□穴。又坛上一穴，花台上一穴，水衍窠葬张公□□二穴。一荒坪，黄泥塅茶坑口。一荒坪，黄家畲新灶坵一坵田，坟一穴，月形、一狮形、虎形、蛇凤形、寒牛形、连鲤形、海螺形、烂骨蛇形、□□□□□□窠。

一正殿释迦佛，系善信程世荣捐资装塑（原注：不许后人□葬），黄龙塇马窠，田山四处，归内办山林所□□□□□□。

一傍厅观音大士，系善信程世培捐资装塑，永远供佛。

一弥勒佛及暨公老佛、达摩、伽蓝诸佛像，钟一口，系募化四方善信装塑乐助。

清乾隆四十有三年岁次戊戌□月中浣之吉

锦里宝田氏黄廷瑛顿首拜

【简跋】

此碑刊于清乾隆四十三年（1778年），现存大埠岗镇李源村徐家源北面山中。① 碑额"圆通寺碑"，楷书。碑高135厘米、宽85厘米、厚18厘米，楷书。此地翻过大山即为和平镇黎舍村姜太自然村，原有寺庙，20世纪70年代，改为大队耕山队用房，碑石置于门前空地，当作桌凳。

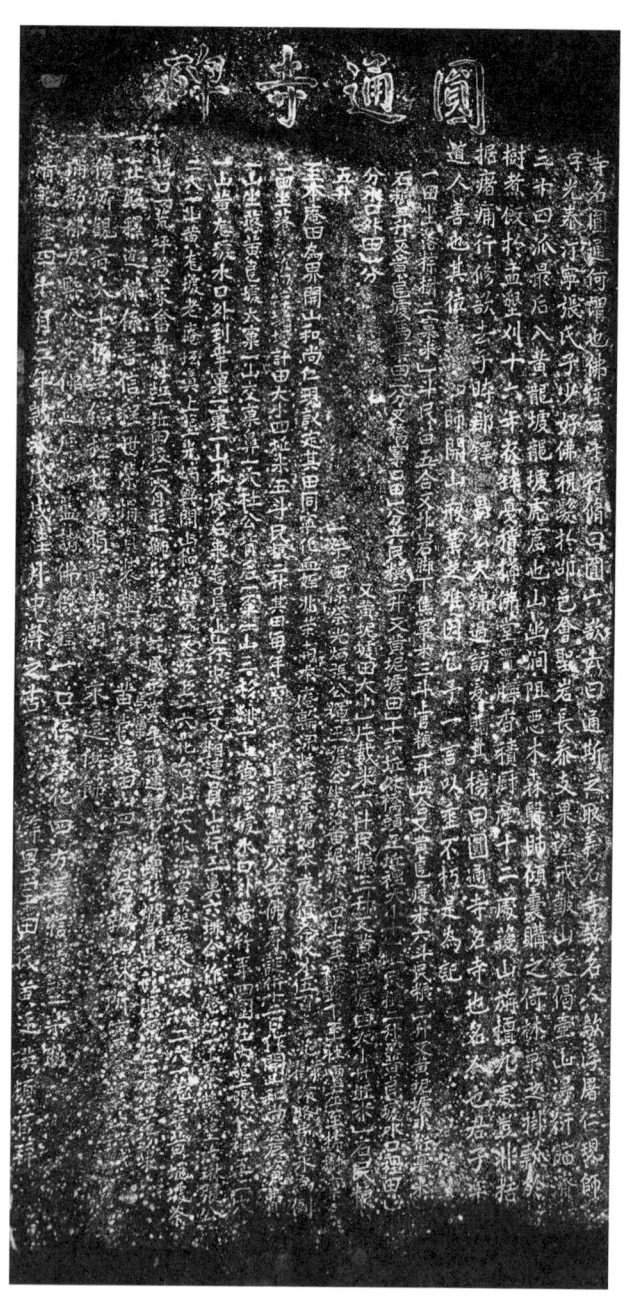

---

① 此碑录文及照片由傅再纯提供，编者据照片修订。

玉隆观记

（乾隆四十三年）

昼锦，樵南之名镇也。间气所钟，积而固，郁而深，弥沦磅礴，蜿蜒沉涵。其清淑者，蒸为文人、学士、名宦、硕德，载在志籍，班班可考。其重厚者，结为奇峦秀岫，灵岩杰阜，若武阳、狮洞、殳峰道人，诸胜皆是也。而西去五里，有山焉，高不逾二百丈。四望周达，辽廓（廓）渺忽，似孤帆之浮海中。远山之低昂起伏，旋绕环翼者，又似洪波迅浪，汹涌潆洄，澎湃荡漾于其外。诚洋洋乎大观也。相传宋、元时，有赵、吴二羽客，炼丹其上，能符水活病人，因名曰"天符山"。旧有观，入国朝，为浮屠氏有，而浸延浸替，画栋雕楹，化为荒烟蔓草，牛羊践踏，狐鼠蹲踞，尘埃泥滓中，惟残碑僵卧而已。岁戊戌，增与表弟黄君金声及廷瑛游其地，乐之，拟建精舍，请于县丞孙公为之倡，而里中诸老亦来赞襄以肇基。道释创廖阳殿，东西构文武帝祠，设理学六子神位。后建危楼，祀诗人严沧浪先生，配以黄贞文处士。于是昔之为道侣者，今则为儒所有也。夫通天地人，曰儒；通天地，而不通人，曰伎。儒之为教，自不与餐霞吸露、枕石漱泉、逍遥世外者埒。然而钻研性命，咀味诗书，所以发舒泽悦其心意精神者，未尝不赖于高明开旷之助也。乃宇内名山不少，多为方士之物，吾儒之别墅少寓焉，岂非阙陷不平可憾之事哉？兹山仍道释之故址，聿彰儒宗之正教，上体圣天子崇儒重学之心，所裨不良大乎？然则向之憾者，亦可以稍慰矣。夫道释之尚，其来虽久，而崇主静虚。儒者之说，居仁由义，入孝出悌，有礼乐以敷饰，有刑政以辅佐，故能厝天下于磐石之安。彼二氏始获优游涧谷，以独善其身，是道释均有资于儒矣。则尊儒教于道释之表，树义宏大，而诸君子标榜之功，不更伟欤？今而后，都士人登斯境也，瞻理学之几筵，切仰止之思，睹诗人之俎豆，兴景行之愿，游目骋怀，掘幽发粹，将山水增其壮丽，林麓献其英华。文宜益高，学宜益纯，德宜益崇，仕宦之勋宜益茂，而昼锦里之彪炳奇皇，不几照耀千秋而不朽也哉！

【简跋】

此碑刊于乾隆四十三年（1778年，戊戌），碑文录自咸丰《邵武县志》卷九（民国二十八年抄本）。撰文人廖光增，邵武和平人，乾隆四十二年（1777年）举人，曾任福州府闽清县儒学教谕。昼锦，即今邵武和平镇。玉隆观，在今肖家坊镇捐坑村天符山，相传唐宋间建有道观，后为佛寺。乾隆四十三年，廖光增与亲友将其改造为儒家讲学的精舍，并崇祀理学六子以及严羽（自号沧浪逋客）和黄镇成（谥号贞文处士）两位邵武籍诗人的神位。

重建化乾庙碑记
（乾隆四十九年）

  文惠广祐王，姓欧阳讳祐，隋之洛阳人也。初以二千石守温陵，循良懋著，政成归朝，舟次邑之大乾，适国变，遂自沉，举家殉之。当时钦其节，立祠致祭，遂为秩祀之权舆，厥后阴扶氓庶，应如桴鼓，远近戴德。宋嘉定间膺荣封，由是大而郡邑，讫于山村僻壤，庙食寖广，历久而新，非黩也。芦阳里居傍山依麓，棋布联缀。梁姓先人讳阎字大权者，欲资保障，捐资首举，辟基水口，构化乾庙。盖诸村之总汇，肖像祀王，正直忠毅，瞻仰凛如。其于植纲常、扶名教，观感兴起，必有攸神，此则邀福于神之大焉者。落成于政和甲午，规模整饬而宏厂（敞），中为王殿，左右翼以佛室僧庐，维时肃穆辉煌。乡之人时和岁稔于是焉，祈报御灾捍患于是焉，虔祷安阜仰赖数百载。迄今谒斯庙者，睹宝座前山峦仍收胜概，惟飞甍瓴甋渐就倾颓，金碧装严日形剥落，非所以昭敬肃、崇祀典也。岁己亥，村中首士等襄以住持僧明通擘画经营。阅庚子，殿室功竣。壬寅，金容亦焕。前后醵赀捐助共五百两有奇，可谓从善如登矣！夫神道设教，圣人以之，毋亦祷祀告虔，内则尽志，外则尽物。斯时即或一二不类者至此，亦自敛戢，冀无陨越，得当神意，以邀福报。是其潜孚默化克念，显有明征。扩而充之，匪言弗言，非礼弗履，争自濯磨，驯至束躬，圭璧奚难焉。今梁氏聚族四百余年，人烟较昔尤稠，其称洽比者则官氏、傅氏、李氏。亲逊之风，礼让之俗，类皆近古，自是而淳朴相仍，蒸蒸日上，于以仰答神庥，当必亿万斯年，聿昭神贶。则庙祀之崇，乃不同于无谓之豪举。爰记其巅（颠）末勒于石。

乾隆四十九年甲辰岁六月上浣吉旦

樵西琴山李大戴盥手敬撰

【简跋】

此碑立于清乾隆四十九年（1784年），现存和平镇坪上村化乾庙。碑文见于和平镇《仁顺梁氏族谱》卷十六。① 碑高124厘米、宽53厘米、厚9厘米，楷书。撰文人李大戴，邵武沿山人，私塾先生。化乾庙，又称明应广祐王庙，在和平镇坪上村，始建于北宋政和四年（1114年），奉祀欧阳祐。本书有收录该庙的宋代碑记《垆阳明应广祐王庙记》。

西乾宫铁钟铭文
（嘉庆十三年）

四十六都西乾宫福善尊王金钟一口

开泰坊吴炳、庄阿成、陈启生；兴贤坊罗伯扬、赵圣子、何廷正、仪度士、任思吉、惟益、惟城、茂开、虞长生、继禹；扳桂坊宁述□、久定、武修、阮邵明、邵春、玉□、德炳、聂绚霞、魏阿恒生、叶月、高宫、太由、振贤、江士彩、邹长贵、邱士仔、黄帝周、谌必良、佳培 祈保合乡清吉！

匠人何茂开造

加（嘉）庆十三年冬月吉立

【简跋】

此铁钟铸于清嘉庆十三年（1808年），现存邵武市博物馆。标题为编者加拟。

---

① 和平《仁顺梁氏族谱》卷十六，1998年第9次修订，谱存邵武市和平镇坪上村。

清代邵武四十六都在今沿山镇一带,包括古山、下樵、周源、危家窠等村。"福善尊王"即闽西北地方神明欧阳祐。[1]

重建祥云庵记
（道光元年）

　　有明宣德年间,恭、宽二股之祖,辟基建造祥云庵,外施田租数十石赡僧供佛。迄今数百余载。历年久远,屋宇敝坏,不免有榱崩之虞。于是二股子孙

---
[1] 此钟铭转引自傅唤民主编《樵川金石刻录》,邵武市地方志编纂委员会编印,2018年,第116页。

不忍祖宗功德坐视一日废弛。嘉庆甲戌年佥董向二股每户题捐，不拘多寡，集腋成裘，重新建造。二股人等俱各踊跃乐从。辛巳告竣。合附载于后，一以彰先人美迹，一以表后人继善之心。

重建祥云庵董士纪名：

馨鉼、馨霍、馨从、应权、图旺

【简跋】

此碑刻于清道光元年（1821年），碑石未见，碑文录自和平镇《仁顺梁氏族谱》卷十六。[①] 祥云庵，在和平镇坪上村，明宣德年间，梁氏恭、宽二股族人辟基建造，清道光元年修缮。

增口祠碑
（道光十三年）

窃云：人本夫天，物本夫地。我族自始迁祖，由江右建昌新城，游学闽地邵邑，陈府笃训，择居是乡也。叨至三代，宋时政和六年，敕封兵部侍郎黎大中为忠顺大夫，置有周围山林园地，鼎新建造增口祠宇，致以春秋享祀。孙郎太忠，叨登绍兴甲戌进士，官拜户部侍郎。复蒙旨恩，淳熙十三年，敕赐"善应侯殿"匾额，张挂祠中，饬塑侍郎夫妇金身玉像，致有祈祷皆应。续因暂附寄安福善、忠靖诸神圣，而每年迎神念佛，答谢隆冬，今昔不朽。而三十五都有奇显神三尊，轿居左右，施有香灯之田，亦归住持耕作，代为燃敬，千秋年岁，迎庆如仙，济人祈祷不休。至于祠内事实，原黎、黄昔而婚媾。思缘吾鄂陵公子黎顺甫公，育嗣未成，仅存一女，名美姑，招赘黄姓均美公为夫，叨添蕃盛，故祠中檀越山林园地，俱一二姓子孙永远相共照管。安奉黎、黄二氏主牌，齐同拜奠，昔历无异。每年规寒食节日，各宜整肃衣冠，登祠谒祖祭扫，一以不忍顿忘祖志，一以悉萌肃静之心。观宋祖设立及今，屡被住持滋弊逞拘，陷置多端。兹今二姓商议，惟恐世远年湮，后裔难以稽考，不〔得〕已立碑俱明：

[①] 和平《仁顺梁氏族谱》卷十六，1998年第9次修订，谱存邵武市和平镇坪上村。

如后装彩神光，仍遵前人老谱墨迹，方入大中、太忠二公腹内，切勿自持更换异样字笔，仅恳二姓厥后蕃衍，丕振家声。是为志也。

皇清道光十三年癸巳岁

黎、黄二姓众立

【简跋】

此碑立于清道光十三年（1833年），碑已不存，碑文录自肖家坊镇《京兆黎氏族谱》①，碑名为编者加拟。增口祠，在肖家坊镇登高村黎家，祀奉黎氏先祖黎大中及其孙黎太忠夫妇，祔祀福善尊王、忠靖尊王诸神。乡民相传黎大中为宋代兵部侍郎，黎太忠系进士、户部侍郎，但均于史无征，光绪《邵武府志》也注意到"其行实惜无征据"，不过仍为黎太忠立传，曰："黎太忠，黎家人，登绍兴甲戌进士，官至户部侍郎。其行实惜无征据，第据其里有增口祠，殿塑侍郎夫妇像，其子孙及里人至今祈祷，每有奇验。观其里人数百年犹祀之，则其泽足以及人，谅不浅也。"②

莲花庵乐助碑
（道光十四年）

今将喜助田亩坐落开列于左：

卅二都大阜岗江敦御，助三官大帝座前酬谢：

一田坐落廿九都虎窠，计田十四坵；□田虎窠行路埂，计田九坵。

一田坐落廿五都莲花山路下，计一坋；黄粟岭，计田一大坋；梓溪圳壩下，计田一坋；茅溪坪，计田一坋；七荷凸，计田一坋。

一田坐落廿九都直排门口，计田一坋；屋背后计田一坋；底排，计田一坋；上南窠，计田一坋；头排岕，计田一坋。

共助租谷卅七石正。

---

① 肖家坊《京兆黎氏族谱》，2011年刊印本，谱存邵武市肖家坊镇登高村黎家组。
② 光绪《邵武府志》卷二十《人物·黎太忠传》，2017年点校本，第586页。

廿五都张盛谭，喜助神庙本坛地基一片。

廿五都邱礼灶，喜助天井心起至钱炉坛止，地基一片。

在城东门黄玉堂，喜助廿五都：一田坐落上官磜高桥口，计田一坋；一田坐落上官磜大垄上，计田一坋；一田坐落下官磜上口垄，计田一坋；一田坐落山坊东坑垅，计田一坋。

喜助良田

今将各都施主喜助良田坐落开例（列）于后：

廿五都黄扮垆吴子光，喜助骨米一石正，偿收租谷二石，田坐落莲花山本坛。

廿五都黄扮垆吴光通，喜助民田一处，坐落下官磜栋上，计田一坋，纳租谷叁石正。

廿九都主山头奉神众弟子，喜助民田一处，坐落廿五都莲花山地窝里，计田一坋，纳谷叁石正。

卅一都吞源黄琪洪，喜助民田，一处坐落大富上樟树窠，计田一坋；一处坐落竹林下，计田一坋；一处坐落黄册，计田二坵。共偿谷三石正。

四十七都古山南竹吴昌儒酬谢皮田，一处坐落廿九都大富上册前，计田一坋，除租交偿谷一石五斗；一处坐落坳上印山垅，计田一坋，偿谷三石正。

在城南市龙岩坊邓吉,喜助民米一石,田坐卅一都吞源,计纳租谷二石四斗。

弟子刘遨号喜〔助〕廿五都：一田坐落下官磜口砻口,计田大小式坵。

卅一都王家圳邓长寿喜助：一田坐落肖家煅门口王竹坝下,计田式坵。交纳租谷壹石六斗正。

大清道光十四年仲冬月 上浣

□□□江敦〔御〕■

【简跋】

此碑立于清道光十四年（1834年）,现存城郊镇朱山村大阜上莲花庵,碑名为编者加拟。碑额"乐助碑",楷书。碑高122厘米、宽84厘米,楷书。道光间莲花庵重修,得到多位绅商的助田。其中,卅二都大阜岗江敦御施助最多。江敦御,晚清富商,多义举,光绪《邵武府志》卷二三《义行》有传。[1]

中乾庙游神规约

（道光十五年）

且夫迎神者,缘系春祈秋报,农人庆大有之年;护国庇民,群生荷骈蠓之力。爰中乾庙宇安塑三位尊王金身,自宋代始创,迄今历数百载。年例：立冬之日,诸坊奉迎尊王圣驾出游乡境,受民香供,昔者规额仍照于旧。迨至道光年间,规矩将来颓缺。诸坊人等邀集绅耆合公酌议,复整前规：年届圣驾所经之处,当途荆棘、秽污、坡坎,住持之人预宜修砍,以免上挂下碍。到旋宫之日,值年劝首暨新劝首者,各装"八蛮""番司"一班,诸坊供首亦各扮古今故事,一架旗锣鼓乐,三品响炮。是日午后,必须齐集于前山坪俟候,值年劝首亦宜查点规条。每供放炮三声,护送圣驾旋宫。自前山坪、官坊圲、上井村石碑前、北胜寺、坎下村本庙中,各处俱要发炮三声。至于绅耆士庶,务须肃整衣冠,诣石碑前拈香迎接,护送旋宫。以上数规,自勒石碑之后,各宜遵循,毋得缺

---

[1] 光绪《邵武府志》卷二三《义行·江敦御传》,2017年点校本,第772页。

少。如不从规至庙，合众公罚，决不徇情。恐蹈前辙，所勒石碑于前山坪，以杜后之争端。自兹已后，各宜恪慎，不惟人民受惠于今日，即亦神灵默佑于他时云尔。

皇清道光乙未十五年孟冬月诸坊公立

【简跋】

此碑刊于清道光十五年（1835年），现存和平镇坎下村前山坪社庙。碑名为编者加拟。碑高90厘米、宽56厘米、厚10厘米，楷书。明清时期闽西北乡村盛行迎神赛会，时间多在秋冬，一以春祈秋报，酬神保佑；一以庆祝丰收，欢庆娱乐。[①] 中乾庙位于和平镇坎下村，供奉福善王、民主王、五通王三位神明，旧时每年立冬之日坎下、前山坪、官坊圩、上井等地村民举行隆重的祭典，"奉迎尊王圣驾出游"。此碑规定了游神路线、仪式流程、备办物品。值得注意的是，当中规定劝首须"各装'八蛮''番司'一班"，即备办的傩舞表演。邵武傩舞俗称"跳番僧""跳八蛮"等，流行于邵南大埠岗、和平、肖家坊、桂林、金坑等乡镇，富有特色。[②] 2008年，被列入第二批国家级非物质文化遗产名录。

[①] 参见李军：《神人共享：一个闽北村落庙宇的历史变迁及其权力意涵》，《中国社会历史评论》第16卷，2015年。傅唤民主编：《樵川金石刻录》，邵武：邵武市地方志编纂委员会编印，2018年，第29页。
[②] 叶明生：《福建省邵武市大阜岗乡河源村的跳番僧与跳八蛮》，台北：施合郑民俗文化基金会，1993年。

北京延邵纸商会馆碑
（道光十六年）

都门之东，有吾闽延、邵二郡纸商会馆，为祀天后而建也。天后系出吾闽莆田林氏，自曾祖保吉公始居莆之湄屿。父惟悫公，母王氏，有善行。宋建隆元年三月二十三日，红光入室，而天后诞焉。诞而颖异，十三岁，得元通道士微秘法，越十五年而升遐，时雍熙四年九月九日也。里人相传，生前即有机上救意、海中拯人诸异，因号曰通贤灵女。其事近于幻，然性孝而爱人，诚之所至，无感不通，其亦理之有可信欤？仰天之生神奇不偶，固未可常理测欤？初，湄屿立庙，屡显灵异，庙享渐及他郡邑。宝绍兴中，始封曰灵惠夫人，绍兴初曰灵惠妃，元至元中曰天妃，明因之，亦越我朝。使节渡洋，舟师剿寇，以及粮艘北运，罔不仰资神力，履险若夷。以是康熙二十三年加封天后，累增徽称至三十二字曰"护国庇民、妙灵昭应、宏仁普济、福佑群生、诚感咸孚、显神赞顺、垂慈笃祜、安澜利运"。又封后父曰积庆公，后母曰显庆夫人，诏各省一体春秋致祭。盖天后之辅相国家大，而国家之崇其典亦至矣。

延、邵二郡纸商，每岁由闽航海，荷神庇，得顺抵天津。既在帡幪之中，宜隆享祀之报。乾隆四年，乃金谋于崇文门外缨子胡同，合建会馆，以祀天后。厥后随时修葺，兼拓旁楹。然殿止数武，观瞻未壮，今年复协群策而广之，更于左边增构基址，囗者以正。自始建迄今，统费万金有奇。用是殿炳日星，廊绚虹蜺，后宇前台，左馆外舍，环以琼垣，金碧交错，麟哉焕矣。商人每于岁之冬十月，售纸入都，敬享后，因会饮于一堂，既答神贶，而乡谊亦可敦焉。《书》曰："亦罔不能厥初，惟其终。"继自今商人，各由旧章，计纸出金，以为敬神、演戏、会饮之资，其羡则公存备馆。行之永久，不衍不怠，庶几长敦乡谊，而妥神庥于勿替也。是为记。

赐进士出身、诰授奉直大夫、刑部四川司主事加一级、里人上官懋本撰并书

皇清道光十有六年岁次丙申季秋月小浣谷旦

福建延平、邵武二郡纸商公立

【简跋】

此碑立于清道光十六年（1836年），原碑在北京崇文门外缨子胡同二十二号延邵会馆。碑文录自《明清以来北京工商会馆碑刻选编》。[①] 撰文并书丹人上官懋本，字仪卿，号蓉湖，光泽人。道光十五年（1835年）进士，时任刑部四川司主事。光绪《邵武府志》卷二十有传。清代邵武的纸业兴盛，并融入到了全国性的贸易网络中。碑文提及，延平与邵武纸商，每年十月由福州航海北上，前往津、京贸易。乾隆四年（1739年），二府纸商于北京崇文门外缨子胡同，合建会馆，以祀天后，联络乡谊。

云谷庵石碑记
（道光二十九年）

樵南仙何坊之社有云谷庵者，盖我祖伯舟公，于元季崛起黎源，创置产业。颇称素封，生平度量宽洪（宏），好施济。凡远近有建造庙宇、桥亭之举，无不慷慨乐捐，共勷其事。明代永乐初年，及耄耋，欲为菟裘计，乃构云谷庵于仙何坊邨。其气象之雄也，飞阁重檐，高插云表，而青山对峙，碧水环流，洵足为游目骋怀之所，因题其额曰云谷。又捐基地壹片，与仙何坊左右邻人，共建忠勇祠，祀奉忠靖尊王。维时伯舟公杖履其地，优游以终老焉。厥后云谷庵为风雨推（摧）残，栋宇颓圮。于是我祖将其遗址，赡归忠勇祠耕种。每岁冬成，住持人备办斋蔬，邀我公支下子孙，赴席饮福，故至今犹得食先人余泽云。第恐代远年湮，由来莫考，不无觊觎侵占、隐瞒等弊。爰将地名、界址，勒诸贞珉，俾住持人得以世守勿替，而不虚我祖乐施之意焉耳，是为记。

一双庙，又名忠勇祠，架造地基壹片，并庙前禾埕及庙背茶山，左边晒谷坪在内。

一云谷庵地基一片。今将四至开具：内至山塝，外至大路，左至孙宅旁，右至吴宅墙基为界。

---

① 李华：《明清以来北京工商会馆碑刻选编》，北京：文物出版社，1980年，第98-99页。

皇清道光二十九年己酉岁孟秋月吉日

黎源坊杨氏合族同立

【简跋】

此碑刊于清道光二十九年（1849年），碑石未见，碑文录自肖家坊镇《杨氏宗谱》卷一。[1] 碑文提到，明永乐间杨伯舟创建云谷庵，以为终老之所；又与乡民共建忠勇祠，祀奉忠靖尊王。清道光间，云谷庵颓圮，杨氏族人遂将庵产舍入忠勇祠。

建宁县南乡长吉保铁钟铭文
（咸丰五年）

国泰民安、风调雨顺、帝道遐昌、皇图巩固。

福建邵武府建宁县南乡长吉保何住山公支下子孙敬助。

大清咸丰五年岁次乙卯月谷旦吉立，金火、同春炉铸。

【简跋】

此铁钟铸于清咸丰五年（1855年），原先可能为建宁县金溪乡长吉村天峰寺所有，系何住山支下子孙施助，2016年被邵武市博物馆征集收入馆藏。标题由编者加拟。[2] 钟通高90厘米、口径60.5厘米、厚6~8厘米，重约150千克。钟身整体呈喇叭状，钮为双龙蒲牢造型，高约25厘米。

---

[1] 肖家坊《杨氏族谱》卷一，民国二十三年刊印本，谱存肖家坊镇孙家村。
[2] 铭文录自高绍萍：《邵武市博物馆馆藏二口钟考析》，《福建文博》2018年第4期。

新建厉坛碑序
（同治七年）

国家怀柔百神，下逮孤魂野鬼，亦命郡邑都图建立厉坛，额定春秋致祭，仁至而义尽也。三十三都之坛，建于河源铺，致祀规例，行之已久。顾本市自咸丰丁、戊两年间，迭遭西逆蹂躏，其男妇老少，被水火刀兵、枉死路毙者，实繁有徒。说者谓野岸荒谷间，每凄风苦雨，时有魂号鬼哭，其或然耶。余等幸存乱后身，回忆当年情景，莫不尽然痛心。爰于同治戊辰夏，邀集同人，捐资设醮，于水口外公地新建厉坛，以其余资酌筹生放，为后来祭费。其班次条规，胪列于后，盖鬼有所依则不为患，其理有可信者。所冀同人永远遵行，庶几迎麻迓祥，民康物阜，共享升平，无既也夫。

同治戊辰七年六月

【简跋】

此碑刊于清同治七年（1868年），碑石未见，碑文录自和平镇《樵南惇叙廖氏家谱》卷十二。[①]作者廖元瑞，字兰谷，岁贡生，邵武和平人，太平军攻打邵武时，背负母亲远避安置，自己回乡督率练勇抗击，光绪《邵武府志》卷二三有传。战事平息后，廖元瑞又邀集同人，捐资设醮，新建厉坛，祭奠孤魂。

真君观山场地名坐落碑
（同治五年）

■官吴连陞喜助田亩列左（下）：

■落二十都半坑东坑墟一坋；■落廿都大塬神仙岭尾一坋；■落二十三都叶厝许门一坋；■落二十三都叶厝桥头一坋；■落二十三都叶厝碓边一坋；■落廿三都叶厝禾上擎一坋；■落二十壹都桥下庙许圳下二坋；■都碓下湾瓠球垇二坋；■下门口新厝侧东山二坋；■庙后木西口罗前墩三坋。

[①] 和平：《樵南惇叙廖氏家谱》卷十二，民国三十一年刊印本，谱存邵武市和平镇和平村。

谨将本观山场地名坐落开列于左（下）：

一山坐落本观来龙去脉一带；一山坐落观下井岕窠连饭桶坪接银坑，上过万凌坵至何厝坳一带；一山坐落何厝坳往三峰路上路下一带；一山坐落谢厝叶焙坭岕独坵田下，许门芋筶窠老庵坛水井排一带；一山坐落茅查岗往兰丹头路上一带；一山坐落兰丹头排背许，接四方山试心石，下连高凸至亭口上一带。

同治伍年岁次丙寅桂月谷旦公立

■寅、巳、申、亥年，兰丹头上年收租值。光绪十八年何兴福子孙何子根、何水旺等愿助出坐落廿四都岕许排茶山一片■八月初一梁皇水陆，恭迓■住观者另行办理，理合并声明。

■八月谷旦吉立

【简跋】

此碑初刻于清同治五年（1866年），光绪十八年（1892年）补刻。现存拿口镇三峰村真君观大殿门前。由内容及字迹判断，为两次刻文。石碑上部残损，部分文字缺失。碑名为编者加拟。真君观主祀邱、王、郭三仙，位于凌云山之巅，为拿口、大竹、张厝、大埠岗四乡接壤。

同治间大施主吴连陞，字捷三，邵武张厝灯擎人，光绪《邵武府志》卷十五有传。"初业儒，后改习武籍，学为武生"[1]。咸丰五年（1855年），沙县、顺昌的潘才老、钟心老等率众数百人起事，由将乐进入邵武东区，据守真君观。吴连陞组织乡勇千人，协同知县李正芳所率兵丁前往围剿，大胜。[2] 太平军进攻邵武期间，吴连陞屡立战功，擢升邵武营参将。据说，吴连陞认为真君观之战，得神灵相助，方才取胜，因而将真君观修缮一新，并捐施大量庙田。[3]

---

[1] 光绪《邵武府志》卷十五《武功·吴连陞传》，2017年点校本，第425页。
[2] 光绪《邵武府志》卷十三《寇警》，2017年点校本，第289页。
[3] 参见傅再纯：《秘境寻幽真君观》，载氏著：《樵川拾遗——邵武历史文化札记》，邵武：政协邵武市文化文史和学习委员会编印，2022年，第100-104页。

吴连陞所题刻门额犹存，正中"洞天一品"四个楷体大字，右侧"大清同治元年仲秋月□"，左侧"署邵武营参将吴连陞敬修"。

重修捐缘碑
（光绪元年）

■自元■创殿，自道光■捐输共□□千余，购材□工■同治十三年■以昭诚□而□□□永沐佛□之■

光绪元年腊月□□日全■士■炳

江时轩，助拾伍千文。李和顺，助拾弍千文。傅东升，助八千文。吴协吉，助八千文。傅师□，助五千文。□万茂，助八千文。傅期□，助五千文。□□山，助五千文。江思震，助五千文。李礼旺，助五千文。江衍璋，助三千文。傅孝年，助三千文。朱日旺，助三千文。曾英华，助三千文。龚茂灯，助叁千文。江佩淮，助弍千文。

江思□、傅通贤、宁荣顺、傅期先、傅期德、李吉祥、□裕□、傅通□，各助二千文。

江敦琦、江□□、江□顺、吴洪盛、邱恒泰、万泰和、陈啟顺、合和店，各助二千文。

□泰和，一千文。傅期连，三千文。李义连，三千文。江行厚，一千五百文。江洪章、张高□、张高厚、江衍城、曾文芳，各助一千文。

李生和、傅期约、〔傅〕□兴、〔傅〕士达、〔傅〕方抡、〔傅〕昌期、江标□、〔江〕永贞、〔江〕映奎，各助一千文。

叶□□、傅期□、黄文亨、李和兴、应先佐、黄大兴、杜福顺、余星成、□永长，各助一千文。

江里□、许有□、裕兴禄、叶远光、邱和兴、天□店、黄贞吉、应先光、□□庆，各助一千文。

谢□□、傅进□、〔傅〕孝先、〔傅〕孝瑞、〔傅〕求孙、〔傅〕期泰、

黄汉□、张全德，丁□□■

董首：傅期瑶、龚茂红、江□震、傅通仁

【简跋】

此碑立于清光绪元年（1875年），碑存和平镇和平村南门谯楼口。据傅再纯调查，此碑为大埠岗镇圣光寺重修题名碑，圣光寺曾是大埠岗街上最大的寺庙，后被改造为小学，石碑用作石料，碑文磨损严重。圣光寺，方志失载，然从碑文看，亦是古刹，创自元代，清道光、同治间皆有修缮。光绪元年的捐修题名中既有江时轩、李和顺、傅东升等家族堂号，也有邱恒泰、万泰和等商号店铺，还有普通信众，反映出晚清大埠岗民众对佛教信仰的广泛参与。

慈云庵志
（光绪十年）

茅傅村慈云庵，乃龚氏之坟庵也。稽自造庵塑佛从明世始，其门墙坐向，古迹昭然。到我清时，历载数百，仍然体发毫光。奈自康熙年间祝融遗害，予族先公等重新建造，上栋下宇，竹苞松茂，制度可谓得宜。由康熙而来，多历年所，庵堂如故，经寒暑而不朽，炳日月以常新。不意于咸丰八年七月间，西寇入境严山一带，安营下寨，而下廊竟为折毁，姑存佛殿两傍，然其中犹不免残损，迄今又廿余年矣。适当家乘之修，咸谓斯庵亦吾祖之故业，岂可视为冷坛？因是鸠工庀木，将庵中之上方、两傍之折坏，修者修、架者架。从事数月，整旧成新，其用不过数十多金，而其庵仍然复盛。倘异日宗祀日隆，神灵弥著，夫岂非予族之盛事耶？予自愧才疏，聊为俚句，俾后世知所究焉。是为志。

时光绪甲申十年仲秋月上浣　谷旦

三十九世孙兴亿敬撰

【简跋】

此碑刊于清光绪十年（1884年），碑石未见，碑文录自大埠岗镇《龚氏族谱》卷首①，又见沿山镇茅傅《龚氏族谱》。慈云庵，在沿山镇茅傅村，乃龚氏坟庵。始建于明代，清咸丰八年七月间，毁于太平军战火，光绪间重修。

兴仁社
（嘉庆十七年）

盖闻神灵之庥，咸赖万方。人藉神以庇护，神藉人而供祀。夫天子有天地，诸侯有山川，城有隍，里有社，况庶民岂无所祀乎？唯我聂氏，于兹数百有年，今成一族，实藉山灵之秀，得沾地脉之灵，安得而不祀？水口山原有庙，曰兴仁社，于乾隆乙亥年，代进公邀集族众，代荟公、昌先公等见得庙宇颓朽，重行建之，塑神供祀。至右边庖厨一所，系代志公之独力创建。更有代能公，拨出己业水田二处，载租六石，土名列后，永赡庙祝香灯费。逮至辛巳，昌裕公为首重修。于嘉庆戊午昌华隆修，公等见庙无钟鼓，不能制煞，爰是为首，劝族人蠲金镕铸。复装左右两殿神像金身，油朱彩画。但左右沟路挨近石壁，以致朽腐损坏，于嘉庆壬申，复将两边石壁凿开，削出明沟，重加修葺，油漆其庙，焕然一新。此皆我族踊跃豪杰，屡屡建置。后之视今，亦犹今之视昔。惟冀后人咸体兴仁之意，继继绳绳，永垂弗替，则馨香致告，神以永享，将见赫赫者灵，林林者杰，而斯永为吾族保障。

社田土名四至具左：

---

① 大埠岗《龚氏族谱》卷首，民国三十二年刊印本，谱存邵武市大埠岗镇河源村。

一处本坊，土名忌林坑，正垄及丫垄，计租三石正，上及左、右俱至山，下至荒田为界。一处土名灌薮下，上至尚藩祀田，下至路，左至进礼田，右至坑为界。二处共载租六石正，载官价民粮二钱二分六厘八毫。

一水口山有二石桥：一名景山桥，在水口内，世寰公为首，与族众造之，以锁水口者也。一名便安桥，在水口外，世权公建之，以为水口出入便安之道也。

【简跋】

此碑刊于清嘉庆十七年（1812年，壬申），碑石未见，碑文录自肖家坊镇《聂氏族谱》卷一。[1]明清邵武乡村水口处多有社庙，兴仁社系肖家坊琢石村社庙，清乾隆、嘉庆间屡有修缮，置有社田。

灵仙观
（民国三十三年）

丙子年鼎新建造发起人：高长福、李锦贵、聂光甫

丁世晃、李锦贵、高长福、李义山、聂景唐、许应寿、黄心吾、高长立、高长锦、高长南、谢焕章、谢九光、肖传才、黄春发、邱先通、邱先諮、李祖清、余恭为、吴水旺、黄成烈、李佑敏、李清元、李清先、谢本荣、黄火根、黄锦章、黄祥兴、黄兆仁、聂义佑、赖仁兴、李从林、黄德祈、黄我钊、黄育吾、彭善元、华德经、刘长生、徐晋元、邱先畴、夏世才、高登科、王立中、王永生、江礼成、肖德栋、张子庆、杜言生、饶二灼、周允盛、罗洋顺

李万峰助基、鄢家名助田、聂仁兴助田、黄作顺助田、李重修

民国三十三年夏月立

【简跋】

此碑立于民国三十三年（1944年），现存和平镇和平村东门灵仙观。碑高约130厘米、宽60厘米，楷书。灵仙观，又称大华庙，奉祀道教三清及邱、王、郭三仙等神明。1936年（丙子）发起建造，1944年竣工。题名中多为普通信众，

---

[1] 肖家坊《聂氏族谱》卷一，1995年刊印本，谱存邵武市肖家坊镇琢石村。

第三章 祠庙信仰　171

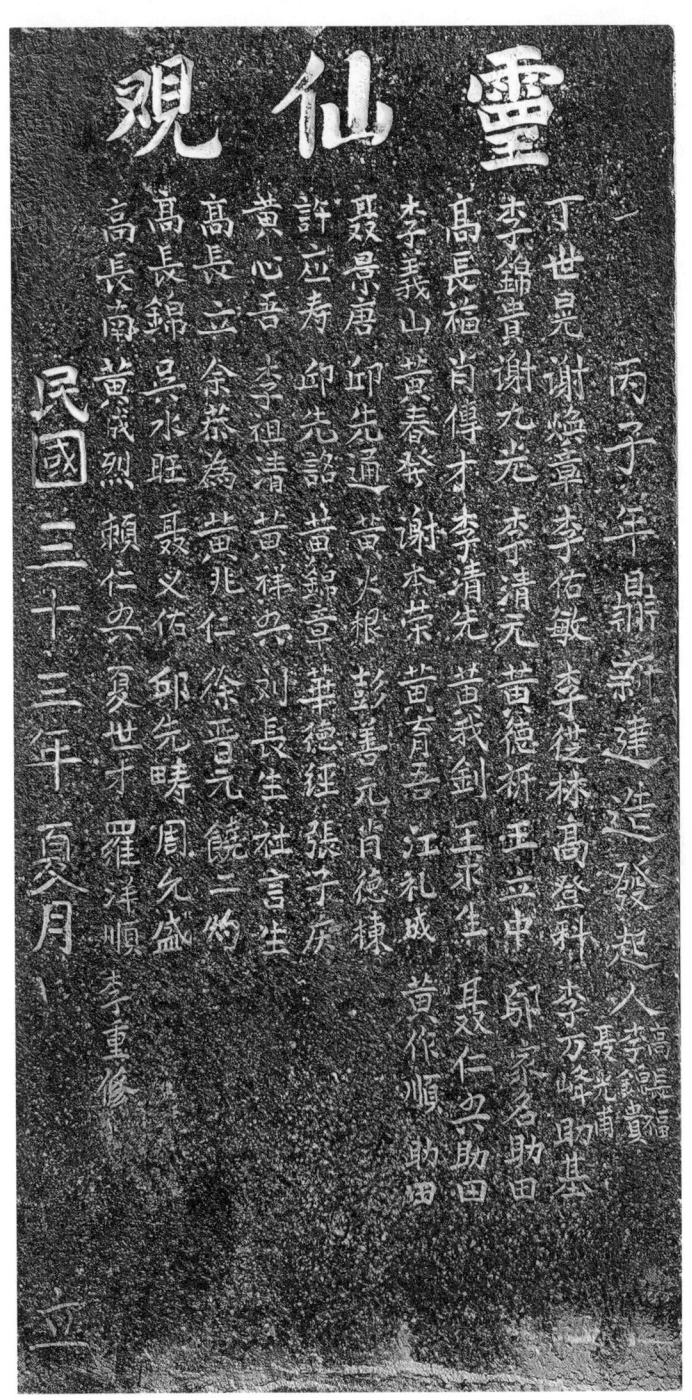

也有家族堂号，例如助基者李万峰即是宋元时期庆亲里李氏始迁祖。

第四章

宗族组织

西山祠堂记
（万历二十九年）

夫类族之道，岂不大哉！顾疏而戚之者在谱，而联而比之者在祠，盖非谱孰使之尊祖收族而靡所漏？非祠又孰便之月会时萃而通其情。故祠也者，正谱志之所以行，而惇叙之所由成者而也。悼晚近祠宇辰星，缙绅士有徒步致卿相勋阀，足述闻，而往往无能名先德所由来。诸父兄弟或途遇，而途人视之，此非由宗祠与谱牒而交废也乎？

万历辛酉（丑）夏，有隐君子黄石泉翁者，齿而德，富而谷，居邵之旧市，去城西舍。而延余于西塾，适祠成而以告予，乞一言以勒之。余曰："凡百创者难，守者尤难。翁世醇良贤明，子姓蒸蒸而联比，以祠其创而治之者善矣，而敬而守之者，尤兢兢在后人哉。"翁曰："然则斯祠也，其可已乎？"予曰："不然，夫莫为之前，后者何述？莫为之后，前者何彰？故以宗统之规振于前，而以雍睦之谊勖于后，两者各欲尽焉耳。今翁之创，无庸予赘，请以守之者，为翁之子孙述之乎。"

《诗》有之"无念尔祖，聿修厥德"，又曰："虽有他人，不如我同姓"。是故一入祠，而死者之焄蒿凄怆，常若临于其上，陟降于其左右可也。生者之昭穆长幼，常若同堂连枝，相好相序，而不失其伦可也。又推而上之，则一言思祖训，一动念祖德，一食思祖艰。步文公之施仁，佩苏氏之谱记。笃亲而不弛其亲，贵族而不轻其族。凡若此者，可不知乎？盖予窥翁之盛心方蕲，秉德由礼，于一堂为宗党式，而后乃由亲逮疏，联千洪派于一源，衍为修谱图。此则翁规创之渊懿，而亦予之乐观其成者也。于是为揭而志之碑。

万历二十九年岁舍辛丑月 吉

昭阳郡庠生陈治原谨撰

【简跋】

此碑刊于明万历二十九年（1601年），碑石未见，碑文录自和平镇《东垣黄氏宗谱》卷六。[①]作者陈治原,邵武人,邑庠生,私塾先生。西山祠堂,系旧市街东垣黄氏的祠堂,明万历二十九年建成。邵武的祠堂大多建于清乾隆以后,西山祠堂属于较早建成的一座。

肖家坊黎大中墓碑
(乾隆十九年)

宋皇敕封兵部侍郎讳大中黎府君之墓

御极乾隆十九年正月初八日吉旦

二十二代嗣孙仝立

【简跋】

此碑立于清乾隆十九年(1754年),现存肖家坊镇登高村黎家。碑名由编者加拟。祖先的寻觅和建构对于宗族组织具有重要意义,其中不乏亦神亦祖的事例。墓主黎大中,清代黎氏族人相传其为宋代"敕封兵部侍郎",其孙黎

---
① 和平《东垣黄氏宗谱》卷六,2000年睦九堂刊印本,谱存邵武市和平镇和平村。

太忠为南宋绍兴间进士、户部侍郎，并为其刊立墓碑、建祠塑像（参见本书《增口祠碑》）。尽管史籍无载，但"其子孙及里人至今祈祷，每有奇验……其里人数百年犹祀之"[1]。

笃亲堂
（乾隆二十一年）

物之涣者必使萃，情之暌者必使联。祠堂之制，所由昉乎我祖八公肇迹于斯，历有年所。迨相承既久，遂各宗其宗，各祖其祖，而世系昭穆几于罔辨。祖宗有灵，能无恫乎？丹承先训，谬侧芹宫，素切木本水源之思，特有志而未逮。爰于丁卯与族兄举倡议建祠，举也慨然首肯，同人共乐赞勷，因而鸠工庀材，大为经理。或则输财，或则效力，咸踊跃以争先，不三载而工告竣。吉卜己巳之秋，用伸祀典。是日也，耆老相庆，子姓咸欢。以为数百年之各宗其宗，各祖其祖，今且口然于合。爰而同敬，涣萃暌联，不亦大酬厥志哉！但创业垂统，宜为可继。宁家保族，维怀永图。因各捐己分田亩，长为享祀之需。俾垣墉弗坏，堂构常辉。千秋俎豆，基于此矣。至踵事增华，端有赖于后人。

皇清乾隆二十一年丙子岁二月 吉旦

十九代嗣孙丹木氏熏沐拜撰

宁高助碑石，费钱一千七百文。

一甲洪澜、〔洪〕琏兄弟，仝买正厅西边基，米一硕二斗。

今将合族乐助田塅，并所买田米列后：

一甲仲华公拨米弍石，土名高家坪，赞垱破埂上。时举助米二石，土名台广，计米一石七斗五外，又口转欧壚坑，米弍斗五升。丹木助米二石，土名场公庵罗垱，又地基田米三斗。碧木助米二石，土名勾树后坳下。时誉助米二石，土名高桥坑石嘴上。洪琏助米二石，土名半嵊及初尾嵊，坪边及卷桥头。时钟助米一石，土名罕坑。洪澜兄弟助米二石，土名高桥坑南坪垅。弟见龙入泮助

---

[1] 光绪《邵武府志》卷二十《人物·黎太忠传》，2017年点校本，第586页。

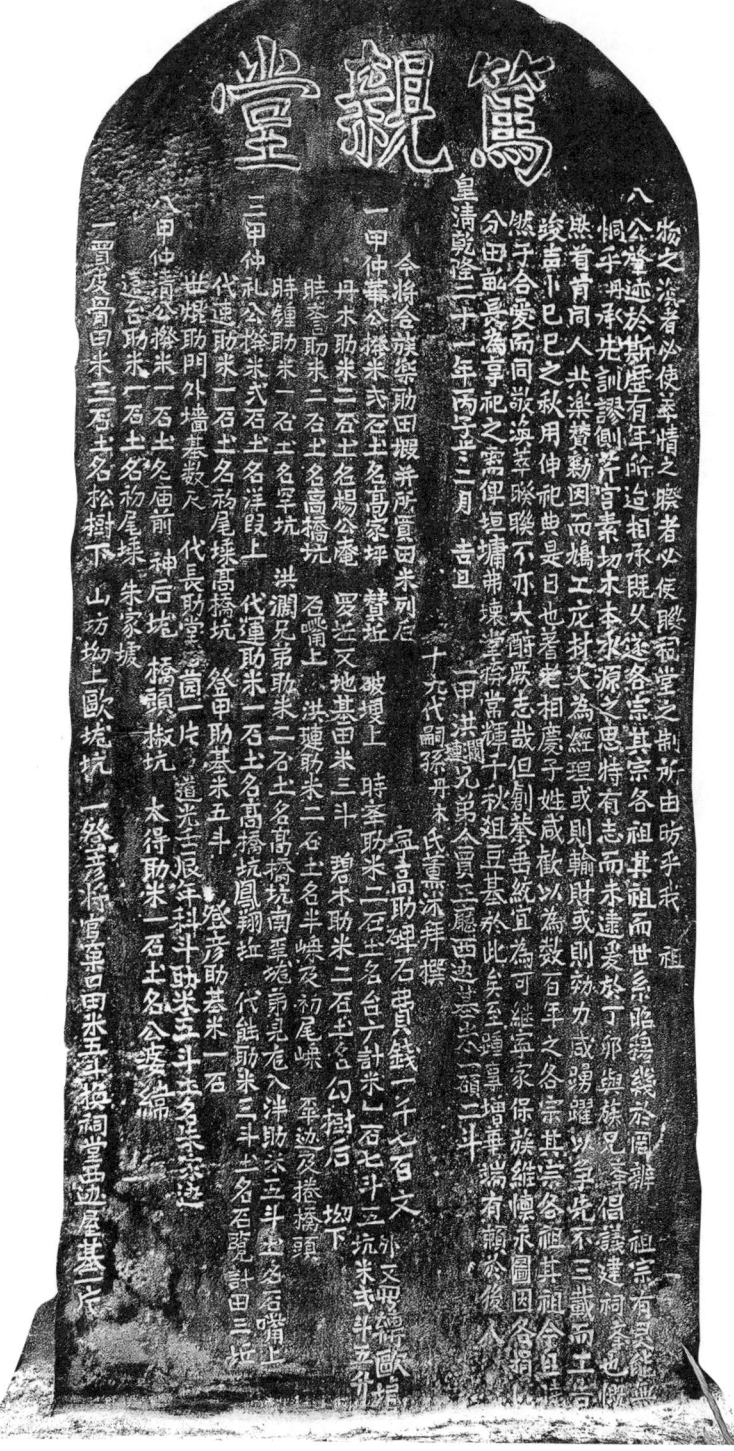

米五斗，土名石嘴上。

三甲仲礼公拨米式石，土名洋塅上。代运助米一石，土名高桥坑凤翔坵。代能助米三斗，土名石览，计田三坵。代速助米一石，土名初尾塅高桥坑。登甲助基米五斗。登彦助基米一石。世焜助门外墙基数尺。代长助堂口园一片。道光壬辰年，科斗助米五斗，土名朱家边。

八甲仲清公拨米一石，土名庙前，神后垅，桥头椒坑。太得助米一石，土名公婆纬。远台助米一石，土名初尾塅，朱家墟。

一买皮骨田米三石，土名松树下，山坊坳上欧垅坑。

一登彦将官窠口田米五斗，换祠堂西边屋基一片。

【简跋】

此碑立于清乾隆二十一年（1756年），道光间有增补助田信息。现存金坑乡大常村张氏家庙。撰文人张丹木，邵武人，金坑乡大常张氏第十九代嗣孙。乾隆十二年（1747年，丁卯）张丹木与族兄张举倡议建祠，得到族人响应，捐资出力，于乾隆十四年（1749年，己巳）建成。

合众顿析清明碑
（嘉庆十四年）

皇清嘉庆十四年己巳季春立

危文祥裔孙等喜助钱拾千文。危文福裔孙等喜助钱拾千文。李善裔孙等喜助钱伍千文。危常胜裔孙等喜助钱肆千文。高应生裔孙等喜助钱贰千文。

咸丰二年壬子冬月，本乡信人危舜昆同侄天极，喜助皮骨民田一处，坐落地名南埔磜，计田一份，载民粮一升正，助入观音堂，永远奉佛尊神，福有攸归。其粮推入观音堂完纳。

咸丰十年十一月十六日，危日楼信善，一处坐落地名□□，米粮六斗。

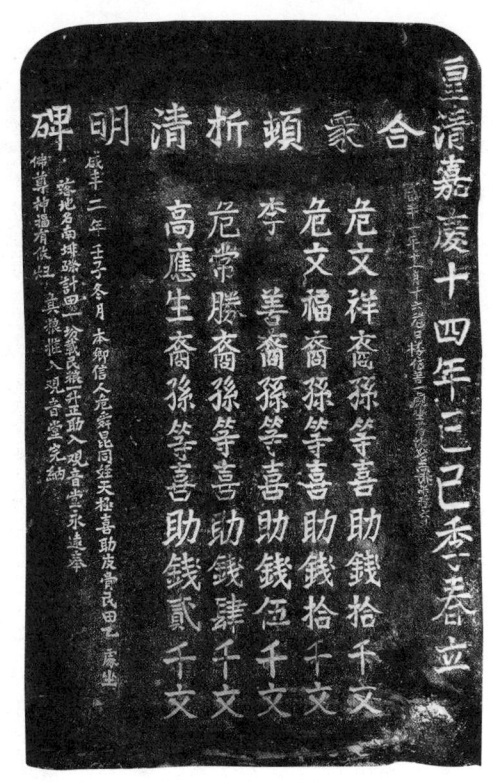

【简跋】

此碑清嘉庆十四年（1809年）初刻，咸丰二年（1852年）、咸丰十年（1860年）补刻。现存沿山镇危家窠观音堂。碑高98厘米、宽59厘米、厚12厘米，楷书。

黄府君祠堂碑
（嘉庆二十四年）

黄府君祠堂，其子信海兄弟暨其诸子建，以祀诰赠奉直大夫，为东府君之祠也。作始于嘉庆之二十年七月十六日，落成于二十三年十月二日。厥中为堂，厥内为室，厥左右为夹室。总七十楹，有庑，有门。厥外缭垣以周，厥丹艧垩咸备。乃洁乃除，乃卜日月之吉。越十一月二十有一日，乃奉府君之主，以祀于祠堂，致敬孝也。惟兹祠堂之建，岂以吾孝彪外、侈大、观美云哉？思也，诚于中，不敢忘，不敢怠。求尽吾事以慊，为子若孙者之心焉耳，固之孝道也。孝之道广矣，奉身以治事。若者，善也；若者，未善也。善也吾行，不善吾拒。用训式于后嗣，蔼蔼乎皆良士，煜煜乎为德门。如是，乡人莫不荣之，推其世美，归誉于厥祖厥考，岂不孝思之所成广哉？然则，由兹祠堂之建而宏其志。凡厥攸为俨戴祖考于上，肃肃明明，罔敢不图于善而唯归誉先人之？是饬是修，以宗敬孝，以化子孙，以永厥世勋，不綦隆欤？祀事孔严，则固其所，夫焉用言？

嘉庆二十四年三月四日，建宁张绅撰

【简跋】

此碑刊于清嘉庆二十四年（1819 年），现存大埠岗镇河源村洋源黄氏家庙。碑文见于大埠岗镇《黄氏族谱》卷首（光绪二十六年刊印本）。作者张绅，建宁人，邑庠生。黄府君祠堂，建于嘉庆之二十年（1815 年），成于嘉庆二十三年。

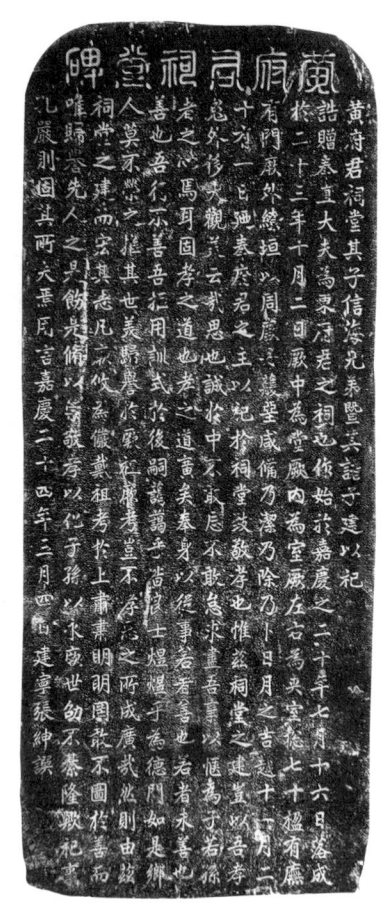

鼎建吴氏瑾公宗祠碑记

（道光四年）

《记》有曰："君子将营宫室，宗庙为先。"庙者，貌也，所以仿佛先人之像者也！古人祀礼以教，敬祖庙以本仁，故士庶之家亦得立庙以荐馨香，而尊祖敬宗之义昭焉。我始祖侻公发祥藕塘，至瑾公迁居茶源，木本相沿，十余世矣。虽禴尝无阙，而拜献难以成礼，有心者咸谓："宗庙不建，无以康先祖之灵也。"维时，吾族利添等瞿然志动，概然倡首，聚众而言曰：屋址之旁有遗田数亩，荒坪一片，山明水秀，形势颇佳，可为卜筑之地。况我祖延生公尚存钱七拾余千，众若更为乐输，即经营不难也。于是父老子弟皆是其说，且踊跃捐资，而建祠之议遂决。斯役也，经始于壬戌岁仲冬月上浣四日，首构前庑，竖寝堂，筑四围土库，开辟左翼为庖厨。所鸠工庀材费共一千六百余金，阅六岁而后告竣。晋迁祖瑾公于其中，左昭右穆，依次以序，虽曰人力，讵非我祖在天之灵默佑焉？而不爽者哉！抑犹有说焉！蒸蒸之心，感物增思，孝孙之道也。惟愿骏奔在庙者，恫恫乎，属属乎，春露秋霜，毋忘修陈之礼，肯堂肯构，宜怀创造之艰，庶宗庙常新而箕裘弗替也！若夫共襄厥事与凡有力于是役者，另具于碑，故不著。

皇清道光四年甲申岁仲春月中浣三日

合族公立

【简跋】

此碑立于清道光四年（1824年），现存和平镇茶源村吴氏宗祠。碑高128厘米、宽65厘米、厚3.5厘米，楷书。碑文又见和平镇《茶源吴氏族谱》（2010年打印本）。吴氏瑾公宗祠，奉祀茶源吴氏始迁祖瑾公，始建于嘉庆七年（1802年，壬戌），历经六年告竣。

傅氏义塾序（一）
（道光十年）

道光庚寅，余奉简命典郡樵川。适当事有续修省志之役，牒下有司：凡一郡一邑，其有善行可风者，悉举而表章之。

余甫下车，于郡人士未能周知。邵邑有傅君名穹者以善行称，其里中绅耆胪列事实，丐杨榕村大令，以其名膺斯举，征其素行。盖平日敦宗族，恤乡里，义之所在，以身先之。其捐置义塾一事，必为人所称道。信乎！为善于乡而不汲汲于为名者。顾或谓厦号万间，河润千里，古人一举念，不忘博济，区区捐置家塾，得毋私其族人，何善之可名？不知黔敖施粥、范氏置庄类，皆自宗族始。所谓由亲及疏，自近及远，理固然也。今傅氏之举，其庶几乎！举而上之大府，亦善善从长意也。夫通都大邑，何尝无蜀卓、宛孔其人？而悭吝性成，遇敦宗睦族事，辄漠然无所动。于中亲直不恤，遑问其他？如傅君者，可不谓之难与？爰因其子国瑛之请，而乐为书之如此。

赐进士出身、诰授朝议大夫、知邵武府知府事、前掌山西道监察御史、翰林院编修、加三级纪录十二次刘学厚书

道光拾年岁次庚寅季冬月　吉旦

傅氏义塾序（二）
（道光十年）

樵城之南六十里有村名大埠岗，山川蔚秀，居民稠密。余因公至其地，见傍山构屋数十椽，栋宇方新，书声彻户外。询诸乡人，知为傅氏义塾，岁延师教授，生徒十数人，俾族人单寒有志者咸得师资，心甚嘉之。既而傅舍人国瑛以其先人健庵君捐置义塾田租若干，绘图立册，请序于余。披阅之下，见塾规井井有条，洵足垂诸久远。既允所详，为其详其事于大宪，复缀之以言曰：先生之教，以敬宗收族、广厉人才为先，后世别籍异财，耰锄因而德色，故古有好善乐施、

克敦孝友、睦姻任恤者，必为之旌其闾。宋至道中，南康洪氏累叶聚舍，期功百口，建塾馆于雷塘，以训子弟，太宗赐以御书百轴。其地文举入谢，又书"义君"二字宠之。后其子待用遂掇巍科，非积善获报之明验欤？今傅氏义塾意美德良，英俊既喜得师承，修脯亦无虞侵蚀。犹有古孝友、睦姻、任恤遗风焉！从此人文蔚起，科第蝉联，傅氏子孙将大有誉于樵山。而绵延勿替，善承健庵君之义举，于舍人有厚望焉。是为序。

文林郎、知邵武县事、加二级纪录五次、记大功八次、愚弟杨乾初顿首拜撰并书

道光十年季春月　谷旦

傅氏义塾序（三）
（道光十年）

己丑之秋，大宪檄修《通志》，谕郡县采访忠孝节义诸善行，备书无遗。邑人以傅健庵先生义行可风，上其事于邑侯，转详大宪请旌。时余方与采访之役，其嗣君洁斋舍人，持先生家传与自制《傅氏义塾序》见示。余既悉先生素行，为传其事，而又喜义塾之意美法良，为足递传不朽也，爰乐得而序之。

古之人，自家至国皆有学，自幼至长未尝一日去于学之中。《记》曰："家有塾、党有庠、术有序、国有学。"春诵，夏弦，秋礼，冬书，于此养智仁圣义和中之士，以至一偏一技一曲之学，无所不养。又有士大夫之贤者为之师，释奠、释菜以不忘学之所自，则目染耳濡无非是物，学之所以有成也。

今制：通都大邑皆立学，又增设书院以辅学校之不及，广厉人才之道于是乎尽。顾学校、书院设之于官，教授生徒岁有定额，村居远僻，初学亲炙无由。素封子弟学有师承，又以别籍异材，畛域未化，族人或不与焉。此孝友、睦姻、任恤之风不讲也。

先生义塾落成，积屋之区若干，讲艺之堂、栖士之舍皆具；积田之租若干，祀饮寝食之用、修脯膏火之需无所不足。训迪有其人，劝惩有其法，塾规何其

周且密也。傅氏望族，固多佳子弟，而单寒有志缺于资，未免就学维艰，得先生鼓舞振兴之，顺其发愤慕学之情。作为师儒讲肄之所，虽古之敬业、乐群、博习、亲师，不过是矣！

今先生既往，嗣君善承厥志，乐育为怀，求毋负先生敬宗收族之心，以递传于不朽。从此掇巍科，登显仕，傅氏群从将大展其经纶。而先生之敦本睦族、乐善好施，其泽又岂有穷乎哉！是为序。

大清道光十年岁次庚寅孟夏月中浣

例授征仕郎、候选直隶州州判、愚侄葛兆麟顿首拜撰

傅氏蒙塾义田序
（道光十年）

学之设由来重矣！古有家塾、党庠、术序、国学之名，其学以次递进，则闾之秀升于庠，庠升于序，序升于学。而学以成，盖其导之也有具，其娴之也有素，其驯之也以渐，其成之也以时，故人才往往而出也。三代以下，颇失古法，然其群居萃处有师，有引诱讲习之益、劝惩之则，古义犹存焉。

健庵先生为南乡之望，曾出多金倡捐乡会试宾兴资斧。而又念族中子弟之单寒者向学而无资，爰商之族人，独力建造义塾一所，并置田租若干石，为久远计，俾岁量其所入延师教授。其规画尽善，具详所自制序中。是举也，族人感之，乡人称之。因以其事呈县，吁请申请，上宪复允而褒嘉之。

余惟国家设学，其意欲使天下之智、愚、贤、不肖皆涵濡诗书礼乐之泽，以成明体达用之材，而天下之人遂无不感激奋兴而端其趋向。先生之为是举，虽仅及一族之人，而其欲化黔首之辈，使之少习心安，优游渐渍，以同归于善，其为道一也。《记》曰："尊祖故敬宗，敬宗故收族。"先生本尊祖之意，以推及族中，其泽岂有穷乎哉？余以甲戌造先生之庭，请其题捐宾兴缘，而先生慨然首倡，由是窃有意于其人。及余宦游盈川旋里，闻先生已赴道山，时年七十有九。其敦族谊、惠乡邻诸善举，莫不系人怀思。而义塾之建，先生身历

其事而终始之，尤为善行之最。其子舍人君，因余与修《通志》，采访之后，持先生所自记《家塾义田簿》请序。

余何能文，然夙慕先生之高义，叹其人不可多得，而又幸舍人年力方壮，其善继先志以光而大之者，当更无有纪极。故为厚其立塾之意，与夫中心倾慕之私，而书以归之。

大清道光十年庚寅岁孟夏　谷旦

赐同进士出身、前任浙江西安县知县、愚弟梅树德顿首拜撰

【简跋】

傅氏义塾碑共4通，均刊于清道光十年（1830年），皆长108厘米、宽46厘米，楷书[①]。原嵌于大埠岗镇傅氏祠堂墙上，2019年祠堂火灾，烧碎碑石。碑文见于大埠岗《樵南傅氏宗谱》卷二（民国三十四年刊印本）。序一作者刘学厚，四川广安人，进士，时任邵武知府。序二作者杨乾初，字榕村，山西陵川人，举人，时任邵武知县。光绪《邵武府志》卷十五有传。序三作者葛兆麟，为候选直隶州州判。《傅氏蒙塾义田序》作者梅树德，字务滋，邵武人，进士、原任浙江西安县知县，有政声，光绪《邵武府志》卷二十有传。

傅氏义塾是清中叶大埠岗傅弯创办的族学。傅弯，字希上，幼年贫苦，经商致富，多有义举。光绪《邵武府志》卷二三《义行》有传，文曰："傅弯，

---

① 碑文转引自傅唤民主编：《樵川金石刻录》，邵武：邵武市地方志编纂委员会编印，2018年，第21—26页。

字希上，职员。葺祖庙、置祭田。嘉庆十二年，县学宫倾圮，穹捐百金以为倡。县中乡会，士子宾兴常苦不足，穹复捐三百金以助之。念同族及乡里子弟无力就学，捐三千五百金创建义塾，又捐租一百五十石以充费。道光五年饥，邀同志者往邻省告籴，减价平粜。子国英复增建义塾，以待来学者。"①

秉艺公享祠记
（道光十二年）

　　《礼记》"王制""祭法"所称，适士二，士一庙者，是自天子而下递分等杀，以爵位为升降。惟三代之世，世官世爵，得以行之，汉唐以来，俱无建庙之文。朱文公创焉《家礼》一书，间取文潞公、司马温公祠堂之制以为祭典，谓庙不可得，则姑以祠堂代之。祠堂似庙而非庙，庙只一主，而祠堂无限主；庙必有名，而祠堂无可名。今世之奉于祠者，合始祖、高、曾、祖、考，并祀一堂中，以木本水源，不可遗也。

　　吾族虽有宗祠，而支派蕃衍，不无渐远渐疏之虞，则《记》所云"士一庙"者，其制不可仿而行之乎。惟吾显考秉艺公，以勤俭起家，而妣二吴氏，安人相之，故渐致丰裕。且建合族之祠，广始祖之祭，营造居室以宅眷属，整饬别墅以训子孙，规画周祥，经营完备，盖承先启后，其功德匪浅鲜矣，宜有专祠以妥神灵。爰辟地建造，考妣享祠，而昭穆则以余兄弟为次序。自吾考一脉得入，而外此无与焉。

　　夫创造虽肇于一时，而蒸尝则延诸后嗣。惟冀世世子孙入而告虔者，皆肃然生其诚敬之心，而秩然致其馈献之礼，则祖宗之降福于子孙者，亦且使之延延绵绵无有穷期。是建祠之举所系岂不大哉！

　　是役也，经始于道光庚寅年季夏月，落成于壬辰之仲春。因镌此以示后人，使之触目而警心焉。是为记。

　　男瑗、瑛、玛；孙朝选、〔朝〕遴、〔朝〕聘、〔朝〕举、朝元、〔朝〕宗、〔朝〕柱、〔朝〕升；曾孙大兴、〔大〕成、〔大〕田、〔大〕受、〔大〕德、

---
① 光绪《邵武府志》卷二三《义行·傅穹传》，2017年点校本，第771页。

〔大〕有、〔大〕鼎、〔大〕祯、〔大〕光、〔大〕鹏、〔大〕韶、〔大〕祥、〔大〕典、〔大〕任、〔大〕勋、〔大〕年、〔大〕川、〔大〕淳；元孙学曾、〔学〕孔、〔学〕海、〔学〕濬、〔学〕健、〔学〕洙、〔学〕诗、〔学〕灏、〔学〕烈、〔学〕训、〔学〕谦、〔学〕谟、〔学〕优、〔学〕修、〔学〕思、〔学〕信、〔学〕贵、〔学〕恭、〔学〕华、〔学〕明

仝敬勒石

【简跋】

此碑刊于清道光十二年（1832年），碑石未见，碑文录自拿口镇加尚村《傅氏族谱》卷二。[①] 撰文及立碑人傅瑗、傅瑛、傅玙等人为傅俊士子孙。傅俊士，字望卿，号秉艺，于乾隆年间外出经商，富甲一方，"田连阡陌，栋宇如云"[②]。创建宗祠，增广祭田。道光十二年，傅俊士的子孙为其修建专祠祭祀。

新建家庙记
（光绪九年）

士惟识先务者，始明大义。《礼》曰："君子将营宫室，必先宗庙"，言乎木本水源，之有由来也。我族自君正公游学入闽，卜筑于斯，阅世数十，历年数百。乾隆四十八年，合族创建祠宇，粗具规模。诸多未备，予高祖秉艺公独力修葺，完竣其功。而宗祠之制，实仿于此。

咸丰丙辰秋七月，红巾贼盘踞我乡，焚惠安庙以上房屋，及秉艺公享祠，而宗祠以光扬输银饵贼，故幸免焉。丁巳元月，贼攻窜拿口市，取径我乡，仍纵火焚祠堂暨民居以去。嗟嗟！始之获免者，乃我祖之灵，非祖之本志也；继而不免者，固我祖之志，非祖之不灵也。盖与其忍污辱以安全，不如留清白于灰烬。此廿年来，瓦砾当前，荆榛满目，而究不以荆榛瓦砾终者，祖若宗已预为料之，而固默有以启之者也。

---

① 拿口《傅氏族谱》卷二，民国三十七年刊印本，谱存邵武市拿口镇加尚村。
② 拿口《傅氏族谱》卷二《秉艺公传》，民国三十七年刊印本。

岁乙亥，光绪纪元之仲春月，予省墓旋里，过旧祠之墟，第见基址空存，墙垣颓废，徘徊四顾，心恻然者久之。因倡首捐资，并集族中伯叔，量力劝题，得青蚨三百余千，为土木费，以学孔董理出入，专司其事。工甫舆，予即服贾榕台。

伯叔等复建改制之议：仍旧地址，移后作前。左筑予空园地数尺，以恢宏堂宇；前购大春地以建回廊，围芳苑；并大典地尺许，筑照墙焉。凡所谓堂上、堂下者，较诸畴昔固，俨然巨观也。奈资已竭，而工未及半，中止者复三年。

予贾游始返，经商无所获，倾囊捐助，屡入质库以应急需，并劝族中殷实，破格报效，任劳任怨，计又捐银肆百余两。大工虽苟完，仍不能竣其事。公款缺如，无从筹画，甚为扼腕。冬月间，适族内春发薄有产业，召继衅争，牵累数载，予力排众议，主以既无应继，拨入宗祠，为合族创建义学，久可垂久。初，族中诸人求契券甚力皆不得，予则准情酌理，寥寥出数言尽获之，靡有遗者。核查支应、束修及经理薪费外，微有羡余。次岁夏，爰商诸本支、昆季，集银会一局，计百金，递年轮收，由义学拨款交纳，其会银仍概给土木匠工费，于是垣墉丕焕，黝垩维新。计三措资统共用壹千叁百余缗，而事观厥成矣。祠内则五采五色，绘事亦详，虽非必画栋雕梁，丹楹刻桷，而辉煌有象，焜耀可观，则谓为我祖灵爽之式凭也亦宜。

庚辰冬，予躬率阖族父老、子弟，择吉敬奉始迁祖君正公暨伯高伯成章公，并推所自出之万春公牌位入庙安祀，致祭尽礼。旧例，春、秋仅给丁糍，未申祀典，予复创立祀会，按照股份，春、秋轮东值办祭品，出资置祀田，以为久计，教子弟演习礼仪，而祀事聿修。其所以补前人之阙者，亦详且备矣。至若本祠之正位中宫，峰峦拱向，圳水回环，情景幽雅，气象堂皇，其得地、得人之盛，有识者当意会之，而非楮墨可形容也。

惟董斯役而始终，不辞劳瘁者，学孔之力尤多。其大受、学成、章贵、大祥、胜辉、学谦诸人等，实赞襄厥事。予则综其全体，凡经营区画，仅挈其要端，监修、督工、购料诸务，皆未与焉。

兹因重修家谱，谨志其颠末，以勒诸石而著于篇，俾后之人知所考证也。若谓继志述事，即在是焉，则未敢自信云尔。是为记。

时皇清光绪九年岁次癸未仲秋月 谷旦

诰授昭武都尉、兼袭云骑尉、邑廪生、十九代裔孙学濬敬撰

【简跋】

此碑刊于清光绪九年（1883年），碑石未见，碑文录自拿口镇加尚村《傅氏族谱》卷二。①撰文人傅学濬，系傅俊士玄孙，时为昭武都尉、云骑尉、邑廪生，常年在福州经商。拿口镇加尚村傅氏宗祠曾由傅学濬的高祖傅俊士创建，咸丰七年（1857年，丁巳）被太平军烧毁，光绪间傅学濬率族人复建。

---

①拿口《傅氏族谱》卷二，民国三十七年刊印本，谱存邵武市拿口镇加尚村。

第五章

风景名胜

宋石笋诗刻
（熙宁五年）

张纮题诗："闻说西山顶上台，清凉山寺半窗开。云藏雨意明还暗，水激溪声断复来。顿觉吟肠生沆瀣，应无闲梦入尘埃。恨君不且留千骑，同折岩花对酒杯。"

张徽题诗和之："一家终日在楼台，棋局斜兼画卷开。幽鸟影穿红烛去，寒蟾光落素琴来。钓丝暮惹萍间浪，篆石春浮藓上埃。三数寺通溪畔路，好寻僧借度时杯。"

【简跋】

此诗初刊于北宋熙宁五年（1072年，壬子），现已不存，题文录自咸丰《邵武县志》。其文曰："天然石，石在熙春山惠应祠。宋熙宁壬子，太守张纮与客张徽镌诗其上。绍兴庚申，王进巡部命工重立，岁久半埋土中。"[1]题刻者张纮，时任邵武知军。

石岐山石刻
（绍兴十一年）

题刻"礼义廉耻"四字。

【简跋】

此题刻今已不存，题文录自清人冯登府《闽中金石志》卷八（民国希古楼刻本），文曰："礼义廉耻，绍兴，在邵武石岐山，宋张栻正书。按，南轩以绍兴九年知福州，十一年奉祠，此书当在是时。"《闽中金石志》认为这是宋人张栻的题字，刻于南宋绍兴间。张栻，号南轩，四川绵竹人。南宋名相张浚之子，南宋理学家、教育家。张栻未有"知福州"的经历。光绪《邵武府志》也认为是张栻所题，只是把福州知军的履历更正为其父张浚。文曰："礼义廉耻，

---
[1] 咸丰《邵武县志》卷一《古迹》，1986年标点本，第68页。

在石岐山,张栻书。按:栻父浚以绍兴九年知福州,十一年奉祠,栻书当在是时。采《通志》补。"① 张栻生于南宋绍兴三年(1133年),绍兴九至十一年,还只是八九岁的儿童,要作山石题刻的可能性不大,因而此题刻的作者和时间均宜存疑。

吏隐堂铭
(绍兴末年)

樵溪之水清漱玉,樵岚之山翠可掬。溪水之湄山之足,上有寒梅拥修竹。

【简跋】

此铭刊于南宋绍兴末年,现已不存,铭文录自《舆地纪胜》卷一三四[②],又见《闽中金石志》卷十二、光绪《邵武府志》卷二八。作者叶仪凤,福州人,绍兴末任邵武军学教授,以学问名于时。[③]

谢坊绣溪石刻
(南宋初期)

题刻"绣溪"二字。

【简跋】

此题字刻于南宋初年,在富屯溪卫闽镇谢坊村段,石高3.5米、宽5米,阴刻篆书"绣溪",字大如斗。20世纪90年代拿口电站造坝蓄水,题刻没于水中。题刻者谢源明,邵武谢坊人,号井斋,绍兴三十年(1160年)进士,官至工部尚书、四川制置使。清人冯登府《闽中金石志》卷十二载:"绣溪,

---

① 光绪《邵武府志》卷二八《古迹·石刻》,2017年点校本,第1053页。
② [宋]王象之:《舆地纪胜》卷一三四《福建路·邵武军·碑记》,北京:中华书局,1992年,第3846页。
③ 弘治《八闽通志》卷三九《秩官·邵武府》,2006年修订本,上册,第1123页。

在邵武绣溪石上,宋谢源明书。按,源明,晋江人,嘉定中任泉州府。"《闽中金石志》将谢源明记为晋江人,误,应改为邵武人。弘治《八闽通志》记:"绣溪,在十五都。溪中有巨石,宋谢源明镌'绣溪'二字于其上。"又曰:"绣溪渡,在绣溪口。宋里人尚书谢源明置舟以济,后废。"[①]

味道堂记
（乾道九年）

　　武阳何君镐叔京,一日以书来谓熹曰:"吾先君子辰阳府君,少事东平马公先生,受《中庸》之说,服习践行,终身不懈。间尝榜其燕居之堂曰'味道',盖亦取夫《中庸》所谓'莫不饮食,鲜能知味'之云也。今不肖孤既无以嗣闻斯道,惟是朝夕粪除,虔居恪处,不敢忘先人之志。子其为我记之,以告于后之人,而镐也亦得出入览观焉,庶乎其有以自励也。"熹惟何公实先君子太史公同年进士,熹不及拜其床下,独幸得从叔京游而兄事之,因得闻其学行之懿。顾虽不德不文,不足以称述传信,然慕仰之深,愿得托名于其屋壁之间以为幸,因不敢以不能对。

　　谨案:公讳某,字太和。始为少吏南方,会马公以御史宣慰诸道,一见贤之,奏取为属,因授以所闻于程夫子之门者,且悉以平生出处大节告之详焉。既马公以言事谪死,公归守其学,终身不少变。其端己接物,发言造事,盖无食息之顷,而不惟中庸是依也。乡人爱敬,至以"中庸何公"目之。于他经亦无所不学,而尤尽心于《易》,作集传若干卷。其忠纯笃厚之资,廉静直方之操,得于天而成于学,充于内而不暴于外,世之君子莫能知也。晚以马公移书伪楚,斥使避位之节,列上史官,宰相恶其分己功,逮系诏狱,削籍投荒而终不自悔,以殁其身。此其于道,真可谓饮食而知其味矣。惟其知之深,是以守之固而行之乐;行之乐,是以益味其腴而弗能去也。然公之所谓道者,又岂若世之俗儒

[①] 弘治《八闽通志》卷十《地理·山川》、卷十九《地理·桥梁》,2006年修订本,上册,第279、523页。

习见老佛虚无寂灭之说，而遂指以为道也哉？考诸公之《中庸》，亦曰五品之民彝而已。熹愚不肖，诚不足以窥大人君子所存之万一。然窃意其名堂之意有在于是也，是以敢备书之，以承叔京之命，后之君子得以考焉。抑叔京之清夷恬旷，不累世纷，既闻道于家庭，又取友于四方，以益求其所未至，其衔训嗣事而居此堂也可无愧矣。今又欲由是益自励焉，是其进之锐而至之远其可量哉！其可量哉！此于法当得附书，因并识于此云。乾道癸巳二月甲申，新安朱熹记。

【简跋】

此碑撰于南宋乾道九年（1173年），碑石未见，记文录自《晦庵先生朱文公文集》卷七七。[①] 作者朱熹（1130—1200年），字元晦，号晦庵，世称朱文公。生于南剑州尤溪，南宋理学家。《宋史》卷四二九有传。味道堂，南宋时理学家何兑、何镐父子读书问学之所，位于今邵武市洪墩镇尚读村。光绪《邵武府志》载："台溪精舍，在七台山之麓，小溪之滨，宋儒何镐读书处，居人至今名曰'学堂'，堂曰'味道'，朱子有记。元季兵毁。明成化间，里人邱福重建。万历间重修，旁有祠。"[②] 何兑，邵武人，字太和，号龟津。重和元年（1118年）进士，授广西提刑检法官。系理学家杨时门人，著有《易传》。其子何镐，字叔京。幼承庭训，从朱子学。朱子敬友之，曾造访其家，常有书信往来。嘉靖《邵武府志》卷十一皆有传。本书有收录朱熹为何镐所撰《何叔京墓碣铭》《知县何公圹志》。

云风台记
（淳熙七年）

一人之情，郁则思舒，局则思放，底滞[③]则思高明夷旷之适。古之人作囿以游，筑台以观，否则之山林而托焉。虽仲尼之圣，犹登泰山而临吕梁也，岂不若是，将无以寓其情耶？然君子务以适其情，而未始纵其情。务以适其情者，不过避

[①] [宋]朱熹撰；朱杰人、严佐之、刘永翔主编：《朱子全书》，2010年修订本，第24册，第3711页。
[②] 光绪《邵武府志》卷二八《古迹·园宅》，2017年点校本，第1036页。
[③] 底滞，清文渊阁四库全书本作"低滞"。

喧以习静，升高以望远，俾山林皋壤接乎吾前，而尘垢糠粃不溷吾中而已。

　　永嘉黄使君坚叟乡昭武也，其居一榻之外，无所游览，久之，得舍北地数亩，规以为囿，面山者为堂，面竹者为亭，作室于花间，置槛于溪涘，则既有名之佳矣。而昭武之南山最为奇秀，联属如屏障，其西则君山，远在百里之外，耸直倚天。城之中有山号"登高"，熊踞而虎卧，林木苍然，大溪络其下，东北诸峰合遝四出。坚叟筑台而望之，其崇仅寻丈也，凡一郡之山无逃焉。

　　书来请予名，予少尝寓昭武，与坚叟游，其山川胜概，历历可想，则以告之曰："韩文公诗有云：'东堂坐见山，云风相吹嘘'。子之为是台也，以山故耶？山之状不可以名，盍试以云风命之，何如？"坚叟喜曰："云之与风，即山之自出也。今吾老矣，仕之四方，得郡而将行，顾未能终耕里闾。而惟徜徉花竹之阴。因台之成，披襟矫首，以睨夫风云之去来，当其渟然之奇，漻然之清，以荡吾目，而触吾怀，吾之乐则无尽，而君亦何自知之乎？"予曰："予固不得而知也。盖尝思之，以坚叟之才，遇事有自立，自为州县官，官声卓然，宜其早获用于世，而婆娑晚境，扰为天子守千里之地于海隅，其所设施，虽未为不遇，然而尝闻之古之贤者，每以致身功名之会，则为依乘风云。今圣明在上，罗天下之士以清中原，而复太平之业，则夫云集而应龙翔，风薄而万窍怒，子之功名得无其时，又何蹙缩于此乎！"坚叟谢曰："吾岂为是也，君既名之，则亦书之，将以示吾乡之人，以无忘君之言。"于是书之台上。淳熙七年十二月，颍川韩某记。

【简跋】

　　此碑刊于南宋淳熙七年（1180年），碑文录自韩元吉《南涧甲乙稿》卷十五（丛书集成初编本）。撰文人韩元吉，字无咎，号南涧，开封雍丘人。南渡后流寓邵武、信州（今江西上饶），官至吏部尚书。与朱熹友善，与范成大、陆游、辛弃疾以词唱和。[1]云风台，为黄永存的园宅，在邵武城西熙春山附近。黄永存，字坚叟。绍兴二十四年（1154年）进士，官至正议大夫、淮南转运副使。其父黄中美与其子黄龟朋的墓志（《朝议大夫致仕赠光禄大夫黄公神道碑铭》《宋始兴郡守黄公墓志》），本书皆有收录。

---

[1] 杨倩描主编：《宋代人物辞典》上，保定：河北大学出版社，2015年，第227页。

翠微阁记
（至正年间）

　　樵城之阳，樵水出焉，其东南诸山，磅礴而深窈者，福山也。其山由天帝三峰，倚空巉碧，耸拔而下，至紫云，为西峰，蜿蜒隐伏，出纱笼山，复盘辟而上，延袤数百余里，钟结灵秀于兹山。回望城闉，云楼烟树，晻霭相映，出乎指顾之内，俯瞰溪流，萦清漱玉，彻乎闻听之外，虽濡丹染墨，所不能状其一二。骚人逸士多会于此，凭高纵目，把酒赋诗，皆有蝉蜕埃壒，浮游物外之意。故福山为樵郡胜游之最。山之僧又辟其寺之东，偏为轩阁，以延宾客，清碧杜征君为作古篆，书其匾曰"翠微深处"，明幽胜也。夫世之人，或羁絷于声利，缠锁于尘务，及其厌患，虽欲少休，以销一日之烦而不可得，惟登高临远，寻幽择胜，庶乎摆落湔洗，脱然若沈疴之去体，岂不快哉！而山川清邃，非托之方外之士，则又无以发其佳而保其久，是以名山绝境，林壑之美，虽若天设，然必待人为，而后有以表胜概而留风景。今福山，人所乐游，而寺僧又好贤招客，建斯阁也，是山水之眉目也。

【简跋】

　　此碑撰于元至正年间（1341—1368年），碑石未见，记文录自光绪《邵武府志》卷二八。作者黄镇成，字元镇，邵武人。历游南北，后归故里隐居著书，工诗文，学者称存斋先生。弘治《八闽通志》卷七十有传。咸丰《邵武县志》载："翠微阁，在福山。元至正间，寺僧性冲建。"[①]

醒翁亭记
（正德元年）

　　昭武群山之围，而登高最高，清拔秀整。升其巅以瞰城郭，则公宇云连，人居鳞次，溪山环合，斗折于其下。舟航下上，于走雷吹雪，削丹丛翠之间，

[①] 咸丰《邵武县志》卷一《古迹》，1986年标点本，第61页。

转息万态。海日苍凉,桑影直射,郡之胜曰熙春朝阳者,是山也。山近下颇夷,水旱时祷焉。故守得时至其地,而肃神静虑,憩息无所。吾友夏公育才,先守延剑,哀然廉直之声。载移是郡,则既鼓而付之矣,又孚之以实惠。久之,人以安公,公亦乐而安于守也。结亭夷处,与僚寀参公政而览民俗,因是亭以嘉惠是郡,亦屡矣。间携酒约客,公固不废饮,亦不流饮,饮无醉,醉亦无乱。岁且得代,而亭无令名。客曰:"亭名以醒翁,无可乎?"佥曰:"可。"则走书请记。

予笑曰:"是醉翁变例耶?"六一,乡邦先达之贤,公仰止亦素矣。六一不在酒,而以醉名,寄山水而醉也。公不废酒,而以醒名,无亦寄山水而醒耶?盖善为同者,无迹之滞耳矣。鲁男子无害同柳下惠,元亮无害同诸葛孔明,公之醒,亦奚害同六一之醉耶?夫酣酗势利,酒亦醉,不酒亦醉,抑众人同也,故曰皆醉。惟醒者独异,于是陶然自适,将不知天为大,古往今来为久,死生为一旦暮。则虽处醉乡狎饮,徒犹兀兀然以醒,奚暇与世龊龊一滞留之浅之介于意者,山水无情而无累于物者也。人之情寓焉。乐而情酣焉,无害为醉。对而情适焉,无害为醒。二名无不可者,客善名,而公之自况亦大矣。六一谪滁时,以直道寡合,久之,竟起枢密,参大政,毅然任天下之重。公之道,无然乎?醉翁,滁系思之地,郡所以致其爱者,醒翁也。甘棠勿剪,二翁并峙于滁邵之间,二州山水均有托矣。正德丙寅夏仲,莆见素子林俊记。

【简跋】

此碑撰于明正德丙寅(正德元年,1506年),碑石未见,记文录自《见素集》卷九(清文渊阁四库全书本)。作者林俊,字待用,号见素,莆田人。成化十四年(1478年)进士,官至工部尚书、刑部尚书,卒赠少保,谥贞肃。光绪《邵武府志》载:"醒翁亭,在熙春台南。明弘治十二年,知府夏英建。高十有八尺,延袤二十有四尺,东西翼以廊,为楹八,前有坊,颜曰:'与民同乐',又复其久失之田若干亩,居道者守之。"[1]

---

[1] 光绪《邵武府志》卷二八《古迹·名胜》,2017年点校本,第1033页。

弘斋记

(嘉靖八年)

邵武诸生曾守约溥，名其斋曰"弘"，问于甘泉子，甘泉子曰："知天地万物一体之义，则知弘矣。子能与我心性之图乎？"昆山陆廷评伯载鳌，亦名其斋曰"弘"，问于甘泉子。甘泉子曰："知天地万物分殊之义，则知弘矣。子能与我心性之图乎？"陆子惑曰："曾生问弘之道，而子告之以一体。鳌也问，则幸告之以分殊焉，何居？"甘泉子曰："噫！道之敝也久矣。人知大之为弘也，而不知小之为弘矣。《中庸》曰：'大哉圣人之道，洋洋乎发育万物，峻极于天。优优大哉！礼仪三百，威仪三千。'发育峻极而洋洋也者，浑一体以为大也。三千三百优优也者，合分殊以为大也。必如是然后可以尽弘之道焉。且而以洋洋者为弘乎？而谓优优者非弘乎？谓天之高明为弘乎？地之博厚非弘乎？谓高明之覆物为弘乎？而博厚之载物非弘乎？谓虚为弘乎？而实非弘乎？夫君子之学，智崇而礼卑，至虚而至实。崇象天，卑法地。崇故虚，虚故至大之德出焉；卑故实，实故至广之业成焉。非实无以成其虚，非卑无以成其崇；非业无以充其德，非广无以周其大。子盍学诸天地乎！"曰："然则何以合于心性之图欤？"曰："观大圈小圈之象，则知天地之合德，而弘之道尽之矣。"陆子请曰："愿先生记之，置于斋壁。" 己丑四月十六日

【简跋】

此碑撰于明嘉靖八年（1529年，己丑），碑石未见，记文录自《泉翁大全集》卷二七。[①] 作者湛若水，广州增城人，弘治十八年（1505年）进士，明代思想家，历任南京礼部尚书、吏部尚书、兵部尚书。

---

① [明]湛若水著；钟彩钧、游腾达点校：《泉翁大全集》卷二七，台北："中研院"文哲所，2017年，第726-727页。

邵武城北仓山宋明石刻
（宋明时期）

石南镌行书："淳熙丁未四月甲戌雷震，出钜石于重沙，有至和初篆刻。五月下浣，淦阳侯彦绳、玉牒赵彦勋、永嘉徐元德、郡人上官夬重观。"

东向镌："吉老不疑士安游此"八大篆字，旁刻"至和元年八月"六小篆字。

东向旁刻："隆庆五年八月八日，度高子与寅僚泛舟追寻古迹，见雷震石于紫云溪侧，有至和年篆、淳熙年记。岁久字画有缺，命工重修。邵武卫指挥使高尚斌、齐应麟，佥事丁应机、罗钟，经历赵扬记。"

南向侧面镌："逝者如斯"四大篆字，旁刻"养和道人高尚斌书"。

西向镌："观澜知本"四楷字，旁刻"旴继泉锦罗钟书"。

【简跋】

仓山石刻先后刊于北宋至和年间（1054—1056年）、南宋淳熙十四年（1187年，丁未）、明隆庆五年（1571年），今已不存，题刻录自光绪《邵武府志》卷三，同书卷二八亦载。该书记曰："仓山，旧为米仓。下瞰大溪，中有石鼓，又有巨石，小石累累支其下，似欲堕者。"[1]

灵杰塔修建记
（明万历间）

灵杰塔何以名？取地灵人杰之义也。先是，郡丞恒麓万君精堪舆，目击山川之佳丽，独东方缺一木星，讯父老谓："往时羊角峰突起，人文最胜。后为草寇邓茂七所平，科名从兹逊于昔。"于是溯流而东十里许，于方为巽，于行为木，水至此而东绕，山至是而左旋，居然有止之意。前郡守李君构祠于下，以祀文昌，即此义也。然必建浮图于其上，乃称文明以止而人文兴，一时多士翕然请之，直指徐公助以百金，戴公、李公各有所捐。始事在庚戌八月，越明

---

[1] 光绪《邵武府志》卷三《山川》，2017年点校本，第25页。

年方成二级，而樵士且襄然冠八闽。诸人士益争先慕义，至丙辰之春而告成焉。以不佞稍知梗概，而属记其事。夫术数家言儒者不道，然趋吉避凶原有是理，故泄者补之，伏者起之，默挽造化，亦圣人所不废也。兹塔之建，山川贲饰，云汉昭回，诸士仰而瞻焉，俯而眺焉，可以兴矣。且安知无景行先哲，如李忠定公辈复生是邦，而奚第科名之为斤斤也者？诸士惟是尽人以俟天而已。徐公讳鏊，丰城人，巡按福建。戴公讳王言，余姚人，福建提刑。吕公讳纯如，吴江人，福建佥事。

【简跋】

此碑撰于明万历间，碑石未见，记文录自光绪《邵武府志》卷三，碑名为编者加拟。作者邬若虚，宁海人，时任邵武府同知。《邵武府志》载："北石岐，在邑治东北，距城七里。临大溪，道窄险，通建阳。明万历间，同知万尚烈建塔于上，名灵杰塔，以培文峰。"[1]

聚奎塔门额
（天启元年）

正中："聚奎塔"

右侧："天启元年秋月 吉旦"

左侧："赐进士第、知邵武县事袁崇焕立"

【简跋】

此门额刊于明天启元年（1621年），题写者袁崇焕，字元素，东莞人，万历四十七年（1619年）进士，明末抗清名将，时任邵武知县。光绪《邵武府志》卷十五有传，称其主政邵武时："明决有胆略，尽心民事，冤抑无不伸。素趫捷有力，尝出救火，着靴上墙屋如履平地。后以边才荐，累官辽东经略。"[2] 聚奎塔，在和平镇和平村水口，建于明万历间，旁有奎光寺。[3] 该塔由乡绅黄

---

[1] 光绪《邵武府志》卷三《山川》，2017年点校本，第25页。
[2] 光绪《邵武府志》卷十五《名宦·袁崇焕传》，2017年点校本，第400页。
[3] 光绪《邵武府志》卷三《山川》，2017年点校本，第29页。

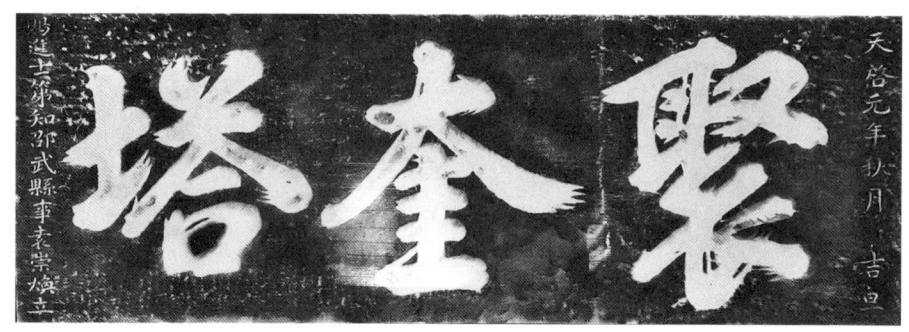

六臣父子捐资董建,《东垣黄氏宗谱》记曰:"六臣公:公颖异,十岁能诗文,年十四入邑庠,试则冠军。尝以人杰必由于地灵,而(和平)水口缺少文笔,遂捐金董建聚奎塔,惜年三十二而卒,仅成三层,嘱子穆生公继董其事。计费金二万有奇,阅寒暑二十余功始竣。乡人义之,祀于塔院焉。"[1]聚奎塔耗资巨费,父子两代人,历时20余年,方才告竣。这项义举得到了乡民和官方的首肯,知县袁崇焕亲题门额。这也是目前全国仅存的袁崇焕亲笔书法文物。1989年,被列为邵武市文物保护单位。

双台峰碑文
(明末清初)

郡城之南有丹台,东路有七台,俱胜境也。而予乡之北则有双台。是山也,拥翠堆螺,望之二峰偶立,恍惚魁下星,故名。双台中饶,茂林修竹,松门宿霞,石蹬恋雨。方春明媚,佳木葱笼(茏)而可悦;夏则奇云出其岫;秋声在树,月小猿号;冬而雪,则冈峦如琢玉。此峰上之四时也。据其顶而环盼,则闾阎扑地,鸡犬之声相闻,其中谢树、王槐之族,与夫聚庐列井之俦,罔不历历眉睫间。而揽耕云钓雾,听牧唱樵歌,亦足以豁眸涤耳。峰之呈胜昭昭已。

虽然,胜则胜矣,犹有所以胜者。吾闻山有秀兮,人必秀,琢削峭秀之形,

---

[1] 和平《东垣黄氏宗谱》卷六《世德集略·六臣公传》,2000年睦九堂刊印本,谱存邵武市和平镇和平村。

造化殆为豪杰。设而生斯土者，当必有耸壑昂霄之英。身转乾坤，手扶日毂，吐口星辰之经纬，以位三台而持魁柄，则虽山重人哉，人益重山矣。《诗》曰"维岳陵神，生甫及申"，又曰"保兹天子，生仲山甫"。予俯仰今古，盖悠然神往焉，殆为之记。

【简跋】

此碑未见，碑文录自沿山镇《樵西古潭何氏宗谱》卷二。① 作者何望海，字金杨，邵武人，天启二年进士，官揭阳知县，博学多才。光绪《邵武府志》卷二一《文苑》有传。此碑未有明确时间，推测刊于明末清初。

桂林乡横坑村题刻
(乾隆十年)

桂林乡横坑村黄氏族义学，名"流芳学堂"。学堂门额镌"流芳"二字并附文："观斯水也，源之远，流自长，识斯道，而为善，积之厚，流必光。流于家有余庆，流于国为祯祥，流于史册著馨香。后起如斯夫，是之谓流芳。"

学堂附近溪畔有两块突兀的巨石。一石题刻"鸿磬"两大字。另一石镌题诗："山骨峥嵘此奠磬，鸿文有渐进江干。云逵前去何知限？好教先时刷羽翰。"并附文："乾隆乙丑，余过嵘衢，黄君吉晖翁书室有大石兀立溪畔，亟请点顽，因检'鸿磬'二字并题，并勒诸石。新城杨中。"

【简跋】

此题刻刊于清乾隆十年（1745年），现存桂林乡横坑村（古称嵘衢坊）。② 作者杨中，江西新城（今黎川）人，乾隆前期曾寓居横坑，绛帐授徒，培养了一批人才。

---

① 沿山《樵西古潭何氏宗谱》卷二，民国三十三年刊印本，谱存邵武市沿山镇古山村。
② 此题刻由傅唤民录文，参见傅唤民主编：《樵川金石刻录》，邵武：邵武市地方志编纂委员会编印，2018年，第123页。

天成岩江氏山庄摩崖题刻
（道光十四年）

江氏山庄

大清道光甲午□江氏山庄□□□〔江〕敦御书□□

【简跋】

此题刻刊于清道光十四年（1834年），现存肖家坊镇天成奇峡风景区崖壁。楷书。"江氏山庄"四字，每字约1.8米见方，书法遒劲有力。书写者江敦御，邵武江阜坊人，晚清富商，多义举，光绪《邵武府志》卷二三有传，称其："治家俭朴，而喜周人急。坊西北古桥坏，湍流迅急，渡者患之，敦御捐金倡修。

江源铺当孔道，旧路在村后，行者苦之，敦御捐己田，为改于村南。至宾兴、祠庙、贡院，悉有捐赀，无难色。"① 江氏山庄系江敦御所办族学。

六虚亭柱石题诗
（清道光间）

腰脚无烦借短筇，斜阳倒影立长松。敢将芳躅追前辈，也到樵川第一峰。

【简跋】

此题诗刊于清道光间，已不存，诗文录自光绪《邵武府志》卷二八。作者李嘉端，字吉臣，号铁梅，顺天府大兴县（今北京）人，进士。道光二十二年（1842年）至道光二十六年（1846年）提督福建学政，题诗当刊于此期间。府志载："六虚亭，在登高山绝顶。明万历间，提学岳和建。国朝乾隆三十一年圮。三十三年，里人复建。督学大兴朱筠与同游题名石柱。道光间，督学大兴李嘉端刊诗柱石。"②

---

① 光绪《邵武府志》卷二三《义行·江敦御传》，2017年点校本，第772页。
② 光绪《邵武府志》卷二八《古迹·名胜》，2017年点校本，第1033页。

第六章

墓志地券

王氏石铭
（清泰三年）

琅琊王氏女，江南熙载妻。丙申闰七月，葬在石城西。

【简跋】

此铭未见，铭文录自《夷坚志》丙志卷十六，又见（宋）王象之《舆地纪胜》卷一三四、弘治《八闽通志》卷八十、（清）冯登府《闽中金石志》卷七、光绪《邵武府志》卷二八。《夷坚志》曰："邵武人危氏者，大观二年（1108年）葬其亲于郡西塔院旁。逾月雨过，视坟侧有痕，掘之得银杯二，铜水及镜铭一。又得埋铭石，其文曰：'琅琊王氏女，江南熙载妻，丙申闰七月，葬在石城西。'诸器皆依古制度，精巧非世工可及。"[1] 墓主王氏，《五代诗话》认为可能是南唐名臣韩熙载之妻："熙载北海人，南唐时为中书侍郎，有才气，多艺能谈笑，风流为当时冠。然少年疏傲，老忽细谨，畜妓四十辈，纵其与客杂居，日以自污避祸。……今未知熙载妻是姓王与否，岂在四十余人之列者乎？"[2] 若《夷坚志》记载属实，则铭文所言埋葬时间"丙申"，可能为后唐清泰三年（936年）。

宋故处士虞君墓志铭并序
（嘉祐五年）

宣德郎、守太常博士、通判南剑州军州兼管内劝农，同提点银铜场公事、骑都尉、借绯计用章撰

朝奉郎、守殿中丞、签署邵武军判官厅公事、骑都尉、赐绯鱼袋张暹龙篆额

承直郎、守太子中允、知邵武军邵武县事、骑都尉、赐绯鱼袋张金书

---

[1] [宋]洪迈撰；何卓点校：《夷坚志》丙志卷十六《王氏石铭》，北京：中华书局，1981年，第2册，第506页。
[2] [清]王士禛原编，郑方坤删补；李珍华点校：《五代诗话》，北京：书目文献出版社，1989年，第149页。

虞，大舜之后，三代为建国，汉魏世有显人。晋潭、喜、预，始发闻于会稽。唐永兴公，以绝德至行佐太宗。季末丧乱，有官建安郡者，时艰道阻，止而家焉。及终，因葬其地。冢藏有奇木，擢干乔茂，旁生七枝，童童丰端，延荫甚广，乡人异之。其后宗族繁昌，分徙诸邑，各直其方，因号七祖墓。七祖生爽，占数邵武之昼锦乡。爽生选，选生琄，琄生为善，皆以世道未夷，隐晦田里，闲居教授，以全性命。

为善生君，曰宗咏，字归圣。沉深笃厚，学不近名，隐不绝俗。近世有葬法，虽不经见，而传之盖久，君尤精其术，乡邑有丧葬，必为营视，以法定之。灾变疾故，必访其先葬，不合，则为之择利地迁厝之，家或以宁。急难忿阋，苟知之，必往营救，解释之，而不尸其劳。族叔母陈尝以小忿，与邻妇相牵挽，邻妇溺死，陈恐迫，欲自裁，君止之。往谓邻曰："死者已矣，本出不意，相与邻里，当使二人死乎？"邻素高君义，即收葬之，陈以无它。乡里有讼争，每从取决，不复诣州县。训导戒勖，率为善良，故乡人皆宗仰之。年六十五，嘉祐四年八月二日，以疾终于家。夫人朱氏，邵武人，世以儒素著闻，慈孝敏惠。奉事舅姑，惟恐不逮。外睦姻族，内抚子孙，动有仪法，虽缌麻之丧，必疏食终制。崇信佛事，月常六斋。奉先祭祀，恭肃如在。及终，精爽不乱。先君一岁殁，享年六十七。子三人：长何、次荣，不仕；次肇，擢进士第，著作佐郎，知吉州、龙泉县。女一人，适进士黄崇。孙男八人，女一人。初，君卜葬其先君，谓宗人曰："吾虽不官，教不及民，然处于乡，训勖营护，勤亦至矣。所卜文中上，子孙将有兴者，其在季乎？然吾不及生被朝命矣。"皆如君言。以嘉祐五年十一月二十四日，合葬于墅居之东三百步，著作君与昆弟尽力营护。凡附于身与棺者，必诚必信，无遗悔者焉。铭曰：

士之逢世，出处同方。修身及乡，乃真以长。不义而显，孰云其藏。潜虽伏矣，蔚乎幽光。既告既安，君子之藏。

【简跋】

此碑刊于北宋嘉祐五年（1060年），现为邵武某藏家所藏。碑额"故虞君墓志铭"，篆书。碑文楷书。撰文人计用章，邛州临邛人，字寿卿。天禧三年（1019年）进士，经学深醇，著有《计用章集》《希通篇》各十二卷。清陆心源《宋史翼》卷三有传。撰文时任通判南剑州军州兼管内劝农，同提点银铜场公事。篆额人张暹龙，时任签署邵武军判官厅公事。书丹人张金，时任邵武知县，历代邵武方志"职官志"失载，此碑可补方志之不足。

墓主虞宗咏三子虞肇，字公初。庆历二年（1042年）进士，出知吉州、龙泉县、南安军，"充御史台推直，用法明审"，入祀乡贤祠，光绪《邵武府志》卷二十有传[1]。

上官氏墓志
（熙宁八年）

维大宋国福建路邵武军邵武县永城乡新兴里上池保，殁故亡人上官二十四郎，行年五十八岁。太岁乙卯熙宁八年四月初四日，为佛采花，去而不返。生居高堂，死归蒿里。谨依地律，用钱万万九千九百九十九文，于上池保地名丘家窠内，买得墓地一穴，作丁癸向，其地东至青龙，西至白虎，南至朱雀，北

---
[1] 光绪《邵武府志》卷二十《宦绩·虞肇传》，2017年点校本，第583页。

第六章 墓志地券 211

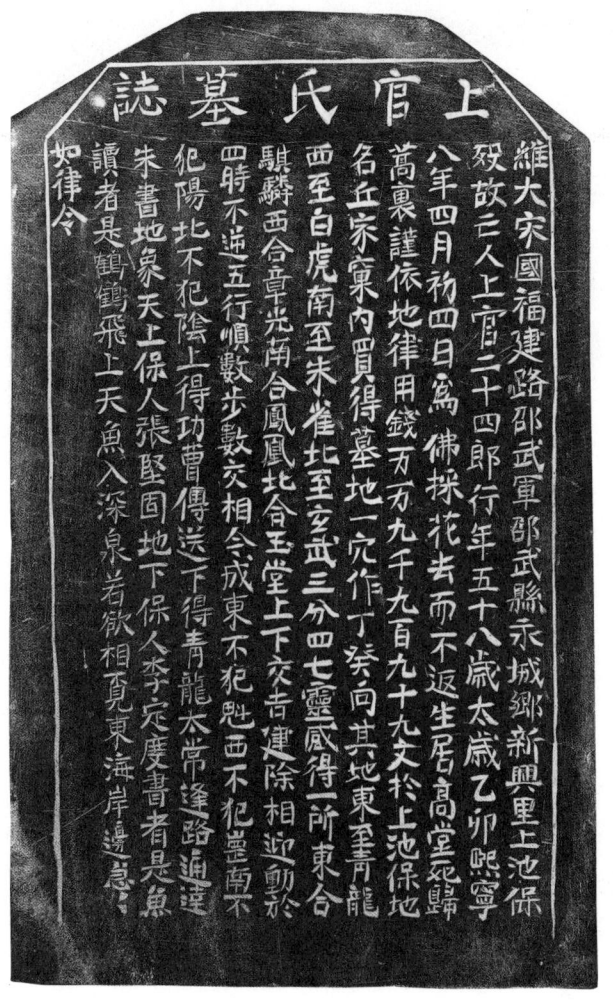

至玄武。三分四七灵感得一所，东合骐骥，西合章光，南合凤凰，北合玉堂。上下交吉，建除相迎。动于四时，不逆五行。顺数步数，交相令成。东不犯魁，西不犯罡，南不犯阳，北不犯阴。上得功曹传送，下得青龙太常。逢路通达，朱书地象。天上保人张坚固，地下保人李定度。书者是鱼，读者是鹤。鹤飞上天，鱼入深泉。若欲相觅，东海岸边。急急如律令。

【简跋】

墓主卒于北宋熙宁八年（1075 年），此碑现存和平镇前山坪上官家庙，为买地券。碑高 23 厘米、宽 17 厘米、厚 3 厘米，楷书。墓主上官二十四郎，生平信息不详，由此碑可知，生于天禧二年（1018 年），享年 58 岁。

宋俞七娘买地券
（元丰六年）

大宋国邵武军邵武县富阳乡同福里水西保亡人俞七娘，先用钱九万九千九百九十九贯九文九分，于黄后土公土母处买得阴地一穴。周流一顷，东至青龙，南至朱雀，西至白虎，北至玄武，中至勾陈，安坟冢所。其钱分付神明讫。天上保人张坚固，地下保人李定度，书契人石功曹，读契人金主簿。书契人飞上天，读契人在深泉。若见东海，天□两寻看。急急如律令。

元丰六年□岁□□九月三十壬申日，入穴安葬大□□□

【简跋】

此碑刊于北宋元丰六年（1083年），现为邵武某藏家所藏，为买地券，碑名为编者加拟。碑高20厘米、宽16厘米、厚2.5厘米，楷书。墓主俞七娘，生平事迹不详。

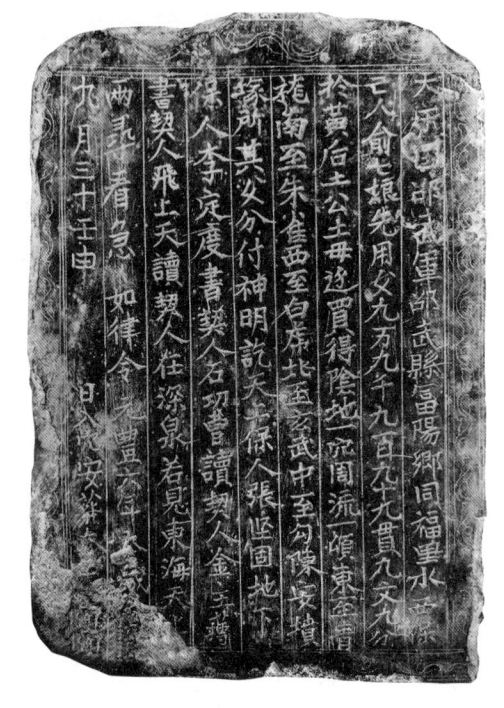

宋故处士李君妻黄氏夫人墓志铭并序
（元丰八年）

奉议郎、知太常礼院、武骑尉叶祖洽撰

承事郎、充秘阁校理、知太常礼院、武骑尉文及甫书

奉议郎、充秘阁校理、知太常礼院、详定官制所检讨文字何洵直篆盖

元丰四年七月二十三日，处士李君晏之妻黄氏夫人卒于家。祖洽之舅以书俾铭。祖洽哭曰："夫人予妣之祖母也。予尚忍铭耶？"已而，自闽中走入京师，速铭且曰："汝尝闻而母言，且从其归孙翰林侍讲学士黄公游，宜知其内事之详，不可以不铭。"祖洽无辞以拒，因序而铭之。

夫人姓黄氏，世居武阳，祖权，父揆，以隐德称乡党间，其子孙多贤善。夫人慈俭肃和，能守家法。其在家也，父母爱其孝。其适人也，舅姑安其勤。

室家咸宜，克当于夫。处士性简略，不亲家政，夫人内助备至，居室完美。李氏数世相收养，聚族且百余人。夫人仰事俯鞠，周旋其中，人无闲言。处士既亡，夫人与一子任后事。然李氏自夫人之子与孙，两世相传，茕然一身，人视其势，不绝如线，而夫人方以礼义自固其家，不幸其子与妇皆先亡。夫人独与幼孙少妇，共堪家难。而夫人老矣，夙兴夜寐，思虑益深，渠然以干蛊为己任，且不忘教其孙。有贤士大夫至，则亲为酒食，使其孙礼之，惟恐不及，则其所以长虑顾后之道至矣。故李氏之门几绝而复兴。所与为婚姻宾客者，皆缙绅闻人。曾孙满堂，坐膝趋庭，诜诜如也，愉愉如也。夫人笑而抚之。入其门者，闻弦歌之声，见礼节之容，皆曰："李氏未可量也，将有起其家者焉。"岂非夫人所积者厚，故家道之肥，至于如此耶！

夫人生子一人曰岳，先夫人二十年而亡。孙一人曰素，举进士；女孙四人，皆已适人，其长者予之妣也。曾孙男五人：靖、端、竑、翊、竣，方就学；女四人，皆已许嫁。夫人享年九十，视听不衰，一朝隐几而终，可谓安于化者已。未几，孙素卒，其曾孙靖，将以元丰八年四月乙酉葬夫人于八龙乡瑶岭之原。靖复来请以岁月继书云，谨铭之曰：

积行之勤，其报亦丰。夫人当家，几摧雨风。手据口瘏，仅保厥终。两世虽独，诸孙见重。岁时旅拜，寿觞来同。夫人抚之，喜见于容。寿既高人，福亦备躬。呜呼！夫人无慊于中。

吴遐刻

【简跋】

此碑刊于北宋元丰八年（1085年），现为邵武某藏家所藏。[①] 撰文人叶祖洽（1046—1117年），字敦礼，邵武军泰宁县人，熙宁三年（1070年）状元，历官秘书省校书郎、知太常礼院、礼部郎中、吏部侍郎等。《宋史》卷三五四有传。本书亦有收录《叶祖洽墓铭》。书丹人文及甫，字周翰，汾州介休人，北宋名相文彦博第六子。官至太仆卿、工部侍郎，时任秘阁校理、知太常礼院。篆盖人何洵，时任秘阁校理、知太常礼院。刻石人吴遐，参见本书《庐阳明应广祐王庙记》"简跋"，兹不赘。

[①] 此碑录文及照片由刘小明提供，编者据照片修订。

墓主黄夫人为李晏妻，系叶祖洽母亲的祖母。由墓志可知，黄氏乃邵武望族，黄夫人归孙（即堂侄儿之子）为翰林侍讲学士黄履，叶祖洽曾"从其游"。

宋故邹氏墓志铭并序

（元祐四年）

墓志盖：宋故邹氏墓志铭

墓志：朝奉郎、行太学博士、武骑尉、赐绯鱼袋吴默撰

京兆府观察支使、知建州松溪县事叶祖武书并篆盖

邵武之属县曰泰宁，有笃行君子曰邹枀，与邵武之朱矩最友善。矩之为人好义，强立机警，有城堑，足智，数人不能测。而枀则和易坦荡。二人者所为若甚不同，而有无取舍相顾一笑，其情莫逆，以是出处多同。相与游太学者数年，太学诸生多爱之。当治平中，矩丧其妻上官氏，人之喜矩，而愿请婚者无虑十数，类多富家大族。矩念不足与共寒苦，一切谢之不娶者，盖六七年。熙宁四年，枀有妹，适及嫁。媒妁一言，遂合意，两家之父母亦喜，乃卜日纳聘币，请期迎邹夫人归，以为继室。及其归也，勤俭恪恭，果似其兄，而事舅姑、抚二子，则孝则慈。凡朱氏诸姑、诸姒与内外诸姻，莫不交口誉之，自以为莫能及。

其后十年，矩始登进士第，调授庐州合肥县尉。夫人有男女各一人，年三十四矣，不幸卒于合肥，实元丰七年六月八日也。矩时已解尉事，赴调京师，授汀州录事参军，以夫人丧，归邵武。而以元祐四年七月甲申日葬于永城乡勤田里樵岚窠。上官夫人有二子：曰思诚、曰公白，比夫人葬时，皆先物故。夫人之女今才十岁，男曰君实，八岁。人皆哀夫人有德，而不克福寿云。夫人之父讳用晦，母张氏。铭曰：

勤俭恪恭，行则孝慈。宜多寿考，而弗享之。水媚山回，郁郁佳城。宜其夫子，世莫与京。

延陵吴遐刊

【简跋】

此碑刊于北宋元祐四年（1089年），现为邵武某藏家所藏。撰文人吴默，邵武人，嘉祐六年（1061年）进士。历官行太学博士、秘书省校书郎、太傅。吴氏兄弟数人皆有成就：兄吴公达，为北宋理学先驱胡瑗的弟子，皇祐元年进士；弟吴黯，治平四年进士，官至太仆卿；弟吴点，元丰五年进士，光绪《邵武府志》卷十九有传。[1] 书丹人兼篆盖人叶祖武，康熙《泰宁县志》仅记为"知州"[2]，此碑载其时任京兆府观察支使、知建州松溪县事，可补方志之略。刻石人吴遐，相关考证见本书《垆阳明应广祐王庙记》"简跋"，兹不赘。

---

[1] 光绪《邵武府志》卷十九《人物·吴點传》，2017年点校本，第550页。弘治《八闽通志》卷五二《选举·邵武府》，2006年修订本，下册，第219—220页。
[2] 康熙《泰宁县志》卷七《选举志》，厦门：厦门大学出版社，2007年点校本，第125页。

墓主邹氏为邹蕡之妹，朱矩继室。邹蕡与朱矩的墓志（《邹尧叟墓志铭》《宋故承议郎朱君墓志铭》），本书均有收录，由此碑可知，两人为太学同窗，"其情莫逆"，朱矩妻上官氏去世后，邹蕡遂嫁妹与朱矩。

宋故承议郎宋君墓志铭

（元祐八年）

鄱阳彭汝砺撰

池阳夏置书并篆

君讳备，字顺翁，其先建阳人，徙邵武而家焉。大父世宁，太子中舍，赠屯田郎中。父咸，学术高明，声号闻四海，寔朝散大夫、广南西路转运使，赠朝议大夫。君笃好坟籍，长于《春秋》，嘉祐中，恩补太庙齐（斋）郎。父遣进阵图、兵书，面对冕旒，指画安然。上嘉少而精敏，特与家便，福州候官县主簿，历安州司理参军。丁父忧，其后累迁至宣德郎、知福州闽县。今上践祚，诏拜通直郎,赐绯衣银鱼,进奉议郎。元祐三年,用福唐劝课之劳,除知处州龙泉县。六月到任,几旬而感疾,不谒医,曰:"神尝告我止六九一之数,吾其不起二十三日。"卒,所梦乃信。是岁,君以考课当迁承议郎,诰至,君卒已一日矣。初娶相国张公耆之孙女,封旌德县君,生一男曰师正。后娶朝请大夫滕公希仁之女,封长寿县君,生三男:曰朝佐,曰朝卿,曰朝端,学而未仕。女二人,皆嫁为士人妻。

八年四月庚申,卜葬于所居南十有五里曰龙窟窠。其子朝卿以状来乞铭,予嘉志而能文,遂铭曰:

宋氏大族世忠良,君宜显发增其光。风韵闲远自颙昂,学富术优道其常。莅事宽简去滋彰,爱结人心斯不忘。朝论交驰誉厥昌,惜乎进秩未金章。天不畀寿官止郎,我作铭诗慰存亡。

【简跋】

此碑刊于北宋元祐八年(1093年),现为邵武某藏家所藏。①碑额"故宋君墓志铭",碑高70厘米、宽45.5厘米,行书。撰文人彭汝砺,字器资,饶州鄱阳(今江西鄱阳)人。治平二年(1065年)状元,以正直、敢谏著称,官至吏部尚书,《宋史》卷三四六有传。书丹并篆额人夏噩,池阳(今陕西三原县)人,历官光禄寺丞、宜兴知县、抚州知州。

墓主宋备,字顺翁,父祖皆为建阳人,宋备徙居邵武。历官福州候官县主簿、安州司理参军、知福州闽县、知处州龙泉县。《福州府志》《龙泉县志》"职官"皆未载,此墓志或可补方志之缺失。

———
① 此碑拓片照片由邵武市华南镜画博物馆提供,特此致谢。

其祖父宋世宁，官至太子中舍，赠屯田郎中。其父宋咸，字贯之，天圣二年（1024年）进士，庆历间知邵武军，勤政爱民，颇有政绩，官至广西转运使。《八闽通志》卷三九《秩官·邵武府》、卷六五《人物·建宁府》有传。

高公墓志铭
（元祐八年）

左承议郎、殿中侍御史、云骑尉上官均撰并书

右奉议郎、太府寺丞、武骑尉、赐绯鱼袋文勋篆

元祐五年，邵武高公春秋九十有三，视听精明，好善秉礼不衰，以六月辛酉即寝而终。亲友奔哭尽哀，乡闾吁嗟以泣，少者曰："吾谁与抚？"长者曰："吾谁与教？"贫者曰："吾谁与恤？"呜呼！族师不书姻睦，郡守不举廉孝，故公之行施于家，溢于乡，而不命于朝。然考其所存，无愧于为士者矣。

公讳世罕，曾祖希颜，祖居，考俨。公少孤，自立，以腴田授其诸父而独取其薄隘，约于奉己，而喜赒人之急，谆谆依于信义，而人亦不忍欺也。每宴宾旧，危坐终日无怠容。诸子及孙，雍雍左右，群妇奉肴酒惟谨。州闾语笃厚孝睦者，以公为法。夫人黄氏，有贤行，先公十二年卒。三子：绎、傃、士衡。长女从均之皇考朝议大夫；次适进士陈信。孙七人，安节新授岳州巴陵县尉。曾孙十一人。女孙二人：长适左宣德郎黄德裕，次适贺州富川令上官恢。公以八年六月庚申，葬于宝积北原母丘氏茔之左。铭曰：

伊古之人，考行于乡。惟公谆谆，好德允臧。循之百年，不耄不荒。仪于州闾，虽晦而光。归藏于丘，识以铭章。

吴遐刻

【简跋】

此碑刻于北宋元祐八年（1093年），2002年出土于邵武市大埠岗镇宝积村，现存泰宁县胜利二街尚书第。[①]撰文兼书丹人上官均（1038—1115年），字彦衡，

[①] 此碑由傅唤民录文，编者据傅再纯所供照片修订。

邵武人。熙宁三年（1070年）榜眼，任监察御史等职，廉正不阿，以龙图阁待制、赠金紫光禄大夫致仕。《宋史》卷三五五有传。篆盖人文勋，字安国，善画山水，工篆书，受苏轼推崇。[①]生卒年不详。时任右奉议郎、太府寺丞、武骑尉。刻石人吴遇，参见本书《垆阳明应广祐王庙记》"简跋"，兹不赘述。

墓主高世罕，系上官均外祖父，虽无功名，但家境殷实。其孙高安节，历任岳州巴陵县尉、怀州司法参军，光绪《邵武府志》卷二十有传。高氏注重与士绅的联姻。长女嫁上官凝，庆历二年（1042年）进士；次女嫁进士陈信；长孙女嫁黄德裕，元丰二年（1079年）进士；次孙女嫁上官恢，元丰八年（1085年）进士。上官凝神道碑铭（《宋正奉大夫上官公神道碑铭》）与黄德裕墓志铭（《宋故左中大夫直秘阁致仕黄公墓志铭》）本书均有收录。

[①] 张又栋主编：《书法创作大典》，北京：新时代出版社，2001年，第146页。

宋沛国先生夫人墓志铭
（绍圣二年）

墓志盖：宋故夫人黄氏墓志铭

墓志：宋沛国先生夫人墓志铭

翰林侍讲学士、左朝散大夫、御史中丞、上柱国、会稽郡开国侯、食邑一千九百户食实封贰伯（佰）户、赐紫金鱼袋黄履撰

左朝奉大夫、权发遣京东东路提点刑狱公事、上轻车都尉、借紫程节撰盖

左奉议郎、权通判潮州军州兼管内劝农事、武骑尉、借绯王裕民书

邵武朱藻先生夫人黄氏，赠光禄少卿讳扆、蓬莱县君徐氏之孙；赠太中大夫讳汝济、清原郡太君高氏之女；前知潭州湘乡县、通直郎临之妹；而余之仲姊也。余兄弟姊妹五人，父母既终，伯姊、季弟早世，唯吾姊与兄及余俱存。今吾姊又亡，而余与兄皆仕数千里之外，病不得省，葬不得送，呜呼！何其不幸至此耶！余自终清原丧赴礼部尚书召，不见吾姊于今十二年矣。比余守洪，洪去邵武为近，吾姊欲来见余，适闻余有归志，乃不果来。余既不得归，尚冀他日一省，不谓时不我与，而吾姊逝矣。

初，先生祖赠承事郎讳贯，与妻龙安县太君吴氏，治家甚严。其父讳浦与妻刘氏，率其叔通直郎励以下，事之甚敬。

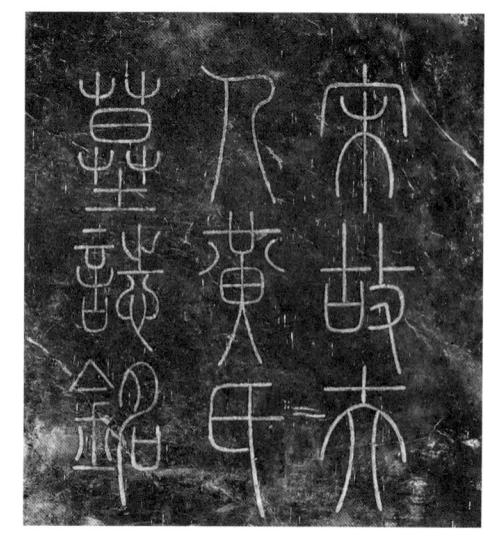

而吾姊始归为长孙妇，自以行卑，每躬执劳事，不以为厌，进退容止皆有仪则。承事与吴氏叹曰："吾家有是妇，其兴矣乎！"晚年惟刘氏在堂，安于口先生与吾姊顺事，忘其身之老焉。及二子登第，争迎其亲之官，于是蒙正侍刘氏于杨（扬）州，绍侍先生与吾姊于福州。既罢俱还，曾未逾年，吾姊已寝疾矣，以元祐八年癸酉八月初六日卒于家，绍圣二年乙亥四月十九日葬八龙乡药槎原，享年六十

有五。

夫人纯孝天至，自在父母家事祖及亲，已见称族中。既嫁，每遇岁时，未尝不归省焉。当治平、嘉祐间，吾兄弟就举京师，吾父母在乡，适罹水灾，得疾俱重，吾姊累月省侍，至捐首饰以给汤剂乃瘳。余既登第，为之教其子，亦克有立。男五人：蒙正以杨（扬）州江都主簿迁南康军都昌令；积早世；绍前福州司理参军；绾、约习进士。女二人：长适孙明，甥五人；次适陇州录事参军黄铸，先夫人卒。孙男四人，雅、彭老、闽奴、彬老。女五人。余三岁时溺药槎池中，吾伯姊与吾姊趋而救之乃活，呜呼！恩可忘耶？铭曰：

玉明自辉，兰幽自滋。以承以绥，族内外宜。子始禄养，夫贤姑慈。翩然独逝，呜呼余悲。

吴遹镌字

【简跋】

此碑刊于北宋绍圣二年（1095年），现为邵武某藏家所藏。[①]墓志盖长75厘米、宽72厘米、厚8厘米，篆书。墓志长82厘米、宽75厘米、厚8厘米，楷书。撰文人黄履，字安中，邵武人。嘉祐元年（1056年）释褐第一，历任同知礼院、御史中丞、资政殿学士兼侍读、尚书右丞等职。《宋史》卷三二八有传。撰盖人程节，字信叔，江西鄱阳人。嘉祐六年（1061年）进士，官至宝文阁待制，时任京东东路提点刑狱公事。书丹人王裕民，时任左奉议郎、权通判潮州军州兼管内劝农事、武骑尉。刻石人吴遐，参见本书《垆阳明应广祐王庙记》"简跋"，兹不赘。

墓主为朱藻妻黄氏，系尚书右丞黄履胞姐。黄氏有二子登第：朱蒙正，元丰八年（1085年）进士，以扬州江都主簿迁南康军都昌令，本书有收录其墓志铭（《宋故朝请郎朱公墓志铭》）；朱绍，及第信息不详，曾任福州司理参军。

尚书都官员外郎高君墓志铭

（绍圣四年）

公讳照，字景升，世邵武人。曾祖讳休，祖讳筠，皆晦德不仕。考讳愈，以学行信于州。乡有讼者，不诣郡邑，一决于君，莫不解服。累赠殿中丞。公登庆历六年进士第，历官洪州南昌主簿、虔州司理参军、渭州录事参军、知温州永嘉县、汀州宁化，终官尚书都官员外郎。初仕南昌，年虽幼而敏达刚果，遇事辄应以法。或逋租赋，不少贷，权势莫敢后期，邑人严惮之。会岁大饥，公颁粟赈济，全活甚众。虔州狱犴填满，理官不能审阅，委听于吏。尝有恶少，驱民为盗，捕者利其金，诬以真盗，悉论死。公察其枉，出系者百余人，部使悉以私惠诃之。虔州令委公鞠治，欲深文抵之。公持平核实，不为俯仰，使者竟不能屈。其治永嘉，摄通判郡事。会永嘉火，民皆露积，奸人唱诸海盗将至，民多窜避。公禁谕严甚，盗不敢辄发。宁化俗嚣喜讼，椎埋为事。令度不能禁，

[①] 此碑录文及照片由刘小明提供，编者据照片修订。

概为宽柔伛拊，漫不敢弹治。公联什伍以察盗，锄剔强梗，仍绳以法，奸偷削迹，一境肃然。郡尝以私属公，公以病民为念，不为动。守怒，以危法中之，遂废免，不复振。乃穿池筑室，以吟醉自娱，而以经术淬励其子。二子游太学，以文行称，同年登士科，乡荣之。公以绍圣元年六月十一日卒，享年八十。娶罗氏，继娶吴氏。子男四人：定，抚州司理参军。仲密、宽，举进士第，宽屡荐礼部，早卒。季宇，濮州州学教授。四女，皆适进士。孙男七人，尚幼。以四年八月丙午葬于八龙乡龙湖之原，罗氏同吴氏后葬吟坑。其子定、宇来俟以铭，铭曰：

方壮而仕，不挠于强。既踬而休，顺取弗戕。其德不菑，其处则康。其位不跻，其后宜昌。

【简跋】

此碑刊于北宋绍圣四年（1097年），碑文录自民国《重修邵武县志》卷六（民国二十六年永生堂铅印本）。撰文人上官均，字彦衡，邵武人。熙宁三年（1070年）榜眼，任监察御史等职，廉正不阿，以龙图阁待制、赠金紫光禄大夫致仕。《宋史》卷三五五有传。

墓主高照，字景升，庆历六年进士（1046年），知温州永嘉县、汀州宁化，终官尚书都官员外郎。卓有政绩，光绪《邵武府志》卷二十有传。其次子高密、三子高宽，举进士第，各版邵武方志《选举志》失载。

宋故夫人上官氏墓志铭
（元符二年）

墓志盖：宋夫人上官氏墓志铭

墓志：朝请郎、知越州军州兼管内劝农事、充两浙东路兵马钤辖兼提举本路兵马巡检公事、骁骑尉、借紫上官均撰并书

忠州丰都县尉黄府君讳澓之夫人上官氏，邵武人。祖，赠职方员外郎，讳质，恂恂笃厚，以孝仁服其州乡。考，赠太中大夫，讳凝，刚明直方，位不称德，功名不克耀于世。妣高氏，京兆郡太君，顺静而和，动容契礼。夫人幼悟夙成，

太中公授以诗礼，泛览传记，目击不忘。间为赋咏，托兴精远。湛静寡言，言必诣理。太中公尝叹曰："恨不为男，当显吾门。"

黄氏大族，阖门几百人。承养舅姑，左右俯仰，色词唯谨。其遇娣姒姻党，谦顺友睦，温温翼翼，一出于诚，不为表饰。自初迄终，逾四十年，无毫发间言。州间母妇，至相告语，视以为法。太中公、京兆君继终，未几，丰都捐馆，哀毁瘠甚。不饮酒茹荤者七年，终身素薄，不饰簪珥。它日语及，必歔欷掩泣。忌日省视故物，春秋蒸尝，馈羞以进，未尝不流涕也。其训饬子弟女妇，必诵先君先夫人之语，言厉而气和，骩骳曲折，谆谆不倦。意有不合，或通夕不寐。闻人之善，或子侄嗜学，喜见容色。其家分财，推多取少，曰："吾以是给，伏腊足矣。"其识明趣远，孝友乐善，出于天性。晚喜佛书，益外世累，泊然不以穷约经意。其弟均之使淮南也，侍夫人之官数月。易蜀部，夫人以远独留。

元符元年七月乙亥，卒于真州，享年六十有四。二子：俣，为衢州西安丞，蚤卒。俅，举进士，志尚清厉。一女，适宣德郎丁洙。孙二人：璞、玑。以二年八月丙申，葬于邵武城南勤田之原。前期俅走书会稽，乞铭于余，曰："吾舅虽不忍铭，念无以识诸幽，以慰亡穷之哀。"余昏愚罪罾，壮失怙恃，吾兄蚤世，尚幸承教于吾姊，庶几不坠先君之志，今又逝矣。虽累然视息世间，岂复能文以传于后？哭而铭曰：

妇职中馈，以顺为贤。孰如夫人，明淑静专。肆礼敦诗，率履弗迁。归宜其家，顺适卑尊。谦谦于躬，其仁温温。惟妇之美，问不逾阃。夫人之贤，匪饰匪勉。不閟其光，自迩而远。惟善受祥，独罹于艰。谓仁而寿，胡啬其年。其谁尸之，孰诘其然。悲以铭之，尚显幽原。

吴遹刻

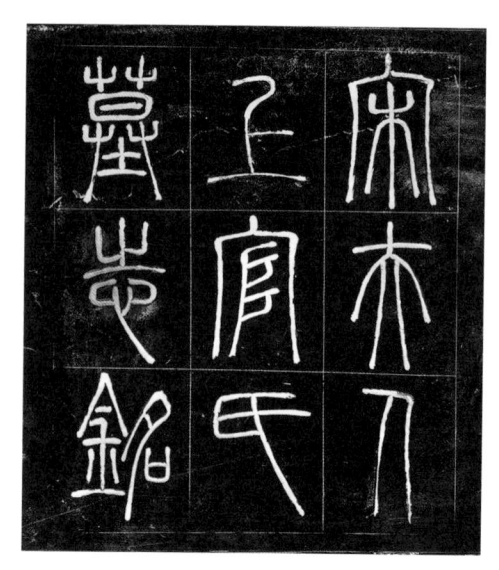

【简跋】

此碑刻于北宋元符二年（1099年），现为邵武某藏家所藏。撰文并书丹人上官均（1038—1115年），字彦衡，邵武人。熙宁三年（1070年）榜眼，以龙图阁待制、赠金紫光禄大夫致仕，《宋史》卷三五五有传。时任朝请郎、知越州军州兼管内劝农事、充两浙东路兵马钤辖兼提举本路兵马巡检公事、骁骑尉。刻石人吴遐，参见本书《垆阳明应广祐王庙记》"简跋"，兹不赘。

墓主上官氏，系忠州丰都县尉黄澓妻、上官均姊。其子黄俅，举进士，登第信息不详。

宋故徐君中美墓志铭
（元符三年）

徐君讳充，字中美，邵武人也。父褒，隐居月山。绍圣初，余负笈太学，

始得中美，与之游，见其资识警敏，强记洽闻，落笔数千言，余窃异之。以谓使进而不已，盖未易量也。应书京师，连不得骋。既归，放情山水，以诗酒自娱。落落有大志，不为小廉曲谨，以投合众人耳目。尝曰："大丈夫但当显身扬名，以荣父母，岂必规规然，矫饰末节，以钓乡曲之誉哉。"其不羁如此。然人以其庆门苗裔，亦少有不以功名富贵许之也。元符三年七月戊辰，不幸以疾卒于家，享年三十有一，未娶，无子。乡间朋旧，莫不哀之。以其卒之月甲申，葬于龙山之阳。友人上官惕，为之铭曰：

猗欤中美，天才赡逸。胡夺其寿，秀而不实？

志未克伸，事难广述。铭传不朽，永光幽室。

【简跋】

此碑刻于北宋元符三年（1100年），现为邵武某藏家所藏。撰文人上官惕，邵武人，政和二年（1112年）进士，弘治《八闽通志》载其任曹州户曹[1]，光绪《邵武府志》作"漳州户曹"[2]。墓主徐充，字中美，邵武人，系上官惕太学同窗好友，屡试不第。元符三年病逝，享年三十一岁。

---

[1] 弘治《八闽通志》卷五二《选举·邵武府》，2006年修订本，下册，第221页。
[2] 光绪《邵武府志》卷十六《选举》，2017年点校本，第430页。

宋故邵武黄君墓志铭
（建中靖国元年）

墓志盖：宋故邵武黄君墓志铭

墓志：兄，资政殿大学士、左正议大夫、提举中太一宫兼集禧观公事、上柱国、会稽郡开国公履撰

吾祖太傅公，讳寔，字辅之。子男三人：长讳汝济，字惠伯，赠太师；仲讳汝臣，字敬之，邦人称为居士；季讳汝奇，字君正，登进士第，官至都官郎中。女一人，适李氏。

居士娶吴氏，子男三人：任，蚤世；豫，为假承务郎；涣，即吾弟也。女二人，适朱氏、游氏。

吾弟，字通甫。少习进士，侍学中都公于广州。既还，且久造第一区，隐以求志。妻施氏，子男二人：曰衍，曰衎。女一人，适朱氏。男孙曰建。女孙一人。甥一人。以绍圣四年戊寅十一月二十七日终于家，享年五十有四。至建中靖国元年辛巳夏四月三十日庚申葬于青云之原。

予谒告归乡，修治先域既毕，诏命赴阙。将行，二侄来请铭，且曰："先考不幸，非得伯父志之石，不足以垂厥后。今安措虽毕，留碑位以俟。"遂从而书之。其辞曰：

乾坤以元为德，人以善为性。盖元者善之长，而孟子道："性善所以发明孔氏资始资生之意。"昔之君子作于前，述于后，而其流有光者，盖本诸此。吾家自上世以来，所积惟善，故邦人世称长者焉。吾弟天资甚良，能绍祖训，吾是以知其必有余庆，而承承其昌也！

侄孙，前磁州司法参军伯思书并篆
吴遐刊

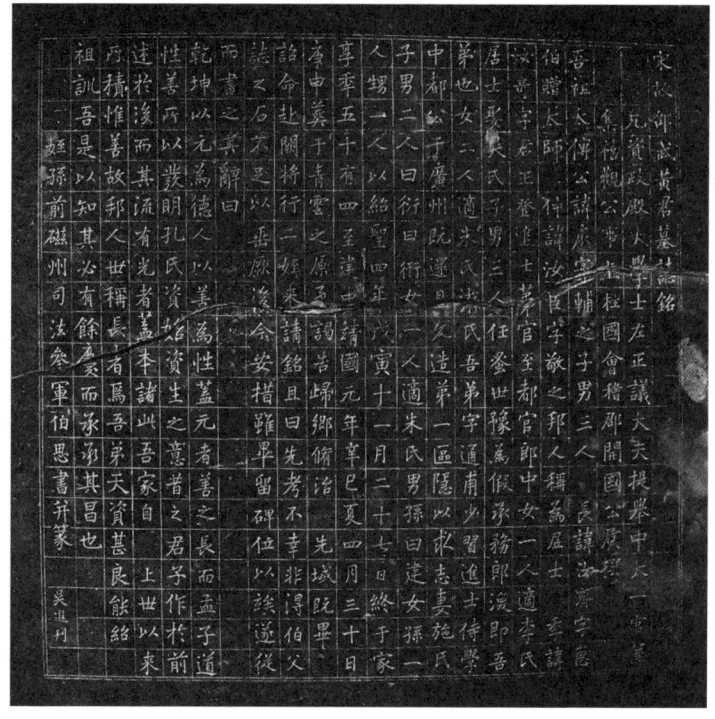

【简跋】

此碑刊于北宋建中靖国元年（1101年），现为邵武某藏家所藏。[①]墓志盖长80厘米、宽75厘米、厚7厘米，篆书。墓志长82厘米、宽75厘米、厚7厘米，楷书。撰文人黄履，字安中，邵武人，官至尚书右丞。《宋史》卷三二八有传。书丹并篆盖人黄伯思，字长睿，自号云林子，元符三年（1100年）进士，系墓主侄孙、尚书右丞黄履之孙。北宋文字学家、书学理论家，著有《东观余论》。《宋史》卷四四三有传。本书有收录其墓志铭（《故秘书省秘书郎黄公墓志铭》）。刻石人吴遐，参见本书《垆阳明应广祐王庙记》"简跋"，兹不赘。

墓主黄涣，系尚书右丞黄履之堂弟，字通甫，未出仕，卒于绍圣四年（1097年）十一月，葬于建中靖国元年（1101年）四月，享年五十四。又，南宋邵武另有一位黄涣，字德亨，其墓志（《有宋中奉大夫知郡太博开国黄公圹志》），本书有录。

[①]此碑录文及照片由刘小明提供，编者据照片修订。

宋尚书右丞墓志盖
（建中靖国元年）

宋故尚书右丞黄公之墓

【简跋】

此墓志盖共九字，20世纪60年代出土于邵武大竹镇官墩村杨梅垅，现存邵武某联谊会。碑高94厘米、宽65厘米、厚9.5厘米，篆书。据傅再纯调查，当年村民修路时挖出墓葬，墓志被敲碎回填，墓志盖一度被用作猪圈石材。江富《五经黄氏宗谱》载："履公，汝济公次子，行二，字安中……官至尚书右丞、资政殿学士……敕葬龙潭官墩杨梅。娶张氏，封

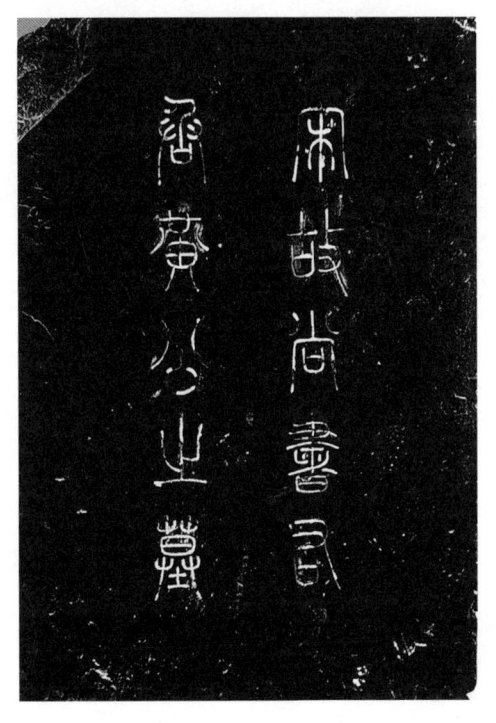

河南郡夫人，享年四十有五而卒，葬涧洲招樟，后改右丞同墓。舍田三十石，坐落龙潭官墩溪西洒口寺处，入于安国寺永为香灯之业。"[1] 由此可知，此碑为黄履墓志盖。黄履，字安中，邵武人。嘉祐元年（1056年）释褐第一，官至资政殿学士兼侍读、尚书右丞，卒于北宋建中靖国元年（1101年）。[2]《宋史》卷三二八、弘治《八闽通志》卷七十、光绪《邵武府志》卷十九均有传。

---

[1] 江富《五经黄氏宗谱》卷二《世系》，清光绪二十四年刊印本，谱存邵武市大埠岗镇江富村。
[2] 光绪《邵武府志》卷十九《人物·黄履传》，2017年点校本，第546页。

邹尧叟墓志铭

（大观元年）

先生讳栐，字尧叟，姓邹氏，其先出于鲁国之邾。唐季之乱，避地闽中，故今为邵武军泰宁人。曾祖某，祖某，父某，皆不仕。

先生自少有文名，尤工词赋。比壮，游四方，始从中山刘公先生彝为学。《六经》之旨，百氏之书，无不该洽。旁穿曲贯，各得其宗。汪洋大肆，发为文章，遂以名闻于时。

嘉祐中，登进士第，调淮阳军司理参军。丁父忧。服除，再调南剑州剑浦县主簿，监建州买纳茶场。移福州闽清县令。用荐者改宣德郎，知宣州宣城县。元祐四年二月十八日，以疾卒于官舍之正寝，享年五十有八。

先生为人重厚寡言，虽家人未尝见其喜愠。貌温而气和，遇事坚正，不可以非义回屈。初在淮阳，卒有受杖不服而肆言，守怒，欲斩之，议不决，以其事付先生。已而复欲遂前议，先生不受令，守益怒。先生以为事在有司，则有常法，执之不移。士论韪之。其莅官临民，虽冗职必尽力，故所至有风绩。其决狱听讼，钩考簿书，赴期会，他人观之若不胜其烦，先生处之裕如，手未尝释卷也。故其用志益深，学之所造者远矣。

先生既没，子尚幼。大观元年十二月十五日，始克葬于常州宜兴县善奉乡横山村黄宗坞之原。娶刘氏，先生彝之女也。子男若干，曰某，曰某。

呜呼！先生学充其志，而用不究其才。一时朋游共学者登显仕，居要津，视其颠仆，忍不一引手提掖之，卒以穷死。噫，命矣！其尚谁尤？故叙而铭之。铭曰：

有美斯人，君子儒兮。纯明笃实，允式孚兮。胸中之藏，罗琼琚兮。位卑德尊，惨莫舒兮。汗血龙驹，萦荒岠兮。云帆蔽天，胶泪洳兮。天地吸嘘，鼓洪炉兮。铸物范形，曾莫图兮。自尔遭之，人莫如兮。既厚尔德，孰云癯兮？黄宗之原，安此居兮。镂石纪辞，永不渝兮。

【简跋】

此碑刊于北宋大观元年（1107年），碑石未见，碑文录自《杨时集》卷三十。①撰文人杨时（1053—1135年），南剑州将乐人，字中立，熙宁九年（1076年）进士，理学家，世称龟山先生，官至工部侍郎、龙图阁直学士。《宋史》卷四二八有传。

墓主邹棐，字尧叟，邵武军泰宁人。历任南剑州剑浦县主簿、监建州买纳茶场、闽清县令、知宣州宣城县。康熙《泰宁县志》卷八、光绪《邵武府志》卷十九均有传。邹棐是杨时的同乡前辈，元丰年间，折行辈跟随杨时问学。杨时还撰有哀辞《哀邹尧叟》悼邹棐。②

关于邹棐的进士登第时间，墓志铭及哀辞均作"嘉祐中"，诸方志皆作"熙宁六年"。此外，邹棐，《八闽通志》卷五二《选举》、光绪《邵武府志》卷十九《人物》均作"邹斐"。

宋承议郎吴君墓志铭
（大观二年）

奉议郎、知杭州余杭县、管句学事劝农公事杨时撰

朝请郎、管句南京鸿庆宫、飞骑尉、赐绯鱼袋游酢书

朝请郎致仕、飞骑尉、赐绯鱼袋吴點篆盖

君讳思，字子正，姓吴氏，邵武人也。曾祖讳景潘；祖讳常饶；父讳遂良，累赠宣德郎，母朱氏，封蓬莱、福昌二县太君。君之皇考以上，世有隐德，至君始以进士起家，中元丰二年第，授蕲州黄梅县尉，再调虔州司理参军。虔俗犷悍，喜讼斗，吏明习法令，挟以为奸，故狱事视他郡为难治。君敏达强济，吏不能欺。事至，迎刃辄解，无留狱。会昌民有诬告毒死者，县狱具，君为直其冤，得不死者五人。令很（狠）愎，讼君不已，弥年不能决。其后更二狱，卒如君所直也。君之全活五人，法当迁秩，任事者隐不以闻，而君亦置不问也，曰："吾为理官狱，求生蕲，尽吾职而已，无他觊也。"闻者以君为长者。就

---

① [宋]杨时撰；林海权校理：《杨时集》（第3册），北京：中华书局，2018年点校本，第780-782页。
②《杨时集》，北京：中华书局，2018年点校本，第3册，第735-737页。

移和州防御推官，知吉州吉水县丞事。县有老吏，舞智玩法，为邑巨蠹。君得其状，系治之。吏穷迫，欲以事污君，缓其狱，阚君之亡，缪为家问，置金其中，嘱小吏内之。君夫人黄氏得书觉重，疑之，却不受。君适自外至，发书得金，诘其所自，构诬者情得，咸伏其辜。故缙绅皆知黄氏之贤，而益奇君绳家有法也。用是当路交荐之，改宣义郎，知池州建德县。君始至，大兴学校，劝农桑，教民力本。岁余，邑大治。讫去，狱无系囚，民到于今颂之。以年劳，改宣德郎。上即位，覃恩迁奉议郎，赐绯衣银鱼，辟福建路转运司管勾文字。明年，丁太夫人忧。服除，监江州广宁监。会更钱法，日夜鸠工。赴期会，旁视若不可堪，而君独裕如也。未几，以课最闻，再迁承议郎。还阙，除监大观库。遂以疾卒于京师，大观元年十一月二十有九日也，享年五十有三。

君娶黄氏，中奉大夫伸之女，封寿安县君，有贤行，配君无违德。男一人：伟明，擢崇宁五年进士第，秀州崇德县尉。女二人：长适乡贡进士董村，次适进士邹陶。孙一人：绍祖；女二人，尚幼。君为人乐易，不事表襮，居家奉亲无违。兄亡，事寡嫂尽敬，畜其孤如己子。家素贫，清约自克，而赒恤族党无吝色。内外渊睦，人无间言。初，与侍御邹公余、管城尉游君达友善，二人皆早世。君教育其子，恤其家，卒克有立。

古之朋友视兄弟，斯道废久矣，观君所为，足以激颓俗也。性嗜学，自六经、百氏、古今传记，盖无所不读。下迨山经地志、阴阳卜筮、星历之书、浮屠道家之说，亦无所不究，旁穿曲贯，各得其宗。为文长于论议，尤工于诗，辞义清远，有作者风气。莅官临政，务近民，不为进趋计，明达吏治，所至有称。士论，每以用不极其材为恨，而君处管库恬如也。其自守不回盖如此。有文集五十卷、《契丹西夏录》十卷藏于其家。疾且革，为治命数百言，惟以孝悌诏其子孙，不及其他。非守死是道，何以有此。君既没之明年，其孤奉君之柩归。将以其年十二月壬午，葬君于永城乡勤田里双溪龙池窠之原。道过钱塘，以尚书吏部黄公之状来乞铭，曰："先君之友，惟公为最厚，宜得铭以葬。"予虽不能铭，义不得辞，乃论次其平生历官行治之大节而铭之。铭曰：

允矣吴侯，猎德在躬。阕弗克施，而卒于穷。其施维何，二邑之思。泽卑不流，乃止于兹。其存不朽，有晔其文。铭昭于幽，以昭后人。

吴遐刊

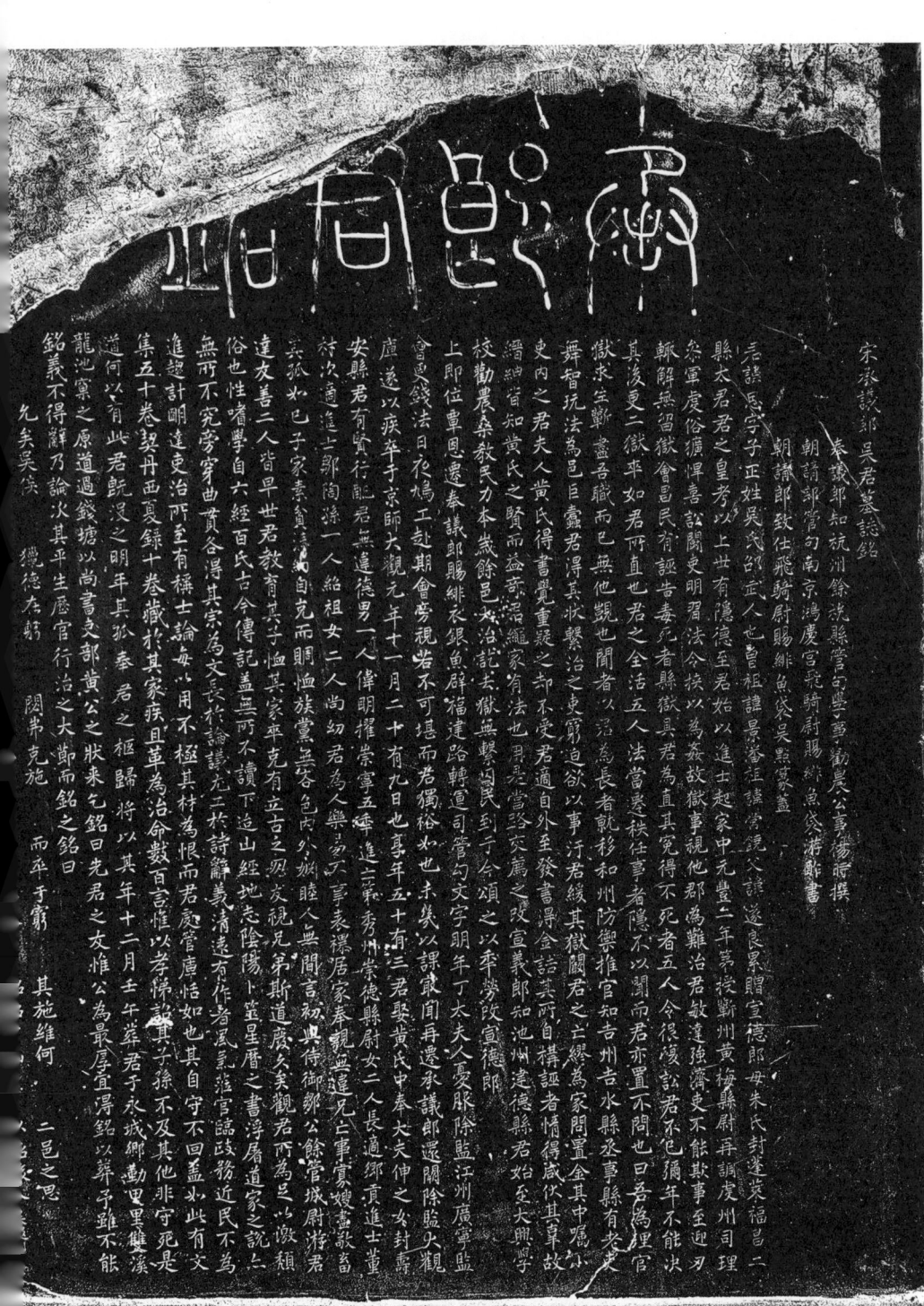

【简跋】

此碑刊于北宋大观二年（1108年），1985年出土于城郊镇外双溪黄龙寨，现存邵武李纲纪念馆碑廊。碑文见于《杨时集》卷三十。[①] 碑额"□承□郎□君□铭"，篆书。碑文楷书。撰文者杨时（1053—1135年），字中立，南剑州将乐人，熙宁九年（1076年）进士，理学家，世称龟山先生。时任奉议郎、知杭州余杭县、管句学事劝农公事。《宋史》卷四二八有传。书丹人游酢（1053—1123年），字定夫，建州建阳人，元丰五年（1082年）进士，理学家，世称廌山先生。时任朝请郎、管句南京鸿庆宫、飞骑尉。《宋史》卷四二八有传。篆盖人吴點，字圣与，邵武人，元丰五年（1082年）进士，时任朝请郎致仕、飞骑尉。光绪《邵武府志》卷十九有传。刻石人吴遐，参见本书《垆阳明应广祐王庙记》"简跋"，兹不赘述。

墓主吴思，字子正，元丰二年（1079年）进士。历官虔州司理参军、知池州建德县、监大观库等，所至有政声。光绪《邵武府志》卷二十有传。吴思妻出自邵武望族五经黄氏。其父黄伸，字彦发，兄弟三人皆登第出仕。光绪《邵武府志》卷二十有传。吴思子吴伟明，字元昭，崇宁五年（1106年）进士，知兴化军，"政尚简严……缙绅高之"[②]。

孙龙图墓志铭
（大观三年）

公讳谔，字正臣，邵武人也。崇宁中有旨改名，遂以字行。曾祖讳昌龄；祖讳文準，左宣德郎；父讳迪，太常博士，同提举两浙市易司，累赠通议大夫。

公幼敏慧，读书数过辄成诵不忘。既冠，登进士第，授池州司法参军。通议以公素谨厚，静默寡言笑，恐其不更事，而司法民命所属，不可忽，故令就学律。明年，试大法，中第一。是时舒王用事，中书置五房检正，遴柬天下贤

[①]《杨时集》（第3册），北京：中华书局，2018年点校本，第784页。
[②] 弘治《八闽通志》卷七十《人物·吴伟明传》，2006年修订本，下册，第671页。

才以济。公方筮仕，而以材名在选中，除监制敕库。制敕库用士人自公始。未几，除吏房习学公事，同编修《中书条例》。同列皆极一时之选。其后，列侍从，居要津者相属也。习学，例一考即真。公未阅岁，丁通议忧去职。复除，会罢习学官，再监制敕库，仍多摄五房职事。因议司农法，驳其不当者，大臣力主之，公又反复论不已，忤其意，又尝叱堂吏，语有所侵。大臣闻而疾之，造为讪上语以闻。赖神宗仁圣，察其无根，得不坐。会库吏编进条目，漏常程札子三道，公已自陈再进矣。大臣交诋之，出为睦州司理参军。

公两为宰属，尝与国论矣。盖今尚书都司之任、侍臣之资也。一旦屈于偏州下吏，人意其不事事。而亲吏牍，钩狱情，委曲周尽，略不见迁谪容。烂卢酒户之仆乘醉督逋，殴欠者至死，引其主为之唱，主诬服。邑上其狱为重辟者。公阅牍，得其情，曰："殴之日，主适外未还，安得有唱？"即日释之。青溪民有诉匿镪者，词已伏，而容色若有冤者。诘之，则曰："托者饮我，出书，云已使人置镪于舟底。酒酣，醉归卧舟中。比及城登岸，犹未醒。其家执书以索，而舟已出矣。傲舟非有素，莫识为谁。"公为缓其狱，物色之求傲舟者甚急。而舟人负镪来，告曰："且我闻孙检正治狱不可欺，故以自归也。"睦人至画像祠之。

元丰五年，复召为重修编敕所删定官。书成论赏，就循一资，充详定省曹寺监条贯删定官。三年，改宣议郎。元祐四年，监在京都进奏院。六年，迁左宣德郎，除太学博士。以大父母春秋高，乞就吏部，调通判建昌军。将行，除太常博士，乃谒告归省，而后就职。王文公赐谥有定，一博士有欲为其文，极言推尊，自结于用事者。公当笔，辄推其次，盖事有近于追逐时好以取世资，终不屑为也。

绍圣元年，迁秘书省正字。二年，权发遣梓州路转运判官。八路差遣，例多狃袭拘碍，注拟不行。熙宁、元丰间，许在任官前期一年射阙，每一官阙，则遍问属郡应入之人。其后，前期射阙之法废，须罢任，以到铨为先后之次，则人人身在铨所矣。而遍问之法犹存，往复待报有弥年者，公私病之。公建明季阙榜十日，非次及过满见阙五日，限满，如吏部法定差。朝廷善之，仍颁其法七路行焉。

先是，泸南罗始党八姓生夷，自元丰中收服，团结为义军三千一营。岁月浸久，其数著籍者皆名存而实不足，骤核之，必至于变故生事。公为建言："朝廷初以罗始党八姓依七姓、十九姓熟夷团结者，止欲羁縻远蕃，渐令习汉化耳。今夷情已安，则八姓前阙义军之数可置勿问。今而后遇有阙，因犒设夷酋，使转相译问，以本族愿补者充。"从之，至今为便。

三年，迁承议郎。四年，移成都府路转运判官。成都为蜀剧郡，公裁处暇裕，而事细大毕集，相度开兴助正盐井，建明差选职令条制，人情惬当，所奏皆可。至于增置武宁诸军，般买眉戎岁米，皆长久之利也。

召为尚书刑部员外郎，辞不拜。改吏部员外郎，复恳辞，前后章六七，不允。既就职，赐对从容，请儒臣讨论官制而补完之，以成一代之典，追配周官。有旨：条具以闻。会言者摘公元祐辨诉，论罢职，出知南剑州。未赴，遇上皇登极，恩迁朝奉郎，赐绯鱼袋，召为司勋员外郎。迁朝散郎，除右司员外郎。

靖国初，差点检皇太后园陵文字。还朝，除秘书少监、国子祭酒。崇宁改元，兼权秘书监。中外期公朝夕且进用，而抗章力请补外。除直龙图阁，权发遣江、淮、荆、浙等路制置发运副使。

初，蔡太师京一见公，奇之，为户部尚书，荐以自代。及与政，欲以公为刑部侍郎，辞免曰："某昔尝免刑部郎，今为侍郎，非所安。"曰："以为他曹何如？"又辞曰："异时闲从官阙，大臣有以某名进者，上未以为然。公秉政，宜慎所引，毋以不肖累君也。"太师意未已，会有传公趣与新政异者，遂罢发运，知润州。未几，得管勾杭州洞霄宫。公曰："吾志也。"

大观元年，迁朝请郎。二年，以八宝恩迁朝奉大夫，洞霄再任。用恩复请差提举舒州灵仙观。一日，盥栉更衣，谓家人曰："生死去来，无足深悲，惟念佛不忘，是真吾眷属。"言讫而瞑，实三年己丑七月二十一日也，享年五十有九。是年十二月二十六日，葬于扬州江都县善应乡颜村青龙冈之原，从治命也。

母黄氏，再适游氏，封同安县太君。公欲便亲闱，故卜居高邮，尽斥先世资产与诸弟，而俸余稍稍买田筑室，为伏腊计。多病早衰，常欲谢事，自屏物外，恐伤慈怀，故不果。

公天资夷旷，貌如其心，平居恂恂似不能言者。一旦，坐官府，胥吏纷纷持牒互进，公各使尽其意，徐以片言折之。群吏帖耳结舌，不敢出息，退而相语曰："公神明也，不可欺。"乐善急义，重然诺。荐士每先寒素，不可干以私。识虑精敏，多人意所未到。闲居七年，未尝以一字至公门，兀兀自守，泊如也。妙洞心法，于佛书无所不观，手录要义，皆成诵。其屏声色、黜滋味，盖笃信而然，非强绝之也。常有疾，得异方，须鹌鸽。公素不杀，而厉物以卫生，不忍为也，故药久不就。忽有鸷禽击死者堕庭中，公得而饵之，疾随愈。此殆神相，非人力可致也。

公于刑书，中悉详尽，世之名知法者皆叹莫及。而朝廷欲以刑官处之，弗居也。于阴阳、星历之学皆精到，而未尝一言及之。异时尝若《天官历》火、木二星及蚀时刻多不合，与姚舜辅所撰历互有疏密，委官考详，前后有异，秘书不能决。有旨，命公校之，其说遂定。九官贵神坛位失次，悉厘定之。皆因事而见。盖公以儒学自将，该洽有文，而以法家术数名世，非其志也。有奏议、解经、杂著、文集四十卷，藏于家。

前娶刘氏，追封真定县君。今夫人刘氏，赠太中大夫处约之女，孝谨冲淡，克配君子，封靖安县君。男二人：长曰钜，假将仕郎，蚤卒；次曰镇，修职郎，今为池州司兵曹事。女一人，适文林郎、洪州司兵曹事游扐。

靖国郊祀，当任子，引旧比荐其弟诚，有司持元丰法，不报。后六年，宗祀卒以诚为请，今为奉议郎，知庐州慎县事。公既没十有三年，其弟诚始以游公状来请铭，乃为之铭曰：

一德不回，践更三世。不附于时，其节靡悔。不杀之戒，诚通于幽。有陨其庭，疾已随瘳。刑名星历，详尽精到。法家者流，非志所好。公之神明，其德可钦。百世不朽，勒歌于珉。

【简跋】

此碑刊于北宋大观三年（1109年），碑石未见，碑文录自《杨时集》卷三四。[①] 撰文人杨时（1053—1135年），南剑州将乐人，字中立，熙宁九年（1076年）进士，理学家，世称龟山先生，官至工部侍郎、龙图阁直学士。《宋史》卷四二八有传。

---

① 《杨时集》，北京：中华书局，2018年点校本，第3册，第854-859页。

墓主孙谔，字正臣，熙宁六年（1073年）进士，又中法科第一，精于刑律，历官国子祭酒兼权秘书监、直龙图阁等。崇祀乡贤祠。弘治《八闽通志》卷七十、光绪《邵武府志》卷十九有传。孙谔之父孙迪，嘉祐二年（1057年）登第，官太常博士。孙谔之子孙镇，绍兴五年（1135年）登第，为郡有政绩。

宋故朱府君墓志铭
（政和元年）

承奉郎、致仕朱宪平撰

承议郎、充郓州司录事张澡书

朝散郎、知孟州温县事管句学事江时篆

君邵武朱氏，讳通，字伯达。其先尝从仕于唐，继丁五季闽□于僭伪，五世祖文昌遂浩然养志，潜德于闾里。其后弗仕者数世。讳恋者，曾祖。讳渭者，祖。讳招者，父。君器识沉深，有大志□。壮年，尝愤世业□替，思有以振起之。乃罄私囊所有，转游四方，往反几三十载，操百万□□以归，且谓："贱黄金，重教子。古人之高见。吾上世所以不克仕者，盖有□□然也。今太平盛际，当用诗礼起家，以成吾祖之志。"于是购群书，延贤士，□诸子孙，以治经属文，使就科举。崇宁改元，三舍之法行，遂督二孙若畴与缶，隶业上庠。未几，俱以行艺称。已而，缶果中第。

初，昆弟三人，君居长，暨季□善治生，仲早世，子尚幼，君抚毓诲导之。洎亲丧既除，或说君盍异其资产？君应之曰："兄弟之子犹子也。"遂同居，恩爱如初，而人不能以间。越十年□□□季议曰："今可以异矣。然犹子早失所怙，未闲生事，吾与汝当取先□□□□以畀之，仍益以余赀远逊义之。"君天性宽厚，轻财乐施，务纾人之□□□□崇奉浮屠氏，即里之兰若，鼎新佛宇，金珠藩饰，厥费钜万。既就绪□□□□〔终〕，实崇宁五年十二月十四日也，春秋七十有四。

夫人何氏有淑行□□□□而卒。子男二人：曰璧、曰贯，各克家。女一人，

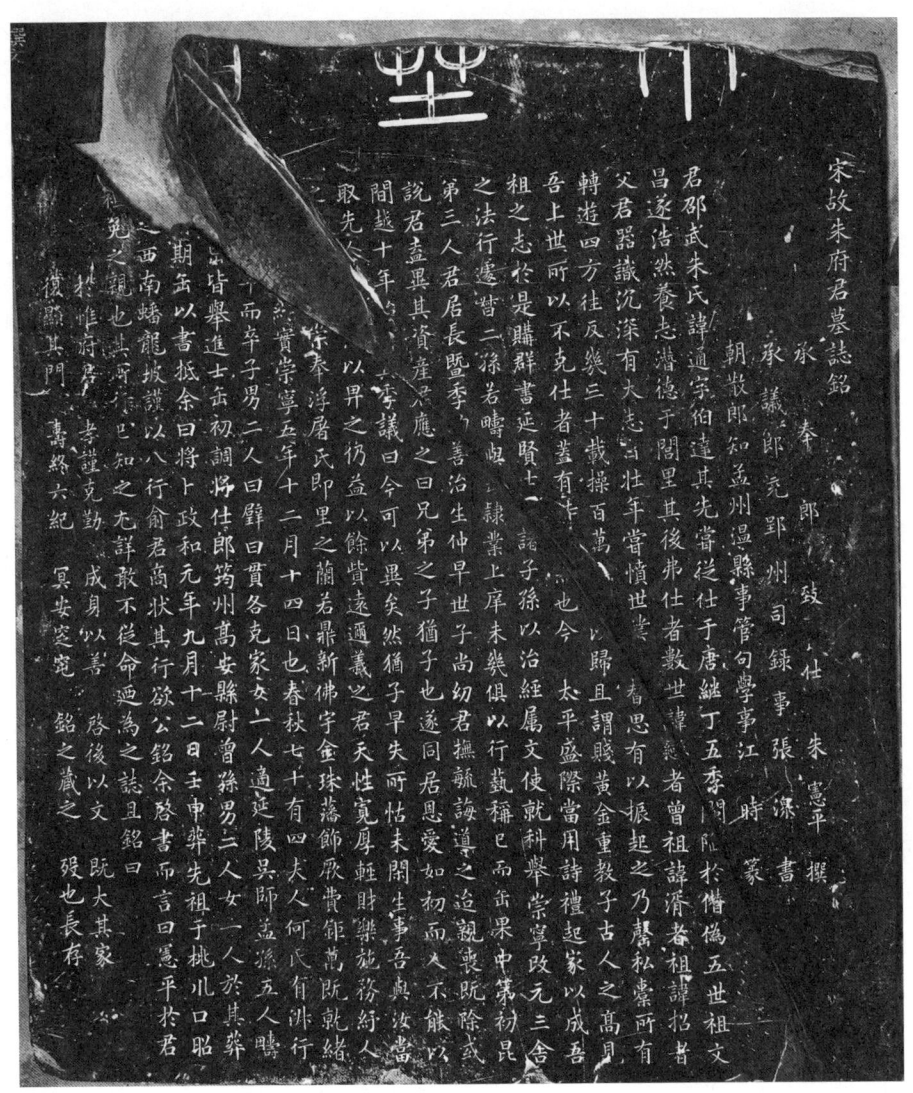

适延陵吴师孟。孙五人：畴□□□，皆举进士；缶，初调将仕郎、筠州高安县尉。曾孙男二人，女一人。于其葬□□期，缶以书抵余曰："将卜政和元年九月十二日壬申葬先祖于桃川口昭□之西南蟠龙坡。谨以八行俞君商状其行，欲公铭。"余启书而言曰："宪平于君，祖免之亲也。其所作已知之尤详，敢不从命？"乃为之志且铭曰：

于惟府君，孝谨克勤。成身以善，启后以文。既大其家，复显其门。

寿终六纪，冥安窔窅。铭之藏之，殁也长存。

【简跋】

此碑刊于北宋政和元年（1111年），现存邵武市博物馆。碑额断缺，仅存两个篆书部首。墓志亦有部分残损，楷书。残高75厘米、宽64厘米、厚4.8厘米。撰文人朱宪平，时为承奉郎、由某官致仕。书丹人张深，时任承议郎、充鄞州司录事。篆额人江时，时任朝散郎、知孟州温县事管句学事。

墓主朱通，字伯达，生平事迹史籍无载。由墓志可知，他是一位成功的商人，"转游四方，往反凡三十载，操百万□□以归"，重视子孙教育。其孙朱缶，大观三年（1109年）进士，知柳州，后隐居不仕，自号悠然居士。光绪《邵武府志》卷二四有传。另一孙朱岊，绍兴二年（1132年）进士，官至郡守。[①]

宋故承议郎朱君墓志铭
（政和元年）

朝散大夫、充集贤殿修撰、提举杭州洞霄宫、骑都尉、赐紫金鱼袋上官均撰

朝奉大夫、知汉阳军管句学事，兼管内劝农事、飞骑尉、借紫金鱼袋游酢书

君讳矩，字正仲，家世邵武。为人幼悟而长勤，方冠，预乡赋，以词章称于太学，褎然为诸生表。元丰二年，用经术登进士第，调庐州合肥县尉。岁饥，流民骤集，令以强者剽攘，弱者转死。吏任其责，欲驱出郡。君执不听，亲为区处，舍其廪积，督比邻警盗，喻富民食饥疗疾，全养甚众。逾年，拥道谢归者数千人。用荐授汀州录事参军，初至，狱犴填满，吏卒习惰，病囚漫不省治，死者相属，徒以巧文避责。君察而矜之，督视医药居处，时其饮食，卒无瘐者。尝反冤狱，忤守，怒甚，君确然自若。守嘉其明允，郡事倚以咨决。外艰服除，授郴州宜章县令，以荐改宣义郎、知建州崇安县。遭母忧，年已六十，累然毁瘠，几不胜。既免，以宣德郎知福州古田县。秩满，部使者辟君以奉议郎、监泉州

[①] 弘治《八闽通志》卷五二《选举·邵武府》（下册），2006年修订本，第221页。

市舶司。迁承议郎，赐五品服。

凡阅三邑，皆吏强俗嚚，政积弛滞。君精悍，不厌钩察其情，严而能恕，纲纪笼络，初若密繁。已而吏不得逞，民信而安之。其莅崇安、古田，达官遗以私记，君察其有所属也，卒不发视。去官，邑人有德君者，怀金馈送境上，君劳而却之。其介洁循法，强于吏治，盖其性也。尝寓京师，从官有欲荐君为御史者，君辞以亲老，还闽。志安于命，不汲汲为进取计，故治行虽优，卒亦不显也。大观四年春，以疾还里，其年十一月二十四日卒，享年七十有一。政和元年九月二十二日，葬于邵武永城乡勤田之原。

曾祖讳矞，祖讳昭纬。考讳中立，赠宣德郎。先娶夫人上官氏，两娶邹氏，皆以恩封邑。邹氏，建昌军司户参军邹棐之女弟也。棐与君偕为太学生，趣同相好，故以妻之。子男四人：曰裕；曰平，早世；曰苇；曰蕡，应士科。一女，适孙订。孙男女各一人。铭曰：

士优于文，或昧于治。辩谲峭深，威而弗惠。惟君斤斤，济以廉详。弗侮其孤，孰畏于强。析繁疏繁，张纲振纲。一其初终，声问以扬。年匪云多，官岂为遂。惟其安之，奚慊其志。

邓照刊

【简跋】

此碑刊于北宋政和元年（1111年），现存绍兴市上虞区会稽金石博物馆。[①]碑额"承议朱君墓志"，篆书。碑高101厘米、宽61厘米，楷书。撰文人上官均（1038—1115年），字彦衡，邵武人。熙宁三年（1070年）榜眼，以龙图阁待制、赠金紫光禄大夫致仕，《宋史》卷三五五有传。时任朝散大夫、充集贤殿修撰、提举杭州洞霄宫、骑都尉。书丹人游酢（1053—1123年），字定夫，建州建阳人，元丰五年（1082年）进士，理学家，世称廌山先生，《宋史》卷四二八有传。时任朝奉大夫、知汉阳军管句学事，兼管内劝农事、飞骑尉。

墓主朱矩，字正仲，生平事迹史籍无载，由墓志可知，元丰二年（1079年），"用经术登进士第"，历任宜章、崇安、古田县令，监泉州市舶司等职。先娶

[①] 此碑图文转引自绍兴市档案局（馆）、会稽金石博物馆编：《宋代墓志》，杭州：西泠印社出版社，2018年，第23—24页。

夫人上官氏，病卒；续娶同窗好友、泰宁县邹棐之妹。邹氏墓志铭（《宋故邹氏墓志铭并序》），本书有录。

宋正奉大夫上官公神道碑铭
(政和四年)

■雎水■恩加赠品秩■又信以显谟阁待制、紫■考讳质，皆晦德不仕，乡里仪■州攸县、口〔江〕州湖口，皆以家艰解职。■纯明而外简易，学务体要，为词章不■强毅竣整不可犯,不为权贵□挠,而要■公独不屈,使者怒捃□〔之〕,无所得,卒■金,追而还之,曰:"吾不敢私,汝父老忍吾私耶?"■乃嘉听,以国士期之。属县送盗七人,法当论死,□公□贷■宁。

安丘多大姓,联结权势,阴合群□□持吏□长陵□齐民吏健■棼,民益病,故其邑号难治云。公初不刺□其□犯者概绳以法,肃然■敢哗。安丘成向者,以殿中丞废归,干请侵渔,致赀钜万,屡讼不直。公责数堂下,使■人□为守,惑向巧谮,遽上奏劾公,追逮百余辈,穷治□收。守悟为向卖,念无以谢,公乃不愠,曰:"吾自信而已。"是时,飞蝗满四邻,有乌万数集公境上,群食之,岁独大熟。处州守持深文■凡所妄举,格之不下。未几,捐馆舍,民悲嗟出涕曰:"惠我者乃舍而逝□!"殁□实熙宁三年十月戊辰,寿■夫。

夫人高氏,有闺门内助之德,累封长安县,后公浃辰卒,追封吴□郡,以四年九月甲申合葬邵武和■待制吴申序公平生,藏诸墓。子男四人:垲,登进士第,□□〔太〕子中允、广南路转运判官;均,继登甲科,今官朝请■,前已详见;埴,终文林郎、建州司理参军;堪,蚤卒。孙男十一人:曰恂、曰憕,皆进士第,恂终瀛州防御推官、兴化军■永城县丞;曰悃,承直郎、监秀州海盐芦沥场;曰怡,三试礼部未第而□;曰憯,□□□徐州丰县丞;曰愔,以贡■;曰悟、曰怿、曰忾,皆勤问学;二尚幼。曾孙三人:焘、熏、烈。一女,适忠州丰都■人,曾孙女四人。

惟上官■,自其祖先以吉心善行,得先生长者名。公实起家登第,毅然有远致,而年位不□□得发舒暴耀。垲□□读■均始显著,历台谏侍从,践扬中外,□□一节。悃、憯而下,恪共任学不坠者□然则阴□□衍自其根源培■则远,其兴未艾。是宜有铭。铭曰:

闽山秀棱,闽水扬清。诞时□□,公资端粹。□持■不欺。妄者捃之,终莫我□。无惭俯仰,事出名上。□施薄□,□□其祥。■十岁。子均入侍,克显厥世。儒学大门,及而孙曾。祖风是□,龙光载扬。■新碑。乡人之诒,以永□□。

男,朝请大夫、充龙图阁待制■紫金鱼袋均谨书
■立石

【简跋】

此碑立于北宋政和四年（1114年），现存和平镇坎下小学（北胜寺旧址）路旁。碑高250厘米、宽152厘米、厚15厘米。碑额"宋正奉大夫上官公神道碑铭"，篆书。碑石断裂、残损，部分文字遭凿毁，仅剩约一半文字可辨识，楷书。光绪《邵武府志》载："通判处州上官凝墓，在和平之张源。国朝康熙间，雷火击断墓表石寸许，久之，生白石联属其间。"[1] 可知，碑石曾遭雷电击断。2013年上官族人及禾商商会捐资修建碑亭，现为邵武市文物保护单位。

撰文者谢文瓘，字圣藻，北宋陈州人。熙宁中，登进士甲科，曾任起居舍人、给事中。崇宁元年（1102年），出知濮州。次年，入元祐党籍，勒停，邵武军安置。后出籍，为集英殿修撰、知济州，卒于任。[2]《宋史》卷三五四有传。篆额人赵霆，米芾《书史》云："官宣德郎，能篆书"[3]。时任江淮荆浙等路发运副使。书丹人上官均，字彦衡，墓主上官凝次子，熙宁三年（1070年）榜眼，任监察御史等职，《宋史》卷三五五有传。时任朝请大夫、充龙图阁待制。

墓主上官凝，字成叔，庆历二年（1042年）进士，历知分宁、安丘、通判处州军事，所至有政声。弘治《八闽通志》卷七十、光绪《邵武府志》卷十九有传。宋代邵武上官氏自上官凝始，科第蝉联，簪缨相接。其子垲、均；其孙恂、憕、愭，皆登进士。多名子孙出仕为官，垲、均、憕、愭，方志皆有列传。

民国《闽樵和平上官氏宗谱》有收录上官凝道碑铭，可补碑石之残缺。例如，撰文人与篆额人信息、上官凝仕宦详情、子孙情形等，宗谱录文更加完备。然而，宗谱录文与碑文只是大义相符，大多数语句的表达差别甚大。宗谱录文缺载书丹人上官均的信息、径称墓主名讳、个别用词不规范、所含信息更详备。这些都表明宗谱录文可能经过了后人对碑文的扩充和修改，而在修谱过程中，又有疏漏，故错讹不少，已非原貌。

---

[1] 光绪《邵武府志》卷二八《古迹·冢墓》，2017年点校本，第1047页。
[2] 杨倩描主编：《宋代人物辞典》下，保定：河北大学出版社，2015年，第925页。
[3] 转引自李国钧主编：《中华书法篆刻大辞典》，长沙：湖南教育出版社，1990年，第217页。

第六章　墓志地券　245

附：《闽樵和平上官氏宗谱》上官凝道碑铭全文①：

宋正奉大夫上官公神道碑铭

朝请郎、集英殿修撰②、提举江州太平关、赐紫金鱼袋谢文瓘

权发遣江淮荆浙等路发运副使公事③、赐紫金鱼袋赵霆篆额上之龙

又与④龙图阁待制⑤上官公讳均，字彦衡，纂修国史。未几，并召命比试对书文。季春，上选从臣比试，又并持节出疆，授阴山庆云馆，复闻命召，疾驰，往回几万里。还朝，偕给事黄门，相继为出入。其后偕奉君命趋操议论，以同道相好，其进退出入又同时，平昔各为之尽职。迨政和癸巳，彦衡以集贤殿修撰主管杭州洞霄宫。四年，复集贤殿修撰、提举洞霄宫。还朝，均欲即先父仕迹，勒碑以垂不朽，与予言之甚详。

---

① 和平《闽樵和平上官氏宗谱》卷首，民国十九年刊印本，谱存邵武市和平镇坎下村前山坪。
② 集英殿修撰，原文作"集明殿修撰"，宋代皇宫无集明殿，据《宋史·谢文瓘传》改。
③ 权发遣江淮荆浙等路发运副使公事，原文作"发行江淮荆浙等路与发运副使公事"，据宋代官名惯例改。
④ 此处原文疑有缺漏。
⑤ 龙图阁待制，原文作"龙图阁侍郎"，据《宋史·上官均传》改。

夫均父讳凝，字成叔，世家邵武。赠大夫讳富，考讳有质，皆晦迹不仕，乡里仪之。凝登庆历二年进士，调池州铜陵尉。庆历六年调潭州司理参军。皇祐元年用荐为贵州阳朔令，改授著作佐郎。熙宁三年迁尚书职方员外郎，通判处州军，赐五品服。而且[①]内纯明外简易，学务体要，为词章不蹈陈迹，讲究历代治乱得失，人所罕到。练达治术，处剧明决，不避贵强，峻不可犯，济之以仁育而人民怀之，治效居最。而其初调铜陵，适有部使者至，过于苛察，凝独不屈，使者怒之。凝[②]既而谢职旋归，邑有老叟数十送境上，馈药数器，曰："公清白不扰，奉以为勤。"凝复视之皆白金，取而还之，曰："吾平日不敢私，汝父老今日又忍私之耶？"及六年，调潭州司理参军。时郡之囚系满狱，凝精意审听，其丽罪无冤人。守常以己之喜怒定罪之轻重，凝独争之，守益怒，凝争益力。适县送盗七人，法当论死。凝按察词，觉中二人非盗。徐讯察之，二人者，果未尝与盗接，乃吏教盗扳之，以幸赏耳。凝因而释其罪，人服其精明。

迨后荐为阳朔令，改著作佐郎，知攸县及湖口县，又知分宁县。有豪恶逞横闾里，吏治失察，凝治之不贷。兼有讼，阅九年莫能决，凝至，讯究皆得其情。又知安邱，邑有成向者以殿中丞废归，干请侵渔，致赀数万，屡讼不直。凝怒责数堂下，使五縲囚，后当穷治。是时有向守巧语谮凝，守听之，乃上奏追逮，胥吏百余辈，验治无状，守愧悔过，无以见凝，更辨析前章，置酒求解。凝亦不愠，曰："余自信而已。"时山东有大蝗，邻邑皆被其害，独有鸟数万，集公境上群食之，岁独稔。民皆谓凝有仁政，甘棠宽厚，故如是耳。未几捐馆舍，民悲嗟出涕曰："惠我者乃舍而逝耶！"夫人高氏相继而终，合葬邵武和平四十三都北胜堡暖水窠。

子男四：垲，登进士第，官至太子中允、广西路转运判官；均，继登科甲，今朝请大夫、充显谟阁待制；埴，文林郎，为建州司理参军；堪，蚤卒。孙子十一人：曰恂、曰憕，皆登进士，恂终瀛洲推官，憕为水（永）城县丞；曰悃，改通直郎、监秀州海盐卢（芦）沥场；曰怡，官至礼部员外郎；曰憺，官至宣教郎、知徐州丰县丞；曰惛，登进士，官至尚书吏部员外郎；曰悟，赠朝散大夫、

---

① 而且，原文如此，与文义不符，似应改为"公"字。
② 凝，原碑尊称"公"。宗谱录文中这种不加避讳，径称墓主名讳的做法，不符合古人撰写墓志的习惯。

右文殿修撰;曰怿、曰忱,皆勤学而尚;有二孙皆幼,未列鸿名。曾孙三人,焘、勋、烈。一女,适忠州丰都县叶复之子。孙女一人,曾孙女四人。惟上官氏名门巨族,自其祖先历代簪缨,蝉联相继,今犹袍笏盈床,莫非凝之德泽深厚所致。是宜铭曰:

闽水洋清,是时蒙休。公资敏粹,守正不阿。妄者拒之,终莫我所。无惭俯仰,事出人上。乐施溥济,人民沐恩。子均入侍,克显厥世。儒学兴门,延及孙曾。祖德培厚,龙光载扬。屡揭薪传,先人之贻,以永多福。

宋故旌德县君梁夫人墓志铭并序
(政和年间)

朝请郎、尚书考功员外郎、云骑尉、赐绯鱼袋郑济撰
承议郎、尚书礼部员外郎、赐绯鱼袋胡份书

夫人梁氏,致政承议郎上官照之妻,前知深州、朝请郎恢之母,赠旌德县君。世为邵武人,由父祖而上,饶于财,为大姓,不求仕宦。夫人少则顺静明悟,遇事立判是非,族人异之,谓当得良士以归。及笄,适承议公。公隐约自居,雅好读《左传》《记》,不事赀产,家无十金之藏。夫人复幼失怙,恃赖伯氏岁时资给之,由是相与警戒,力成其家,训勉诸子以儒学。而朝请君克承厥志,自草角来书从师,涉数千里之远,游太学,间归省,往返仅。[①]十余年,其衣襦裤夹,皆夫人手自纫绽,而资用倾橐中所有畀之,惟恐其匮乏而不得专意于学也。他日朝请君果以学行知名,艺中高选,登元丰八年进士第,通舍闽籍,封夫人寿昌、永康二县君,三加今赠。崇宁五年春,朝廷赖河朔城守之重,有诏慎择守臣,朝请君以才被选守饶阳,奉夫人以安舆就养。彩衣朱轓,辉映慈颜,岁时般嬉,儿孙满前,寿考且宁,甘旨如意,有亲者荣之。

大观二年八月十九日,夫人以疾卒于郡舍,享年七十有七。子男三:长早亡;次朝请君;次恒,亦从学不懈。女一,适进士黄轩。孙男四人:曰桓、曰枢、

[①] 此处疑有漏字。

曰枳、曰榛，皆秀爽有立志。孙女、曾孙女各一人。夫人平居以纯素礼法自守，不喜奢华，不尚靡丽。事舅姑惟谨，营妇功必勤。凡家事，无大小必亲之。族人见其贤，谓有常德也。朝请君护夫人之柩以归，政和间，葬于邵武昼锦乡和平里之原。予以朝请君为旧交，而报份最厚，以其所以知君者，故知夫人足贤。嘱以铭，宜毋辞。乃为铭曰：

顺静而明，妇德夙成。子业于儒，贤母之俱。享荣受祉，令德寿岂。既和且宁，燕及孙曾。惟德之常，于初不忘。孰间其光，有铭孔彰。

【简跋】

此碑刊于北宋政和年间（1111—1118年），碑石未见，碑文录自和平《闽樵和平上官氏宗谱》卷二。[1] 撰文人郑济，字与梁，莆田人。元丰中第进士。徽宗时任吏部员外郎、卫尉少卿。[2] 时任朝请郎、尚书考功员外郎、云骑尉。书丹人胡份，字子文，号嵩山，浙江缙云人。元丰八年（1085年）进士，工书法[3]，时任承议郎、尚书礼部员外郎。

墓主梁氏，系上官照之妻，上官恢之母，赠旌德县君，邵武人。上官恢，字闳中，系上官均堂侄，元丰八年（1085年）进士，历知深州、南剑州、徽州。胡安国上书宰相，言其"谙历世务，端重有守"，官至中大夫，崇祀乡贤祠。上官恢子上官祝，重和元年（1118年）进士，为敕令所删定官。[4]

叶祖洽墓铭
（政和八年）

惟士狃常，文弱而弊。纂组葩华，寖失根柢。神宗独运，以古为制。章明六经，策以经济。惟公衮然，眇视侪类。放词汪洋，克当帝意。声名伟如，多士嗟喟。

---

[1] 和平《闽樵和平上官氏宗谱》卷二，民国十九年刊印本，谱存邵武市和平镇坎下村前山坪。
[2] 弘治《八闽通志》卷七一《人物·郑济传》，2006年修订本，下册，第968页。
[3] 虞文喜主编：《丽水地区人物志》，杭州：浙江人民出版社，1995年，第122页。
[4] 光绪《邵武府志》卷十九《人物·上官恢传》，2017年点校本，第549页。弘治《八闽通志》卷七十《上官恢传》记其：字闳中，上官均从子（即侄子），元丰八年进士。（2006年修订本，下册，第670页）

峻陟蓬山，炳焕即位。出殿侯方，入联近侍。天官之宗，权衡百吏。帝咨其人，惟公之试。有谋必陈，有作必遂。峙立孤骞，弗倾弗倚。俗方喜同，公则弗随。众为逊恭，公以简持。安于誉诽，自信不疑。投闲缀书，研道之微。尚期奋飞，为国之毗。孰云其亡，士友嗟欷。年岂不多，大位克跻。有郁其中，不究其施。勒铭幽宫，以永其垂。

【简跋】

此碑刊于北宋政和八年（1118年），碑文录自《景定建康志》卷四三。撰文人上官均，字彦衡，邵武人。熙宁三年（1070年）榜眼，任监察御史等职，廉正不阿，赠金紫光禄大夫致仕。《宋史》卷三五五有传。墓主叶祖洽（1046—1117年），字敦礼，邵武军泰宁县人，熙宁三年（1070年）状元，官至吏部侍郎。《宋史》卷三五四有传。

叶祖洽是较有地位的官员，仕宦事迹丰富，撰文人又是墓主的同乡与同年，对墓主情况熟悉，《叶祖洽墓铭》却仅有176字总结性的铭文，而无实质内容的志文。对于这种"有铭无志"反常现象，有学者推测，可能是撰文人的无奈之举。此墓志撰写于北宋后期激烈的党争期间，志文的省略可以避免对相关政治事件的记载和评价，从而可以达到避祸自保的目的。[①]

宋故朝请郎朱公墓志铭
（宣和元年）

公讳蒙正，字养源，姓朱氏。其先亳州永城人也。十世祖仕闽，乐邵武故县溪山之胜，因家焉，遂为邵武人。曾祖讳贯，赠承事郎。祖讳浦。父讳藻，累赠通议大夫。通议公娶故赠太师黄公讳汝济之女、资政殿大学士讳履之姊，累赠硕人，生五子，公其长也。少豪迈，年甫冠，始折节读书，下笔为文，语辄惊人。其舅大资公见而奇之，许以能立。公益自淬励，徒步入京师，寓太学

[①] 罗昌繁：《北宋党争中党人碑志的书写策略》，张三夕主编：《华中学术》第9辑，武汉：华中师范大学出版社，2014年，第266页。

凡十年，所与游皆一时英俊。元丰中擢第，中乙科，释褐，调扬州江都县主簿。公曰："古人以三釜及亲为喜，今俸禄虽微，足以奉甘旨足矣。"性识强敏，遇事不少懈。每听讼，必得其情，而后断之以法令。以其能委以县事，公亦自任不疑，以故江都办治。监司荐于朝，迁南康军都昌县令。其治都昌如江都，尤恶其下植党以倾善良，告诫弗从，即痛以法绳之，风俗为革。未几，丁母忧，服除，授衡州茶陵县丞。茶陵剧邑，久阙令，仓庾圮坏，吏缘为奸，租赋不时入。公至，领县事，即条画申陈，久不报。公叹曰："此令丞之职也，何俟报为！"亟命构葺，仓庾为之一新。谨视出入，奸弊遂绝，租赋皆不督而办。岁旱，公祈祷斋戒精洁，雨随车而至，远迩沾足，民大感服。秩满，用荐举改官，从辟知定州安喜县，时元符三年秋也。坐茶陵任内请般家人庸钱，夺官，授鼎州龙阳县令。丁通议公忧。大观初，始雪正前事，复官，除知开封府长垣县。未数月，差通判火山军。秩满造朝，权司农寺丞，通判德顺军，赐五品服。政和四年秋，以疾丐致政。明年夏，从官荐公康强有风力，请复任，上从之，差提点信州上清宫，改成都府长生观。遂寓居于颍尾。八年夏得疾，至七月十二日不起，享年六十有四，累官至朝请郎。娶傅氏，累封安人。二子：长曰康年，以公致仕恩补将仕郎；次曰唐年。一女，适俊士叶裕民。

公持身廉慎，性质直，不自表暴，恂恂如不能言，而胸中是非了然。其在茶陵，不能阿事上官，为当路者所不悦，捃摭细故，卒以法中之。然选人以般家人庸钱□法所听也，后卒雪正。公坐此困踬累年，而刚直不少衰。及倅德顺，太守赋人越常例，遗之甚厚，公辞不获，悉以所遗寄于公帑。凡阅岁，太守闻而讶之，公不自辨释，以病告老而归。其后太守坐不法除名，而公无毫发之累，识者韪之。公平生志气高远，常持"隐忍就功名"之说，欲有所为。而仕宦龃龉，卒不如志，其可悲也已。

诸孤从其治命，扶柩归邵武，将以宣和元年己亥十一月初四日葬于永城乡将堂之原。先期公之弟朝请郎绍，状公行义，使某为之铭。某视公为外叔父，义不得辞。铭曰：

朱氏之先，有功于闽。十世其昌，公为闻人。学优而仕，以廉以勤。虽或窒之，而卒以伸。往倅边城，力辞馈遗。告老而归，则莫我累。凡今之人，顾利忘义。闻公之风,胡不少愧。蓄则厚矣,未究厥施。谓宜寿考,而止于斯。返葬故乡,宅兆是宜。告于后昆,篆此铭诗。

【简跋】

此碑刊于北宋宣和元年(1119年),碑石未见,碑文录自《李纲全集》卷一六七。[①]撰文人李纲,字伯纪,号梁溪,谥忠定,邵武人,南宋名相。《宋史》卷三五八有传。

墓主朱蒙正,字养源,系尚书右丞黄履外甥。元丰八年(1085年)进士,历官司农寺丞、通判德顺军。弘治《八闽通志》卷七十、光绪《邵武府志》卷二十有传。蒙正之母黄氏墓志(《宋沛国先生夫人墓志铭》)本书有录。

宋故李修撰墓志铭
(宣和四年)

宣和三年闰五月二十有七日,中大夫、右文殿修撰、陇西县开国男食邑三百户李公,以疾终于家。岁八月二十有八日,葬于常州无锡县开元乡湛岘之原,与其夫人吴氏同穴。越明年,其孤以晋陵邹柄状来请铭。余与公俱闽人,又尝同为诸生,肄业于上庠,挟策考疑,时相从也。俯仰四十余年,一时朋游凋丧略尽,与公有平生之旧,而知公之详盖无遗矣,宜其有请于余也。余虽不能铭,其何可辞?

公讳夔,字斯和,其先江南人。唐末避乱,徙家邵武,故今为邵武人。曾祖讳待,仕闽,以武力显。闽亡,退处田野。祖讳僧护,考讳赓,皆隐德不仕。考以公贵,累赠正议大夫。妣黄氏,资政殿大学士履之姊,累赠高平郡太君,继妣饶氏,累赠广平郡太君,皆改赠太硕人。

公幼孤,鞠于外家。成童犹未知书,而颖悟绝人。舅氏大资政黄公擢第归,一见器之,使赋诗,有惊人语,因授以书。凡耳濡目染,过即成诵,

---

[①] [宋]李纲著;王瑞明点校:《李纲全集》,长沙:岳麓书社,2004年,第1542页。

至日数千言。自是于《六经》、诸子百氏之书，下至毛郑《笺传》，期年之间，无所不窥。学日进，文日益有名，从黄公游者，咸推先焉。是时朝廷方以经术造士，公声闻籍甚，所至学者景从，赢粮重趼，越百舍而至者，常相蹑也。逮居上庠，所交皆一时知名士。初补监生，洎选内舍，皆第一。龚公原得其文读之，叹曰："此必山林幽栖笃学之士所为，今之学者莫能为也！"其后预天府荐，及试南省，皆第二，遂中元丰二年①进士第。

释褐，调秀州华亭尉。邑令所为多不法，公每规正之。部使者欲有所按治，声言行邑，公迓之境上，则以温言慰荐，且询令所为。公力庇之，不以言。部使者不悦，正色复询之丞簿，丞簿与令素不协，则互计所短。而令初不知公庇之也，亦言公尝以私故不过厅。于是部使者以公为长者。已而考核，之三人者皆以罪去，而公独无累。人以是知公之器度为未易量也。

丁继母饶氏太硕人忧。服除，调建州松溪县尉，兼主簿。秩满，移池州军事推官。太守罗公彦辅，性强愎，行事或失中，公必面折之。初虽不悦，而后卒相知也。民有乙与甲争塘水而殴甲至死者，狱具，刑官欲置之极典。公当书断，建议，以为事有所因，法不至死，争之。得减等，公犹不已。太守怒甚，至以语诋公。公不为屈，争之愈力。于是命他官书断。其后大理详谳，以甲准盗论，乙乃止当杖。审刑书断官以失入抵罪，众始愧服。然公犹坐尝签书及用荐者改官，降次等，授宣义郎。人多劝公直其事，公卒不自明也。

差知无为军庐江县，改福州怀安县。未赴，从故龙图阁直学士陈公轩辟，知杭州钱塘县事。有兄弟争财而讼者，累政不能决。公至，取案牍焚之，谕以同气至情，财不足言。兄弟感泣，拜于庭而去。异日，公复过钱塘，二人犹求见公以谢。故观文殿大学士吕公惠卿帅鄜延，辟充经略安抚司勾当公事。初，公之尉松溪，吕公谪居建州，得公之文，奇之，一见如故，以是首辟公置幕下。至延安未逾月，适夏人倾国入寇，号百万，人心危栗。公徐为吕公陈方略，一路赖以完。及米脂之役，工未毕，谍言贼兵十余万且至，诸将弃城而遁。公曰："彼众我寡，去将安之？是速死尔。不若按兵勿动。城虽未完，冒以楼橹，彼将以

----
① 元丰二年，原文作"元丰三年"，误，元丰三年无进士榜次，弘治《八闽通志》、光绪《邵武府志》皆作元丰二年。

我为有备，必不敢进。兵法所以使敌人疑者，正谓此也。"诸将然之，卒如所料。凡筑殄羌、威羌等十余城，未尝不在其间。其后奉进筑图至阙下，因上五议：欲使诸路乘虚互出，以伐其并兵之谋；进取横山，断其右臂；参用汉、唐实边转输之术；申命州郡广招置之法，为足食足兵之计；惩二虏辅车相依之势，以备不虞。识者以为切中边事之要。

累赏，转奉议郎，除江、淮、荆、浙等路制置发运司勾当公事。未赴，改授签书平江军节度判官厅公事。尝摄郡事，适当累政因循之后，狱系甚众，公命数吏分条其所犯，不日皆决遣之，遂以无事。

今上即位，覃恩转承议郎、勋武骑尉，赐五品服，以太学博士召。道除太常博士，转朝奉郎。迁知大宗正丞事。因职事奏疏上四事，大略以谓缌麻亲宜有荫孙之法，非祖免以下小宗有未食禄者，宜广流泽，特官之。宗室虽得以科举进，尚宜许之入学，以养成其材。且罢刺史以上公使，以恤非祖免无官之孤。皆当时所宜行者。有旨，送讲议司。除屯田员外郎。以论鄜延进筑功，特迁两官。转朝请郎、勋云骑尉。

久之，迁礼部员外郎。天子视学，公以为盛德事，献《视学颂》。有旨，第其文高等，迁朝奉大夫、勋飞骑尉。时朝廷议礼考文，礼官视他部为重，非通知古今之学不足以当其任。公传经稽史无留事，两以考课被赏，改司封员外郎。长贰相与举留之，复还礼部。转朝散大夫、勋骁骑尉。然公雅意欲就闲旷，力请外补。除知蔡州。朝廷惜其去，留为宗正少卿。训辞有曰："非清德老儒，曷任兹选？"士论荣之。

转朝请大夫。天子受八宝，覃恩特迁左朝议大夫，兼学制局参详官，移太常少卿。时故相刘公正夫在政府。刘公，大资政黄公婿也，以公联姻娅，亟请避嫌。上曰："此真太常也。"因批其奏曰："公议所在，何嫌之有？"公遂就职。官制行，换中奉大夫。未几，复慨然语所亲曰："吾平生为礼学，方布衣时，已预修衣官制度。今备位卿寺，得司天子礼文，于吾足矣。士当知止，岂可冒进不已？"遂坚求退。或者勉公曰："奉常清切，于禁从才一间，盍少留乎？"公笑谢之。朝廷度其不可复挽，则除公集贤殿修撰，知邓州，兼京西南路安抚使。陛辞，天子劳问优渥。公建言："先帝常命官修《中书备对录》，以知官吏流品、户口钱谷之数，以知礼法文为军兵名额之数，以知刑罚赦宥、工事夫役之数，盖体《周官》岁终受会之意，而所以周知天下之务也。方今内外事物之要，盈虚繁简之实，欲有所稽考，盍命左右司略仿前制为一书上之，以资观览？"天子深然之。有旨，如公所请。公之意，盖非苟然而已也。

南阳大藩，为帅者多务大体，不亲事，吏得舞文为奸。公下车，尽革前弊，纲纪大整。与部使者议事，有所不合，公独请于朝，事卒见听。当路滋不悦，公弗顾也。然自是若有不释然者，遂以疾请宫祠。朝廷意公惮安抚一路之劳，除知颖州。章再上，祈恳愈力。除提举杭州洞霄宫、勋骑都尉，赐爵陇西县开国男，食邑三百户。公东归，居于梁溪锡山之傍，日以文字为娱，澹如也。

子纲，为镇江教官。就养子舍，与宾客过从，尽登临之适，优游自得，不复以世事介意。尝有贵公素知公者被召，与公相遇于途，询以所欲，公从容诵少陵"江汉垂纶"之句以答之。贵公咨美，还朝，每称于诸公间，以为不可及也。及纲为尚书郎，丐迎养京师，除公提举醴泉。转中大夫，改右文殿修撰。顷之，以足疾不任。朝谒，请复洞霄。凡为宫祠者逾十年。纲自左史论事得罪，方远谪，公诲之曰："进退出处，士夫之常。汝勉自爱，毋以吾老为念也。"父子之懿，闻者仰之。及归，公喜见颜间，曰："汝罪大谪轻，谪未久而归，上恩厚矣，何以论报？"时公方避寇海陵，盛夏遽促归。既还，以微疾上章告老。命未及下，而公疾已革，顾诸子曰："汝等皆在吾左右，吾何忧？"因不复语，怡然而逝，享年七十有五。

公天资纯孝。继母饶氏，性严肃，公事之尽子道，得其欢心。于兄弟间，友爱尤笃。既除饶氏丧，尽以资产推与之，独与季弟曼出居浙右，廪入之余，一以付之，置不问。其后禋祀许及期亲，即以与其子纬。其教子以孝弟忠信为本。闻人一善，于父子兄弟间誉之不容口，退而未尝不以训诸子也。自为小官，喜周人之急，禄虽微，不为有无计。亲族之贫不能家者，均养之。妹侄甥女无资以遣者，必择配归之。故乡里语风义，以公为称首。其交朋友尽信义。与人接，洞然无城府。尤喜提奖后进，孜孜不倦，门人之跻膴仕者相望也。其在朝廷，每有贡举，公未尝不为考官。其所取多一时名士，人服其鉴裁。平生唯嗜书，无他好。幼学尝苦无书，既仕，节衣贬食，而积书之富，至与巨室名家埒。

初，黄公以名儒有重望，自熙宁以来，累践大官，被遇泰陵，进位承辖，士之出其门者众矣。公为儿童时，甥舅自为知己，而退然官州县垂二十年。逮今上纂极，黄公已均逸于外，乃始以学官召擢，盖黄公所以期公者远，而公亦安于义命，不汲汲于进也。晚位通显，而恬于进取，又率常数考一迁。至一日有归意，则慨然决去不可留，其难进勇退如此。

公貌怡而气和，襟顺而中劲。少有大志，而深自韬养，不以所长自见。至其謇然持议，无所回隐，不为世变所移，则有人所不能者。建中靖国初，丞相范忠宣公薨，太常议行易名，公为博士，定其议曰："公任台谏，当朝廷清明、民物阜安之时，而公正色立朝，力陈安危治乱之几。至于法度之废兴，典章之施设，大臣之去留，人材之用舍，一有不当其心，则抗章论列，无所顾避，至有不得其言而去。其列侍从，居宥密，位台辅，益行所知，从容进见，有责难之恭。朝廷有大利害，与同列辨论上前，多以理胜。如罢大河东注之议，寝鬼章款塞之质，下宽大之诏以安群心，释朋党之疑以全善类，皆自公发之。然公处心积虑，务在体国，持论平允，不以好憎易情，不以同异介意，惟其是之从也。故邓绾移扬，公置绾前日论己之憾，而言今日指摘绾事之非。元祐纷更，公置熙宁论议不同之念，而言今日法度尽变之失。非公诚心慷慨，不为利回，不为义疚，孰能然哉？若夫救蔡确新州之贬，而忘高位厚禄之为可怀，论吕大防等宜从宽宥之叙，而不知疏远嫌疑之为可避，此人之所尤难，而公优为之。盖公以为大臣之于国，有股肱心膂之托，而乃心王室，曾无内外之间，安往而不任其责耶？"方是时，范公名在罪籍，虽门生故吏，往往讳言之，而公之议挺挺不挠如此。呜呼！斯可以观公之心矣。故余备载其辞，以是铭之，庶其流风犹足以立懦敦薄云。

公娶吴氏，奉议郎桓之女。初封仁和县君，先公二十二年卒，累赠濮阳郡君，改赠令人。子男四人：曰纲，起居郎，兼国史编修官，以论事谪监南剑州沙县税务。得旨，复本等差遣。曰维，承事郎，前监在京诸司粮料。曰经，通仕郎，试补太学上舍生，未赴殿试。曰纶，通仕郎。女三人：长蚤卒，次适奉议郎、杭州司仪曹事张端礼，次适迪功郎、衢州司工曹事周琳。孙男六人：仪之、宗之、集之、琳之、文之、麟之。〔孙〕女三人。有文集二十卷，《礼记义》十卷，藏于家。铭曰：

目无全牛，奏刀砉然。不逢其族，孰知其难？世故屡更，鲜不畔援。秉义弗渝，其节乃见。公于建中，士方纷如。不倚不流，介然中居。哲人之萎，谗波稽天。鲠议直辞，如防在川。群言不孚，咸底于罪。皇明烛幽，公独无悔。易名之美，自公发之。世济之荣，公与有之。我作铭诗，以示万世。庶其流风，闻者兴起。

【简跋】

此碑刊于北宋宣和四年（1122年），碑石未见，碑文录自《杨时集》卷三二。[①] 撰文人杨时（1053—1135年），南剑州将乐人，字中立，熙宁九年（1076年）进士，理学家，世称龟山先生，官至工部侍郎、龙图阁直学士。《宋史》卷四二八有传。

墓主李夔，字斯和，系尚书右丞黄履外甥、杨时太学同窗好友。元丰二年（1079年）进士，累官右文殿修撰，终龙图阁待制。弘治《八闽通志》卷七十、光绪《邵武府志》卷十九有传。李夔子李纲，字伯纪，号梁溪，谥忠定，邵武人，南宋名相。《宋史》卷三五八有传。

令人吴氏墓志铭
（宣和四年）

中大夫、右文殿修撰李公讳夔之夫人吴氏，其先越州山阴人，仕唐为谏大夫。董昌之乱，义不屈，遁居括州，故今为括苍剑川人。曾祖崇（原注：避哲宗讳），赠大理评事。祖㲄，赠承事郎。父桓，故任奉议郎，知湖州长兴县。母鲍氏，金华县君。

夫人资孝谨，事父母能尽其力，饮食起居，未尝斯须去侧。省、定、温、清，各适其节；言、德、功、容，人鲜俪焉。父母贤之，谓必得名杰乃可以为配。是时李公以诸生与修衣冠制度，名闻朝廷，继而擢高科，遂以妻之。

惟吴氏世为望族，夫人生大家，而李公起寒素。夫人事之尽妇顺，能以清

[①]《杨时集》（第3册），北京：中华书局，2018年点校本，第806-814页。

约自将，无骄矜气。柔明端静，人不见其喜愠。治家有常法，遇妾媵有恩意，闺门之内，雍如也。方李公筮仕之初，官卑禄微，喜过从，赒人之急如不及。甥侄孤女未有家者，必择对归之。夫人躬治殽馔，必致其精旨，罄奁具资遣之，无吝容。人以为难，而夫人安为之。故乡闾笃风义者，必以李公为称首，夫人之力为多也。

李公从辟廊延，夫人挈诸子归宁，而金华尚无恙，夫人事之益至。吴氏族大，间有不相能者，必迎致其家，听其言，视其容色，而鄙倍必消矣。其懿范感人盖如此。

建中靖国元年，李公自签书平江军节度判官厅公事，被召为太学博士。既登舟，而夫人感疾，遂不起，实正月七日也。以其年三月十八日，葬于常州无锡县开元乡历村湛岘山之原，享年四十有四。初封仁和、仁寿二县君。李公之舅右丞黄公，以夫人之贤，奏赐冠帔。既没，累赠永嘉、濮阳郡君，改赠令人。

男四人：曰纲，起居郎、国史编修官，坐言事谪监南剑州沙县税务，有言牵复，未行。曰维，承事郎。曰经，曰纶，皆通仕郎。女三人：长蚤卒，次适奉议郎、杭州司仪曹事张端礼；次适迪功郎、衢州司功曹事周琳。宣和四年，余过锡山，以其舅从政郎爽侯彦申之状属余铭，且谓余曰："吾母之亡，先子方趋朝，而诸孤皆稚弱，不克铭以葬。夫铭，所以论撰先美，而明著之后世也。无美而称之，是诬也；有而弗知，不明也；知而弗传，不仁也。三者有一焉，人子之罪大矣。今吾母之德善可考不诬如此，而积二十有余年，幽堂无辞以纪，诸孤不仁之罪，宜无以自逭。愿得铭以补前过，庶几发扬幽光，为存没之慰。"余感其言，故不辞而铭之。铭曰：

内职之修，阒而弗彰。有子之贤，其传乃光。贻尔后人，视此铭章。

【简跋】

此碑刊于北宋宣和四年（1122年），碑石未见，碑文录自《杨时集》卷三二。[1] 撰文人杨时（1053—1135年），南剑州将乐人，字中立，理学家，世称龟山先生，官至工部侍郎、龙图阁直学士。《宋史》卷四二八有传。

墓主吴氏，括苍剑川人，系李夔妻、李纲母。两人的生平简介见《宋故李

---

[1]《杨时集》（第3册），北京：中华书局，2018年点校本，第816—818页。

修撰墓志铭》"简跋"，兹不赘。

宋故龙图张公夫人黄氏墓志铭
（宣和四年）

　　哲庙朝以郊祀成，推恩天下，诏子孙愿以官授其亲者，听。朝散大夫、直龙图阁鄱阳张公讳根，时罢遂昌县令，年甫壮，欲如诏书休官，翼恩逮其祖。人皆谓公齿少材高，誉望甚休，进未可量，曷不少须取显仕以为亲荣，而遽此汲汲也。独其夫人黄氏力赞成之。其后龙图公将漕淮南，初退大礼，法当荫子，又欲请于朝，官其叔父，以告夫人。夫人喜见颜色曰："公方壮年，为祖谢仕；今始得子孙之恩，复以推叔父。皆人所不能，而公优为之，其助风化多矣，愿亟抗章无疑。"嗟夫！仕宦进取，鲜不为妻孥计。而龙图公所为，绝人远甚，盖有夫人为之内助。而为人妻者，能勉其夫以义如此，尤所难也，呜呼！得不谓之贤哉！

　　夫人闽之邵武人，曾祖讳某，赠司徒。祖讳汝济，赠太师。父讳履，尚书右丞。母段氏，京兆郡夫人。惟黄氏世为邵武著姓，司徒太师有隐德，为乡里所推，至右丞公，以漕德直道进位执政，为时儒宗，而黄氏益显。右丞公三女，夫人其长也，方幼颖悟绝人，诵书日十数百言，辄了其义；凡女工之事，不学而能。及长，懿淑端正，动必依礼，所以事父母者，曲尽其诚，识趣高迈，尤深于老庄之书。右丞公每与夫人语，未尝不叹息以为不可及也。择配久之，元丰中，龙图公试业上庠，甫冠已三荐于礼部，遂擢乙科。右丞公时为礼部尚书，一见以国士许之，且曰："器度凝远，真吾女之配也。"遂以夫人归焉。

　　夫人之归张氏也，王舅姑、舅姑咸在堂，龙图公性至孝，奉养其亲，惟恐不及；夫人悉力左右之，承顺颜色，纫饵必亲，舅姑爱重，每指夫人所为以训诸妇，俾之师法。逮事凡三十年，服勤如一日。及其亡也，执丧礼惟谨。张氏大族也，内外姻戚甚众，夫人上承下抚，人无间言，惟宽裕无忌嫉，喜愠不形于色，与人和易，怡声下气，惟恐伤之，虽侍妾辈皆得其欢心。

右丞公、京兆君爱夫人过其子，每间岁不远千里归宁。京兆君之丧，夫人哀毁，终丧不茹荤。其后右丞公位廊庙，退朝无声色之奉，独与夫人谈道，间及时事，夫人辄能断其利害，右丞公喜曰："是吾益友也！"建中靖国初，右丞公谒告还乡，诏趣入觐，抵维扬疾作，诸子远宦，独夫人在旁，尝药侍膳，昼夜不舍。既薨，号慕成疾，复力疾以治丧事，咸有条理。右丞公归葬邵武，而京兆君葬丹阳，夫人岁时致享不辍，人谓黄氏有女矣。长兄高材旷达不事事，其卒也，至无以敛。夫人赠襚之甚厚，赒恤诸孤，恩意尤笃，其天性孝悌如此。

初，龙图公既休官以归，闲居逾十年，夫人安于岑寂，无半语及荣利事。迨近臣论荐落致仕，召对，夫人不以为喜；已而以言不偶，复就闲，夫人不以为戚。其后奉使江淮间又十余年，士大夫莫不以公久淹于外为惜，夫人独曰："部使者一路休戚所系，随事施设，亦足以行其所学矣。"龙图公性刚直，遇事无所顾避。夫人每戒之曰："释氏六波罗密，以般若为宗，贵夫以方便善巧济一切也。今公欲有为于当世，而不知此，其可乎？"龙图公深感其言，为之委蛇曲折以行其道，十余年间，两路之民受赐多矣。其后以言得罪，夫人泰然无忧色，笑谓龙图公曰："公虽知所谓般若矣，独于能忍抑犹有未尽乎？"其议论过人，皆此类也。夫人之妹，适刘公正夫，刘公绵历侍从，遂登宰辅，夫人未尝干以私。中年笃好释氏，世味益薄，独扫一室，燕坐终日，以禅悦自娱。自龙图公以罪去，益有厌世意。尝梦金人长丈余，以手授之，夫人惊喜而悟，顿若有得，召诸子告戒甚悉。一日晨兴，偏诣诸娣姒，若叙别然，且曰："吾终当梦中逝，不复以病疾烦人也。"夜分命儿妇具粥食，既而就枕，诘旦顾左右具龙图公药饵如常时，少顷诸子候兴居，已奄然逝矣。侧卧西乡，手结印固不可解，实宣和二年闰五月七日也。享寿五十有九。

夫人神观泰定，气韵洒落，虽盛族，雅以寒素自将，无贵骄之习。性乐善，闻人有所长，称道不容口。龙图公轻财好施，常倒囊以赒人之急，虽家人饮食衣服有不备，而夫人处之恬然，无吝色。龙图公作家以严，而夫人济之以宽；莅事以直，而夫人济之以和。伉俪垂四十年，日以忠孝相警戒，故龙图公立身行道，无愧古人，夫人助之为多。初，龙图公致政，以母之封封祖母，故夫人以所封逊于姑，其后以右丞公恩赐冠帔，封南华县君，至政和间，更定命妇号，封宜人。男四人：长曰焘，太学博士；曰熹，将仕郎；曰辉，曰焕，未冠。初焘以外祖恩，补太庙斋郎，夫人戒之曰："丈夫当以儒学致身，汝慎无以此自怠。"遣诣太学十年，遂以第三人登第。女七人，皆通诗礼，夫人所自训也，长适秘书郎黄伯思；次适某；次适太常博士李富国；次适太府寺丞薛良显；次适监杭州都税务范谓；次适楚州宝应县丞虞澹；其一尚幼。

夫人既捐馆舍，未逾月，龙图公不幸亦不起疾。诸孤以宣和五年正月壬午，合葬于德兴县吴园王舅通直公之茔左。先期以状来请铭。某前年自左史谪官沙阳，既得归，迁路抵龙图公第，拜夫人于堂，留十余日，听其议论，亹亹令人忘倦。所见超卓，虽老于禅学者弗能及也。别未半岁，遽闻夫人之丧，窃叹其于生死去来之际，了了如此，矧平日荷顾之厚，而知夫人之行已为甚详，义不得辞。为之铭曰：

黄氏之先，世载令德。宪宪右丞，股肱帝室。笃生夫人，柔惠温恭。曾靡贵骄，来嫔张宗。孝于父母，顺于舅姑。以义教子，以礼承夫。惟龙图公，高义迈古。险夷一节，夫人之助。嗜学老庄，疏封南华。鱼轩象服，以宜其家。德曜之贤，道韫之智。视于夫人，曾何足俪？金人入梦，实符净缘。死生大矣，而往脩然。葬从其夫，先茔之侧。子孙代昌，考此铭刻。

【简跋】

此碑刊于北宋宣和四年（1122年），碑石未见，碑文录自《李纲全集》卷一七〇。[①]撰文人李纲，字伯纪，生平简介见本书《宋故李修撰墓志铭》"简跋"，兹不赘。

墓主黄氏，系尚书右丞黄履女、张根妻。张根，字知常，号吴园，饶州德兴人。元丰五年（1082年）进士，官至直龙图阁、淮南转运使。《宋史》卷三五六有传。长女嫁黄伯思；次女嫁李纲。黄伯思，字长睿，书学理论家，《宋史》卷四四三有传。本书有收录其墓志铭（《故秘书省秘书郎黄公墓志铭》）。

---

① [宋]李纲著；王瑞明点校：《李纲全集》，长沙：岳麓书社，2004年，第1569-1570页。

莫中奉墓志铭
（宣和五年）

公讳表深，字智行，邵武人也。曾祖岽，仕为三班奉职。祖及，不仕。父说，当景祐、宝元间，士方以声律决科，而君独以穷经为务，自闽陬数千里外，赢粮跃足至京师，从泰山孙明复、徂徕石守道先生游，讲明道术。还家杜门，不复求仕进，以公恩累赠至通议大夫。

公自幼闻过庭之训，问学有家法。是时，安定先生居雪上，为世儒宗。公往师焉，一见奇之，谓公有器识，异日所至未易量也。自是浸以名闻于时。

元丰二年，登进士第，调洪州丰城尉。未赴，丁通议公忧。服除，再调建州建阳县主簿。秩满，用荐者移抚州宜黄令。适丁母硕人忧，不赴。终丧，授凤翔府好畤县令。好畤在陇右为剧邑，号难治。公至，明约信令，而人化服。终三年，无一人犯重辟者。仇齐路险绝，车舆不通，邑人病之久矣。公谕父老，鸠徒计工，治为坦途，往来便之。侍郎张公舜民领漕事，见而谓人曰："莫侯可谓知为政矣。其为利，非济人溱、洧之比也。"率同列交荐之。

改宣德郎，知泗州昭信县事。宪司有系囚，事联省曹，吏以枝辞蔓其狱，六更推治不能决，命公往治之。一问而情得，人服其明。民有持牒弃妻屏子者，公诘其所由，曰："以病而贫，力不足以相收，故及此，非得已也。"公恻然悯之，曰："吾为长民之吏，使人父子夫妇不相保，当任其咎者其谁与？"于是出私钱赈之。里巷编氓感公之义，皆协力以周其匮急，故其室家复安如初。比公之行，是人与其妻孥攀号于道，见者咸嗟叹之。公惠政及人，有以厚风俗，多此类也。

上皇即位，覃恩迁奉议郎，赐绯衣银鱼，除真定府路都总管司勾当公事。会中山之安抚朱公绂以公兼领帅事，赖公颇多。秩满，通判新安。除御史台主行。用中司不召，赴都堂审察，除光禄寺丞。

未上，迁开封府司工曹事。朝廷更钱法命夜下，公适直宿，阴为处画，人无知者。黎明，揭示大悉，详下，吏不得摇手为奸。尹陛对被奖谕，遂以公之名闻于上。睿旨，亲除左司录事。中都不治吏，习以为常，黠胥舞知玩上，文移钳纸尾以进，官署唯唯惟谨。公察其尤无良者，治其一二，一府屏息，无敢习故为傲慢者。并（同）僚恃权倖，虽役令悉趋之，公为折其短，独未尝少屈，乃讽言章。政和三年，出公为广济军司录事。士论惜之，而公处之恬如也。

久之，朝廷察其非辜，起知睦州。公曰："文正范公、清献赵公尝守是邦，其遗范未远也。循而守之，则无余事矣。"已而郡大治，民至今思之。过朝，除知饶州。东归，待次毗陵，爱其土风，欲营菟裘为归休计，于是力请宫祠。除提举西京嵩山崇福宫。未几告老。宣和五年六月丁未，以疾终于常州私第之正寝，享年七十有一。是年十一月壬申，葬于宜兴县清泉乡之梅林原。

公为人端劲有守，孝于亲，友于兄弟，人不间其言。畜幼孤如已子。莅官临政，严而不苛，宽而有制，故吏畏其威，民怀其德。决滞讼，去民瘼，洞然幽隐，虽逢其族，迎刃立解，世之名能吏者，皆自以为莫及也。公自奉议郎，或以年劳，或以恩典，九迁至中奉大夫，赐三品服，封文安县开国男，食邑三百户。

娶方氏，太常少卿、赠金紫光禄大夫讳峤之女，有贤行，能宜其家，累封至令人。男二人：曰多闻，通直郎、监镇江府排岸司；曰多见，迪功郎、明州慈溪县尉。女二人：长适宣教郎、知袭庆府邹县事朱缶；次适迪功郎、信州州学教授江文中。孙男三人：曰革，曰萃，皆登仕郎；曰蒙，将仕郎。孙女二人，尚幼。晚自号如如居士，有文集十五卷，曰《如如集》。既葬，其孤请铭于予。予与公有平生之旧，知公为详，义不得辞，乃为之铭曰：

猎德之勤，积之在身。府寺践更，蔚乎有闻。出藩于外，惠施于民。去思不忘，久而弥新。百世之传，视此铭文。

【简跋】

此碑刊于北宋宣和五年（1123年），碑石未见，碑文录自《杨时集》卷三三。[①] 撰文人杨时（1053—1135年），南剑州将乐人，字中立，理学家，世称龟山先生，官至工部侍郎、龙图阁直学士。《宋史》卷四二八有传。

墓主莫表深，字智行，弘治《八闽通志》卷五二《选举》、光绪《邵武府志》卷十九《人物》俱作"吴表深"。元丰二年（1079年）进士，曾任凤翔府好畤县令、知泗州昭信县事、知饶州，皆有善政。光绪《邵武府志》卷十九有传。

[①]《杨时集》（第3册），北京：中华书局，2018年点校本，第829-832页。

李公之墓
（靖康元年）

公李姓，讳仲保，邵武人也。生平以仁爱名于乡。宣和四年二月二十六日卒于正寝，享年六十有六，以靖康改元九月壬午，葬新义里白善坑高墩之原。凡三娶，初吴氏，中陈氏，终龚氏。子男四人：安常、安仁、宗延、宗寿。女适吴元通。孙男五人，孙女八人，皆能世其家。谨识岁月刊于墓云。

吴阊刊

【简跋】

此碑刊于北宋靖康元年（1126 年），现存邵武市博物馆。碑高 47 厘米、宽 35 厘米、厚 3.5 厘米，楷书。刻工吴阊，可能出自两宋之际邵武吴氏刻工家族。墓主李仲保，史籍无载，卒于宣和四年（1122 年）二月，享年六十六，葬于靖康元年九月。

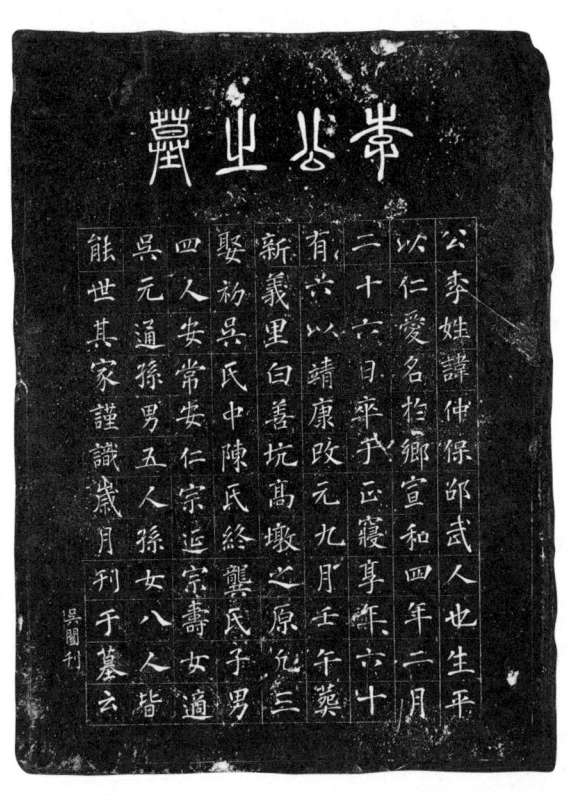

故秘书省秘书郎黄公墓志铭

（绍兴五年）

公讳伯思，字长睿，父姓黄氏。其远祖自光州固始徙居闽中，为邵武人。曾祖汝济，赠太师。曾祖妣高氏，赠相国太夫人。祖履，任资政殿大学士、会稽郡公，赠特进。祖妣段氏，封魏郡夫人。考应求，任奉议郎、饶州司录事。妣王氏，封仙源县君；继李氏，封真宁县君；任氏，封华容县君。会稽公由布衣擢高第，以德行文学被遇三朝，致位丞弼，号为名臣。公其嫡长孙也。

公天资警敏，风度夷粹。幼不好弄，惟喜读书，日诵千余言。每听会稽公讲论经史，退与他儿言无遗误者。会稽公尤钟爱之，俾晨夕侍左右，躬自训导。任为假承务郎。尝梦孔雀集于庭，觉而赋之，词采甚丽，识者知其为文祥也。故右文殿修撰、赠太师李公，会稽公之甥也，于公为外伯父，儒学冠一时，会稽公命公师焉。殖学积文，根底渊源，益臻壶奥。年甫冠，入太学，与宿儒寒畯校艺，屡占上游，优与荐送，遂过南省。属哲庙升遐，天子谅阴不言，诏罢廷试，公名在行间，不得摅其素蕴。会稽公将以恩例继奏俾增秩，公固辞，由是益奇之。时朝廷方以宏词取士，公将应其科，肄业不辍，人皆谓公决中高选。属会稽公薨，公以哀毁得羸疾，竟不遂所志，士论惜之。初公未第前，以铨试高等，调磁州司法参军，久不之任，至是改通州司户，丁内艰不赴，服除，授河南府户曹参军。

公平居笃志文史，视世务邈然，不以经意。其掾洛阳也，众谓会府剧曹，难于称职，而公应事接物，游刃有余，不劳而办。洛阳故都，素号衣冠薮泽，公以余暇与其贤士大夫游，从容翰墨间，相得其适，秩满当受代。故资政殿学士邓公洵武，实司留钥，惜公之去，辟知右军巡院。公亦乐其山水人物之胜，因留不辞，盖留者又两年。朝廷有知公者，除详定《九域图志》所编修官，兼六典检阅文字。改京秩，寻差充监护崇恩太后园陵使司，掌管笺表。以修书恩升朝列，擢秘书省校书郎。未几，迁秘书郎。既入馆，纵观册府藏书，雅惬所好，耽玩至忘寝食。在馆逾再考，丁奉议公忧，公性至孝，自幼失母氏，继母真宁君、华容君，复相继捐馆舍，执丧咸以孝闻。素抱羸瘵，至是不胜哀毁，疾遂以剧。

释服至京师，清癯骨立，而嗜学不倦，盖如昔也。复除旧职，不数月，竟不起疾，实政和八年二月二十有六日也。

公初不甚信释氏，遭会稽公丧，读佛书，恍若有悟，遂笃好之，奉事精谨。将没之夕，沐浴易衣，西向修念佛三昧而逝。家无余资，盈箧笥者，书籍而已。公体弱，如不胜衣，而风韵洒落，飘飘有凌云之意。遇人谦谨，恂恂如不能言。而高明闳达，善著书，挥毫数千言，倚马可待。自幼学至强壮，手未尝释卷，其所至虽假室暂寓，必求明窗净几，图史满前，欣然处其间，诵习述造，皆有程度，寒暑不易。故其所学汪洋浩博，上至六经，下至诸子百家，历代史氏之书，天官、地理、律历、卜筮之说，无不精诣；又好古文奇字，官洛下，得名公卿家所蓄商、周、秦、汉钟鼎彝器款识，研究字画体制，悉能了达，辨正是非，道其本末，遂以古文名家。在馆阁时，当天下承平无事，诏讲明前世典章文物，修舆地图，集鼎彝古器，考订真赝。公以素学，与闻议论，发明居多，馆阁诸公皆自以为莫能及也。与同僚襄陵许翰尤相善，翰喜述作，所解《太玄经》诸书，有疑义，多就公质之。是时士务浮竞，枝辞蔓衍，趣时好以取世资，公独退然无营，寓意古道，所学最为绝俗，文辞雅健，格高而思深，歌诗俊逸清新，追古作者。盖公之学问慕扬子云，文章慕柳子厚，诗篇慕李太白，此自其平日所称道也。有文集五十卷，藏于家。

公尤精小学，凡字书讨论备尽。本朝淳化中，博求古法书，命待诏王著绪正诸帖，公病其乖伪庞杂，作刊误二卷，考引载籍，咸有依据。而公之书，正、行、草、隶皆精绝，初仿颜、柳，后乃规摹钟、王，笔势简远，有魏晋风气，得其尺牍者，多藏弆也。呜呼，昔之所谓好古博雅君子，与夫直谅多闻之益友者，非公其谁当之！公亦颇好道家之言，自号云林子，别字霄宾，其再至京师也，梦人告之曰："子非久人间，上帝有命典史文翰。"觉而书之。不逾月遂谢世。其事颇与李长吉、王平甫同，亦异矣！

夫公自假承务郎，六转至朝奉郎，自磁州法掾，六迁至秘书郎。娶张氏，故朝奉大夫、直龙图阁、淮南路计度转运使根之女。男二人：长曰诏，今为右宣教郎、前充荆湖南路安抚都总管司书写机宜文字；次曰讷，右从事郎、新差福州怀安县尉。女一人，适故兵部侍郎邹公浩之子曰栩，今为右承务郎、监潭州南岳庙。孙男二人，曰禄、曰祐。惟公之殁，葬于镇江府丹徒县招隐山之麓，距今盖十有七年矣。方葬时，诏、讱尚幼，不克铭于墓，大惧湮没先德，乃状公平生行事来请铭。某于公中表姻娅，相与甚厚，义不得辞。铭曰：

　　天地和气，清微淑灵。山川炳焕，草木敷荣。公禀其秀，瑞时以生。歧嶷之资，见自幼龄。风神凝远，玉粹冰清。温良端恪，祖训是承。孔翠之祥，乃以文鸣。含英咀华，休有俊声。来游贤关，令誉腾跃。遂登儒科，縻此好爵。筮仕之初，于邑西洛。簿书粗办，寓意寥廓。发闻惟馨，高步馆阁。纵观群书，得其所乐。贯穿古今，见闻日博。沉酣耽玩，心醉于学。根深华茂，其词如云。文章典雅，诗句清新。人皆窘束，我独渊沦。追古作者，超类轶群。夏鼎周鼓，钟镈彝樽。云雷刻画，缭以缪文。铭章款识，研究本根。洞视千古，别其赝真。下逮小学，订正精明。字画之妙，晚臻老成。有正有隶，有草有行。鸾翔鹄峙，岳立渊渟。兼资众妙，以大其名。身反不昌，遽速殒零。兰摧桂折，风去梁倾。莫诘其由，归于杳冥。白玉楼成，上帝有诏。往司文翰，脱屣尘淖。世间梦幻，孰非颠倒？寿夭升沉，竟亦何校？京口之藏，既安宅兆。十有七年，星流电扫。子孙方兴，天有显报。追作铭诗，万世之告。

【简跋】

此碑刊于南宋绍兴五年（1135年），碑石未见，碑文录自《李纲全集》卷一六八，[1]又见宋人黄伯思《东观余论》卷下。撰文人李纲，字伯纪，生平简介见本书《宋故李修撰墓志铭》"简跋"，兹不赘。

墓主黄伯思字长睿，自号云林子，元符三年（1100年）进士，系尚书右丞黄履孙、李纲连襟。北宋文字学家、书学理论家，官至秘书省秘书郎，著有《东观余论》。《宋史》卷四四三有传。

---

[1] [宋]李纲著；王瑞明点校：《李纲全集》，长沙：岳麓书社，2004年，第1551页。

宋故右朝请郎上官公墓志铭
（绍兴十年）

左朝请大夫、通判兴国军兼管内劝农营田事程元允撰

左朝奉大夫、直秘阁、应天府路提点刑狱公事吴伟明书

左朝散郎、前权发遣南剑州军州兼管内劝农事上官愔篆

公讳模，字规仲，世为邵武人。曾祖曾，隐居有高行。祖照，累赠通奉大夫。父恢，见任左中大夫，致仕；母令人高氏，俱乐教子，号严君。公自幼力学，及长游庠序，名声籍甚。崇宁间预太学荐，继两被乡贡，竟不第，以父荫补官，非其志。初调临江军仪曹，次开封府封丘尉。以赏循从政郎，移楚州士掾。秩满，当路竞荐至九人。改宣教郎，任建康府句容丞。累转右朝请郎，年劳赐五品服。建炎己酉，浙西安抚司辟主管机宜文字。未几，除通判抚州。绍兴五年，崇仁、宜黄县境巨盗蜂起，依山啸聚，一方震恐。时官军惮贼阻险，逗留不敢进，贼势益张，大肆猖獗。帅、宪二司咸谓讨贼事非公不可，亟以此付公。公沉谋有断，人莫之测。一日，召诸将密授方略，躬率将士分据地利，扼贼要冲，纵兵直捣其巢，先缚贼酋，余束手就擒，鸟惊鼠伏，莫敢遁匿。众骇以为神。自是千里奠枕，无复犬吠之警。父老相与感泣曰："活我者，上官公也。"诸司以功奏，上降招奖谕，被赏甚渥。公天资仁恕，识量夷旷，犯之不较，未尝见喜愠色。与人交尽其诚，尤乐周急，略无吝情。与宗族亲戚，久而弥厚。生平薄于利名，无所嗜好，唯喜恬退。性不欲暴人之短，闻人善则极口扬之，人称为盛德长者。

七年七月十六日，以疾终于正寝，享年五十八，闻者莫不哀之。初娶徐氏，次施氏，今安人沈氏。子男二人：端彦，端允，皆以祖延赏补登仕郎。女一人，适右迪功郎章沆。十年二月己酉日，将卜葬于邵武昼锦乡觉惠山之原。余与公同官临江，知公为人甚详，因其孤以状求余铭，义不敢辞。铭曰：

学优而仕，名固宜泰。吁嗟公兮，以荣为戒。服仁不违，寿亦宜长。吁嗟公兮，胡啬以亡。植德既丰，垂庆宜隆。镌铭苍石，以诏无穷。

镌者吴闳

268 邵武历代碑铭 集录

【简跋】

此碑刊于南宋绍兴十年（1140年），现为邵武某藏家所藏。[1] 碑额"宋故朝请上官公墓志"，篆书。碑高115厘米、宽72厘米，楷书。撰文人程元允，字志行，常熟人，崇宁五年（1106年）进士，时任兴国军通判。书丹人吴伟明，字元昭，邵武人，崇宁五年（1106年）进士，时任应天府路提点刑狱公事，弘治《八闽通志》卷七十有传。其父吴思墓志铭《宋承议郎吴君墓志铭》，本书有收录。篆额人上官愔，字仲雍，邵武人，龙图阁待制上官均之子、墓主上官模族叔，政和二年（1112年）进士，知南剑州，著有政声，弘治《八闽通志》卷七十有传。

[1] 此碑拓片照片由邵武市华南镜画博物馆提供，特此致谢。

墓主上官模，字规仲，左中大夫上官恢之子，以父荫补官。历官临江军仪曹、开封府封丘尉、楚州士掾、建康府句容丞、浙西安抚司主管机宜文字、抚州通判。在抚州任上，平定崇仁、宜黄两县境内动乱有功。

宋故左中大夫直秘阁致仕黄公墓志铭
（绍兴十年）

左朝奉大□〔夫〕、直秘阁、主管台州崇道观吴伟明撰

左朝散郎、□〔起〕居舍人张扩书

左儒林郎、□〔充〕临安府府学教授许叔微篆额

箕子陈《洪□〔范〕》，有五福之□，以寿、富、好德、宁康、考终命为次。然天以五者畀人，常薄钟而啬与。故人得之，每偏而不均，万有一禀其全，若黄公者，其庶几欤？

公讳德裕，字□□〔仲益〕[①]，世为邵武人。黄氏本箸姓，占籍稣平里者率多善类。其讳顺悌者，于公为曾祖，妣吴氏。讳仁晏者，于公为祖，妣吴氏。讳文绚者，于公为皇考，初□承事郎，至奉议郎致仕，累赠开府仪同三司。妣上官氏，初封福昌县君，累赠嘉国夫人。奕世晦迹丘园，至开府公业儒有声名，晚始以公贵，躬行□子也。

公幼颖悟，有器识。曾祖尝曰："予家世积德，后其昌兮。以《戴记》授之子孙。"开府因以授公，乃刻志向学，未冠，乡举不利，书舍后竹云："伊耕莘□〔野〕，□〔吕〕钓渭滨"，盖自勉也。遽束书走上庠，业成，擢元丰二年进士第，如所志焉。自选人考满，以荐书改宣德郎，更奉议、承议、朝奉、朝散、朝请郎、□〔迁〕朝奉、□〔朝〕散、朝请、朝议大夫。渊圣覃恩迁中奉大夫，上覃恩迁中大夫，加封文安县开国男，食邑三百户。此公之所历官爵也。自江州□□〔湖口〕、怀□□〔安县〕内尉，移凤翔录事参军，知福州闽县。除太府、鸿胪两寺主簿，宗正寺丞，擢尚书仓部员外郎。移户部，升郎中。

---
① 仲益，原碑缺，据弘治《八闽通志》卷七十《人物·黄德裕传》补。

更吏部、兵部，出知相州、信州□〔同〕知、□□未赴。除直秘阁，知利州，签书本路兵马钤辖司。还知凤翔府。俄提举西京嵩山崇福宫，罢，乃纳禄。此公所历职也。

公天资英明，所□□□行□。其尉湖口，有宗女诉其夫詈己，语涉不逊，令委公穷治，公为雪其诬。河内素盗渊薮，万善市有夜遭劫者，村民缘诬告迨系，公刺审其冤，□□□□真盗。凤翔有黥卒，伪游妓家，夜缢杀之，负囊以遁，官捕得他卒，赃状疑似，卒诬服，公察之为缓狱。而邻郡踵以贼至，众欢以为神明。若夫□□□□得贷死，茶商误入禁地得从减，皆公所建白也。福负郭三邑皆丛剧，独公剖决无留讼。故侯官、怀安之政，民谣鄙之，而闽县有"铁扫帚"之□□□□公方劲强敏，不可挠屈也。州人门下侍郎许公将闻之，为延誉于朝，适代还考课入优等，遂预旌擢户部右曹。石炭场二十余所，公请分界□□□□岸，人甚便之，相继申明本曹，事多见听用。吏部射阙，吏巧于为奸，公始为置簿，令士人得亲注。旧法，射阙者三日外方具钞，公乞令不顾□□□□三日内钞上，遂著为令。寒进之蒙惠多矣。

凡更四州府，恺悌慈祥，惟以体国便民为心，他弗记也。上饶产青绿水晶，前此岁采以献，公以□□□□辍。诏使擅增坑冶之数，宪司以赡学之余桩上供，督责峻甚，公力拒之，皆不为屈。在凤翔又与察访司辩督索非应发之物，漕司争转□□□□公私咸赖之。大抵奉公持正多此类也。州郡沿袭公帑岁醞率越法，公所至，以岁赐额均给如令，清慎谨畏，无豪（毫）发私。宪漕置司利州，贪□破□〔法〕，取给于郡，受斥百端，公一不与校，而所守终不变。会复同事凤翔，积怨不已，乃为结党诬奏而罢，公不复辨，众论大不平。由是人益知公为□□□〔长者，且〕信仁者之有勇也。

自奉祠，得请寓家维扬，徙平江者累年，时方多艰，转侧寇攘中，扶持全安而归。时皆以为吉宜之报。方其燕休自适□□□□□心清白，能世其家，故平居自奉极简约，未尝辄为崖异。胸中坦夷，与物和易，循循善诱，后学咸宗慕之。其晚节乐道不倦，又如此。初□□□〔徽宗登〕□当锡五品服，公请回授其亲，时人荣之。及为尚书郎，开府公、嘉国夫人尚无恙，承颜养志，礼无违者，视昆季情义尤笃，至于曲惇亲故，不□平生之言，又其余事耳。公粹于经术，学以义理为宗，手未尝释书。年高气清，每谈今古，亹亹无倦色。感时寓意，即发之于诗情，文温润，必根于忠□。里间传诵，往往成编。

公崇宁初，赐对便殿，占奏大称旨，闻者叹服，盖其所陈必推明帝王治体。如制作礼乐，明示好恶，严考绩，公赏罚，广岁籴，缮□器，奖□寒俊，慎择守令、监司。前后凡十许条，皆天下急务。然太府罢，复佐鸿胪省，中易四曹，人多叹其滞留，而公处之自如，未尝形于辞气。利州还，对崇政〔殿〕。徽宗顾曰："朕旧日郎官也。"士大夫以拟冯唐，知公恬于进取，未尝苟合故也。

绍兴八年九月甲申，以疾终于正寝，享年八十有五。□文集二十卷藏其家。公初娶高氏，继邓氏，二令人具有贤行。男四人：邦彦，右朝奉郎、前主管台州崇道观；邦杰，右从政郎，前江淮荆浙闽广等路□〔经〕制发运司主管粜籴官；邦式，右迪功郎、前特差监潭州南岳庙；邦佐，右从事郎、前贵州司户兼录事参军，皆修饬以才业自奋。女三人：长适左朝奉大夫、直秘阁主管台州崇道观吴伟明；次适左朝散郎、新差通判抚州军州事王珉；季适进士宋宾。孙男七人：迪、迈、遹、述、远、迨、邃。迪，右迪功郎，□〔新〕建州浦城县尉；迈、遹、远、迨，具登仕郎。孙女三人，尚幼。

呜呼！公以太学诸生决科入仕，甫六十年，扬名显亲，白首一节，进退之间雍容可观。而世人□难得于大者，公享之又为独丰，亦可以无憾矣。

邦彦等以十年七月乙酉奉公之柩，葬于本里广平山塔窠之原。前期以状来谒铭，惟先子与公至交，伟明寅缘获出门墙，又尝属以纪述，且曰："惟吾子知我最详"，追痛此言，渠敢以不能辞？乃次第其实，泣而为之铭。铭曰：

历仕五朝兮，确乎其守道也。居间一纪兮，翛然其佚老也。克绥福履兮，神明之所劳也。了无恒化兮，死生尤梦觉也。佳城肇吉兮，蓍龟前以告也。流庆亡穷兮，子孙将永绍也。镵文不泯兮，遗迹斯可考也。皎如日星兮，垂世当有耀也！

邵武吴遐、男寿摹刻

【简跋】

此碑刊于南宋绍兴十年（1140年），2012年在水北镇大漠村金山出土，现为邵武某藏家所藏。① 碑额"有宋中大夫黄公墓志铭",篆书。碑高178厘米、宽78厘米、厚11厘米,楷书。已断为上下两节。

撰文人吴伟明,字元昭,邵武人。崇宁五年(1106年)进士,时任左朝奉大夫、直秘阁、主管台州崇道观。其父吴思墓志铭《宋承议郎吴君墓志铭》,本书有收录。书丹人张扩,字彦实,一字子微,饶州德兴人。崇宁五年进士,官终中书舍人。工诗,词采清丽,著有《东窗集》。② 篆额人许叔微,字知可,号白沙,又号近泉,真州白沙人。绍兴二年(1132年)进士,杰出的医学家,曾任徽州、临安府学教授、集贤院学士,人称许学士。③ 刻石人吴遹、吴寿,参见本书《垆阳明应广祐王庙记》"简跋",兹不赘。

墓主黄德裕,字仲益,系吴伟明岳父。元丰二年(1079年)进士,历知福州闽县、利州、凤翔府,方正有为。弘治《八闽通志》

卷七十、光绪《邵武府志》卷二十有传,然仅30余字,本墓志达2000余字,可补方志之略。黄德裕子孙多人登第入仕。其子黄邦彦,元祐三年(1088年)

---

① 碑文录自刘小明、赵国进《宋左中大夫黄德裕墓志铭考》(《邵武文史资料选辑》第27辑,2014年,第158-163页),编者据刘小明、黄承坤所供原碑照片修订。
② 杨倩描主编:《宋代人物辞典》下,保定:河北大学出版社,2015年,第1101页。
③ 尤虎、苏克雷等编著:《历代名医经方一剂起疴录》,北京:中国中医药出版社,2016年,第408页。

进士，主管台州崇道观；黄邦杰，江淮荆浙闽广等路经制发运司主管籴粜官；黄邦式，特差监潭州南岳庙；黄邦佐，贵州司户兼录事参军。邦式之子黄遹，字景声，南宋隆兴元年（1163年）进士，任江南西路提点刑狱。光绪《邵武府志》卷二四有传。黄遹之子黄静夫，绍熙元年（1190年）进士，知福州闽县。静夫曾孙黄清老，元泰定四年（1327年）进士，本书有收录其墓志铭（《元故奉训大夫湖广等处儒学提举黄公墓碑铭并序》）。

有宋李氏墓志
（绍兴二十五年）

昭武上官端义前室李氏，同郡之故县人。总发从其母至姻戚陈氏，即余外家，会吾母时适在是，见其仪质静颛，因为其子择配，遂定亲于尊俎间。年十八，归端义。吾母嫠居，极严笃。李氏承顺左右，未始或违。蒸尝宾客，率先服勤。其自奉甚俭约，而抚下又能知其劳。尝归宁，肩舆者失足颠坠，乃戒其婢无言于家，恐速厥戾，其恕凡若此。端义领簿泉之惠安，告代李氏，先侍版舆还里。中途抱病，甫及家而卒，享年五十有五而已。日者卜利，越四岁，始克襄事于郡南月山之原属。端义莅职宜春法掾，男若古、女四八，扶柩躬窆。若功方幼，在予侧。呜呼！夫妇之义，相从于艰苦，

而不同于安逸。敛不克冯其棺，葬不克临其穴。死生契阔，虽云有数，而痛悼何穷？

绍兴二十五年八月甲申，志以纳圹

郡人吴闵、男杞模刻

【简跋】

此碑刻于南宋绍兴二十五年（1155年），现由邵武某藏家收藏。撰文人上官端义，字方叔，邵武人，系墓主李氏丈夫。绍兴十七年（1147年）释褐，以荫为惠安簿，历官建安县丞，摄浦城、瓯宁二邑，皆有惠政。弘治《八闽通志》卷七十、光绪《邵武府志》卷二十有传。刻石人吴闵、吴杞父子，参见本书《垆阳明应广祐王庙记》"简跋"，兹不赘。

故右朝奉郎通判筠州黄公墓志铭
（绍兴二十七年）

维黄氏居邵武军者，世系远矣，代有显人。公讳秬，字伯瑞，建炎帝相讳潜善子也。曾祖讳亨，朝散大夫，赠太傅。祖讳景，朝散郎、秘阁校理，充徐王府侍讲，赠太师、申国公。父光禄大夫、守尚书左仆射，兼门下侍郎、御营使。母徐氏，吴国夫人。建炎初，虏犯东京。仆射自河北领兵入觐，总御营使，大策秘画，多更其才。不淹旬，国步再安，可谓有勋力于再造。未几，虏复饮马于淮泗，言者归罪于仆射[①]，贬岭南，以疾薨于某州。仆射唯公一子，护其柩以归，冒兵盗间梗涩至吉州，遂留以葬，因家焉。

公自幼爽悟不群，有志节，自喜读书业文。举进士未就，以父荫补将仕郎，为御营副使下书写机宜文字。丁父忧。服阕，权虔州会昌县丞。调南安军司户，改差吉州判官。转通直郎，知南康军建昌县。任满，通判南雄州。转朝奉郎，通判筠州。待阙五年，贫甚，以疾终于家，实绍兴二十六年六月二十四日也，享年四十有九。视其居，如寒士窭人之家，太守黄公某、通判赵公某为棺殓，

---
① 仆射，明嘉靖五年刻本作"公"，易有歧义，今据文渊阁四库全书本改。

乃办。

公生相家，宜挟贵胄，气以临人。而乃详练州县簿书米盐剧务，疑狱滞讼，剖决如神。至于仓猝遇变，无所回挠，如孙武之用兵，乘机必行，无不胜者。在会昌，其年甚少，知县吴兢为强寇所执。公单车造其垒，动以祸福，令持田器为农民，群寇悔悟，悉解甲听命。公与吴兢联镳而归，观者骇叹。其在吉州也，一日，戍兵谋杀主将，烧营以为乱。太守陶公恺素知公，问计安出。公语其众，推首乱者数人戮之，余释不问。明年，驻泊统制官汤尚之军中，有唱言欲为变者。公时摄郡事，往谒主将，收为首者数人系于狱密。以闻于朝，尚之。既更戍，乃取系狱者诛之。州人初不知，惊。公之设施，大率如此。

方少年时，自负其材，欲由场屋以自奋。会其父当国，不令子弟取应，虑塞天下英俊之路。当时议者未以为然，厥后有持权势熏轹天下者，盗取名器，以绮袴小儿置高等，压四方髦士，重官累印，穷极贵侈。然后乃知公家仆射真贤宰相之所为。方盛时，以公书写机宜文字，扈从之劳，循资而已。仆射身后，未叙复。公又弗克享于寿宜，其丰爵厚禄，不及其身，然安知其后世不蕃衍，而不卒享也哉？

公娶朝散大夫充彦章之女，先公十二年而卒。男三人：曰昱，始受公致仕恩泽；曰夏、曰夔，应进士举。女二人：长嫁右迪功郎尉迟孝友，次在室。孙男一人，愫。孙女二人。卜以二十七年某月日，葬于庐陵县儒林乡凤凰洲刘家岭仆射坟之次。铭曰：

士惟才兮，幸而出乎名胄。视爵禄兮，若取诸其左右。公独不然兮，耻以阀阅抑寒士而争进取。有此一段兮，可以监权臣垂百世而不朽。爵不耀厥躬兮，天复夺之以寿。又孰知其天兮，不卒大于其后。

【简跋】

此碑刻于南宋绍兴二十七年（1157年），碑石未见，碑文录自《卢溪先生文集》卷四二（明嘉靖五年刻本）。撰文人王庭珪，字民瞻，号卢溪，吉州安福人。政和八年（1118年）进士，弃官隐居，著书讲学，著有《卢溪集》50卷传世。

墓主黄柸，字伯瑞，黄潜善独子，仕宦不显。黄潜善，字茂和，邵武人，元符三年（1100年），官至左仆射兼门下侍郎。《宋史》卷四七三有传。黄潜善兄黄潜厚，建炎元年（1127年）曾由户部侍郎短暂出任户部尚书。①

宋故右承务郎致仕高公墓志铭
（绍兴三十一年）

左迪功郎、鄂州武昌县主簿主管学事贾应撰

右宣教郎、新知漳州龙溪县主管学事邓森书并篆额

应外家游氏，世居郡南门。儿时往来，已闻同里高公景修之为人。少长，入郡学，见士大夫称公贤益多。将冠，乃与公次子同预乡荐，始获登公之堂。又二十年，忝联姻娅表，篦子弟列，朝夕奉训诲，因得考公平日行事益信。逮公殁之明年，应官武昌，公之孙焕状其行来请铭。应自幼壮及今，知公为审，其敢辞，谨摭其世系行实叙于左。

公讳永，景修其字也。其上世居澜滩石，为邵武望姓，曾大父仲宣徙今居。大父求，父成，皆潜德不耀。公年十三丧嫡母李氏，事继母施氏唯谨。初游乡校，以笃学淳厚称。平居一语不妄出，虽饮食坐立皆有常所，处暗室如在十视。公父以勤俭殖货产，公踵而大之。尝曰："克核求富，世俗所安。吾父不然，其可矢先志。"于是谨守前业，薄取约用，田租房缗。客户课或不登，察其力，果不赡，即焚券已责。兵火中，有同姓女流落异乡，公访问赀，致其归，择可配者嫁之。凡中外亲属悉致其厚，贫无依者，岁给衣食，资与毕丧葬、婚嫁。又众人有急难假丐，量其事费，随多寡不靳。与人交，久而益钦，临事不苟，视他人穷达得丧与己无异，其自处声色荣利泊如也。宣和中，亲故任贵近，奏授公将仕郎，或劝之求选，公曰："吾本学以自致，中更家艰，夺吾志。今因人尚，何仕？"力教二子，长当国家用武，以忠力自效补官；次以累举进士释褐。绍兴二十九年春正月，诏书以慈宁宫春秋高，推庆泽以宠天下之老。公用子贵，封右承务郎致仕。

---
① 李之亮：《宋代京朝官通考》，成都：巴蜀书社，2003年，第244页。

以其年十二月二十有六日终于正寝,享寿逾八十。殁前一日,手按图谍,躬饬祀先礼,中夕欻然而逝。亲戚乡党素感公德,咸叹息流涕,若有所失者累日。

公娶黄氏,生男二人:搏,承信郎、广西路运属;汝能,右迪功郎、吉州万安尉。女一人,适右宣教郎邓森。孙男三人:世英、世昌、焕。女二人:长适右迪功郎邓矗,次尚幼。曾孙男,澄。女二人。长子若孙、次孙、妣邓氏女皆先公殒。

今以三十一年十二月辛酉,葬公于仁泽乡尚书窠之原。公之传不朽者,有乡评在,略书梗概如此。铭曰:

少而业儒,长则干蛊。不刻不贪,于父用裕。仁爱恤族,礼法治身。乐善好施,根于性真。孝悌忠信,矜式乡党。富寿康宁,好德不爽。至理夙悟,考终于家。纤悉猷为,浑璞无暇。载稽乡评,无出公右。词之弗殚,□□不朽。

吴□男□刊

【简跋】

此碑刊于绍兴三十一年(1161年),现由邵武某藏家收藏。①

---

① 此碑录文及照片由刘小明提供,编者据照片修订。

碑额"宋故承务高公墓志",篆书。碑文楷书,阳刻。撰文人贾应,乡举出身,时任左迪功郎、鄂州武昌县主簿。书丹并篆额人邓森,系墓主女婿,时任右宣教郎、知漳州龙溪县。刻石人,疑为吴闳、吴杞父子,参见本书《有宋李氏墓志》。墓主高永,字景修,史籍无载,据墓志可知,高永为邵武富民,家境优渥,以租佃经营田产、房舍为业。

右通直郎知袁州万载县杜君墓志铭
(乾道七年)

宋朝衣冠姓系,惟杜氏谱录最远,自汉建平侯延年、晋当阳侯预,至唐京兆,族望皆有其传。而元和宰相宣献公之子有名胜者,尝为扬州租庸使,遂贯于扬之永正,今仪真郡也。三世仕南唐,徙家建业,是生礼部尚书镐[1],以文学受知太宗、真宗。又再世,是生天章阁待制杞,以才略事仁宗,任方面,皆号名臣。天章之子照,仕不及显,以其子大夫恩,赠右正奉大夫。而大夫公讳玜,仕至右朝请大夫,历福建、江西路提举常平。生二子,君其次也。

君少习礼义,而天资孝友,矻矻就学问,为人忠信不欺,居官以廉称。遇事介然有立,仅更七品秩,得宰两县,年甫六十以没。呜呼!其可悲夫。始予寓闽中,与君父子游,最厚且久,于君契谊实弟兄,虽家人妇女犹姻戚也。君之兄锡既早世,而大夫公继以寿终,今又哭君之丧。而君之子颖,[2]乃欲予文以志君墓,其何敢辞?

君讳铎,字文振,以父任,起家右修职郎、提点坑冶铸钱司检踏官、福建安抚司准备差遣。丁大夫公忧。服除,为湖广总领司属,得监潭州南岳庙。改右宣教郎,知泉州永春县,再为袁州万载县,未及往也。君才力实有余,而退抑不自见。其在铸钱司,被檄走诸郡,不扰而办治,使者始称其能。在总领司,会移军分驻九江,君且受代,疾驰曰:"军至惟当得食尔,他非急也。"为之日夜经画,而饷馈悉集,营垒以次亦就,众始服君识先后之宜者。闽帅幕府僚

---
[1] 杜镐,原文作"杜镐",据《宋史》卷二九六《杜镐传》改。
[2] 杜颖,本书所录《杜尚书神道碑》(淳祐八年),作"杜颖"。

吏二十许人，多轻锐喜进，君独恬静自守，故参知政事贺公允中、工部侍郎王弗参议其军事，皆器重君，与之善。逮为永春，刮弊剔蠹，政方有条。而君多病蚤衰，告满以去。既调万载，归治其家矣。乾道六年十月二十五日，疾遽作，一夕不起。

盖大夫公尝签书邵武军判官厅公事，因家焉。君事大夫公，孝以尽礼。而颖之事君，如君之事大夫公者然。大夫公之疾革，君适在官，号泣就道，既大敛而始至。而君之丧也，颖之至亦然，里人莫不哀之。遂以七年八月戊申，葬君香林之原。始大夫公自仪真迁正奉及夫人之柩于邵武，大夫公亦祔之，至君三世矣。娶黄氏，左通奉大夫中美之女。男二人：颖，右迪功郎、南剑州尤溪县主簿；沔，尚幼。孙男女皆二人。大夫公以诗名当世，君亦得其句法，与他文类之得若干卷，藏于家。铭曰：

三代之懿，以世象贤。委则有原，斯久其传。惟唐杜氏，代有令系。事业文章，益显于唐。诗甫论牧，如晦黄裳。其在本朝，太真仁宗。祖孙服儒，有烈有功。我求典型，慨今五世。善其莫耶，欶却未试。玉洁冰清，志则大行。岂不我思，定交平生。樵水道山，世亦有诔。过车弗驰，铭以弗愧。

【简跋】

此碑刊于南宋乾道七年（1171年），碑石未见，碑文录自《南涧甲乙稿》卷二十（清文渊阁四库全书本）。撰文人韩元吉（1118—1187年），字无咎，号南涧，开封雍丘人。南渡后流寓信州（今江西上饶），官至吏部尚书。与朱熹友善，与范成大、陆游、辛弃疾以词唱和。[1]

墓主杜铎，字文振，曾任永春、万载知县。邵武杜氏为宋代名门望族。此支杜氏本出自唐宪宗朝宰相京兆杜黄裳家族。其后裔出仕南唐，徙家建业，又迁无锡，至宋初太宗、真宗朝涌现出杜镐、杜杞父子等名臣。[2] 杜杞之孙杜坯，曾任签书邵武军判官厅公事，遂入籍邵武。杜坯次子为杜铎，杜铎之子杜颖，历官户部郎中、提点江西刑狱。杜颖子杜杲、孙杜庶，为南宋抗蒙名将，《宋史》有传。杜铎妻黄氏，为左朝议大夫黄中美之女。

---

[1] 杨倩描主编：《宋代人物辞典》上，保定：河北大学出版社，2015年，第227页。
[2] 王力平：《中古杜氏家族的变迁》，北京：商务印书馆，2006年，第300页。

杜颖、杜杲、杜庶、黄中美的墓志铭，本书均有收录（参见《杜郎中墓志铭》《杜尚书神道碑》《宋吏部尚书龙学光禄赠开府杜公之墓》《制置杜大卿墓志铭》《朝议大夫致仕赠光禄大夫黄公神道碑铭》）。

何叔京墓碣铭
（淳熙二年）

邵武之东，百里而近，七台之麓，小溪之滨。有君子者，曰何君，名镐，字叔京。予获从之游相好也。今年冬，过予于寒泉精舍，留止浃旬，归而属疾。既病，则手书来告诀，语不及私，独以不获终养卒学为深念，而于当世之虑，亦眷眷不忘也。时予别君甫逾月，发书惊叹失声，亟走省焉。至则君已逝矣。既入哭尽哀，明日君之亲友、门人以予至，皆复来会，哭相吊，议语葬故。君嗣子琰亦衰绖杖出拜伏哭，固以铭墓为请。

予惟君实以其死累我，今其子又哀以请如是，其何说之辞？则与诸来会者共订君事，皆曰：君家台溪且数世，世有隐德。至君皇考讳兑始仕，为左朝奉郎、通判辰州事。娶陈氏、刘氏、林氏、邓氏，皆封安人。而君刘出也。生孝谨，有器识。既出就傅，暮归则不复去亲侧。诵书日数千言，为文敏而有思，趣尚高远，识者奇之。辰州尝受程氏《中庸》之学于故殿中侍御史东平马公伸，服行不怠。又以其忠节事状，移书太史，忤秦桧，下吏窜南方。危死不恨，间复悉以其所闻者语君，君既受其说，则益务贯穿经史，取友四方，博考旁资，以相参伍。盖久而后有以自信之。于是一意操存，杜门终日，澹然若无所营者。至其论说古今，指陈得失，则又明白慷慨，可举而行。平居崇德义，厉廉节，绝口未尝及功利。至于收族恤孤，兴事济众，则又恳恻忧劳，如己嗜欲。言行相循，没身不懈。由此南州之为程学者，始又知有马氏之传焉。始用辰州致仕恩补官，授泉州安溪主簿，未赴。邓舅祚帅江西，辟掌书写机宜文字。再调汀州上杭丞。数行县事。专用宽简为治。白罢税外无名之赋，人便安之。部使者郑君伯熊名好士，行部得君，喜甚。顾郡事为不理，囚系或累岁月不得释，檄君佐其守。

君入幕，悉取文书阅视，具得其所以然者，持白守决遣之，旬日皆尽。又以田税不均，贫弱受病，夙夜疚思，为所以均之之说甚备。他所以弥缝补助者，亦尽其力。而守顾不悦，君即谢去。

君事邓安人素谨，其赴上杭也，安人以瘴毒为惮，君不敢请，遂单行。至官，岁以公事一再归省，每行辄不受俸。秩满，计其月十有四，悉归其券于有司。一时学士僚友，高君学行，多师尊之，而当路鲜识之者。君固不求，亦不自悔，独以年格循资调潭州善化令。将行而卒，年四十有八，淳熙乙未十有一月丁丑晦也。

君为人清夷恬旷，廉直惠和，谈经论事简易条畅。所著书有《易论语说》、史论、诗文数十卷。其言多可传者。晚筑书堂，所居南坂上，名以高远，用见已志。疾病，召子弟教戒，一以义理，终不及家人生产事。独曰治丧以礼，勿用浮屠、鬼教，乱吾法而已。娶同郡李氏，其叔父郁学于龟山杨公，所谓西山先生者也。奉君命无所违，将以明年某月日葬于台溪东杨之原。子男三人，琰为长，次璗、瑀。女三人，长适吴大同，次冯栋，次未行也。诸君所论君行事如此，皆予所闻知。

琰等葬君东砀之原。予既书其最纳窆中，然间尝窃目君学行可以司教育，论议可以陪献纳，而其心诚才实，又可以宣德泽而惠鳏寡，今乃仅得一县令，而又不及试以死，此为重可哀者。乃复叙次其详，刻石表墓，且系以铭。铭曰：

清直而温，夷易而方。惟学不懈，厥猷以光。孰启于家，而尼于邦？孰丰其粹，而啬其长？帝罔弗衷，气或交渗，气则靡定。惟钦厥承，斯得其正。君乎知此，既顺且宁。何以昭之？幽窆其铭。既钦厥承，君则奚愧？莫尊匪德，莫久匪言。铭以相之，刻石墓门。

【简跋】

此碑刊于南宋淳熙二年（1175年），碑石未见，碑文录自《晦庵先生朱文公文集》卷九一。[①] 撰文人朱熹（1130—1200年），字元晦、仲晦，号晦庵，谥文，世称朱文公。生于南剑州尤溪，南宋理学家。《宋史》卷四二九有传。

墓主何镐，字叔京，理学家何兑之子，世称台溪先生。少承家学，又从朱

[①] [宋]朱熹撰；朱杰人、严佐之、刘永翔主编：《朱子全书》，2010年修订本，第24册，第4203页。

熹游。历官安溪县主簿、上杭县丞、善化县令。著有《易论语说》《台溪集》数十卷。弘治《八闽通志》卷七十有传。

知县何公圹志
（淳熙四年）

君姓何氏，讳镐，字叔京，邵武军邵武县人。父讳兑，左朝奉郎。母陈氏、刘氏、林氏、邓氏，皆封安人，而君刘出也。以朝奉公致事恩补将仕郎，更授右迪功郎、泉州安溪县主簿。辟江南西路安抚司书写机宜文字，调汀州上杭县丞，升从政郎、潭州善化县令。未上，以淳熙二年十一月丁丑晦卒于家，年四十有八。娶同郡李氏。子男三人：琰、某、某。女三人，长婿吴大同，次冯栋，季未行也。君天资夷旷，廉静寡欲，有过人者。始，朝奉公学于故殿院东平马公伸，受河南程氏中庸之说，笃信力行，没身不怠。而君又得其传，培殖从容，克笃前烈。佐邑有惠爱，著书数万言。琰等将以四年三月某日，葬君台溪东砀之原，其友新安朱熹为识圹中如此，且将叙次其详，以表于墓上云。

【简跋】

此碑刊于南宋淳熙四年（1177年），碑石未见，碑文录自《晦庵先生朱文公文集》卷九四。[①] 撰文人朱熹与墓主何镐亦师亦友，关于两人的介绍，参见前文《何叔京墓碣铭》"简跋"。

宋故居士李公之墓
（淳熙四年）

公讳缜，字智周。考之世谱，有尚书员外郎者，唐咸通中以宗属之重出刺建州，卒于官，邦人德之，立祠梨山，子孙卜葬部内之乌洲，乃公之远祖也。

---

①[宋]朱熹撰；朱杰人、严佐之、刘永翔主编：《朱子全书》，2010年修订本，第25册，第4343页。

厥后起、超、赴、越，居乌洲、紫口、将渠、嘉善，由是四位分焉，枝派繁衍，散徙九里、何原、台山、洪原，其间英贤辈出，擢任钧衡，代不乏人。讳归者，皇朝开宝初监昭武镇，后亡，葬何原。九世祖惟清移居城垒，公属其后也。曾祖岳，祖素，皆隐德好仁，乐施乡闾，咸称长者，笃于义方之训，故缙绅闻人愿缔姻联。家道丰盈，为时之冠。父翊，字南鹏，大观己丑岁登上舍第，继以材行见知于宰执，除国子博士。母朱氏，世居郡东之水口，推官宪明之女。生三子，公其季也，随侍京师。政和丙申，国博捐馆，迎偏亲扶柩还故里。襄事毕，从学外祖家塾，逮学成，时偶多故，志慕丘园，不复仕愿。至于奉先追远，养母事兄，礼无违旨。生于崇宁癸未七月九日午时，终于淳熙乙未腊月五日，享年七十有三。娶同郡太保孙黄公女。男三人：忒、愃、恂，皆绍箕裘。女一人，在室。男孙五人：窠、柏、梗、柛、森，方就学。女孙一人，尚幼。

丁酉九月丙辰，葬于仁泽乡庆亲里陂溪旧庄之西冈，从先志也。以艮山行龙，坐坎入穴，午丁其向，丁水归庚，旋归巽丙长流。若夫公之纯德懿行，详载于朝散大夫、直秘阁、主管建宁府武夷山冲佑观吴南老所撰墓志，兹书其大略云。

吴梓刊

【简跋】

此碑刊于南宋淳熙四年（1177年），现存绍兴市上虞区会稽金石博物馆。[①]碑高93厘米、宽53厘米，楷书。墓主李缜，字智周，南宋富民，"家道丰盈，为时之冠"。父李翊，字南

[①] 此碑图文转引自绍兴市档案局（馆）、会稽金石博物馆编：《宋代墓志》，杭州：西泠印社出版社，2018年，第80-81页。

鹏，大观三年（1109年）登上舍第，国子监博士。母朱氏，世居郡东之水口，为推官朱宪明女。妻黄氏，同郡太保黄某孙女，其墓志《宋故孺人黄氏埋铭》，本书有收录。此墓志撰文人当为墓主子嗣。由碑文可知，丧家还请时任朝散大夫、直秘阁、主管建宁府武夷山冲佑观的吴南老撰写过墓志铭。

荣国太夫人上官氏墓志铭
（淳熙五年）

　　夫人上官氏，邵武之著姓也。夫人之考，以儒学奋为左中大夫，出入显仕，始大其门。夫人生而静专，不妄言笑，中大夫异之，择配甚久。故户部侍郎季公有声太学，以上舍擢第，夫人归焉。侍郎家处州之龙泉，蚤孤而贫。夫人不逮事其舅姑，遇岁时荐祭，称家有无，必具以洁。与其夫均感慕，不翅如逮事者。尝叹曰："吾为君家妇，凡事死犹事生也。"既侍郎为辟雍直讲，季氏之宗有不令者，以其上世清平里之茔山窃售于僧寺。侍郎谒告归，义赎之，禄薄素无积，将贷于人。夫人泣曰："吾父母资送我者，以为君家助也。君松槚不自保，吾安所用焉？"尽倒其奁以赎其山，且以其余增地甚广，置庐舍守之，曰："俾后世知自君得，他人无敢预也。"于是季氏之族无大小皆称夫人之贤，且服其识。至今薪樵不敢望其墓林，曰："此上官夫人赐也。"

　　侍郎以徽猷阁待制经略广州，既三年，得请奉祠矣。未去广而殁。诸子未冠，夫人护其丧，独行数千里，归祔清平之茔。襄治甚备，已而，慨然曰："吾于季氏，无负矣。犹欲教其子，使得齿于士君子之流。然夫家无依，盍亦依吾父母乎？"乃又挈其子间关居于邵武，从中大夫。时中大夫诸子皆早世，惟夫人在。夫人日侍其二亲，退则躬课诸子诵习，夜分乃寐，率以为常。中大夫与其夫人年皆九十而终，夫人始去其亲之舍。筑室郡城，聚居十指，诸子嶷嶷，仕有能称相踵，至于刺史二千石。诸孙十余，间受命，或预乡荐。孙婿六七人，被服儒雅，乡间指为盛事。然不幸十余年间，三子者前卒，独季息圭侍左右。夫人年已八十，人亦不堪其忧。而夫人自少观浮屠氏书，泊然无甚哀戚之累。

将终之夕，仅以少疾，犹合目端坐，诵《华严经》滔滔，无一语谬。淳熙五年二月三日也。圭将以是年十月某甲子，祔夫人于侍郎茔北之右，而来请铭。

始予家与夫子家同避寇邵武山谷间，吾亲与夫人年相若，而诸子与吾兄弟年又相若也，弦诵相邻，间亦同试于有司。及仕途相远，吾亲既下世，而闻夫人寿考康宁，未尝不叹羡钦慕，以为其亲之荣也。继而知其兄弟夭折，至于再三，亦未尝不感怆嗟惜，以为其亲之哀也。观夫人所守，与其自谓无负于季氏者，岂不信然哉！惟夫人少为淑女，长为贤妇，老为令母，勤俭有礼法，其处己庄而和，其治家严而有则，其于内外亲族睦且有义，而又达于哀乐死生之际，其可不铭？

初，夫人以侍郎贵，当封硕人，而侍郎回以封其母。厥后诸子既通朝籍，始封太硕人；遇皇太子恩，加封太淑人；郊祀与庆寿典礼，历封缙云、文安、永宁三郡太夫人；淳熙三年，封荣国太夫人。春秋盖八十有五。

曾祖讳某。祖讳照，赠光禄大夫。考讳恢，母令人高氏。男四人：奎，承议郎、通判明州；壁，朝奉大夫、知通州；堃，朝奉郎、通判赣州，皆前卒者。圭，通直郎、福建转运司主管文字。孙十六人：鉴、鉴、崟、鏊、鏊、梦、符、鏨、盘、銮、鳌、釜、滏、麐、鋆、鏊。孙女八人：长适惠州河源县令陈希黙，次适漳州漳浦县主簿张棐，次适赣州雩都县主簿王榕，次适福州左司理参军王浩，次适建宁府瓯宁县尉朱頔孙，次适隆兴府新建县尉廖敏德，次适饶州文学吴悦，次尚幼。曾孙七，曾孙女六。侍郎讳陵，字延仲，云。铭曰：

女美之盛，妇德之令，其守也正。有夫而贤，有子而传，亦谓为全。不罹于艰，不践于难，行奚可言。既得其宁，又居其成，寿考则荣。匪生与乐，不滞而觉，道斯可学。懿躅清规，声闻以垂，视此铭词。

【简跋】

此碑刊于南宋淳熙五年（1178年），碑石未见，碑文录自《南涧甲乙稿》卷二二（清文渊阁四库全书本）。撰文人韩元吉（1118—1187年），字无咎，号南涧，开封雍丘人。官至吏部尚书，与朱熹友善。

墓主上官氏，系季陵妻、上官恢女。季陵，字延仲，祖籍处州龙泉，入籍邵武，官至户部侍郎。《宋史》卷三七七有传。上官恢，字闳中，系上官均堂侄，元丰八年（1085年）进士，历知深州、南剑州、徽州，崇祀乡贤祠。本书有收录上官恢之母梁氏墓志（《宋故旌德县君梁夫人墓志铭并序》）。

夫人吕氏墓志铭
（淳熙五年）

夫人姓吕氏，建宁府建阳县长平里人。其先世于唐为河东著姓，乾符中，有侍御史行立者避地，始家建阳。入宋馀百年，乃有显人，而夫人之父希说，亦进士中第，刚介不苟合，晚乃为剑浦令以卒。夫人生愿愨，不妄戏笑。未笄，失其母，剑浦俾治家事，抚弟妹如成人。寻以归邵武饶君伟，事舅姑，甚得其欢心。馀年生子干，甫晬而寡。夫人誓志秉节，毅然不可夺。无何，剑浦及皇舅漳州府君亦皆卒，而姑氏固前没。饶氏固清贫，诸叔妹皆幼稚，夫人以孀妇抱弱子，持守门户，奉承宾祭，和辑上下，内外斩斩无间言。其出内用度，不以一钱自私，文簿整整，虽龠合分寸无所漏。少或遗亡，则为之踟蹰不怿者累日。指驭仆妾、接邻妇里妪，咸有恩意。干幼时，爱之异甚，捧视漱沐，一不以委他人。及少长，遣就学，则程其术业，谨其出入交游之际，未尝辄借以颜色。干亦孝谨敦实，能自力学问，见称朋友间。中淳熙二年进士第，人谓夫人盛年苦节，以有斯子，今且享其报矣。始，夫人女弟为刘氏妇，早卒。至是，其子崇之与干偕选。夫人为其母之不见，每及之，未尝不悲叹出涕。人又以是知夫人之薄于荣利而厚于孝慈也。干调吉州吉水县尉，将行，夫人属微疾，一夕遂不起，闻者莫不哀之。岁丁酉秋七月十四日也，时年五十有六。明年，干卜葬夫人于其乡之思顺里，而奉其友江州录事参军游九思之状来请铭。拜起，涕泗呜咽不能言。予哀其志，亦雅闻夫人行实如游掾言，因删取其大者，叙而铭之曰：

皇皇后帝垂三纲，制妇系夫阴统阳。盛衰修夭初莫量，有系弗改兹厥常。吁嗟夫人仁且庄，祗若帝训笃不忘。痪烃艰棘虞欲僵，卒济厥子后以昌。玉灵食墨此涧冈，纳词诔行告幽荒，山夷渊实无坏伤。

【简跋】

此碑刊于南宋淳熙五年（1178年），碑石未见，碑文录自《晦庵先生朱文公文集》卷九一。[①] 撰文人朱熹，字元晦，号晦庵，南宋著名理学家。

墓主吕氏，建阳人，剑浦令吕希说之女。嫁邵武饶伟，生子饶干。光绪《邵武府志》卷二五有传。饶干，字廷老，朱熹弟子。淳熙二年（1175年）进士，知怀安军，崇祀乡贤祠。光绪《邵武府志》卷二一有传。

建安郡夫人游氏墓志铭
（淳熙五年）

有宋建安郡夫人游氏，右宣义郎致仕、赠金紫光禄大夫邵武黄公讳崇之妻，而子端明殿学士讳中、台州史君讳章之所追爵也。世为建州建阳县长平里人，曾祖正卿、祖希古、父仪皆不仕而有隐德，乡里推长者。夫人资静淑，族母阮氏以妇德为女师，夫人幼尝学焉，受班昭《女训》，通其大义。至它组纫笔札之艺，皆不待刻意而能辄过人。早孤，其母钟爱之，以归大夫公。事舅姑，承祭祀勤肃不懈。舅喜宾客，佳辰令节，亲旧满门。夫人供馈唯谨，未尝顷刻自逸而委劳于娣姒也。姑性严，诸妇侍旁，有二十年不命坐者。夫人独能顺适其意，盥栉温清，礼无违者。姑有疾，非夫人进药不尝。每因事指言以为诸妇模楷。遭舅丧，大夫公素贫，昆弟相顾，谋鬻田以葬。夫人曰："毋隳尔先业为也。"退斥橐中装以奉其役，以故大夫公得以不烦于众而襄大事。大夫公为人诚悫庄重，夫人以柔顺坚正佐之，相敬如宾，谋无不协。其待遇族姻谦谨有礼，乐道其美而不喜闻其过。至其贫困，则赒之必尽其力。日诵《女训》及它经言，以自箴警。亦颇信尚浮屠法，娠子则必端居静室，焚香读儒佛书，不疾呼，不怒视，曰："此古人胎教之法也。"故其子生皆贤材。而夫人所以教之者又甚至，稍能言，则置膝上，授以诗书。少长，即为迎师择友，教诏谆悉。从兄御史先生学于河南程氏，行业淳懿，为学者所宗。夫人每语诸子曰："视乃舅而师法之，

[①][宋]朱熹撰；朱杰人、严佐之、刘永翔主编：《朱子全书》，2010年修订本，第24册，第4205页。

足以为良士矣。"

绍兴壬子四月二十三日，以疾卒。病革，大夫公泣视之。夫人曰："生死聚散，如夜旦然，何以戚戚为哉？"于是年五十有六矣。二子皆举进士，中其科，而端明公实以第二人赐第。其后侍从两朝，出入二十余年，忠言直节，老而益壮。退居于乡，天子闵劳以事，尝遣信使奉玺书就而问之。其忠孝大节固已伟然，而其言行之细又皆可纪，人以为夫人之遗教也。台州尝为御史台主簿，亦以治行精敏、议论慷慨有闻于时。二公前后凡累逢庆恩，得追荣其母至今封，里人荣之。一女，则贡士刘纪其婿也。卒之明年，葬于邵武县石岐之原。大夫公尝命台州状其行，而未有所托铭。后四十有六年，端明公乃以命熹。其语具于大夫公之志，此不著。独按状文，剡其大者书而铭之。铭曰：

长平之游，世有德人。弗耀于世，乃里其仁。女士攸宜，壸彝是式。配德娠贤，庆余善积。尚书刺史，之德之才。汤沐之封，本邦是开。煌煌命书，赍此玄宅。伐石篆辞，永世贻则。

【简跋】

此碑刊于南宋淳熙五年（1178年），碑石未见，碑文录自《晦庵先生朱文公文集》卷九一。[①] 撰文人朱熹，字元晦，号晦庵，南宋著名理学家。

墓主游氏，建阳人，赠建安郡夫人，光绪《邵武府志》卷二五有传。系理学家游酢堂妹、赠金紫光禄大夫黄崇妻、端明殿学士黄中母。黄崇和黄中的墓志铭（《金紫光禄大夫黄公墓志铭》《宋故端明殿学士黄公墓志铭》），都由朱熹撰写，本书有录。

金紫光禄大夫黄公墓志铭
（淳熙六年）

淳熙六年春正月，端明殿学士黄公寝疾于邵武故县之私第。熹往问其起居，谒入，公正衣冠，举扶起坐，顾中子瀚召熹入。至，则又扶以立，辱与揖让为礼，

[①] [宋]朱熹撰；朱杰人、严佐之、刘永翔主编：《朱子全书》，2010年修订本，第24册，第4211页。

共坐食饮，恭谨不懈如常时。卒食，又扶而起，涕泣为熹言曰："中也先考妣之藏久未克识，盖不敢轻以属人。今以累子，子其为我成之。"熹顿首辞谢，不敢当，而公命之不置。熹惧以久劳公，则不敢辞而受命以出。归，又以书辞，未报而公薨。诸子遣使来讣，且致遗命，以同郡李君吕之状来。熹既哭公尽哀，且念今则无所于辞，乃考其状而附以所闻，为列其事曰：

谨按：右宣义郎致仕、赠金紫光禄大夫黄公讳崇，字彦高，其先光州固始人。十一世祖膺避地闽中，今为邵武军邵武县人。曾祖庞有隐德，为乡里所尊。晚以子仕登朝，授太常丞以卒。故知制诰吕公夏卿实铭其墓。后以孙履为尚书右丞，累赠司徒。祖汝臣，不仕。父豫，用右丞奏为右承务郎，皆以孝谨闻于乡党。公自幼力学，日诵千言，人谓是且大其门矣。既长，承务公任以家事，于是无复进取意。既孤而贫，悉力治丧，不以累其昆弟，而所以为礼者无不备，观者叹息。母孙夫人春秋高，性严而多病。公治养勤剧，得其欢心。邻家有李永者，尚气节，雅敬慕公。察公养亲之意有余而力不足，请助公以经纪。公亦信之不疑，竭赀付之，一不问其出入，如是者十有五年。李衔公德，将死，感慨执公手曰："子，吾父也。"

公之兄客游，以疫死，人无敢往视之者。公独毅然告行，千里还柩，视其橐，得余赀尚百余万，悉奉以归其丘嫂，不以一毫自私。平居恭俭自守，不妄取予。至其教子择师，虽辍衣食无所爱，由是二子皆举进士。及公时取高科，以德业风概各有闻于当世，既又并登朝列，遇郊庆，奏公为右宣义郎而致其事。公乘安车东西就养，二子皆孝谨笃至，诸孙满前，晨夕所以奉养娱乐公者甚备，乡党荣之。

绍兴癸酉正月十九日，以疾卒于南剑州沙县之寺舍，享年八十有一。其年十月，葬于九壑先茔之次。娶建安游氏，先卒，亦以二子故追封孺人。一女，适贡士刘纪。公卒时，端明公方以某官通判建州事。而季子章亦以某官知沙县事。其后端明公被遇太上皇帝，擢馆职、郎曹、史官，摄赞书命，兼司业、祭酒、侍讲，历工、吏、兵、礼部侍郎，又以府教授、给事中、兵部尚书事今上皇帝，侍读禁中，正色立朝，声烈甚茂。以显谟、龙图阁学士退老于家，天子又乞言焉，即拜端明殿学士。恩礼殊渥，而海内有识之士，亦莫不归心焉。沙县屡宰剧邑，有能称。然不肯媚事权豪，后以御史中丞汤鹏举荐入台为主簿，又以持论不阿而去。提举福建路常平茶事、知台州，所至声绩皆可纪。以是累赠公至金紫光禄大夫，夫人亦启封本郡。而孙曾仕者又十余人，然后乡人知公所以遗其子孙者为无穷也。李君又言：吕以婿公孙女，尝得拜公堂上。间窃窥观公之为人，望之俨然，即之温然，危坐竟日无惰容。虽遇臧获，不妄言笑。自少至老如一日。熹以是又知端明公之德之盛，所以没身于礼而不倦者为有自来也。呜呼，公其亦贤矣哉！敬为作铭，铭曰：

司徒之德，浃于州乡。矧其孙曾，弗俊以良？光禄之贤，克笃其庆。隐耀弗章，及子而盛。其盛伊何？学士尚书。介也英英，亦假节符。国庆所覃，逮其考庙。结紫垂黄，天子有诏。匪爵之贵，惟德之襃。保而弗坠，有积弥高。我思古人，恍其对接。承命作铭，用壹来叶。

【简跋】

此碑刊于南宋淳熙六年（1179年），碑石未见，碑文录自《晦庵先生朱文公文集》卷九一。① 撰文人朱熹，字元晦，号晦庵，南宋著名理学家。

墓主黄崇，字彦高，系尚书右丞黄履族亲、端明殿学士黄中之父。右宣义郎致仕，赠金紫光禄大夫。二子皆举进士：黄中，绍兴五年榜眼，累官兵部尚书、端明殿大学士，《宋史》卷三八二有传；黄章，绍兴二年进士，历官御史台主簿、知台州，光绪《邵武府志》卷二十有传。

特奏名李公墓志铭
（淳熙六年）

邵武军光泽县东里所有地曰乌洲，李氏世居之，为郡著姓。其先有赠大理评事者讳锋，始以文行知名乡党。生太常博士诰，始登进士第，卒赠朝请大夫。陈忠肃公贤之，称其真率乐易，有古人之风。其仲子深，绍圣间以论斥时相之奸，与任公伯雨等俱入元祐籍。季曰处士潜，隐居不仕。而其葬也，右文殿修撰李

---

① [宋]朱熹撰；朱杰人、严佐之、刘永翔主编：《朱子全书》，2010年修订本，第24册，第4209页。

公夔实铭之。盖自其先世，所与交游姻好，尽一时知名士，故其子弟见闻开廓，趣尚高远，不与世俗同。若特奏府君讳某字得之者，则处士之长子也。少治《周礼》学，兼通《左氏春秋》，为文简古，不逐时好。弱冠游太学，荐而不第。舍法行，当充贡，又不果行，竟以累试礼部恩奏名天府。将入奉廷对，前一日卒于临安之客舍，实绍兴五年八月十八日，年才五十有二。归殡宅之东冈。三十二年，其子吕乃更卜兆于乌君山下狮子岭之原，奉其柩而迁焉。淳熙六年，吕始见予庐阜之阳，如旧相识，一日，泣而言曰："吕不孝，先人之没二十七年，而后克以礼葬。葬又十有九年矣，而未克识，将无以为幽远无穷之计。惟吾子幸而予之铭。"因出其亲友、崇阳大夫游君詧之状以请。予辞谢不获，乃次其事如右。

按状又言：府君为人事亲孝谨，友爱其弟甚笃，之死不少衰。遇族党有恩意，少有忿争，则为居闲极力平处，不令入官府。不幸死丧，则为经理其家事而任其婚嫁之责。尝有死上庠者，遣仲弟护其柩以归。里人有以恶声至者，未尝与之较。至周其急，则辍衣食不顾也。诸弟尝问善人之道，府君语之曰："临事而无阴据便利之心，斯可矣。"又尝语人："事有当为，力虽未及，亦勉为之。若必有余而后为，则终无时矣。"此其行身及物之本意也。平居方严，不妄戏笑，而遇事辄应，无所凝滞。从弟西山先生尝面叹曰："兄于答问若不经意，而受其言者反复十思，终无以易，此非诸弟所能及也。"性尤敦厚质实，发言处事，不以幽显物我为间。乐闻人善而务掩其恶，所与交皆巨人长者，无不爱而敬之。县尝以民兵为属，府君为制战陈击刺之法，而以时阅习之，甚可观也。令欲以闻，冀为府君得勋赏，府君笑谢去，不复有所预。时海内多虞，举人有不能试礼部者，往往以恩直补官。人有谓府君盍自言者，府君不答。老之将至，婆娑丘林，吟讽书史，逌然自适，未尝有不遇之叹也。呜呼！予生晚，不及识府君，而游君不予欺也，则府君者，可谓好德有常之士矣。乃不得少见于用，以没其身，其亦可悲也夫！夫人上官氏，朝议大夫合之女。继室黄氏，曲江令铨之女。子男三人，吕为长，次某，次某。女四人，游君与将仕郎高志旻、从政郎何镐、保议郎上官贲其婿也。孙男女于今二十有六人。而吕之强学既有闻，又教诸子皆有法，天之所以报府君者，其将在于此乎？乃为之铭，使刻宰上以竢。其词曰：

利不自予，惟义之取。义则强为，惟仁之归。孰长其源，不丰其委？斯丘斯藏，有起无坠。

【简跋】

此碑刊于南宋淳熙六年（1179年），碑石未见，碑文录自《晦庵先生朱文公文集》卷九一。[①] 撰文人朱熹，字元晦，号晦庵，南宋著名理学家。

墓主李纯德，字得之，光泽人，朱熹称赞他为"好德有常之士"，光绪《邵武府志》卷十九有传。其子李吕、堂弟李郁，皆为理学家，本书有收录他们的墓志（《澹轩李君吕墓志铭》《西山先生李公墓表》）。

武经大夫赵公墓志铭
（淳熙六年）

公讳某，字梦周，有宋太宗皇帝之六世孙也。其曾大父某，大父某，皆为开府仪同三司、赠太师，追王韩、成二国，事皆见国史。父某，举进士中第，未及仕而卒，赠中奉大夫。公生睦亲宅，以郊祀恩补成忠郎。少孤，能自植立，刻意为学，欲以文字成名于世。遭乱转徙，不克遂其志。年甫冠，调监常州宜兴县税。是时寇难未夷，道路艰棘，公治征算不以苛檄为事，往来便之。在官独居一室，日以读书鼓琴为事，一无他嗜。同寮莫测其所为，至使人阴伺之，已乃信服。参知政事张公守亦知其贤，更以为饶州永平监。旧法，课卒淘土取弃铜以益铸用，数登万斤，辄书劳受赏。前后相承，程董峻切，役者病之。公至，独叹曰："瘠人肥己，吾弗忍也。"亟罢去，而节他费以足用。守董耘贤之，且爱其词章，荐于朝，请为易文资，不果去。居信之弋阳，一时名胜争迎致馆谷，且遣子弟从之游。久之，自请为祠官，得主管华州云台观，始来居邵武。时中书舍人王洋知军事，尤深礼敬与酬唱往来，称叹不置。秩满，为建昌军兵马都监。郡守知其廉，帑藏出纳悉以诿之。复监泉州军郡使司籴事。公知前积蠹弊，叹曰："踵是则吾固不能，正之则蒙其害者必众，吾岂为祸始乎？"因力辞之。既而有求代其任者，果不免，闻者叹服。晚再为福建路兵马钤辖，累官至武经大夫。

---
① [宋]朱熹撰；朱杰人、严佐之、刘永翔主编：《朱子全书》，2010年修订本，第24册，第4207页。

行年七十有三，淳熙六年七月某日，以疾卒。公配恭人满氏，某官中行之曾孙女。

子男五人：善俊，朝议大夫、直龙图阁、知庐州、主管淮西安抚司公事；善佐，朝散郎、知常德府事；善仪，秉义郎；善任，承节郎；善杰，忠翊郎；而善任蚤卒。女七人，其二亦夭。其五人，则从政郎邓祖攸、迪功郎杨珵、李絪、黄造、司马贲其婿也。孙男女各二人，皆幼。明年，诸孙特奉公枢葬于邵武县新屯西宅之原，而书其事状如此，使人来请铭。熹雅闻公为人恬淡宽博，自少以廉谨自将。平居未尝有愠色，尤不喜言人过。以急难告者必周之，未尝计有无也。生长太平公族间，不为华靡之习。从宦所至，一以仁恕恻怛为心。虽势卑不得尽行其志，然其随事及物，亦足以见其胸中所存者。满恭人有贤行，诸子皆以文学称。而淮西、常德连中进士第，皆及公无恙时，被遇通显，知名当世。公晚更得闲适，因不复问家事，颇用棋酒自娱而老寿以没。呜呼，是亦可以无憾也夫！乃考其状，叙而铭之。铭曰：

唯纾人之劳，宁郤已之进。岂曰已之廉，而速人以病？仁夫赵公，有翠其宫。我铭斯石，以诏其终。

【简跋】

此碑刊于南宋淳熙七年（1180年），碑石未见，碑文录自《晦庵先生朱文公文集》卷九一。[①] 撰文人朱熹，字元晦，号晦庵，南宋著名理学家。

墓主赵不衰，字梦周，宗室子，宋太宗六世孙、进士赵士訾子。初居信州弋阳县，后徙家邵武。官至福建兵马钤辖、武经大夫。妻满氏，河北路第三将满安行之女，本书有录其墓志铭《宋故太夫人满氏圹铭》。子五人：善俊、善佐、善仪、善任、善杰。当中，善俊和善佐，光绪《邵武府志》卷十九有传，两人的墓志铭（《中大夫秘阁修撰赐紫金鱼袋赵君善俊神道碑》《赣州赵使君墓碣铭》），本书有收录。对于赵不衰诸子，弘治《八闽通志》卷七十《赵善俊传》记为：善俊、善溁、善仪、善保、善护，俱登科；光绪《邵武府志》卷十九《赵善俊传》则作：善俊、善傍、善仪、善侃、善佐、善艭，俱登第。当以朱熹所撰墓志铭为准。

[①] [宋]朱熹撰；朱杰人、严佐之、刘永翔主编：《朱子全书》，2010年修订本，第24册，第4223页。

有宋江夏郡侯夫人詹氏墓志

（淳熙七年）

淳熙七年秋八月初七日，先公端明殿学士姓黄讳中，薨于家，越明年十月十八日葬于所居故县之原。先期九月二十三日，先妣夫人詹氏继终，呜呼哀哉！呜呼痛哉！

夫人第行十九，后先公十八岁而生，二十三岁而囗。夫夫妇妇四十有五年。三男五女：男曰源、曰瀚、曰浩；女适鄱阳倪冶及张铸，同郡吴应时、谢源明，上饶陈景山。合内外孙二十一人。

五代之乱，黄与詹皆自光州固始徙居于闽，而詹为建著姓，居建之东阳者，乃祖母建安郡游夫人之外家也。囗是先公凡两取，詹氏夫人则最后取。享年六十八。曾祖经，祖安平，父承节郎大方。治命祔葬，诸孤不敢违，实囗〔其〕年冬十二月十八日孤子源等泣血谨识。

邵武吴谔刊

【简跋】

此碑刊于南宋淳熙七年（1180年），现为邵武某藏家所藏。[①] 撰文人为墓主的子嗣。墓主詹氏，系端明殿学士黄中妻，承节郎、詹大方女，为建阳著姓，赠吴国夫人。黄中先娶熊氏、詹氏，又娶詹氏，后任即墓主。生有三男五女，次子黄瀚，字仲本，官至司农少卿，本书有收录其墓志（《宋司农少卿黄公墓志》）。

[①] 此碑由刘小明提供录文及照片，编者据照片修订。

宋故端明殿学士黄公墓志铭

(淳熙八年)

公姓黄氏，讳中，字通老。其先有讳膺者，自光州固始县入闽，始家邵武，至公间十有二世矣。公之曾大父汝臣，不仕。大父豫，假承务郎。父崇，赠金紫光禄大夫。母游氏，追封建安郡夫人。

公生而颖悟端悫，少长受书，不过一再读，退辄默然危坐竟日，问之则皆已成诵矣。未冠，从舅御史先生定夫爱其厚重，手书为夫人贺。逾冠，入太学。会京城失守，伪楚僭位号，公即日出居于外。既而邦昌果遣学官致伪诏、药物劳问诸生，公以前出，故独无所污。建炎再造，丞相潜善，公族祖父也，雅器重公，荐诸朝。诏补修职郎、御营使司干办公事。绍兴五年，举进士，对策廷中，极论孝弟之意，冀以感动圣心、天子果异其言，擢置上第，名次举首，授左文林郎、保宁军节度推官。改宣义郎、主管南外敦宗院，代还。秦丞相桧方用事，察公意不附己，差通判建州事。罹外艰。服除，复差通判绍兴府事。时公登第二十有余年矣。转徙外服，士友叹其滞淹，而公处之泊如也。

桧已死，公道稍开。上记公姓名，乃召以为秘书省校书郎，兼实录院检讨官。迁著作佐郎，兼普安恩平郡王府教授。迁司封员外郎，兼权国子司业。满岁，为真。绍兴二十八年，充贺金国生辰使，与贺正使、秘书少监沈介相先后。明年，公还，独言虏作治汴宫，役夫万计，此必欲徙居以见迫，不可不早自为计。时约和既久，中外解弛，无复战守之备。上闻公言，矍然曰："非但为离宫耶？"公曰："臣见其营表之目，宫寝悉备，此岂止为离宫者？以臣度之，虏势必南。虏南居汴，则壮士健马不数日可至淮上。事势已迫，惟陛下亟深图之。"上是公言，而宰相皆不悦，顾诘公曰："沈监之归，属耳不闻此言，公安得独为此？"殊不以为意。逾月，公复往扣之，且曰："即不以鄙言为可信，请治其罪。"又皆怃然莫应，而右相汤思退怒甚，至以语侵公，公不为动。已乃除沈吏部侍郎，而徙公秘书少监以抑之。公犹以边备为言，不听，则请补外。上不许，曰："黄某可谓恬退有守矣。"除起居郎，赐以鞍马，非故事也。逾月，兼权中书舍人。

显仁太后崩，百官朝临，将避辰日。公以非经，且引唐太宗哭张公谨事争之。已而，卜殡日，适在权制释服之外。有司议百官以吉服陪位，公又论之曰："唐制，殡在易月之内，则曰百僚各服其服；启殡在易月之外，则曰各服其初服。今殡虽过期，独不得以启殡例之，而服其初服乎？且丧与其易宁戚，惟稽古定制，有以伸臣子之至情者，则幸甚。"寻差同知。三十年贡举，权工部侍郎，奏："御前军器所领属中人，其调度程品，工部军器监有不得而闻者，非祖宗正名建官之意，请得隶属稽考。"不报。

金人来贺天申节，充接伴使。故事，锡宴使者谢于庭中。至是辞以方暑，请拜宇下。公持不可，乃如故事。遂为送伴使。还，又言闻虏日缮兵不休，且其重兵皆屯中州，宜有以待之。明年，兼侍讲，又兼吏、兵部侍郎。会将有事于明堂，公请毋新幄帘，毋设四辂，以节浮费，诏从之。既而虏使复以天申来贺，方引见，遽以钦宗皇帝讣闻，且多出不逊语。诸公悒骇，不知所为，至谓上不可以凶服见使者，欲俟其去乃发丧。公闻之，驰白宰相："此国家大事，臣子至痛之节，一有失礼，谓天下后世何？且使人或问故，将何以对？"于是始议行礼。公又率诸同列请对，论决策用兵事。众莫有同者，公乃独陈备御方略，且曰："朝廷与仇虏通好，二十余年之间，我未尝一日言战，虏未尝一日忘战。以我岁币，啖彼士卒，我日益削，虏日益强。今幸天褫其魄，使先坠言以警陛下。惟陛下亟加圣心焉。"盖公自使还三年，每进对，未尝不以兹事为言。至是上始入其说，然不数月，而虏亮已拥众渡淮矣。迁权礼部侍郎，入谢，因论淮西将士不用命，请择大臣督诸军。既而殿帅杨存中以御营使行，公又率同列论存中不可遣状甚力。虏骑至江壖，朝臣震怖，争遣家逃匿，公独晏然如平日。家人亦朝暮请行，公曰："天子六宫在是，吾为从臣，独安适耶？"比虏退，唯公与左相陈鲁公家在城中，众皆惭服。

于是车驾将抚师建康，而钦宗未祔庙，留守汤思退请省虞以速祔。公持不可，上纳用焉。而议者独谓凶服不可以即戎，上曰："吾固以缟素诏中外矣。"卒从公言而行。月朔，留司百官当入临，思退复议寝其礼，公又力争，得不罢。比作主，当瘗重，公又以初服请。右相朱倬不可，曰："徽考大行有故事矣。"公曰："此前日之误，今正当改之耳。"倬因妄谓上意实然，臣子务为恭顺可也。公曰："责难于君乃为恭耳。"虏既易主，明年，复遣使来通好，议者皆曰："土地，实也；君臣，名也。先实后名，我之利也。"公又奏曰："君臣之名既定，则实将从之，百世不易。若土地，则其得失取予非有定也，安得反谓之实而先之乎？"上然之，诏公去权号。会有诏问足食足兵之计，公以量入为出为对，且曰："今天下财赋半入内帑，有司莫能计其盈虚，请悉以归左藏。"且引唐杨炎告德宗语曰："陛下仁圣，岂不能为德宗之为哉？"上亦善之，然未及行也。

未几，今天子受禅登极。公始盖尝与闻其议，至是自以旧学老臣，且察左右有以术数惑上听者，首以尧、舜、禹、汤、文、武、周、孔所传正心诚意、致知格物之说为上敷陈甚悉。会诏给笔札侍臣论天下事，公既条上，且申前奏，极论内帑之弊。于是有诏，更以内藏激赏为左藏南库。明年，兼国子祭酒。诏以旱蝗星变，命近臣言阙政。公曰："前给笔札，群臣悉已条对，今什未一二施行。夫言非难，行之为难。愿陛下力行而已，无以多言为也。"已而有旨，自今太上皇后令皆以圣旨为号。公以故典争之，不得。宰相建遣王之望使虏约和，公又论之，亦不从。俄兼给事中。

明年，天申上寿，议者以钦宗服除，将复用乐。事下礼曹，公奏曰："臣事君，犹子事父，《礼》亲丧未葬，不除服；《春秋》君弑贼，不讨，则虽葬不书，以明臣子之罪。况今钦宗实未葬也，而遽作乐，不亦失礼违经之甚乎？"退复以白宰相，且引永佑龙輴未返时事为比，左相汤思退曰："时已遣使奉迎，今则未也。"公曰："此又谁之责耶？"右相张魏公亦曰："今乃为亲之故，不得以前日比。"公曰："太上皇帝于钦宗亲弟昆，且常北面事之，有君臣之义，尤恐非所安也。"退具草，将复论之，词益壮厉。寻有旨集议，而庙堂间遣礼官来侦公意。公出奏草示之，知公议正不可屈，乃寝。

公在东台不半岁，诏勅下者问理如何，未尝顾己徇人，小有所屈。内侍李绰、徐绅、贾竑、梁珂迁官不应法，谏官刘度坐论近习龙大渊忤旨补郡，已复罢之，公壹不书读，缴奏以闻，左右已深忌之。会复有旨，赐安穆皇后家坟寺田，而僧遂夺取殿前选锋军所买丁祀田以自入，军士以为言。事下户部，尚书韩仲通以为不可，而侍郎钱端礼观望，独奏予之。公复封上曰："今若奉行前诏，则当以官田给赐，不当取诸军家所买。若谓丁祀得之非道，军家不应得买，则亦当还直取田，不当遽干没也。"疏奏，群小相与益肆媒孽公，遂以特旨罢中书舍人。马骐上疏留公，未报，而言事官尹穑希意投隙，诋公为张公党。骐后亦不能自坚，而公竟去国矣。

明年，乾道改元，公年适七十，即移文所居邵武军，引年告老。除集英殿修撰致仕，进敷文阁待制。久之，上亦寖悟，思公言，将复用之。五年，因御讲筵，顾侍臣曰："黄某老儒，今居何许？年几何矣？筋力强否？"于是召公赴阙，公辞谢不获，明年乃起。公以老成宿望，直道正言，去国七年，至是复来，观者如堵。入对内殿，问劳甚宠。时用事者方以权谲功利日肆欺罔。公因复以前奏正心诚意、致知格物者为上精言之，又言："比年以来，言和者忘不共戴天之雠，固非久安之计。而言战者徒为无顾忌大言，又无必胜之策。必也暂与之和而亟为之备，内修政理，而外观时变，则庶乎其可耳。"上皆听纳。以为兵部尚书、兼侍读。每当入直，上常先遣人候视，至则亟召入，坐语极从容。如是数月，月必一再见。公知无不言，其大者则迎请钦庙梓宫，罢天申锡宴也。初，公在礼部，论止作乐事。公去逾年，卒用之，然犹未设宴也。至是将锡宴，公奏申前说，且曰："三纲五常，圣人所以维持天下之要道，须臾不可无也。钦宗梓宫远在沙漠，为臣子者未尝以一言及之，独不锡宴一事仅存，如鲁告朔之饩羊尔。今又废之，则三纲五常扫地尽矣。陛下将何以责天下臣子之不尽忠孝于君亲哉？"已而诏遣中书舍人范成大使虏，以山陵为请。公又奏曰："陛下圣孝及此，天下幸甚。然置钦庙梓宫而不问，则有所未尽于人心。且虽夷狄之君臣，其或以是而窥我矣。"上善其言而不及用，虏于是果肆嫚言，人乃服公论之正而识之早也。公又尝奏请命有司作《乾道会计录》以制国用，罢去发运使及它民间利病、边防得失数事。

公前以不得其言而被谗以去，其复来也，将有以卒行其志，而上意乡公亦益厚。至是不能卒岁，又以言不尽用，浩然有归志。然犹未忍决求去也，乃陈十要道之说以献曰："用人而不自用者，治天下之要道也。以公议进退人材者，用人之要道也。察其正直纳忠、阿谀顺旨者，辨君子小人之要道也。广开言路者，防壅蔽之要道也。考核事实者，听言之要道也。量入为出者，理财之要道也。精选监司者，理郡邑之要道也。痛惩赃吏者，恤民之要道也。求文武之臣面陈方略者，选将帅之要道也。稽考兵籍，省财之要道也。"言皆切中时病，每奏一篇，上未尝不称善。公遂从容乞身以归，词旨坚确。上不能夺，乃除显谟阁学士、提举江州太平兴国宫。入谢且辞，上意殊眷眷，内出犀带、香茗为赐。既归，再疏告老，遂以龙图阁学士致仕。

淳熙元年，上意犹欲用公，以公笃老不敢召，则上手为书，遣使诣公，访以天下利害、朝政阙失。进职端明殿学士，且以银绢将之。公受诏感激，拜疏以谢，略曰："朝政之阙失多矣。其尤失者，君子在野，小人在位，政出多门，言路壅塞，廉耻道丧，货赂公行也。天下之利害多矣，其尤害民者，官吏贪墨，赋敛烦重，财用匮竭，盗贼多有，狱讼不理，政以贿成也。臣愿进君子，退小人，精选诸道部使者以察州县，则朝政有经，民不告病矣。"公之复归又十年，虽身安田里，老寿康宁，无复它念，然其心未尝一日忘朝廷。间语及时事，或慷慨悲辛不能已，闻者盖动心焉。然尚冀公之复起，而卒有以寠上心也。

七年八月庚寅，公竟以疾薨于家之正寝。先是，属疾逾年，手草遗表，犹以山陵堩土、钦庙梓宫为言，而戒上以人主之职不可假之左右，言尤剀切。至是上之，上闻悲悼，朝野相吊，诏以正议大夫告其第。享年八十有五。累封江夏郡开国侯、食邑千五百户，实封百户。娶熊氏、詹氏，又娶詹氏，封淑人。三男：源，通直郎；瀚，承务郎；浩，从政郎。六女，承议郎倪治、通直郎吴应时、宣教郎谢源明、承事郎张铸、承事郎陈景山其婿也。第三子及第二女皆夭。孙男七人，女五人。

公天性庄重，终日俨然，坐立有常处，未尝倾侧跛倚，语默有常节，未尝戏言苟笑。它人视之若有所拘絷而不能顷刻安者，公独泰然以终其身。虽在燕私，亦未尝须臾变也。居家孝友笃至，夫妇相敬如宾。与人交，恭而信，淡而久，苟非其义，一介不取诸人，亦不以予人。少时贫窭，炊黍或不继，而处之甚安。至其力所可致，则亦不使亲与其忧也。晚岁宦达，而自奉简薄，不改于旧。惟祭祀则致丰洁，细大必身亲之。仕州县奉法循理，敦尚风教。在朝廷守经据正，思深虑远，不为激讦之言、表襮之行以矜已取名。然诚意所格，愈久而上下愈信服之。上雅敬重公，屡有大用意，而公卒不少贬以求合。上问进取，必谨对曰"先自治"；问理财，必谨对曰"量入为出"。始终一说，未尝少及功利。至于忠孝大节，敬终追远之际，则深有所不能忘者，盖自始对诏策已发其端。

而痛夫钦庙梓官之未返,则论之终身,至于垂绝之言不释也。呜呼悲夫!推公此心,可谓无歉于幽明,而其法戒之所存,虽与天壤相弊可也。

尤恬于势利,兴废之间,人莫见其喜愠之色。为郡从事时,验茶券有伪者。吏白,公当受赏,公谢却之。罢惇宗而造朝也,临安学官与试贡士,公以朝命摄其事。时见官外犹有缺员,用事者故以尝公。已而试事毕,公即解印去。其人曰:"所摄当缺员,盍亦自言以审之乎?"公竟不顾,用事者以是恶之。在王府时,龙大渊为内知,已亲幸。它教授或与过从觞咏,公独未尝与之坐,朝夕见则揖而退。其后它教授多蒙其力,公独不徙官。为司业时,芝草生武成庙,武学官吏请以闻,公不答,则阴图以献。宰相召长贰而诘之曰:"治世之瑞,抑而不奏,何耶?"祭酒周公绾未对,公指所画对曰:"治世何用此为?"周退,语人曰:"黄公之言精切简当,惜不使为谏诤官也。"六和塔成,宰相命诸达官人写释氏《四十二章》之一刻之壁间,公谢不能,请至再,终不与。其不惑异端又如此。

所居官人莫敢干以私,然公初未尝有意固拒之也。蜀士有仕于朝者,同列多靳侮之,独感公遇已厚,然公亦未尝有意独厚之也。尤喜荐士,王詹事十朋、张舍人震,皆公所引。张忠献公、刘太尉锜之复用,公力为多。然未尝以告人,诸公或不之知也。致仕里居,前后十五年,收死恤孤,振贫继绝,蒙赖者众,而公未尝有自德之色。平居门无杂宾,邑里后生有来见者,躬与为礼,如对大宾。谆谆教语,必依于孝弟忠信,未尝以爵齿自高而有懈意惰容也。盖公之为人,生质粹美,天下之物既无足以动于其心,其学于天下之义理,又皆不待问辨而已识其大者。若其诚意躬行,则又浑然不见其勉强之意。而谦厚悫实,尤以空言为耻。以故当世鲜克知之。然亲炙而有得焉,则未有不厌然心服者。呜呼!所谓讷言敏行,实浮于名者,公其是与!

明年将葬,嗣子源使其弟瀚状公行事,属熹以铭。熹辱公知顾甚厚,且尝受命以识先大夫、先夫人之墓矣,不复敢辞,乃敬叙其事而铭之。公墓在邵武县仁泽乡庆亲里居第之北曰石岐原,葬以十二月初五日。其铭曰:

天下国家,孰匪当务。曷为斯本?身则其处。事物之理,指数其穷。曷其大者?维孝与忠。我观黄公,天畀淳则。植本自躬,有大其识。俨其若思,履衡蹈从。盛德之表，见于声容。烝烝于家，恳恳于国。敬终厚远，靡有遗贷。根深末茂，纲举目随。行满当世，言为宝龟。出入两朝，初终一意。酬酢佑神，表里一致。因而不究，君子惜之。勒铭幽宫，维以质之。

【简跋】

此碑刊于南宋淳熙八年（1181年），碑石未见，碑文录自《晦庵先生朱文公文集》卷九一。[①]撰文人朱熹，字元晦，号晦庵，南宋著名理学家。

墓主黄中（1096—1180年），字通老，绍兴五年（1135年）榜眼，累官兵部尚书、端明殿大学士，卒年八十五，谥"简肃"。《宋史》卷三八二有传。朱熹对黄中颇为钦仰，黄中退归后，朱熹曾致函表示，愿为及门弟子。其父黄崇、母游氏的墓志铭都由朱熹撰写，本书皆有收录。黄中的女婿之中，吴应时，邵武人，绍熙间知建宁府；谢源明，邵武人，绍兴间进士，官至工部尚书。

金华游玠母陈氏墓志铭
（淳熙八年）

出赤松门十二里，并驿道得支径，右折而南，冈阜逶迤相属。行三里许，至后湖之原，有墓焉。是为郡贡士陈敏之女，迪功郎致仕游夔之妻，迪功郎、新澧州州学教授玠之母。生十有七年，归游氏。又四十一年以疾卒，实淳熙七年十二月二日。其葬以明年四月四日。男五人：长即玠也，次璞，次玑，次琪，次瑀。女三人：长适钟麟，次适汪知古，幼在室。前葬，玠奉贽币请曰："玠之母，本儒家。方三舍法行时，郡以外祖充赋，贫不能上道，竟老于布衣。吾母尝恨之，故相家君教诸子尤力。玠每游学，纫补炮烹，米盐靡密，悉出吾母之手。甫得一官，未及致钟釜之养，而遽悼弃之。邻里莫不为玠酸鼻，而玠之穷毒，则人有不及知者焉。建安之游，唐德宗世有别居邵武者，入国朝枝叶益蕃，独玠之系无仕者。崇宁中，吾祖舆母隃岭，徙名数于婺之金华，今七十有八年矣。玠既赐第，家君诲之曰：'汝曾祖以上，兆域皆在邵武，汝祖岁或一再往

[①] [宋]朱熹撰；朱杰人、严佐之、刘永翔主编：《朱子全书》，2010年修订本，第24册，第4213页。

省焉。汝诸父虽不及汝祖之数，犹间往省焉。自吾之老，不能蒙霜露、犯寒暑，以问讯松槚，然每往来吾心也。汝幸免于课试之累，盍趣装代吾行？'玠再拜受命，比还，吾母已属疾，且喜且劳，曰：'吾儿始识先世丘垄矣，跋涉无恙乎？'改月，遂至大故。治汤液护衾裯之日，视诸弟为独少，此玠终天之恨也。祖墓岸城濠，湫隘，无以族昭穆，乃卜地于城之东。妇人无外事，法不当有铭。然玠不孝之罪，上通于天，一旦殒灭，诸弟稚昧，未胜洒扫之职，将不瞑目于地下矣，愿先生哀而识之。"予告之曰："子之家常如今日，虽八百里之邵武，不知其远，况十余里之后湖乎？苟其不然，则负城之阡，犹可忧也。子盍反其本矣。"铭曰：

北门之池，蔽芾其阴。东门之原，封之自今。我图其新，而旧勿替。勿替引之，维昭武是视。

【简跋】

此碑刊于南宋淳熙八年（1181年），碑石未见，碑文录自《东莱吕太史文集》卷十三。[1] 撰文人吕祖谦（1137—1181年），字伯恭，婺州（今浙江金华）人，南宋理学家，与朱熹、张栻为友，时称"东南三贤"。隆兴元年（1163年）进士，官至直秘阁著作郎兼国史院编修。

墓主陈氏，系婺州贡士陈敏女、迪功郎游蘷妻、新澧州州学教授游玠母。该碑提及，金华游氏家族本世居邵武，北宋末年游玠的祖父母迁徙至金华，至刊碑时已有78年，但对于祖地仍有浓厚的桑梓之情，游玠的祖父、父辈每年都会回邵武省墓。

宋故孺人李氏墓志
（淳熙八年）

孺人李氏，开封人。曾大父允恭，赠庆远军节度使。大父正言，赠宁国

---

[1] 转引自曾枣庄、刘琳先生主编：《全宋文》卷五八九八，上海：上海辞书出版社，2006年，第262册，第110页。

军承宣使。父噩,仕至武功大夫。建炎二年八月初三日生。年十九,归为善涷妻。孺人德性纯懿,动有仪法,孝以奉舅姑,义以训子,恩以抚下,和以睦族。沉静无喜愠色,闻善见义则乐从之。初,善涷当得先铃辖任子恩,意欲推与其弟,试以语孺人,欣然劝成其事。居无何,善涷亦叨中取,应得官,盖孺人平日所为警戒相助者类如此。子男五人:汝昂,保义郎;汝昇、汝昱、汝晢、汝昪。女三人:长先孺人卒,次适进士饶之挺,次未嫁。孙男二人:崇教、崇丘。女一人。淳熙七年六月二十三日终,次年十月十八日,葬于邵武永城乡勤田里之双溪先考铃辖、妣恭人墓侧。

夫,从义郎赵善涷谨志

【简跋】

此碑刊于南宋淳熙八年(1181年),现存绍兴市上虞区会稽金石博物馆。[①] 碑高102厘米、宽55厘米,楷书。

墓主李氏,开封人,武功大夫李噩之女,从义郎赵善涷之妻。由墓志推测,赵善涷系宗室子,为宋太宗七世孙,但具体支系情形不详。

[①] 此碑图文转引自绍兴市档案局(馆)、会稽金石博物馆编:《宋代墓志》,杭州:西泠印社出版社,2018年,第92—93页。

宜人王氏墓志铭
（淳熙十年）

　　右朝请大夫任公讳贤臣之妻、宜人王氏，明州慈溪县人，故朝奉大夫、中书门下检正诸房公事讳庭秀之女。年十七归任氏。任氏世为眉山人，后徙蔡州。靖康之乱，大夫公昆弟始奉其母魏国太夫人奔走南渡，生理萧然。宜人嫁时装甚厚，尽捐以佐朝夕之用。事太夫人尽爱敬，甘旨无阙供，无故未尝辄去左右。遇有疾，衣不解带，粥药尝而后进。与大夫公相敬如宾，所以辅佐之者甚至。大夫公尝通守武昌，久摄郡事。前例，摄事者受俸给，与诸司问遗往来，皆如真太守。大夫公疑之，以语宜人。宜人曰："异时贫甚，宜不聊生，亦且至今日矣。今幸粗足，何以是自污为哉？"大夫公以为然，皆谢不取。大夫公历守数郡，晚岁奉祠以归，或以其精力未衰，犹可以复仕，而宜人深以止足为戒，大夫公乃不行。宜人治家严而有法，岁时祭祀，先旬月戒具，至期斋肃。每事必亲，虽疾亦强起，中馈酒食之事，盖终身不以诿人。教饬子孙甚严，未尝假以言色。而视其饮食，时其寒燠，皆有条理。遇下有恩意，然敝衣袴亦不妄与。既病，犹治家事不废，中外肃然者十年。以淳熙九年十一月三日卒，享年□□□。子男三人：璜，宣教郎，知江州德化县事；玠，承务郎，知临江军清江县事，皆先卒；璋，迪功郎，袁州万载县丞。女一人，适通直郎、通判容州程说之。孙男七人[①]：希夷，举进士，调迪功郎、建宁府浦城县主簿；图南，迪功郎、严州建德县尉；斗南、应南、鹏南、拚南。女三人。璋、希夷将以十年七月某日，奉宜人之柩，葬于邵武军邵武县长乐之原。使其友方士繇，述宜人阀阅事状来请铭。予先君子尝与大夫公昆弟游，义不可辞，而希夷、士繇又皆尝来学，其言宜不妄，乃删取其大者，而系以铭。铭曰：

　　奉馈高堂恭敬止，佐夫子治成厥美。肃如严君秉周礼，考终卜吉藏于此。土平川纡山崛起，长乐之乐诒孙子。

【简跋】

　　此碑刊于南宋淳熙十年（1183年），碑石未见，碑文录自《晦庵先生朱

[①] 孙男七人：疑为"孙男六人"之误。光绪《邵武府志》卷二八作"孙男六人"。

文公文集》卷九二。[1] 撰文人朱熹，字元晦，号晦庵，南宋著名理学家。

墓主王氏，明州慈溪县人，任贤臣之妻。贤臣为眉州人，仕闽，因家邵武。其孙任希夷，字伯起，朱熹弟子。登淳熙二年（1175年）进士，官至端明殿学士，佥书枢密院事，兼权参知政事。《宋史》卷三九五有传。

西山先生李公墓表
（淳熙十二年）

西山先生李公者，龟山先生杨文靖公之门人。龟山既受学于河南程氏，归以其说教授东南，一时学者翕然趋之。而龟山每告之曰："唐虞以前，载籍未具，而当是之时，圣贤若彼其多也。晚周以来，下历秦汉，以迄于今，文字之多，至不可以数计。然旷千百年，欲求一人如颜、曾者而不可得，则是道之所以传，固不在于文字，而古之圣贤所以为圣贤者，其用心必有在矣。"及李公请见于余杭，则其告之亦曰："学者当知古人之学何所用心，学之将以何用。若曰'孔门之学，仁而已'，则何为而谓之仁？若曰'仁，人心也'，则何者而谓之人心耶？"李公受言，退求其说以进，愈投而愈不合，于是独取《论语》《孟子》之书而伏读之，蚤夜不懈，十有八年，然后涣然若有得也，龟山盖深许之。而公之语学者亦曰："学者于经读之又读，而于其无味之处益致思焉，至于群疑并兴，寝食不置，然后始当骤进耳。"龟山既殁，后进多从公之游。后举遗逸召对，卒官福建路安抚司主管机宜文字，而葬其乡邵武军光泽县东黄岭之原。学者共追号为西山先生云。

公讳郁，字光祖，元祐党人朝散郎深之子。母安仁县君陈氏，赠谏议大夫陈忠肃公之女兄也。公幼不好弄，坐立必庄。少长，学于舅氏，陈公器之。逾冠，乃见龟山而请益焉。龟山一见奇之，即妻以女。既而以朝散公遗命，出为叔父将仕郎庭之后。中间游太学，被乡荐，皆不第。

绍兴初，天子慨然有志中兴大业，思得山林遗逸魁杰非常之材而用之。会

---

[1] [宋]朱熹撰；朱杰人、严佐之、刘永翔主编：《朱子全书》，2010年修订本，第25册，第4240页。

遣御史朱异行郡国，诏俾搜访以闻。异闻公名，使还以对，召对便殿，所陈皆当世大务，上为改容倾听，请退而留者再。诏以为右迪功郎，寻除详定一司敕令所删定官。未久，以忧去。用进书恩，特改承务郎。及免丧，会秦丞相桧已用事，公自度不能俯仰禄仕，遂筑室邑之西山，往来读书其间。家益穷空，人有不堪其忧者，公独旷然不以为意。然当世贤士大夫益高仰之，迁官者多引以自代。久之，起家佐闽帅幕府。人谓非公所宜处，而公不辞。既至，人谓公且不屑为，而公治文书惟谨，日访民情戚休利病，以告其长而罢行之。一日，帅用小人言，欲毁民居数十为列肆，酤酒以牟利。公白其非便，帅不乐，颇见色词，公即移病告老。帅悟，惭谢，公为强起。二十年七月壬辰，竟以疾卒，年六十有五矣。

公天资粹美，而涵养有方，其事上恭而有礼，其御下严而有恩。平居未尝有惰容，诲人终日无倦色。自奉甚约，而事亲极其厚，于所后尤兢兢致孝，服丧毁瘠如礼，治丧必诚信，至竭其赀不吝。兄阶官杭州，骂贼死，公事寡嫂如母，教孤侄，遣遗女，皆如己子。其于世务人情、官政文法，下至行阵农圃之事，靡不究知，然竟不及用于世以没，识者恨之。所著有《易传参同契》《论孟遗秉》，及生平遗文合数十卷，藏于家。夫人杨氏，龟山先生第三女，有贤行，通经史大意，平居诲饬子孙，整齐内外，皆中礼法，后公十六年卒。子揆，承务郎，陈公志于将仕之墓，所谓延孙者也。晚以德寿庆恩，补官而卒。女适同郡上官墨卿。孙男闲、阐、阅、阛，女适某人。闲于是以迪功郎为全州州学教授，始将伐石以铭其墓，而来请文以识焉。

呜呼，圣贤远矣！然其所以立言垂训，开示后学，其亦可谓至哉。顾自秦汉以来，道学不传，儒者不知反己潜心，而一以记览诵说为事，是以有道君子深以为忧，然亦未尝遂以束书不读，坐谈空妙为可以侥幸于有闻也。若龟山之所以教，与西山之所以学，其亦足以观矣。余是以著之而并记其行事，后之君子尚有考也。淳熙十有二年秋八月乙卯具位朱熹述。

【简跋】

此碑刊于南宋淳熙十二年（1185年），碑石未见，碑文录自《晦庵先生朱文公文集》卷九十，[1]又见《闽中金石志》卷九。撰文人朱熹，字元晦，号晦庵，南宋著名理学家。

墓主李郁，字光祖，理学家，学者称西山先生。系名儒陈瓘（字莹中）外甥、龟山先生杨时女婿。著有《易传参同契》《论孟遗秉》。弘治《八闽通志》卷七十、光绪《邵武府志》卷十九有传。

赣州赵使君墓碣铭
（淳熙十二年）

淳熙十二年十一月某日，知赣州军州事、朝请郎赵公某卒于官。明年二月某日，归葬所居邵武军城西南樵岚山。其友沅州吕使君胜己实铭其行内圹中，而其弟善杰以书来曰："仲兄之志，盖尝欲有以自见于当世，今不幸早死，未有以偿其平日之愿。士友之相知者，莫不痛之。其所以告诸幽者，既虽幸有沅州之文矣，而所以表其墓上，使百世之下过者读之而想见其为人，则未有托也。仲氏夤从张荆州游，而晚交于子，子其哀之。"

予发书慨然曰："吾交于佐卿固久，而自其守赣，知之始深。今其弟以是为属，其何可辞！"盖始佐卿赴镇时，尝以书来问政所宜先，予以所闻告之。佐卿至官未几，往来者称其政不容口。久之，乃来告曰："向所闻者，至是访之皆如言，既一二罢行之矣。顾所以病吾民者，犹不止于是也，如某事，如某事。吾代而归，将以告于上而革之，则一方永久之利也。"予闻之喜甚，盖不独为佐卿喜，又为赣人喜也。然未久而闻佐卿之讣，则又为之悲叹出涕而不能已。佐卿素强健，至是暴得疾，顷刻遂不可救。州人闻之，惊怖啼号，老稚相扶携，走哭府下，皆失声。退，相与画其象而祠之。呜呼，是岂人力之可为者耶！

因考吕使君所记，则曰：公六世祖商恭靖王某，我宋太宗皇帝之第四子也。[2]曾祖仲□，开府仪同三司、赠太师，追封成王。祖士訔，举进士中第，未仕而卒。

---

[1] [宋]朱熹撰；朱杰人、严佐之、刘永翔主编：《朱子全书》，2010年修订本，第24册，第4178页。
[2] 宋太宗皇帝之第四子也，"四"字原缺，据《宋史》卷二五《宗室二》补。

父不衰，武经郎、福建兵马钤辖，赠朝散郎。母满氏，太硕人。钤辖公恬淡寡欲，太硕人名家子，有贤行，闺门肃穆，为士大夫所称。

公天资闿爽好学，游庠序有声名，同业者皆自以为不及。以宗室子试有司，连中其科。初补承节郎，改授左承务郎、知南剑州将乐县丞，签书武安军判官厅公事。差通判镇江府，未赴，改知泰州，徙知常德府，以家难不行。及是为赣州逾年，年甫五十有二而遂以卒。呜呼，是可哀已！其佐湖南军时，帅张公孝祥深知之，沈公介亦奇其材，遂与转运副使黄公钧合章荐之。为郡奉法爱民，以勤俭自约饬，不妄费公家一钱。干请无所应，虽有挟而至者，不为动也。在赣遇旱，祷祠赈贷必尽其力，节游宴，罢土木，劝民艺麦潴水，宽诸县逋负，损市人酒课，人甚便之。常时，州郡别以使臣掌牙兵，公罢之而归其职于兵官，责以严纪律、谨训练。未几，营部肃然，吏士皆可用，鲜犯禁者。举吏必先寒畯，权贵请属皆置不问，吏服其公。于是州人相率以其治行数十言于使者之台。公闻，亟喻止之，曰："太守德薄政荒，不能布宣圣天子宽大之诏，使旱至此。父老不以为有罪，则已幸矣，何善之可称？父老其亟归教子弟，孝于亲，弟于长，忍小忿，敦大信，使太守之政为能善其俗者，则父老之赐厚矣。天暑道远，毋苦父老为也。"闻者感叹，益相告戒毋违公令。

在长沙，从张敬夫游，受其学以归。其后待次遭忧，闲居累年，寻绎旧闻，讲习不倦，而尤究心于《易》。筑室所居之南，朝夕读书其间，疏泉种树，有以自乐。其于进退得失之际，有未数数然者，人亦不意其寿之不永，而遂葬于此也。初娶王氏，福建安抚参议康功之女。再娶黄氏，湖南转运判官洧之女。皆先卒。子男一人：汝掖，尚幼。公没三年，太硕人故康宁，而伯氏龙阁公数典巨藩，亦以宽惠见纪。盖其家法传有自云。予惟公之志虽未克大施于时，而二邦之政所以及人者已广。以其地远，且无门人故吏之记，故不得书。其与予书谕赣事者，又逸不存，而不得附见以俟后之君子，则予于此不独为公恨之，又为赣人恨也。为书其事，使以刻于其碣，且为之铭。铭曰：

于皇上圣，哀此下民。吏壅其流，泽啥以屯。惟时若人，有闻于古。肆其所临，霈若膏雨。章贡之间，禾黍油油。公胡遽归，樵岚之丘？我铭其阡，用劝来者。毋以惠文，易此章甫。

【简跋】

此碑刊于南宋淳熙十二年（1185年），碑石未见，碑文录自《晦庵先生朱文公文集》卷九二。① 撰文人朱熹，字元晦，号晦庵，南宋著名理学家。

墓主赵善佐，字佐卿，宗室子。绍兴三十年（1160年）进士，累官知泰州、常德府、赣州。曾受学于名儒张栻，又从朱熹游，对《周易》颇有研究。崇祀乡贤祠。其父赵不衰、母满氏、兄赵善俊的墓志铭（《武经大夫赵公墓志铭》《宋故太夫人满氏圹铭》《中大夫秘阁修撰赐紫金鱼袋赵君善俊神道碑》），本书均有收录。

宋严君朝兴茔
（淳熙十三年）

严氏□〔世〕居西蜀，其后游宦东南。属唐之季，海内云扰，遂辟地于莒水之阳，因以家焉。君名德相，字朝兴，生于大宋政和□三年。质直纯固，敦本黜浮。乡党慕其勤，子孙师其俭。既老而益壮，知命而□豫，乃即东岗之不食以治其茔，履甲面庚，盖仿中古之制，岂僭逼之类。□先哲以使民无憾，为王道之始，君子于此可以观矣。子：镒、铎。孙：英、蕚、登、丰。曾孙：玉。俾刻其辞，故书。

淳熙十三年季秋初五戊申日谨志

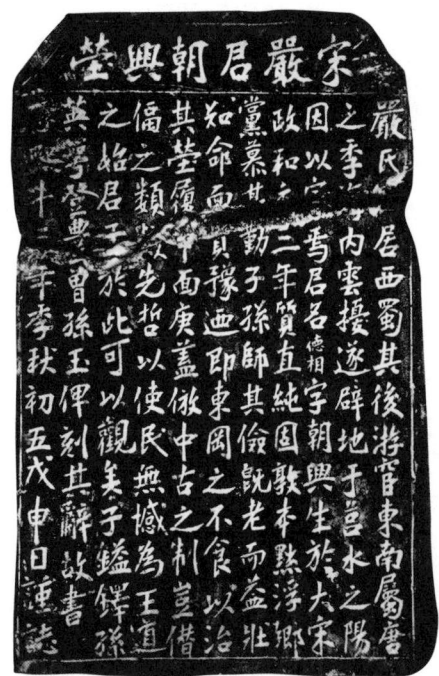

---

① [宋]朱熹撰；朱杰人、严佐之、刘永翔主编：《朱子全书》，2010年修订本，第25册，第4266页。

【简跋】

此碑刊于南宋淳熙十三年（1186年），2021年冬出土于拿口镇严坊村，现存邵武市博物馆。石碑断裂两截，但碑文大体完整。碑高54厘米、宽34厘米、厚4.5厘米，楷书。撰文者为墓主子嗣。墓主严德相，字朝兴，生于政和三年（1113年），卒于淳熙十三年，享年74岁。墓志提及，严氏先祖世居西蜀，唐末迁至邵武"莒水之阳"。莒水，即莒溪，今名叶屠河，流经邵武拿口镇界竹村叶屠。[1]明代《八闽通志》卷十《地理》载："莒溪，在二十七都。源出板阳，至严坊，合沧浪水东北流"。宋代莒溪严氏乃文化世家，光绪《邵武府志》称："宋理宗时，邵武名诗家者莫如严氏之盛，其群从九人皆能诗，世称'九严'。"[2]当中尤以诗论家、《沧浪诗话》作者严羽最为知名。

朝议大夫致仕赠光禄大夫黄公神道碑铭
（淳熙十五年）

宣和之末，国家承平百有余年，中外无事，乃有二三弄臣窃国大柄，建取燕云，以召非常之变。有识之士恐私忧之，而众莫之觉也。捷书日闻，官吏相庆，独信德府司录事邵武黄公有忧色。人问其故，公蹙然曰："太平日久，军旅遽兴，廪无兼岁之储，不取于民，将何以济？顾今岁荐饥，民死无数，况河北天下根本，又可重困之邪？"闻者莫不笑之。

俄而，河北盗贼果蜂起，信德城守屡危。金虏乘之，遂不能支。官吏相与匍匐拜降，惟恐居后，而公独奋然，誓死不屈。虏既入城，放兵四出，有挺刃胁公以降者。公顾左右，蹈之而逸，变姓名匿里巷中，虏退乃出。则先降者皆已抵罪，而宣抚使独奇公节，俾行府事。公亦摩抚疮痍，期复按堵。未几，以内禅恩转朝议大夫，则以资高，不当复屈佐郡，而省罢以归矣。

靖康元年，还次京师，遭围城之变。而明年，钦宗出幸虏营，虏遂以兵威

---

[1] 参见傅再纯：《沧浪之水今何在——严羽故居寻访记》，载氏著：《樵川拾遗——邵武历史文化札记》，邵武：政协邵武市文化文史和学习委员会编印，2022年，第183页。
[2] 光绪《邵武府志》卷二一《文苑·严参传》，2017年点校本，第625页。

胁城中，拥张邦昌而立之，一时公卿斂千百数，相顾俯首，唯唯听命。公独感愤，义不辱身，即日移檄致其事以去。盖当是时，不约而出此者亦四十人，然不数日而公竟以病卒矣，二年二月丙子也。

呜呼！祖宗百年礼义廉耻之化，其所以涵养斯人者，可谓至深远矣。夫以熙宁以来，群小相师，灭理穷欲，以逮于兹，适已六十年矣。士大夫酖豢之余，心志溃烂，不可收拾。宜其祸变危迫，而皆不知以为忧，败衄迎降，而皆不知以为耻；弃君叛父、奉贼称臣，而皆不知以为辱也。而犹复有如公等者出于其间，是虽人之秉彝不容泯灭，然而祖宗所以涵养斯人至深且远者，亦岂不于此而少见其遗余哉！

公卒时年始六十有三，夫人林氏携挈诸孤，奉公之柩，崎岖兵火乱离之中，川陆五年，乃能达于故里。绍兴乙丑之岁，然后始克葬焉。而公之子永存，浸以才能有闻于世，上闻其名，召以为尚书郎军器监，出为淮南转运副使，俾修农战之业，以为北向之渐。前后赠公至光禄大夫，而夫人自公时已封宜人，又以子贵，屡逢庆恩，得赐冠帔，累封至始兴郡太夫人。淳熙乙未八月五日，年九十七而薨。又以郊恩，赠蕲春郡夫人。而副使归自淮南，则使人以同郡徐君复之状来谓新安朱熹曰："吾先君之德如是，而葬久未铭。且先夫人率履持家，克享上寿，世鲜及之，亦当得附先君遗事，以垂后世，子其图之。"熹受书考之，具得光禄大夫、蕲春夫人行事本末，叹息久之。因论其大者如此，而并记其州里世次阀阅梗概及子孙次第，请具刻于螭首之石如左方。[①]

盖公讳中美，字文昭，其先光州固始人，从王潮入闽[②]，居建之浦城，后徙邵武。国初，邵武始别于建，遂为郡人焉[③]。曾大父梦臣、大父肩，皆有隐行。至公父蒙，始举进士，后赠中奉大夫。中奉娶施氏，生公七年而卒，后赠令人。中奉没时，公年甫冠，励志为学，而贫不能得书，常假于人以读，率一再过而归之，则已成诵不忘矣。中元祐九年进士第，调真定府左司理参军，知邢州平乡县，皆善其职。以守正不阿忤上官，罢退久之，贫甚，不以为意。亲友强起之，乃更调镇西军节度推官，麟极边，守武将，视法令僚属蔑如也。公不为挠，

[①] "梗概及子孙次第，请具刻于螭首之石如左方。盖"，《晦庵先生朱文公文集》本缺。
[②] "盖公讳中美……从王潮入闽"，《晦庵先生朱文公文集》本作"公讳中美，字文昭，其先自潮入闽"。
[③] "居建之浦城……遂为郡人焉"，《晦庵先生朱文公文集》本作"居建之浦城，徙邵武，遂为郡人焉"。

事有不可，必庭辩之，守愧屈焉。改宣德郎，知滁州卫县。县民有被诬杀人者，公察其冤，纵之。同列有害公者，谓公故出死罪。守疑之，公不恤也。会河决，败数郡。诏诸令长各护丁夫疏凿堤障，县独不扰而集。以功转奉议郎，除河北都转运司属官，北京留守辟以为真定府司录事。是时，河北连岁不登，民多相聚为盗，而郡守欢燕敖逸如平时。公独忧之。每当集，辄词不与。守问其故，公对以实，守默然不悦。于是乃移信德，而遂去以卒焉。

其为人坦易，不事边幅，而与人交必以诚。当官不为赫赫之名，而于事细微无不谨。旁郡有疑狱，部刺史多奏以属公，往往得其情。乐施予，不问识否，人虽负之，不悔；有求，辄复周之。在镇时，府丞陈绍夫死，公以俸钱遣其丧。女兄寡居，迎养三十年，始终如一日。故人有通贵者招致之，谢不往。都转运使吕公颐浩及它使者多知其才，欲荐之，未果而没，论者惜之。

公初娶宛句刘氏，赠和义郡夫人。蕲春，其继室也，延平人，赠少师积之女。夫人浑厚静专，归黄公时甚贫，处之自若。晚虽丰泰，亦未尝改其度也。事公之女兄如姑，公没而归其丧。教其子务以忠言直节立其志，使卒为闻人，以大其家。岁几满百，而神明不耗，起居不衰，又近似有道者。家人百口，抚之一以慈爱，而教告勉饬随之，未尝见其严厉之色，而中外整整，莫敢越轨度，乡党传以为法。公葬邵武县仁泽乡宝隆山之原，夫人葬永城乡黄溪保铜青山下，相距盖十里。

子男五人：曰端愿、端平，皆有俊才，丱角已与荐送，而皆早卒；次端方，亦卒；次永存，今为朝请大夫，主管武夷山冲佑观；次永年，右儒林郎、知静江府理定县，亦先卒。女五人：其婿宣教郎朱康年、保义郎周郁[①]、修职郎赵舜臣、通直郎杜铎、进士李先之也。孙男十人：龟朋，儒林郎；格、钺、南卿、范、栖、勋、夏、钦、钧，皆未仕，而格、钺、钦亡矣。孙女六人，其婿周敦书、李庞、李徽、将仕郎吴时万、上官珪、上官杨。曾孙男十七人：大正、大时、大椿、大全、大猷、大学、大昌、大渊、大声、大韶、大受、大严、大任、大用，余未名。女十四人，其婿任斗南、林杞、李价，余尚幼。玄孙男六人：公振、公升、公显、公回、公焕、公章。呜呼！是亦盛矣。黄氏之昌阜于世也，其可量哉！铭曰：

---

① 保义郎周郁，《晦庵先生朱文公文集》作"保义郎朱郁"。

第六章　墓志地券　313

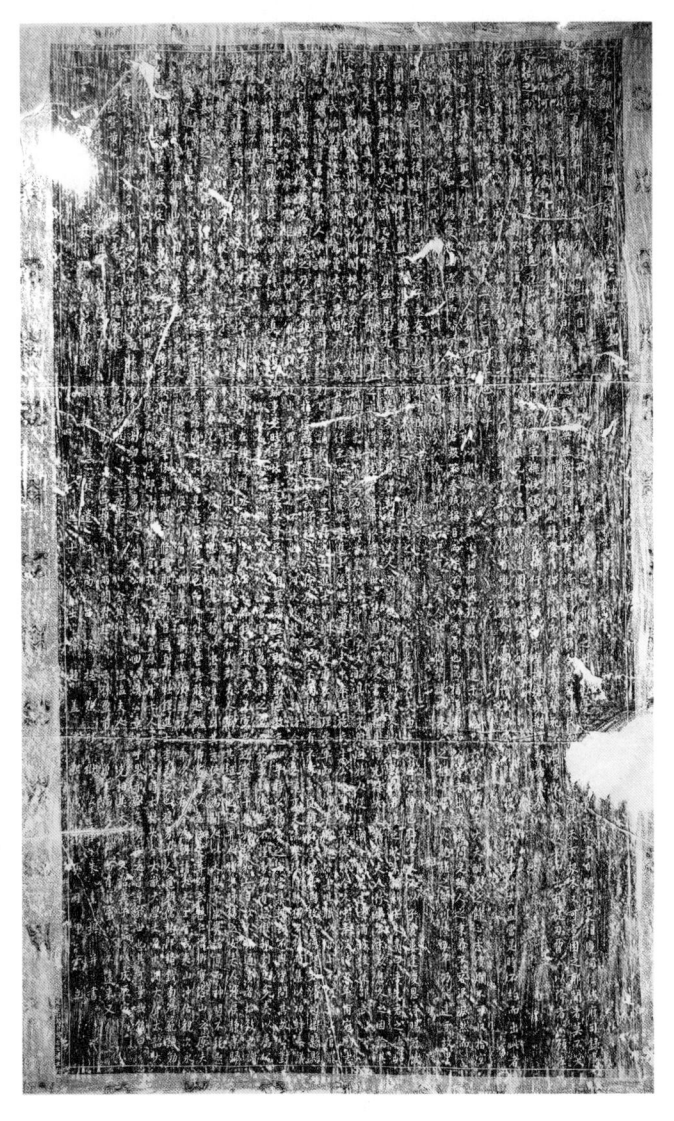

暨暨黄公，逢时之危。迹随众兆，思属眇微。之死弗污，以全其归。温温夫人，克相其夫。又诏其子，以成厥家。寿考尊荣，百岁而徂。宝隆之阿，黄溪之里。东西相望，两阙对起。子孙盈前，曾玄满后。尚有宠灵，不远来又。

宣教郎、直徽猷阁、新权发遣江南西路提点刑狱公事朱熹撰并书

　　进士方士繇题盖
　　淳熙戊申正月甲子立
　　翁镇等镌

【简跋】

此碑立于南宋淳熙十五年（1188年，戊申），竖于铜青宝隆山下（今晒口街道同青新村），约1996年修建316国道时被盗。福建省图书馆藏有拓片。碑高315厘米、宽130厘米，楷书。碑文见于《晦庵先生朱文公文集》卷八九、《闽中金石志》卷九、《闽中金石略》卷九，光绪《邵武府志》卷二八亦有节录。民国《重修邵武县志》卷七载："朝议大夫黄中美墓在铜青之宝隆山，朱子书碑，碑覆以亭，明知府冯孜建，夏英修。今亭废，碑存。此碑于中华民国七年大水裂其碑址，碑仆，而碑有陈易园记其事，并碑文，载于后篇。"

撰文并书丹人朱熹（1130—1200年），字元晦、仲晦，号晦庵，谥文，

世称朱文公。生于南剑州尤溪,南宋理学家,时任江南西路提点刑狱公事。《宋史》卷四二九有传。题盖人方士䌖,字伯谟,莆田人,系朱熹弟子。淳熙进士,"工于书,自篆籀、分隶、行草,诸体皆极其妙"[①]。

墓主黄中美,字文昭,元祐九年(1094年)进士,官至左朝议大夫,崇祀乡贤祠。光绪《邵武府志》卷十九有传。妻林氏,延平人,赠少师林积之女,光绪《邵武府志》卷二五有传。子黄永存、孙黄龟朋、婿杜铎,方志皆有传,本书也有收录他们的墓志(《宋黄永存墓志》《宋始兴郡守黄公墓志》《右通直郎知袁州万载县杜君墓志铭》)。

宋故孺人黄氏埋铭
(淳熙十六年)

先妣孺人,姓黄氏,故县太保之孙女。年二十归我先君,妇职恭顺,闺门穆穆,宗族称之。因回禄焚毁故第,先君与二兄,既别卜居。生事虽薄,先妣主中馈,一如未分时,亦足无乏。先君茕孤,母乃推官朱宪明之女。先妣逮事二十八年,出入起居,饮食医药,迎其意向,尽礼尽诚,以故得其欢心。自殁了,办丧葬独任其责,不以累诸昆,先妣有助焉。严奉蘋藻,过于事生。暮年资用益饶,而自奉甚薄,常汲汲于济人。闻人有善,喜见于容。抚育孙息,各有恩意。慈俭之性,得于天资。内外亲属,无老幼疏近,莫不敬而慕之。释道二教,尤笃信重。乐意施舍,求者各如所欲。用是,年弥高而四大康庄,五官不乱者,不可谓无阴骘也。先君卒于淳熙乙未,朝散大夫、直秘阁、主管建宁府武夷山冲佑观吴南老志其墓。先妣生于大观乙丑,以淳熙甲辰正月十九日终,享年七十有六。子三人:曰忧、曰愖、曰恂。女一人,九姐。忧娶黄氏,愖娶俞氏,即通直郎黄公德永之外孙。恂娶丘氏。愖春秋五十一而卒,实淳熙癸卯十一月也。忧、恂将卜葬先妣,不幸丁未之春,妹亦即世,年甫五十有一。忧忧伤憔悴,至冬十一月继殁于家,年五十有九。坐是未毕襄奉。男孙五人:曰

[①] 李国钧主编:《中华书法篆刻大辞典》,长沙:湖南教育出版社,1990年,第223页。

棠；曰柏，娶何氏；曰梗，早亡；曰柟；曰森。女孙二人：长适将仕郎高志美之季子；次尚幼。曾孙一人，俊钺。淳熙己酉，恂卜地于郡北金山窑前，祖妣朱氏坟茔之右。其地壬亥山行龙，坐癸向丁，元辰数步，流丙转巽，归东长流，用四月二十二日卯乙时也。恂以葬期之迫，求撰志铭，不及，姑纪大略，以纳于圹中。

吴谔刊

【简跋】

此碑刊于南宋淳熙十六年（1189年），现存邵武市博物馆。碑额与碑文皆隶书。撰文人李恂，系墓主之子，生平事迹不详。墓主黄氏，邵武故县太保黄某孙女、富民李缜妻。李缜，字智周，其墓志《宋故居士李公之墓》，本书有收录。

南宋何氏墓志

（绍熙三年）

有宋何氏，邵武军邵武县囗，父讳伟，为进士。以建炎二年五月二十三日生，年二十，嫁本县樵溪进士丘珏。至绍熙三年九月十五日终，享年六十有四。

以其年十一月□□日，葬于永城乡上白保□□之原。子男二人：长钦，□高氏；次□。女二人：长适黄□；次适吴兴。孙男二人：师善、师德。〔孙〕女四人，尚幼。

郡人吴谔刊

【简跋】

此碑刊于南宋绍熙三年（1192年），现为邵武市某藏家所藏。阴刻，楷书。墓主何氏，系进士何伟女、进士丘珏妻。建炎二年（1128年）生，绍熙三年（1192年）卒，享年64岁。何伟、丘珏的进士登第信息，史志失载。丘珏，字玉父（一作玉甫），邵武人，朱熹弟子，所录有《主敬问答》。弘治《八闽通志》卷七十有传。

宋故太夫人满氏圹铭
(绍熙四年)

墓志盖：宋太硕人满氏圹铭

墓志：太夫人满氏，法讳妙静。其先开封祥符人，曾大父广，丹、博二州刺史，累赠彰信军节度使。大父舒，左藏库副使、赠中奉大夫。父安行，修武郎，河北路第三将。太夫人生于名阀，秀外而慧中，志向剧不凡，吾外祖奇之，长为择对，遂以归先君太中。先君游宦不遂，生理萧瑟，家事皆太夫人任之。有子五人：善俊，中大夫、充秘阁修撰、知泉州事。善佐，朝请郎，先太夫人八年卒于赣治。善羡，宣教郎、知泉州南安县事。善任，承节郎，早世。善杰，宣教郎、知福州长乐县事。善俊及赣州，弟相继收进士科，而善羡、善杰累举胄监。用今上皇帝龙飞恩，廷对，易武而文，得八品京秩。其纵曳饬励，汔皆有成，实太夫人之训也。女七人，其六人先亡。婿，从政郎邓祖优，迪功郎杨珵、黄造亦已物故。今其在仕者：朝奉郎、前知隆兴府新建县事李絪；文林郎、知鄂州通城县事孟楷；承直郎、兴化军仙游县丞司马遘。孙男五人：汝跻，成忠郎；汝将，迪功郎，新抚州司户参军；汝掖，将仕郎；汝觉，未命；汝正，通仕郎。孙女三人。太夫人以善俊历官久，累封太硕人。今年春正月，善俊方饬装，将奉版舆，官泉南。太夫人遽以疾弗救，享年八十有一。风树缠悲，禄养莫逮。终天之痛，衔恨何穷？乌乎！其尚忍言之？诸孤卜以其年十有一月壬辰，祔于先君太中之兆，是为新屯西宅之原。前矗高峰，后倚横岫。夹右带左，远山拱之。一水纡徐，平波渺渺。既固既安，益昌厥后。丕惟吾母淑德贤行，善俊敬已书之事状，求诸当代伟人，叙而诗之，表揭墓隧矣，兹固弗详著云。

绍熙四年十一月　日　男善杰、善羡、善俊泣血书。李■

李大年刊

【简跋】

此碑刊于南宋绍熙四年(1193年)，现存邵武市博物馆。墓志盖高88厘米、宽70.5厘米、厚10厘米，楷书。墓志高89.2厘米、宽72厘米、厚10厘米，楷书。撰文人为墓主之子赵善杰、赵善羡、赵善俊。书丹人及篆盖人李某、刊

碑人李大年，信息不详。墓主满氏，法讳妙静，系河北路第三将满安行之女，宗室子、武经大夫赵不衰妻。墓主第三子善羡，赵不衰墓志作"善仪"。赵不衰及其子赵善俊、赵善佐的墓志（《武经大夫赵公墓志铭》《中大夫秘阁修撰赐紫金鱼袋赵君善俊神道碑》《赣州赵使君墓碣铭》），本书皆有收录。

有宋江东常平提干平甫黄公墓铭
（庆元三年）

庚戌进士周南撰

黄槩，平甫，邵武人，故端明殿学士、谥简肃、讳中之孙，今衡阳守瀚仲子也。平甫家庭所渐，意气亢卓，论学取友，务一趋径直，面数人过，以此无亲昵。然其遇长老，所敬恂恂，退然卑执，未尝敢自出也。荫补京官，再监麻沙、枫桥镇税。镇视县事少，则已能塞然不屈惰，有当仕之意，能使去而怀之。转通直郎，干办江东茶事司。吏购取官物，平甫掠治之。旦日，吏告属官专捽杖小吏，去将归罪，僚列俯首谢，平甫争不可得，即卧病丐去。使者促切之，不为动，则又益怒，然终以平甫整佐长事，无夸挟意，卒得职。手写吏牍不苟，敬事上。在官私损衣食，间遗亲旧。有名色俸别居之，以当公费。卒于妻谢氏父给事中官舍，庆元丁巳七月二十六日也。① 病革矣，闻其友报罢，犹强其弟荣治书，竟起自为之，年才三十二，未厌于学，有至性云。妻谢氏后几月亦卒，将合葬于简肃公坟之侧。② 荣来索铭，余曰："如平甫继嗣何？"曰："大人命矣，荣有子则以后之。"铭曰：

于是黄氏宦十世矣，有孙而贤，难哉！余尝与平甫仕于池，与之上下议论，其父子实宗从朱氏学云。

【简跋】

此碑刊于南宋庆元三年（1197年，丁巳），碑石未见，碑文录自《山房集》卷五（《涵芬楼秘笈》本），又见大埠岗镇光绪《五经黄氏宗谱》。谱载："此篇，旧谱亦未刻，节每于春祭登山拜坟，见平甫墓旁碑铭尚存，奈历岁月长久，碑字未免损坏。今修家谱，不得已，照碑字誊清，增入谱中。其字恐有讹错，后之孙勿以文字遗漏，弃而弗读，没其祖功宗德之盛云尔。"③ 可知，光绪间此碑尚存，族人修谱时将碑文誊录于谱。

撰文人周南，字南仲，号山房，苏州人。绍熙元年（1190年）进士，为南宋思想家叶适弟子，博学有时名。墓主黄槩，字平甫，官至江东常平司干办公事。系端明殿学士黄中孙、衡阳守黄瀚次子、黄荣之兄。黄中与黄瀚的墓志（《宋故端明殿学士黄公墓志铭》《宋司农少卿黄公墓志》），本书均有收录。

中大夫秘阁修撰赐紫金鱼袋赵君善俊神道碑
（庆元五年）

君讳善俊，字俊臣，太宗皇帝七世孙。曾祖仲营，崇信军节度使、开府仪同三司，追封成王；妣楚国夫人王氏。祖士訾，登进士第，终左承议郎，赠中

---

① 庆元丁巳七月二十六日，《山房集》作"庆元某年七月几日"，据《五经黄氏宗谱》补正。
② 将合葬于简肃公坟之侧，《山房集》作"将合葬于某里"，据《五经黄氏宗谱》改。
③ 大埠岗《五经黄氏宗谱》第3册，光绪二十四年刊印本，谱存邵武大埠岗镇江富村。

奉大夫；妣令人石氏。父不衰，任闽路兵马铃辖，家于邵武，赠大中大夫；母，硕人满氏。

君幼力学强记，为文日数百言。年十六，荐名南宫。绍兴二十一年，以取应补承节郎、监南岳庙。又六年，中文科，以忠翊郎换左承务郎、南城县丞。三十二年，转承事、宣教郎，签书昭信军节度判官厅公事。明敏练达，遇事风生，太守以名闻，孝宗方留意人物，虞丞相允文，亦荐君有边帅才。乾道三年，堂选干办诸司审计司。五年，两易提辖榷货物都茶场。六年夏，求补外便亲，知郴州，陛辞，敷奏详华。上喜曰："宗室乃有斯人！"留为太府寺丞，发左帑奸弊，人服其能。兼权度支郎官，历奉议、承议、朝奉郎。十二月，擢淮南转运判官，分治西路，兼刑狱、茶盐。帅郭振卒，诏君摄事。

明年，就除直秘阁，知庐州。岁旱，江浙饥民麇至，君既竭力周恤，仍括境内荒熟官田三万六千余亩，分三十六圩，请凡土著流移视力均给，而贷以牛种。生者予屋，死者给棺。条具奏上，①诏大理寺主簿薛季宣同君措画，竟亦不能易也。时土旷人稀，招耕户一率费缗钱数十。君因流民仰食，为裁其值，主客俱利，户口日增，严戒团甲队长，毋以徭役扰之。仍乞给复五年，大称上意。

八年，进直徽猷阁。上手札问："今岁二麦几何？经旱干者，何以赈之？"君奏麦已登场，并疏耕种次第。上就委君廉问官吏贪残、刑狱冤滥，其倚信如此。州城旧为虏人所夷，郭振修筑未竟，君自请续其功。诏金陵都统司共图之。君言："异时恃焦湖以通馈饷，今堙涸当浚，乡兵旧保孤、姥二山且储粟焉，今屋坏当葺，愿辍州财充其费。脱虏败盟，则吾守城之兵饷道无乏，守险之民至者如归矣。"又陈军政三弊，及招万弩手补神劲军之阙，稍旌民兵武勇者，以励其余。禁奸人盗马淮北，事多施行。于是大修学校，新马忠肃、包孝肃公祠，广姚兴庙，春秋奉尝，文武之士归心焉。诏以职事入觐，上嘉奖再三，遂令再任。

九年春，召为考功员外郎。年劳边赏，转朝散郎、朝奉大夫。七月，罢主管台州崇道观。才半岁，上思君筹边，复召赴阙，道除知襄阳府。其临遣也，谕以"虏泛使在此，故择重镇付卿"，加直龙图阁，淳熙元年也。至则治民整军如合肥时。亦有盗马北界者，对境执以来，君受而戮之，边人畏服。转朝散

---

① 条具奏上，《全宋文》本作"条具未上"，文意不通，今据文渊阁四库全书本改。

大夫。十二月移漕淮东，士民挽留，间道乃得去。以亲老请闲，徙知婺州，未上，求守瓯宁，去家仅二百里。三年，奉双亲开府，闽人以为荣。君因俗而治，痛惩不举子者，凡产育给金谷如格，仍捐俸助之。会淮西再谋帅，四年复知庐州。君言："和好不可恃，戍兵不可不增，^①城濠不可不浚。军士屯田费大利微，罢之便。"上以为然。孙叔敖芍陂、西汉七门堰，溉田不赀，君推寻故迹，募民修复。属邑坊场河渡已输正钱，又取羡入公帑，君皆蠲之。淮人迄今有遗爱。六年，恳求归养，诏与便郡。迁朝请、朝议大夫。俄丁外艰。服除，主管武夷山冲佑观。十三年，起知鄂州。上曰："武昌凋敝，藉卿抚摩，行召卿矣。"未至，南市大火焚万室，客舟皆烬，溺死千计。"君驰往视事，辟官舍、出仓粟，以待无所归之人。弛竹木税，开古沟，创火巷以绝后患。僚吏争言用度将不足，君曰："吾且瘠已肥人。"凡燕游馈遗、例册所供，下至车骑鼓吹，一切省去。未几，公私交裕，亟代民输税役麦子一年。郊恩，封祥符县开国男，食邑三百户，转中奉大夫。

十四年再守瓯宁，奸猾乘谷贵导饥民群趋富家发其廪，监司议调兵掩捕，君曰："是趣乱也。"揭榜许自新，而谕有力者平其价，人以安堵。邑尉获盗希赏，笞掠抵重坐，君平反十三人。俗喜斗杀，君按甲令禁私造军器，置义冢以葬旅枢，皆画旨行之。十六年，豫章阙帅，上亲用君，会枢臣出镇，改闽漕，引乡嫌移江西转运副使，寿康皇帝覃恩，转中大夫。初议减月桩，君言："及州不及县，则县仍迫取于民，犹不减也。如本道兴隆，岁起十四万缗，抚州半之。州不能足，率均外邑，而邑之多寡自不均。宜通一路裁额若干下之漕臣，酌郡县偏重者均减之，实惠乃可及民。"又奏："和买已百科，从而折变，益以靡费，其数反重于正绢。江州德化县倚阁逃户税，而总领所犹督折帛，请并议蠲减。诸州黥卒遇赦，还为民害，宜听其留，不则改刺铺兵。"凡所献明，见谓合宜。

阅半年，除帅湖南，首乞择郴桂，守臣而赏其有治理效者，严拣中禁军教阅，而劾事艺不应格者。后皆如君言。凡代纳潭州属县经总制钱及放折米、折粳、脚头等万计，又代输善化县两乡营田米二分，湘阴荒田正米五百斛，停醴

---

① 戍兵不可不增，四库全书本作"戍兵不可罢"。

陵渌水渡钱，补以州用。攸县旧科黄河铁缆，岁万六千缗，其二留州，君既不取，其一送使，复为丐免。其加惠斯民多类此。会臣僚请诸道节州费、宽属县，君曰："是吾心也。"又减七万缗。巫唐法新假神言易卜者诅其妇翁刘子光，子光忿甚，募人支解易沈之江。狱成，以尸不经验奏裁。君曰："是可贷乎？"卒请杀之。因毁淫祠，勒他巫改业。

治行转闻，绍熙二年，迁秘阁修撰，招军赏赐服金紫。召还，在道差知镇江府，易泉州。将赴，丁母忧，追慕切至，筑蓼庵以居。甫免丧而卒，庆元元年六月二十四日也，享年六十有四。妻令人黄氏，佐君事亲以孝称。子男三人：汝将，迪功郎、抚州司户参军；汝石，受命而夭；汝正，从事郎、监泉州在城盐税。女二人：长适从政郎、兴化军兴化县令谢好古，次早死。孙女一人。明年十月庚申，葬邵武军邵武县大坂之原。君丰仪秀整，襟度坦夷，与人交缓急尽力。年壮气盛时，以功名自期，尤喜论事，如谓相位不可久虚，日中黑子，郡国地震，当饬边备。孝宗每嘉之，屡欲用君。因奏："进士、任子自分两涂，仕州县者不相下，盖由阶带左右，流弊至此，顷杨时尝论之。今华贯清涂非进士自不可至，岂在二途？宜如元丰官制。"有旨从之。自后每为议者所指，无里言矣。所著诗文二十卷，藏于家。余识君三纪，中尝同朝，晚代君守长沙，嘉其整暇，又能集名士衷《图志》五十二卷，贯穿古今，自为之序，盖知其才之高。汝将等以司马衍及状求铭，乃为铭曰：

昔在裕陵，作成宗英。养而教之，以义济仁。粤逾百年，应若麟趾。儒猷吏方，与寒畯齿。君才有余，皇眷实纾。三驰牡辔，四提帅符。声名孔昭，光我帝系。猗欤盛哉，本支百世。

【简跋】

此碑刊于南宋庆元五年（1199年），碑石未见，碑文录自《文忠集》卷六三。[①] 撰文人周必大，江西吉安人，绍兴二十一年进士，官至吏部尚书、枢密使、左丞相，封许国公。

墓主赵善俊，字俊臣，宗室子，宋太宗七世孙。绍兴二十七年（1157年）进士，历知庐州、建州、镇江府。《宋史》卷二四七有传。其父赵不衰、母满

---

① 转引自曾枣庄、刘琳先生主编：《全宋文》卷五一八一，第232册，第365页。

氏、弟赵善佐的墓志铭（《武经大夫赵公墓志铭》《宋故太夫人满氏圹铭》《赣州赵使君墓碣铭》），本书均有收录。

宋故括苍通守大夫杜公圹铭
（庆元六年）

有宋庆元六年八月丙午，大夫杜公卒于里第之正寝。其年，孤哀子㮣等卜以十二月壬□□礼奉公之丧，合葬于先夫人之兆，承公志也。前期议襄事，㮣稽颡言于众曰："吾□□德，靡不闻有铭宜也，其刻乐石，以纳于圹，不然无以掩诸幽。"乃叙宦立本末，泣血而书之。

公讳潮，字少李，其先长安人，汉御史大夫建平敬侯之后。自汉以降，代有显人，常为卿大夫，史有传。十二世祖邠国宣献公，擢进士宏辞，相唐宪宗。七世祖文正公暨高祖天章公，皆著名我朝。邠国之子尝为扬州租庸调使，因家扬之永正，今仪直郡也。洎文正公随江南李氏纳图籍，赐贯开封，复以建邺为乡里。曾祖炤，朝奉郎、赠右正奉大夫。祖坯，故右朝请大夫。父锡，婺州司户、赠朝散大夫。母曹氏，追封宜人。

公生于外家，因小字曰渭老。蚤岁失怙恃□然自卓立。少壮于学，无所不通，聚书至数千卷，虽道释、阴阳、卜筮、方技，皆究其能。工隶书□□，一家自言。尤精于琴，世莫君知者。少以大父任入仕，历泉州同安簿、福州法曹掾、衡州常□□坑冶司检踏官。四任改秩，宰汀之宁化县，倅房陵、括苍两郡。七迁至朝奉大夫。自见实历□□考厌于宦游，力请祠，得主管崇道观。秩满，将老焉，爰自中年得风秘之疾，所以医治者万方□少间。入今秋顿剧，遂寝疾，七日而没，享年六十有六，天乎痛哉！

先大夫少负经世志，有材学，明敏绝人，遇事立决。居官有岂弟之政。性刚直，不能容人之短，尤不喜阿附伪学、取侥幸富贵。喜观书，编集《壶中赘录》百二十卷，其余抄录文数百卷，有诗文数百篇。自号直心居士，初授法录，晚笃好释氏，又称法华三昧弟子。诵《法华经》，登三万六千部，意得甚，尝语橡曰："汝来前，吾家勋臣后，自上世以来，大氏门伐相承，世禄逾千载。中遭胡尘之扰，遂落南来，今居闽底三世矣。吾幸守先人门户，视城南故家，簪缨不绝如线。且吾历官久，阅世故多矣，不能随顺世俗，诸委曲相，漩涡选调余三十年，仅得脱。平时虽欲鸣国家之盛且不敢，今老矣，功业灰心无复望，当力学继箕裘，则吾儿也。将榜所居堂曰'宜休'，以遂吾悬车之志焉。"盖其志节如此。夫人吴氏，故太中大夫祜之女，赠安人，先公十五年卒。长男柽，前一月亡；次檥，公方以大礼奏补，未及明堂，而公已卒，当承遗泽；次檜。女四人，皆适宦族。养孙一人，燧。孙四人：勳、烈、熹，幼未名。孙女一人。

初夫人之葬也，公卜佳城，去邵武城南二十里所曰桃枝原，其山坐丙面壬，龙虎环抱，北直香林寺，前溪并流而东。公相攸焉，曰："吾生乐于斯，死则葬于斯。"遂理寿堂，与夫人异室同藏，式与古合，修甃坟茔，以郑大夫为法，且言："丧祭从先祖，古也。山家阴阳之说多泥，徒乱人听。但度心所安者而行之可。"故橡所以送终者，不敢违先训焉。铭曰：

志气凝神兮，藏用不伸。而以嘱累兮，付我后之人。呜呼哀哉！儿兮何怙？公今殁兮，归其所。抱日月兮，长终流。厚德兮千祀。呜呼哀哉！

【简跋】

此碑刊于南宋庆元六年（1200年），现为邵武某藏家收藏。[①] 碑额"宋故

[①] 此碑由刘小明提供录文及照片，编者据照片修订。

括苍通守大夫杜公圹铭",篆书。碑文楷书。撰文人杜檥,为墓主之子。墓主杜潮,字少李,曾任房陵、括苍通守。其祖父杜坯,曾任签书邵武军判官厅公事,遂入籍邵武。父杜锡,婺州司户、赠朝散大夫。杜锡的兄弟杜铎,为抗蒙名将杜杲之祖父。杜铎以下祖孙四代的墓志,本书都有收录。

田公暨廖氏合葬墓碑
(嘉泰元年)

正中:田公真茔 廖氏寿域

碑右:武阳谢金美术。

先君讳若雨,字宋霖,生于有宋宣和乙巳贰月二十八日之亥时。庆元戊午五月朔,显考终于正寝,享年七十有四,以辛酉□□□二十日丙申吉葬。寿母秦溪廖氏太中公之女孙也,宣和癸卯十弍月十四日戌时降生,方年七十岁寿□。

碑左:康宁生贰男:清、溥、洪。女弍人,并已外适。孙男柒人:铸、治、沂、锌、和、泾、穆。女孙陆人,四外适,余在待。右其地,□艮发相亥,山行龙,加乾亥作宰,坐乾向巽三分辰巽;水归卯入丁,又归巽丙,长流嘉,悉壬戌,长至日。

男清、溥、洪敬立

戚末,迪功郎、新福州闽县尉吴涣汝撰首

龙津翁元镌

【简跋】

此碑刊于南宋嘉泰元年

（1201年），现为邵武某藏家收藏，碑名为编者加拟。①碑文隶书。墓主田若雨（字宋霖）、廖氏夫妇。撰文人为墓主子嗣。镌刻人翁元，龙津（今南平市延平区）人。"武阳谢金美术"，当指邵武（别称武阳）堪舆师谢金美。

澹轩李君吕墓志铭
（嘉泰三年）

嘉泰癸亥秋，邵武军光泽县进士李闳祖袖书过予，继示其父隐君《澹轩集》十五卷，朱待制熹元晦手书一大轴，及乡先生、太常伯黄简肃公之子、衡守瀚所述墓文来求铭。予读隐君文，大抵有补名教，且知为元晦益友，又衡州父子盛称其贤，是可铭矣。

按李氏自唐末居光泽，君讳吕，字滨老，一字东老。高祖大理评事铎，能诗教子，始为著姓。曾祖太常博士、赠朝请大夫诰，陈忠肃公称有古人风。祖潘，不仕，太常卿李夔铭之。父纯德，有学行，特奏名，不及试，元晦志其墓，云："利不自予，惟义之取"。其源远矣。

君幼庄重，记诵过人。十四丧父，能自力，学于从叔西山先生郁，盖元祐党籍讳深之子，绍兴初特起者也。年四十即弃科举。读《易》六十四卦，皆为义说。观史传百家之书，尤留意《资治通鉴》，手抄至数四。凡兴衰得失论著数百篇。事母上官氏极其孝敬。教育弟妹，使有成立。聚族千指，朝夕击鼓集众，致礼飨堂，前后序揖，自少至老，不以寒暑废。或劝少休，君曰："身率犹怠，矧自怠乎？"为会宗法，岁时设远祖位，合族荐献，聚拜饮福，秩然其可观也。平时容止详雅，居无惰容。学务躬行，深恶口耳之习。既切切训其子孙，又以是善诱后生。尤不喜言货财，苟可利人爱物，则勇为之。

邑宰张诉以春夏贵籴，立社仓，平其价。下户俗不举子，议给粟助养育。行旅有病，创屋疗治。条画精明，檃括纤密，多自君出。元晦作《记》，叹其负经事综物之才，老而不遇也。

① 此碑由刘小明录文，编者据照片修订。

予观《易》首《乾》卦，而以元、亨、利、贞为四德。《文言》曰："利物足以和义。"盖和于义乃得其义，可以利物也。《礼记·大学》亦谓"国不以利为利，以义为利。小人反是。"然则合义、利而用之，斯不易之理。独孟子告梁惠王曰："亦有仁义而已矣，何必曰利？"截然判而为二。盖战国之君知以利为利，不以义为利，所谓《大学》《易经》，彼恶能知？辞而辟之，时不同耳。若君者其善学大《易》《大学》《孟子》者欤！

庆元四年六月壬子以疾终，享年七十有七。六年六月乙酉，葬所居之乌洲原。① 先娶高氏，郡人挺之女。再娶黄氏，御史台主簿章之女，简肃公犹子。六男：绍祖、依祖、闳祖、相祖、袭祖、壮祖。五女：适儒林郎冯森、进士邓潭、饶渊、上官嘉会、从事郎吴炎。孙男七人：宣子、方子、文子、容、敏学、敏行、梦锡。女七人。曾孙男女八人。文子登绍熙五年进士第，今为建昌军新城尉。铭曰：

以义为利，君子攸行。以利为利，彼哉小人。我嘉李君，隆师亲友。允蹈经训，知之非苟。家范昭然，守之弗谖。奕世其昌，视此铭言。

【简跋】

此碑刊于南宋嘉泰三年（1203 年），碑石未见，碑文录自《平园续稿》卷三五。② 撰文人周必大，江西吉安人，绍兴二十一年进士，官至吏部尚书、枢密使、左丞相，封许国公。

墓主李吕，字滨老，一字东老，出自光泽乌洲理学世家。系理学家李纯德之子、端明殿学士黄中女婿。李吕初受学于堂叔李郁，后与朱熹订交，精于《周易》，著有《周易义说》及《澹轩集》。其子李闳祖、李相祖、李壮祖，孙李方子、李文子皆为朱熹弟子。光绪《邵武府志》卷十九皆有传。李纯德和李郁的墓志（《特奏名李公墓志铭》《西山先生李公墓表》），本书有收录。

---

① 乌洲原，原文作"乌程县"，李氏世居光泽乌洲，"乌程县"当为"乌洲原"之误。
② 转引自曾枣庄、刘琳先生主编：《全宋文》卷五一九一，第 233 册，第 114 页。

宋黄永存墓志
（嘉泰四年）

淳熙九年夏，某以秘书郎摄工部，与绍武黄公永存摄左曹、蜀人范仲艺摄礼部并命。黄公折辈行相交，晚节归休，士类倾乡。某守三山时得相闻，逾两年而哭其讣。其子龟朋以状来请曰："吾先君子以忠孝自厉，生平无亏，宜有以诏后。同廊之契，存者惟公。"其无逊。

公字坚叟，其先光州固始人，唐末惟淡者入闽，家绍武，以五经分授子，号黄五经。生知良，宰信州贵县。六传而至公曾祖肩，咸有隐德。肩生蒙，以文鸣于乡，赠中奉大夫，生公父中美，登元祐九年进士第，终左朝议大夫，以公赠开府仪同三司。曾祖妣危氏；祖妣施氏，赠令人；妣林氏，赠少师延平积之女，封始兴郡太夫人，赠昌国夫人。

公以荫补官。绍兴初，尉虔州信丰，年方弱冠。邑濒广多盗，日厉弓兵督捕，请于郡，得驻大军三百。循州戍将、叛卒中夜奄至，杀二队将。公与统制官逆战于市，大破之。邑人德公，绘象以祀。旋捕逐饶十闲等二千余人，寇自是不入境。奏功第赏，循从事郎。训词有"奋身不顾、临锋剋敌"之语，闻者状之。秩满，以亲老丐祠。久之，调饶州判官，守皆加敬。遇旱，履亩检校，户无异词，势家不得免，闻于郡。公请诘诸田邻，乃屈服。诸司交荐，改宣义郎，知信州铅山县，俗嚣于讼，曰首禁过呼，讼者悉呼宣义。公喜，白母曰："邑人相信矣。"厉精剖剧，公庭昼阒。县有寨五，人户岁输一石，则秋籴五斗以赡，直未始偿也。公为申请蠲减，且废巡盐一寨，县计遂足。岁歉，黥徒数百啸聚发廪，巡尉遣兵督捕。公适燕僚佐，亟追回。密镂榜委他官驰谕，悉感泣散去。事定，收首恶三四辈赴部，流配之。邑赖以全。人服其善应变，家呼公为宣义。后昭武人过县，必问宣义安否。先是催科无法，户长告病。公易以田帖，十日一校，民自乐输。去二十九年，百姓磨（摩）崖为善政碑以记，尤后人之更改也，事具《永平志》。其差役尤尽善，人争先应治。有古循吏风，诸台以闻，除诸军粮料院。公喜诵节用爱人之句。去县有一年储，会有言前鄱阳守者，波及金厅，遂以祠去。日奉亲为乐，无宦游意。邑人端明黄公中为春官，言诸时宰，除倅潭州。紫微张公孝祥为帅，自恐以敏失事，嘱公正救。公乐为之尽忠义；寨姓莫者，欲拥兵官莫延廪为变，延廪，持节南丹州之弟也。事觉，十八人斫寨门遁。明日禽至其六，公请亟诛罪首，余勿问。郡以亡恐，旋徙延廪他郡。张公欲论荐公以除漕夔路。先是，尝诏举广西宪叶公颙，魏公杞以公应诏。至是二公实当国，给舍绳以格法继命堂审。乾道四年陛对，孝宗问米运常平，及长沙军政，对甚悉，退语辅臣黄某疏通，可任边寄，除知蕲州。陛辞，未及敕奏，上曰："欲卿措置训兵积谷耳。"因乞行县，上曰："春时劝农，便可出，因问疾苦，卿必能称职。"公至郡，则前所奏住修城池关隘，免起木筏等事，悉施行矣。公首惩输纳斛面之弊，招流移耕垦，阅民兵节费，得赢锾五万，名备边库以闻，诏守臣不得妄支。六年，再任漕臣。吕企中滋长小人，公抗辩不胜，罢归。恬不介意，创茅葺圃，侍版舆从容，自号退圃居士。丞相虞公尝识公姓名于箧，起知通州。太夫人以淳熙二年弃养，年九十七。公性至孝，老人食多噎，躬进匕箸，夜视床褥，始退。每宿疢作，亲涤溷秽，以授妾御，俾无厌惮，执丧尤尽礼。服除，知严州，对陈足、兵食、丰财、冗官、风俗等五事，改温州。九年赐对延和，时上忧旱，公因进布种迟麦法，喜曰："官中亦种甚佳，惟小麦可耳。卿议论详明，当留为职事官。"次奏外官临替妄费贻后之患。上曰："节用犹不足，矧妄费乎。""乡贯何所？"以闽对。"无闽音，何也？"曰："先臣游宦，臣实生于河朔。"所陈皆开纳。翌日，谕辅臣"黄某老成重厚，全是北人，留他日护客"，遂除大理正，旋兼左曹。上曰："左曹民颂多。黄某三十年前作县，宜谙练。"继迁官，终不徙。轮对，复陈刑狱诡挟差役等弊，口奏军政宗室添差。上大喜。又言板曹匮乏，宜少贷内帑。上曰："名贷，曷尝还乎？"亡何，贷二十万。人谓上意向公矣。给舍有言阙郎者，上曰："黄某兼得好，当更除一二老成。"遂召周颉赵公廙，与公并命。公在左曹，事越拘挛、符下诸处，必分剖其曲直，吏不容欺，亦毋得市恩。讼者获伸，有踊跃于部门者，乃今知有省部。芜湖张次对有遗言，尽捐其产与幼弟，他房兴讼，二十年不决，公判其赎，感以孝义，语皆激切，乃合词请守前约，朝论翕然。异日训词有儒雅饬吏之语，词臣谓公盖指张讼。十年夏，旱，求言，公不务大言，直述关本职者六事，蠲都城柴薪等税，免僧道六十以上丁钱，官户不许请佃，住招军以宽民力等事。疏入，首施行。

兼刑部度支。两月间，断诸州大辟四十余。郑与裔自防御转廉车奏所给辞多就寡，公疑焉。乃其前任尝以内降给真俸。公檄问曰："此乃辞寡就多也。"郑愧服。会除帅淮东，言者斥其欺，罢之。十一月，除军器监。上留意淮西屯田，集卿监郎官议，公言便。知和州，施温舒亦尝有请，诏各条具。公言庐、和、无为有旧迹可行，勿利所入。三年始给耕兵，然后以十分为率，岁收其一，至五分而止，诏可。异日，上语温舒屯田，惟卿与黄某为然。温舒因奏公诚实可任。明年二月，除漕淮西，临遣，上曰："送迎北客当召。"奏屯田久则有利，郭杲行于襄阳，已就绪，郭刚见行于和州。上曰："郭刚老成，但不甚识字。"公曰："若曰勤，何必识字？其人守法，作州日，人号郭法司。"上以为然。因论吏赘员、兵冗食，及前在左曹三事，复论北事及河南荒芜。上曰："河北近亦不甚经理。"公奏老胡诸子不相下，有乱证，愿饬武备以俟天时。又奏士大夫不为久虑，只钱会一事，久必弊。上曰："惟少印为是。"因乞并江海处，尽用铁钱以杜渗漏。上是之。令至郡有便宜即奏，未几，有旨相视黄州蜀士竞税利害。公请就试者免征二千缗，外此勿免。上称善。迄今为定法，公私两便。继相视修筑巢县城，公以城南边江可泊舟，乞补治南壁，而以池军运甓，捐三千缗犒劳，客舟得无扰。沿淮多襁负至者，庐帅王希吕不受，公乞随宜收留。继奏和州开垦次第，守臣钱之望入奏，上问状，对秋可倍收，悦曰："无人任责，惟黄某耳。"后数月，之望复对，上曰："卿向与黄某合宜同措置。"翌日，命以公知扬，之望知楚。辅臣有言，公去，恐坏淮西屯田之成者。遂独除之望。郭钧乞守淮保江，诏公同诸将审度，时议有专保江者，公曰："非所以安淮人也。"和州、无为贵籴，公拨巢县、龙舒常平。复请借桩积二万，继又捐金代无为半月征税，人始按堵。公力捐浮费，宽假诸郡，以所积酒渡课五万，请收谷为二郡备，出纳视常平法。得旨，专委本州倅，遇支遣先申省。和州旧籴马料五万，官给三万本钱，州县以数不敷，例科总首，倍费无艺。公奏屯田已成，岁收谷二十余万，乞就籴诸庄兵食之余，本钱不足，则本司愿助，人船悉从官给，遂为公私无穷利。郊恩赐三品服。十三年二月，因任力辞不许。公视巢县可宿师而无储峙，乃奏籴谷二万，仍桩三万缗，以备修筑调发，创屋二十楹贮之。承平时，六安置茶场，岁收息约十万。乾道至淳熙，稍修复佃占者十三家，茶户且方为所困，公奏罢之，许比附包占田土法，岁输官立户，听与客旅有引者交易。朝廷持不下，孝宗特从之。茶户立祠山中报德，公庀职尽瘁，屡丐闲。会郑兴裔帅合肥，拉公同荐和守张士儋，奏入，七日不报，郑丞自解。因修前怨，密奏出漕臣意，乃与士儋俱得祠归，增葺圃以日涉。绍熙初，再任。明年，以奉直大夫谢事，积覃沛郊恩，转至太中大夫，封江夏县开国男，食邑三百户。

自告老，颜色视听益精明，立不跛倚，坐不偃仰，治家教子无少倦。嘉泰四年十一月一日，忽以微疾终于正寝，年八十有八。娶河阳李氏，中大夫元孺之孙、宣教郎蘧之女，封硕人，先公十二年卒。子七人：长龟朋，屡荐不第，竟就世赏，今为承议郎、通判信州；次格，先公三十五年亡；范、栖俱免解；勋，进士，耆年，先公一年亡。孙十九人：大正、大时、大椿、大全（原注：登绍熙四年进士第，从事郎、四川制置属官）、大猷、大学、大昌、大声、大韶、大受、大严、大任、大用、大嘉、大夏、大雅、大庆、大惠、大瑞，而大学先亡。曾孙二十一人：公震、公升、公显、公回、公焕、公章、公举、公晋、公岳、公绍、公鼎、公延、公谦、公静、公添、公诜、公运、公骦、公立、公岷、公饶。玄孙二人：元楸、元奭。女二人：适进士周端书；奉议郎、知鄂州京山县许鼎臣。孙女十一人：进士任斗南、林杞、虞溥，从仕郎、漳州推官叶舜咨，进士严维，太学生李自中，宗子、进士赵汝洋，皆婿也。余未行。曾孙女十一人。

公气质浑厚，刚果明恕，处己待物，一以诚实。喜扬人善，有恃才慢公者不与校。居官严于驭吏，宽以爱人。晨出视事，不改常度。所至先修学校，礼师儒。荐名士不待其求。开府殁于京师，公时年十一，扶旅榇侍太夫人出汴，而城已不守，过宿，并举中奉柩以行。扬帅吕公颐浩以事契留之，不可，径渡江。是夜剧贼张遇拥众至，全家无恙，识者已奇其先见。早志儒科，继习词学，无读律淹典故。轻财重义，旧同僚居其里物故，为棺敛，孙女鬻于人，取而嫁之。在州县五十年，一意守公，去辄见思，晚以疏远，受知孝庙，问答逾于亲密。虽施行仅见淮西，然亦未为不遇。尝以"千里江山"榜便坐，有"神州凝睇，老泪空盈掬"之句，举酒辄浩歌，气老不衰。尝从韩公元吉游，作文师昌黎，属词皆典雅。有诗文十卷，奏议三卷。不喜释老，而清心寡欲，自奉枯瘠过之。

内外二百余口，身率以勤俭，子孙曾玄至前，一一抐教。后事识悉预办，属纩如平时。前一岁，自驭生平间关履历立身行己数千言，以授诸孙。

其年十二月十四日，葬于邵武县仁荣乡新屯保万松山之原，与硕人同城。铭曰：

仕而遇主，远不必疏。有韫如公，早载令誉。州县沉沦，玉阶奋舒。烈祖知人，见辄动悟。不遏所施，未为不遇。天锡公寿，复大其门。垂其安车，以诏子孙。校公所得，实多于位。勒铭斯宫，昭告全美。

【简跋】

此碑刊于南宋嘉泰四年（1204年），碑石未见，碑文录自《小山杂著》，原标题为《黄公墓志铭》。[①]撰文人何澹，字自然，处州龙泉人。乾道二年（1166年）进士，官至知枢密院事，兼参知政事。

墓主黄永存，字坚叟。绍兴二十四年（1154年）进士登第，官至淮南转运副使。黄永存系出邵武名门望宗，子孙繁盛。其父黄中美，左朝议大夫；子黄龟朋，始兴郡守；孙黄大昌，理学家；曾孙黄公绍，音韵训诂学家。中美、永存，弘治《八闽通志》卷七十均有传。中美与龟朋的墓志（《朝议大夫致仕赠光禄大夫黄公神道碑铭》《宋始兴郡守黄公墓志》），本书有收录。

宋杜仁达墓志
（开禧二年）

维开禧二年岁次丙寅十一月戊寅朔十五壬辰日，宋故杜陵三十三居士以是日午时，归葬于岗台山之阳。居士讳仁达，字持正。曾祖毅，清远知县。祖硕，将乐县尉。父寿宁，承节郎，漳州海口监镇。母朱氏，故朝请大夫朱缶之女。兄弟二人，居士乃其〔长/次〕[②]。娶顺邑判官余曦长女。公生于癸丑十二月初二日辰时，卒于丙寅五月二十有三日，享年七十四。男二人：长佑，次圣。

[①] [宋]何澹：《小山杂著》之《黄公墓志铭》，收于《永乐大典》卷七六五○黄字韵，北京：中华书局，1986年，第4册，第3532-3534页。
[②] 据文义推测，此处疑缺"长"或"次"字。

泣血镌铭，瘗于墓侧。铭曰：

业儒力学，究古穷今。心地浑含，性天纯谨。福算具备，子孙众多。奈何旻天，胡不祐善。功名未就，经史无忘。乐道安身，恬不介意。竟以数终，于斯为美。镌铭墓侧，千古不灭。

【简跋】

此碑刊于开禧二年（1206年），现存邵武市博物馆。碑名为编者加拟。碑高42厘米、宽37厘米、厚5厘米，楷书。撰文人杜佑、杜圣，系墓主之子。墓主杜仁达，字持正，未出仕。父杜寿宁，曾任漳州海口监镇。妻余氏，顺昌人，本书有录其墓志（《宋杜仁达妻余氏墓志》）。

宋杜仁达妻余氏墓志
（开禧二年）

维开禧二年岁次丙寅十一月戊寅朔十五壬辰日，宋故杜陵室余氏，附葬于先君之侧。生于丙辰八月十五日子时，任潮州判官余曦长女，因亲结蕰于居士。生子四人：长真，以少亡；次武仲，以纲赏补承节郎，终于任所；仲佑；季圣。女二人：长适进士高夔；次适进士谢振祖。男孙璘。女孙七一姑氏。于癸亥年十月初五日卒，享年六十有九。男佑、圣泣血镌铭，瘗于墓侧。铭曰：

淑质俱备，福寿兼全。勤俭闺门，和睦亲族。奉姑纯谨，训子有方。待至晚年，凡事遂意。生涯日益，利路时升。妇德妇功，人所鲜及。年几七十，始以归真。附葬埋铭，永为不朽。

【简跋】

此碑刊于开禧二年（1206年），现存邵武市博物馆。碑名为编者加拟。

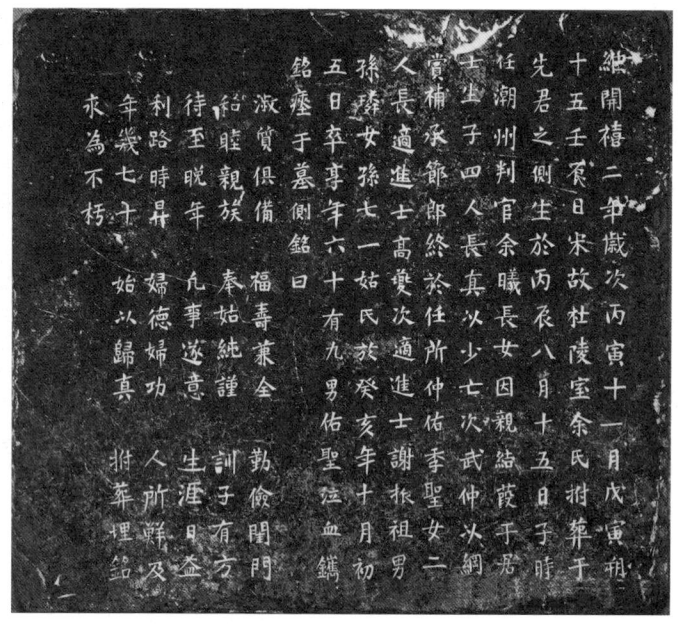

碑高34厘米、宽38厘米、厚4厘米，楷书。撰文人杜佑、杜圣，系墓主之子。墓主余氏，顺昌人，系潮州判官余曦长女、杜仁达妻。杜仁达墓志（《宋杜仁达墓志》），本书有录。

宋故张三十八府君圹记

（开禧三年）

先考讳邦宪，字周卿，姓张氏，胄出唐曲江公九龄弟、岭南刺史九皋，徙居江南，至孙世延弃官入闽，因家于昭武镇之和平。世延长子平复迁于拿口。自九皋至先考凡十七世。自唐入我宋，多闻人。祖恩，父迈，皆蚤世。先考生四岁而孤，既长，能自立于乡党。外宽而内肃，喜怒不形。家故穷约，处之裕如也。少喜读书，屡试不偶，慨然即舍场屋。治家事整整有条理，侍伯父疾，六年夙夜不懈，宗族称之。平生不问医卜，唯安于命。比得疾，垂殁，犹以子孙问学为念，享年六十有六。实终于嘉泰三年七月十六日也。娶丘氏，子男二人，长觉、次学,习进士业;女二人,长适进士朱汝砺,次在室。孙男二人:奕孙、樊孙,女一人。觉等将以开禧三年丁卯九月丙申,奉柩葬于建宁府建阳县北乐里范坑之原,实从先志。葬日既迫,未及求当世先达君子为之志铭,以信于后,姑直叙其事实而纳诸圹云。孤子觉泣血谨志。

【简跋】

此碑刊于南宋开禧三年(1207年),现由邵武市拿口镇某村民收藏。[①] 碑高67厘米、宽56厘米、厚6厘米,楷书。撰文人张觉,系墓主长子。墓主张邦宪,字周卿,未有功名,卒于嘉泰三年(1203年)。

宋李妙缘墓志
(嘉定元年)

亡妻季真讳妙缘,李氏,季真,字也,家世邵武军光泽县之乌洲,处士澹轩先生讳吕之第五女也,于其族姊妹之行则第千廿六。母邵武故县黄氏。季真生于乾道乙酉四月三十日,淳熙丁未四月归于我,其疾以开禧乙丑五月,其卒以廿六日,年才四十一。时余官太学,为博士,亟请外补,护其柩以归。初殡安国精蓝,后乃得卜于邵武县勤田里双溪之原,直城南三里而近。惟我吴氏,世本邵武固住,皇祖始迁城中,比及考妣,皆反葬。今季真乃始葬城南,其窆以嘉定改元十二月廿七日壬辰。二子:垠、庄。

呜呼哀哉!季真之不年也,季真之不幸也,抑余之无助也!抑二子之何恃也!令季真未死而在,其必有以佚余老,而督其子以有成也。慨余老之莫余佚,诲余子之莫余相,则余之所以悲季真,至于久而不能忘者,乃所以自悲也哉。季真之亡也,余既述其行以文。今摭其概纳诸圹,是为铭。

宣教郎、主管台州崇道观吴炎志

【简跋】

[①] 碑文录自傅唤民主编:《樵川金石刻录》,邵武:邵武市地方志编纂委员会编印,2018年,第93页。

此碑刊于南宋嘉定元年（1208年），现存绍兴市上虞区会稽金石博物馆。①碑高70厘米、宽54厘米，楷书。碑名由编者加拟。撰文人吴炎，字济之，邵武人。绍熙元年（1190年）进士，历知江阴军、兴化军，政绩甚多。弘治《八闽通志》卷七十有传。墓主李妙缘，字季真，光泽县乌洲人，系吴炎妻、澹轩先生李吕女。

有宋沛国十五府君朱公墓志

（嘉定元年）

公讳顺，字子正，世居邵武之城左。曾祖绶，祖德，父宝。母鲍氏，年逾九十。遇淳熙庆寿恩，特封孺人。公生于绍兴癸丑，自幼端悫，已如成人。父在，始有田庐，因以勤俭理家，克广其业。至执丧治葬所，可具礼为悦者，必加丰焉。

---
① 此碑图文转引自绍兴市档案局（馆）、会稽金石博物馆编：《宋代墓志》，杭州：西泠印社出版社，2018年，第174-175页。

戒子弟毋居下流，不惮入赀，使得补官，以应漕台之贡。或劝公田产盍付诸干蛊，必曰："宁身任其劳，勿令废学也。"岁积米数百斛，逮春夏谷价虽增，常减粜以周乡人，人争趋之。平生乐于为善，凡造津梁，建佛祠，输财出力，了无吝色。盖公初则谨身节用，养亲教子，终则苟合苟完。善居其室，不改故常，亦人之所难也。开禧丁卯十二月二十三日，以疾终于正寝，享年七十有五。治命整整不乱，且尝预营宅兆，起庵宇，悉不以累后人。考其始末，斯可谓能自立矣。初娶吴氏，再娶龚氏，后娶佘氏，武翼大夫威之女，皆先公卒。

子男三人：观，将仕郎；祐之、禧皆习进士业。女一人，适进士危天佑。孙男三人：天瑞、法安、辰。孙女五人，长适进士张椿，次皆未行。曾孙男绍庆，女尚幼。越明年嘉定改元，观等将以五月辛酉，奉柩葬于城南十里华盖山之麓，实承先志。表侄，忠翊郎、监惠州石桥盐场佘世显，以诸孤委，述公行实大略，置诸幽宫。义不获辞，如其铭诗，请俟君子。谨志。乡贡进士丘繡书。

【简跋】

此碑刊于南宋嘉定元年（1208年），现存邵武市博物馆。碑高73厘米、宽39厘米、厚9厘米，楷书。撰文人佘世显，系墓主表侄，时任忠翊郎、监惠州石桥盐场。书丹人丘繡，乡贡进士。墓主朱顺，字子正，生于绍兴三年（1133年，癸丑），卒于开禧三年（1207年，丁卯），享年75岁。

宋黄念三娘买地券
（嘉定二年）

大宋国福建路邵武军邵武县仁泽乡中坊保李家坊黄念三娘，昨于用钱在开皇地主处，买得阴地一所。以（已）得张良故、李定度为牙，用钱一万九千九百九十九贯。东至甲乙，南至丙丁，西至庚辛，北至壬癸。一任黄〔念〕三娘安葬于此地，不得有外道鬼神争占。立石为记。

嘉定二年十月廿二日壬午日

太上老君奉行敕葬

【简跋】

此碑刊于南宋嘉定二年（1209年），现由邵武某藏家所藏。墓主黄念三娘，邵武人，生平信息不详。此碑为买地券，有助于了解宋代邵武的信仰与丧葬习俗。

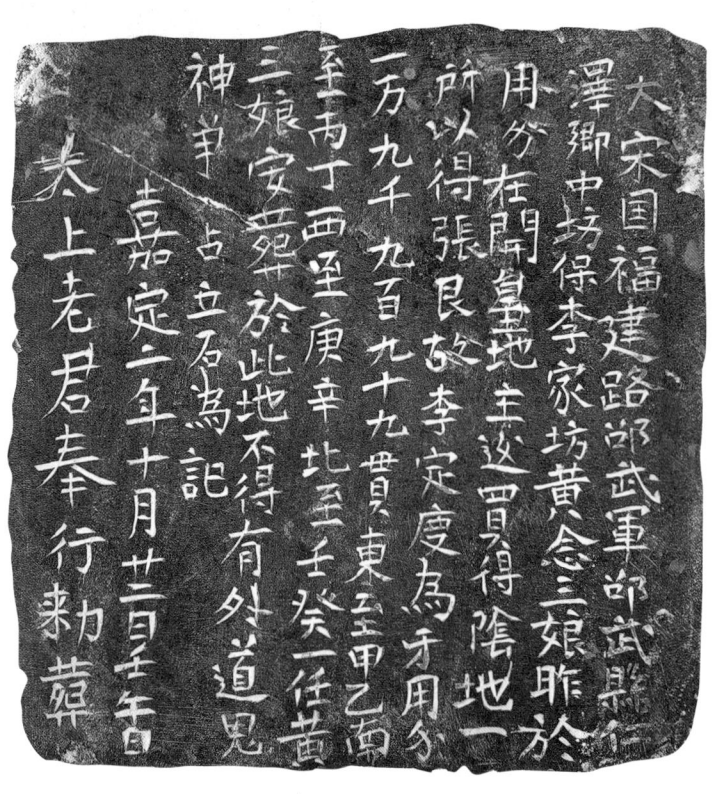

有宋衡阳主簿赵君之墓
(嘉定二年)

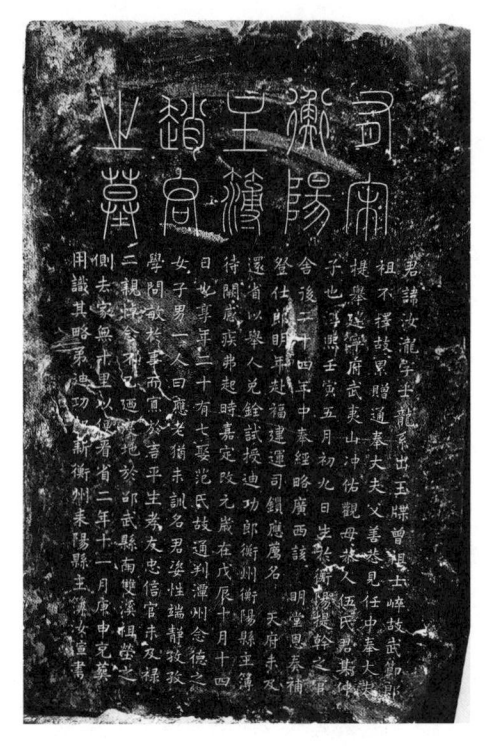

君讳汝泷，字士龙，系出玉牒。曾祖士崒，故武节郎。祖不择，故累赠通奉大夫。父善恭，见任中奉大夫、提举建宁府武夷山冲佑观。母恭人伍氏。君其仲子也。淳熙壬寅五月初九日，生于衡阳提干之官舍。后二十四年，中奉经略广西，该明堂恩奏补登仕郎。明年，赴福建运司锁应，荐名天府。未及，还省。以举人兑铨试，授迪功郎、衡州衡阳县主簿。待阙，感疾弗起。时嘉定改元，岁在戊辰十月十四日也，享年二十有七。娶范氏，故通判潭州念德之女。子男一人，曰应老，犹未训名。君姿性端静，孜孜学问，敏于事而寡于言。平生孝友忠信，官未及禄，二亲悼念不已。乃度地于邵武县南双溪祖茔之侧，去家无十里，以便看省。二年十一月庚申克葬，用识其略。

弟，迪功郎、新衡州耒阳县主簿汝渲书

【简跋】

此碑刊于南宋嘉定二年（1209年），现为邵武某藏家所藏[①]。撰文人系墓主四弟赵汝渲，时任迪功郎、衡州耒阳县主簿。墓主赵汝泷，字士龙，宋宗室子，系宋太宗八世孙、司农卿赵善恭次子，官至衡阳主簿。赵善恭夫妇墓志铭（《故中大夫提举武夷山冲佑观祥符县开国男赵公墓志铭》《宋故令人伍氏之墓》），本书有收录。

[①] 此碑录文及照片由傅再纯提供，编者据照片修订。

杜郎中墓志铭
（嘉定三年）

杜氏自唐入本朝，世有钜人，宣献公为元和名宰，传五世至龙图阁学士镐，为淳化祥符醇儒。七世至天章阁待制杞，为庆历能臣。十一世至公，讳颖，字清老，于朝奉郎、赠正奉大夫炤为曾大父，于右朝请大夫、江西提举常平坦为大父，于右通直郎、知万载县、累赠中大夫铎为父。令人黄氏，母也。

以祖泽为尤溪主簿，革板籍欺隐，老吏骇伏。民有腰金夜出不还者，巡尉访之无迹。公至其所，有叟诵经众中，公叱从吏收缚，叟具服实杀此人取金，弃尸某所，如言而获。或问奚自知之？公曰："叟尾吾出郭，营营往来，吾固得之矣。"历赣州观察推官，太守施司谏元之绳吏急，一日，缄片纸来云："某吏方游饮，亟簿录其家。"公袖还之曰："罪由逻发，惧者众矣。"施公矍然，为罢逻卒。去为弋阳丞，摄令永丰。前此负课为六邑殿，公约逋户自输，吏请逮治违期者，公榜吏百，复为宽期，民争输恐后，更以最闻。及去，民相率诣州，谢得贤令，太守郑侍郎汝谐叹息，具剡牍。公谢，举者及格，愿逊同官。郑公曰："某知荐贤，不计君用不用也。"改秩宰建之瓯宁、吉之龙泉，公以瓯宁命脉在盐，徒督赋无益，悉力漕盐，民赖以宽。龙泉参半溪洞，公拊以恩，皆相告曰："官常欲薙狝我曹，今明府教我如子，谨勿负之。"相劝以奉要束，出赋租。二邑皆号难治，公精敏绝人，午漏下即庭空无事。主管淮西安抚司机宜文字，适佐武帅，帐下暴横，公随事规切。逻将恃帅信任为奸利，公发其罪，黥远方。有旨荐士，从臣以公应诏，擢知通州。濒海多盗，官兵反与为地。公奏斥懦贪，奖拔勇廉，下令得盗赏十予七，皆争自奋。始公未至，郡获剧盗，吏受贿，轻其辞。奏下当黥，已论决，复群劫，公命皆断手以徇。通岁发卒二百，为虏使挽舟，盗乘其间。公僦夫代卒，盗不得发。属邑民或窝盗，杀捕吏，阻击邮卒，公禽获斩之。乃新学校，精课试，拔其俊秀，相与亢礼，士风一变。祷旱普照，水涌起澡瓶中，高数尺，雨三日，岁大熟。

召为太府寺丞。入对，乞于崇明料角之间，造大艘五十，募卒千。分番更处，外备沧景，内与黄鱼、许浦声势相接。习海道者，以分言为然。左藏吏始不敢以败恶物入府库，惠民吏始不敢以贵细药售权豪。迁户部郎中，诸路负版，曹钱巨万，郎官日押催符，其实操纵，一出吏口。公始以季为限，既期，所负十减六七。时兴师北伐，公轮对言："国家盱食自此始矣。"又乞诏朝臣，皆得荐士。丐外，除江西提点刑狱。募兵方急，诸郡希赏，至驱掠市人。吉、南安士民皇骇避匿，公黥数吏，然后定。盐司久不按吏，所下文书，多寝不报。公厉风采，严条约，尤恶饕墨。抚吏据民妻，使入州宅教歌舞，公逮捕流之海岛，以妻还民。郡守以兄居台宪，赃垢狼藉，公方劾治，俄与守俱得祠。

再期，起知漳州。未上，得疾，以嘉定二年十二月某日卒，年六十八。三年六月甲申，祔于中大公墓次，治命也。娶陈氏，封宜人。子男五人：东，故某官；次采，故迪功郎、新建县主簿；次昊，见通议大夫、尚书刑部侍郎、淮西制置使、知庐州。次耒，故某官。次枼。女适任应南、张堞、黄大韶。孙男若干人，孙女若干人。公内行孝谨，中大公卜葬香林，距家二十里。公徒步晨出治冢，暮归省黄夫人，以为常。岁时飨祭肃洁，虽老犹躬馈奠。居官方介自守，在赣，辛提刑弃疾以私意劾赣守，郡僚皆恐，公盖俱受其荐，慨然曰："施公深知我。"事之益谨，施公扁舟先发，公徐护送其孥而归，举牒于辛公。辛有愧色，因屈入宪幕。在户部，淮西有鱼池，亘三百里，赡千家，为权要所擅且十年，公奋笔夺还。郎岁得举改官二员，台官屡托某人不许，其笔史自造举词来趣。公以状白，台外斥史以谢，而内衔之。江西之归，盖基于此。

性沉审有谋虑，将出按刑，力为上言，一路军政，宜汰冗怯，选精锐，若忧在旦夕者。后二年而有峒寇之变。自少至老，言动容止，皆有常度。初若严毅难犯，即之和气盎然。于声色货利，常推而远之。室无吹弹，囊无蓄积，惟酷嗜书，手钞《通鉴》，首末如一。属文典实，诗师工部，深自晦匿，故少知者。训子尤严。东，字晦之。耒，字子野。皆擢第。与侍郎各以词翰擅天下。不幸晦之、子野早卒。公于余先君开禧同朝，侍郎于余金陵同幕。嘉熙初元，余罢宜春郡归山中，侍郎方守安丰，解重围，贻书请铭公墓。余叹曰："孝哉子昕。"敬拜使者曰诺。其冬复被围，虏竭攻械，不得聘，又解去。天子擢子昕列卿，制置淮右。明年秋，复围合肥，城中出兵奋击，斩级三万，虏又解去。天子擢子昕侍从，于是复来速铭。恭惟昭陵为人物极盛之时，然先贤已有中外惟一杜杞之叹。迨今时事益艰，人才益少，而侍郎出焉。于乎！杜氏之世德远矣，公之义方善矣。公官至□品，宜立碑。侍郎功高位尊，宜属笔显人，乃眷眷于余，岂非以其相从久，有交谊，宦情薄，无谀笔，可以托不朽乎？乃叙而铭之。铭曰：

杜氏本出，京兆万年。广明避地，始居淮壖。后徙吹台，今家樵川。待制以材，学士以贤。猗尚书郎，是遹是沿。少以刚闻，至耄不迁。其修于家，如处子然。忽勇而往，万夫莫前。劲民孳孳，忧国惓惓。镜情廋隐，烛事眇绵。挟持孤直，抵触贵权。岂不显融，志业未宣。既诎于人，宜伸于天。是生贰卿，仗钺护边。彼皆瓦裂，此独璧全。宗泽陈规，相望后先。人曰贰卿，忠塞天渊。贰卿谦谦，翁之教焉。香林之原，府君之阡。我撰斯铭，以永厥传。

【简跋】

此碑刊于南宋嘉定三年（1210年），碑石未见，碑文录自《刘克庄集笺校》卷一五〇。[①] 撰文人刘克庄，字潜夫，号后村，莆田人。淳祐六年（1246年），被赐同进士出身，官至工部尚书，南宋豪放派词人。

墓主杜颖，字清老，系杜铎之子、杜杲之父。历官户部郎中、提点江西刑狱。光绪《邵武府志》卷十九有传。杜颖性沉稳，博览群书，诗法杜甫，他的文艺修养及诗书传家理念对子嗣影响甚深。其子杜东、杜杲、杜耒，"词翰皆有名"[②]。杜东、杜耒同擢嘉定七年（1214年）进士。杜杲、杜庶父子为南宋名将。邵武杜氏为宋代名门，相关考证参见本书《右通直郎知袁州万载县杜君墓志铭》"简跋"。

有宋上官君之夫人朱氏墓志
(嘉定六年)

夫人姓朱氏，昭武东乡逢辰人。世为冠族，后迁郡城。曾祖讳格，妣陈氏。祖讳遇，妣聂氏。父讳鉴，修职郎、徽州推官致仕。妣孺人赐冠帔孙氏。夫人

[①] [宋]刘克庄著；辛更儒笺校：《刘克庄集笺校》，北京：中华书局，2011年，第13册，第5903—5907页。
[②] 光绪《邵武府志》卷十九《人物·杜颖传》，2017年点校本，第562页。

有宋上官君之夫人朱氏墓誌

夫人姓朱氏,祖諱武東鄉達辰人,世為冠族,後遷邵城,曾祖諱格,祖諱獨人,父諱鑑,修職郎徽州推官致仕,妣懿淑人,生於紹興壬子十二月初四戌時,端莊懿淑,夙有至性。逮笄,許嫁郡西勛水上官公諱遵,知建寧府、諱公裕之幼孫也。既歸,克盡婦道,事尊以孝,奉夫以敬。處家以慈,訓子以義,待人有禮,而周其婪急。賓祭嚴辦于事,謹畏常樂為善。宗黨皆欽,仰其楷法。紹熙癸丑十有一月二十九日終於正寢,享年六十有二。生子曰琳,孫男三人:雲、霆、雷。孫女三人。曾孫男一人:根。先是上官公庚戌即世,卜葬於中坊,未嘗為同穴之備。至嘉定乙亥,始得地於三諫保黃亭之原。將以明年正月庚申,奉其柩而東窆。多能之室,乃夫人孫女之次也。雖年祀悠邈,不及升堂拜夫人之尊容,然訪諸二家及里人,得夫人之始終如此。於是為紀其實,而俾刻諸幽。杉陽黃多能謹誌。

生于绍兴壬子十二月初四戌时。端庄懿淑,夙有至性。逮笄,许嫁郡西勋水上官公讳遵,知建宁府、讳公裕之幼孙也。既归,克尽妇道,事尊以孝,奉夫以敬。处家以慈,训子以义,待人有礼,而周其婪急。宾祭严办于事,谨畏常乐为善。宗党皆钦,仰其楷法。绍熙癸丑十有一月二十九日终于正寝,享年六十有二。生子曰琳,孙男三人:雲、霆、雷。孙女三人。曾孙男一人:根。先是上官公庚戌即世,卜葬于中坊,未尝为同穴之备。至嘉定乙亥,始得地于三谏保黃亭之原。将以明年正月庚申,奉其柩而东窆。多能之室,乃夫人孙女之次也。虽年祀悠邈,不及升堂拜夫人之尊容,然访诸二家及里人,得夫人之始终如此。于是为纪其实,而俾刻诸幽。杉阳黄多能谨志。

【简跋】

此碑刊于南宋嘉定六年(1213年),出土于水北镇王亭村,现为邵武某藏家收藏[①]。碑高62厘米、宽32厘米,楷书。撰文人黄多能,邵武军泰宁县(别称杉阳)人,娶墓主次孙女。墓主朱氏,系徽州推官朱鉴女、上官遵妻。上官遵的祖父上官公裕,治平四年(1067年)进士,知建宁府。

[①] 此碑由杨家茂录文,编者据原碑修订。

宋故令人伍氏之墓
（嘉定八年）

　　令人姓伍氏，讳静真，汀州宁化人，楚伍举之后。子胥适吴，有入闽者，遂世居宁化。族裔浸远，儒学吏治，数有显称。太常博士佑生长乐令尹择之。令尹生将仕、邦彦。将仕生隐君庭。隐君之女，是为令人。母曰何氏。设帨于乙亥孟夏之七日。

　　幼有淑德，及选所宜归，隐君难之。乾道辛卯，善恭鹾取应，再调监宁化税，乃缀姻焉。明年，赐第还归，始克亲迎。令人初为妇，执舅银青之丧，居多戚容。事姑蕲春郡夫人黄氏，承顺颜色，备极孝道。旨甘缝纫，扶持疾病，身服其劳。姑殁，哀慕致毁。岁时祭享，必亲必诚。处妯娌如姊妹，敬长抚幼。内外族姻，称其慈睦。御下以恩，不严而肃。善恭外历九任，班朝五载，率与偕行。

　　令人天姿庄静，未尝预阃外事。自孺人至令人，五膺封诰，无骄矜意。俭约于己，乐善弗悭。暇日援琴而鼓之，燕游非其乐也。生长富盛，当善恭俸薄时，能安于贫。及随宦中都，历守帅怱饷，布缕丝枲犹在其手傍。家稍葺园池，岁仅一往。好诵佛书，晨香夜灯，皆有常度。嘉定乙亥之秋寝疾，疾革，付家事甚周，言讫而逝，八月十八日也，享年六十有一。

　　子男四人，汝诇，从政郎、新建宁府观察推官；汝泷，迪功郎、衡州衡阳县主簿，前七年卒；汝溟，从事郎、新泉州司户参军；汝湏，为伯父后，迪功郎、信州贵溪县尉。令人笃意教，诸子稍被荐书，登贡籍。女三人：长女蚤夭；次适进士谢宁孙；次适承直郎、前泉州惠安县丞邓友直，前四年卒。孙男五人：崇瑢，登仕郎；崇珞、崇璨、崇健、崇均。孙女二人，皆幼。岁在丙子正月庚申，葬于聚水之原。善恭之得斯丘也，结庵左麓，名曰"吉祥"，庶遂乎偕老同穴之愿，令人竟不起疾。桑榆之景，内失攸助，悲悼方新，而阴阳家谓葬日宜近，勉而从之，爰撮平生大略，以内诸窀。

　　中大夫、提举建宁府武夷山冲佑观、祥符县开国男、食邑三百户、赐紫金鱼袋赵善恭书

【简跋】

此碑刊于南宋嘉定八年（1215年），现存邵武市博物馆。碑高53.5厘米、宽35.7厘米、厚4.5厘米，楷书。撰文人赵善恭，字作肃，邵武人，系墓主丈夫。宋宗室子，时任中大夫、提举建宁府武夷山冲佑观。弘治《八闽通志》卷七十有传。

墓主伍氏，讳静真，汀州宁化人。其夫赵善恭、子赵汝泷的墓志（《故中大夫提举武夷山冲佑观祥符县开国男赵公墓志铭》《有宋衡阳主薄赵君之墓》），本书均有收录。

故中大夫提举武夷山冲佑观祥符县开国男赵公墓志铭

（嘉定十年）

　　本朝公族之盛，其在今日，以儒自致者几半进士。盖自高庙渡江，旧京近属，紫盖而南者，上每引对，必勉以学，人知向方。乾道初，有以宗英冠多士，孝庙宁亲东朝，喜见慈颜，玉音交贺。淳熙以来，贤才彬彬，由进士出矣。于是上始有用才不问戚疏之意。公卿庶士，州牧侯伯，既拔其尤者略用之，又以遗后世子孙而使究其用，故司农卿赵公其一也。

　　公讳善恭，字作肃，故名善仪，字麟之，宗正更今名。曾祖庆远军节度使饶阳侯，讳仲沄，娶符氏，封永嘉郡夫人。祖武节郎、添差南剑州兵马铃辖，讳士崒，娶安氏、魏氏，皆封安人。父修武郎，累赠银青光禄大夫，讳不择，娶黄氏，累赠蕲春郡夫人。初，士崒居官昭武，乐其风土，因家焉。是生不择，能植立，无它嗜好，惟笃于教子。

　　公居幼，独崒然早成。乾道二年，取应中选。两调酒税，学益不废。银青语蕲春曰："兴我家者，是子也。"八年，擢进士科，授左承务郎、吉之吉水丞。丁银青忧。再丞筠之上高。任湖北常平干属。丁蕲春忧。免丧，入湖南仓幕。知抚之乐安县。守浔州。今上御极，知邵州。除大理直迁丞，为郎仓部，为右司。开禧初元，直焕章阁，帅静江兼广右经略。改潭州。寻以直龙图阁镇江陵。除司农少卿，总领湖广军饷。摄荆湖宣抚、湖北安抚，兼鄂州。嘉定更化，上嘉其劳，就晋为卿。因任逾年，提举武夷山冲佑观，凡四奉祠。十年五月十有一日，以疾卒，年七十。积阶至中大夫爵，祥符开国男，户三百，服三品。嗟夫！公独非两朝之所培育，崇就兼贤与材者耶？

　　方其得百里，始近民也。乐安喜讼而尚斗，公曰："以刑辟禁末。"乃缮学校，先风教，申训戒，而习以革。岁旱，祷于巅崖，躬履猿栈不惮，归未山半，雨随之。艮斋谢公谔位谏垣，闻而荐赏。俄守浔，郡遏土瘠，岁科民竹木，名修城，实它用。吏并缘侵扰，民不堪命。公悉罢去。又算赋繁重，有斑白不敢巾者，公奏免之。暨移治邵阳，政如在浔时。狱卑湿，多疾死，公因囹空徙置之，无复前患。溪峒种族逼处境外，曩时幸郡亡备，反侧易乱。公广威信，精简阅，军实内强，猺人相戒毋生事。部使者上其状，遂骤简擢，尚登用矣。开禧，权奸启边隙，公议不合，即补八桂。琼筦猺陈奴期久侵扰，未入平。僚佐有请兵深讨者，公曰："是趣乱也。"止遣将佐盛屯兵，声言掩击，待其自溃，琼人父母之。长沙文物日殷，昔文定胡公父子遗规在焉，尝请于朝，创南岳书院。其治先后类如此。疆事未靖，苏政辈啸聚茶陵，人情摇摇。公密遣吏入贼，晓以逆顺，政感悟，率其众来。假以官秩，籍其尤剽悍者隶诸军，城邑晏然。岁饥，诸峒出寇掠，公赒恤调娱。而监司有异己者，公去而李元砺之变起矣。逆曦既授首，宣抚吴公猎将入蜀抚谕，奏乞公代荆上，从之。居无何，移武昌，总饷事，仍兼吴公所领节。初，荆虽坚城，而兵遗戍者什七八。公登城，慨想昔人，地谓连吴控蜀，奈何以单旅徒守，指冲要莫如三海，顾僚吏曰："吾欲筑砦潴水以备缓急，何如？"众难之。公力以自任，不日砦成。后屡废辄复，至今赖其利。先是，宣威治所环以兵卫，外示威重，内实怯懦。公曰："多兵自防，非宣威意也。"命彻之。土豪柴俊、孟宗、政备、料义听节制，与金战，解襄阳、安陵围，有功。诸将蔽不言，俊等怨望。公闻之，檄至慰藉，赏赉有差，俊等感悦。饷台储六路赋，入江汉之屯数十万方，益兵增戍，费浩莫支，前使者屡以为言。公调度从容，亦无乏兴。至于缮列壁、归流民、拯荐饥、蠲苛敛，皆其绩劾彰彰者。

公风仪秀整，器识夷远，好学博记，不妄言笑。以科第致身，从硕儒望士，游逾不懈，故能立朝不阿，临事有断，克著声称，以毋负累朝若此。其事亲孝，奉己约，处兄弟友睦。居闲十年，以琴书自娱，毓花疏沼，婆娑其间，遂老焉。十月壬午，葬于青云聚水之丘，公所自卜寿藏。伍氏封令人，前二年卒。子汝例①，从政郎、新建宁府观察推官；汝泷，迪功郎、衡阳县主簿，蚤亡；汝溴，从事郎、泉州司户；汝渲，迪功郎、信州贵溪县尉。公之叔兄无嗣，以汝渲继。女适进士谢宁孙、承直郎、宣州户掾邓友直。孙男六人：崇坚，登仕郎；崇珞、崇璪、崇健、崇均、崇达。孙女三人，尚幼。某与公先后守长沙，见公长嗣，蔚有家法，畀以京削。倦游东归书来请，曰："愿志先人之墓。"既辞，复请，

---

① 汝例，本书所收录《宋赵善恭墓志铭》及《宋故令人伍氏之墓》均作"汝㓄"。

乃铭之曰：

昔在中兴，思皇我宗。保合以文，蝉联登崇。乾道淳熙，两科有公。公不自伐，序更民庸。为郎开禧，不阿故去。秉旄宅南，上无南顾。三边多垒，假公尽护。宿饱江汉，长城荆楚。惟学斯忠，退不告劳。位虽卿士，声烈孔昭。

【简跋】

此碑刊于南宋嘉定十年（1217年），碑石未见，碑文录自《后乐集》卷十八（清文渊阁四库全书本）。撰文人卫泾，字清叔，嘉兴华亭人，淳熙十一年状元，官至签书枢密院事，兼参知政事。

墓主赵善恭，字作肃，乾道八年（1172年）进士，官至司农卿。弘治《八闽通志》卷七十有传。赵善恭系宋宗室子，六世祖为宋太宗第六子镇王赵元偓，祖父为南剑州兵马钤辖赵士崒。士崒居官邵武，遂家于此。赵善恭妻伍氏、次子赵汝泷的墓志（《宋故令人伍氏之墓》《有宋衡阳主薄赵君之墓》），本书均有收录。南宋时期，至少有四支宗室后裔定居邵武，他们逐渐融入当地，对于推动地方文化和社会发展，起到一定的积极作用。[1]值得注意的是，赵善恭墓中出土的墓志却是由其女婿邓友直撰写的《宋赵善恭墓志》（本书有收录），这意味着出于某种原因，卫泾所撰墓志，最终没有被丧家采用，而出现了"一人两志"现象。[2]

宋赵善恭墓志
（嘉定十年）

公姓赵氏，讳善恭，字作肃，初讳善仪，字麟之，□训今名，因易其字。太宗皇帝第六子元偓，封镇王。王之孙仲沄，庆远军节度使、饶阳侯，是□□〔为公〕之曾祖，居京邸。饶阳王生士崒，武节郎、南剑州兵马钤辖，是为公

---

[1] 参见傅再纯：《南宋邵武赵氏皇室》，载氏著：《樵川拾遗——邵武历史文化札记》，邵武：政协邵武市文化文史和学习委员会编印，2022年，第186-190页。
[2] 仝相卿：《宋代"一人二志"现象刍议：以王安石父王益墓志为中心》，《清华大学学报》（哲学社会科学版）2023年第1期。

之祖，渡江后寓邵武。钤辖生不择，修武郎、赠银□□〔青光〕禄大夫，是为公之考。蕲春郡夫人永嘉黄氏，其妣也。

公以绍兴十八年岁在戊辰十一月二十三日生，银青八□〔子〕，公居季焉。年十有九，取应合格，授承节郎，转保义忠翊郎。历任监建昌之新城、汀之宁化酒税。又六年，擢进士第，□〔换〕文资，授左承务郎。十三，转至中大夫，历任知吉州吉水、筠州上高丞，湖北、湖南常平干办公事，知抚州乐安县。除知浔、邵二州。入朝为大理司，直迁寺丞，仓部郎中，右司郎中。除直焕章阁，知静江府，广西经略，知潭州，荆湖南路安抚使。进直龙图阁，知江陵府，荆湖北路安抚。改司农少卿，湖广总领兼知鄂州，权宣抚司事。进司农卿，封祥符县开国男，食邑三百户。四任提举建宁府武夷山冲佑观，赐紫金鱼袋。嘉定十年丁丑五月初十日，以疾终于正寝，享年七十。

娶宁化伍氏居士庭之女，封令人，先二年卒。子男四人：汝詡，从政郎、新建宁府观察推官；汝㳖，迪功郎、衡州衡阳县主簿，未及任而蚤世；汝溪，从事郎、新泉州司户参军；汝渲，迪功郎、信州贵溪县尉。公之叔兄朝奉无嗣，以汝渲继之，虽继而实侍公侧。女三人：长之亡也，弗及笄；次适进士谢宁孙；次适承直郎、宜州司户兼录参邓友直，皆前逝。男孙六人：崇坚，登仕郎；崇珞、崇璨、崇健、崇均、崇达。女孙三人，皆幼。

公平生诚直谦和，与物无忤。昼□〔不〕居内，未尝笑谑。幼年敏悟，笃志学问，属文清新，尤长于文字，颇以丝桐自适，无他嗜好。俭而中礼，质而不华。奉亲以孝，闻银青、蕲春之丧，倾俸入以营襄事。敬兄友弟，睦于族党，而嫁其孤女。以义方教子，有筮仕者，必以廉勤戒饬。汝詡受当路之知，畀以京削。汝溪、汝渲文闱应举，或再荐三荐，至今怡怡不改其旧，皆其训也。

居官惠爱廉平，兴利除害，人相与立祠刻石。及借留弗遂，则送数十里然后返。立朝不激不随。开禧用兵，力持不可轻举之说，拂主议者意。而出帅三镇，守江夏，总饷事，摄宣司，必以安静为务。招抚猺寇茶商，不至陆梁。赈给流殍，备豫不虞。江上诸屯及添戍增兵，三十余项撙节应办，不循例奏请，而用度足。己非应得，弗受。遇有□□□〔留以〕犒赏。还归自鄂，有雇夫钱六千余缗，悉以滕江州常总厅，归之官库。十载居里，累丐奉祠。卜筑枕□□□可言，田可耕，屋可居，孙可抱也。后为蓴鲈之阁，前为五柳之堂，寄退休意。又于数十步外，得古松□□□□□老人，凿池种木，日与亲朋婆娑其间。年登希有，须鬓尚黑，聪明康健，目睹长孙。遇郊拜命，□以为难。尝涉历川原，乐聚水之丘，买山结庵，名曰吉祥。会伍令人先葬山垅，木石之役毕备，且区画他时之事。记而书之，刻碑庵中。疾革，神识不乱，呼儿若妇，付以家事甚悉，仍命蚤葬，气息渐微而逝。诸孤以其年十月辛酉，扶护窀穸。谨识大略，纳诸竁中。详而铭之，则俟世之君子。

婿，承直郎、宜州司户参军兼录参邓友直志

从表侄吕铚书

【简跋】

此碑刊于南宋嘉定十年（1217年），1990年出土于邵武四都新渠水圫山，现存邵武市博物馆。碑名为编者加拟。碑高107厘米、宽80.6厘米、厚8.5厘米，楷书。撰文人邓友直，系墓主女婿，时任承直郎、宜州司户参军兼录参。书丹人吕铚，为墓主从表侄。

墓主赵善恭，字作肃，宋宗室子，官至司农卿。弘治《八闽通志》卷七十有传。前文《故中大夫提举武夷山冲佑观祥符县开国男赵公墓志铭》"简跋"已有介绍，兹不赘。丧家先是邀请卫泾为墓主撰写过墓志，但没有采用，后又请墓主女婿邓友直撰写了此墓志，属于"一人两志"现象。

宋故玉牒赵氏墓志
（嘉定十年）

赵氏幼名师姑，系出玉牒。曾祖不衰[①]，武经大夫，赠光禄大夫；曾祖妣始兴郡夫人满氏。祖善俊，中大夫、秘阁修撰；祖母黄氏，封令人。考汝□，迪功郎、台州司法参军；妣天台钱氏。绍熙四年[②]癸丑九月初一日生，嘉定十年丁丑五月初六日终于家，年二十有五。

忆在襁褓间，女氏之祖母黄令人，躬抚养之劳，视乳哺之节，饮食衣服必适其宜。逮至龀齿，颇多疾病，危殆者数矣。令人笃意医治，竟得无恙。既长，教以内则，极其委曲，年十八益绻。令人行住坐卧，未尝斯须离左右。姿性柔慧，谙晓事理，能孝能爱，善事令人而恤其幼弟，对家人无忤色。令人年寖高，亦赖以相娱悦，且虑其平生多疾，不欲通媒妁。氏雅不好珠翠金银华丽之饰，清修入道，盖其本心也。今年春夏疾屡作，驯致不起，令人殊悼念之，俾人卜地，近得诸邵武城西五里越王之原。中秋日葬。

【简跋】

此碑刊于南宋嘉定十年（1217年），碑文录自咸丰《邵武县志》卷二（民国二十八年抄本）。该《县志》载："宋故玉牒赵氏墓，在越阳，有古墓碑志。"可见晚清咸丰间赵氏墓及墓志尚在，今已不存。越阳，在邵武城西五里、富屯溪北岸的越王台（今水北镇越王村一带）。

此碑撰文人不详。墓主赵师姑，宋宗室女，绍熙四年（1193年）生，体弱多病，年仅25岁卒。其曾祖赵不衰、曾祖母满氏、祖父赵善俊的墓志铭（《武经大夫赵公墓志铭》《宋故太夫人满氏圹铭》《中大夫秘阁修撰赐紫金鱼袋赵君善俊神道碑》），本书均有收录。

[①] 不衰，咸丰《邵武县志》原文作"不裹"，据《赣州赵使君墓碣铭》《中大夫秘阁修撰赐紫金鱼袋赵君善俊神道碑》改。
[②] 绍熙四年，咸丰《邵武县志》原文作"绍兴四年"，误。

宋始兴郡守黄公墓志
（嘉定十一年）

先公讳龟朋，字寿伯。其先光州固始县人，唐末避乱，随王潮徙闽中，又自建之浦城县分居邵武。家谱所载，有讳惟淡、号五经，葬故县九颊大柞木下者，即十一世祖也。曾祖考讳蒙，举进士，赠中奉大夫；妣施氏，赠令人。祖考讳中美，擢元祐九年进士第，官至左朝议大夫，赠开府仪同三司，靖康初有名节，侍讲朱文公为述神道碑；妣刘氏，赠申国夫人，林氏，赠昌国夫人。考讳永存，太中大夫，赠正议大夫，事孝宗为尚书郎，军器监，持节淮南；妣李氏，赠硕人。

绍兴戊午五月十二日，公生于虔州信封县尉官舍。乙亥，娶段氏，通直郎、知抚州金溪县讳椿之女，与公同庚，封安人，前四年卒。丙子，生男大正。戊寅，生大时。庚辰，生女，妻任斗南，已亡。壬午，举乡贡。隆兴癸未，生大全，登进士第，今为承议郎，主管官告院。甲申，生女，妻林杞，已亡。乾道丙戌，补太学，以词赋鸣一时，与止斋陈舍人齐名。戊子，举太学。庚寅，生大学，已亡。辛卯，复举太学，后并漕举凡七焉。淳熙丙申，生女，妻萧舜咨，今为奉议郎、太学博士。己亥，拜正议延赏之命，出太学。庚子，调迪功郎、抚州临川县尉，生大任。癸卯，生大用。丙午，高宗庆寿，恩转徙从政郎。丁未，部赙赏转儒林郎，再调岳州华容县丞。己酉，光宗登极，恩转承直郎。绍熙辛亥，监秀州华亭县盐场。癸丑，丁李硕人忧。庆元丁巳，考举如令，改通直郎、知福州长溪县，兴学校，缓催科，化嚣讼，邑人至今德之。帅首枢密叶公，以课最闻，参政何公以监司科目荐。嘉泰庚申，磨勘转奉议郎。辛酉，差通判信州。甲子，丁正议忧。开禧丁卯，转承议郎，差知南雄州。嘉定己巳，赐五品服。庚午，改差京西路安抚司参议官。辛未，转朝奉郎。壬申到官，寻上祠请主管台州崇道观。甲戌，引年致仕，以其泽奏补长孙公震，今为迪功郎、汀州宁化县尉。孙十六人；曾孙五人；孙女七人，适朱宗强、李质、赵时宾，余未行；曾孙女五人。

所居对南山，匾其堂曰"乐山"，自称乐山居士，东西两室名曰"仁斋""恕斋"，皆为之铭墙。外有池亭一亩许，手植花竹，匾以"壶天"，又号"壶天翁"。

挂冠后，杜门谢客，终日徜徉其间不厌。自升朝，凡七封赠，亦似以此尉意，胸次无留事，与人交不立崖岸，酣觞赋诗，不则弄孙，家无甔石，弗问也。

丁丑五月生朝，子孙为寿欢甚。十四日暮，犹索酒饮家人辈，若诀别而人弗之觉。翌朝得疾，亦无大苦，但气息日微。至二十四日，遂弃诸孤，终于正寝，享年八十。

先是，甲子岁，正议合窆于仁荣乡新屯保西峰山下，公因得地于左山之麓，自为寿藏，曰："生不获尽养，死尚可供子职也。"筑小亭，取渊明词意，名"乘乐"。岁时拜省，必盘薄其上，亲作碣铭，且云："异时弗得焚楮锭，勿用缁黄，勿请人作铭志。"子孙不敢违，谨以明年戊寅三月乙酉日之吉，奉公之柩，即其地而葬焉。

呜呼哀哉！虽卑不可以谏尊，而公之平生出处，大概在是矣，其祥则有公所自为碣铭在。呜呼痛哉！

孤哀子黄大正等泣血谨志

【简跋】

此碑刊于南宋嘉定十一年（1218年，戊寅），现存邵武峭山公后裔联谊会。① 碑额"宋始兴郡守黄公墓志"，篆书。碑高160厘米、宽68厘米、厚12厘米，楷书。撰文人黄大正等，系墓主长子。

墓主黄龟朋，字寿伯，历知福州长溪县、南雄州。生于绍兴八年（1138年，戊午），卒于嘉定十年（1217年），享

---

① 此碑录文转引自黄承坤、刘小明《宋始兴郡守黄龟朋墓志铭考》（《武夷文化研究》2020年第4期，第60—61页），编者据原碑修订。

年八十。祖父黄中美、父黄永存，方志皆有传，本书也有收录其墓志（《朝议大夫致仕赠光禄大夫黄公神道碑铭》《宋黄永存墓志》）。其三子黄大全，绍熙四年（1193年）进士。

宋司农少卿黄公墓志
（嘉定十二年）

公姓黄氏讳瀚，字仲本，始祖膺■□□〔光州〕固始县入闽，因家于邵武之故县，至公十有三世矣。曾祖豫，假承务郎■郎，累赠金紫光禄大夫。父中，端明殿学士，累赠少师，谥简肃。公母熊氏■人；詹氏，赠鲁国夫人；詹氏，赠吴国夫人。公，吴国夫人出也。

公生于绍兴七□〔年〕■十月八日。二十八年，由试选充国子生，累举不第。乾道五年，以简肃公致仕■承务郎。淳熙元年，监秀州华亭县青龙镇。逾月，改监漳州，南岳庙。六年，■县丞。十三年，两浙转运司干办公事。绍熙三年，通判临安府。庆元元年■未几，主管建宁府武夷山冲祐观。嘉泰二年，知衡州。四年，提点湖北路刑狱■年，召赴行在，除吏部员外郎，迁右司员外郎。三年，迁司农□〔少〕卿■积官至奉直大夫。嘉定十二年十月二十日，以疾殁于城居之正寝■娶谢氏，徽猷阁待制祖信之女，封宜人，先公七年卒。男四人：棠，登仕郎；㮮■江东常平司干办公事；荣，

朝散郎，主管华州云台观；槊，承直郎，袁州军事推官。女□人：长适奉议郎，监行在榷货务许溪；次适迪功郎，兴化军司理参军饶端□□男。次男与长女皆早世。孙男三人：熙，将仕郎；其二未名。女二人：长适进士李贵□□□

诸孤以是年十二月二十日壬午，奉柩祔葬于邵武县仁泽乡庆亲里石岐原，简肃公坟茔之侧，遵治命也。呜呼！公之学问操履，言论设施，信于乡党朋友，见知于公卿士大夫者，具有典刑，当得名笔为铭文以表于墓，以诏于后世，姑辑□□□大略，识诸幽宫。孤哀子榮等泣血谨书。

【简跋】

此碑刊于南宋嘉定十二年（1219年），现为邵武某藏家所藏。碑额"宋司农少卿黄公墓志"，碑高126.5厘米、宽66.5厘米，楷书，阳刻。撰文人黄榮，字肃甫，系墓主第三子。嘉泰二年（1202年）进士，官至工部员外郎。弘治《八闽通志》卷七十有传。

墓主黄瀚，字仲本，太学生，官至司农少卿。其父端明殿学士黄中、子江东常平司干办公事黄槊的墓志（《宋故端明殿学士黄公墓志铭》《有宋江东常平提干平甫黄公墓铭》），本书均有收录。

宋黄道成墓志
（嘉定十四年）

有宋黄氏道成者，子闻之女，杜史伯之妻也。子闻之祖考大监通议，讳永存。其女兄，令人道成之曾祖姑也。令人生提刑郎中，讳颖。郎中之长子，月渚居士，讳东者，道成之翁。而郎中之幼女，道成之母也。道成以庆元己未生，以嘉定丙子归于杜氏，以庚辰七月二十五日终于正寝。未行，事父母，既适人，事翁姑，皆以孝称。月渚终于缙云尉，道成衣不解带，以奉粥药，力不告劳，以周后事。扶护闲关，积忧成疾。父母舆致于家，以便医疗，亚室未屏之三日，索衣求归其亟，且曰："岂有奉几筵而不竟者乎？"父母强留，弗可，持抱与归。祔庙之夕，号恸不胜，疾于是有加，越四日乃亡。临终辞色不乱，犹以善言慰

籍其家人。呜呼！斯人也，而命止斯耶？先是，月渚葬于邵武县中保走马城旁，求得佳兆。辛巳正月丙午，史伯奉母亲游夫人命，俾祔葬焉，礼也。志其实者，史伯名谈；书丹者，子闻，名大韶也。

【简跋】

此碑刊于南宋嘉定十四年（1221年），现存邵武市博物馆。碑名为编者加拟。碑高59厘米、宽40厘米、厚7厘米，行楷。撰文人杜谈，字史伯，系墓主丈夫、杜颖之孙、杜东之子。杜颖（一作杜颕），字清老，官至提点江西刑狱，生子东、杲、耒。杜东（字晦之）、杜耒（字子野）同擢嘉定七年（1214年）进士[1]；杜杲，南宋名将，《宋史》有传。书丹人黄大韶，字子闻，系墓主之父、黄中美曾孙、黄永存孙。墓主黄道成，系杜谈之妻、黄大韶之女。黄道成与杜谈为姑表婚，道成之母为杜颖幼女，故道成又是杜谈的表妹。

杜颖、杜杲、黄中美、黄永存的墓志，本书均有收录（参见《杜郎中墓志铭》《杜尚书神道碑》《宋吏部尚书龙学光禄赠开府杜公之墓》《朝议大夫致仕赠光禄大夫黄公神道碑铭》《宋黄永存墓志》）。

[1] 光绪《邵武府志》卷十九《人物·杜颖传》，2017年点校本，第562页。

有宋中奉大夫知郡太博开国黄公圹志
（宝庆三年）

墓志盖：有宋中奉大夫知郡太博开国黄公圹志

墓志：公姓黄，讳涣，字德亨。曾祖斡，故不仕，妣上官氏。祖佐，故任右承奉郎，赐绯鱼袋，妣胡氏。父口（原注：上一字犯光宗庙讳）乂①，故任左宣教郎，累赠特进，妣李氏，累赠广陵郡夫人。世籍邵武光泽之游塘，至承奉始迁居于城中。

公天分特高，自幼读书神解心悟。兄谦，亲炙晦庵朱文公，退而述所学于家。公已得师友渊源之所渐，且蚤登东莱太守吕成公之门，一见刮目。逮南轩张宣公守严陵，东莱分教是邦，两贤相与讲论，公尽得而闻之，由是益自勉励为躬行有用之学，终始不移。试于乡，以《易》为举首者三。淳熙戊戌，擢南宫第一。主司得其文，甚异之。已而知其为东莱高弟，名震一时。殿试为班首，玉立廷中，孝宗喜顾左右曰："朝廷得人矣！"策入甲科。初任教授滁阳，奠谒课试严于中州，尤以明道正谊之旨切磨士心，儒风兴起。入为删定官，轮对音吐洪畅。上视其奏，俯为同读。至论混补之弊，玉音云："当为卿施行。"迁太学博士，衡鉴精明，衿佩归重。丐外，添倅天台，会有惮其劲直者，命遂寝。寻授云台祠官，除赣州倅，中间郡侯多贵要，贰车具员。公始举职，当行县，虽瘴地必往，兴利除害，奸胥望风遁去。摄守几一年，视事必以五鼓，领词必以朝服，幽枉悉达，庭无留讼。至其理财也，首宽租系，免零税，而用常有余，如增置十邑。赠学田、甓甃衢路及创排云寨、置铺屋之类，皆州家自办而县不知焉。改倅婺女，时七邑有积年小户逋欠数万缗，朝廷已行倚阁，而州催自若，公力请未从，则移文属邑以缓其事，守不能夺，竟为蠲放。会宪台有寄椿钱他使者，牒取无厌，公援法拒之，使者怒，丐引避，不行，公遂归。久之，除京西议幕。帅皇甫斌将出师，唐邓先耀兵城间，公曰："兵，诡道也。今欲掩不备而耀其众，可乎？"不听。又谓随军二转运曰："辎重过多，惧成委弃，盍以分数留为守备。"又不听。公暂摄帅，见留卒少而赢，方议募增，斌多方沮抑。

---
① 宋光宗名为赵惇，据文意推测，避讳之字当为"惇"，因而黄涣之父名为黄惇乂。

后虏骑抵城下,几败事,人始服公远虑。初,招抚使赵淳提兵过襄阳,公问:"招抚理无轻动,不知用何日出境乃为此来?"淳衔之。比其兼帅,公已用前帅檄,至宣司禀议乞兵与粮,淳遂诬公先事而出。既而得旨,别与差遣。公官情素薄,迟回半岁,始丐祠禄。

岁在己巳,诏侍从给舍台谏举贤,尚书汪公逵、章公颖、邹公应龙,中书余公崇龟相继剡荐,乃起公知岳州。上殿奏札,首言扶养天下之善类,以保合天下之正气;次言军律不严,乞厉以法禁,语皆剀切。初至巴陵,重念濒湖田少民贫,乃先核郡计,汰其浮费,宽其急征。户长催科,例也,公则曰:"于公无一毫利益,于民有十分病患,罢之!"小鱼有税,亦例也,公则曰:"宁求遗利于我,不求尽利于民,蠲之!"或疑公忧民至矣,其如州用何?然公经理有方,兵廪吏禄,了无乏事,谯楼、郡治皆为一新,以至金华众建东莱祠堂,公独助钱六十余万,人莫不多公之高谊。朝野想望风采,谓行且进用。适与帅漕议论矛盾,公遂免归。公以前辈典刑(型),为后学模楷。英气义概,蓄之以壮,而履之以常,励相国家以康济太平,盖优为之。而卷怀袖手,姑从吾好,自是不复出矣。先是,公欲远尘嚣,卜宅故县为终焉计。后于所居之北别筑一堂,规制简古,即"邵康节安乐窝"之名而揭之楣间,燕处其中,存心养性,若与斯世相忘者,而公已矣。

公生于绍兴丁卯十月甲寅,宝庆丙戌正月丙子终于正寝,享年八十。官中奉大夫,爵邵武县开国男,食邑三百户,赐紫金鱼袋。嗟夫!天之生才,本资世用,公以伦魁之重,策名四纪,而实历仅十考,余领宫祠,乃九任。胸中抱负,十未试一二,孰不为当时惜!然公安于义命,平居暇日,绝迹帝城之书,救时行道之心虽急于饥渴,而卒不少贬以求用。盖其所禀者刚而明,所学者博而粹,故其操守不特见于仕途之进退。其行事也,必以义而不以利;其立言也,必以公而不以私;其孝于事亲也,则月朔必一拜松楸而严事如存;其友于兄弟也,则怡怡衎衎。至以官任,其侄俦孙,略无吝色。在州县则视民如赤子,纤悉必尽其情;在乡党则教人如子弟,言论一出于正;不矫情以徇物,不枉己以直人,异端邪说皆无所惑。其在章贡,有富僧以藏经抄掠民财,则火其书而梏其人。其在岳阳,有假洞庭神祠以恐吓舟人者,亦捕其首恶,置诸圜土。此皆定力之所至，非可强而为也。常人皆有血气，壮则锐，老皆衰，惟公之气，配义与道，故年当大耋，无颓惰衰飒之容。侍郎赵公彦櫹尝贻书当路，称公"穷益坚，老益壮"，可谓知言矣！

娶李氏，宣义郎、福建路运官丙之长女，天姿明淑，谨于礼范。公有善念，庇拊宗族，每因事赞成之。教二女自幼仪妇道，以至蚕缫蘋藻之事，朝夕婉娩，品节有伦，与公相敬如宾。既蚤（早）世，公追念贤助，晚而不替。绍兴己卯六月乙酉生，先公二十六年以嘉泰辛酉六月壬辰终。其年九月庚申，葬于邵武县仁泽乡庆亲里后坊龙聚之原，累赠令人，宅兆去家无百步，山环水绕，本之天然。创庵宇，植竹木，经之营之，皆出公之心匠。畴昔已誓同穴，今以宝庆三年丁亥正月十有一日辛酉，奉公之柩合祔，遵治命也。子男一人耘叟，从政郎、前监福州古田县水口镇税兼烟火公事。女二人：长婿通直郎、新知隆兴府武宁县主管劝农营田公事兼兵马都监赵汝詷；次晋卿也。孙四人：衍，将仕郎；用大，登仕郎；用宾、用和皆幼。将葬，其孤以圹记属晋卿。顾晋卿荒陋，何足以发挥潜德？然念晋卿之先君子寺正与公有桑梓连阴之好，契谊相求，晋卿寅缘获缀子婿之行，异时官学有间，挚室以从公游者凡二十余年，知心改德，义不敢辞，故具述公出处之大致，以伸区区之哀思，刻诸石以纳诸幽宫云。

　　婿，宣教郎、新知兴化军仙游县主管劝农公事周晋卿谨志

　　婿，通直郎、新知隆兴府武宁县主管劝农营田公事兼兵马都监赵汝詷谨书

【简跋】

此碑刊于南宋宝庆三年（1227年），1998年出土于水北镇故县村凤池山南侧，现存邵武市博物馆。[①]墓志盖"有宋中奉大夫知郡太博黄公圹志"，高111、宽84、厚10厘米，篆书。墓志长110厘米、宽83厘米、厚8厘米，楷书。撰文人周晋卿，系墓主之次婿，时任宣教郎、知兴化军仙游县。书丹人赵汝詷，系墓主之长婿、司农卿赵善恭长子，时任通直郎、知隆兴府武宁县。

墓主黄涣，字德亨，淳熙五年（1178年）进士，省元，官至岳州知州。光绪《邵武府志》卷二十有传。又，南宋邵武还有一位黄涣，字通甫，尚书右丞黄履之堂弟，本书有录其墓志（《宋故邵武黄君墓志铭》）。

---

① 此碑由傅唤民录文，编者据原碑修订。

有宋湖南提举户部黄公圹志
（绍定五年）

公姓黄氏，讳桒，字恭父。始祖膺，五季时自光州固始避地徙居邵武，至公十有四世。曾祖崇，故宣义郎，累赠金紫光禄大夫。祖中，故端明殿学士、中大夫致仕、累赠少师、谥简肃公。妣：熊氏赠唐国夫人；詹氏赠鲁国夫人；詹氏赠吴国夫人。父源，故朝散郎、通判信州、赐绯鱼袋致仕，累赠金紫光禄大夫。妣：廖氏赠新平郡夫人，尤氏赠永宁郡夫人。所生母杨氏，封太安人，赠太宜人。公生于乾道之丁亥二月二十七日申时。甲午四月，简肃公遇郊补承务郎。丙午铨入等，授监平江府粮料院。己酉四月，覃恩转承奉郎，五月到任。辛亥六月满，八月授知信州弋阳县丞。壬子四月二十一日，丁父金紫忧，不赴。甲寅七月服除，十月授知抚州金溪县丞。十月覃恩转承事郎，十二月到任。乙卯十月，磨勘转宣义郎，丙辰十二月满。戊午三月，授福建路市舶司干办公事，己未七月到任。十一月，磨勘转宣教郎，辛酉十月满。壬戌正月，授知吉州太和县，闰十二月到任。癸亥十月，磨勘转通直郎。乙丑十月，丁母永宁郡夫人忧，戊辰正月服除。□月差通判南剑州，己巳五月到任。庚午二月，磨勘转奉议郎，辛未七月满。十二月差通判江陵府，壬申七月到任。癸酉二月，磨勘转承议郎，闰九月，避亲解印。甲戌十一月，差知南雄州，赐绯，仍借紫。丙子二月申，所生母杨宜人□丧。戊寅三月服除，磨勘转朝奉郎，□月差知开州，己卯十二月到任。辛巳正月，特改差充成都府路安抚司参议官。五月解州事，九月到任。壬午六月，改差知重庆府。七月，磨勘转朝散郎。八月，玉玺恩转朝请郎，九月到任，甲申十一月满。是月，差知达州，乙酉二月到任。三月，覃恩转朝奉大夫。丙戌五月，改差知南剑州。八月，磨勘转朝散大夫。丁亥六月，陛辞，除军器监簿。八月，除司农寺丞。戊子八月，除仓部郎官。九月，磨勘转朝请大夫。己丑三月，差知衡州，十一月到任。辛卯四月，庆寿恩转奉直大夫，八月，除提举荆湖南路常平茶盐公事。壬辰二月十三日，以疾殁于台治之正寝，享年六十有六。烈等忍死扶护，以五月初四日抵家。准告特转朝议大夫致仕。

公娶廖氏，封安人，赠宜人，故徽学工书高峰先生刚之孙女，先卒十五年。

男二人：烈，奉议郎，前知潭州攸县事，引□公嫌，还侍；梦桂，承直郎，监临安府仁和盐场、特差兼浙西提举司主管文字。女一人，早世。孙二人：从龙、震龙，并将仕郎。女孙二人。公事亲至孝，居官至廉，存心至仁，是以见诸行事，不负于君，不忝厥祖，不怍于幽，明真笃实，躬行之君子欤！用未及显，遽弃诸孤。呜呼痛哉！得地樵岚，卜云其吉，将以是年十二月初九日甲申，忍死奉柩而安厝焉。庸志公生死履历、岁月大概，纳之幽宫。烈等余息尚存，当求之名士以表于墓。

绍定五年十二月 日，孤哀子烈、梦桂泣血谨志

甥李□填讳

【简跋】

此碑刊于南宋绍定五年（1232年），现为邵武某藏家收藏[1]。碑额"有宋湖南提举户部黄公圹志"，篆书。碑文楷书。撰文人系墓主的两位子嗣：黄烈，曾任奉议郎、知潭州攸县；黄梦桂，时任承直郎、监临安府仁和盐场、特差兼浙西提举司主管文字。

墓主黄朵，字恭父，系端明殿学士黄中之孙、信州通判黄源之子，历官司农寺丞、提举荆湖南路常平茶盐公事。

[1] 此碑由傅唤民录文，编者据刘小明所供照片修订。

宋诸王孙百三贡士墓志
(端平三年)

亡次甥曰崇义，大宋皇帝九世孙也。其别自商王宫信安简王位焉。建炎初南渡，曾祖不凋始自开封寓章贡。至绍兴末，曾叔祖不衰[1]因副总福建兵马抵邵武，乐其土风，自章贡徙焉。并徙伯祖善达，次伯祖善逮、祖善迪，侍太恭人张氏与俱。

善迪生汝口，以宝庆天子登极恩陞见，授承信郎，余从女弟配之。是生崇义，实居次，余尝字之曰景方，以其性质而直，正而不回，殊知义以方外也。自幼飧素屏腥晕（荤），简言寡欲，醉歌游速放纵之事，未尝一接焉。曾与兄崇高同举，将有望于异日也。端平二年十二月二日卒，天年甫二十有九，其所谓命也夫！

始崇义之生，邻有梦者，梦一比邱氏抱一鬈头小道至其家而去，逮旦，崇义育焉。死之日，邻又梦在一僧舍跌坐诵佛，复为鬈头矣。噫！既来之，则安之可也，抑何遽尔去之耶？殁之明年二月十五日，葬于负郭之舍旁，曰"灵山"，距从祖叔朝请郎、知赣州善佐，安人王氏墓之左七十步，庶时可以省之也。于是铭四十二字曰：

孰致而来兮，孰召而去也？其来未几兮，其去奚遽也？邻之有梦兮，理不可卜也。琢珉窆之兮，聊以识于邱壤也。

【简跋】

此碑刊于南宋端平三年（1236年），碑文录自咸丰《邵武县志》卷二（民国二十八年抄本）。撰文人俞鼎孙，系墓主从舅，时任左承直郎、浔州军事推官。墓主赵崇义，字景方，宋代贡士，宗室子，卒于端平二年（1235年），年仅29岁。咸丰县志载："宋诸王孙百三贡士墓，在丹台山下灵山庙后……此碑获于道光间，因南郊有迁葬者，掘得碑，里人陈鸿章见而异之，命仍置故处，而录其文。"[2]可知，赵崇义位于丹台山下（今邵武市烈士陵园附近），清道光间出土墓志。而其从祖叔赣州知州赵善佐夫妇的墓地也在丹台山下。

---
[1] 不衰，咸丰《邵武县志》原文作"不衰"，据《赣州赵使君墓碣铭》《中大夫秘阁修撰赐紫金鱼袋赵君善俊神道碑》改。
[2] 咸丰《邵武县志》卷二《冢墓》，民国二十八年抄本，页7。

故少保大资政枢密参政邹公圹志
（淳祐五年）

　　公讳应龙，字景初，姓邹氏，邵武泰宁人。曾祖光逵，赠太子少保；曾祖妣，咸安郡夫人江氏。祖俣，赠太子少傅；祖妣，高平郡夫人江氏。□□〔父徽〕，赠开府仪同三司；妣，昌国夫人叶氏。自上世以不争为家法。开府公尤好善，不事产，尝书《鲁论》："有一言可以终身行之者，其恕乎？"并《谦卦》置坐右。

　　是生公，公幼庄重如成人。□□□□□〔往来里巷，未尝〕左右视，虽步履亦有常处。读书夜达旦。年十八，习《春秋》，贫无书，三传皆手抄。二十四，荐于乡。明年试礼部第一。里人欢甚，公处之晏如也。天子方□□□□公签书镇南军，召为正字，迁校书郎兼实录院检讨官。嘉泰元年，丁外艰，跣行护柩而归。服除，以校书郎召迁著作佐郎兼资善堂小学教授，升著作郎。开禧元年，兼资善堂直讲兼尚左郎，迁起居舍人。二年，兼玉牒所检讨官。韩侂胄开边，力丐去，以直龙图阁知赣州。明年，除江西提刑兼郡事。侂胄败，除中书舍人兼太子庶子。嘉定元年，兼左庶子。六月，假户部尚书使金国。八月，除詹事兼中书舍人。使还，言虏主望之不似人君，知金必亡。二年，兼权吏部侍郎，迁给事中兼詹事兼左庶子，缴驳无所避。十二月待制宝文阁，知泉州。南外宗子多横，巨商庄文宝者尤稔恶，公悉绳之以法。虽造谤憾，公不恤也。五年，以祖母丧丐祠。十月，待制龙图阁知建宁，公不赴。未几，得祠。八年，除宝谟阁直学士，知池州。岁饥，截兵饷以救民，由是与总司忤。九年，进直焕章，经略广西。十年，琼黎弗靖，公平之。继又邕蛮作乱，公严惩首恶，其广胁从者，皆纵使归田，所活不可计。属僚将论功，公曰："帅臣殄一妖贼，何功？"更以盗发所部自劾。诏勿问。十三年，进直敷文，帅湖南。十五年，丁内艰。邑有水灾，公发粟广施。今皇帝即位，首召公，辞不至。宝庆元年正旦，除工部尚书。九月入见，论逆金利害，上嘉其忠。越三日，迁刑部。二年，知贡举，五丐去，不得，公遂□□□□〔卧病不出。〕居数月，以敷文阁学士再守赣，言路迎合时相意，论罢。自是奉祠凡八载。

绍定二年秋，汀寇作，公避地东阳。寇平还里，以坟墓负衅乞致仕，不许。既而州□□□忠武军相仇杀，公出牛酒劳抚之，邦民以安。端平元年，除显谟阁学士，知太平州。言者误以寇事诬公，遂予祠。公居闲久，几与世绝。上数问出□□□□□□〔处。逾年，除礼部尚〕书，五辞始入觐，明禋大雷雨，公辞锡赉，上疏极陈洊震恐惧修省及主器之义。寻，请去，不允。兼修玉牒兼侍读。边难方作，公陈十事，甚□□□□□□〔切直，上嘉纳实行。〕经筵劝诵有法，一字不苟。上每倾听，同列自谓不及。嘉熙元年，御笔除端□□□〔明殿大〕学士、签书枢密院事、兼权参知政事。荐士数十。居政府四月，□□□□□□〔裁抑近小，举贤〕且大用。公夙夜念天下事，常恐恐若不胜任。屡丐归，不获。适谏官有言，即日就道。上再遣中使力谕止，公卒不返。六月，除资政殿学士，□□〔制置〕沿海□□□□〔使，不受命，时〕年六十六矣。

公性乐山林。去家百步，得一丘，曰"南谷"，有古涧叠巘之胜。日邀其间，晨往而夕忘归。上特书"南谷"二大字以赐。屡告老□不□淳祐□□□□〔四年四月二十〕有三日，薨于里第，享年七十三。薨之日，方与客论神、性、道三说，拱揖未终，奄然而逝。盖平日静定澄澈之功，至是始验。上特加大学士赠光禄大夫□□□□〔太子少保，封〕开国公，食邑三千九百户，食实封贰佰户。讣闻，上为辍朝，赠少保，赙如式，恩泽依故条。五年十一月庚申葬"南谷"，从治命也。

公两娶叶氏，□□□〔封樵郡〕夫人，先公殁。子五人：长恕，登进士第，事父孝，四调官，皆不肯违膝下，终朝奉郎、主管南外睦宗院。次恭，蚤领漕荐，自兄殁，十年不仕，以便养，擢□□迁□□□□□□□□差通判南剑州。余早世。女四人：长适通直郎、知长乐县事朱大年；次适与筹；次适汉阳军司法叶澜孙；次尚幼，与叶涛孙议姻，未行。孙二人，皆承务郎，□□□□〔宗强先公〕六月卒，宗俭未仕。曾孙一人，未名。

公器度恢闳，寡言笑。其学专，以不动心为主。平居杜门谢客，危坐竟日，无惰容。自少以文章魁天下，已隐然□公□□□□□□用公，而议兵不合。苏师旦为节度使，众皆贺，公独不往。越四日，遂去国。更化复召，累迁给事中。皇子有赠师傅者，公言子不可以为父师。中宫□□□去国十七年于外，落落不少屈。今上龙飞，公及真公德秀、曹公彦约，俱被召。公最后起，而真公已去；魏公了翁亦求去。公抗疏力争之，大忤时相意，又□□〔去国。〕□□□□〔相常谓所亲〕曰："吾与邹景初同馆最故，每欲与深语，辄引却，何耶？"初寇起汀，久不戢，蔓及邵武。公保钟山，告急台阃，兵不至，力控于朝，始调淮西兵平□之。言者□谓公□□，公不自辩。逮皇上亲政，复召用，公遂登枢府，参大政，方倚以为相，而不乐者复谬引前事沮公。公慨然曰："吾固多此一出！"即决去。上□□〔固留〕不可。于是□□□矣！

公风神峻迈，眉目如刻画。半言片简，皆超然有尘外趣，而简静深厚，不求人知。有所荐引，不以告人，论事每削稿。所至兴利除害，多可记□□□有为者。□人真实笃至，表里洞然。有一善，喜若己出。常诵《秦誓》"断断无他技"及《孟子》"好善优于天下"一章不去口。人有过，唯恐伤之，曰："圣人常善救人，故无弃人；常善救□□〔物，故无〕弃物。"其趣尚大略如此。呜呼！古所谓仁信大人者，非公之谓欤！与筹辱婿公门三十年，荷德蒙教深矣。远日薄公子恭言曰："幽堂宜有志，藐孤遭闵凶，不能文，□〔君〕为□□〔我志〕之！"与筹不获辞，姑次第梗概如右。

婿，正奉大夫、守户部尚书兼详定敕令官，时暂兼吏部尚书、兼知临安军府事，兼管内劝农使、充两浙西路安抚□〔使〕、□□□〔马步军〕都总管，兼点检行在赡军激赏酒库所、青田县开国子、食邑五百户，赵与筹涕泣谨志

【简跋】

此碑刊于南宋淳祐五年（1245年），1992年出土于泰宁，现存泰宁县博物馆。[①] 碑额"故少保大资政枢密参政邹公圹志"，篆书。碑高136厘米、宽92厘米、厚8厘米，楷书。撰文人赵与筹，字德渊，号节斋，寄居归安（今浙江湖州），系宋宗室子，宋太祖十世孙、墓主女婿。嘉定十三年（1220年）进士，官至户部尚书、兼吏部尚书。《宋史》卷一八二有传。

墓主邹应龙（1172—1244年），字景初，庆元二年（1196年）状元。官至端明殿大学士、签书枢密院事、兼权参知政事。卒，赠少保，谥文靖。《宋史》

[①] 碑文转引自连小琴、卢衍琪编著《泰宁古代碑刻史籍选萃》（福州：海峡书局，2013年，第12—13页），编者据原碑照片及《泰宁文史资料》第17辑录文（政协福建省泰宁县委员会文史资料研究委员会编印，1995年，第47—53页）修订。照片由泰宁县博物馆提供，特此致谢。

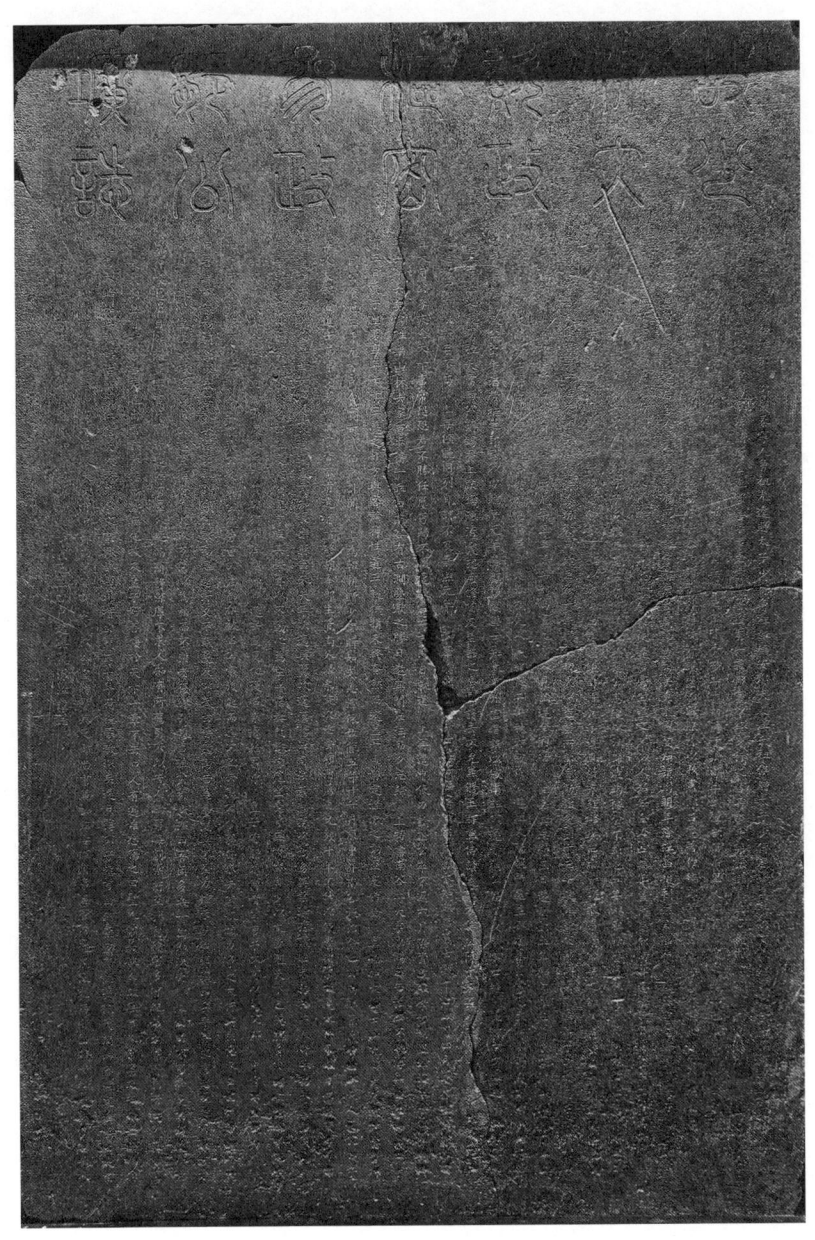

卷四一九有传。应龙长子邹恕,嘉定元年(1208年)进士。弟邹应麟,嘉泰二年(1202年)进士[1]。从弟邹应博,开禧元年(1205年)进士,官至提点江南西路刑狱。光绪《邵武府志》卷十九有传。

---

[1] 康熙《泰宁县志》卷七《选举志》,厦门:厦门大学出版社,2007年点校本,第124页。

宋故奉议赵公墓志

（淳祐六年）

　　太宗皇帝第四子商恭靖王，王生信安郡王；郡王生会稽侯；侯生太师嘉国公；国公生节使和义郡公；郡公生潮州都监，讳不懋；都监生朝奉郎，讳善勋，是为公父，随龙渡江，侨居邵武。母黄氏，赠安人。

　　公讳汝迁，字仲益，生于乾道庚寅，自幼岐嶷，及长俌傥，与知大宁兄汝怡，宰益阳侄崇简，同习举子业，兄侄第进士，公量试补官，八任祠禄，常悒悒不得志。孙公德舆、李公东皆当世知名士，咸以才能荐之。宝庆二年，以两请锁应文解，遇登极恩，特赴类试，赐进士出身，换修职郎，初任泉州同安县丞，转文林郎。

　　西山真公硕学重望，镇温陵，少所许可，独以才敏见知，俾摄邑事。值海寇侵掠，公示以诚信，两旬之间，招收抚定，刺隶敢勇，帖然悦服。境内饥，民病艰食，公捐俸赈之，百姓造锦帐，礼浮图以报德焉。

　　次任监户部平江府百万东仓出纳。旧有常例，公不以入己积，羡余万有五千硕，归于有司，当路列剡褒赏。方将擢用，独引年纳禄。改通直郎，赐五品服致仕。又推赏，转奉议郎。

　　归休寓里，稍治产业。所居擅溪山之胜，日与亲友谭笑为乐。性不喜饮，而燕客必尽欢昔。虽未富，而予人能周急。平生重信义，尚气节，里中无贵贱，咸爱重之。方待同安，次时避寇富沙，部使者檄公归邵武，招集流散，众恃以安。既而粒米腾贵，公禀郡命，移粟邻邦，市价遂平，全活甚众。其才为时用，大率若此。年逾古稀，起居康疆，忽感微疾，卒于正寝，淳祐乙巳九月辛酉也，享年七十有六。室人张氏，三男：长崇蒲，亡；次崇箐，取应省试合格，今为忠训岳祠；幼崇䇹，亦亡。一孙，必师。卜以次年冬十月丁酉，葬邵武勤田保，地名岗上，祖茔之后。友人兼山黄大昌为叙次出处，志诸墓隧。

　　侄，从事郎、新宜差南剑州军事推官崇箕谨书

【简跋】

　　此碑刊于南宋淳祐六年（1246年），现由邵武某藏家所藏。撰文人黄大

昌，字退圃，号兼山，邵武人，著有《兼山语录》。① 系墓主友人、黄永存之孙、黄公绍之父。书丹人赵崇箕，系墓主之侄，时任从事郎、南剑州军事推官。

墓主赵汝迁，字仲益，系宋宗室子，宋太宗第四子商恭靖王赵元份七世孙。其父赵善勋，建炎间"随龙渡江，侨居邵武"。汝迁于宝庆二年（1226年），获赐进士出身，历任泉州同安县丞、监户部平江府百万东仓出纳。

①［清］李清馥：《闽中理学渊源考》卷三九，文渊阁四库全书，第460册，第484页。

杜尚书神道碑
（淳祐八年）

公讳杲，字子昕，曾大父圯，提举江西常平；大父铎，知万载县，赠大中大夫；父颖，刑部郎中，赠开府仪同三司。母陈宜人，赠吉国夫人。

杜氏本京兆万年，至提举公始居邵武。公少与兄东、弟末场屋齐名，而独见遗于礼部，以父任，待通州海门买纳盐场阙，潘提举友文檄摄建阳尉。秤提法行，公面责潘曰："公奉新书太过，八郡骚动矣。"潘愧谢，稍弛其禁。陈提刑彭寿檄摄闽尉。甲子死，诬乙杀之。公验尸于发中得砂，视甲舍傍有池砂，类发中者，鞫问，子果溺死，乙乃得释。至海门，谒盐使丰公有俊曰："小官惟冒于货者当谴责，情可矜、力不建者教之可也，奈何皆临之以威乎？"丰公悚然，遂为知己。

李公珏制置江淮，罗致幕下。滁受兵，檄公与同幕王好生提偏师往援。甫至，民蔽野隔壕哀鸣，求入避滁，守固拒。公启钥纳之，虏围城数重，公登陴，中二矢，益自奋厉，士气百倍，虏技穷去，犯齐安。李公会合援兵几十万，未至，虏解去。兵在道不相统一，且溃乱，李公曰："非子昕无可行者。"公求制札二十道以行，先以帅命喝犒，择诸将尤桀黠者出一札，抽回，逾时又抽一军，不二日诸军悉回，无敢哗者。李公累奏公援滁功，不报。公从李公，与之终始。丰公建西阃，辟梁县，胡公槻总西饷，辟凤台酒官，皆力辞。海门秩满，调江山丞。

畿漕朱公在辟监崇明镇。崇明改隶东总，与岳总领珂议不合，慨然引去。岳出文书一卷曰："京剡也。"公曰："比而得禽兽，虽若丘陵，弗为。"岳怒，公曰："可劾者文林，不可强者杜某。"岳遂以欠芦钱劾。朝廷察芦钱无亏，二劾皆寝。西阃曾公式中辟庐州节推。浮光兵变，公单骑往，戮止渠魁。守将争饷金币，公封贮一室，将行，属郡丞郑准悉返之。安丰守告戍将扇摇军情，且为变，帅欲讨之，公曰："是激使叛也。"请与两卒往，呼将谕之曰："而果无它，可持吾书诣制府。"将即日行，一军帖然。

知六安县，新社坛学宫，罢元夕灯。岁歉，谕富家曰："吾不损米直，若但出粜，吾依市直为民代偿三之一。"全活者众。邑有剧盗二，设赏获之。帅方姑息，盗窃语曰："吾不失在制置帐下。"公命杖死县庭，而以专杀自劾。民有嬖其妾者，治与二子均分。二子谓妾无分法，公书其牍云："《传》曰：'子从父令。'《律》曰：'违父教令。'是父之言为令也，父令子违，不可以训。然妾守志则可常享，或去或终，当归二子。"季提举衍览之击节，曰："九州三十三县令之最也。"

知定远县。考举及格，免班引，改通直郎。逆全犯边，季公时已帅庐，辟公濠倅。上以公久习边事，擢知濠州。赵大使善湘谋复盱眙，密以访公。公曰："贼恃外援，当断盱泗浮梁以困之。"卒用公策成功。女真数万厚赍驻榆林阜，请降，或请诱而图之。公曰："杀降不仁，夺货不义，纳之则有后患。"谕遣其众，秩满令奏事。

端平初元，过庐，谒全帅子才，曰："北伐不可止矣，公必有以坚凝其后者。"全曰："以淮西兵守潼关，以淮东兵守黄河。"公始为之隐忧。除主管官告院、知安丰军。三帅出师，除公淮西运判。公曰："昔张魏公督师，以赵开主计。今日诸公无愧于先正，赵开之任，仆岂其人？"诏廷绅边臣各条战守，公封上曰："沿淮旱蝗，不任征役。中原赤立，无粮可因。若虚内事外，移南实北，腹心之地，必有可虑。"方草奏，客曰："今岁当任子，不为贤郎地乎？"公笑不答。大使括舟载粮，公曰："师遵陆而粮用舟，缓急必相差池。"请以夫运，大使许之。既而劾公调夫烦扰，沮挠军事，削两秩罢。时在外谏北伐者，惟公一人。及锋衄洛阳，退师保境，兵衅遂开不可复合，人始伏公先见。

奉崇道祠，复元官，再知濠州。未行，改安丰。鞑谋入寇，公曰："此虏常先取一城为家基寨，然后深入。顺昌为丰寿屏蔽。而夐在淮北，兵寡饩艰，使虏得之，二州危矣。"以白制司，命幕客沈先庚迁其军民士庶，航钱粟迓之。虏果大至，我舟已尽泊南岸。崔文举、范用吉二叛愤咤，以俚语詈公曰："吾欲取此城，乃为老贼所先，休看它城子矣。"顺昌军民驻寿阳，复运米二万斛、楮七万饷之，众感慨，忘其迁焉。又谓："两城相望，其间当有小城以接声援。"益缮安丰县城，使沈先庚戍之。虏来攻不克，杀其将涂金朱袍者二人。虏去县围郡城，公使聂斌布重兵守御，赵谅提轻骑攻劫，四隅设伏，城中昼无人声。虏登高望之，莫能测。公出其不意，开关麋击。虏麾其下曰："南兵狠，速返勿留。"赤老国王者大掠淮东，厚装而归。公曰："是可击也。"命顺昌守樊辛率死士劫虏帐，俘获万计，夺马四百匹。乱尸中有腰木牌书皇弟国王者。虏法贵木牌，在金银牌之右。夕劫二寨皆中，丑类溃散，犹以番书求亡马五百。公六世祖待制公杞守庆州，元昊求降人孟香，报曰："偿所掠，则返孟香。夏人不肯偿，我亦不与孟香。"北人谓我为憨，尔为您。公用待制公遗意，效北音檄答之云："您还卤掠，憨还您马。您不还时，憨也不还您。"虏遁去，端平丙申冬也。

明年嘉熙改元，公益为备，浚旧濠，筑外郭。其冬，虏必欲得城，扫地而至。大设攻具，以火炮焚楼橹，公随坏随补。以八都鲁硬军斫排扠木，八都鲁者皆死囚，使之攻城自赎。所披甲，以牛革十余重为之，设面帘以障矢。公募善射，用小箭专射其目，尽殪之，虏者填濠。为二十七坝，公分兵扼坝。虏乘东南风纵燎，公祷天求助，俄而反风。雨雪骤至，公谓："古人多乘风雪破贼。"而四面围合，乃募猛士夺坝路出兵，将士皆奋跃死战，杀紫泥金团龙袍者，降人云叶国大王也。焚虏炮座攻具，至明日皆尽。先是，城闭，援师前却，惟池帅吕文德突围入，叶力捍御。庚牌调盱眙守余公玠及赵东、夏皋赴援。濠倅赵希洬监夏赵军，公以蜡书约夹攻。虏溃去。捷奏至，二年春矣。君相动色相贺。

擢军器监，进三秩。御札云："朕闻安丰被兵，不皇寝食。知卿守御劳苦，指画有方，朕为少宽。今援兵已集，其贾率诸将，扫荡寇攘，以安淮右。赐卿金器，诸将各金椀一，在城将士及淮东援兵，以京会三十万支犒。"公率三军拜诏感泣。蕲春守张可大甚公，百计撼摇。吴公潜素奇公，适在都曹主之力。陈检详力终始同在围中，至是亦昌言公勋劳于朝。丞相李公宗勉、参政徐公荣叟，皆有赏未酬劳之语。会谋西帅，咸曰："毋以易杜某。"诏以安抚兼庐州。

擢太府卿、淮西制置副使兼漕。虏使王樴来续和议，公曰："虏将察罕有言：'撒花自撒花，厮杀自厮杀。'和可恃耶？"督帅史嵩之主和，怒形辞色。虏纵董尧臣归，督府以擒获闻，公抗章非之。谍言"虏下令三年毋南牧"，嵩之信之，谓："八月未动，真不来矣。"公曰："是将欺我，其来必速。"九月，察罕果率十七项人马，号八十万，挟叛贼范用吉辈傅城下，约先破庐，然后造舟巢湖以窥江。于壕外筑土城周六十余里，穿两濠，攻具皆数倍于犯安丰者。

公与客登城，四郊铁骑，极目无际。客股栗，公曰："吾必破此虏。"众欲备金鸡嘴，公曰："宜先舒城门。"虏果来攻，却之。公欲增一重防托，亦于城内为土城。虏日夕用攒炮攻打，我恃串楼为固。虏筑垻乃高于楼，城危甚，宿将有涕出者。公以油灌草，即垻下燎之，顷刻与楼高者皆为煨烬。又于串楼内立雁翅七层，俄炮中垻上一酋，众贼扶去，曰王子也。乘胜出战，虏不能支，追蹑数十里，骸骨纵横，器械委积。台臣谓刘锜顺昌、吴玠和尚原之捷，不是过也。御札云："卿却敌金城，勋劳懋著。"擢兵部侍郎，升使名漕副，赐对衣金带，进二秩。有回回来降，云虏初用女真汉军不胜，用回回又不胜，乃用真鞑，亦折三十余人。初，二城围闭累月，内外隔绝，传说万端，谓公必蹈徐禧、李稷之祸，虽素所亲善，亦忧其为张睢阳、南八矣。一旦奏凯全壁，出人意表，识公者举杯相庆，未识者亦愿为之执鞭。虏攻城，专恃炮为长技，以数百人拽一炮，中楼橹立碎。壕深者，运木石不足，驱人填之。公始用顺昌倅王安策，作串楼以御炮，其法用栗枣榆槐坚木二三尺围者，列壕岸入土五六尺，高丈余，上施横木，中设箭窗，下缭以羊马墙。凡圆楼方楼，一炮即毁，惟串楼可支三炮。率先造千百间，随虏所攻施之，坏则易。王安者，先在河北，城守皆以串楼自全。公又以古防城戎器，多不应手，创制造鹅梨炮、三弓弩。炮可手用，弩可及千步。为平底船，载劲卒剿填壕者。公着数每先于虏，计划常周于事，贼技一不得施。二城既捷，于安丰得虏尸万七千，于庐得虏尸二万六千，获虏炮车、云梯、弓弩、器甲不可计。公每上功，必曰："安丰之役，吕文德、聂斌功也。庐之役，将帅王鉴、聂斌，参佐黄梦桂、赵希瀞功也，臣何力焉？"又终始为王安论串楼功，它将校寸劳必旌，因公取爵赏者甚众。

公勋名日盛，人心所向，惟嵩之以所遣援兵失期，又耻前言不验，至是调曹顺、聂斌各以五千人断贼归路。公曰："虏回戈则城危矣。"摘四千人付曹顺，而留聂斌不遣。且言："曹顺必败公事。"嵩之劾公拥兵自卫，以婴城自守为是，以野战为非。公奏云："此贼骁捷众多，臣实不敢以野战为是。"且言督府近遣祝邦达援庐，未战而溃，仅以身免。又聚兵援滁，仅达宣化，往往失伍委械而去。淮西精兵有限，即野战不如人意，何以收救？嵩之令参议官丁仁来调兵，公曰："督相昔欲和，今欲战，何也？"丁曰："和自是上意。"公曰："善则称君，奈何归过于上？"因抗疏乞罢。上谕公安职，毋费朝廷区处。曹顺者，遇虏安丰境内，全军覆没，悉如公言。

三年，累疏请老。御札曰："卿老成忠实，宽朕顾忧，宜为勉留，以副注倚。"台臣承风旨，论公挑衅致寇。公待罪，诏书谆谕而止。虏将大举刷前耻，庙堂问策，公曰："必破之。"督府曰："去岁辄败归，不肯追击。今倾国来，谓必破之，何也？"公曰："兵家之数，不可先传，患贼不来，众非所惧。"乃练舟师，扼淮河，遣庶监吕文德、聂斌军，伏精锐于要害，虏所至遇伏，我师二十七捷。大战于朱皋四冢，俘馘无数。获酋妻、黄金铠甲、驼马。或问公，何以策其必败？公曰："力守淮河，所以污其道也。彼自信阳至此已半月，粮尽力惫，宜为我禽。"捷奏至，御札曰："羽书来上，谓辄且遍淮右矣。朕怀抱不怡，戚见颜面。未几，督府以卿牍闻，朕且喜且疑，吾兵何神耶？徐考捷奏，守坚壁之令，行招降之策，用袭击之师，卿可谓差强人意矣。朕临轩，不觉失喜。"再三嘉叹，擢权刑部尚书，赐衣带鞍马。四年，以疾乞去，不允。岁饥，公告籴，江右米衔尾而至。

淳祐改元，乞去愈力，擢工部尚书，赐鞍马衣带，仍佩鱼。公念久去乡国，扁舟径归。而嵩之入相，知刘晋之于公有憾，荐为御史，使甘心于公。晋之首上疏诬诋，以直学士奉祠。或言虏谋自安南斡腹，上欲起公帅桂，嵩之风台臣重劾。御笔宣谕曰："杜某两有守城功，若脱兵权，便有后祸，则朕何以使人？"二年，差知太平州。辞至六七，上愈欲用公，命貂珰谕晋之，擢华文阁学士、沿江制置使、知建康府、行宫留守，节制安庆、和、无为三郡。罢杨林堡，以其费备历阳。淮民寓沙上者，获以舟师。谒程淳公祠，总所即南轩榷酒，公曰："此张宣公讲学地也。"陈像设，拨田祀焉。置贡士庄，蠲民租二万八千石。虏哨仪真，东阃不能援，诏公勿以秦越为心。公朝被旨，午戒器，越宿至，令庶与聂斌提兵八千入城。虏见公名旗，曰："此安丰、庐州杜制置耶？"黎明解去，追击败之。进敷文阁学士。以庶知真州。公曰："上畀汝边郡，宜勇往，缓急吾亲提兵援汝，勉之。"三年，中使邓乔年传宣抚问，赐缬罗、牙笏、金带、香茶。

四年，除刑部尚书，辞免不许。公念仕三十余年，列从橐亦七载，未得一瞻天表，不敢辞。内引，玉音奖劳云："卿累任边阃，宣劳不易。"公奏四事，一曰才难，而知兵之才尤难，宜素储，不可猝求。二曰屯兵劳，州兵逸，然州兵月廪四倍，宜稍补助屯戍兵，而存州兵半额，别收精锐，属之密院。三曰赏典太严。四曰去盗当于其微，宜选尉寨卒长，满三年能捕获者，与捕授。上问淮事，又询边头诸将，皆以实对，因乞放归山林，以全晚节。上曰："说未到此。"公乃就职，兼详定敕令。一日四以狱谳，庙堂始难之，卒如公议。兼吏部尚书。时注授艰阻，公随资格，稍通其碍，铨综为清。每坐曹，吏部主令抱牍偿进，公曰："铨法一定，刑辟人命所系。"命刑部先之。梁成大子赗当国求铨试，公曰："昔沈继祖论朱文公，成大亦论真文忠公，皆得罪名教者，子孙宜废锢，安得仕？"嵩之遣给使道意，公峻拒之。御书三堂，扁曰安淮，曰嘉喜，曰教忠。命左珰持赐，奎墨犹湿，荣动一时。

朝家更化，议以公建阃，护诸将，嵩党胡某犹在朝，三疏论公。上不得已，进徽猷阁学士，奉祠。胡后迁宗少，徐舍人元杰封还除目，曰"侍从名臣，妄加论列"，其为公议所予如此。公归，治小圃，日与客按行松菊，瀹茗清谈，曰："吾今而后，知闲居之乐。"六年，请老，诏不允。再疏，进一秩，升宝文阁学士致仕。郡夏潦，公发私廪，具告籴于盱江。明年春谷贵，公下其直以粜。营卒旧有月借，郡贫不予，贷以私钱。今师相郑公当轴，知公忠实，枢参吴公潜念公劳旧，擢庶守邕，且将召公。或者危之，公亦不欲出矣。

八年三月，得癥下疾，自筮，得离之噬嗑，其繇曰："日昃之离，不鼓缶而歌，则大耋之嗟，凶。"曰："吾不起矣。"自草遗表，豫言以深衣敛，毋用缁黄。公待外甥任明之如子，命以遗表恩奏，颁赐金于内外亲戚。郡有贡士庄薄甚，公欲助私田未果，以属二子，所贷营卒钱百万，令勿偿。疾革，谓二子曰："此曾元执烛、曾子易箦之际。"其夕薨，六月二十七日也，年七十六。积官光禄大夫，爵扬子县开国子。

公昔于舍后手植二梧茂盛，将薨之月，一自枯，一拔于风，人谓木摧哲萎之验。上方思公前功，进龙图阁学士，而公已薨。遗表闻，上震悼，赠开府仪同三司，赙钱两三百。娶季氏，绍兴侍郎陵之孙，先公三十八年薨，赠渤海郡夫人。子二人，庶，奉直大夫，改差知潮州。庑，奉直大夫，江西安抚司干官。

女二人，长适文林郎、崇安尉赵崇林，次未行，皆已卒。孙三人：蕃、蟠、番，俱承务郎。以其年腊月二十九日，葬公于城东秀野之原。

公淹贯经史，博记多能。孙吴申韩、岐扁严李之学，靡不研究。为文初不抒思，俄顷成章，皆丽密峻洁，无一字陈腐。五七言精深，四六高简，散语尤古雅。善行草急就章，有晋宋间人风韵。寸纸只字，得者宝玩。岁晚扫空言语文字，专治关洛诸老之书，语其子曰："吾于兵间无悖谋，无左画，皆得于四书。"其临敌常裹药备不测，曰："万一嗟跌，当以死报君父。"手握重兵，然未尝妄僇一人。虽大敌在前，戈甲耀日，矢石如雨，公意气愈闲暇，无窘遽容。武侯麾军，谢传镇物，无以加也。其论和战，屡与权要矛盾。嵩之排梗挫抑于上，言者撼摇毁訾于下，赖上照知孤忠，保全劳臣，故公得以功名终始。

初，公与余同幕金陵，后余为枢椽，数言公于郑、乔两丞相，公遂起废。其立功于二城也，余已斥居田里，公岁中必一再遣帐骑，至山中候余安否。余问骑曰："杜公何为？"曰："与诸将乐饮，议防狄尔。"余曰："视前后三数公，孰优？"曰："寇至，公与将帅分画既定，常先登陴，诸将继之，既上则不复下，寝食矢石之傍，犹燕居也。寇去，乘陴者皆下，公乃下。以小人观之，杜公为优。"余仲弟守樵，亦言安丰迓兵至樵，公厚犒而客礼之，虽小校卑卒，亦拊以恩，肩舆止用村夫，曰："彼皆战士，不可私役也。"乌乎！公所以能得人之死力，能为国家建功立事，有以也夫！余观他人寸长微劳，必自夸诩，公昔与余书，叙城守事，但言暴客相访，久而不去，颇费应酬而已。余问守备，答曰："向以城守城，今以人守城，君无忧。"其言雍容整暇如此，非侥幸成事者。既葬，二子致公遗命，属铭于余，且以闽帅赵公希瀞所作行述来。赵公与公皆陷重围同死生患难者，所载详实，抑余于公之蘖有感慨焉。营平破羌已七十余，卫公渡辽逾八十矣，古人事业，多在晚岁。公虽得谢，老谋宿望，使之卧护，犹黑当道，虎在山也。今其已矣，谁为陛下宽北顾者？悲夫！公唐相宣献公黄裳之后，世系详见于公显考之碑，不复出也。铭曰：

鞑行中原，磨牙涪食。战无勍敌，攻无坚壁。不论书生，虽有韩白。猝然遇之，败挠奔北。近而光滁，远则荆益。朝犹金汤，暮已瓦砾。开辟以来，未睹斯贼。譬之狻□，莫与角力。

显允杜公，眇然逢掖。其守二城，危在旦夕。铁骑数重，攒炮千百。公甚整暇，登陴指画。某捍楼橹，某劫寨栅。椎牛酾酒，犒金舆帛。以我忠赤，当彼矢石。公犹暴露，孰敢顾惜？虏气衰竭，公乘其隙。忽雷万鼓，四面出击。名王横尸，权帝败绩。所获驼马，器甲山积。露布至京，朝野动色。然后华人，知鞑可敌。然后异类，知惮中国。然后边臣，固守疆场。

公身远外，公性孤直。大使督相，巧诋重劾。淳祐圣人，卓然不惑。奎墨昭回，曰卿忠实。众方猖狂，上独卵翼。晚思识公，召以常伯。公来何迟？公去何亟？手开绿野，清谈永日。自方乔松，人比召毕。妖星忽陨，壮士惊唶。过江百年，非无人物。畏虏二字，膏肓之疾。昔在典午，仅推琨逖。爰及炎绍，复有纲泽。皆以儒帅，守固战克。继者谁欤？杜公其匹。惜余老矣，涸砚燥笔。事伟词卑，不究勋德。

【简跋】

此碑刊于南宋淳祐八年（1248年），碑石未见，碑文录自《刘克庄集笺校》卷一四一。[1] 撰文人刘克庄，字潜夫，号后村，莆田人。南宋豪放派词人，官至工部尚书。

墓主杜杲（1173—1248年），字子昕，系杜铎之孙、杜颖之子。屡败蒙古大军，凭借卓越的战功晋身朝廷中枢。历任淮西制置副使兼转运使、工部尚书，迁刑部尚书，兼吏部尚书，以宝文阁学士致仕。《宋史》卷四一二有传。此外，杜杲在经史百家、诗文、书法上多有创获，晚年精熟理学，为杜氏三兄弟中官阶最显、文学成就最高的代表。[2] 其子杜庶，字康侯，亦为名将，《宋史》卷四一二有传。邵武杜氏为宋代名门，相关考证参见本书《右通直郎知袁州万载县杜君墓志铭》"简跋"，此不赘述。杜杲妻季氏，户部侍郎季陵孙女。季陵，字延仲，祖籍处州龙泉，娶上官恢女，遂入籍邵武。《宋史》卷三七七有传。

---

[1] [宋]刘克庄著；辛更儒笺校：《刘克庄集笺校》，北京：中华书局，2011年，第12册，第5620—5632页。
[2] 商宇琦：《南宋统兵文臣家族与幕府文人集聚——以衡山赵氏、邵武杜氏、天台贾氏为中心》，姜锡东主编：《宋史研究论丛》第28辑，北京：科学出版社，2021年，第121页。

宋吏部尚书龙学光禄赠开府杜公之墓
(淳祐八年)

墓志盖：宋吏部尚书龙□□〔学光〕禄赠开府杜公之墓

墓志：宋吏部尚书、龙学、光禄、赠开府杜公讳杲，字子昕，世为建邺人。曾祖坯，故任朝请大□〔夫〕为邵武佥判。值方南渡，因家焉。妣赵氏，宜人。祖铎，故任通直郎，知袁州万载县，累赠□□□〔中大夫〕■〔父颖〕，朝散大夫，尚书、户部郎中，累赠开府仪同三司；妣陈氏，吉国夫人。公生于乾道九年■明禋，恩补将仕郎。六年，铨中，授迪功郎，监通州海门县买纳盐场。入江淮制幕，督■十七年，辟差监通州崇明镇。闰八月，关升从政郎。宝庆元年，登极覃恩，循文□□〔林郎〕■辟安丰军六安县令。二年，用庐州边赏，循儒林郎。三年，用六安边赏，循承直郎■□□□〔知定远〕县。十二月，差知濠州。四年，太后庆寿恩，转奉议郎。六年四月，边赏，转承议郎■郎。十二月，令赴行在奏事。端平元年正月，除主管官告院，兼知安丰军。四月■诏询及边守，公疏其非便。七月，大使赵公范劾公沮师，降两官，夺符节。二年三■州崇道观，复元官。十月，差知濠州，未赴。十一月，改知安丰军。三年九月，用前任■嘉熙元年四月，边赏，转朝散大夫。五月，以去年剿鞑，移顺昌之师有功，除兼提■大夫。十月，鞑人围军城。十二月，围解，剿鞑有功。是月，以三年制垣，荐转奉直大□〔夫〕■缅罗，特转三官，除将作监、淮西提举兼知安丰军。二月，拜中奉大夫之命，■□〔太〕府卿，淮西制置副使，帅守依旧。闰四月，兼转运判官。六月，以□□制■笔奖谕，除兵部侍郎，升淮西制置使兼转运副使，都督府■都督府参赞军事。八月，以前任安丰临淮剿鞑赏，转正□□□〔议大夫〕■月，大败虏师于朱皋白冢。十二月，御笔除权刑部尚□〔书〕。□□□□〔淳祐元年〕，丐归

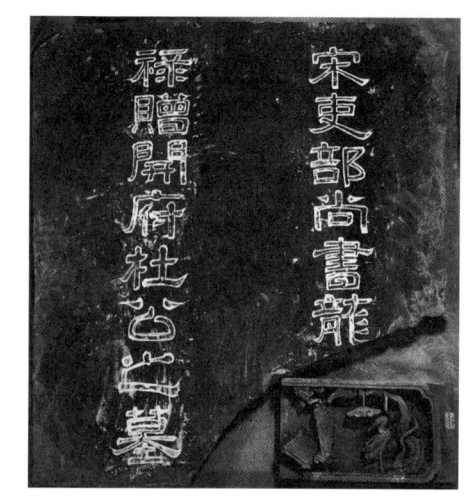

甚力。三月，御笔勉留。五月，封扬子县开国男■□□□〔华文阁〕学士，提举隆兴府玉隆万寿宫。二年三月，除知□□□〔建康府〕■使、行官留守，节制和州、安庆府、无为军■使邓乔年宣谕，以留钥有劳，赐笏带香■奖谕再四。是月，兼详定敕令官。六月，兼权吏□□□〔部尚书〕

■进封伯，加食邑三百户。五月，两上疏，乞挂冠■侍郎，至宝文阁学士，凡九赐对，衣金带鞍马而■忽念公曩年久任边阃，备著劳绩，除龙图阁学士■非常典也。公娶季氏，侍郎赠少师陵之孙女，先公三□□□〔十八年薨〕。■直大夫、新特差充江西安抚司干办□□〔公事〕。□□□〔女二人〕■及适，亦先卒。孙男三人：蕃、蟠、□〔番〕■历宦多在淮甸，全三城安■之大手笔，葬有日，文弗容■

【简跋】

此为杜杲墓志，可与前文刘克庄《杜尚书神道碑》形成互证。现存邵武市博物馆。墓志盖右下角残损两字，残高110厘米、宽96厘米、厚6.5厘米，隶书。墓志左下角残缺约四分之一，残高95.6厘米、宽83.7厘米、厚7厘米，楷书。撰文人、刊碑时间均缺失。据神道碑推测，刊碑时间当为杜杲下葬之淳祐八年（1248年）。

墓主杜杲（1173—1248年），字子昕，南宋名将。《宋史》卷四一二有传。生平事迹及家世，参见前文《杜尚书神道碑》"简跋"。

有宋朝奉大夫南安太守赵公墓志

（淳祐九年）

　　熙陵临御天下，一家乃分王皇诸子于藩邸，于时贤王元偓封国于镇，本支蕃衍，世载令德。至四世孙士崒宦游闽中，乐昭武山川之秀，因家焉。仕至武节郎、南剑州兵马钤辖，娶安氏、魏氏并安人。兵钤生不择，累赠金紫光禄大夫，娶黄氏，赠同安郡夫人。金紫公凝远端重，声利不入其心，家庭讲习，非诗书礼义不言。由是诸子相继取巍科，跻朊仕。开府公讳善□，其季子也。跞名卿，护荆饷，建宣阃，以中大夫致仕，累赠开府仪同三司，娶伍氏，赠德国夫人。开府生四子，公第三，讳汝□，字清叟，生于淳熙癸卯十月戊午，慈顺信厚，有父祖风。好学不倦，与韦布同清苦。

　　嘉定己巳，开府该明恩补通仕郎，回举礼部。宝庆丙戌，赐进士第。初调泉州司户参军，丁德国忧，继丁开府忧。服除，调赣州瑞金县西尉、广州观察推官，辟差签书清海军节度判官听公事。绍定壬辰改奉议郎，知福州长乐县，就差通判邕州，未行，改分司建康府榷货务都茶场。知南安军，主管华州云台观。自从事郎十迁至朝奉大夫，赐五品服。

　　公在赣也，平寇策勋，不自徼赏。其在广也，□画五载，多雪狱冤。摄新会、东莞两邑，兴利革弊，邑民建祠立石，以纪德政。由是台阃交上荐，牍有□与。陛擢差遣，丞相菊坡崔清献公力言于朝，令中书籍记姓名。其宰长乐，尤以抚字为急。增置学田，留意教育。发社仓以予饥民，出己俸以偿籴。本邑之人士相与绘祠于邑庠，借留于台府，外使者、内从班俱以公邑□阙闻。

　　嘉熙间，边烽未息，上命宰臣视师江上，西饷调度倚外榷之入者，岁为缗钱一百二十万万，公以材选，分榷金陵。当是时，浮盐偏东南，钞几不售。会当移务淮甸，而江北已清野，它官吏皆惮行。公即渡江，极区画，客售通行，军饷无乏。朝廷录其劳，畀以郡符，需次五稔。淳□〔祐〕甲辰八月陛辞，陈州县厉民四事，次陈溪峒事，上问："目今安静如何？"公奏曰："圣德远被，目今安静，更须长吏绥抚，庶可久安。"玉音又谕曰："卿到任后，凡有便宜事可奏来。"公爱民一念，盖出天性。

既到郡，首蠲诸邑负租。修城池，练军实，抚溪峒，期称临遣之意。而言者乃谓公上□几至脱，遂免归。虽在郡之日浅，惠利及人已多。先是例卷有当得，而公却弗受者，吏易它名献公，悉畀。周程书院置养士田，修讲堂，刻《濂溪集》，郡博士纪于石曰："田以养士之身，书以□渊士心。公可谓有德于横浦之士也。"归拜琳馆之命，拓松坡别墅，面福山为堂。追想开府公游观之趣，日徜徉于茂林修竹清泉白石之间，若将终身焉。乐昼锦溪之原，买山结庵，预得美□。凡身后含□之具，祭享之器，莫不预备，不以为讳恶也。淳祐戊申二月甲午以疾终于正寝，享年六十有六。

公天资俭约，一介不轻取予。既仕矣，犹孜孜肄举子业，虽践世科，未尝有德色。居官平易近民，每多惠爱之政。居家谦卑处己，不异穷约之士。餐不设重味，衣不尚侈靡。奉先思孝，晚而深度焉。与人交，外若严介，中实夷旷。燕坐一室，静默自照，于世味泊如也。而年不逮德，仕不尽才，识者深惜之。易箦之际，神识湛然，气息渐微而已。虽平日静定之效，亦可谓知命也夫。娶廖氏，封安人，绍兴中丞高峰先生刚之孙、龙城太守视之女，先公十三年卒。男崇□，被开府遗恩，今迪功郎、南剑州录事参军。孙女一人，尚幼。其孤将以明年己酉闰二月甲寅奉公柩葬焉。遵台命也，谨撷大略于石，纳诸幽云。

友生，从事郎、前隆兴府分宁县丞吴天民谨志

光山黄公升敬书

【简跋】

此碑刊于南宋淳祐九年（1249年，己酉），碑文录自《樵川金石刻录》。[1]撰文人吴天民，时任从事郎、前隆兴府分宁县丞。书丹人黄公升，淮南转运副使黄永存曾孙。

墓主赵汝□，原碑空缺其名，据碑文信息推测墓主系司农卿赵善恭第三子赵汝溪，字清叟，宝庆二年（1226年）进士，历知福州长乐县、知南安军。卒于淳祐八年（1248年，戊申），享年66岁。其父赵善恭、母伍氏的墓志（《宋赵善恭墓志》《故中大夫提举武夷山冲佑观祥符县开国男赵公墓志铭》《宋故令人伍氏之墓》），本书均有收录。

[1] 傅唤民主编：《樵川金石刻录》，邵武：邵武市地方志编纂委员会编印，2018年，第90—93页。

有宋象州阳寿县令萧公圹志
（宝祐三年）

妹婿，东埜逸民黄元肃撰

公姓萧，讳仪之，字景山。曾大父南贿，隐德弗耀。大父玠，累举进士，赠朝散大夫。父舜咨，擢己未乙科，历任而至工部郎官，出为左右宪台。世系昭武泰宁之著姓。有号通经先生者，即公五世祖也。自通经先生种德垂后，是生绣衣，公乃绣衣之冢子。

绍定戊子，以郊恩补将仕郎。甲午漕闱既居首选，乙未铨榜，复占魁名，□从事郎、汀州户曹。谨出纳之令，而胥吏不敢干以私。守清白之训，而处己不敢失之。泰□下□。以祖母叶恭人奄弃□□，解官而归，行承重之礼。不谓挟私雠者乃诬谮于部使者，人皆曰之不□。服除，再调绍兴萧山监酒。癸戌未行，会广西帅董公柄，辟为昭州监税，奉公勤恪，由是见知郡守，遂委之。转漕桂林，米万余石一无亏欠。代董帅者李公曾□见其有功，□□□，改辟象州阳寿令。将及派期□母亲黄恭人复以讣闻，求前却步何泰之。未几而否之随至耶，归奉丧礼，朝夕惟谨。吉服方更，将趋京谒□以求差选，岂期一旦遽以寒疾终于正寝，遂不获竟其经纶之志，呜呼哀哉！

公之为人，勤俭纯孝，出于天性。向者，绣衣既薨之后，汀寇狓猖，郛邑震动，公则亟奉灵舆，絜眷聚拥侍重亲，东下剑津，溯回达于富沙。经年寇平始归，治窆事于寺山之旁，此其见于事亡者。然尔至如祖母叶恭人、母亲黄恭人，懿体康壮之日，事之以礼，翼翼小心，顺志承颜，惟恐或失人子之职，其尽如此，安得不以纯孝称之？绣衣清廉，不丰其产，不治其生，自适用之外，略无余蓄。公以食指加□，伏腊惟艰，奉亲之余，每加苦节。数年之间，生计渐纾，相安旧业，今之给足一家，熙熙如在和气中者，皆公之力也。

公生于嘉泰壬戌十月二十六日，终于宝祐甲寅三月二十五日，春秋五十有三。初娶黄氏，军器大监、淮西漕使之曾孙女。次娶朱氏，太师、徽国文公之曾孙女。子三人，□、□、□先公而亡，次即还□□□进士□。将以乙卯五月庚申，奉公之柩葬于邵武县仁泽乡半山保石壁之原。妻侄还□来告曰："父窀穸有日，求一圹志。"元肃，萧氏婿也，视阳寿县令为妻兄，知公为甚，□感公为甚厚，谊不容辞，黾勉而书。潸然其□，有不忍言者，姑摭其□而志之，铭曰：

兰陵世系，自泰而迁。时惟宪使，生公之望。言不诡随，刚介无偏。雅志功名，期复青毡。暨公仕路，罢不以愆。晚得百里，丧亲归旋。仕欲行志，天不假年。非人之咎，今使之焉。石壁之原，埋玉新阡。公有耿光，托石永传。

【简跋】

此碑刊于南宋宝祐三年（1255年），现为邵武某藏家所藏。[1]碑额"有宋阳寿县令萧公墓志"，楷书。碑高97厘米、宽62厘米、厚5厘米，楷书。撰文人黄元肃，号东垫逸民，系墓主妹婿。

墓主萧仪之，字景山，泰宁人，官至象州阳寿县令。初娶黄氏，军器监、淮南转运副使黄永存曾孙女；次娶朱氏，著名理学家朱熹曾孙女。父萧舜咨，庆元五年（1199年）进士，官至江西提刑，光绪《邵武府志》卷二十有传。

制置杜大卿墓志铭
（景定二年）

景定辛酉十月戊申，前两淮安抚制置使、知扬州宝文大卿杜公卒于里第。既葬，弟庀、孤蕃等奉舒公有开所状公行治，问铭于余。余病眊，久不克为，

---
[1] 此碑由刘小明录文，编者据照片修订。

而庑、蕃之使数至，将命者守余门不去，乃论次而铭之。

公讳庶，字康侯，少师公讳杲之长子。母鲁国夫人季氏，生母令人连氏。幼不凡，日记数千言，暇则集邻曲群儿，习战阵而指麾之。长从少师公历兵间，益习边事。少师再守安丰，以顺昌在淮北，恐虏取为家基寨，则寿春危，安丰孤，命幕僚沈先庚迁顺昌近里。令公具千艘赍粮梮迓之，抵正阳。虏奄至，公拒战却之，卒迁顺昌，全寿春，公力也。是岁以裡襦补将仕郎，虏薄军城，技穷引去。公提兵邀其归路，俘获甚众。虏愤前衂，既陷光，再围安丰。少师创智为串搂，排权木拒守，围及三月，城屡岌岌矣，公父子誓以死守。城中兵十余项杂居，将士不相下。公调娱其间，遂皆叶力捍御，虏卒宵遁。余公玠以监簿守招信，部军来援，问少师曰："公子安在？"命公见之。余曰："福尽在是矣。"遗公缗钱十万。公白少师曰："却之不如受以遗诸将。"遂大会诸将，为击球，戏言监簿捐金相劳苦意，诸将感悦，余益壮之。二年，东阃今少傅赵公荐公，谓能与其父死守封疆，出蒙犯锋镝，入调一将士，乞改秩擢用。时少师公建淮西帅阃，诏循三资，为从事郎、安抚司书写机宜文字。以顺昌移治功，减职司常员各一，寻诏改合入官，授承务郎。少师公升制阃，虏酋察罕拥众号八十万围合肥，胡马四合，极目无际，壮士望之失色。公内佐机筹，外履行阵，意象自如。某壁虚，某隘危，僚属惮行者，少师公必命公，未尝辞，汔全城守。三年，少师公遣公白事庙堂，诸将皆馈白金，曰助上功费。公阳受之赏典，行归会诸将曰："此将军之功，朝廷之赐，吾何力之有？"悉反所馈。以临淮捷转承奉郎，以合肥守御转宣义郎，除藉田令，升兼制置司书写机宜文字兼督府干官。

虏连岁不得志，复谋大入。少师公策虏由信阳、光山以入，命公及幕客、监军与大将吕公文德、聂斌设伏于其来路。虏入不时，遇伏，我师大小二十余捷，战于朱皋白冢，虏大败，获酋妻，俘馘以千万计，铠甲驼马如之。民有得虏弓马，小校邓某杀而夺之，公诛邓以徇。督府闻之曰："以此众战，战必胜矣。"凯还，命将士分左右立，以次行赏，不逾时而偏，以为有父风。诏追录暴露入幕前后却虏功，累转朝请郎，除将作监簿兼制督幕。转朝散大夫。少师公久乘边，力丐归，以工部尚书召。同时监司，或因山寨事与少师有违言，至是入台修怨，并波及公，奉云台祠。

通判和州。二年，少师公起建江阃，公兼制司机幕。虏犯真州，诏江阃策应，少师公即日就道，且令公提锐卒八千入城，获降者云："虏见认旗，惊曰：'庐州杜相公又在此耶！'"遂溃去。三年，仪真阙守，札公兼摄。盖朝廷欲通江淮气脉，公至郡，大修守备，排权木殆十万株，虏不复敢向仪真。四年，少师公以刑书召，公需次兴化军，转朝请大夫。台臣希时相意，再波及公，奉鸿禧祠。年劳，转奉直大夫，裡霈，封扬子县开国男，食邑三百户。知邕州，改潮州，以风闻罢新命。八年，奉崇道祠，丁少师公忧。十年服阕，再知邕州。言者谓公不可守邕，后自悔其言，反以公为荐。十一年，转朝议大夫、淮东制置大使司参议官。公过阙，近臣多言公可用，除将作监丞。殿帅王福为时相安晚，郑公言："某昨守安丰，杜监丞为淮西内机，郡以玉带、货财为礼，悉不纳。"郑公益加敬。十二年三月，迁司农寺丞、知和州。陛辞，先奏曰："臣有短视之疾，恐敷奏间卤莽，乞赦臣罪。"上曰："卿近视耶？"二札略曰："昔人有天时地利人和之论，今秋哨踩苗，冬哨践麦。四月维夏，尚回旋于光黄之境，天时不可幸矣。以轻兵缀孤城，重兵干心腹，地利不可恃矣。戍兵多乌合，士兵多癃老，列郡仅保空城，原野空于转徙，间有保聚山寨，又困于搜索括刷，人和不可保矣。今之夷狄与昔异，中国待之者亦当异。苟恃天幸，恃一衣带水，恃清野，而付边事于不谙历者之手，未见其可。"玉音嘉纳，因及少师公丰庐之功，且言："当畀卿一节。"公顿首谢，抵郡，江阃潜斋王公檄兼参议官兼淮西提刑。公谓历阳形势胜他郡，独镇淮门外壕浅，埂浮水面。增胜门外壕狭，远炮可及。于是樽节浮费，平去其埂长一百五十余丈，次辟壕阔十丈，长二百余丈。秋霖，将败围田，公调兵运木石槎草捍之。令曰："围不毁有赏，不然有重罚。"境内围田独全，民不乏食。总所下州和籴，公曰："州不产米，矧今劳伤，某不敢任此责。"总所委之倅，民患苦之，公力以去就争，籴事罢，又大修学宫，增学廪。丁生母连令人忧，民遮公借留，公亟去之。在和一年有半，造守御，具积米麦钱楮如山。丧礼路费，皆用俸金，不取之公帑。

三年春，盗发郡之建宁，剽甚。建漕守谋曰："杜绣衣谙金革事，可恃也。"即以上闻。札公助本军讨贼，寇遄就擒，公不以为功。四年服阕，差知真州。矩堂董公册免，久轩蔡公轮笔，奏乞趣行，且曰："杜庶，杜杲之子。"上曰：

"庶今安在？"蔡公曰："昨知和州，今家食。"上曰："杜某有短视疾。"蔡公恍然，上犹记陛辞奏语也。公谋出处于大使今傅相魏公，魏公趣公上，且奏："真非兼节不足以重其权。"诏兼淮东提刑。公再典乡郡，人以为荣。始至，见盐课舟筭皆隶别厅，且郡帑赤立，欲丐去。居旬日，计所入，蹶然曰："是亦足矣。"按月支官兵俸廪，余力新郡治，宪台素贫，公苦节置白金器数百两，积铜镪十万。民有避兵江南，归启窖藏白黄者，仆诉于官，公杖仆而归其主，郡人莫不服公之明。坊场津渡，旧皆有挟而权摄者，公始选差官属。江阃裕斋马公升学士，举公自代。五年，除湖北运判兼知鄂州。公力辞，就除宪兼守。合肥谋帅魏公荐濠守应山李公及公，上许用公，擢直秘阁、淮西提刑兼知庐州、淮西安抚副司公事。去庐十六年，军民欢迎，前人造机杼织纻缯为洛中饷，公至，命撤去。流民聚山寨，采漆蜡，事丝枲以餬口，官低估抑买，公素以为言。会有黄榜禁止，淮民相庆。肥河自西来贯城中，而东汇于巢湖，前帅于城西筑堤潴之以限戎马，高与城等，曰："此不费钱粮之十万兵也。"然水无所泄，巨鼋窟焉，连三岁用功而堤三溃，至荡庐舍，坏城壁，帅犹以为不可废去，则请朝旨，令公复修。公不欲立异，勿葺而已。郡仰酒息商征，公常诵少师公两语云："税听自来，酒听自去。"终始服膺。吏以日入之羡归公，公怪问之曰："例也。"命输之公帑，虽守边而尤崇风化。子有贱诸母为妾而不友其弟者，杖之，弟之母陵嫡则又杖妾，边人始知上下之分。朝命敷籴，公固争得免。

六月，除刑部郎，丐祠不允，升直宝章阁，因任。侯吏报虏至，请闭关，公洞开诸门，秉炬以归迁避之人。哨骑近城，提兵迎击，虏引去。大阃令公潜师捣颍以牵制虏势，公选将，帅庐、濠、丰、寿四州精锐往焚其委积，捷闻，增秩为中奉大夫。虏自东而西将趋安丰，公调将士，邀其惰归，于望仙、白沙城，获两捷。开庆改元，魏公以枢使宣抚京湖，大使节斋赵公来，公丐去，赵公力勉公留庐。人将为少师公建祠，公曰："久不祠而今祠，是以吾而祠。它日吾去，安知不撤之乎？"戒勿为。民固请，公不能禁，升华文阁因任。虏围方阳二山寨甚急。公选勇士援之，虏数败北而遁。透渡报至，公忧愤曰："世受国恩，恨不得效死于鄂。"初，工部王公籍并城民田隶军屯，后大卿吕公照契责之民而量榷其租，旱潦不复蠲减，民困催扰，有相率而逃者。公闻于朝，曰：

"王工部固失矣,吕大卿亦未为得也。"时相方生财,下郡以为岁科。公将去庐,犹争于朝曰:"始官受其害,次民受其害,终官民俱受其害。"乞以田归主,而复其租。诏从之。涟之陷也,淮扬大震,除公大理少卿、淮东转运副使、两淮制置大使司参谋官。俄中批除大理卿、两淮制置使知扬州。公在庐缮学官,造祭器,创合肥馆,建三登楼,葺天庆报恩观。去日稚耊遮行帐,公夜解维,比晓,舟行已远。庐人又相宽曰:"公制置两淮,去犹不远也。"淮扬人闻公来,始奠枕。赵公去丞,公曰:"曩无涟海,淮之安自若,但当镇以静尔。"先是,警备严密,昼夜持杖击柝,卫子城及辕帐如寇至,公一麾去之。丞相履斋吴公录示御笔云:"使早用杜庶一年,必无涟水之事,卿为朕勉之。"遂宣谕云:"卿前守合肥,两淮奠安。今界全淮,尤籍声誉。涟水之失,维是前政。兴复全委于卿。"赞书略云:"其勉绍先烈,使夷夏皆知西平之有子。"公益感奋。时有一二偾军之将自涟归楚,反侧不自安。公亟召置帐下,部伍分隶诸营,它将归亦补官,士卒能拔身来,皆厚待之。尝调都统李海挠涟,始议遵大路师行,骤令改出他途,至南城俘获其盛。后谍云:"使由大路遇覆必矣。"以上流未清,御笔调兵应援,曰:"卿世受国恩,想以君父为念。"又曰:"卿宜以国事为念,加意选发以济事机。"公奉诏津发恐后。时维扬兵仅存万余,而抽摘未已。公奏:"兵不敢不发,维扬万一疏虞,望朝廷念先臣之功,留一子以奉时祠。"会上流奏捷,江汉肃清。公以得继魏公之后为荣,一遵萧规,治法征谋,必视诸政府而后行。逻报执异言异服以为谍者,公察疑似,率从轻典。射阳湖饥民以水毁啸聚,公命都统施谋帅兵招之,曰:"是皆吾赤子,顺从者籍为兵,必不得已而后诛之。"不数日,得丁壮万,余隶尺籍,所戮特首恶三数人。维扬培植久,人物盛,军民错居,委巷多茅茨。景定初元,数有火警,公每轻车至火所,赏醲罚当,应时扑灭。夏四月乙巳,精锐军昼遗火,芦场在傍,晴久芦燥,东南风恶,火势若奔马。公急救章武殿及仓廪军器,暨回府治,则库帑堂宇瞬息皆延燎,绠缶力无所施。公欲自投烈焰,将士扶掖,越子城河至西门,亟部分军马,防制意外,骨肉囊橐,俱不暇顾。乳媪挟公一女,不免于难。初,占者谓:"荧惑犯斗,斗扬之分野,郡其灾乎?"犹谓融风屡警,足当之矣,不谓其烈至此。公亟自劾,宣谕宜日下任责,勉图后效。公责躬引咎,极力营缮,务以称塞上意。

市民力不给者，贷以锱，比去，官宇民居渐复旧观。

五月，令赴行在奏事。侯代，虏帅从淮安通讯求和，公密以闻，诏令制司处分，而公已归矣。六月，除直宝文阁、知隆兴府兼江西运副。时魏公方归衮，勉公之任。公曰："治□无状，复叨麾节，纵圣恩宽大，独不愧于心乎？"归计遂决。七月，新制帅应山李公舟次邗沟，即日解缆，行李枵如，贷于裕斋马公，始能挈其孥以归。公仕宦所至，无俸外钱。淮东西阃初建，有公支钱二十万，悉散之军民。至扬迓新，仪物未造，命备堂止供一帐，堂以外□曰："此严阃府之体者。"在扬八晦朔，蠲诸务，聚增逾□不解酒息三百余万缗，沙田屯田租所减亦万斛。□南货场惧与商贾争利，榷场颗珠寸玉必籍以闻。□送醪醴钱币，易于公帑以报，家法然也。后省缴公□命，镌二秩，言者复论，公火后用钱如泥沙，再镌一秩。公安时处顺，未尝戚戚，独于火后侈用之谤，君未能免。言者淮人，于时土木骤兴，百费毛起，皆在平日调度之外，论者不深知而详考也。又后来所括责钱物，有将校回易来归者，偿积逋者，诸司之补还久贷者，则有别籍，故与元申烧毁之数异同，致烦有司审核，赖朝廷清明，其论遂定，而公不及见矣。

初，虏残临、瑞二郡，洪、抚诸邑，樵人震恐，公弟庑挈少师公赐器辎重往依公于广陵，皆羽化于烈焰。其里人言公之归，尚无清献之琴鹤，安得有伏波之薏苡乎？公虽中废，然志气逾壮，岁年未暮，海内犹冀其复用。初未尝病，一日，觉意恶体汗，呼弟及家人至前，已不可为。盖棺，甫五十一。乌乎！悲夫！

杜氏自南渡为樵川人，公承家□□，事国有劳，侍亲疾夜不解带，与庑相依为命，通籍共财。历二阃，皆以内幕辟庑，不私其子。继群从之绝而周其贫者，于姻谊乡情尤笃。胸次轩豁，不藏宿一事。博览百家传记，属文下笔立就，俪语法平园。少师公简牍多公代劳，行草逼少师公，观者不能辨。数以父命堂白，其言边防军册如指诸掌。孔山乔公、杭相李公皆谓杜氏有子。少刚劲，晚趋和平，然不肯屈折趋时，则终始如一。荐牍先及贤劳，有袖书而来者，见公匿不敢出。每言居乡当如处女，未尝有毫发挠郡县。客至樽酒论文，终日不倦。虽位望通显，而敝衣疏食，自奉甚约。惟于好施周给，则略无吝色。子男五人：蕃，承务郎，新某官；蟠，承务郎，新某官；审，登仕郎。二尚幼未名。女六人，长未笄。十二月甲寅葬于郡南香林寺傍黄坑山，祔高祖正奉公茔域之后。

余论次公平生，窃有感焉。昔西事起，尹师鲁最有力。及帅渭，坐贷公使钱左官，韩范不能援。张定叟，紫岩之子，南轩之弟，号名侍从，晚尹京兆，坐府治灾免去。公侈用之谤似师鲁，融风之厄似定叟。国家文法严密，世间议论刻深，随声接响，几于以成败论人者，使公老寿，至今勋业光前，昔之毁必转而为今之誉矣。余尝铭公王父开府、显考少师之阡，世系勋阀，已论著者不复出。铭曰：

堂堂少师兮敌忾宣，力英英康侯兮继美传。嫡建二阃兮皆底绩，缵翁绪兮践翁迹。变出虑表兮蓍龟莫测，公能拊军若民兮不能禳天狗与荧惑。方汲汲以营缮兮，奈猖猖之烦喷。谓璧有瑕兮谓过掩德，朝抟扶之鹏兮暮退飞之鹢。上还葺藟兮乘下泽。噫！大厦梁栋兮百年培植。奈何斧斤擎雪之□□兮，残参天之黛色？吾观周尚父兮汉新息，下逮李唐兮靖若勣。或含两齿于后车兮，或曳足于土室。□年八十扈亲征兮，渡鸭渌而驻跸。少师功成名遂兮头皓白，康侯中摈兮犹两曜之薄蚀。志逾壮兮头尚黑，事会之来兮何终极？曷不使之复雁门之蹻兮，奋渑池之翼？百夫特兮万人敌，白日昭昭兮埋此璧。韩铭北平王祖子孙三世兮自叹昔，余亦为公家兮勒三石。年长韩之二纪兮，文无韩之一笔。世方以成败论兮，余重为国家惜。悲夫！

【简跋】

此碑刊于南宋景定二年（1261年），碑石未见，碑文录自《刘克庄集笺校》卷一六三。[①] 撰文人刘克庄，字潜夫，号后村，莆田人。南宋豪放派词人，官至工部尚书。

墓主杜庶（1211—1261年），字康侯。杜杲去世后，杜庶接替父亲统兵，担负起两淮防御重任，屡破蒙军。历官大理卿、两淮制置使、知扬州，后遭贾似道迫害，降授知隆兴府、江西运副使，死于任上。《宋史》卷四一二有传。邵武杜氏家族的介绍，参见本书《右通直郎知袁州万载县杜君墓志铭》"简跋"。

[①] [宋]刘克庄著；辛更儒笺校：《刘克庄集笺校》，北京：中华书局，2011年，第14册，第6353—6362页。

宋故贡士赵公墓志
（景定五年）

公讳崇膂，字丞夫，恭宪汉王九世孙。靖康间，高祖、妣夫人霍氏渡南入闽，卜居樵。曾祖不愚，奉议郎；妣宜人马氏。祖善傅，从政郎；妣王氏。父汝岱，漕贡；妣上官氏、王氏。昆季四人，公仲氏也。年逾志学而孤，事母以孝闻，友于兄弟，非信厚公子乎？中年明经领荐，一跌不复出，知有命也。居乡为善，人以佛称之，知积庆也。一经教子，荐漕者再，有义方也。公澹于处世，和于待人，强于为学，而耻于徇名，所养可知矣。究观公之生平，固不胜纪，兹特其大概云。娶朱氏。男一人，必蕨，两请进士。女二人：长适朱朝请曾孙扬祖，次在室。孙安老。公生于绍熙癸丑三月八日，以景定癸亥十一月十日终于正寝，享年七十有一。将以次年六月十八日，奉柩葬于甘露庵之左，遵遗命也。侄，从政郎、特差建昌军南城县令必溥敬识公行事而纳之圹，乃系以铭：

公丰于寿，而啬于名。在其子孙，如在其身。公死犹生，尚相尔后之人。

【简跋】

此碑刊于景定五年（1264年），现存绍兴市上虞区会稽金石博物馆[①]。碑高71厘米、宽48厘米，楷书。撰文人赵必溥，系墓志之侄，时任从政郎、建昌军南城县令。

墓主赵崇膂，字丞夫，宋宗室子，宋太宗长子汉王赵元佐九世孙。父赵汝岱，漕贡；母上官氏、王氏。靖康间，其高祖夫妇"渡南入闽，卜居樵"，定居邵武。

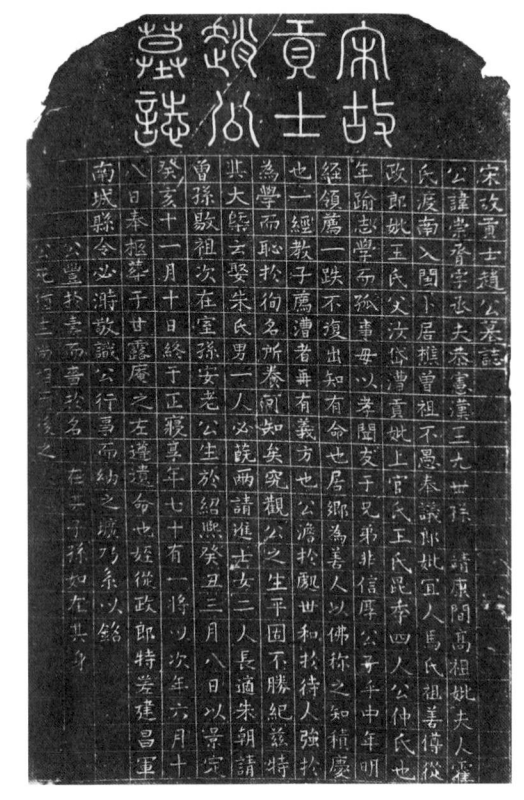

[①] 此碑图文转引自绍兴市档案局（馆）、会稽金石博物馆编：《宋代墓志》，杭州：西泠印社出版社，2018年，第287—288页。

有宋三益居士黄公墓志
(咸淳元年)

弟，修职郎、庐州合肥县主簿、兼安抚使司金厅公绍题盖

弟，儒林郎、监临安府西溪酒库、兼安抚使司金厅公权书

弟，从政郎、兴国军司理参军、权江州录事参军公立撰

《经》曰：五者天下之达道，昆弟处其一。三益居士，讳公岳，字子峻。予之堂兄也。厥子元通贻书来九江，且曰：先君襄奉有日，属予以志之。予与三益兄友爱不薄，当泚笔以叙其概。公派出光州固始，五经先生之裔也。七世祖徙居邵武。曾祖永存，正议大夫、军器监。祖龟朋，朝奉郎、知南雄州。父大全，承议郎、主管官告院；母，安人任氏，斯庵宣宪之妹也。

公自幼随宦四方，力学不倦，长嗜诗，得晚唐体，于古风尤长。公赋性和缓，朴实纯孝，居乡党尽敬不妄，交游以善人称。自庚寅兵毁，整葺生理，极其艰苦；抚儿字幼，极其慈爱；延师教子，极其谆笃。公之期望后人也至矣。晚年觅举不遂，以诗酒自娱，辟圃于堂后，筑台立石，介于梅竹之间，旁有其室，扁曰"三益"，自号也。暇日倘佯，笑傲其中，放荡旷达，有晋时人物气象。客至，延之台上，樽酒论文，谈话酬唱，尽日而退。

公之清乐，足享上寿矣。后得痰壅之疾，经年，忽一日痰亟，呼其子曰："予不起矣，予死之后，勿用缁黄，勿尚奢侈。"言未既，竟终于正寝。噫嘻！天之丧斯人也，天之丧斯人也！公娶张氏，盱江邕管张侯之女也，先公三十九年卒。子三人：长元恭，娶赵氏，继公一年而亡；次元通，娶吴氏；元恕习儒业。女二人，长适进士高涛。孙男定之、宜之。孙女二人，长适进士吴淮。公生于淳熙己酉六月初四日，卒于咸淳乙丑十一月十三日，以咸淳丁卯十一月十九日葬于邵武管下，地名药村黄柏坑之原。悲夫！公之归于幽室，公之大事终矣。后之子孙有能尅志读书、显扬于异日，公之死不死矣！公立宦海奔驰，绋不得执，圹不得临。呜呼，痛哉！乃为之铭曰：

药村原，山水环。药村坟，松柏蕃。若子孙，勿翦败。公安此，昌后代。

【简跋】

此碑刊于南宋咸淳元年（1265年），现为邵武某藏家收藏。[①] 碑额"有宋三益居士黄公墓志"，篆书。碑文楷书。题盖人黄公绍，字直翁，邵武人，名儒黄大昌之子，音韵训诂学家。咸淳元年（1265年）进士，时任修职郎、庐州合肥县主簿兼安抚使司金厅。光绪《邵武府志》卷二一有传。书丹人黄公权，特奏名，邵武人，黄大任之子。时任儒林郎、监临安府西溪酒库兼安抚使司金厅。撰文人黄公立，时任从政郎、兴国军司理参军、权江州录事参军。公绍、公权、公立与墓主，皆系堂兄弟，为淮南转运副使黄永存曾孙。

墓主黄公岳，字子峻，号三益居士，未出仕。系南雄知州黄龟朋孙、主管官告院黄大全子。

宋提举参谋开国谢公墓志铭
（咸淳三年）

迪功郎、庐州合肥县主簿黄公绍撰

朝奉郎、行太府寺丞、兼权金部郎官任翊龙书

儒林郎、特差监户部赡军激赏西溪酒库黄公权篆盖

咸淳三年秋八月十三日，提举参谋开国谢公殁于里第。是岁冬十二月初八日，卜葬渚山之麓。食诸孤使来谓公绍曰："远日薄，未能丐当世钜人状公行。惟是先友也，莫如吾子，愿幸而与之铭"。公绍受书以泣曰："昔我先人获从

[①] 此碑由黄承坤、刘小明提供录文及照片，编者据照片修订。

公游，公视余犹子。呜呼！忍铭公邪？"

公讳蘧，字季玉，世家邵武之绣溪。工部尚书、四川制置使井斋先生讳源明之季子也，系录国史有传。公四岁授诗成诵，崭然见头角。弱冠以门功补京秩，初调监延平税。丁尚书公忧。再转丞蒲圻，令龙阳。所至有冰蘗声。佐西江漕幕，毅斋郑公雅器之，漕事一以委公。丁生母梁夫人忧。即吉，干办浙西，提举常平司公事。继入京西机幕，籴湖南䬃米五十万斛，溯流抵襄，以给军灶。有旨增一秩。蜀阃辟金州，不就，遂倅饶州。淮阃绵纲岁自版曹下州，长史以市有盗贩为津吏告获者，冶使倚执胁取，弗为屈，径闻于部，时相嘉其有守。会惠阳择牧，命公往镇。郡苦饕政甚，寇环其疆，帑以匮告。一切节缩，申固封守，以儒书抚柔之，犷俗丕变。惠人为生立祠，衷其文章政事，曰《爱棠集》，庸斋赵公为之序。天子以公廉而不苛，就畀琛节，摄行庾事。前是司䌷者颛务牟撷，海风弗若，舶不时至。公以心祷于广利，逾月，祥飔送舡，飞艎走浪，蛮赆辐凑，咸谓公清德所感。贡输之外，一毫无取。吏有献巨蚌者，碎而斥之属。飓风大作，海水涌立，城内外为壑。故事，常平不敢轻发。公曰："民方沉灶，两日不赍，必俟得请，无噍类矣。"乃发仓赈济。上章自劾，诏勿问。上事所得例卷缗以万数，悉却不取。旧使者席卷而去，张虚籍以授代。公视事，阅其籍不问，居数日，覆视无有也，亦不问。铢积司存，代补负逋缗钱三百万。政声流闻，称职为真。寓公有干以私者，弗受，噀飞语撼公。公亦上祠请以归，治圃白渚之上，茂林清流翛然。有濠濮间想，扁以"竹溪"。岁时裹羊，若将忘世者。安晚郑公再相，以旧节起，薇省甚之，矩堂董公用平岩叶公荐，守英，再守广德，俱为丁大全劾止。己未秋，乡人学斋杜公分钺两淮，以公壮岁历蜀汉、习边事，辟参大帅府军谋。

未几，而公归矣。累奉祠官，三致其事未得谢。一日忽谓子孙辈曰："吾食少而体轻，吾其逝乎？"不逾旬，无疾而终，年七十九，积阶元士。娶季氏，故户部侍郎陵之曾孙，赠恭人。子二人：公昭，从政郎、池州东流县令；公昕，修职郎、镇江府金坛县尉。孙五人：子纯，修职郎、徽州司户；子绅、子绶、子纪、子约，皆幼。公暮年得幼子泰孙，随亡后，丙寅冬，命子纲为之继。

初，井斋公与径山僧善，公生之夕梦其来访。既逝，公昭梦有方袍杖锡造

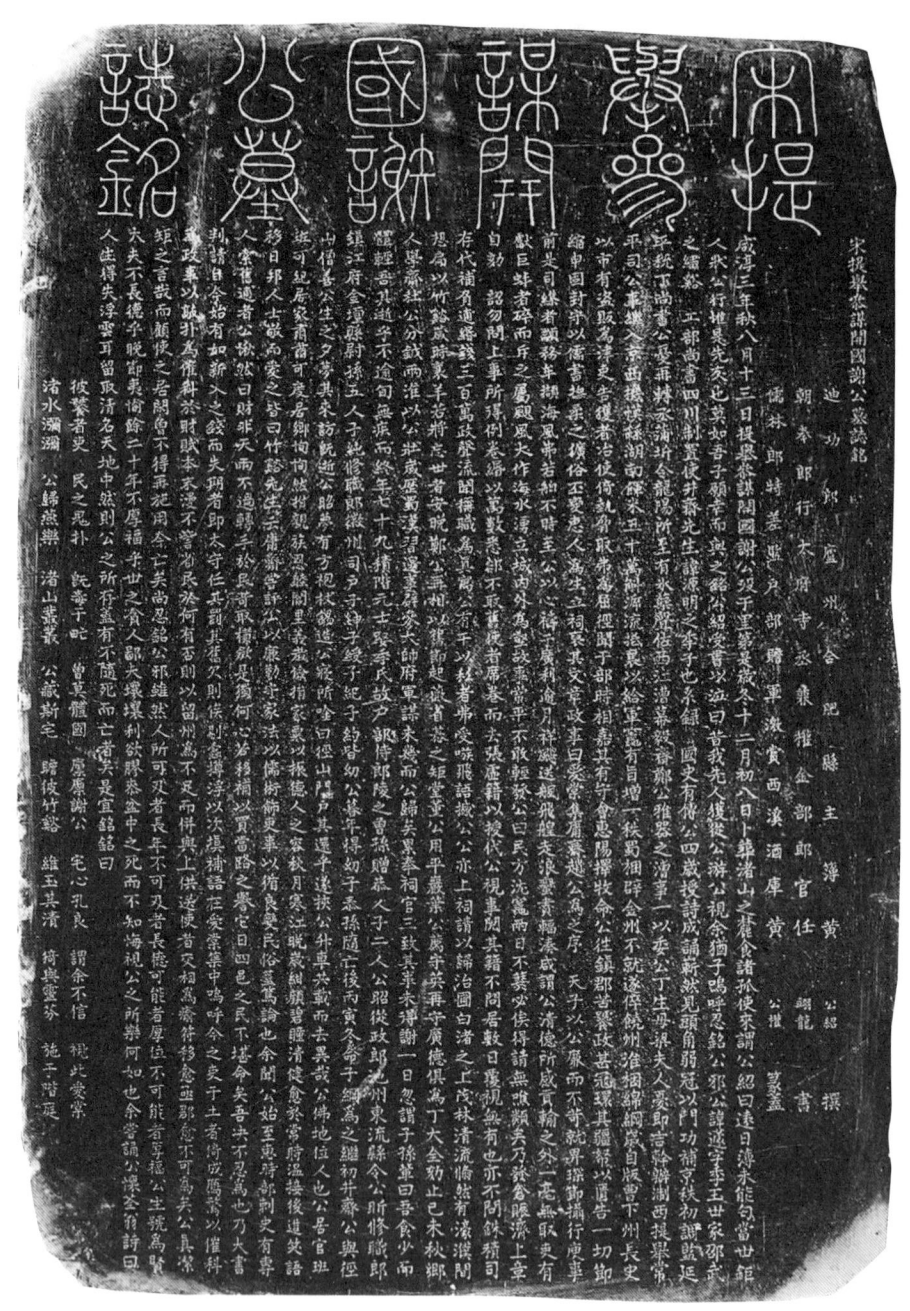

公寝所,唅曰:"径山门户其还乎?"遂挟公升车共载而去。异哉!公佛地位人也。公居官班班可纪,居家肃肃可度,居乡恂恂然,䘏亲族恩,睦闾里义。岁俭,捐家粟以振。德人之容,秋月寒江。晚岁绀颜碧瞳,清健愈于常时,温接后进，笑语移日。邦人士敬而爱之，皆曰竹溪先生云。庸斋尝评公以廉勤守家法，以儒术饰吏事，以循良变民俗，盖笃论也！余闻公始至惠时，部刺史有专人索旧逋者，公愀然曰："财非天雨，不过转手于民，苟取横敛，是独何心？若移补以买当路之誉，它日四邑之民不堪命矣，吾决不忍为也！"乃大书："判请自今始，有如新入之钱而失期者，即太守任其罚；其旧欠，则俟剔蠹撙浮，以次填补。"语在《爱棠集》中。

呜呼！今之吏于土者，倚成雁鹜，以催科为政事，以敲扑为催科，于财赋本末漫不訾省，民于何有？否则以留州为不足，而并与上供送，使者交相为瘠，符移愈亟，郡愈不可为矣。公真洁矩之言哉！而顾使之居闲，曾不得再施用。今亡矣，尚忍铭公邪？虽然，人所可及者长年，不可及者长德；可能者厚位，不可能者厚福。公生号为贤大夫，不长德乎？晚节夷愉余二十年，不厚福乎？世之贪人鄙夫，壤壤利欲，胶漆盆中，之死而不知悔，视公之所乐何如也？余尝诵公《怀荃翁》诗曰："人生得失浮云耳，留取清名天地中。"然则公之所存，盖有不随死而亡者矣。是宜铭。铭曰：

彼饕者吏，民之鬼扑。既毒于甿，曾莫体国。廪廪谢公，宅心孔良。谓余不信，视此爱棠。渚水泺泺，公归燕乐。渚山丛丛，公藏斯宅。瞻彼竹溪，维玉其清。猗与灵芬，施于阶庭。

【简跋】

此碑刊于南宋咸淳三年（1267年），现为邵武某藏家收藏。[①] 碑额"宋提举参谋开国谢公墓志铭"，篆书。碑文楷书。撰文人黄公绍，字直翁，邵武人，音韵训诂学家。咸淳元年（1265年）进士，时任迪功郎、庐州合肥县主簿。光绪《邵武府志》卷二一有传。书丹人任翊龙，时任朝奉郎、行太府寺丞、兼权金部郎官。篆盖人黄公权，特奏名，邵武人。时任儒林郎、监户部赡军激赏西溪酒库。

墓主谢遽，字季玉，曾任浙西提举常平司公事，娶户部侍郎季陵之曾孙女。其父谢源明，号井斋，绍兴三十年（1160年）进士，官至工部尚书、四川制置使。

[①] 此碑录文、照片由刘小明提供，编者据照片修订。

宋庐州舒城县尉制议谢公墓志铭

（咸淳五年）

眷生，奉议郎、待差注黄公权撰

弟，从政郎、前知池州东流县事公昭书

从政郎、前漳州州学教授朱明中篆盖

公讳瓊，字瑶卿，裔出于江左。由典午至于我宋，其来尚矣。鼻祖金紫二十四公有子邵阳簿，卜居邵武之东乡长垓，今为绣溪，少师公名之也。邵阳簿夫人高氏有佳城，载之图经，所谓闽中三婆吉地者，此居其一。以故衣冠林立，业诗书者彬如。高祖奉直大夫，以少师公升从恩霈赠。曾祖好谦，祖尚父，俱隐德弗耀。父有发，少师公立为秘书后，即少保公之幼子、少师公之亲弟，缉学种善。子五人，公其四。儿时，尚书伯祖奇之，嘱诸嗣曰："此儿有异骨，能兴吾宗。吾老矣，宜抚存之。"漫东广厦，使遵治命，委以家事。

公性聪敏，长有英志，不拘拘为章句儒，而应世接物，胸中自活鳞鳞地。治家勤俭，待人宽和。致身富贵，不改其操。始寓王冈，继迁桃溪而家焉。与犹子植，情亲义重，不啻父子，见调襄阳宜城尉。亲族故旧，公待之，靡不尽情。族有遗女，抱养遣嫁，视犹己子。里遇俭岁，则贱直发廪，为富民先。人有饥寒告者，公悉出资以赒之，曾无靳色。里有斗讼者，公皆以理开谕之，莫不释然。乡达尊学斋杜制使帅维扬，嘉其材，以光山功剡上，转两资，辟以舒城少府。俾赘议幕。未几，辟主他除，公亦随司归。公先娶桃溪冯氏，以表兄徐公定之子为嗣。徐本同气，故也。公再醮历山何氏，庶生三子。属意义方，期复家毡，聚书满家，举酒觞客，竹木亭台，位置花果，景象佳甚。晚年卜居祖乡，方谋聚族而迁，此志未遂，玉楼成矣。哀哉！公生于庆元乙卯十月十五日，终于咸淳丙寅十月初六日。男四人：惠、介、回、招。女一人，巽。长男娶久斋朝奉女孙何氏女，事桃溪冯成祖御史后也。次男介、回并娶顺兴天派。末男，幼未娶。孙，希文。女孙，宜媵。公将以咸淳己巳九月初三日葬于桃溪之阳坑。公之长嗣先期走介求铭，予以姻谊不获辞，乃为之铭曰：

天生伟人，俾富而寿。处己勤俭，待人忠厚。轩冕浮云，不縻爵绶。八袠

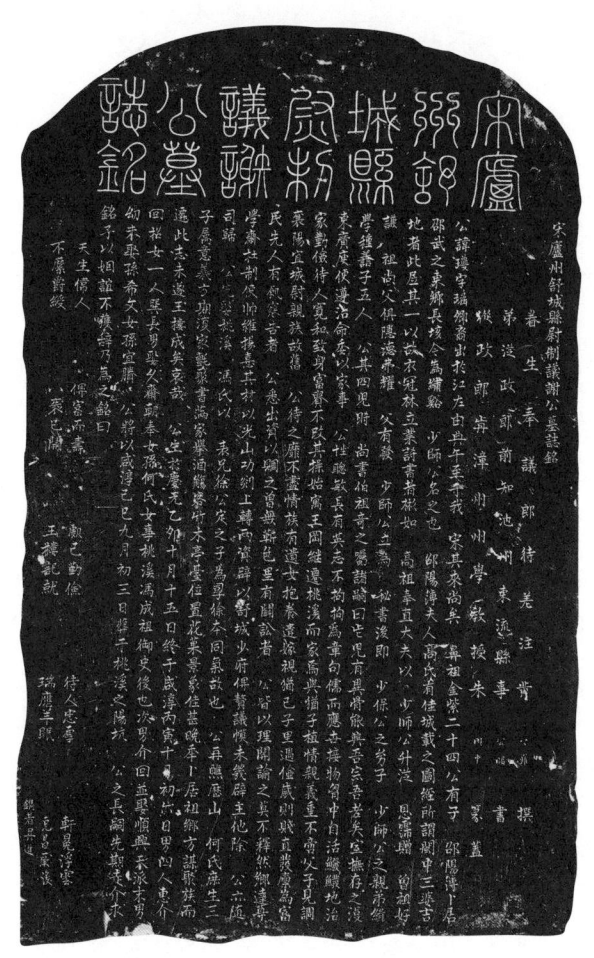

已开,玉楼记就。瑞应羊眠,克昌厥后。

镌者吴进

【简跋】

此碑刊于南宋咸淳五年(1269年),现存邵武市博物馆。碑高89厘米、宽56厘米、厚5厘米,楷书。撰文人黄公权,特奏名,邵武人,时为奉议郎,正在等候调任新职。书丹人谢公昭,从政郎、曾任知池州东流县事。系墓主堂弟、谢邃之子。谢邃的墓志铭(《宋提举参谋开国谢公墓志铭》),本书有收录。篆盖人朱明中,从政郎、曾任漳州州学教授。

墓主谢瑢,字瑶卿,邵武绣溪(今卫闽镇谢坊)人。系谢有发之子、工部尚书谢源明之侄孙。

元提举张汉卿墓志铭
（至正九年）

邵武路总□〔管〕府照磨周朋发撰

邵武路总□〔管〕府经历孔褒书

承直郎、前福建道宣□〔慰〕司都元帅府都事赵敏篆额

■字汉卿，其先世九司户，繇光州固始入于闽，至昭武而家焉。殁葬于王墓墩，子■清溪，族遂盛。六世祖凝，登绍兴第，授迪功郎、庐陵县丞，莅官有廉能声。至四■积殖好施予，生五子，皆以百为行。或仕或隐，咸以儒道著。祖林亦潜德弗耀，生诚■能勤俭理家，贻谋子孙，绰有成法。君容貌魁梧，性资谨悫，识时务，谙世故，居积懋■克成先志，饶益倍蓰于前人。平居□事藻饰，甘俭素，待宾客，必致丰赡。处乡党若穷■有骄色，故人无忌嫉。理财粟则平概□未尝有过制，故人无怨言。性至孝，事父母朝夕■寒暑必温清，出入必面告。甘旨滫瀡，□躬在视。父母既殁，闻家人言所为事辄涕泣哽咽。■知者则周其匮乏，教之不衰。大臣脱脱云："尝守是邦，门无私谒，而独与君厚。"会■以计田赋，知君才适于用，力荐之□四川等处田赋提举，以年迈辞，弗果行。尝叹曰："吾■业，以文学进者，代不乏人，可不嗣其绪乎？"乃遣子入学，教之经术。长子以郡庠斋生肄■命司出内，弗屑就，遂资赴京师。当道察其才，辟为徽政院宣使，著勤十年，除京仓使■东蹉仓，得忠显阶六品秩。次子授□州儒学正。三子工书善汉隶，方学未仕。君晚年尤■饥发廪粟以赈之；见老而贫穷而□者必加矜恤；死无葬具者，则施之美木；逾三十年■负宿逋者，辄焚其券；举其赢，以□浮屠氏之宫。凡以财发义者，皆为之不辞。方以忠■上命未下而君疾革矣，以至□〔正〕己丑岁二月十四日卯时，终于正寝，得年六十有八■旬。凡亲戚姻党，暨食力于家□咸感德，思慕不能已。命淄黄资冥福，继继无虚日。其■娶同郡黄氏儒家女，克相□其家。男三人：长名主义，娶元氏；次名德建，亦娶元氏■相山水镜公之孙女；三名□〔明〕，娶柴氏，应祥照磨女也。女七人：妙道、妙贵、妙满、妙住、■适姻族名家。男孙：李孙、善慧、■锁住、临孙。女孙：淑安、淑昭。长嗣自广海奔治襄事■六日，葬于郡北莲

花峰之麓，先茔之侧，从治命也。属余文以昭不朽，故为之铭曰：

财萃而囗，既庶而富。臻于中寿，庆流囗囗。天之福君，亦孔之厚。

郡人吴信有刊石

【简跋】

此碑刊于元至正九年（1349年，己丑），现存邵武市博物馆。石碑顶部残损，中部断裂，部分文字缺失。残高86厘米、宽64.4厘米、厚5.5厘米，楷书。碑名为编者加拟。撰文人周朋发，时任邵武路总管府照磨。光绪《邵武府志》卷十四《职官》作"周鹏发"。书丹人孔褒，为邵武路总管府经历，光绪《邵武府志》注曰："旧志云：'疑即孔汉臣'"[1]。篆额人赵敏，承直郎、原任福建道宣慰司都元帅府都事。

墓主张某，字汉卿，善于经商，"饶益倍蓰于前人"。曾被荐任四川等处田赋提举，以年老为由，未就任。其六世祖张凝，为绍兴间进士，授庐陵县丞。

---

[1] 光绪《邵武府志》卷十四《职官》，2017年点校本，第299页。

元故奉训大夫湖广等处儒学提举黄公墓碑铭并序
（至正九年）

闽有名士黄公，讳清老，字子肃，由进士起家，累迁奉训大夫、湖广等处儒学提举。至正八年八月庚寅，以疾卒官舍，享年五十有九。明年五月己酉，葬邵武县龙冈津之原。诸孤模、枢，遣其弟梓，请铭墓道。昔者天爵与公同官词林，又同奉诏撰次国史，故不忍辞。

按，黄氏光之固始人讳惟淡者徙闽，五子各明一经，世号"黄五经家"。贵溪令知良，第三子也，居邵武之和平乡。及子俏生，植树于门曰："汝大则吾宗蕃衍。"既久，树乃畅茂。俏有子二十一人，宋元丰间，其孙德裕官少保。又再世，遹为右司郎中。母弟景从与其子安之，屡试南宫不偶，曰："吾家累世登第，今造物独于吾父子啬之，岂将丰其后乎？"至公果中科名。安之生寄孙，是为公考，以公贵赠奉训大夫、知福清州、骁骑尉、邵武县男，母夫人詹氏封邵武县太君。

公资颖悟，眉目如画，五岁日记数千言，七岁学属文。乡先生李玉林见之，叹曰："是可继黄童矣！"闽号多士，内附之初，前修硕儒犹有存者，而文献之传，性理之学，往往专门名家。公日从诸老讲求其说，闻见弥广，声闻弥著。同舍生或趋世所尚，为吏以事进取，独公笃志励学，不变如初。久之，部使者荐为建阳学官。年始逾冠，士已推服。邑之儒先严斗岩者，至元季年有诏征之不起，公师事之。斗岩曰："吾昔受学于严沧浪，今得子相从，吾无恨矣。"公自是于六经、四书之旨悦若有得，进三山书院山长，弗就，挟书入深山之中，益究其所未至。

于是国家设贡举十余年矣，泰定丙寅之秋，郡守举公应诏浙省之士，试者恒数千人，是岁公以《春秋》擢居第一。明年，会试中选，廷对赐同进士出身。中朝搢绅多知公名，而礼部尚书曹公元用、翰林直学士马公祖常，请留公居馆阁，遂除翰林国史院典籍官。未几，升检阅官，又迁应奉翰林文字、同知制诰兼国史院编修官。英宗一朝大典，撰述未终，国有大故，命公与天爵修为成书四十卷。又奉旨分纂《明庙实录》，皆藏史馆。又尝执笔扈行上京，凡朝廷有大议论，除拜、祠享、诏令、祝册应用之文，公偕学士虞公集、欧阳公玄、谢公端获与讨论。是时文皇崇尚儒术，左右侍从有以公姓名上闻者。元统初，时宰请罢贡举，已而诏复行之，乃命中外作兴学校，以经术造士。行省提学，皆慎其选，公是以有湖广提举之命。

湖湘之间，士尚文辞，公申严课试经训，远近知劝。吏白："广海学官，或有冒滥，当核实之。"公曰："三苗久阻声教，今方会同，中国士夫冲犯瘴疠往为之师，甚可矜念，吾何忍于逆诈乎！"提举月俸于学廪给之，比岁拟郡县公田，多取其直，公不许。每宾兴之岁，藩省大臣屡请公校文，去取精详，士论推服。公善教诱后进，初在朝著，宰执王公懋德、史公惟良及一时名公卿，各遣子弟执经受业，四方之士亦有不远千里而至者，作成人才居多。若今四川行省参政归旸、佥燕南廉访司事王仪、监察御史笃坚不花、中书左司都事田复、太常奉礼郎程垚、应奉翰林文字李绣，则尤知名者也。风纪之官列荐公可教国子，廷臣方议召公，而公卒矣。故闻其讣者，咸为之尽伤焉。

公风度凝重，廉静慎密，一室萧然，图书自乐。居京师不妄造谒，世以是重其学守。文字雅驯，诗飘逸，有盛唐风，存于稿者二千五百余篇。又著《春秋经旨》若干卷，《四书一贯》若干卷，学者争传习之。

公元配蒋氏，先卒，赠邵武县君；继室吴氏，封邵武县君，亦卒。子男六：近仁，早逝；次模、枢、梓、杞、槚，皆业进士。女三：长适上官文本，次吴国瑞，幼在室。公事詹夫人尽孝养，每欲辇母之官，夫人不忍离乡里，公数以省母在告，世称其孝焉。尝访得严沧浪故居，将筑室，共斗岩祠之，弗果。今卜葬密迩其地，诸子尚能成公之志欤。铭曰：

闽居东南，山川绵邈。士处隐约，如玉蕴璞。海宇为一，文教猲兴。乡有硕儒，来师来承。岁月其徂，耆旧日替。国无仁贤，孰与共治。设为贡举，网罗群才。无间迩遐，崛起草莱。英英黄公，博雅温厚。和气所钟，惟闽之秀。冠衣楚楚，入对大庭。周旋雍容，蔚有典型。历游清华，编摩信史。公于《春秋》，深究厥旨。总齐郡学，振兴皇风。祁祁多士，礼义惟恭。世皆谓公，宜教胄子。年逾知命，遽止于此。士思公学，心其好而。嗟尔闽人，室岂远而。

【简跋】

此碑刊于元至正九年（1349年），碑石未见，碑文录自《滋溪文稿》卷十三（国家图书馆藏清抄本）。撰文人苏天爵，字伯修，号滋溪先生，河北真定人。元代文学家、史学家，延祐四年（1317年）国子学生公试，名列第一。墓主黄清老，字子肃，学养高深，人称樵水先生。泰定四年（1327年）进士，累迁奉训大夫、湖广等处儒学提举。弘治《八闽通志》卷七十有传。

墓志提及黄俏（明清家谱作"黄峭"）生子二十一人，这是目前所见，关于黄峭事迹的最早文献。明清时期，黄峭逐渐成为邵武黄姓中广受推崇的"英雄祖先"，相关的记载也愈加丰富。

故明威将军邵武卫指挥佥事胡公墓志
（永乐二年）

墓志盖：故明威将军邵武卫指挥佥事胡公墓志

墓志：安定胡氏，将门盛族。昭代功勋，世所传美。胡公名得，表字旻惪，直隶凤阳府临淮县第七都排头村人氏。祖得隆，父广威将军添福，母孙氏。辛巳年五月十二日己时生。公壬辰年随父从老邓千户，根（跟）大明太祖乙未年渡江，克平天下，战胜累功。洪武壬子由小旗擢总旗，升百户，授太原护卫，昭信、承信校尉，复调福建定海金门。乙亥，钦授明威将军，荣升建宁右卫指挥佥事。丁丑，调邵武卫，独员署事，革弊防奸，军民悦服。庚辰，以老辞职致仕。遣子满袭职，不期先亡，孙幼，仍复钦命管事。一旦以疾卒于甲申年十二月初三日未时，是月二十有五日巳时葬于邵武县四十八都双溪口，其山坐甲向庚，山环水聚，吉人福地。

公娶汴梁陆氏，嫡子三：长义，二满，三海，次志，次泉。嫡孙五，满子：观、童、兴；海子：寿、安。长孙观，绍袭世职。公之生性刚烈忠直，累功竖绩，昭然明史。樵之军民感戴于父母，或谓死必为神矣。胡氏之族盛已哉。颂曰：

指挥胡公，鲠直英雄。壮志奋发，附凤攀龙。渡江拓土，战胜树功。操略

谨饬，怀仁效忠。军民感戴，足以保终。盛德所积，世代丰隆。子孙荣显，瓜瓞重重。

永乐贰年甲申岁十二月二十五日

孝男：海、志、泉

孝孙：观、童、兴、寿、安 拜手

【简跋】

此碑刊于明永乐二年（1404年），现为邵武某藏家所藏。[1]撰文人为墓主子孙。墓主胡得，字旻恴，原籍凤阳府临淮县，随明太祖朱元璋征战，"战胜累功"。洪武三十年（1397年，丁丑），由建宁右卫指挥佥事调任邵武卫指挥使司指挥佥事。胡得卒，长孙胡观袭职。[2]

正议大夫资治尹户部右侍郎吴公墓碑

（正统九年）

户部侍郎吴公之妻淑人王氏，遣家僮宁，以监察御史曹泰所为公状来告曰[3]："妾夫不幸客死于外，今奉其丧归葬，欲具石表诸其墓道，而未有文。先生与夫交不薄，敢以为请，如不吝赐之，使夫名不泯于世，则不胜大幸，先生幸无辞。"呜呼！公其死也耶。公虽死，吾尝念公如未死者。

---

[1] 此碑录文及照片由傅再纯提供，编者据照片修订。
[2] 光绪《邵武府志》卷十四《武职·指挥佥事》，2017年点校本，第371页。
[3] 曹泰，即陈泰，字吉亨，号拙庵，邵武人，宣德二年进士。早年从外祖父姓曹，入仕后复姓陈。

然公被谪去，未尝一日不冀公起而复用也。及讣闻，为之心惊胆裂，而泪下不已者累日，尚忍文其墓石也耶？然以淑人之请之至，又谊不得辞，遂为之。文曰：

公讳玺，字信玉，邵武人。祖均用，父仲政，皆以公贵，赠嘉议大夫、户部右侍郎，祖妣、妣皆赠淑人。公性颖敏而端厚，永乐戊子，由郡庠生以《春秋》举于乡。明年，试礼部，不第，入太学。自太学历试，擢武选主事，以才能为尚书方公所器重。既以外艰去，方公言之于太宗文皇帝，夺其情，起治事。未几，升郎中。宣宗皇帝知其贤，升行在户部右侍郎。或云户部政与兵部异，公将窘于是职矣。公至，未期月，而于四方万国之版图、人民钱谷之多寡、廪庾库藏之虚实，莫不穷究考察，皆得其要；国家经费用度、出入盈缩，莫不会计营度，皆得其宜。而于下之弊蠹，一皆昭烛无遗，莫敢自肆者。然后人始信公之贤，且能为不可及也。正统己未，从库藏物入内帑，敕太监洪公、魏国徐公与公董其事。二公性不任烦剧，惟总大纲，纤悉一以付公。公经理调度，秩有条纪，人不劳而事易集，二公深重之。壬戌秋，外蕃来贡马，上问户部："马入境，日用刍束几何？边郡所储，足给用否？"时公以疾在告，同寅仓猝错愕，不知所对。上以为大臣不事事，下之狱，辞连及公，谪戍边。在边仅二载，以疾卒，正统甲子二月二十日也，享年五十有七。公凡再娶，前淑人黄氏，后淑人王氏，即请文者。生男，辄即夭。一女，尚幼。死时惟家僮与王淑人在侧，遗命以其弟礼之子嗣公。才能过人，而谦卑不自任。初系狱时，或谓："公可（何）不上疏求理耶？"公曰："本同事，复何言？若言，是欲见所长，我不为也。"本部尚书缺，公言："侍郎王公，尚书才也，号于众宜。"荐之，时虽无应者，其后王公果为尚书。而公竟流落以死，其天也耶？其命也耶？墓在其乡某山某原，葬以某年某月某日，而立墓石则某年某月某日也。

【简跋】

此碑刊于明正统九年（1444年），碑石未见，碑文录自《古廉文集》卷十（清文渊阁四库全书本）。撰文人李时勉，名懋，以字行，号古廉，江西吉安人。永乐二年（1404年）进士，官至国子监祭酒。

墓主吴玺，字信玉，永乐六年（1408年，戊子）举人，官至户部右侍郎。光绪《邵武府志》卷十九有传。

户部右侍郎吴公墓志铭
（正统九年）

　　吴氏世家邵武之隆贤坊，其先多不仕。公之祖均用，父仲政，皆有德谊，以公贵，皆赠嘉议大夫、户部右侍郎。公讳玺，字信玉。生有美质，自幼端厚，不与群儿戏，屹然如老成人，乡先达皆器重之。甫弱冠，游郡庠，受《春秋》于方先生嵩。先生嘉其颖敏，尽以所学授焉。永乐戊子，试艺乡闱，在高等。明年会试，不偶于有司，遂入太学。太学诸生有文行者，皆乐与为交，其学益进。历试于兵部，又以精于吏事得名，擢为武选主事。时钱塘方公宾为尚书，最严察难事，而独奇公。公丁外艰去，方公以公才行言于太宗皇帝，诏夺情，起任事。或谓公如何，及观其所行与他人所行，有疑者咨于公，公裁决无留滞，而皆慊于人心，莫不帖服。甲辰，升武选郎中。兵部惟武选最难治，公初为主事，同列已推让其能，至是而能益显。士大夫论可大用者，皆属意于公。宣宗皇帝知之，宣德庚戌，升行在户部右侍郎。公感上知遇，祗慎不懈。于夫所以足国裕民者，盖无不用其心。正统己未，徙内库，敕都知监大监洪保、魏国公徐显宗与公理其事。库物以巨万计，二公重臣，多惮烦，一惟公是赖。公亦以身任之，纤芥弗遗，人尤服其能。壬戌之秋，外夷来献马，边将请增骑士以示威。上临朝，问户部马之来几何，边将所乘几何，日用刍豆当几何，今边兵所积总为数几何，果能不窘于用否？尚书、侍郎仓猝未能对，上以为不恤国事，谪威远，盖欲磨厉以进之也。公感恩念咎，惴惴不自容，曰："臣实负国罪当死，荷圣德如天曲容之，敢不图自新，冀少报万一？"士大夫惜公之才者，亦冀公且复用。谪二年，而以疾不起，岂非命哉？公生于洪武戊辰十二月戊申，而以正统甲子二月乙巳卒，享年五十七。初娶黄氏，先十有七年卒，赠淑人。再娶王氏，封淑人。生男皆不育。有女一，曰宜弟，尚幼。予与公同朝且久，实相知，而公亦辱爱予。今王淑人以公之柩归，卜以某年某月某日葬于其乡某山之原。乡友、监察御史曹泰状其行，大宗伯胡公尝兼理户部，厚于公，谓予宜为铭。呜呼！予岂忍铭之，而亦奚可不铭？乃为铭曰：

　　文场高荐，要涂辟优。游郎署炜厥绩超，佐司徒声□孔硕。今其逝矣吁可惜，作铭垂休示亡极。

【简跋】

此碑刊于明正统九年（1444年），碑石未见，碑文录自《抑庵文集》卷十（清文渊阁四库全书本）。撰文人王直，字行俭，号抑庵，江西泰和人。永乐二年（1404）进士，官至吏部尚书。

墓主吴玺，字信玉，永乐六年（1408年，戊子）举人，官至户部右侍郎。光绪《邵武府志》卷十九有传。

安人陈氏墓志铭
（正统十年）

墓志盖：明陈氏大安人之墓

墓志：安人陈氏墓志铭

户部主事龚敩闻其母安人之丧，即解官归葬，乃述安人之淑行，拜而征铭。安人讳妙道，姓陈氏，父仲德，下樵保人，生安人而慈慧，甚钟爱。于其亲年二十四，归同乡马铺坊处士龚子华之子文清也。后坊正统丙辰春，安人之子敩登进士第，有司立进士坊牌，荣耀其门，今为进士坊也。安人为家妇时，谨执妇道，勤俭持家。事公姑必恭必敬，相夫主必诚必信。至于奉祭祀，待宾亲，粲然有理以相接；御下抚幼，欢然有恩以相迎。是以公姑交赞，长幼欢心，人皆贤之，内外无间。正统八年冬，其子敩归省，将旋京，临别，其母泣曰："吾老矣，尔再回之日，恐无相见也。日后尔兄弟互相友爱，吾死瞑目矣。"是时乃正统九年正月十六日也。其年十月十有六日，安人果以疾终于家，享年七十有四。将以正统十年十二月二十一日庚申，葬于下樵保地名后富山。子男四人：长仲亨；次仲谟，即敩；次仲敬；次仲宁。女一人，惠，适竹头保李永安。孙男十三人，孙女六人。虽然吾不识安人，但观其安人之子主事公之操持，而知其母之贤必矣。乃为之铭曰：

孰不为妇？妇道难尽。孰不为母？母道难全。妇道母仪，尽之诚鲜。唯此

安人，无愧于天。勤以治家，用以节俭。事上抚幼，内外无怨。子男四人，训以昌言。积善余庆，子孙绵延。

承德郎、户部山东清吏司主事陈翌撰

正统十年乙丑十二月庚申日立

【简跋】

此碑刊于明正统十年（1445年），现存邵武沿山镇茅傅村龚氏后裔家中。碑高高50厘米、宽36厘米、厚4.5厘米。撰文人陈翌，虹县（今安徽泗县）人，正统元年（1436年），乡试、会试连捷，时任户部山东清吏司主事，官终户部尚书。

墓主陈氏，系龚文清之妻，龚敩之母，因龚敩官职晋升，先后获得安人、宜人的诰封。龚敩，字仲谟，一字时敏、惟学，正统元年（1436年）进士，初授户部主事，历户部郎中，升长芦都转运盐使司运使。[1]龚敩潜心道学，淡泊名利，为官清廉，任都转运使"肥缺"时，常额羡余月计二千金，却不取，离任之际，"行囊萧然"[2]。光绪《邵武府志》卷二十有传。

---

[1] 龚延明、邱进春编著：《明代登科总录》（第3册），桂林：广西师范大学出版社，第1429页。
[2] 光绪《邵武府志》卷二十《人物·龚敩传》，2017年点校本，第589页。

明龚文清敕命碑
（景泰六年）

奉天承运皇帝敕曰：国家于任职之臣，必褒显及其□〔亲〕者，所以重本而□〔劝〕孝也，而何间于存殁哉！户部山东清吏司主事龚教之父文清，庆钟厥子，而禄养不逮。揆其所自，□〔宜〕有显褒。今特赠尔为承德郎、户部山东清吏司主事。灵其不昧，尚克承□〔之〕。

宝

景泰陆年叁月初玖日

【简跋】

此碑刊于明景泰六年（1455年），现存邵武沿山镇茅傅村龚氏宗祠。碑高128厘米、宽60厘米、厚19厘米。碑额镌"奉天敕命"，篆书；两侧饰以龙纹和祥云纹。

明清朝廷为激励官员尽职尽忠，劝忠劝孝，实行封赠制度，即在按官员所任职务品级授予相应官阶时，对其家人（妻子、父母、祖父母或曾祖父母）进行封赠。其家人在世者称"封"，去世者称"赠"。五品以上授诰命，称诰封；六品以下授敕命，称敕封。龚教担任户部山东清吏司主事，正六品，升授承德郎，故其亡父龚文清亦获得相应的赠官。诰敕文书写在珍贵的丝织物上，颁赏获封之家珍藏。龚氏家族将其刻于石碑，立于祠堂，用以彰显殊荣，激励族人。

明陈氏诰命碑

（景泰六年；天顺三年）

碑阳：

奉天承运皇帝敕曰：朕惟群臣之才者，固本于父，亦必资母德焉。存有褒荣，殁有追赠，此有国之通制也。户部山东清吏司主事龚敩之母陈氏，有子能官，而不逮养。沂惟所自，宜锡褒崇。兹特赠为安人，尚克歆承，永贲泉壤。

宝

景泰六年三月初九日

碑阴：

奉天承运皇帝制曰：孝子之爱其亲者，靡有存殁之间也。故朝廷推恩臣下，必体其心而及其亲焉。尔赠安人陈氏，乃户部河南清吏司郎中龚敩之母，克成厥子，已受褒荣。子再进官，亦宜申命，特加赠尔为宜人，庶几光灵永慰泉壤。

宝

天顺三年三月十三日

【简跋】

此碑系两份诰命刻文，分别刊于明景泰六年（1455 年）和天顺三年（1459 年），现存邵武沿山镇茅傅村龚氏宗祠。碑高 110 厘米、宽 46 厘米、厚 8 厘米。碑阳额首镌"奉天敕命"，篆书；两侧雕饰祥云纹。碑阴额首镌"奉天诰命"，篆书；两侧饰以龙纹和祥云纹。明清朝廷实行封赠制度，官员政绩优异或对国有功时获得诰敕封赏，同时，其家人也可推恩受封。龚敩先任户部山东清吏司主事，正六品；后晋升河南清吏司郎中，正五品，故其亡母陈氏亦先后获得安人、宜人的诰封。

都察院右副都御史陈公墓道碑铭
（成化六年）

嘉议大夫、都察院右副都御史、邵武陈公以疾卒于家。讣闻，上恻然，遣官谕祭，并营葬事。其子复以君恩父德，皆宜有传，乃专价致书，来属予为文，将伐石刻于墓道，以彰示来世。予少慕公名，及登朝，接公伟论，加敬重焉。请老归，予送至都门外，握手欢言，以忠义相期许。抵家，又寄诗申前意。则予虽晚进，辱公之知深矣，兹文何敢辞。

按永丰知县黄永从所著事状。公讳泰，字吉亨，姓陈氏，幼鞠于外祖曹，从其姓，至为都御史，始请复焉。曾祖禄一，祖子祥，俱不仕。父汝桂，封中宪大夫、都察院右佥都御史，母吴氏封恭人。公仪度修整，言简而有章，淹贯经史，喜为诗。永乐癸卯，发解乡闱。宣德丁未，会试乙榜，除直隶安庆府学训导，以育才为乐。正统丁巳，廷臣交章荐其贤，擢江西道监察御史，累奉命巡按贵州、山西、山东诸藩，克振风纪，奕奕有重名。在贵州，都指挥官聚索桀骜，闻公至，不敢肆其奸。大军征麓川，岁取土兵二千为向导，将士或失利，辄杀土兵以为功，公奏罢之，夷人仰戴如父母。越数月，召还，调陕西道。诸道有疑狱，皆以决于公，无或称冤者。在山西，会南北圻，旱涝相仍，诏下求言，众皆以为天灾，公独援《洪范》"庶征"，咸由人事，由是罢大臣不职者凡数人。公又奏山西藩宪及州县官之贪残者，悉置之法。在山东，以藩宪多匪人，陈疏恳恳数千言，大要以选贤去奸为治本，上嘉纳之。擢四川按察司按察使，不逾年，蜀大治。镇守都御史寇深忌公才名，阴讽所私参议陈敏诬奏公杖杀人，遂下刑部狱。其人实自溺水死，久而始白，复官。己巳，虏寇内侵，命公协同将臣守备紫荆关，及巡视沿边诸寨。景泰改元，升大理寺右少卿，守备白羊口。转都察院右佥都御史，镇守易州，节制紫荆、倒马等关，及沿河关口三十六处。公早夜究心画计，忘其劳，虏知有备，遂遁去。又考察大名、广平、顺德、河间诸府、卫官吏去留，咸当人心。既而三上章辞位，不得命，益勤励以图报称。甲戌，升左佥都御史，疏理徐州、吕梁二洪，及临清、济宁诸处河道。丙子，巡抚苏、松、常、镇及嘉、湖诸大郡，莅下严而不苛，为政清明，吏不能高下其手，以侮公法。天顺改元，以谗言左迁广东按察司副使，连丁父母忧。壬午，服阕，复左佥都御史，加赏赉巡抚四川。蜀中老稚皆熟公名，闻公至，奔走相告，曰："曹宪使复来，吾侪其将安以嬉乎。"州郡吏望风解组者数十人。甲申，升右副都御史，巡抚淮阳等处，兼督漕运，军民皆安之。成化改元，上章乞归，词甚切，上念其効劳有年，赐允。荐绅大夫咸饯于都，亭车盖塞途，都人聚观以为荣。

家居五年，卒，实己丑十二月二十二日也，距生永乐改元二月十九日，享年六十七。配王氏，封恭人，先公七年卒。子男一，复读书，饰行有父风。女二：长适吴孟诚，次适义官高瑶。墓去家五里许，卒之明年十二月吉葬。

公天性孝友，常慕乡先哲李忠定公之为人。平居谨默，如不能言。在朝廷论事，纚纚如倒囊出珠，指斥权奸，无所顾忌。累奉命保障重地，积有勋劳，未尝有矜耀之色。闻官吏无行检者，怒目切齿，必去之乃已，以此被谗贬斥，其志不少回。致仕归,囊无长物,闭户理旧书,里巷之人罕见其面。间出游山水间,哦诗酌酒,自适而忘其家之匮乏也。学士安成彭公尝与予论人物,予谓:"清操如公,闽中少有。"彭公笑曰:"何止闽中?"予又尝于广坐中,听人论时贵贤否,至公无少疵议,盖公之志行素孚于人,故为公论。所许无间言,士君子方望其大用,以究厥施。而公未及致仕之年,决于引去,此其始终全德,古人所谓知止不殆者,尤为世所高焉。方遘(构)疾,语其子曰:"死生有命,无足悲者,慎勿举僧道追荐之事,庶以化乖俗也。"翼日,正衣冠,肃然而逝。所著诗文,有《拙庵集》《奏议稿》《武阳志》,藏于家塾。铭曰:

紧陈之先,世有显闻。公也嗣兴,益振其芬。乡有先贤,曰李忠定。公仰遗风,持行醇正。儒术发身,司教泮庠。以道率人,多就才良。廷臣交荐,乃升柱史。论事风生,闻者丧七。再升宪使,往莅蜀川。威行泽沛,一方晏然。少卿都宪,累跻峻秩。帝心孔嘉,实赖汝弼。将命于外,岁靡遑宁。抚民御虏,所至有声。中遘(构)谗言,仆而复起。天子圣明,保公终始。公弥效绩,仰报休恩。惟恭惟敬,夙夜弗谖。名遂身退,乃天之道。徜徉林邱,以佚其老。年六十七,以寿考终。锡祭与葬,盖旌其忠。君子之荣,匪德曷有。刻辞于珉,式昭永久。

【简跋】

此碑刊于明成化六年(1470年),碑石未见,碑文录自《竹岩集》卷十五(清雍正十一年柯潮刻本)。撰文人柯潜,字孟时,号竹岩,莆田人。景泰二年(1451年)状元,官至少詹事,兼翰林院侍读学士。

墓主陈泰,字吉亨,官至都察院右副都御史,崇祀乡贤祠。《明史》卷一五九、光绪《邵武府志》卷十九有传。

明故将仕佐郎梅坡李先生墓铭
(成化二十一年)

始兴散吏、郡人半村徐浩撰文
德化教谕、郡人亦沂詹仕显书篆

正术李子本仁乃翁梅坡君卒，将卜以是年之腊月十有四日，葬于福山之冈。先期述状，稽颡泣血，拜请于予曰："阳春等不幸大故，祸延先考，敢丐一言，纳诸幽宅。君予继母弟也，且与本仁忝一日之长，义所当铭。"按：君讳成，字希贤，少习葩经，蚤游郡庠。为人豁达，意气轩昂，尝谓："士当取友天下，局于一方，终弊孤陋。"遂援例入太学，既卒业，而归意度始旷如也。盖君得之东溪公庭训有素，其所抱负者如此。考讳廷，以胄监，授广之乳源令，妣危氏。祖讳富，领乡荐，授湖之善化令，妣杨氏。曾祖而上，隐德弗耀。君席余荫，享有田园之乐，亦无复仕进意。迨铨期已届，或强之起，选授韶之守御所幕，

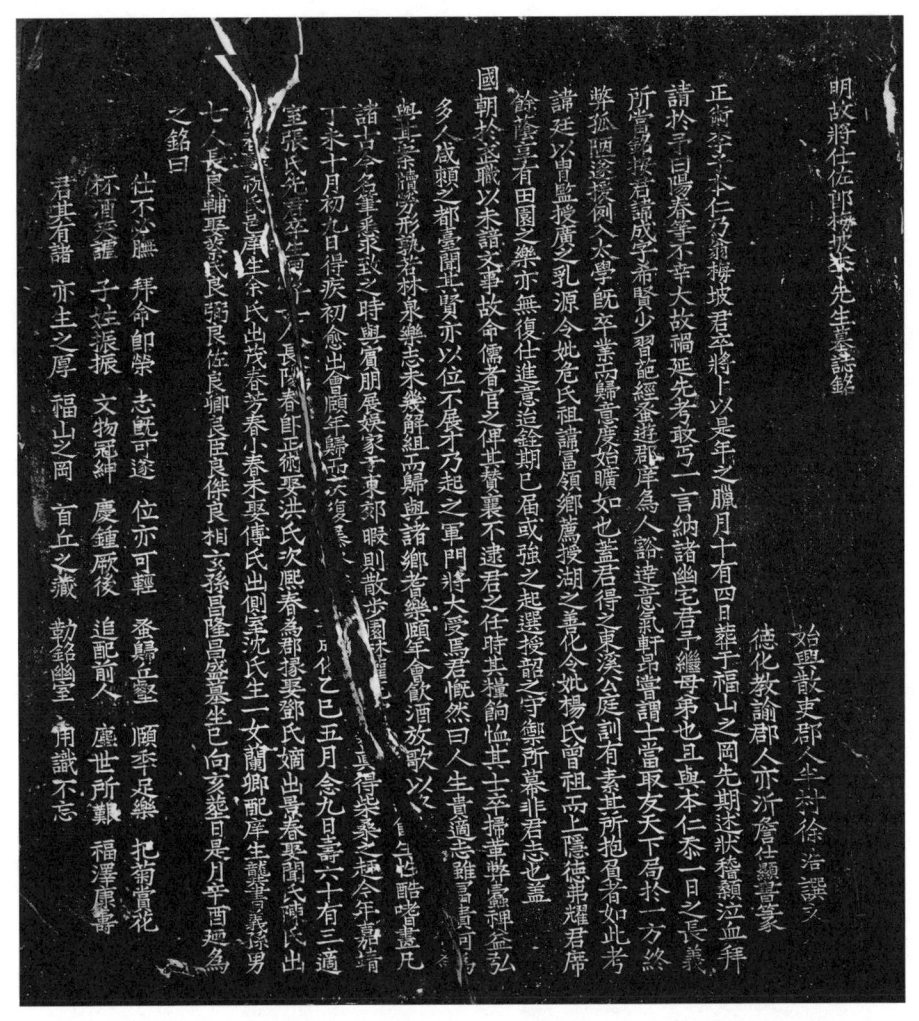

非君志也。盖国朝于武职,以未谙文事,故命儒者官之,俾其赞襄不逮。君之任时,其粮饷恤其士卒,扫革弊蠹,稗益弘多,人咸赖之。都台闻其贤,亦以位不展才,乃起之军门,将大受焉。君慨然曰:"人生贵适志,虽富贵可为,与其案牍劳形,孰若林泉乐志?"未几,解组而归。

与诸乡耆乐颐年会,饮酒放歌以□□。生性酷嗜画,凡诸古今名笔,悉求致之,时与宾朋展娱。家于东郊,暇则散步园林,□□□□真得柴桑之趣。今年嘉靖丁未十月初九日得疾,初愈,出会颐年,归而庆,复□□□□□成化乙巳五月念九日,寿六十有三。适室张氏,先君卒。生男子七人:长阳春,即正术,娶洪氏;次熙春,为郡掾,娶邓氏,嫡出。景春,娶闻氏、陈氏出;□春,娶祝氏,邑庠生,余氏出;茂春、芳春、小春,未娶,傅氏出。侧室沈氏生一女,兰卿,配庠生龚书义。孙男七人:长良辅,娶蔡氏;良弼、良佐、良卿、良臣、良杰、良相。玄孙:昌隆、昌盛。墓坐巳向亥,葬日是月辛酉。乃为之铭曰:

仕不必膴,拜命即荣。志既可遂,位亦可轻。蚤归丘壑,颐年足乐。把菊赏花,杯酒笑谑。子姓振振,文物冠绅。庆钟厥后,追配前人。尘世所艰,福泽康寿。君其有诸,亦生之厚。福山之冈,首丘之藏。勒铭幽室,用识不忘。

【简跋】

此碑刊于明成化二十一年(1485年),现存邵武市博物馆。碑高59厘米、宽34厘米、厚4厘米,楷书。撰文人徐浩,邵武人,号半村,似任职于始兴县。书篆人詹仕显,号亦沂,邵武人,德化教谕,工诗善画,光绪《邵武府志》卷二一有传。墓主李成,字希贤,太学生,由碑文推测,曾任韶州守御千户所儒学训导。

明故赠孺人谢母戴氏墓志铭
(成化二十一年)

墓志盖:明故赠孺人谢母戴氏墓志铭

墓志:明故赠孺人谢母戴氏墓志铭

■赐进士■大夫、南京大理寺卿致仕、仁和夏时正撰文

■赐进士■大夫、山东布政司右参政致仕、杭郡江玭书丹

■赐进士第、■河南道监察御史、仁和季琮篆盖

■也□□政平，人称慈父，固侯质厚学充，人亦■桃夭之化，宜家而后教国，不诬也。孺人■父均玉为隐君子，既有爱女，慎于择■以归□。盖谢本宋惠正公之后，为公侯者自宋历□□□绵不绝，□我■望族之首。孺人既归，孝敬举，循内则。侯为秀才，则■劝其不以成名而怠；为令尹，则劝其忠■生子则教其读书继志，尝语诸子曰："群从兄弟则有封胡羯■昔日之所荣足为盛，今我谢兄弟六人皆贵显，伯叔皆横金，尔■亦官应□□大家好门风尔，能无修身谨行乎？"言如是，贤可知。■勤俭不□纨绮，有德耀荆布之风。及侯以考最■赐为孺人，虽死，不死矣。

孺人生永乐丙申六月十二日，卒成□〔化〕■月二十七日，寿五十有三。子男三：长圭，行都司承差■而卒，娶张氏，亦卒；次玺，补郡庠生，娶徐氏；次瑜，习举子业。女■适朱璲，郡庠生；□〔次〕云，适李良翰绣衣子，台州郡庠生。孙男■成化乙巳十一月廿五日葬于樵岚之原。玺泣血来■前■,〔铭曰：〕

■寿也则啬予也，则茂朗谢庭之芝兰，照古今而皆■不死又■寿。林下之风，斯言不谬。

【简跋】

此碑刊于明成化二十一年（1485年），现存邵武市通泰街道长坪村莆春组。碑文上部、左部漶漫不清。撰文人夏时正，字季爵，仁和（今杭州）人，正统十年（1445年）进士，官至南京大理寺卿。书丹人江玭，字用良，杭州人，景泰二年（1451年）进士，官至山东布政司右参政。篆盖人季琮，字天球，仁和（今杭州）人，成化二年（1466）进士，时任河南道监察御史。

墓主戴氏，系谢颍妻。生于永乐十四年（1416年，丙申），享年53岁，葬于成化二十一年（1485年，乙巳）。谢颍，字世昭，邵武人，景泰四年（1453年）举人。历官钱塘知县、惠州府同知。光绪《邵武府志》卷二十有传。其子谢瑜，"正德中岁贡，除和州判，未赴，卒"[1]。谢颍之父谢敦，字惟学，台州临海（今

---

[1] 光绪《邵武府志》卷二十《人物·谢颍传》，2017年点校本，第589页。

属浙江）人，系南宋中期宰相谢深甫（谥号惠正）后裔。官邵武府训导，遂入籍邵武。光绪《邵武府志》卷十五有传。谢颎之兄谢嫌，字世彰，景泰二年（1451年）进士，历官两广按察副使、广东参政。光绪《邵武府志》卷十九有传。

明故寿官徐公墓志铭
（嘉靖七年）

郡庠生桐岩郑凤撰文并篆书

徐公讳景富，字宏才，直庵其别号也。祖出抚州之临川，洪武初曾祖友仁，始军于邵武，其后祖伯得旻、得仲屯建宁，独祖得远留于郡。逮父永康，逮公皆弗迁，寄邵邑治。公平日多记今古事，善谈笑，每与人言，杂引诗句，方言必有。中性且直，乡曲凡不平者，公辄鸣之，无所顾惜。尝为耆老，尤用事。守令诸名公，恃以为左右手。虽饮酒吟诗，公皆侍焉。及晚年，天子颁恩，官其遐寿，则又不失其有冠绶者矣。其子曰元初，游邑庠生，郁郁不如意。公曰："苟可以行其志，不必出身皆儒也。"遂习法律，为宪文史。公娶邓氏，卒。罗氏、王氏凡两继娶。生子一，即元也，娶继皆陈氏。女二：曰智，适卫之张宽，先公卒；曰珠，适邑之吴浩。孙男女：宗卿、宗相、福姑，皆幼。公年七十一卒于嘉靖伍年玖月廿七日。后贰年戊子拾月廿伍日，归葬于邑之芹田游家塽之原。元先期抱状乞予铭，以予邻其家，必知其为人。予曰："予知之而能言之乎？知之也详，则其言之也不能尽。"嗟乎！予欲无言，公德自传。今也刻石，岂不万年？遂以为铭。

大明嘉靖戊子拾月　日立

【简跋】

此碑立于明嘉靖七年（1528年，戊子），现存邵武市博物馆。碑高46.5厘米、宽42.6厘米、厚4.1厘米，楷书。撰文并篆书人郑凤，号桐岩，郡庠生。墓主徐景富，字宏才，号直庵，

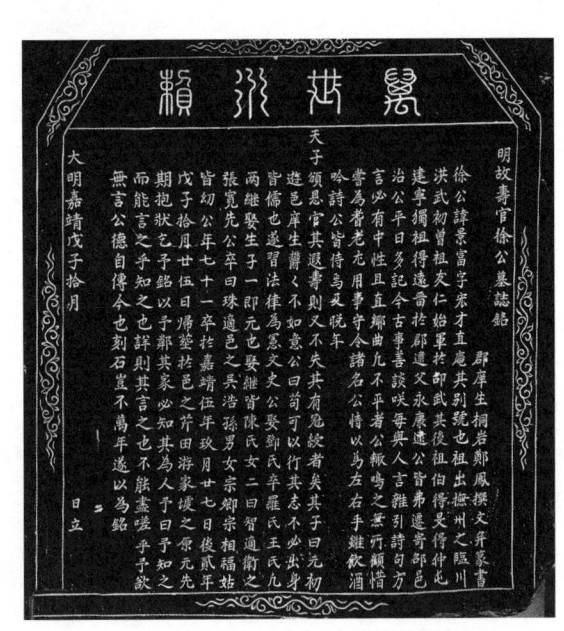

晚年获授寿官。祖籍抚州临川，洪武初年，曾祖徐友仁赴邵武卫所服役，遂定居邵武。

诰封昭信校尉百户文堂何公墓志铭
（嘉靖二十二年）

嘉靖岁辛丑季秋月，何公讳文者卒于家正寝。岁癸卯季冬月壬申，吉卜归于窀穸。予偶经自邵，其子户侯讳瑢者来谒，丐予以铭。予昔宾于樵公之颜范，时已获拜矣，兼户侯与予最交契厚，有通家之义，铭曷敢辞焉？虽然，以公之贤，宜乎永公之寿，走毛颖以铭，予诚有所不忍，盖以大数之定于初，予将奈之何？敢不强一言以铭之乎？

公先始祖遂祥，原籍江西抚州临川人，从太祖征有功，遂授官邵武卫右所口〔百〕户。至公数世，文武世家，为樵郡冠。公应承袭，不幸以眼疾未果。后子瑢承袭，才气豁达，累见口当道，人咸曰："何公之昌后，善积之有报也。"公为人恂恂，如治家以勤俭，接

人以信义，虽儿童走□未尝有欺，虽忧危急遽未尝有疾言怒色。且百无不善，而易卦尤精，人有求卜焉，悉计效而□。及公讣闻，乡党、亲戚、故旧无少长，皆嗟悼不已。于正德己卯年，子瑢以恩封上请，公已受封如子贵。妣汤氏，封安人。生子三：长曰瑢，承袭是矣；次曰玹；季曰琛。日常与太安人讲曰"吾家惟弓马是□，然不敢以诗书。今子愚顽，予为父亦有罪也。"乃敦师而教三子，果皆成立有声。女三：长淑贤，适庠生李太容；次淑德，适庠生王桂季；淑鸾，适吏员官政。孙男四：长衝，次衍，次術，末衡。

公生于成化辛丑十一月二十六日午时，而卒于嘉靖辛丑九月二十五日丑时，是享寿六十有一。今卜邵□城西樵岚岭何家坪山，坐乾向巽。

呜呼！公虽死，而实有不死者存。公虽未庸，而乃有显庸者。寓□闻公讣，予则为公悼，终为公铭。予则谓公可以无憾矣。铭曰：

公之诞生兮，簪缨世家。有子克承兮，桂茁芳嘉。荣命宠被兮，显晦同垂。公德可美兮，食报无差。但冀永眷来嗣兮，俾炽且大。

时嘉靖二十二年岁次癸卯十二月上浣吉旦

赐进士第、中顺大夫、知广东雷州府事、前都察院经历、三山西桥林恕拜撰

怀远将军、邵武卫指挥同知、樵阳凤池宫相篆文

【简跋】

碑文刊于明嘉靖二十二年（1543年），现为邵武某藏家所藏。撰文人林恕，福州人，号西桥，进士出身，时任广东雷州知府。书丹人宫相，号凤池，邵武人，祖籍凤阳府寿州，时任邵武卫指挥同知。成化九年，其祖父宫铠由建宁右卫指挥同知调任邵武。[①]

墓主何文，邵武卫右所百户。墓志提及，其始祖何遂祥，原籍江西抚州临川，从明太祖征有功，授官邵武卫右所百户。何文本可承袭其父何友之职，因有眼疾，遂由孙何瑢袭职。光绪《邵武府志》记曰："何遂祥，临川人。洪武中，由总旗升任。子继袭，继子濬，濬子友，友孙瑢，瑢子冲，冲子嘉善，嘉善弟嘉言。"[②] 墓志与府志的记载可互证互补。

[①] 宫铠，光绪《邵武府志》卷十四《武职·指挥同知》作"官铠"，误。嘉靖《邵武府志》卷四《秩官》作"宫铠"，与此墓志相符。
[②] 光绪《邵武府志》卷十四《武职·右所百户》，2017年点校本，第374页。

明故显妣朱氏老孺人墓志铭

（嘉靖二十七年）

明故顯妣朱氏老孺人墓誌銘

墓志盖：明故显妣朱氏老孺人墓志铭

墓志：邵武府儒学庠生危崇撰篆

孺人姓朱氏，讳妙玉，父郡宾安公，以成化乙巳年八月之十九日生，及笄，配于张君立祯。能敬而和，以闲妇道。肆舅姑，以贤称。逮内助，既久，先业增殖。且性仁孝，以父耄耋无嗣，日一归宁，奉养纯至，虽久而未尝衰。及朱公以丙午之二十五年卒，悲号泣血，水酱不入。遂衰骨毁立，诸疾乘之。然膏肓虽已受病，犹以厥父殄嗣为悲。厥子曰相，曰鏻，厥妇陈氏、郑氏暨三女二婿，佥以慎疾为请，而衰伤愈至，故亦于时年十一月三十日而殁。今卜葬于城南鹤林坪祖坟之前阜。岁次戊申，月建乙丑谷旦辛酉纳于幽宫。其子乃危崇之友人，故请崇为铭焉。铭曰：

允孝孺人，悼父而亡。兹为其瘗，既固既安。钻石埋辞，千载无伤。

墓誌

邵武府儒學庠生危崇撰篆

孺人姓朱氏諱妙玉父郡賓安公以成化乙巳年八月之十九日生及笄配于張君立禎能敬而和以閑婦道肆舅姑以賢稱逮內助既久先業增殖且性仁孝以父耄耋無嗣日一歸寧奉養純至雖久而未嘗衰及朱公以丙午之二十五年卒悲號泣血水醬不入遂衰骨毀立諸疾乘之然膏肓雖已受病猶以厥父殄嗣爲悲厥子曰相曰鏻厥婦陳氏鄭氏暨三女二婿僉以慎疾爲請而衰傷愈至故亦于時年十一月三十日而歿今卜葬于城南鶴林坪祖墳之前阜歲次戊申月建乙丑穀旦辛酉納于幽宮其子乃危崇之友人故請崇爲銘焉

銘曰

允孝孺人悼父而亡茲爲其瘞既固既安鑽石埋辭千載無傷

【简跋】

此碑刊于明嘉靖二十七年（1548 年），现为邵武某藏家所藏。[①] 撰文兼书篆人危崇，邵武府儒学庠生。墓主朱妙玉，系朱安女、张立祯妻，生于成化二十一年（1485 年，乙巳），卒于嘉靖二十五年（1546 年，丙午）。

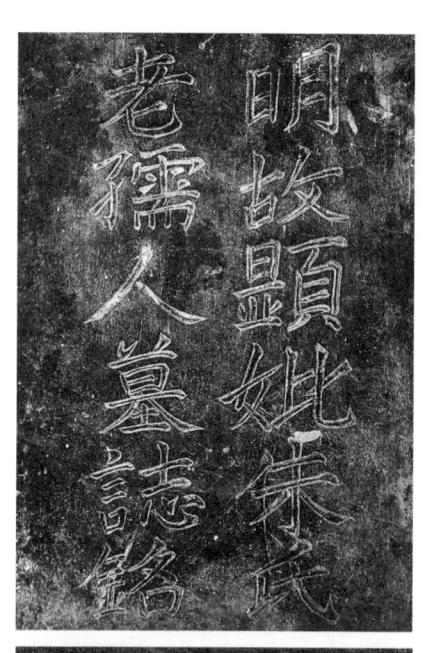

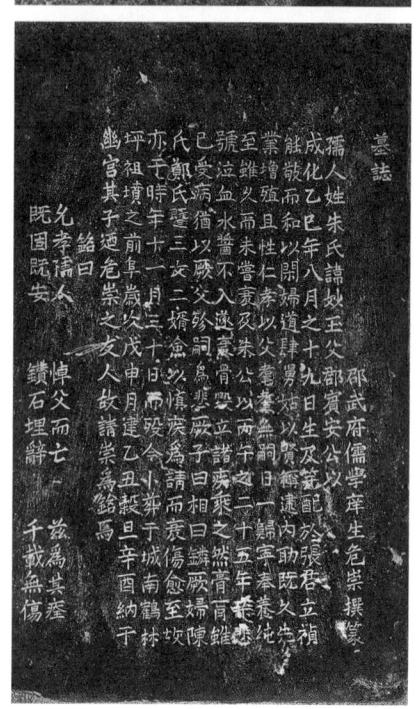

① 此碑录文及照片由傅再纯提供，编者据照片修订。

明故谢母余孺人墓志铭
（嘉靖三十六年）

郡庠生如冈朱朝纪撰文并书篆

余孺人者，予友谢道亨之母也。嘉靖丙辰年六月廿八日卒，越明年十一月道亨卜葬地无虚日。至是，始得于樵溪门之莲华峰，其山坐艮向坤，以十一日葬孺人于此。于是道亨泣而请铭于予，予遂即其所叙而为之铭焉。孺人讳锽娘，郡人，余志坚之女也。母许氏，以弘治己未五月初六日生孺人。孺人幼解字义，习《论语》《孝经》。年十九，父母为择贤者事之，遂配虚舟公。虚舟公为郡庠生，其父友才公，豁达有大度，年七十而眊。虚舟弃举子业，与孺人朝夕就养，历三年，人咸曰："谢老之盲久矣，久则弗治也，况当衰耄之年乎？"乃虚舟与孺人犹延医治之，靡有倦意，已而，友才公目果复明。姑方氏喜施舍，孺人委曲顺承，甚得其欢心。一日，虚舟公适省而方氏病痢，孺人供旨调药，一如其子之事母者。方氏不幸，凡丧具皆自治之，及虚舟公归，则事已就绪。终其身，无复遗憾者，孺人之力也。虚舟公性严急，诸子弗苦学者，辄用夏楚，孺人和而解之。然又惧其子之纵也，则阴谴就学，故虚舟公，不至伤恩，而诸子克成令器。孺人体丰伟，性和平，言笑进退，皆有矩度。对虚舟公如宾，待子女诸妇严而有礼，御僮仆恩威兼著。至其俭以治家，丰以奉宾，和以睦邻，往往有烈丈夫所难及者。

邵倍尚浮屠，男女相杂，孺人独以儒业，相夫教子，未尝一从俗为礼僧念佛事也。先是，友才公年几耄，不事佛，方氏虽好善乐施，亦不事佛。孺人复能继之，是其天性使然，而亦其识字读书，不为习染，以遵谢氏之家法也。卒之月，忽梦祖祠前折一大树，未几，遘疾，百药弗效，乃曰："予疾不起矣"。遂移出正寝，子弟家人，拜其前，而逝时年五十有八矣。生子三：长邦泰，道亨其字，娶傅氏；次邦直，娶江氏；次邦美，未娶。女三：长寿娘，配正术吴本全，先卒；次玉娘，配训导王锦；次兰，未聘。孙二：曰敷文、敷言。女孙二：曰贞，曰满，皆道亨所出也。铭曰：

维山之木，其叶蓬蓬。荫于百世，幽宅攸钟。

孺人之贤，其德巍巍。荫于百世，福禄攸同。

【简跋】

此碑刊于明嘉靖三十六年（1557年），现存邵武市博物馆。碑高49厘米、宽53厘米、厚3厘米，楷书。撰文并书篆人朱朝纪，号如冈，郡庠生。

墓主余锽娘，邵武人，系余志坚之女、谢贵之妻、谢道亨之母。谢贵，号虚舟公，郡庠生。谢道亨，号怀莲，国子监助教。本书有收录其墓表（《明故助教怀莲谢公墓表》）。

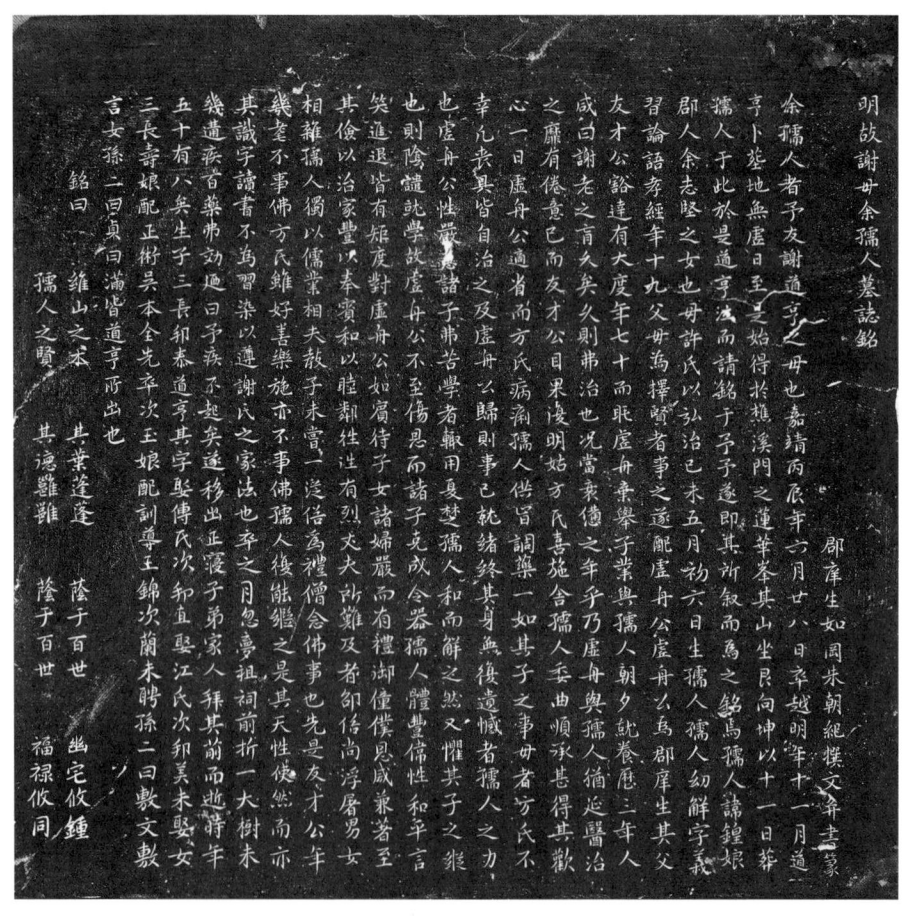

明故如山龚翁墓志铭

（嘉靖四十二年）

墓志盖：明故老陵如山龚翁墓志铭

墓志：嘉靖辛酉七月初七日，如山翁卒于正寝。乡之士大夫莫不惜其恭俭仁厚，足为邦之典刑。封诰有待，而未及拜也。涓甲子正月初十举葬，其子麒、麟稽颡泣血，祈予为铭。予与二子交游之久，深知公之为人也，义不获辞。尝谓公纯厚宽博，有古长者之风。孝于亲，弟于二兄。生财有道，家累千金，贷粟于乡之贫民，恒不取其息，有不能偿者，翁亦不之校（较）也。后或称贷，翁复给之不吝。性素敦朴，无意近名，而德不容掩，舆论荐扬。与国宴者十余年，以闾里齐民荷郡侯礼遇之隆，人咸荣之，无远近，羡其贤余庆攸钟，泽垂后裔焉。

公讳本实，字华国，别号如山，于兄弟之中行六。父讳彦璋、母黄氏、妻李氏，生子：长麒，游郡庠有声，积学未遇，已应贡守选。娶侯氏，生孙一龙，入邑庠，世父之业；女孙四人。次麟，亦游郡庠，屡器重当道，而犹未大遇也。甲子岁，非科则亦贡矣。娶陈氏，生孙一凤，习举业；女孙二。继娶段氏，生一鸾；女孙二。末麟，援例为光泽掾，精敏多能，虽出继而尽孝。娶黄氏，生孙一忠、一宪；女米姑，适婿吴徽。孙婿则盛时中、高应祯、谢行。余尚幼，未事人。玄孙京孙，则一龙娶符氏所出女。玄孙兴弟，则一凤娶王氏所生也。翁生于弘治四年辛亥十二月二十二日戌时，享天年七十有一，葬于樵岚祖茔之侧。生寄死归，翁之事毕矣。窃为之铭曰：

山蕴玉辉，川怀珠媚。淑行在躬，令名垂世。荣与宾筵，郡侯敬礼。衍之振振，善继其志。土隆其封，居窀其宫。盛德之藏，余庆永钟。

嘉靖癸亥季冬吉旦，乡贡进士、郡人徐美谨铭

【简跋】

此碑刊于明嘉靖四十二年（1563 年，癸亥），现为邵武某藏家所藏。撰文人徐美，邵武人，乡贡。墓主龚本实，字华国，号如山，"生财有道，家累千金"，其子孙多为庠生、贡生。

明故如山龔翁墓誌銘

嘉靖辛酉七月初七日如山翁卒於正寢卿之士大夫莫不惜其
恭儉仁厚延為邦之典刑封誥有待而未及拜也諱甲子正月初
十舉棄其子麒麟稽顙泣血祈予為銘予與二子交遊之父深知
公之為人也義不復醉嘗謂公純孝風於觀有古長者之風孝於
弟於二兄財有道家累千金貨粟於卿之貧民恒不取其息敎朴無
不能償負者亦不之校也後或孫貸愈給之不吝性素敎朴無
惡於近名即德不容揚萬善與圖宴近美其賢者以間里齊尚荷
意諱侯實字華國別號如山於兄弟之中行六父諱彥瑋毋黃氏
郡侯本華國諱侯有聲積學未遇已應貢守遷娶侯氏生公
公諱本實字華國諱侯有聲積學未遇已應貢守遷娶侯氏生公
妻李氏生子長麒游郡庠有聲積學未遇已應貢守遷器重當道
孫一龍入邑庠世父之業女孫四人次麟亦貢矣娶陳氏生孫一鳳習舉業
而猶永大過也甲子歲非科則亦貢矣娶陳氏生孫一鳳習舉業
女孫繼而盡孝娶黃氏孫一忠一愿娶侄為光澤精敏多能
雖一繼而盡孝娶黃氏孫一忠一愿女妹姑通婿吳徹孫婿則
處時中高應復娶謝行餘尚紉未事人玄孫京孫則一龍娶待氏所
出女玄孫興弟則一鳳娶王氏所生也翁生於弘治四年辛亥十
二月二十二日戌時享天年七十有一葬於樵鼠祖塋之側生寄
死歸翁之事畢矣竊為之銘曰
山蘊王輝川懷珠媚淑行在躬令名重世宗與賓遠卻侯敬禮衍
之振善繼其志土隆其封居寵戎德之藏餘慶永鍾

嘉靖癸亥冬吉旦鄉貢進士郡人□□□□謹銘

敬斋傅君墓志铭
(隆庆三年)

墓志盖：明故显考敬斋傅公之墓志铭

墓志：敬斋傅君墓志铭

幼婿，朝觐侯维翰书丹

邑庠、愚婿简宇李有文撰文

邑庠、门生少滨黄汝模篆书

维皇明隆庆叁年己巳正月初十日甲寅，是为清河傅公茔葬邑之四都杭头山期也。其山外主子午，内主壬丙，且各兼三分，曰时、曰地均从吉也。

公讳显，字希文，别号敬斋。乃苍池翁广之子，古庵翁永长之孙。生于嘉靖丙戌孟夏初七日，至壬戌仲夏念五日子刻而终，享年三十有七。娶朱氏，四子二女。长子思厚，娶朱氏；次思谦，娶王氏；又次思纯、思朴，俱幼未娶。长女淑贞，适李有文；次淑爱，适侯维翰。

时将葬，外母进予而属之铭。予谓："铭以垂后，所系甚重，文何人而可以任此？"请辞，外母曰："外父生平学行，唯婿侍教有年，知之甚悉。纵有能文者，所知未必若婿详也。故今日之铭，必吾婿而后可。"予愧不能文，第辱公半子之爱而辞焉，非羔也，乃忘其固陋而铭之。

唯公少负颖异，长能文词，年方十五，遂补庠生，问学宏博，屡试屡捷，为樵名士。至壬子秋大比于省，则中副榜之魁。奈苍天惯困英豪，不得标名甲科以见志也。嗣后，行益修，学益裕，当道者复嘉而廪之，即公不勤学不能如是也。淹贯经史，尤邃于《易》，樵之从游者实多。故同府唐公来自云南，亦命其子名尧官者讲《易》于门，及任满而归，即夺云南之解。盖公不得志于身，而假手于门人，以显其学也。且当其时，虽百金不受嘱托，不廉而能之乎？

公九岁失母王氏，逮长，尝以不及事母为恨。奉继母周氏尤得欢心。其事苍翁也甚孝，有事则父子商议，至夜分乃寝；或有不合者，甚至达旦。翁老忽沾喘疾，公朝夕不离左右，汤药亲为烹煮，且求医采药。期愈翁疾者，无不殚厥心。翁竟不起，哭泣殡殓，一遵《家礼》。则公之事仓（苍）翁，生尽敬，死尽诚,岂今人可多见哉?

而兄弟之间,尤世人所称颂而乐道之者。盖公弟恕斋与公异母,而友爱之情视同胞者益笃。乃先公一岁而逝,公伤悼甚恸,抚育其孤,比己子为有加。故今人之待弟,莫不以公为模范也。是不亦事亲孝而待弟友耶?

且俭于治家,因致增产。闲居之际,尝口勤俭训其子侄,而其自奉则甚薄。公之居家,不可谓不俭也。夫孝、友、勤、俭、廉五者,人之大节,公兼有之,允宜德福俱隆。而乃福不逾德,意天之未定乎?然诸子之持家者丰俭适宜,业儒者笃志向学。由此观之,公之福德,盖未艾也。文婿也,铭何敢赘?唯拜手涕泣,敬纪其实行,以遗公之后裔云。铭曰:

呜呼休哉,公樵之英。沉酣子史,艺苑蜚声。砥砺名节,吾道增荣。克闲有家,内外肃清。唯孝唯友,乡里共称。勤俭廉守,樵士罕伦。德茂寿夭,嗟未四旬。流芳百世,永享令名。邑东之鄙,公葬所茔。嵩嵩维岳,子孙福荫。福荫孙子,积善余庆。呜呼休哉,公樵之英。

【简跋】

此碑刊于明隆庆三年(1569年),现为邵武某藏家所藏。[①]撰文人李有文,号简宇,邑庠生,系墓主长婿。书丹人侯维翰,号朝觐,系墓主幼婿。篆书人黄汝模,号少滨,邑庠生,系墓主门生。墓主傅显,字希文,号敬斋。乡试副榜,对《周易》颇有心得,邵武"从游者实多"。

---

① 此碑由刘小明录文,编者据照片修订。

明故助教怀莲谢公墓表
(隆庆六年)

　　夫修龄屈于短晷，远迹顿于窘途，古及今陨英雄之泪者不少矣。余至是叹天不可问，为道亨哽咽沾襟焉。往余与道亨读书真定之恒阳书院，两人者风雨联床，论交千古，心相许也。道亨是时魁梧丰硕，而豪于酒，独每饮则面目汗雨淋漓。余谓道亨体壮气顾，虞其为人朗畅通达，而不以机数谐时局。余每见道亨，治业甚精，说书剖玄秘，诚愿为执鞭。而道亨间视余篇翰，有当心者，辄避席欲下之。又偶有一当路，独种种破格礼余，以轧道亨者，余心不安自而道亨安之。初不以忽微见颜面也，此其度盖过人远矣。余以是知道亨，故今揭其大者表之墓。

　　道亨姓谢，讳泰，号怀莲，道亨其字，邵武县人也。始祖讳彦清，洪武初由当涂县调福建邵武卫镇守，传数世至曾祖景安，景安生大父友才。友才生父贵，号虚舟公，为庠生，配余孺人，生三子，长道亨。道亨少颖慧，未冠，为学官弟子，于书鲜所不读。家故贫，余孺人病痢卒，买吉地莲花峰葬之。父虚舟公卒，道亨从京师奔归，亦葬父莲花峰。凡买地与襄事诸费至浩也，道亨皆自极力贷之人，不以困其二弟。别号怀莲，盖志思二亲莲花峰云。二亲之亡也，道亨以己得束修，室其弟邦直，教其弟邦美为弟子员。有妹，继训导王锦室。锦卒，妹年未及笄，又三子皆前室出，道亨泣谓妹曰："汝为未亡人，能无古人歌黄鹄、吟孤燕以完节，终身幸矣，不则谓妇何？"妹泣对曰："敢不如命。我年幼，所不能慰吾夫君地下者，以文藻、文澧二孤未立也。"道亨为抚而教之，如己子。后藻官吏目，澧为弟子员，二孤胥有立而妹孀居数十年，履操皭然，与柏舟烈，固道亨成之也。道亨每试冠流辈，顾屡蹶不第。以岁荐试，礼部宗伯对山林公奇其文，首拔道亨应试。道亨场中卷几落，学士后溪丁公、凤盘张公，填榜，序至八。亟命搜书经房落卷，中得道亨卷二，公大喜，赏之，且恨得卷晚，为屈之九。明年会试，不第，道亨怃然曰："吾奇蹇不第，至以老生上春官，非遇丁、张二公，几又不第。今第矣，而复有会试科之。溪异日者，会试科如囊不遇二公者，是卒不第也。即第，可溪不将□然翁乎？吾乞文学御一方，俊造而修业焉，以俟再试脱不。然世以资论官，不以资论人也。"于是领学官井陉县。当是时，余官阜平，道亨与诸生谈性命、经义，却束修不问，陉士为立去思碑。学院陈公品艺真定，萃三十二校之俊于恒阳院，檄道亨与余督课之。是科庚午，士出其门为盛。道亨应陕西聘，余应河南聘。比其还也，冀可再会试，乃业已转官国子。同抱吴钩，而呜呜长吟。吾两人者之襟期，则固蝶梦升沉，不以是轩轾矣。道亨得病，由食停中不化，递温递下，致形丧肉脱。又服参著诸助脾药，少瘥即觞，暑谒诸贵人知己者。余移书让道亨，谓："子之疾，去死仅毛发，而独触暑出谒贵人，乃不身而官耶？"道亨答曰："诸贵人故皆我知己，我固当见。"顷之，得家报，有祝融氏之祸甚烈。余往宽之，道亨笑谓："我命固宜如此。"然道亨嗜古好学，病卧，犹摊书满床。一日握管作应酬文，含毫沉思，脾火蒸蒸起丹田，投笔而病复作不起矣，伤哉！

道亨生于嘉靖癸未年九月十四日，卒于隆庆六年十一月十七日。遇今上嗣服覃恩，得移赠其父虚舟公如己官。妻傅氏，生三子：长汝谟，郡庠生，娶何氏；次汝弼，邑庠生，娶吴氏，继娶龚氏；次汝为，未娶。女三：长适庠生章其蕴，次适郑可行，次未适。孙三：长荣锡，次荣命，次荣义。又孙女三。

夫修龄远迹，宜莫于道亨者。乃仅一第，而官至国子，两年半在床褥。卒之日，寡妻弱子号于旅邸，而贫不能丧。此余所以叹天不可问，为道亨哽咽沾襟也。

【简跋】

此碑刊于明隆庆六年（1572年），碑石未见，碑文录自《艾熙亭先生文集》卷六（国家图书馆藏明万历刻本）。撰文人艾穆，字和甫，号熙亭，湖南平江人，嘉靖四十年（1561年）举人，官至右佥都御史。

墓主谢泰（一作谢邦泰），字道亨，号怀莲，官至国子监助教。其母余锽娘墓志铭（《明故谢母余孺人墓志铭》），本书有收录。

故迪功郎南滨黄公钟氏孺人合葬墓志铭

(万历五年)

江西德化县儒学教谕致仕、郡人詹仕显撰文

直隶青阳县儒学训导致仕、郡人王焞书丹

浙江杭州新城县儒学训导、郡人王尧篆盖

公讳鹏，字万里，南滨公号也。姓黄氏，其先光州固始人。曾祖永亮，祖真，皆业盐商有声。考古修，隐德弗仕。公生而颖异，眉目秀朗，笃学善属文。甫弱冠，籍郡博士弟子员。英声茂誉，为士林之隽。屡应有司辟，辄弗售。嘉靖贰十肆年，以序贡荐于朝。或劝就教，公曰："士当取科第，吾志岂肯诎哉。"遂告入南监，卒业期满，卧引而归。越三年，复试金陵，亦弗售，乃喟然曰："人事至矣，天命奈何。"遂负剑西归守选。历几春秋，得授直隶吴县主簿。公初闻命，怫怫不乐。既而幡然改曰："官无崇庳，顾道之行否何如耳。昔孔子仕止久速，自有家法，吾从而师之，进退岂有常哉。"既抵任职，颛水利，公循行四境，察地势高下，通塞决渠浚川。所溉田不下万余顷，民获其利，远近称之。不及三稔，以功见忌，遂引年乞休，致牒三上而后许。

抵家，不履公门，就祖所遗田园水硙，扩而充之，凿池筑台，构亭其上。植桃李榆槿花竹水石，为游观之所。日与昆季朋友，穷昼夜之欢，虽风雨晦暝不易。其素雅好吟咏，不拘音律，开口辄成。自谓得诗家旨趣，斯言信之矣。居家孝于其亲，友于其弟。修谱牒，建桥梁，兴废寺，解纷息争，一本于公平正直，无少私曲，乡人所慹服也。公晚年娶陈氏。陈，扬州人也，公愍其远，父母极钟爱焉。间有家人来省，辄留数月，于其归，赆以十金，虽重复不厌，人高其谊云。病将革，又拨田二十硕以赡陈氏余年。嗟夫，词严而义正，岂世之为乱命者可以同日语耶？公娶姜氏，生子曰一夔，娶沈氏。女一，曰菊姐，适在城庠生王垠，教授王梅川之子也。继娶钟氏，无出子，与二氏俱先公卒。复娶陈氏，亦无出。孙男曰学诗，娶李氏。曾女孙二：曰淑姐，曰兴弟，幼未适。公生于正德丁卯二年五月十六日寅时，卒于万历丁丑五年八月十八日寅时，享年七十一岁。钟孺人有贤行，生于正德乙亥十年十月初二日亥时，卒于隆庆己巳三年六月十七日戌时，享年五十五岁。卜于万历丁丑五年十二月二十日辰时，合葬于本都窑里禾家坪，其山坐乙向辛也。乃铭之曰：

梗楠之材，瑚琏之器。大用是期，以究厥施。泽在生民，功存水利。望重毁耒，才高见忌。遽尔挂冠，从容归第。诗酒襟怀，溪山风致。寿考而康，得正而毙。勒铭永藏，以昭万世。

孝孙黄学诗泣血百拜立

【简跋】

此碑立于明万历五年（1577 年），出土于水北镇王亭村，现为邵武某藏家收藏。① 碑高 55 厘米、宽 50 厘米，楷书。撰文人詹仕显，号亦沂，邵武人，江西德化教谕致仕，工诗善画，光绪《邵武府志》卷二一有传。书丹人王焞，邵武人，直隶青阳县儒学训导致仕。篆盖人王尧，邵武人，杭州新城县儒学训导。

墓主黄鹏，字万里，号溟公，生于盐商家庭。入国子监，曾任南直隶吴县主簿。

---

① 此碑由杨家茂录文，编者据原碑修订。

明故李母魏氏太孺人墓志铭

(万历七年)

墓志盖：明故李母魏氏太孺人墓志铭

墓志：昭阳郡庠生、晴江曹熊撰文

大功侄，邑庠生、简予有文书丹

小功侄，邑庠生、仰龙汝植篆盖

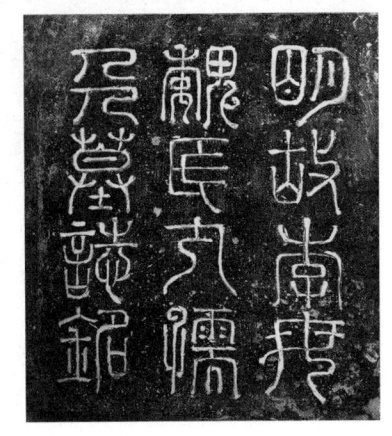

孺人讳佛娘，博罗尹显之曾女孙，儒官李虚谷彦之继室也。虚谷先取周氏，蚤卒，继取孺人。孺人生而婉娩端重，寡言笑，父母奇爱之。及归李氏，姑即世久，独舅年逾六十，孺人事之，孝敬不怠。居一载，舅卒，孺人哀毁尽礼。治家闲内则，性勤俭，躬事绩纺，率至夜分，衣恒浣濯，食无兼味，用是家益殷富焉。李氏族大而兄弟众，孺人同居数十载，和睦妯娌，未尝少忤。内外称之，罔有间言。至于教子，则勉以一经。隆师亲友，礼极丰腆。训诸妇则惟以奢惰为戒，而身先之化，诸妇罔不率从。下至仆妾，亦曲加以恩意，人人感悦，乐为之用。其抚先孺人之女，爱逾己出，此尤人之所难及者也。呜呼！贤哉。

孺人生于嘉靖癸巳年十二月初一日寅时，卒于万历己卯年八月十九日子时，享年四十有七。子四：长曰一敬，郡庠生，始取黄氏，上舍养冲女，先孺人卒，继娶何氏，儒官冽泉女；次曰一清，取张氏，贡生慎斋女；季曰一举，末曰一阳，俱幼未聘。女二：长曰女贤，先孺人周氏出，适判簿林岐山男应春；次曰女宁，孺人出，适明府王似斋男。孝孙一，曰汝楷；女孙一，曰顺姑，皆敬出。以万历己卯年十二月二十六日窆于五十三都之钟家园。厥山坐丁向癸云。铭曰：

生也望族，归兮名家。妇德母仪，莹彻无暇。孝以事翁，和以睦族。克俭克勤，守以敦笃。诞生四子，教闲义方。环瑶瑜珥，烨烨流光。钟园之阜，芳灵所宅。一脉萃英，奕叶千百。

大明万历七年岁在己卯十二月二十六日立

【简跋】

此碑立于明万历七年（1579年），出土于水北镇王亭，现为邵武某藏家收藏[1]。墓志盖长48厘米、宽46厘米，篆书。墓志长47厘米、宽47厘米，楷书。撰文人曹熊，号晴江，邵武人，郡庠生。书丹人李有文，号简宇，邑庠生，系墓主大功侄。篆盖人李汝植，号仰龙，邑庠生，系墓主小功侄。墓主魏佛娘，系博罗知县魏显之曾女孙，儒官李彦之妻。生于嘉靖癸巳年（1533年），卒于万历七年（1579年，己卯），享年47岁。

明故饶母张氏老孺人墓志铭
（万历九年）

墓志盖：明故饶母张氏老孺人墓志铭

墓志：郡庠生张希贤撰书并篆

孺人张用俊之女、饶镛之妻也。镛初娶罗氏，生子溁而卒，继娶孺人，性至慈和，生子濬、河、沂、泗、滨。惟溁长成，见家贫弟众，便于分居。孺人益加淬砺，勤纺绩，损服食，以助诸子。濬则勤俭，率先娶吴氏，生权、梓、杞。河则奉公守法，以三考叨沐恩光，未膺选而遘疾，娶余氏，无出，合议以沂次子梧继之。一则延河之宗祀，一则报沂之勤劳也。沂则刻苦兴创，功实居

---

[1] 此碑由杨家茂录文，编者据原碑修订。

多。娶黄氏,生朴、梧、梗、樟。泗则协心赞相,娶张氏,生楠。河、泗先母而卒,滨则殇,而难以立继也。女一,妹姑,适杨兰。权娶傅氏,梓娶李氏,生文烨、文燧、文灿。杞娶徐氏,生文嬉。朴娶黄氏,梧娶王氏,楠娶黄氏。余幼未婚。子孙绳绳,日益蕃盛,皆孺人之余庆也。

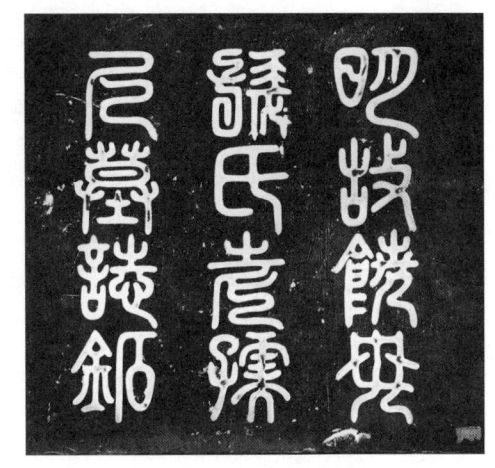

生于弘治庚申年正月念二日亥时,殁于万历辛巳年九月念九日寅时,享年八十有二,兹卜葬于象山夫镛墓左,坐甲向庚云。铭曰:

　　孺人未归,家运式微。孺人既归,世泽日培。

　　懿德可颂,芳声可追。凡厥子孙,仰庇慈闱。

【简跋】

此碑刊于明万历九年(1581年),现存邵武市博物馆。撰文并篆书人张希贤,邵武人,郡庠生。墓主张氏,系张用俊之女、饶镛之妻。生于弘治庚申年(1500年),殁于万历辛巳年(1581年),享年82岁。

明故妣吴母官氏孺人墓志铭

（万历十年）

房叔，郡学生、石龙吴继孟书丹

昭阳郡学生、西野刘文钰撰文

昭阳邑学生、直吾刘世济篆盖

待诰封吴母上官氏二老孺人，令终于万历玖年辛巳拾壹月廿四日午时。壬午岁，仲叔子邑庠生廷栋、廷相哀泣请予曰："母氏逝矣，我无令人。卜葬在玖月廿七日吉时，愿先生一言以志不朽。"予曰："女德如孺人，非言语所能悉，而予与二子有义重之雅，敢不述所闻以志之？"

按状：孺人讳富娘，巨族上官得昇女也。幼禀淳性，毓德深闺，择配吴君讳轩号石泉。相夫以顺，家业益蕃，吴氏一贤内助也。舅姑早逝，而太父原钦月山翁、太母潘氏春秋高迈，孺人奉事甚恭，古唐夫人今复见矣。先时，孺人止生伯子廷樟，乃太翁以党有孙孤之谣，复娶丘氏女为孙副室，孺人亲若妯娌，略无介意。孺人又生仲子廷栋，而丘氏所出廷相、廷杼、廷柱，婚娶惠爱，无异己子，古之杨夫人不是过矣。

甲戌岁，吴君石泉卒。孺人总理家政，构屋增业，教五子以义方，训诸妇以顺道。和以处亲邻，恩以待群下，内外无间言也。方拟膺受多福以待诰，胡为一疾遽尔告终。呜呼！孺人逝矣，享年六旬有三。顺受归全，无复遗憾，斯亦变不失常者矣。五子：廷樟，娶毛氏，生孙曰潜，女孙娴姑，适官权；栋，娶丘氏，先故，继娶邓氏，生孙曰治；相，娶黄氏，生孙三，泗、湖、洙；杼，娶邓氏，生孙浚；柱，娶官氏，生孙溥。诸子诸孙，济济英贤，皆母德所钟也。他日飞黄腾踏，焚黄墓前，诰封可待矣。孺人生于正德己卯七月十三日亥时，兹者扶仙柩往窆于张窠之阳，穴居于吴君之右。宅兆之美，可谓终焉，允臧者矣。遂为铭曰：

孺人淑行，罔不有臧。敬老慈幼，追古唐杨。相夫顺正，课子义方。乡邦称叹，亲族揄扬。地卜牛眠，允矣佳城。龙虎嵯峨，松竹森森。申山瘗玉，寅向堆金。千万亿载，悠久永宁。

万历拾年岁次壬午季秋九月廿七日壬午谷旦,孝男吴廷樟、廷栋、廷相、廷柠、廷柱同泣血拜立

【简跋】

此碑刊于明万历十年(1582年),现为邵武某藏家所藏。书丹人吴继孟,号石龙,郡庠生,系墓主房叔。撰文人刘文钰,号西野,郡庠生。篆盖人刘世济,号直吾,邑庠生。墓主上官氏,系上官得昇女、吴轩(号石泉)妻,生于正德十四年(1519年,己卯),终于万历九年(1581年),享年63岁。

明故徐母杜氏孺人墓志铭

（万历十一年）

明文林郎、知蓝山县事、郡人颐川谢祖撰文

明文林郎、知浦江县事、郡人似斋王墰篆盖

明郡庠生、期年侄怀南徐察书丹

万历己卯，予解组蓝山归，得与徐生来友生于儿莫逆也，缘是知生母贤。越辛巳正月念八日，母以讣闻，既生卜筑归厝，持其弟察所状行，征予铭，则嗟嗟痛曰："贤哉母也！"讵忍铭耶？抑义有不得辞者，乃手状读之。

孺人盖杜姓，先世钟离人。祖遇贤，以驰道功多，太祖时，封百户侯，遂世家邵武。孺人年及笄，归处士徐君冲。徐故望族，稍弗闲，礼鲜克。承事孺人，养舅若姑，纤屑具善，而节春秋之殷荐，率祗于诚，徐之妇，未有也。徐君尝业儒，孺人谓曰："世岂必执简博第乃可为乎？若即先业之遗者，殖而厚焉，亦理生之经也。"徐君唯唯。用是贮缗益产，隐若素封，固徐君能征，孺人昌致也。徐君于昆季为长，二三妯娌群居杂处，孺人交接其间，欢然恩爱。故家宜而族洽，绰有古敦睦风。初艰于嗣，已乃得来，生一始就外傅，人谓"宗祊重托，盍少假焉？"而孺人旦夕策励，期玉于成，生寻补郡博士弟子，旋进而廪之肆。今笔端鼓舞，翩翩人世矣。生即贤而肖铸，曷可诬也。嗟夫！孺人相厥夫，复成厥子，贵矣而勤，富矣而俭，阃无内外，治有余能。彼茧茧阗茸者，睹此不报死耶？孰意粉黛笄袆而士行若是也，雅不饵药，一疾竟弗能起。即不称夭，其若丹诰何生？坐是憾矣。孺人生正德乙亥闰四月十三日，卒之时，年六十有八。子来娶黄氏，黄克嗣徽音，伤姑之没而弗克终养，盖后二月卒焉。女三：长适邑从事李一言；次适杨柏；次适庠士陈王言。孙男三：大用、大成，黄出；大亨，侧室官出也。孙女一，保姑。兹以万历癸未正月六日，扶柩窆于城东三都，地名银珠窠，艮山坤向。从姑洪右，亦生而孝之，死弗忍离焉耳。予愧弗文，不能效子政为孺人作传，与古列女相颉颃。而仅按其行实录之，庶潜德不至湮没，且令后有百世者知所兴起也。铭曰：

维彼银珠，夙称地灵。彼君子女，莫之与京。光于先世，佑乎后人。山郁

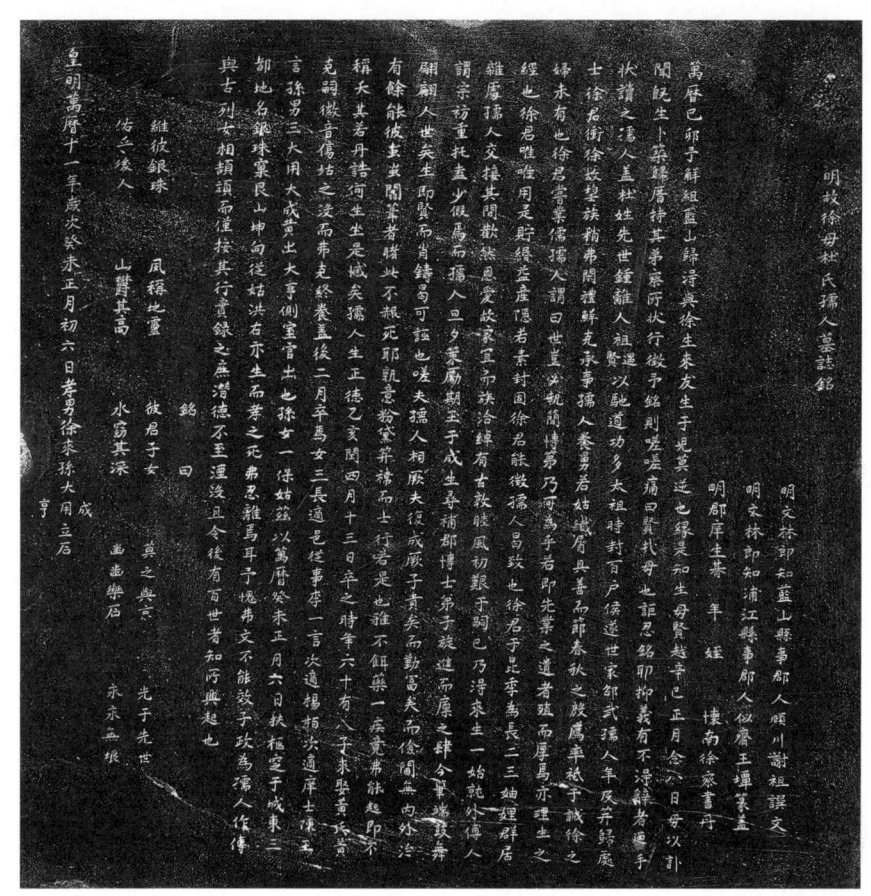

其高，水窈其深。幽幽乐石，永永无垠。

皇明万历十一年岁次癸未正月初六日，孝男徐来，孙大用、〔大〕成、〔大〕亨立石

【简跋】

此碑刊于明万历十一年（1583年），现为邵武某藏家所藏。撰文人谢祖，号颐川，邵武人，嘉靖间岁贡生，官至蓝山知县，光绪《邵武府志》卷二十有传。篆盖人王墰，号似斋，邵武人，官至浦江知县。书丹人徐察，系墓志之侄，号怀南，郡庠生。

墓主杜氏，邵武卫前所百户杜遇贤后裔，徐冲妻、徐来母。正德十年（1515年，乙亥）生，万历九年（1581年，辛巳）卒，享年68岁。徐来善于经营，恢宏家业。

明任母廖孺人墓志铭

(万历二十二年)

墓志盖：明任母廖孺人墓志铭

墓志：明任母廖孺人墓志铭

乡贡进士出身、知顺昌县事、徽州祈（祁）门叶一林撰

乡贡进士出身、顺昌县县丞、浙江余姚胡正善篆

乡进士出身、顺昌县儒学教谕、福清江世禄书

顺邑干里有任母廖孺人者，事夫金山君。君乃文林郎彦晖公曾孙，训子筠亭由弟子员补太学，授鸿胪。孺人父卓堂公，莒口廖巨姓也。生而婉淑，有令仪，闲织纴诸女役。笄归金山君。君母没，继姑三，性殊或少当，孺人一修色悦进。金山喜交海内人豪，亲昆季嫽友，遇困辄赈之，作檀傍瘗暴骨，义声啧啧称人，业故不甚广。孺人亡，几微左益，阴酱以佐施予。君逝，家政出筠亭主持，以故弗酬夙志，志矢综理，亡何光大本业。时游邑侯贵，人间多所尊礼，宾四方都人士，及子姓不吝款给。乃自奉，仅专味恒规，其出纳独不规，以奉孺人。孺人泊然无所嗜，及孺人病，出橐亡魄，伟珍怪藏仅数白金，毗具布素衣，且曰："老人业尽，是亡令子孙累珠玉纨绮饰。"

孺人生正德戊辰年四月十七日，卒万历甲午年六月念二日，寿八十有七。

子一，即筠亭，讳重华。孙二：曰严，事家人业；曰新，南雍太学生。曾孙二：嘉善，曰严出；惟寅，曰新出。

孺人是年十月初五日酉时葬于黄溪，合金山君之兆，礼也。筠亭御茶苦，简其子乞铭。余宰顺下车，问巨姓，即知筠亭，握手三祀，习孺人状。故铭曰：

黄溪之藏郁而葱兮，益而之

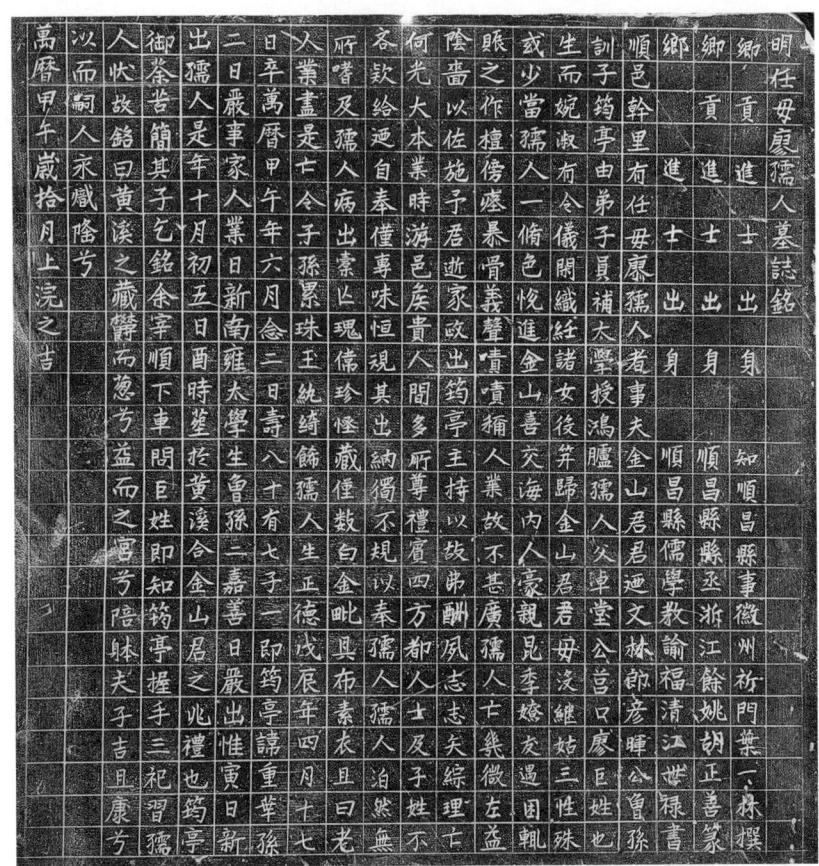

宫兮。陪体夫子吉且康兮，以而嗣人永炽隆兮。

万历甲午岁拾月上浣之吉

【简跋】

此碑刊于明万历二十二年（1594年，甲午），出土于邵武卫闽镇王溪口村，现存该村。墓志盖长58厘米、宽58厘米，篆书。墓志长58厘米、宽56厘米，楷书。撰文人叶一林，徽州祁门人，乡贡进士出身，时任顺昌知县。篆盖人胡正善，浙江余姚人，乡贡进士出身，时任顺昌县县丞。书丹人江世禄，福清人，举人出身，时任顺昌县儒学教谕。

墓主廖氏，建阳莒口人，系廖卓堂之女，嫁顺昌干里任金山。由墓志所述推测，任金山很可能是一位商人，去世后，其子任筠亭承袭父业，由儒转商，"光大本业"，并与顺昌官绅交游，跻身地方精英之列。

故江公梅泉先生墓志铭记
（万历二十六年）

乡进士、湖广岳州府通判、雅崧杜钟秀撰文

北京国子监大学生、族侄苍盘台铨书丹

邑庠生、族侄砺泉镡篆盖

予昔上春官，道经北洛，拉先荐今郁林太守阳川江翁偕往，得款宿，燕谈知翁济济族英，乃奇特。若兄梅泉君，尤所侧闻而嘉美也。越今十余年，云萍异遘，阳川出跻显仕，梅泉仙逝。嗟嗟！人生荣瘁有定迹耶？正追忆间，适梅泉之子曰宗淮、宗汉者，蹙容持状诣予，泣曰：“痛孤积孽，祸延先考，溘尔捐世。先考行义卓卓，生不获沾一命。既殁，而无以阐诸幽，谓不孝何？借重先生一铭，以光泉壤。”予笃阳川通家义，视若兄犹兄也，敢不按状铭之？

君讳玉，字润夫，别号梅泉。先代居邑之拿坑，中迁北洛。曾太父祐，祖文英，父海，世培潜德。生而颖异，质颀貌伟，动止有常，人皆以不凡目之。甫冠，失所天，毅然自立。偕兄东山公肆力服贾于江湖，归赀无筭，富擅两邑，产物靡有不具，嫁娶悉名家。遂语人曰："吾事毕矣。"挈钜业授之二子，不复远出，日惟优游自适。虽陶朱、白圭之乐，何异是欤？性谦抑，不以富骄人，襟怀洒落，对村童、野叟亦相笑语。有为款者，与之饮淡茹粗，不拂其意。所至人兢迎之，宛然邵尧夫风度。尤笃于孝友，亲早逝，时思匪替，祭祀必虔。敬其兄东山少而至老不衰，哀死迥出常情。族姻虽众，一惟诚以洽之，惠以怀之，大小咸得其欢。此其行之章章较著者也，顾善未易数云。

君生于正德辛未年十一月三十日辰时，卒于万历乙亥年七月初六日巳时，享龄陆十有五。娶妻黄氏，无违德。男二，即乞铭者，咸光前之杰。女一，适大学生施子名弘济者。男孙八，曰：应棠、应棣、应标、应续、应绍、应缵、应纹、应模，俱伟器。曾孙曰文熙等。蛰蛰绳绳。兹卜万历戊戌年甲寅月丁酉日乙巳时，窆君柩于邵武城西黄藤之阳，背乙面辛兼卯酉。盖地仙饶敬所卜，久年而后得也。瞭灯煌煌，君必怪安于下。铭曰：

有美人兮，邦家之特。不忮不激，起家陶白。五福兼膺，全归正箦。郁郁

佳城，黄藤古陌。刻辞贞珉，永昭潜德。

大明万历贰拾陆年岁次戊戌正月吉旦立

【简跋】

此碑立于明万历二十六年（1598年），出土于水北镇王亭村，现为邵武某藏家收藏。[①] 碑高56厘米、宽56厘米，楷书。撰文人杜钟秀，号雅崧，举人，时任湖广岳州府通判，光绪《邵武府志》卷二十有传。书丹人江台铨，号苍盘，国子监生员，系墓主族侄。篆盖人江镡，号砺泉，邑庠生，系墓主族侄。墓主江玉，字润夫，别号梅泉，与兄外出经商，大获成功，"归赀无筭，富擅两邑"。生于正德辛未年（1511年），卒于万历乙亥年（1575年），享年65岁。

---

① 此碑由杨家茂录文，编者据原碑修订。

明故东泉黄处士墓志
（万历三十年）

墓志盖：明故东泉黄处士墓志

墓志：公讳世安，东泉其别号也。先宋黄简肃之流裔。厥考员，母官氏。同胞者五：长曰世显，次曰世荣，三曰世英，五曰世钦。曰长、曰三、曰五，先公而逝。公行四，先娶宁氏，继娶徐氏，郡庠徐生之妹也。共有子四：长曰道亨，娶吴氏；次曰道泰，娶王氏；三曰道开，聘丘氏；四曰道昌，尚幼未婚。女二：长凤姑，配邓文秀；次保姑，适张四教，皆邑中巨族。我公之生，蚤年失怙。中叶坎坷，而生理亦几匮矣。追冠，不作俗子态，傍徨四顾，不以积弱自安，而卓然为竖立恢扩之计。故朝夕经营，弗惮劳瘁，河山涉跋，甘尔间关。未几，货赀浸丰，家声日起。数十年来，粟红贯朽，樵之言家者，让先驱焉。兹尤其易者也，难于步武者，而赋性也。耿而介，制行也。方而直，其接物。而应事也，和煦而公平，义利分明，取予弗苟。而助桥以利众涉；兴塔以培文脉；立蒸尝瞻（赡）读田，以崇报先德，启佑后人。种种厥善，奇男子，伟丈夫。乡党宗族，遐方异域，罔不同舌而称之。非啻贾中之空谷足音，晦明日月者哉。若夫膏腴遍野，堂构远云，世每于是多公之缔造。然而，公之志不在是也。公之志在祈子姓英英，蜚声艺苑，著绩庙廊。拓其利中涉者，而利千万世。扩其培文脉者，而文明乎天下。兹公之素也。讵良贾云云，足模公之状耶。矧诸见，即又皆善继、善述，而异日有不可寻常度量者乎。

公生于加（嘉）靖年丁酉年四月念四日亥时，死于万历辛丑年七月十五日未时，春秋六十有五。卒于正寝，可谓世之完人矣。死之明年仲冬三日辰时，卜地于城东廿七都，地名赤岸之阳，乙山辛向。徐生偕长男道亨氏，昔于敝署有文华之雅，故弗以予不文，而走币丐

予为之铭。情弗容辞，遂援笔而撮其公之梗概，宁足以悉公之详也，即以是为铭焉。铭曰：

山色葱葱，水声寂寂。来当产玉，先兹埋璧。

天厚其衷，地藏其魄。公归斯土，嗣续昌炽。

万历三十年十一月初三日，原邵武府儒学教授、浙衢石屏李继皋顿首拜撰

郡眷侍教生徐应运篆

郡友人黄应科书丹

亲兄黄世荣，堂侄应柏、应祥仝铭

孝男黄道亨、道泰、道开、道昌泣血稽颡立

【简跋】

此碑刊于明万历三十年（1602年），现为邵武某藏家所藏。[1]撰文人李继皋，号石屏，浙江衢州人，原邵武府儒学教授。篆盖人徐应运，系墓主亲属。书丹人黄应科，墓主之友。立碑人黄道亨等，系墓主子嗣。墓主黄世安，别号东泉。经商外省，"货赀浸丰，家声日起"，成为邵武巨富。

---

[1] 此碑录文及照片由傅再纯提供，编者据照片修订。

明故处士玉阳杜公同母郑氏老孺人合葬墓志铭

(万历三十六年)

北京兵部武选司郎中、眷生黄克谦撰文

庚子科举人、眷生王洵书丹

邵武府廪生、眷生丘有成篆盖　地师洪都雷国祯

杜公玉阳殁后廿一年，为万历戊申，其子方实卜得月山之阜，以十一月念五日午时葬祖母与公，而公之母太孺人郑氏祔之也。乃缄状请志焉。志曰：公讳钟英，字德俊，号玉阳。其先，始祖遇贤公，以武功封邵之百户侯，遂家焉。曾祖能，生祖瑄，瑄生鹤翔，号有怀，为太学生，任浙江龙泉县倅。公先娶周氏，生长子钟奇，以椽显，任湖广荆门州州倅，娶符氏。仲子钟秀，以贤书显，中隆庆庚午科，累官至儋州知州，娶胡氏。公继娶郑氏，乃金吾将军古樟郑公凤之女也，生子一，即玉阳公，娶周氏。

公生而颖异，发愤下帷，攻苦食淡，而闻名籍甚衿衿间。其事父母至孝，怡愉色养。待兄弟戚里，罔有骄肆裘马态。适戊子秋岁，大比士，公适晋安，青眼未逢，黑貂已敝，未几而歌《薤露》。嗟乎！山颓木坏，难续百夫之防；发白颜红，遑惜一家之恸。公生子一，名方实，仅五岁焉。妻周氏，仅二十三岁，竟孀居焉。赖有母郑孺人在。且孺人之事有怀公也，勤俭谨慎，义方有训。昼则绩麻枲，夜执女红，历甲丙不休。始则与公同其甘苦，继则赞其成业，无先后心，无阴厚己子。而有怀公大拓先畴，盖亦孺人内助之力茂矣。

孺人生于正德癸未年六月廿五日，卒于万历壬辰年六月十七日，年逾古稀。玉阳公生于嘉靖丙寅年十月初七日，卒于万历戊子年十一月初八日，春秋廿有三。子方实为邑庠生，娶龚氏。孙二：长伯庚，次仲丙，幼未聘。女慧姐，幼未字。谨以戊申冬十一月甲子廿五日戊申午时葬于四十八都，月山之阳，坐申向寅，与母郑氏孺人合圹而葬。有封有树，为亿万代之佳城也。乃为之铭，铭曰：

有永永者，孰谓之短？有赫赫奕奕者，孰谓之浅？殁而嗣贤，孰谓匪远？维彼之墩，然猗上阜之丸，然其君子之阪乎？

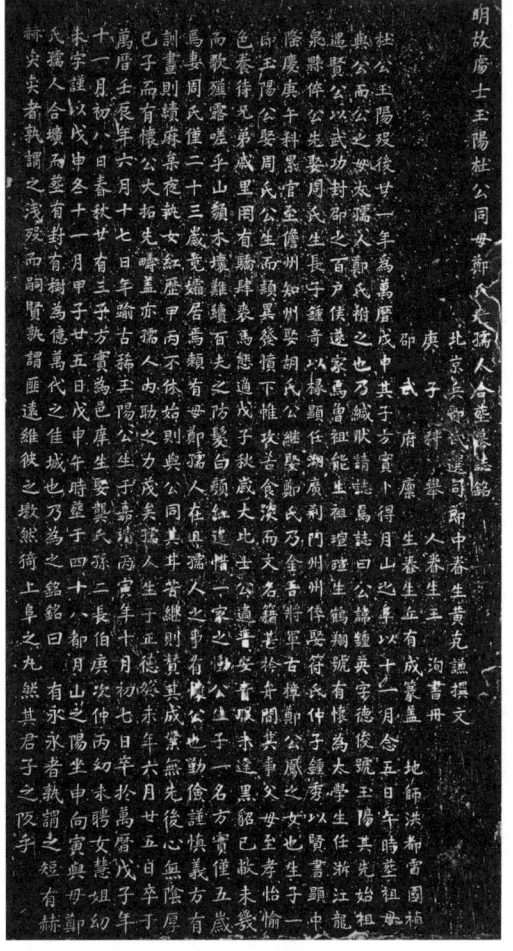

【简跋】

此碑刊于明万历三十六年（1608年，戊申），现存邵武市博物馆。碑高62厘米、宽35厘米、厚2.5厘米，楷书。撰文人黄克谦，祖籍邵武，入浙江官籍，万历二十六年（1598年）进士，官至广东布政司参政，时任北京兵部武选司郎中。书丹人王洵，字惟信，万历二十八年（1600年）举人，授承天府推官。光绪《邵武府志》卷二十有传。篆盖人丘有成，邵武府廪生。地师（堪舆师）雷国祯，南昌人。

墓主为杜钟英及其母郑氏。杜钟英，字德俊，号玉阳，系邵武卫前所百户杜遇贤后裔。生于嘉靖丙寅年（1566年），卒于万历戊子年（1588年），享年23岁。郑氏，金吾将军郑凤之女、太学生杜鹤翔（号有怀）之妻。生于正德癸未年（1504年），卒于万历壬辰年（1592年），享年89岁。

吴氏老孺人墓志铭
（万历三十八年）

樵阳通家生刘世济谨志

城西樵岚有吴孺人墓，乃故庠士羊君德宁之淑配。羊君，别号振闽，其子炳章欲葬母于振闽君之侧。志曰：孺人樵阳吴公之女，及笄，归羊氏。孝敬翁嫜，恭和妯娌。慈训幼弱，协赞家政。井井有条，由是上下蔼然。羊君得不羁家务，颛志肆（肄）文，屡赏青眼，芳誉隆隆起者，乃知孺人果无忝断织羊子妇也。天道何奇，羊君、孺人先后而逝，竟留未发之福祉于后人，夫复何憾？孺人生四子：曰炳章，配黄氏，生一子，名执经；曰烨章，配李氏；曰燧章；曰奎章。一女瑞姑，适黄氏。诸子若孙，异日群凤齐鸣，足征羊君、孺人之德也。孺人讳金娘，生于嘉靖庚戌年二月初二寅时，亡于万历乙巳年七月十六未时，卜葬于樵岚夫墓之傍，坐乙向辛，以庚戌年二月初三日丑时之吉入圹。铭曰：

翳彼孺人，妇德俱优。相夫也，有断机之风。育子也，克绍夫箕裘。樵岚之阳，乐哉斯丘。

任可久刊立

【简跋】

此碑刊于明万历三十八年（1610年），现为邵武某藏家所藏。撰文人刘世济，邵武人，生平事迹不详。墓主吴金娘，邑庠生羊德宁（号振闽）之妻，生于嘉靖庚戌年（1550年），亡于万历乙巳年（1605年），享年56岁。

宋儒何镐墓界碑
（万历四十一年）

正面："宋代先贤，龟津后裔。何稿（镐）叔京，千古正学。癸丑秋月，津剑子能。"

背面:"叔京出在慈悲涂,葬在十九都。麻坑山壹片,四至界内:上至山顶,下至山脚,左右俱到分水为界。蛇神。"

【简跋】

此碑原立于洪墩镇尚读村尚读小学(台溪精舍旧址),现存洪墩镇桥头村。碑长60厘米、宽40厘米,楷书。正面碑文高度评价宋代理学家何镐,称其为"宋代先贤""千古正学"。署名人子能,可能是何姓族人。

背面碑文交待何镐墓地的四至界限。同时,石碑正面刻有飞龙腾跃,背面刻有双凤朝阳、双鲤跃波图案。若仅从"癸丑秋月"的落款难以判定此碑的具体时间,尚读村《庐江何氏族谱》将其记为明万历四十一年(1613年,癸丑),姑从之。①

何镐,字叔京,理学家何兑(字太和,号龟津)之子,世称台溪先生。少承家学,又从朱熹游,著有《易论语说》《台溪集》数十卷,弘治《八闽通志》卷七十有传。台溪精舍,位于七台山之麓,小溪之滨,是何镐读书问学之所。光绪《邵武府志》载:"元季兵毁。明成化间,里人邱福重建。万历间重修,旁有祠。"② 理学宗师朱熹曾为何镐撰写《味道堂记》《何叔京墓碣铭》《知县何公圹志》,本书均有收录。

---

① 《庐江何氏族谱》,2002年刊修本,谱存邵武市洪墩镇尚读村。
② 光绪《邵武府志》卷二八《古迹·园宅》,2017年点校本,第1036页。

明太学龙见陈公墓志铭

（天启三年）

　　赐进士第、中宪大夫、北京太仆寺少卿、前钦差总督直省漕储、巡按山西河东等处盐政、浙江道御史、眷生江日彩撰文

　　赐进士第、文林郎、北京刑科都给事中、前吏科左给事中、户科右给事中、奉敕勘核登莱兵饷、督理巡青、眷生李春烨篆盖

　　万历癸巳科选贡、修职郎、广西平乐府经历、从兄天标书丹

　　呜呼！是为吾友太学陈公之墓石。公少而倜傥，负奇名，振胶庠。余数尾先赠公，见其抵掌谈艺，辄心仪之，齿稍后，不敢以雁行。公顾进之交籍，申以婚媾。泰俗颇近古，十年以来，聪明权智之用开，而朴茂之意微上。辛酉，余使事南还，期与公共讲闾党之化，而公下世。越三年，其子属余志石。余交公最久，知公最深，铭公宜莫若余者。

　　公上世德州三店人，元泰定间，万一公为延平书院山长，徙居吾邑。数传而生端应，天顺中例贡。沙、尤寇起，从尚书金、宁阳侯陈招抚有功。再传而生龙川公，以厚赀为德于乡。母李孺人艰育子，中岁始单举。公万历丁酉同余试省闱，龙川公见悖，讣闻，舟行七日夜，浆粒不入口。比归，勉图襄事，蔬食三年数奇。屡蹶场屋，徙业南雍，大学士鉴湖孙公一见器重。公顾怫然曰："吾以浮名，故生不逮养，死不逮诀，更安能从诸少年逐队作活计哉！"辄厌去。尝登牛首岗头，凭吊金陵王气，欷歔感叹。暇益穷览古今成败，险扼要害之所由。旁及星官、地舆、医卜诸书，搜玄抉奥，自为诠解，俱有妙义。公既不乐进取第，时延明师良友课勉其子若孙。晚而偕给谏李君广文、丘君暨公伯氏参军结社率真，力追大雅，时论韪之。

　　公讳天荣，字惟仪，号龙见。为人端方深谨，外和内介，家籍乔荫，泊如寒素，而慷慨持大节，重然诺，严取与，恤族党，立家训，门庭之内俨若朝典，断断如也。尤善为人排难解纷，郡有余姓者兄弟争产，嚣讼不休。公偶道遇，诘其故，以母瞀季，为引人伦至情，曲谕之，遂各引愿释憾，母子兄弟如初。于是里闾中，事难决者，多取定。公私相告，语无为陈君所短。邑贤令若湛如钱公、内文吴公，

雅高其行，折节下交，人以方于元礼仲举之伦云。子三人，并噪文声。余亟目愠之，谓是必券无爽。惟公亦自以为得，一当快生平，惜也，公不及待矣。

距生嘉靖戊午五月初九日，卒天启元年二月初三日，享年六十四。娶施氏。生子：长九德，太学生，娶太学李君孔道女；次九畴，廪生，娶耆宾梁君寁女；三九如，庠生，娶廪生谢君明良女。女二：长适庠生雷震寰，次许余长男晋，俱先公卒。孙男：暎奎，原聘余弟日就女，今娶礼部儒士涂君应秋女；联奎，庠生，聘庠生江君跃龙女；炳奎，聘庠生李君之佳女，俱德出。熉奎，原聘太学江君存施女；灿奎，即余婿；燦奎，聘庠生叶君振芳女，俱畴出。孙女一，适合州同知江君济南子图龙。卜天启叁年闰拾月贰拾捌日寅时，厝音山萧湖之阳。首乾趾巽，形如蜘蛛结网。嗟夫！才冠于时为名隽，富甲于乡为素封。砥名矜行，闾里式化为金玉长者。三郎露文，诸孙竞彩。文章德业之盛，疑未有过公者。独其善，树有获，不于身而享之，吾然后知潜耀之靡常，而稽彰之必至也。是宜铭，铭曰：

惟汉有太丘长，曰陈仲弓。其子元季，并为人龙。公岂苗裔，德履攸同。贵不酬才，寿不竟志。及身裕后，谁啬谁丰。子姓绳绳，代有兴者。钻辞玄隧，视此石也。

天启叁年闰拾月贰拾捌日吉，孝男陈九德、九畴、九如，孙暎奎、联奎、熉奎、灿奎、炳奎、燦奎同立石

【简跋】

此碑刊于明天启三年（1623年），现为邵武某藏家所藏。撰文人江日彩，号完素，泰宁人，万历三十五年（1607年）进士，时任北京太仆寺少卿，崇祀乡贤祠。光绪《邵武府志》卷十九有传。篆盖人李春烨，字侯质，号二白，泰宁人，万历四十四年（1616年）进士，官至兵部尚书，时任北京刑科都给事中。书丹人陈天标，墓主堂兄，万历癸巳科选贡，时任广西平乐府经历。江日彩与李春烨的墓志铭，本书均有收录（《明中宪大夫太仆寺少卿崇祀乡贤完素江公墓志铭》《明赐进士光禄大夫勋柱国少保兼太子太师协理京营戎政兵部尚书二白李公暨元配累诰封一品夫人江氏合葬墓志铭》）。

墓主陈天荣，字惟仪，号龙见，泰宁人。太学生，"富甲于乡"。生于嘉

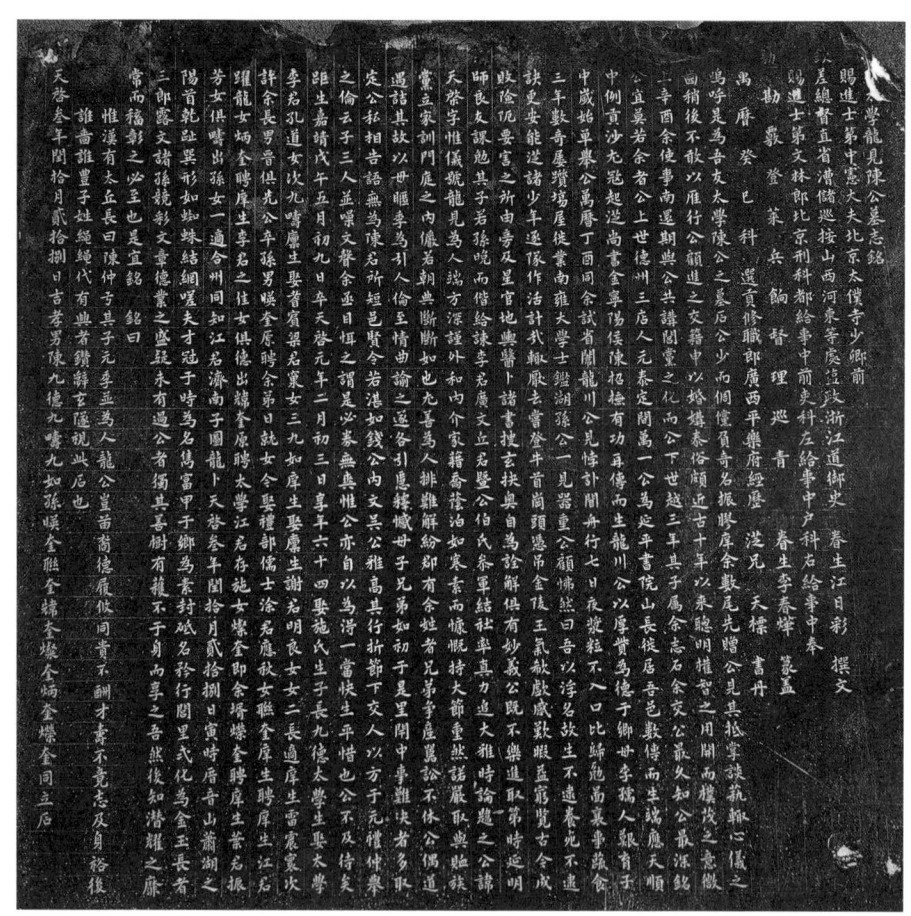

靖戊午年（1558年），卒天启元年（1621年），享年64岁。其妻施氏的墓志（《明显考太学龙见府君暨妣施氏孺人合葬志》），本书有收录。

明中宪大夫太仆寺少卿崇祀乡贤完素江公墓志铭
（崇祯元年）

墓志盖：□□中宪大□太仆寺少□□祀乡贤完□江公墓志

墓志：■少卿崇祀乡贤完素江公墓■

■夫、礼部尚书兼东阁大学士同■裁官、年弟钱龙锡撰文

■府同知四品服俸、前巡按陕西直■监察御史、门生温国奇书丹

■东潮州府海阳县知县、宗弟愈敏篆盖

■生公，其有意耶，其无意耶？以公之隽于□□□□不畅，实以公之厚绩于德也，而年不竟□□□已稍显融，而年已稍不为夭，犹之乎其甚□□乃孤征之感，旅病之阨，生死仳离之痛，则真□□不仁，而神理之綦酷，其为行道悱恻当何如者？何况兄弟之谊，身尝周还其事而尚忍呲毫以志公石哉！虽然，兄弟也，与公同门墙称弟子者也，能诵公之言，曙公之生平者也，又何可以终辞？

按状：公讳日彩，字德华，别号完素，世为闽邵武之泰宁人。始祖宋赞善大夫本，历传为淑，为廷宾，甲榜有声。公曾祖锷，益府典膳。祖瑞，以明经为秀水令。父中山，庠生，以公贵，赠如公官。娶谢恭人，生子三，长即公也。公少颖异，总角馈于黉宫，文誉蔚跂。追赠公不禄，有庶母弟某某，旧因蛊于恶少，游冶废箸，赠公不忍际，尝力绳之，则衔恨切骨，乘公之单也，遂欲一逞于公，而戚属有交关陵舞者，至构大讼再四。公独身角距勿诎。上官晢其状，且才公也，挟讼者，诟谓曰："是且大而门而忍相龀耶？"公遇困衡，益淬砥名行。内奉慈母，训饬二弟；外以柔道，消弭嫌衅，而仇者亦毋如何矣。仲弟克荷堂构，公悉以家梀委之，一意大业，屡铩翮不少挫。遂以丙午举于乡，丁未成进士，与余同出今大宗伯晋醇孟老师之门。其两闱牍及国门悬书，藉藉传诵海内。戊申授江西之金溪令。溪为饩邑，荐绅冠盖甚伙，而士习滋浇，其吏弊民窳，往往如乱丝之不可解。甚者，盗贼探赤白丸，横行都市。公不为毛举鸷击，而宽以猛剂，恩以法行，谢私谒，划宿蠹，进礼让，退嚣争，于是百姓化于恬，子矜闲于度，而宄窃屏迹远去，有晋士会之风焉。主簿某，廉吏也，为当道所谪，公极口雪之，竟获免。其操厉冰蘖，即俸余，多以备赈救及供邑中修缮，迄今溪人德之。

甲寅考选，候命都门，阅五六年许，亡所事。造请俞旨既下，得浙江道御史，首具释累臣，广枚卜，纠贪横诸疏。己未。按辘河东。时，晋地以岁歉，民多称乱，枹鼓昼警，幕府拟用兵猱剿之。公力言不可，密以计歼其渠魁，解散余党，赒恤茕黎，安堵如故。而奸徒唱议开矿，疏请于朝，公愤然曰："晋已凋劫极矣，何物么麼，敢以锥刀殆生灵患耶！"亟纠寝其事。它如禳旱潦，惩贪墨，崇正祀，

茸舆梁，与凡恤商惠氓诸政，晋人已碑颂之，不可缕数也。

辛酉还朝，值广宁之陷，榆关危急，公荐今督师尚书袁公崇焕出守宁远，卒再挫虏锋，人咸谓公知人云。壬戌，奉命督辽饷，清核侵冒数十万。疏斥郡丞之通武弁为蠹匿者。所莅肃然。时大狱烦兴，庙议腾沸。公以资望深，讯谳多出其手。而平亭情法，群喙贴服，往往排大众、触大豪而不顾。癸亥，以督饷功赐金币，随晋太仆寺少卿。而公则睹乾纲之渐解，而倖门之如市也，为之邑邑不乐。寻以使事还里门。甲子冬，黾勉报命，襆被而行，弗复以孥从，盖渐欲为肥遁丘壑计。而二竖侵寻，孑然旅舍，形影相吊，极目万里，家室天涯，廑余同门若亲朋二三人，相与调汤药，视含殓雪涕苏苏，肝腑欲裂。然公易篑之期，语不及私，惟以时事为忧而已。噫！迨可谓端委虎门砥柱鲸流者欤！公殁于天启乙丑十二月，距其生隆庆庚午，得年廑五十有六。呜呼，悲夫！初，余辈貌公以为粥粥长厚者耳，已觇之，疏俊伉爽，襟宇塏豁，有磊砢大节，孝友笃挚，宛尔庆建家风。即致身丹霄，荣及二亲，而孺慕不去于怀；创置祠田，毋累贫窭，而恩施普泛，怨亲平等，昔之龁我者亦转而令德我矣。自筮仕廑及三政，皭然清白，所至，辄有建竖。立朝，端量耿介，无所依傍，如松柏，亭亭千尺。虽迹縻好爵，而道绝缁染，一时瘄集鸱嚇，身名霣堕者，视公何如哉！

公娶余氏，累封恭人。子五：晋，太学生；萃，蚤夭；恒、豫、复，俱庠生，并余恭人出。晋娶谢氏，继涂氏；萃娶萧氏；恒娶邹氏；豫娶徐氏，继黄氏；复娶邹氏，继戴氏。女四：一适聂君从实，余恭人出；一适陈君灿奎；一适李君自樾；一幼未适，并庶李氏出。孙男五：祖武、祖德，晋出；祖忠、祖义，豫出；祖范，复出。孙女六：春姑、宝姑、妹姑、贞姑，晋出；珊瑚、女贞，豫出。晋等既徒跣数千里扶榇归，拟葬公于本邑梅口保之大垅，首申趾寅兼坤

艮三分，盖从公生平所自卜也。毁瘠中，手次事状，乞言于余。适余承乏纶扉，令公如在也，将藉公瑰材峻节以共佐维新之治。而今已矣。悲夫！是用志之，而且铭之。铭曰：

生而为循良吏，为名御史，为愲愲文行君子，殁而玉树纷披庭阤，是为不死。我操斑管，以终情寄，庶几谊问，千秋永贲。

皇明崇祯五年岁次壬申十二月初五日丑时吉

孝男晋、恒、豫、复，孙祖忠、〔祖〕武、〔祖〕德、〔祖〕范、〔祖〕义等仝立石

太仆公以天启乙丑季冬卒于京邸，丙寅春，晋等奔讣，阅月至京。又四阅月，公柩至里，停于城东别墅。厥后，邑之士绅耆庶，思公德不忘，佥请当道，欲祀公乡贤，暨得所请，遂以崇祯己巳冬，郡邑庠，咸立主焉。先是公殁时，骨肉远隔，独华亭机山钱年伯，笃同门谊，痛哭裹后事，不啻兄弟。迨晋等北上，钱又南迁，还过南都，始获匍匐谒谢，因乞铭言。时，年伯足疾作，未遽属笔，许以邮致。崇祯戊辰冬，志铭稿到，故入祀一事，中不之及。今兹卜葬立石，又入祀之四载也。岁月易流，人事屡变，小子无良，报德何期？言念及此，益用悲矣。晋等附记。

【简跋】

此碑立于明崇祯元年（1628年），现存泰宁县博物馆。[1]墓志盖顶部和底部残损，篆书。墓志碑两块，高65.5厘米、宽62.7厘米、厚2.5厘米，楷书。撰文人钱龙锡，字稚文，松江华亭人，万历三十五年（1607年）进士，时任礼部尚书兼东阁大学士。书丹人温国奇，字仲庸，江西宁都人。系墓主门生，万历四十四年进士，时任苏州同知。篆盖人江愈敏，系墓主宗弟，泰宁人，时任潮州府海阳县知县。

墓主江日彩，号完素，泰宁人，万历三十五年（1607年）进士，官至太仆寺少卿。天启五年（1625，乙丑）卒，崇祀乡贤祠。光绪《邵武府志》卷十九有传。

---

[1] 碑文转引自连小琴、卢衍琪编著《泰宁古代碑刻史籍选萃》(福州：海峡书局，2013年，第48-49页)，编者据原碑照片修订。照片由泰宁县博物馆提供，特此致谢。

明故七十八显妣张母饶氏孺人墓志
（崇祯八年）

墓志盖：明故七十八显妣张母饶氏孺人墓志

墓志：予祖母饶氏孺人，今逝已十五年。既葬而迁，再迁，始卜葬于兹三都黄花岗，面戌负辰。盖天生人，洵有定地矣。忆孺人之相予祖淑爱公也，相与拮据兴家，贻后殷足，勖以诗书。年六十四，值公先逝，居十五载而孺人始逝。逝之日，盖天启辛酉年闰二月十一日戌刻也。遡其生，则嘉靖甲辰年三月十一日巳时，寿享七十有八。生二子：予伯讳炤，娶李氏，生之台、之里、之祚。予父讳焞，娶黄氏，生不肖垣、之望、之圣，同母弟也。继母黄氏、郭氏。其曾孙名士衡、士元、士亨、士达、士伟、士伸、士仲、士倩、士儒、士佺。其玄孙曰端等，例应悉记，同垂不朽。惟山岳之有灵，默佑蠡斯于不替也矣。是志。

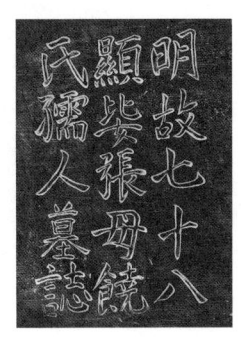

时大明崇祯八年岁次乙亥腊月廿六日壬寅寅时，葬于兹，为千秋记云。

不肖孙之垣百拜

纪■

是日也，孙妇黄氏■

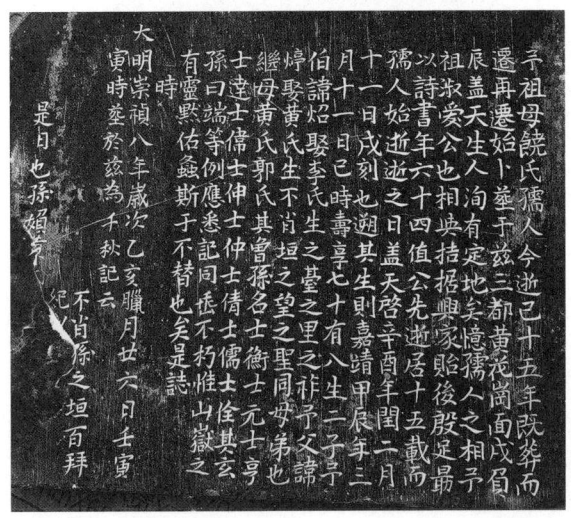

【简跋】

此碑刊于明崇祯八年（1635年），现为邵武某藏家所藏。撰文人张之垣，系墓主之孙，生平事迹不详。墓主饶氏，系张淑爱之妻，生于嘉靖甲辰年（1544年），卒于天启辛酉年（1621年），享年78岁。

明显考太学龙见府君暨妣施氏孺人合葬志

（崇祯十年）

孺人讳兰，邑大田处士云谷施公女。年十七而归府君，端洁温惠，饶有志概。大父壮岁始举，府君大母性严，意孺人弱不任事，顾恪恭唯谨，酒浆纺绩外，咸井秩有条，甚得其欢。府君以文雄诸生，得一意攻苦，则孺人内襄之。以大父大母春秋高，厌世，哀瘠成礼。岁时伏腊鱼菽之祭，必亲必虔，寻独栋家政。不孝兄弟先后为博士弟子，隆师亲友，不靳鲜腆。府君益拓前业，食指恒满数十人。孺人先鸡而起，中宵而寝，每饭恒后于众食。府君凡肯两大堂构，皆孺人劳苦佐成。不孝辈数奇困顿，无能发扬光大。孺人课迪之余，辄相慰藉，谓丈夫第，勉成先志，富贵有时，何用强为？

僖（熹）宗辛酉，府君谢宾客，不孝始析箸而食。孺人幸稍自逸，然犹夙夜勤督。训诸媳，宽严得正，抚诸孙如子，睦族恤邻，三党以外无间言。晚修西方，合掌危坐而逝。距生嘉靖戊午伍月十七日巳时，卒僖（熹）宗丁卯捌月贰拾肆日亥时，享年七十。始府君葬阴山萧湖，形家言不吉，卜令兆合祔焉。墓在瑞溪南会贰保之界，地名何钟坑石梯上，首己趾亥，取浪里龙形。府君行谊、谱里及子姓姻亲，详原志。呜呼！生而同庚，归而偕老，殁而共藏，皆若有默定焉。风水维贞，利我后人，兹石与天地并寿矣。

崇祯十年正月初四日甲辰戊辰时，不孝男陈九畴、九如，孙映奎、联奎、麓奎、灿奎、炳奎、焖奎，曾孙元赓、元广、元庆仝立石

【简跋】

此碑刊于明崇祯十年（1637年），现为邵武某藏家所藏。撰文人及立石人陈九畴、陈九如、陈映奎等，系墓主子孙。墓主施兰，泰宁人，处士施云谷之女、陈天荣（号龙见）之女。生于嘉靖戊午年（1558年），卒于天启七年（1627年，丁卯），享年70岁。陈天荣的墓志铭（《明太学龙见陈公墓志铭》），本书有收录。

明进士陈之美母墓志铭

（崇祯十年）

■其间事尊章奉■

□蚤夜操作，靡有懈色。赠公篝灯下帷，露颖黉序，试辄冠冕多士■人也。百凡委曲将顺，降心相从，务得嫡氏之欢，以归于雍睦，以故和■是。梦兰叶吉，诞伯仲二子，而昌大其世。伯子髫龄补弟子员，浸假听呦■守以逮，秉宪所至，廉能有声，口碑藉甚。仲子入成均，需次登骖䮕待鹊■怂惠实多。其就养四明也，虽叨四命，不异缟綦，甘脆不习于日，绮縠不适■香顶礼，朝夕不倦。大

夫每退食，辄问："今日治办何事？平反何事？"必改平讼■挞声辄愀然不怿曰："等皮肉尔，若辈岂铁骨耐痛耶？"亟省之。或署中厮役■曰："若属非人子耶？盍慈以畜之。"伯子官越东三稔，刑无滥罚，无奇路可解■而游华胥，藉太恭人提撕不少。居恒强饭勿药，年虽望八，有婴儿之色，正■夫历阶胪仕，主眷方隆，会□次第承恩，为太恭人寿，不谓赍捧濒发■东向未再，阅月而以讣闻，大恭人明德裕后，上寿未臻，业乖厚施之报，大夫■深陟岵之哀。何天道之难谌，而苍苍之不可问也。悲夫！太恭人年七十有六■月初七日亥时，殁于崇祯庚午十一月十三日丑时。男二：长之美，登万历己■氏；次之望，大学生，娶邓氏。女二：一适张子国祚，一适刘子鼎臣，俱太恭人出。■邓氏，继娶元氏；次梅芳，聘邓氏，女一，未聘，俱之美出。曾孙男二：长士瑚，次士■阶，一聘庠生王荇子，俱桂芳出。今以崇祯拾年十一月初八日吉卜葬于十■艮趾坤。谨以所具状征铭。铭曰：

断杼挽鹿姱节也，阶生兰桂庆乃长。冠帔翟茀异数也，三命■也。却鲜警佚誉乃宏，耄耋期颐上寿也。簪缨翼显，世乃永兼。是■清白启后迪。伯子宜其民，报其君，显其亲，而伯子合到处，甘棠■美颂难名。问谁嗣之云兴仍，千秋万岁符斯铭。

赐进士第、大中大夫、太常寺少卿、奉旨予告、前尚宝司正卿、主试山西大理寺评事副考、云南山东参■□〔姜〕志礼拜撰

寻山卜葬，从堂侄桂馨

【简跋】

此碑刊于明崇祯十年（1637年），现存邵武市博物馆。碑石右半部、底部残缺。残高46厘米、宽43厘米、厚3厘米，楷书。碑名为编者加拟。撰文人姜志礼，字立之，丹阳人。万历十七年（1589年）进士，时任太常寺少卿。堪舆师陈桂馨，系墓主从堂侄。

墓主姓名不详，系陈之美之母，卒于崇祯庚午年（1630年），享年76岁。陈之美，字日章，邵武人。万历四十七年（1619年）进士，历官户部郎中、宁波知府、广东参政。光绪《邵武府志》卷十九有传。

萧孺人墓志铭
（崇祯十一年）

萧孺人者，余再从嫂也。先从兄讳守礼，表字居厚，性酷好酒，坐是多病，因越荆襄祈福武当山，冒风栉雨，归未几，竟以疾革，盖万历甲辰四月初也。孺人仰天长呼，不知所出，哭而苏者再，三日不食，遂成病。医者危之，以为不起。寻愈，孺人哭泣如礼，为缞经三年。集荼茹蓼，事王父母与姑晨昏曲谨。生一子，讳宣谟，当失怙，年十五，问字未深，率臆自行，多出绳律，孺人力

扶之，无失里闬欢。亡何，谟复蚤殁，孺人抚膺痛绝，抱一孙，藐孤茕茕也。时王父母既衰，门户单弱，外侮内难，龋龁不休者，孺人含泪且谢之。迨孙长立，孺人为之完室，又欲广嗣，为之置滕。天速其报，螽斯振振，曾孙今有五矣。孺人为先从兄内外拮据，三十余年犹一日也，又能抚其孙如祖母刘，厥功懋哉。孙鼎乾具大腹面，里中事多慷慨，自许念藉祖母，以有今日也。倦倦在疚，乃遵遗命，卜葬于层溪山程途伯岭，与先从兄合茔焉。

孺人生隆庆己巳年四月十一日辰时，卒于甲戌年八月初七日寅时。生女三：长适塅下张大纲，次适大阜岗江见龙，三适磜下丁鸣珂，俱县庠生。曾孙五：坤一、坤二、坤三、坤四，丁氏生；坤五，妾张氏生。余从而铭之。铭曰：

圣达节，贤守节。《易》有安节、苦节，惟安则甘，苦则穷。非孺人之贤，乌能守苦而无缺？

崇祯十一年九月十四日

文林郎、夫从弟蛟腾顿首拜撰

【简跋】

此碑刊于明崇祯十一年（1638 年），碑石未见，碑文录自和平镇《东垣黄氏宗谱》卷七[①]。撰文人黄蛟腾，字晋登，邵武和平人，官至广东从化知县，系墓主丈夫之堂弟。本书有收录其墓志铭（《霖宰公墓志铭》）。墓主萧氏，系黄守礼（字居厚）之妻，生于隆庆己巳年（1569 年），卒于崇祯甲戌年（1634 年），享年 66 岁。

明黄正忠墓志铭
（崇祯十三年）

赐进士、任建阳县知县、宗弟■

赐进士、宗侄南■

樵邑眷晚■

[①] 和平《东垣黄氏宗谱》卷七《传略》，2000 年睦九堂刊印本，谱存邵武市和平镇和平村。

宗兄缵松，讳正忠，乃简肃公之后裔也。生于万■十一日亥时，故于崇祯己卯年三月初三日亥时■直恺悌慈祥，孝友齐家，芳称恒扬于月旦谦恭，持■于乡邦。公始娶妻吴氏，生有二子，长曰大经，生子光■、光烘、光煌。次曰大纶，生子光炜、光燒、

光焰、光煜。继娶官氏■，子一女。三曰大绅，生子光焕、光熛、光煌、光烱、中英年幼，尚■。配而□遭又仕途，因□皇纶，出莅潭邑，馆于先祠，已遇松兄□。□子云之，已寻吉地，樵之城南，坐落土名二十九都高寞，欲卜父之佳城，竟与子言之，一□予谊不敢却，却之恐不恭也。其山坐丑向未兼癸丁三分，辛未分经。以为之铭曰：

艮龙丑穴，九曲潮堂。丁峰耸秀，气脉苍苍。

吉星□仁，活跃□场。儿孙衍庆，万世永昌。

大明崇祯拾叁年岁次庚辰肆月初拾日卯时立铭

【简跋】

此碑刊于明崇祯十三年（1640年），现为邵武某藏家所藏，碑名为编者加拟。石碑右下部残损，导致多处碑文缺失。撰文人黄某，系墓主宗弟，进士及第，时任建阳县知县。书丹人黄某，系墓主宗侄，进士及第。墓主黄正忠，号缵松，生于万历年间，卒于崇祯己卯年（1639年）。

故王母曾氏奶奶四孺人墓志铭记
（崇祯十五年）

墓志盖：王母曾老孺人墓志铭记盖

墓志：■进士第、前户部郎中、知浙江宁波府、屡升广东副使、眷侍教生陈之美撰文

乡进士、知郓城县、转南京南城正兵马、眷晚生米嘉穗篆文

己卯科举人、眷晚生黄兆丹书丹

盖闻推食待下，诚斋之妇；老不倦勤，文伯之母。予于吾樵王老先生中宸公之室曾氏老孺人，尝伯仲其人云。中宸公，讳俊，少负颖异，两铎京广，孺人内助之功居多。孺人及笄，适中宸公，公姑颂孝，妯娌推贤。训子义方，而昆玉名列两庠。待下器使，而稚叟力效一心。年届六旬有八，中宸公先逝，杜门修斋，延僧布施。寒给以衣，饥给以食，受惠者居多，佩德者无涯。庚辰岁，孺人之八褒也，道院交旌美，亦沐浴而贺之。言规行矩，貌若中年，拟其为百岁外人耶。讵知余二，皇天不吊，花摧月沉，予忽闻讣，哀痛追切，序其颠末云。孺人生四子：长履元，娶张氏，孙懋祺，承重，娶高氏。二履嘉，娶萧氏，生孙二：长懋襘，娶熊氏；次懋祯。三履衡，娶黄氏，生孙懋祐，娶黄氏。祐母黄氏卒，继娶谢氏。四履贞，因入泮，改名贺，娶饶氏，生孙三：长懋襟，娶林氏；次懋祉，娶饶氏；三懋禔。孺人生于嘉靖辛酉六月初二日辰时，卒于崇祯壬午年十二月初二日午时，享年八十有二。卜葬月阳屯岭，坐丑向未兼癸丁三分分金。余于孺人忝属至戚，因记其志铭云。铭曰：

樵城之北，地卜屯岭。龙飞凤舞，脉发金莲。

孺人葬此，子孙绵延。螽斯衍庆，亿万斯年。

皇明□〔崇〕祯十五年十二月念一丑时之吉记

江夏郡武刻　地师宁■、符魃■

【简跋】

此碑刊于明崇祯十五年（1642年），现为邵武某藏家所藏。碑石顶部与左下角残损。撰文人陈之美，字日章，邵武人。万历四十七年（1619年）进士，

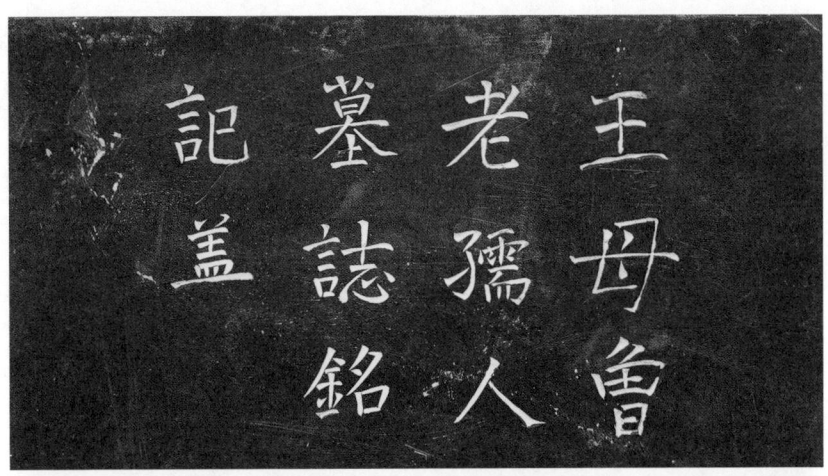

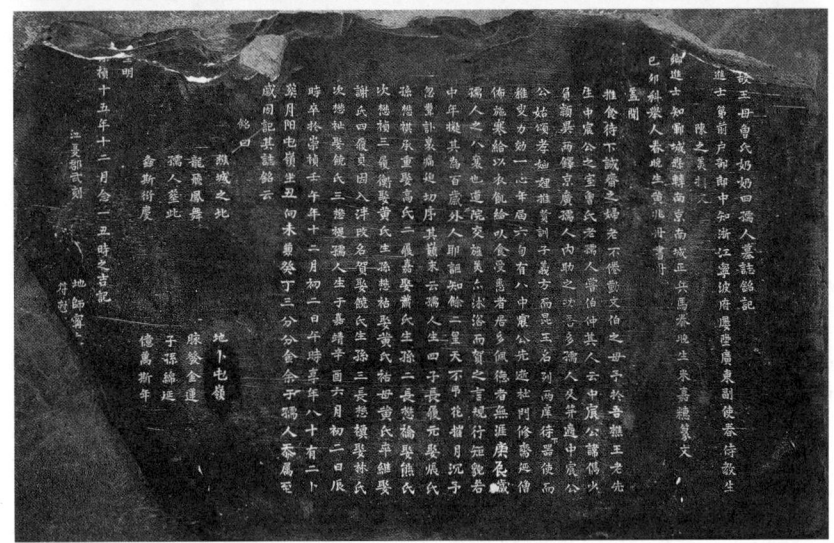

历官宁波知府、广东副使。光绪《邵武府志》卷十九有传。篆盖人米嘉穗，字秀实，万历四十六年（1618年）举人，历任郓城知县、南京兵马司指挥。崇祀乡贤祠，光绪《邵武府志》卷二十有传。书丹人黄兆丹[①]，从化知县黄蛟腾之子，崇祯十二年（1639年）举人，官至华亭知县。

墓主曾氏，系王俊（号中宸）之妻，生于嘉清辛酉年（1561年），卒于崇祯壬午年（1642年），享年82岁。

---

① 黄兆丹，其父黄蛟腾墓志铭（《霖宰公墓志铭》）亦作"黄兆丹"，光绪《邵武府志》卷十六《选举》作"黄兆舟"，误。

明赐进士光禄大夫勋柱国少保兼太子太师协理京营戎政兵部尚书二白李公暨元配累诰封一品夫人江氏合葬墓志铭

(崇祯十六年)

　　士君子□□〔遇主〕于时，在朝，朝重；在野，野重。功业炬于当年，而声施不彰后祀，此感慨之所縻，圣贤之所难，亦后死者之所悲也。余同籍多贵，而杰然有望者，推少保二白李公。方公予告寿太夫人九裹也，余备员御史台，曾从九列诸公，织锦为章，饯送都门，夸为盛事。迨癸酉，余抚闽，则公杜门高尚。越四年，竟以坐时论，不得出山而殁。闻之恸然，为遣官致祭，私谥"文庄"而旌之。越三年，元配江夫人继殁。又三年，其郎君自樾兄弟，始卜吉合葬。持公同门年友方伯莫俨皋所述状，走千里诣余请铭。呜呼！余何能铭公？然公之勋绩在朝，公之德望在野，而公之心迹未白，后世谁复知公？念公与余交最深，余于公出处最稔，余而不铭，谁为铭者？

　　按状：公讳春烨，字侯质，二白其号。先世自河南徙邵武军，为邵武人。宋有天乙公僧护者，生子三：赓、龙、虎。赓生夔，进士，官中奉大夫，右文殿修撰，以子丞相忠定公纲贵，追赠卫国公，赓赠太保，僧护赠少保云。龙公隐居□□之瑞溪，又□泰宁人。代有逸德。十四传至讳□□□□□[1]，是为公高祖。而曾王父泰，王父富，父纯□□□□□公官[2]。曾王母鲍，继曾王母江，王母吕□□□□□□□[3]，累封。邹太夫人，则正所称驰驿归□□□□□[4]。为前有忠定，后有少保，五百年名世，李氏其复兴乎？赠公三子：长春升，与公同入黉序；季春仪，俱蚤世。而公其仲。

---

[1] 此处碑残，脱漏五字。据《孝悌堂家谱》记载，李氏第十四世孙为"铁公，字维坚"。(据连小琴、卢衍琪：《泰宁古代碑刻史籍选萃》，福州：海峡书局，2013年，第58页。此碑以下缺文之考证，均据本书。)

[2] 此处碑残，脱漏六字。据李氏家谱载：泰公，恩进士，任福州府教授生，以曾孙春烨贵，赠至少保；富公，叠举耆宾七次，后以孙春烨贵，累赠光禄大夫柱国少保兼太子太师协理京营戎政兵部尚书；纯行公，以子春烨贵，累赠光禄大夫柱国少保协理京营戎政兼太子太师兵部尚书。脱漏处，疑为曾祖泰公、祖富公、父纯行公三代封赠。

[3] 此处碑残，脱漏七字。据李氏家谱载，曾王母、王母，均因春烨贵而受诰封，所脱漏处，疑指此。

[4] 此处碑残，脱漏六字。疑为李春烨归养之九十太夫人封赠。

初，太夫人梦天上数十丈赤光入怀，觉而孕公。赠公抚之曰："是儿异日必能赤心报国，光显吾门者。"因呼其乳名曰"赤"。幼而英异，端敏不凡。十六补诸生，随以高第食饩。赠公遂放迹江湖，卒之赍志。公与太夫人孤灯荧荧，形影相吊。所得馆谷，悉以供甘旨。而一帷自励，屡试辄冠军。万历丙午，举于乡。三蹶公车，绝不通当道，一竿胝行。文益精，通国传诵不置。丙辰，成进士。出归安茅五芝先生门。授大行。奉诏存问楚岷王，再奉祭葬益藩嵝平王。私觌货贿，一无所染。庚申考绩，得请移封。九月，复奉。光庙登极，诏往河间四郡及三韩间。凡所至处，辄为览其山川形胜，问政观风，每怀靡及，其駪駪征夫也。熹庙立，考选工科给事。上言："陛下幼龄，如旭日初升，宫邃禁密，何所不施？然不可任情纵欲，自纳于邪。当事大臣，宜实心体国，虚心采言。勿以揽权之渐，为箝口之术。"甚而因事献规曰："有柔曼倾意，怙阿保之名，何爱憎而顺滋之鸩者，可无防乎？有炀灶蔽明，窃禁中之指，结外廷而阴盗其鼎者，能尽缉乎？"痛言宫府，谔谔不避。上以为狂，不忍谴也。以至裕国恤，振国威，明国宪，定国藩，正国体，及屯法、广铸、海运、陆运、增兵、核饷、搜兵，税契之外解，改折、抽、扣之新规，靡不淋漓反复。上嘉纳之。

往者，厂库视为传舍。公一巡视，则修器械，备硝黄，力请帑金以备边急。

庆陵之役，竭蹶经营。先是，巡山等军为诸监侵占，化为乌有；而昌平士卒，原系京卫改拨，孱弱不堪。公曰："山陵重地，迫邻房穴，防御贵严，急加调补，以妥圣灵。"已而，赍熹庙大婚，诏入闽，便道归省。壬戌，迁户科右，奉命巡青，搜剔牧政：一曰牲畜之当该，二曰放青之当议，三曰牧地之当稽，最急在内厩之当问，不以有碍中涓为废阁。又曰："京师一豆一刍，俱责办商人。今铺垫既已难堪，分外又多敲索，是招商适以驱商也。合于十库酒醋等局，焰旧招商应役，无责草商带办，则宽一面之力，专刍牧之事，便国便商，两得之矣。"

癸亥，迁吏科左，会登莱巡抚陶朗先、巡按游士任、招练副使刘国缙，以侵冒兵饷、赈银事闻于朝。久之，上曰："终日参论，岂成法纪？速择风力台臣，会同参勘。"举朝逡巡莫适。群以属公。公曰："臣为臣子，东西南北，惟其所使，何所拣择；赴水蹈火，亦所不辞，何所规避？但以言者之人，即为勘者之人，终属未便。"仍下六科，议报曰："李某秉性刚直，不畏疆（强）御，持衡虚公，不执成心；即其所陈风力，已见于笔端，而心迹已白于天下，真可使四方不辱君命者。"上俞之，特敕手书，假以便宜行事。比至登，指海以誓曰："今日之事，天威具在，不敢有心罗织无辜，亦不敢私心宽假有罪。有一于此，神殛勿赦。"五月以往，八月以还，为朝廷追还数十万金钱，定三臣之罪，结两年之案。当是时，公之品望，如泰山乔岳；公之威灵，如屈轶、甬端；公之心事，如白日青天；公之风裁，如祥麟瑞凤。名自此立矣。虽然，忌亦自此生矣。

甲子，升刑科都。时工部郎万燝，以参魏珰获罪。公疏言："权珰借威廷杖，有损皇仁，且开数十年不行之故事，当治以不忠之罪。"上怒，以为挟私渎聩。顷之，左迁湖广大参。已，复得覃恩封三代。上书立辞，不允。而直声益震天下。特起太仆少卿。京边马政，怠弛已极。公署管之，秉心塞渊。印烙之日，以三营之倒失瘦损为殿，自千总、副参、游、守而下，各有创惩。他如年节领马，逐月关粮，无不详核。孔子乘田，在职言职，公庶几矣！丙寅，晋右司马。以宁远大捷，赍予金币甚厚。未几，晋左司马。未几，晋大司马，协理京营戎政，仝侍经筵。公固谢未遑。上手敕曰："卿才望素优，诘戎重任，特兹简畀，其无辞。"旧例，京营有左右标，为总协亲兵，在营以制驭三军，居内以慴服奸宄，设意甚深。迩以积懈成废。公曰："朝廷岁縻金粟养士，今开操则随队入营，停操即同众散去，是与总协判不相属也，将何以为缓急地？"适王恭厂震圮，公力请砖石木料，改设营房百余楹，以居标兵。分为三班，更番宿直。不请工部一钱，不役民口〔间〕一夫，节省公用之费。奏阙成功，大风猛士云集，诚韎韐之一藉也。会以三庙阙典聿新，俞工部请赍金币，加太子太保，赐蟒玉一袭，仍旧视事。公痛厘积弊，期复旧规，条陈十事，曰"公补官，禁贪弁，戢骄兵，慎补选，实训练，严将领，练火器，禁马差，精选锋，清备营兵。"所见之言，即能施之。行一载之中，营武充实，武艺精强，马壮器利。皇皇天语，实式凭之；文武为宪，亶其人欤？

丁卯，太夫人九十，疏请终养。上曰："卿卓品优才，振刷禁旅，时方多事，倚毗正殷，岂得以亲老为辞？"公曰："嗟夫！予始书生，十年而跻入座，君恩已渥矣。而子道未酬，忍忘孤灯荧荧相对时耶？"疏屡上。上慰曰："卿清正明练，戎务久弛，方赖整顿。览奏，母年笃老，情词恳切，谊难强留。"

加太子太傅，以昭孝恬之风。是月也，援师救锦获捷。上念禁旅克诘之劳，加太子太师，进阶勋柱国，荫一子，赉金币。寻以三殿告成，加少保兼太子太师，荫一子，诰封四代，殊于尝格。公谢曰："人臣遭时遇主，九锡九迁，虽曰有之，然皆经历之久，劻勷之劳，方能消受。未有去国之身似叶，皇恩之重如山如今日者。"横襟而谈，危明忧盛，娓娓千言。上手谕曰："览奏，具见忠慎，又知卿已就道，眷念何已！疏中劝朕节啬思虑，保固精神，忠爱之意，溢于言表。以知公得君之深，匡君之正，去国不忘，犹足为大臣之法矣。"

今上龙飞，为向之忌者所中。幸赖圣明宽处，则公之急流勇退，见几明作，若似有先知者。自书其柱曰："出事四朝明君，正直忠厚无愧；归养百龄寿母，升沉显晦不闻。"朝夕躬奉甘毳，视太夫人膳已乃退食。闭门高卧，庭无杂宾。间与亲故饮酒为乐，然不事声伎，惟以文章道德相劝勉。自台使者及郡邑吏，不投一刺。有造庐者，卒谢匪见。而于纪纲民隐，则极言无讳。增助祀田，自始祖以至高、曾，咸为拓宙，报本追远，具见孝思不匮之心。岁凶，平籴发廪，道路德之。邑有利涉桥，虐于阳侯，公毅然捐金，造石为梁。诸好义者，翕从不倦。迄今长虹亘天，人犹指为司马桥焉。辛未，丁太夫人艰，哀毁骨立。发纼之日，以白发贵人作婴儿辟踊，四方来观者如堵，莫不啧啧嗟羡。古人所谓求忠臣必于孝子之门，其在斯乎！

公生隆庆辛未七月十八日酉时，殁崇祯丁丑十一月初三日丑时，享年六十有七。元配夫人江氏，官燕时纳如夫人卓氏，姬吴氏。江夫人，名家女，幽闲贞静，能诵《诗》《礼》《家训》诸书。公微时，恒以纺绩佐读，事太夫人至恭。迨累膺一品诰封，犹勤奉箕帚，浣濯自如，轩翟弗御。而性好施予，喜诵佛，孝则思齐，慈则螽羽，仁则樛木，俭则葛覃，殆有以襄少保之不逮云。生隆庆甲戌十月十三日巳时，以崇祯庚辰六月二十五日戌时从公地下，年六十有七。生子四：长自根，廪生，道貌文心，不以裘马自喜，至周急排难，顶踵捐之。甲子曾入闱觳，为仇家所摈，抱愤夭卒。阖庠及邑民哀而思之，为建景贤、久香二祠，置田崇祀。娶学博吕从文女，继娶谢明惠女。次自树，今上登极，恩选贡士，亦先公卒。娶州贰守江济南女。三自樧，庠生，娶太仆少卿江日彩女。四自樏，廪生，娶太学江霂春女。五自枢，卓出，聘庠生江启源女，即州

貳曾孙女。女四：江出者，适别驾谢天秀男、长兴丞谢明试；卓出者，一适庠生江绳之，一适孝廉江振鹏男、庠生江白龙。吴出者，字廪生罗伯麟男罗于卜。孙男二：犹龙，檌出，聘太学江晋女，即太仆卿孙女；犹铬，树出，聘鸿胪丞江济时男太学江亨龙女。孙女二：一字庠生江荀龙男江衡星，为孝廉之孙；一字庠生谢谦男谢可权，则太学谢明赎孙，而别驾之曾孙也，俱槐出。

初，公与夫人并停厝邑城南门，兹以十二月初六日午时，合葬于长滩仙人石，离城南二十余里，首壬趾丙，从先志也。

公状貌修伟，美须髯，□□丰颐，声如洪钟。当其立朝奉使，每出，则国人聚□之，惊叹以为神人。然其为人，浑金璞玉，不激不随，喜怒不存诸心，爱恶不形诸口。协戎时，恩威并济，三军之士，特建生祠。至干以私，则严拒弗纳。当魏珰煽虐而能几几孙肤,见首不见尾,岂非龙德而神者耶?林居十年,里狂少有侮之者,公欣然引唾面谢之。所以在朝有方叔之壮猷,而明哲则如仲山甫,在野为张仲之孝友,而谨厚复如万石君。古之人乎,余殆身亲见之矣!乃世之议者,不详读公之疏草,辄以一时讥刺,使公无以白千古之苦心,是则公之所不瞑,而余之深罪也。嗟夫!三代以下无信史,采隐者当以余言为知人。铭曰:

辎轩使者华皇皇,諏谋询度爱周详。拾遗补阙岳怀方,是唯无言言有章。官府连体势狓狷,殿前慷慨声烺烺。楚藩暂徙晦弥彰,帝念经营旅力刚。駉駉者牡马斯臧,颙颙卬卬令闻望。彤弓卢矢玄纁裳,元首明哉股肱良。坚贞成绩纪太常,元戎十乘腾骠骧。九罭之鱼歌鳟鲂,功成身退斑斓光。忠孝克尽垂琳琅,子孙寿考得全昌。远离缯缴冥鸿翔,浮云白日奚相伤?公心耿耿照天壤,前与忠定齐辉煌。我作铭诗丘中藏,石渠信史俱无疆。

赐同进士出身、通议大夫、总督两广军务兼理粮饷盐法、巡抚广东、兵部右侍郎兼右佥都御史、年弟沈犹龙顿首拜撰文

赐同进士出身、通奉大夫、福建等处承宣布政使司右布政使加俸一级、前历吏礼考功祠祭清吏司郎中、同门年弟申绍芳顿首拜篆额

赐进士出身、大中大夫、广东布政使司分守岭南道右参政、前户部云南清吏司郎中、同郡眷盟社弟陈之美顿首拜书丹

崇祯拾陆年岁次癸未季冬月吉旦

孤哀子李自樾、自檦、自枢,孙犹龙、犹𫘧等泣血勒石

临川堪舆■

【简跋】

此碑刊于明崇祯十六年(1643年),现存泰宁县博物馆。[①]碑额"明赐进士光禄大夫勋柱国少保兼太子太师协理京营戎政兵部尚书二白李公暨元配累诰封一品夫人江氏合葬墓志铭",篆书。碑石两块,高95厘米、宽95厘米、厚3.5厘米,楷书。撰文人沈犹龙,字云升,松江华亭人,万历四十四年(1616年)

[①] 碑文转引自连小琴、卢衍琪编著《泰宁古代碑刻史籍选萃》(福州:海峡书局,2013年,第58-61页),编者据原碑照片修订。照片由泰宁县博物馆提供,特此致谢。

进士，历官两广总督、兵部右侍郎兼右佥都御史。篆额人申绍芳，苏州府长洲人，进士，时任福建布政使。书丹人陈之美，字日章，邵武人。万历间进士，时任广东参政。光绪《邵武府志》卷十九有传。

墓主李春烨，字侯质，号二白。泰宁人，万历四十四年（1616年）进士，官至兵部尚书。生于隆庆辛未年（1571年），殁于崇祯丁丑年（1637年），享年67岁。

霖宰公墓志铭
（永历十五年）

樵川孝廉黄君，讳兆丹，其房、座两师皆余门人，盖源流衣钵之雅念载于兹，顷驰书至泉，敬为其先人从化令黄公乞铭。余自痛休归林下以来，谢弃颖墨已十余祀，老朽残息，已且待人铭，安能铭人？然通家谊不获辞，况先朝循卓，善所乐道，攘臂操觚，几忘身之沉辱霾瞖矣。按状：

公讳蛟腾，字晋登，号霖宰，居樵之和坪乡。其先世在宋，甲第蝉联，名卿硕弼，史不胜述，即其父显岐翁，隐德纯备。公生有瑞应，分娩时家僮夜从井汲，有水华如莲状，五色陆离，归而煮汤以进，乃诞。垂髫，隶学宫，试辄冠军，远近誉髦尽尊师之。熹庙丁卯，闱卷已荐，偶落。先帝龙飞，恩选贡入成均大可成，诸监试皆首录公，拟以元登。及己卯，公令嗣既售，彼时太翁八旬有二，嘱公奉檄，勉强谒选广东从化县知县。从邑疲僻褊小，新经峒寇残毁。公抵任，矢心廉惠，凡县夙弊，如点堡长、赎纳票、清军户各例，酿金钱、犀珀，大可染指，而公悉条上司院，奏罢之。邑有铁炉，初开煮铁，贾岁得资万巨，左右讽公纠察可半获，公笑置勿问。从素健讼，公迅剖善导，庭虚无人，镇日垂帘而已。庠生刘廷琮困劣等中，公首拔荐之，入闱即连翩，成进士，擢词林。其知人知言尤超伦辈，直指中丞交章特荐。初调三水，继调清远、东莞。从之绅士黎庶，俱号泣于院司而留之，愿挈邑以随其所往。然调虽不谐，而疏已三上，天子赐宴褒美，谓即内召。适值丁外艰归，台使者暨节钺藩臬闻讣，皆深虑其狷洁，不能具斧远返里门，各捐俸赆赠，诗篇札翰，极其惓恻。公守制旋樵，陟巘观泉，为太翁窀穸。方竣，其拟服阕，入补台省。适值燕京甲申之变，公望北恸泗而一卧不起矣。

公生于万历十九年辛卯二月初一子时，卒于顺治三年丙戌八月廿九酉时。公妣萧氏，生子一，即孝廉兆丹。生女二：长球，适张鸿仪；次满，适江兆奎。孝廉娶王氏，生男孙二：长五霞，聘庠生赵璧女；次五藻，尚未聘。孙女二：长从，许配泰邑邹珍；次乘，亦未议配。嗣君孝廉以今永历十五年己丑十二月初十日，葬公于廿九都之石陂头丑山未向，而系之以铭。铭曰：

为史而廉也，孰若廉而贤且才也。居官而显也，孰若显而忠且烈也。生为循良，死则忠烈。光被幽隧，其寿与天地俱无穷乎！

赐进士出身、太子少保、礼部尚书、前礼部左右侍郎、詹事府正詹事林汝楫撰

【简跋】

此碑刊于南明永历十五年（清顺治十八年，1661年），碑石未见，碑文录自和平镇《东垣黄氏宗谱》卷七。[①] 撰文人林汝楫，进士出身，官至太子少保、礼部尚书。墓主黄蛟腾，字晋登，号霖宰。太学生，官至从化县知县。其子黄兆丹，崇祯十二年（1639年）举人，官至华亭知县。

[①] 和平《东垣黄氏宗谱》卷七《传略》，2000年睦九堂刊印本，谱存邵武市和平镇和平村。

长明庵慧日和尚墓塔铭
(康熙十三年)

大清敕赐天童弘法禅寺派传曹溪正脉第三十六世住台州洪福堂上慧日行升和尚合长明庵无囗〔假〕

师祖本大性广禅师合塔

师祖寿庵弘延禅师合塔

师叔公体正如宗禅师合塔

皇清康熙拾叁年孟春月吉日住持长明庵僧寂源仝徒照阶、〔照〕隆合山

开山第一代高童无假先老和尚合塔

居士通员高公合塔

【简跋】

此碑立于清康熙十三年（1674年），现存洪墩镇王玢村长明庵。碑名为编者加拟。碑底部缺损，残高128厘米、宽67厘米，楷书。长明庵为邵东名刹，墓主慧日和尚，系康熙年间邵武高僧，光绪《邵武府志》载："长明庵，慧日和尚驻锡之地。慧日名升，能诗。康熙中，尝开堂于雁宕能仁、丹崖法轮诸寺，一时推为高座。晚归老是庵，著有《语录》二卷。"①

吴孺人墓志
（康熙四十年）

孺人讳盛香娘，宁化茶园吴禾公之女，乃上百昌熊积成公之配也。生于大明崇祯庚午年三月廿四日子时，于大清康熙乙酉年②八月初九日卯时殁。孺人体性坤顺，赋质端庄，持躬无韦，助夫益子，致敬公姑，家法肃然，内言不出，而外言不入。妯娌雍和，里称其贤，而邻称其德，不愧媛淑，无惭懿范允矣。闺中之丈夫也。卜葬石上里杨村早禾口排，其地虎形坐西向东。立石以垂永久云。

皇清康熙辛巳岁仲秋月　吉旦立石

眷教小弟廖其蜜拜撰

【简跋】

此碑刊于清康熙四十年（1701年），碑石未见，碑文录自大埠岗镇《熊氏族谱》卷一。③撰文人廖其蜜，邵武人，生平事迹不详。墓主吴盛香娘，宁化人，系熊积之妻，生于崇祯庚午年（1630年），卒于康熙年间。

---

① 光绪《邵武府志》卷二八《古迹·寺观》，2017年点校本，第1041页。
② 此处原文有误，去世时间理应早于刊碑时间，而此处记吴氏卒于康熙乙酉年（康熙四十四年，1705），刊碑于清康熙辛巳岁（康熙四十年，1701），两者必有一误。
③ 大埠岗《熊氏族谱》卷一，光绪二十九年刊印本，谱存邵武市大埠岗镇竹源村墩上。

待诰封八十寿母陈太君老孺人暨李淑人合葬墓志铭
（康熙五十五年）

墓志盖：□〔待〕诰赠龚母陈太君老孺人暨媳李淑人合葬墓志铭

墓志：太孺人乃龚子荣端嫡母也。岁癸未，余初任樵令，于政务之■官，集多士校文，而龚子年最少，亦屡与焉。余阅其文，理正而词醇□□品厚重而端方，多士中最为余所器重者，私心度之，必先世之积□□致也，必慈母之胎教使然也。及询之邑人，则答曰：太孺人生于陈门望族，笄年，适承务郎友杰公，德性足以辉彤管，懿范可以型巾帼，第以石麟未育为惜。故龚子甫离生母官孺人腹，太孺人即同抚育之。及其出襁褓，遂延师择友，教经史，通文艺。龚子嗜学，每至鸡唱弗辍。太孺人必坐以待之，未尝先就寝焉。迨稍长为之授室，其即李淑人是也。李淑人赋性温良，生长书香之门。警鸡劝读，固不待言。由是言之，而龚子之未冠游庠，既而恩准选贡，将来致君，泽民功业，正未有艾也。究其实，何莫非太孺人之善教与李淑人之内助之力哉？

太孺人淑慎温恭，寿跻八旬而奄逝。李淑人仅遗一女而鹤化，婆媳其迨神相依，同赴瑶池会耶？今将合窆，龚子遣价抵福安署持状，属余作志若铭。余读状，知太孺人之贤德最悉，又安敢以不文辞？谨按状而操笔以志之。

太孺人生于皇明崇祯癸酉正月十八日之寅，卒于皇清康熙壬辰四月二十日之子。李淑人生于康熙乙丑十二月十七之丑，卒于康熙戊子又三月廿一之戌。太孺人为龚子嫡母，龚子元配即今合之李淑人，乃太学连易公女也。生女一，曰贞姐，幼。继娶吴氏，明侍郎定庵公曾孙女也。生男二：长曰于龄，业儒，议婚陈氏，乃乡进士、原任湖广新化知县弘九公女也。次曰于嵩，幼；女一，曰成姐，幼，俱未议婚。择今丙申十一月念九日丑时，合葬太孺人及李淑人于邵武城南十里松林头之山乳，首乾趾巽兼亥巳三分。铭曰：

龙势坠，砂就位。吉地同相睡，千秋万祀发祥瑞。

脉双来，穴共垓。山聚水更回，永荫孙子位三台。

赐进士出身、文林郎、原任福建邵武县知县、今补福安县加一级、年家眷弟严德泳顿首拜撰文

宗侄，延平府南平县县丞贞顿首拜书丹

邑庠生、世通家眷会侄黄标顿首拜篆盖

地师余子春扦葬

【简跋】

此碑刊于清康熙五十五年（1716年），现存邵武市博物馆。墓志盖右上角残损一字，高37.2厘米、宽72厘米、厚1.7厘米，楷书。墓志右下角残缺，

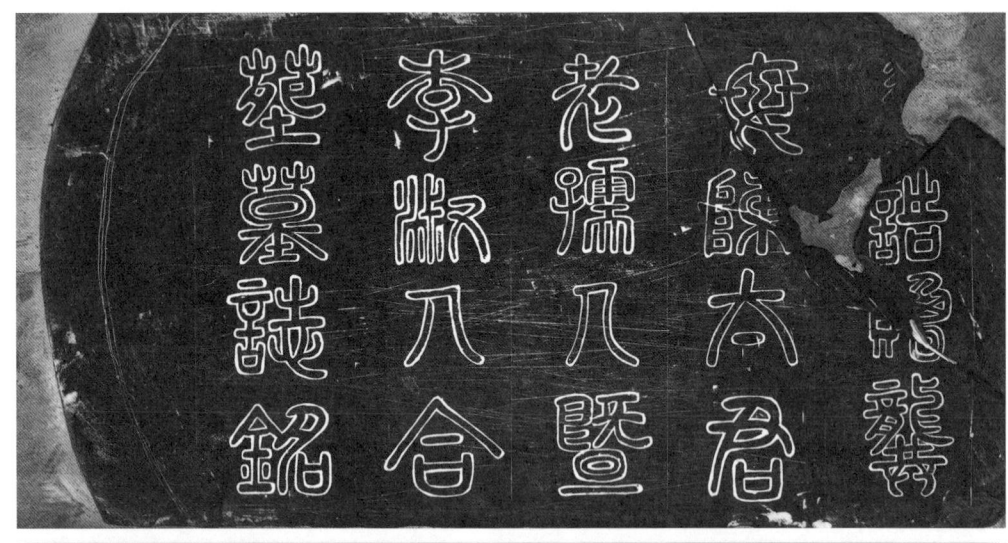

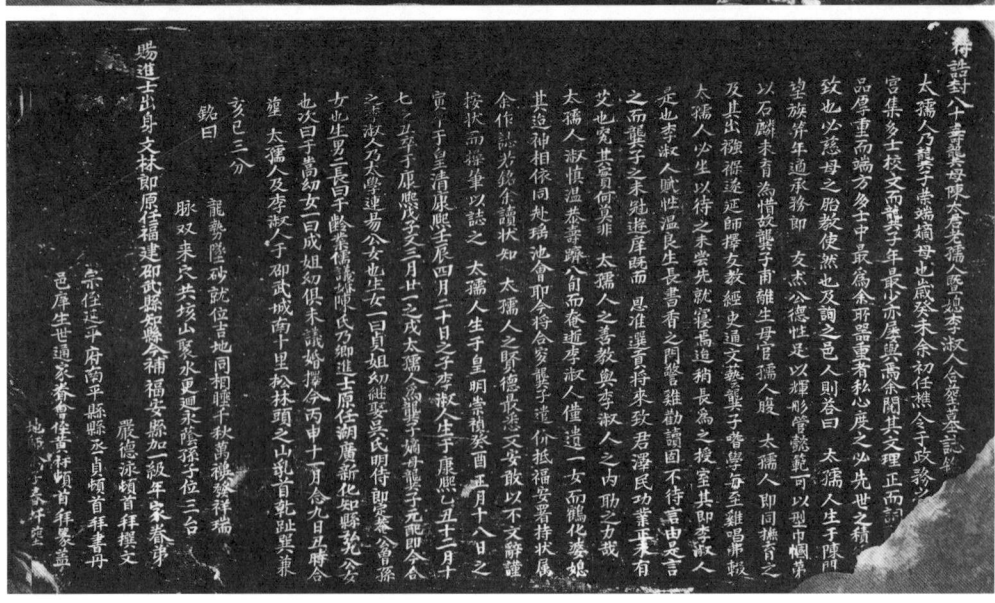

残高34.9厘米、宽66.2、厚2.6厘米，楷书。撰文人严德泳，浙江乌程人，进士出身，历任邵武知县、福安知县。书丹人龚贞，延平府南平县县丞，系墓主宗侄。篆盖人黄标，邵武人，邑庠生。

墓主为陈氏、李氏婆媳。陈氏，系邑庠生龚荣端嫡母，生于崇祯癸酉年（1633年），卒于康熙壬辰年（1712年）。李氏，系龚荣端妻，生于康熙乙丑年（1685年），卒于康熙戊子年（1708年）。

启元先生墓铭
（康熙六十一年）

墓而有铭，古也。然今之命工镌石饰为浮词者，不久化为泰山无字碑矣。如公固多幽德，能不直书所见，借陇头石，以铭不朽耶？翁讳积发，字启元，銮佛公之次子，本升公之幼孙也。为人敦厚简朴，毅然敢为孝悌之行。笃于天性，凡乡党不平之事，力为排解，人每服之，从无少逆。间有不从，则正色直言以抵之。自少至老，足迹不入公门。常训子弟曰："尔曹无事华靡，须步踏实地。"以故一庭之内，男耕女织，备勤其业，家道素封，人尚敦厚。非翁厚德，焉能如是？今录其大概，想见其人，身虽往而善亦犹存天壤间也。区区片石，虽不足以铭公，又何不可偕石以绍哉！

公生于顺治甲午年五月十三日子时，终于康熙壬寅年[1]九月三十日未时，享年六十有九。配孺人黄氏，德性柔顺，亦称内助之，能举丈夫。子五人：长兴乾，配黄氏；次兴琮，配黄氏，出继政元公；三兴琠，配江氏；四兴瑚，配罗氏；幼兴琰，配邹氏。孙男共九人：硕彦，庭实，长媳出；允达，继兴琮公；允昭、允亮，俱次媳江出；允贤，兴瑚公；永隆、永荣、永华，俱三媳邹出。曾孙：承祖、承业若承有，硕彦出；承贵、宇权、升贵、才方、孔怀，庭实出；旭辉、旭彩、旭高、旭才，俱永昭出；怀友、怀恭，永达出；朝聘、朝庆、瀚川、

---

[1] 终于康熙壬寅年，原文作"终于康熙辛亥年"，误。文中记墓主享年69岁，生于顺治十年（1654，甲午），若卒于康熙十年（1671，辛亥），则只有18年。

靖兰、澥标,永贤出;倚陶、金章、应陶,永隆出;德玉、德球、德珠、德玑、德环、德璜、德玢,永荣出;德践、德学、德成、德书,永华出。翁儿孙跻跻,福祉正未有艾。今卜葬于本地大树窠,牛形,其山坐北向南,诚所谓腾公美室也。因撰俚语而铭之。铭曰:

上岚地名昼锦乡,山矗矗兮树苍苍。水潆土焕石骨香,彼美人兮此中藏。孝友克敦为世芳,地灵人杰发其祥。九原今既封若堂,馨香弗替显幽光。

年家眷教弟、郡城邑庠生谢光拜书

【简跋】

此碑刊于清康熙六十一年(1722年,壬寅),碑石未见,碑文录自桂林乡《樵西傅氏族谱》卷首。[①] 撰文人谢光,邵武人,邑庠生。墓主傅积发,字启元,顺治十年(1654年,甲午)生,康熙六十一年(1722年,壬寅)卒,享年69岁。

皇清敕封孺人黄母王老太君墓志铭

(乾隆四年)

古之咏螽斯麟趾者,必原本于《关雎》,非以太姒徽音宜配君子,为京室发祥之自耶。是以后有作史者,遇巾帼懿行谊有可采,往往播之彤管,以彰厥美,矧其在子若孙乎。

锦里补庵黄先生继室王太孺人,乃郡城岁进士素园在镐之女也。幼读书,知句解人,以素园善手迹,朝夕从之临摹,妙得其概,以故,长尤恃爱于父,欲以俪佳士。当是时,补庵先生方名籍贤书,其作合良非偶也。然先生居贫家负郭,太孺人自事舅姑加谨,外持以俭素,绩缉补苴,毫无间言。历十余载,先生始赴铨选。逾年,出为江南徐州砀山令,孺人挈子女偕之任,相夫子,励精图治,俾邑之人颂慈君、称廉吏,洵贤侯之善哉,抑县君内赞之力滋多。既越三考,抵家,囊橐萧然。人或以为言,曰:"吾家故贫,处之有素矣。"已而先生谢病归,旋即世,太孺人为母中师,长育训诲,垂廿余载,环顾触目琳璆。

[①] 桂林《樵西傅氏族谱》卷首,1994年刊印本,谱存邵武市桂林乡上岚村。

至待长孙臒乡荐，捷南宫，莅邑常〔山〕、兰〔溪〕。自先生起家至此凡三世，目击受荣赠者累四代，君子于以不多孺人之福，而多先生作配有人，前后嗣征为发祥之有自来也。[①]余不敏，自下车后，询知黄氏渊源，嗣君于其谋祔葬也，重以志铭请余，深义之庸何辞？

孺人生于皇清康熙丁未年九月廿五日未时，卒于乾隆己未九月廿三日辰时。男三人：长敦复，国学生，敕封文林郎，先母聂太君孺人出，娶陈大参女孙，敕封孺人；孺人生男鸣谦，郡庠生，娶丁氏；宜泰，儒生，娶何氏，继娶李氏、饶氏。女三人：长禄姐，配光邑原任漳州长泰县训导曾益第四男、邑庠生瓘来；次五姊，配南岗傅远镇次男、贡生舟；三静姊，配郡城原任湖广新化令陈洪第五男、郡增生士严。孙四人：长炅，雍正甲辰举人，登庚戌进士，任兰溪知县，娶邓氏，敕封孺人，复出；次烜，郡庠生，娶廖氏；焜，业儒，娶傅氏；辉，业儒，娶丁氏。俱谦出。女孙五人。曾孙四人：长家驹，议配傅氏，炅出；次有庆，烜出；思睿，辉出；家驯，炅出。曾女孙六人，俱幼。以岁十二月廿四日未时祔葬于江富坊祖茔之傍，坐巽向乾兼己亥三分。铭曰：

维母为闺阃之遗范兮，德合有终。行营高敞，将归于故宅，即远于新宫。牛眠卜，马鬣封，退哉斯丘。乐利孙子，永世无穷。

赐进士出身、福建邵武县知县、年家眷弟许士杰顿首撰文

赐进士出身、福建邵武府教授、年家眷弟昌天锦顿首书丹

邑庠生、愚小叔华美顿首篆盖

【简跋】

此碑刊于清乾隆四年（1739年），碑石未见，碑文录自和平镇《竹粟黄氏宗谱》卷十六。[②]撰文人许士杰，进士，浙江平湖人，时任邵武县知县。书丹人昌天锦，进士，漳浦人，时任邵武府教授。篆盖人黄华美，邑庠生，系墓主小叔。

墓主王氏，系黄华衮妻、黄炅祖母。黄华衮，字子荣，康熙二十三年（1684年）举人，徐州砀山知县。黄炅，字光远，雍正八年（1730年）进士，历任常山、

---

① 前后嗣，"前"字疑衍。
② 和平《竹粟黄氏宗谱》卷十六，民国三十四年敬爱堂刊印本，谱存邵武市和平镇和平村。

兰溪、仁和知县。华衮、炅二人，光绪《邵武府志》卷二十均有传。黄炅墓志铭（《皇清赐进士第例赠奉政大夫江南苏州府太湖同知黄公墓志铭》），本书有收录。

显考屏玉公暨旌表先妣黄太君合葬墓志铭
（乾隆五年）

　　显考讳蕃，字屏玉，行四，娶旧市街黄昊玉公次女。生子一，恭。生女一，宜姑，适本市邑增生廖符九。恭娶层源坊丁氏，生孙三：长观孙，次长孙，三咸生；女二：长近弟，次妹姑。

　　先考为人倜傥不群，不幸年三十一而弃藐孤，时不孝仅二龄耳。母孺人矢志冰霜，保孤立门户，四十年如一日，盖大有造于我家者也。雍正五年，蒙府太尊周采访节孝事迹，申详督抚各宪大人，会同咨部请旨，钦赐旌表，没后准入祠享祀。

　　先考生于康熙辛亥十年五月十一卯时，卒于康熙辛巳四十年三月十八日午时，葬三十一都山口五里庵，坐酉向卯。先妣生于康熙癸丑十二年二月廿四日亥时，卒于乾隆庚申五年十月初五日戌时，享寿六十有八。谨于是年十月初十日午时，迎柩合葬先考坟中，庶几法古同穴之义云尔。铭曰：

　　南山之阳，厥土善，厥水臧。恪维先考，乃于斯藏。翳维我母，贞节流芳。同先考厝于斯邱，分冀千百世其永康。

　　皇清乾隆五年岁次庚申十月初十日

　　孝男恭志

【简跋】

　　此碑刊于清乾隆五年（1740年），碑石未见，碑文录自肖家坊镇《米氏族谱》卷一。[①] 撰文人米恭，墓主之子。墓主为米蕃（字屏玉）和黄氏夫妇。米蕃年仅31岁而亡，儿女年幼，由妻黄氏抚育成人。黄氏节孝事迹获官府旌表，

---

① 肖家坊《米氏族谱》卷一，民国十七年刊印本，谱存邵武市肖家坊镇琢石村。

光绪《邵武府志》传曰:"黄氏,米潘(蕃)妻。年二十夫亡,抚遗腹子恭。族人利其产,欺陵之,氏弗与校,阖户纺织,课恭成儒业。卒年六十九。"[1]

李母聂太安人暨何安人墓志铭
(乾隆六年)

伯祖母聂太安人,年廿六而居孀,其日星大节已为当宁所知,坊表岿然,而载在邑乘者,既核且悉。即伯母何安人,系出望族,勤俭孝敬,克树坤型,百里内外,罔不耳属徽音。今后先即世,合葬兹山,将勒铭墓左,而若权诸兄遂属笃生载笔焉。

按,太安人以及笄之年,归伯祖瓒玉公。越十载,瓒玉公捐馆,伯兰亭府君仅遗腹三月,且有三高年姑在堂,养生送死,唯礼是率,已卓然有贤妇风。兰亭公当襁褓时,茕茕母子,不淑者睥睨余业,思中以危机。兼值寅卯之变,遭遇险难,流离奔走。其间绸缪防护,使瓒玉公之宗祀奠以不恐者,非太安人之力不至此。性慈惠,族有孤茕则怜而抚之,视若己子。孀婺守志者,必时加慰勉,冀其贞操不少衰,而赈贫恤婺之事,又可得而推已。方兰亭公之就傅也,延致西席者皆戚党知名士,而太安人闺训亦倍严,且择其家女配之。而伯母何安人来归,安人幽静夙成,又日习太安人姆仪,勤止言笑,禀箴酌铭,人以为一门闺范,词徽媲美,良不诬也。既而兰亭公补郡诸生,读书辟雍,与当世贤士大夫游,众谓李氏有子矣。此固太安人苦节之报,而得之何安人内襄者抑多焉。

岁癸巳,两学佥举太安人节孝,当道廉得其实,通详题请给银建坊,以垂不朽。雍正丁未,诏从祠享。而太安人之生被殊荣,死沐大典,岂非逾久弥光者欤? 至于缝绩不倦,簪珥不饰,乐施善果,臧获衔恩,两世如出一辙者,只为令德所散见耳,乌用枚举。为抑笃生于此,独自有感也:当吾伯祖母潇酸砥节时,茶苦百端,内外交毖,如以一缕系千钧,几乎失坠。即何安人于归之日,帏幪间尚余淘冷风。厥后人才蔚起,高大门闾,孙支竞秀,螽羽诜诜,而太安

[1] 光绪《邵武府志》卷二五《节孝·黄氏传》,2017年点校本,第829页。

人与何安人俱享有大年。今后先即世，合葬兹山，宛然当日高堂聚首之况。抚今追昔，未尝不叹天之眷护，节孝为独腴也。

太安人聂氏，生于明崇祯庚申年十一月十一日子时，卒于雍正丙午四月廿七日亥时，享年八十有七。子蕙，郡庠生，入国子监，考授州司马。女适光泽曾方来司马公。配何安人。安人生于康熙甲辰年十二月初六日未时，卒于乾隆辛酉正月十五日戌时，享年七十有八。生子五：长洪钟，娶曾氏，继娶何氏；次海，郡庠生，娶余氏；次若权，邑庠生，入监，娶张氏；次煌，娶黄氏，继娶高氏；次堂，太学生，娶高氏。庶室吴氏，女二：长瑗英，适郡增生危芹；次鹤英，适危湘。孙：曰大鹏，大鹍，钟出；曰昂，邑廪；曰昇，曰昶，曰暲，海出；曰崇，曰宋，若权出；曰栋，曰柱，太学生，曰枚，煌出；曰宁，曰容，曰皋，堂出。孙女九。曾孙八，曾孙女七。盖于何安人为孙，于太安人为曾孙；于何安人为曾孙，于太安人为玄孙云。铭曰：

其德克全，其道冈愆。陇西令范，隆古名媛。我知松容柏骨，并相与含笑乎九泉。

侄孙笃生谨撰

【简跋】

此碑刊于清乾隆六年（1741年），碑石未见，碑文录自金坑乡《琴山李氏宗谱》卷一。[1] 撰文人李笃生，系墓主侄孙。

墓主为聂氏、何氏婆媳。聂氏，系李如璋（字瓒玉）妻，26岁居孀，将遗腹子李蕙抚育成人，事迹获官府旌表，建立牌坊。光绪《邵武府志》有传，曰："聂氏，李如璋妻。年十九于归，舅亡，夫继殁，氏年二十一（六），遗腹三月，室如悬磬，有三孀姑在堂，氏坚守奉姑，训子成名，孀居三十年，康熙五十二年旌。"[2] 何氏，系国子监生员李蕙妻。

---

[1] 金坑《琴山李氏宗谱》卷一，民国三十三年刊印本，谱存邵武市金坑乡金坑村。
[2] 光绪《邵武府志》卷二五《节孝·聂氏传》，2017年点校本，第824页。

长明庵照阶和尚墓塔铭
（乾隆八年）

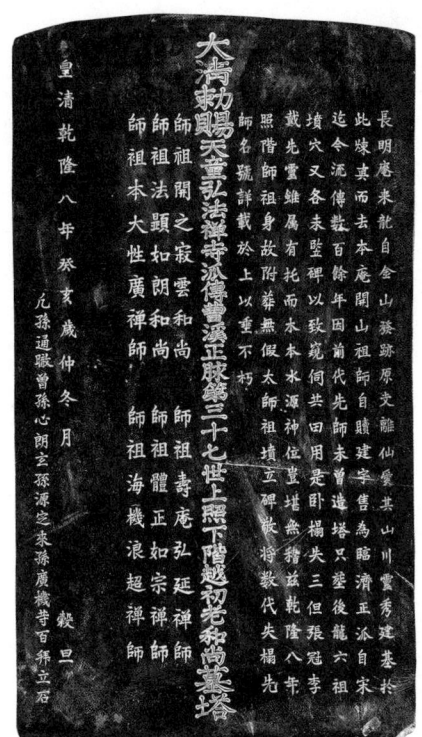

长明庵来龙自金山发迹，原支离仙爱其山川灵秀，建基于此，炼真而去。本庵开山祖师自赎建宇，售为临济正派。自宋迄今，流传数百余年。因前代先师未曾造塔，只葬后龙。六祖坟穴，又各未竖碑，以致窥伺共田，用是卧榻失三。但张冠李戴，先灵虽属有托，而木本水源，神位岂堪无稽？兹乾隆八年，照阶师祖身故，附葬无假太师祖坟，立碑敬将数代失榻先师名号详载于上，以垂不朽。

大清敕赐天童弘法禅寺派传曹溪正脉第三十七世上照下阶越初老和尚墓塔

师祖开之寂云和尚　师祖寿庵弘延禅师
师祖法显如朗和尚　师祖体正如宗禅师
师祖本大性广禅师　师祖海机浪超禅师

皇清乾隆八年癸亥岁仲冬月　谷旦

凡孙通瞰、曾孙心朗、玄孙源定、来孙广机等百拜立石

【简跋】

此碑立于清乾隆八年（1743年），现存洪墩镇长明庵。碑名为编者加拟。碑高108厘米、宽62厘米，楷书。墓主照阶和尚，系邵东名寺长明庵僧人。

皇清赐进士第例赠奉政大夫江南苏州府太湖同知黄公墓志铭

(乾隆十四年)

乾隆十四年七月，苏州太湖同知黄公，以疾卒于官，宦橐萧然，几无以敛。苏之上官及士大夫皆钦其清掺，而哀其不禄也，醵金赐之，始得以其丧归。輀车过渐，自仁和至兰溪、常山数百里间，士民巷哭路祭者不绝，三邑皆公旧治也。呜呼！观邑人之感戴于身后，若此则公之所以治其民者可知矣。

公讳炅，字光远，号癹谷，世居闽之邵武。父讳敦复，以公贵，封文林郎；母陈氏，赠孺人。生而颖悟绝人，工制义，旁及诗、古文，皆自成一家。举雍正甲辰乡试，庚戌成进士，以新例发浙江学习。公通达政体，有理烦治剧才。初授常山县知县，县为豫章闽广孔道，舟车络绎。公至，即精查利弊，严革陋规。凡遇差务经由，悉照民间给发，不使纤毫派及牙行，民心悦服，政声大起。上官知其贤，改调兰溪，浚河以避火灾，建桥以便行旅，民至今赖之。再调仁和县，故通省首邑，烦剧尤甚，公感上官知遇，益自励精，殚心政务，其礼士爱民、除奸扶弱诸善政，口碑载道，讴颂不忘。公历任三邑，皆清心洁己，杜苞苴，绝请托，有古廉吏风。以俸满，擢江南无为州知州，未任，丁外艰。服阕，改授苏州府同知，驻扎太湖。莅任，厘积逋，戢豪强，民方喁喁向化，乃未及三月，遽捐馆舍，此吴中士民莫不悼叹而继之以泣者也。公为人刚毅笃实，事亲孝敬备至，方擢任无为时，将发，适遇封翁七十诞辰，即告假省亲，单骑遄行到家上寿，封君顾而色喜。未几，抱微疾而终，公哀毁骨立，丧葬必尽其诚。与人交，磊落坦夷，然诺不苟。学有根柢，为文高简，远宗先正，不屑作时下场屋语。丙辰、甲子，两较浙闱，得多知名士。丁卯解元吴鸿、庚午经魁周宽，皆公试童子时所首拔者也，人益服其冰鉴云。

公生于康熙四十一年，卒于乾隆十四年[①]，年四十八。娶邓氏，封孺人。子二：长之驹，次之驯。女一，适泰宁庠生童德和。孙一，承武。嗣子将于

[①] 生于康熙四十一年，卒于乾隆十四年，原文作"生于康熙五十年，卒于乾隆廿三年"，误，据和平《竹粟黄氏宗谱》卷四《世系》改。

某年某月卜葬公于某山，乞铭于余。余与公为庚戌同年生，又同官于杭，知公颇悉，遂不辞，而为之铭。铭曰：

凝如山岳，凛若冰渊。三宰剧邑，政绩烂然。年未及艾，赍志重泉。清风长在，过者式焉。

赐进士第、两浙江南等处盐运使司、今升四川等处提刑按察使司按察使、年眷弟鄂敏顿首拜撰文

赐进士第、浙江等处承宣布政使司布政使、今升巡抚江宁等处提督军务、都察院右副都御史、年眷弟王师顿首拜书丹

赐进士第、浙江分巡宁台绍道按察司副使、年眷弟侯嗣达顿首拜篆额

【简跋】

此碑刊于清乾隆十四年（1749年），碑石未见，碑文录自和平镇《竹粟黄氏宗谱》卷十六。[①] 撰文人鄂敏，进士，时任四川等处提刑按察使。书丹人王师，进士，时任巡抚江宁等处提督军务、都察院右副都御史。篆额人侯嗣达，进士，时任浙江分巡宁台绍道按察副使。

墓主黄炅，字光远，号弢谷，砀山知县黄华衮孙。雍正八年（1730年）进士，历任常山、兰溪、仁和知县。光绪《邵武府志》卷二十有传。

协和公墓志铭
（乾隆二十三年）

公讳守弦，字协和，元吉公之四子也。生平谨厚自持，尤以孝行闻于乡。先人葬绵叶坑，公窆临，顾子若孙，泣然流涕曰："余之不得奉先人也，自今日始矣。余死后，必葬先人之侧，以明余志。"无禄，公即世，其子孙志之不忘者三年，采所遗嘱之旁无余穴。阅时，卜佳城于冢窠之上而奠焉。起视棉叶之坑，罨画栖下，烟廊水廊，鸟飞哑哑，嘘然有老人声者，恍惚如侍寝门。嗟呼！行莫大于孝。忆公之言，思公之志，慨然想见公之为人，生事爱敬，事死

[①] 和平《竹粟黄氏宗谱》卷十六，民国三十四年敬爱堂刊印本，谱存邵武市和平镇和平村。

思慕而不能已者，直欲使长逝之魂魄环绕于先人之墓坟。吾知千秋万祀后，纵骨土肉壤，其精与灵常联络于冢窠之间、棉叶之侧。如知公者，其视公为何如也？以视居此世者又何如也？爰为之著其行次以铭。公行四，生于康熙壬戌二月二十日辰时，卒于乾隆丙子九月十一日辰时，享寿七十有五。配孺人梁氏。生子四：孟绍湄；仲绍濂，邑庠生；叔绍虎；季绍洵。媳谢氏、黄氏。孙：家梧、家椿、家槐、家桓。孙女。铭曰：

心为穴孺，慕结造物。报以咫尺，精神之所激越。绵绵瓞瓜，不徒泮水之香。而拭唉乎云桂之折，旌题巨笔描芳碣。

时维皇清乾隆二十三年岁次戊寅孟夏月上浣之吉

年家姻眷晚生黄廷瑛顿首拜撰

【简跋】

此碑刊于清乾隆二十三年（1758年），碑石未见，碑文录自和平镇《邱氏家谱》卷四。[1] 撰文人黄廷瑛，邵武和平人，系墓主姻亲。墓主邱守弦，字协和，生于康熙壬戌年（1682年），卒于乾隆丙子年（1756年），享寿75岁。

清某孺人墓志
（乾隆二十四年）

■见为恨，乃舅氏顾命■之故，存没之感，具于是乎■。孺人卒于乾隆甲戌八月■，其生康熙甲申六月初五日戌时得■男六：曰用瓒，郡庠生，娶万氏，续娶聂氏。□〔曰〕用琪，娶王氏；曰用环，娶葛氏；曰用琇，娶吴氏；曰用理、用璈，幼未议配。女三：曰碧玉，适王日藻；曰瑑玉，适邑庠生王恂；曰瑛玉，适李于晋。孙四：曰九江，娶丁氏；曰九钧，瓒出。曰九峰、九程，环出。孙女三：庚姐，适刘廷纲；酉姐，适吴泰，瓒出。辛姐，幼未字，环出。用琪，继余伯舅邑廪生凤来公后。用璈，则舅氏之继室邱氏所生者也。今以乾隆二十四年六月念四日申时，葬于城西金鳌山之阳，首乾趾巽兼亥巳三分。铭曰：

---

[1] 和平《邱氏家谱》卷四，民国二十七年刊印本，谱存邵武市和平镇和平村。

天与之境，顺终其身也。天付之能，劳毕厥生也。藏体魄于西麓，全地道之无成也。需吾归而铭□，庶垂久以妥其灵也。

中宪大夫、原任河南归德府知府、外甥制李由中稽首拜撰文

修职郎、原任延平府永安县儒学训导、同怀兄士宽顿首拜书丹

丙子科举人、拣选知县、重外甥饶鹏飞顿首拜篆盖

【简跋】

此碑刊于清乾隆二十四年（1759 年），现存邵武市博物馆。碑石右上角缺损，残高 31.5 厘米、宽 55 厘米、厚 1.5 厘米，楷书。碑名为编者加拟。撰文人李由中，字大本，邵武人，系墓主外甥。拔贡，原任河南归德知府。光绪《邵武府志》卷二十有传。书丹人姓不详，名士宽，原任延平府永安县儒学训导，系墓主之兄。篆盖人饶鹏飞，举人，平阴知县，系墓主重外甥。墓主姓名缺失，生于康熙甲申年（1704 年），卒于乾隆甲戌年（1754 年），享年 51 岁。

見為恨乃舅氏頤命
之故存沒之感具於是乎
孺人卒於乾隆甲戌八月
其生康熙甲申六月初五日戌時得
男六曰用瓚郡庠生娶萬氏繼娶聶氏
琪娶王氏曰用環娶葛氏曰用琇娶吳氏曰用
理用璥幼未議配女三曰碧玉適王日藻曰瑹玉適
邑庠生王惲曰瑛玉適李於晉孫四曰九江娶丁氏
曰九鈞瓚出曰九峯九程環出孫女三庚姐適劉廷
綱酉姐適吳泰瓚出辛姐幼未字環出用琪繼余伯
舅邑廩生鳳來公後用璥則舅氏之繼室邱氏
所生者也今以乾隆二十四年六月念四日申時葬
於城西金鰲山之陽首乾趾巽兼亥巳三分銘曰
天與之境順終其身也天付之能勞畢厥生也
體魄於西麓全地道之無成也需吾歸而銘
庶垂久以妥其靈也
中憲大夫原任河南歸德府知府外甥制李由中稽首拜撰文
修職郎原任延平府永安縣儒學訓導同懷兄士寬頓首拜書丹
丙子科舉人揀選知縣重外甥饒鵬飛頓首拜篆蓋

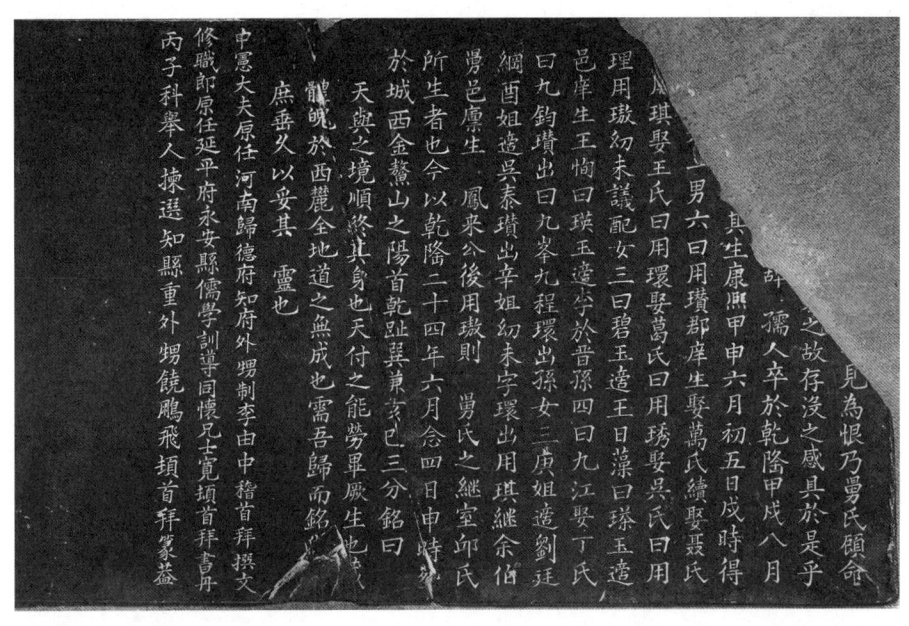

皇清岁进士竹园朱先生墓志铭
(乾隆二十五年)

　　昔郭有道殁,蔡中郎为之碑。杨荆州故,潘安仁为之诔。翁固无愧杨与郭矣。吾岂安仁、中郎,而诔之、碑之耶?虽然,翁志也,敢谢不敏?翁讳元侔,字友来,号竹园,世居樵郡之南厢尚书里。尊人敬轩公,讳震,字一生,为名诸生,授徒数十载,门下士济济称极盛。以食饩深,跻成均,卒年八十。配傅太君齐龄云。余履邵,敬轩公与傅太君俱弃世,不及见翁之事二尊人,然其语余:"吾事二亲,迩时,堂上供具,为力颇易,二老人未尝以为不足。然吾只歉然,自以为不足,终天之痛如一日,此其所以无不足也。"门内外津津称翁至性,良有以哉。

　　翁长兄元仪名下士早亡,乏嗣,翁承敬轩公命,以次子用琪继,兢兢然,维恐用琪不克荷先业、慰先志。其所以保护而裁成之者,父道、师道,靡有不至。其实翁所欲尽者,尤在子道也、弟道也。今用琪克自树立,亦不负翁训。族里有空乏者,或以闻,或不敢以闻,翁痛痒身之,己身空乏,随其后,弗顾也。尝语令嗣用瓒等曰:"共本而生,比间而处。坐视其颠连,忍乎?"教子孙,不伤恩,不溺爱。平时熙熙然,煦煦然,有事则周以规,折以矩。稍有逾越,即峻其词色而裁抑之。翁警敏嗜学,自为诸生迄入成均,四十余年,手不释卷。督课手孙,焚膏继晷。讲究指示,每至漏下数十刻,娓娓不倦。以故朱氏多能文士。

　　于人少所许可,而独喜予。其交予也,以其拙,故凡予所拙,翁亦举不甚工。与翁共晨夕,几六载,心迹可谓亲矣。然翁刚正,余亦耻脂韦,可否是非断不少假借,庶几道谊之交欤!

　　翁纤瘦而有神,世间荣利,一切淡之,得道家意。谓娱老乐生,莫如弈。常与余弈,或挫于余,亦竭智疲神,思所以复之。余笑曰:"虚憍而恃气,异于木鸡矣。"翁为之止。因意把臂之期,未有艾也,乃遽溘然逝耶!以铭属予,谓予知翁。翁之子孙,亦谓予知翁。即予亦不敢自谓不知翁者,而余实未能知翁也。余所知翁,只在声色臭味之中,声色臭味之外,别有一种落落穆穆。忆晨夕相对,有时划然而啸,睪然而望,叩其胸中所思所感,不可得而闻,尚得谓之知翁哉?

翁生于康熙庚辰年九月廿二日亥时,卒于乾隆庚辰四月囗九卯时,享年六十有一。今以是年六月初一午时,与元配陈太君合葬于城西金鳌山之阳,首乾趾巽,兼亥巳三分。其子孙女妇蕃衍,悉载李敫庵先生所志陈太君文中,不具载。铭曰:

竹园穸,不卜金鳌魄自芳。金鳌峰,改藏别柩山无光。

松林一,曾坑二,竹园三,亭亭鼎峙万载扬。

修职郎、邵武府学训导、年家眷同学弟林锋顿首拜撰文

修职郎、原任延平府永安学训导、内兄陈士宽顿首拜书丹

邑庠生、愚侄婿制杜蘅挥泪拜篆盖

【简跋】

此碑刊于清乾隆二十五年(1760年),现存邵武市博物馆。碑高35厘米、宽67厘米、厚2.5厘米,楷书。撰文人林锋,侯官人,时任邵武府学训导。书丹人陈士宽,邵武人,原任延平府永安学训导,系墓主内兄。篆盖人杜蘅,邑庠生,系墓主侄婿。

墓主朱元俦,字友来,号竹园,监生朱震之子。生于康熙庚辰年(1700年),卒于乾隆庚辰年(1760年),享年61岁。

范孺人墓志铭

（嘉庆十一年）

余尝读《既醉》之章，咏"女士"之语，窃谓：女也，而士名之，知必有异于巾帼之流，而于凡为士者之所讲求，即不必习其词，正靡有不通其义者也。孺人系出范氏，年未及笄，父蚤丧而母再适，茕茕无依，谅不闻师氏箴规矣。洎嫔于吴，其言笑不苟，其举动有仪，敬事舅姑，勤问视，奉甘旨，与《内则》所载多隐合焉。具相大了翰周先生也，先生为人蔼若春风，广交游，宾朋常满座，孺人辄顺其意，主中馈，日夜不怠，故入先生之室者，无不道孺人之贤。且也和于姒娌，而严于子女。长嗣君积学能文，蜚声黉序。其次二贤，即悉循循规矩，先勤本业。虽先生教之，实孺人佐之也。岁甲寅，先生辞世，迄今十有余载，而孺人之宣教于慈帏者，与先生存日无异焉。嗟乎！世有日诵圣贤之书，而立心制行，无一合于道者，闻孺人之风，其亦可以少愧矣。

孺人生于雍正八年八月初五日午时，殁于嘉庆十年正月廿一日子时，享寿七十有六。生子三：长荣煌，次荣炘，幼荣衮。孙：华美、华仁，荣煌出；华麒、华蛟、华凤、华仪，荣炘出。今择丙寅之岁八月初六日酉时，卜葬孺人于大窠，其山坐辛向乙。请铭于余，余与次君为联襟，而深知孺人之贤爱，从而为之铭。铭曰：

将石之乡，儒林之坊。贤哉吴母，质禀淳良。克执妇道，教子义方。终温且惠，亦寿而灭。兹归窀穸，厥德宜扬。勒诸幽藏，奕世留芳。

乡进士、候选县正堂、原任福州府闽清县儒学、眷晚生廖光增顿首拜撰

【简跋】

此碑刊于清嘉庆十一年（1806年），碑石未见，碑文录自肖家坊镇《延陵吴氏族谱》卷首。[①] 撰文人廖光增，邵武和平人，乾隆四十二年（1777年）举人，曾任福州府闽清县儒学教谕。

墓主范氏，生于雍正八年（1730年）年，殁于嘉庆十年（1805年），享年76岁。

---

① 肖家坊《延陵吴氏族谱》卷首，1997年刊印本，谱存邵武市肖家坊镇将石村。

清李泽娘夫妻合葬墓志
（嘉庆十一年）

始迁高祖廷九公，生万历己未年七月十四日午时。生男士第公，孙惟忠公，生男系显考天赐，字世德，生于康熙辛丑年十月十七日寅时，终于乾隆戊申年十一月廿三日未时，即月廿四日申时卜葬本山。原配显妣李氏泽娘，生康熙辛丑年七月廿九日卯时，终嘉庆己未年五月初七日戌时，兹卜嘉庆丙寅年十一月十一日辰时，与廷九公、世德公合葬斯山，坐落廿八都土名富足坑路连口岗上，甲山庚向兼寅申三分。

【简跋】

此碑刊于清嘉庆十一年（1806年），现为邵武某藏家所藏。碑名为编者加拟。撰文者系墓主之子。墓主为夫妻，夫姓缺失，名天赐，字世德，生于康熙辛丑年（1721年），终于乾隆戊申年（1788年），享年68岁。妻李泽娘，生康熙辛丑年（1721年），终嘉庆己未年（1799年），享年79岁。

若愚李公墓志铭
（嘉庆十二年）

公讳大询，字舜谦，号若愚，李姓，系出陇西，世居樵西之琴山里。琴山之李，犹崔称博陵，裴称闻喜，族望冠冕一郡。大父长年，号松亭。父洪衡，号西圃，公其第三子也。公自少时，器识如成人。早失怙，产固微薄，未暇谋婚娶。年十六，兄弟异爨，即弃学营什一，利一寒生。年未及冠，抱守微田片屋，欲治生立业，谋婚娶正匪易。而公独勤俭朴诚，对人无城府。虽业什一，不屑屑竞刀锥。而家亦卒起，里党中莫不交口称公长者。公性方正，果于任事，房建鸣谷公祠，规模粗就，赀告匮。公鼎力经营，卒成之，更置田若干亩。凡先代茔墓，靡不葺理。援例入太学，常憾少时不克自奋。岁始，必聚族人子弟，课文艺，谆谆为劝谕。即农工辈，亦时时儆其游惰。今殁虽十余年，里巷闲谈，犹乐举其行谊。以风厉末俗，其生平可知矣。余适秉铎沙县，令嗣毓羲造署请铭。余始与李氏诸君子游，佩公之行事，羲与余又有姻亲之好，义俱宜铭。铭曰：

秉琴山之巍巍兮，体正而方。性侃直而不随兮，士慎其行。心热勤事兮，族仰其良。水源清洁兮，流泽孔长。卜墓食于兹兮，宜奕世永发其祥。

时皇清嘉庆十二年岁次丁卯孟秋月中浣吉旦

乡进士、文林郎、截取知县、借补延平府沙县儒学教谕、随带加三级、姻眷晚生童骕拜撰

【简跋】

此碑刊于清嘉庆十二年（1807年），碑石未见，碑文录自金坑乡《琴山李氏宗谱》卷一。① 撰文人童骕，泰宁人，举人，时任延平府沙县儒学教谕。光绪《邵武府志》卷二十有传。墓主李大询，字舜谦，号若愚，经商致富，捐纳监生。

皇清待赠显妣傅母吴太君墓志铭
（嘉庆十六年）

我考太学生俊仕公配妣吴氏榴娘老孺人，系出九都拿下吴公永富之女也。妣秉性温良，忧勤惕厉，俭约自处，助夫兴创。奉公姑以孝敬，相夫君以柔顺，接叔婶以和睦，训子媳以义方，积善致祥，俾尔子孙昌炽，实孺人之德造也。

孺人生于乾隆丙辰元年七月十四日申时，卒于嘉庆十六年七月初四日辰时，

---

① 金坑《琴山李氏宗谱》卷一，民国三十三年刊印本，谱存邵武市金坑乡金坑村。

享寿七十有六，改葬十都浇溪东窠，坐壬向丙兼子午分金，上下左右俱以罗圈之外三丈六尺为界。

维孺人生有厚德，死有余荫。入兹嘉城，永保后胤。爰为志。

嘉庆辛未十六年十一月初九日，男太学生瑗、瑛、玛谨志

【简跋】

此碑刊于清嘉庆十六年（1811年），碑石未见，碑文录自拿口镇《傅氏族谱》卷七。[①] 撰文人傅瑗、傅瑛、傅玛，系墓主子嗣。墓主吴氏，系太学生傅俊仕妻，生于乾隆丙辰元年（1736年），卒于嘉庆十六年（1811年），享寿76岁。

皇清诰赠奉直大夫刑部奉天司员外郎龚公墓志铭
（嘉庆十七年）

赐进士出身、朝议大夫、内阁侍读学士、长乐梁上国撰

赐进士出身、光禄大夫、起居注日讲官、翰林院侍讲、仪征阮元书

赐进士出身、资政大夫、兵部左侍郎、义宁万承风篆盖

龚氏出汉世，最盛者胜与舍，皆为光禄大夫，家于楚，著名节，人称为楚两龚。其后子孙散逸，有迁闽者，著姓于邵，传数十世而至公。公性质直，读书明大义，不屑屑章句间。重然诺，好施与，虽平居俭约，而恤人之急，如不及。始公父崇齐公家贫且困，公母吴太宜人独奇公曰："兴吾家者，必是子也。"后公奋于贾，游四方，凡买卖质剂，往来交际，一以信义先之。夫市道之尚诈也久矣。权子母，征贵贱，利之所在，虽小必争，曾不知信义为何物。公独曰："信义所以幅利也。吾以信义待人，人亦莫予欺而兼收其利，信义何负于人哉？"自是家道稍丰，所施亦日博，崇齐公每顾而乐之。迨崇齐公没，诸弟毓秀、毓奇皆幼，公以一人承数世之重，偕配潘宜人，上事母吴太宜人，下抚幼弟。家政督修，阃门无间言。家人信公之志，咸欢然以吾崇齐公为不亡也。龚族议修宗谱，建宗祠，或虞费不给。公曰："此吾先人志也。"毅然独任之。顾每念龚兴自

[①] 拿口《傅氏族谱》卷七，民国三十七年刊印本，谱存邵武市拿口镇加尚村。

汉代两光禄后，罕有继而大其世者。时公长子正调年少，公偶过塾师舍，课其功，喜谓潘宜人曰："龚其可兴矣！自吾有是，子将欲升而有梯然。吾家以有人为基，吾子孙以有德为基也。"有夫妇将离者，公与之赀，恤其家，使复完，而公绝口不言。公既没，某氏子来吊，哭之哀。家人疑而问之，始得悉其故。其修县府城隍也，年已老矣，犹亲冒风雨督其事。郡人指而目之，啧啧称善人，至于今不衰。嗟乎！以公之始贫而后富也，宜若吝于财者，乃其赈贫赒乏，见义必为。虽方之范氏之捐学舍，赠麦舟，亦不是过是，殆其性然耶。而公之诸令嗣掇巍科，游庠序，隆隆然相继而起，用以显荣褒大，光前烈而扬清芬，则天之所以报之者，又岂或爽也哉？公长君正调为余长子云铣同年友，丐铭于余，余不敢以不文辞。谨按状而书其略。

公祖讳起顺，号直庵。父讳成贵，号崇齐，刑部奉天司员外郎，貤封奉直大夫。公讳毓璜，字天生，号渭湄，世居邵武，刑部奉天司员外郎，诰封奉直大夫。生于雍正丁未年六月十六日，卒于乾隆壬子年十一月二十八日，享年六十有六，葬于邵武府西门外金鳌峰之东，娶潘氏，诰封太宜人，侧室丁氏。子三：长正调，乾隆乙卯科福建解元，嘉庆壬戌科进士，原任刑部奉天司员外郎，元娶邑庠生启文沈公长女，继娶居元黄公女；次正谦，嘉庆丁卯科北闱中式举人，充会典馆校录，议叙即用知县，娶太学生启麟黄公女；三正谟，郡庠生，娶丁酉科举人光增廖公女。孙七：德豪、德沐、德宏、德绵、德基、德先、德阶，俱业儒。

铭曰：

懿德立，孝友励。门雍雍，佳嗣继。惠利普，乡邻济，亨其后秀而慧。茹六经，得其谛。善行昭，表其第，何以铭楚龚裔。

大清嘉庆壬申年九月廿五寅时安葬，坐辛向乙兼西卯。

【简跋】

此碑刊于清嘉庆十七年（1812年，壬申），现存邵武市博物馆。碑石两块，高37厘米、宽61厘米、厚3厘米，楷书。撰文人梁上国，福州长乐人，进士，时任内阁侍读学士。书丹人阮元，字伯元，江苏仪征人，进士，官至太傅，时任起居注日讲官、翰林院侍讲。篆盖人万承风，字卜东，江西义宁（今修水）人，进士，时任兵部左侍郎。

墓主龚毓璜，字天生，号渭湄，世居邵武，卒于乾隆壬子年（1792年），享年66岁。长子龚正调，乾隆六十年（1795年）福建解元，嘉庆七年（1802年）进士，任刑部奉天司员外郎；次子龚正谦，嘉庆十二年（1807年）北闱中式举人，历官云南通海、建水知县；三子龚正谟，郡庠生，娶举人廖光增之女。

待诰赠显考太学生秉艺傅府君墓志铭
（嘉庆二十一年）

府君讳俊仕，派克给，字望卿，号秉艺，行四，生于乾隆二年丁巳十二月三十日辰时，卒于嘉庆七年壬戌二月初二日戌时，享年六十有六。元配妣吴孺人，日生公之女，生子瑷，太学生。继娶妣吴孺人，永富公之女。生子二：曰瑛，曰玛，俱太学生。

自府君之没也，迄今始得吉壤，择嘉庆廿一年丙子七月十四日午时，卜阡于十都大炉磜之茶箕杨背，坐辛向乙兼酉卯分金。因为之铭曰：

维公孝友克敦，亲睦九族。信以持己，事无反复。正直自矢，终身弗慝。佑启后昆，惟耕惟读。黄童白叟，咸相感祝。藏诸佳城，永祈后福。

男瑷等谨志。男：瑷，娶李氏、何氏；瑛，娶饶氏；玛，娶江氏、朱氏。孙：朝选，娶王氏；朝逊，娶胡氏；朝聘，娶元氏；朝举，娶朱氏；朝元，娶朱氏；朝宗，娶吴氏；朝柱，娶朱氏；朝升，聘李氏。曾孙：大兴，娶李氏；大成，娶元氏；大田，聘叶氏；大受、大德、大光、大廷。元孙学孔，同百拜勒石。

【简跋】

此碑刊于清嘉庆二十一年（1816年），碑石未见，碑文录自拿口镇《傅氏族谱》卷七。[①] 撰文人傅瑷等人，系墓主子孙。墓主傅俊仕，谱名克给，字望卿，号秉艺，生于乾隆二年（1737年），卒于嘉庆七年（1802年），享年66岁。其子傅瑷、傅瑛、傅玛，俱太学生。

奇玉公墓志
（嘉庆二十二年）

同宗奇玉公寿终正寝，其子胜凤昼夜哀泣，越三月未已。至今孝心犹在，朝夕痛之，无日不思罔极之恩未报也。今凤亲至侄馆舍，言公之生时，乡党中

[①] 拿口《傅氏族谱》卷七，民国三十七年刊印本，谱存邵武市拿口镇加尚村。

称公仁慈，实请侄铭。侄愧不敏，不能文，顾念公之仁慈而胜凤又孝也。哀仁人之行，怜孝子之心，于是为之志。

公曾祖讳有旭，祖讳道龙。父讳宗京，字景山，妣刘孺人，生公兄弟三人。公行居叔，讳孙楼，字奇玉，配温安人，生男一。媳曾氏，孙男三，女孙二。公幼而警敏，长而厚重，处家理生有法。事公畏慎，有远虑。孝顺双亲，恭敬二兄。父殁，不与诸昆较家产，又不与众嫂争衣物，坦然慷慨。自积留耕，义方教子，婚娶名乡。奉公务，抚邻里，勤修乡政，实为仁慈长者之风也。公嘉庆十二年丁卯仲夏初八日未时殁，享年五十有六，择吉葬公于本境红边嵊地，肖牛形，向作艮山坤兼丑未三分。谨勒石以垂不朽。

时皇清嘉庆二十二年岁次丁丑孟夏月　吉旦

族曾侄孙邑庠生学锦拜撰

【简跋】

此碑撰于清嘉庆二十二年（1817年），碑石未见，碑文录自大埠岗镇《熊氏族谱》卷一。[①]撰文人熊学锦，邑庠生，系墓主族曾侄孙。墓主熊孙楼，字奇玉，殁于嘉庆十二年（1807年），享年56岁。

君用公墓志铭
（嘉庆二十二年）

公孙派人也，卒于甲戌年冬。次嗣君胜义至侄馆舍，言公之生时，亲与侄相谈风土人情，其心事深知之矣，今特以公墓志铭为请。侄先人与公有至德之好，今嗣君与侄又有叔侄之义，义不容辞。

公讳孙臣，字君用。曾祖讳有旭。祖讳道龙。父讳宗京，字景山。好善乐施，为乡望人。妣刘孺人，生公昆玉三人。公行居长，常言曰："人生世上，诚身之要，内则以忠信为主，外则以谨言慎行为重。心心恒念，善事可作，恶事莫为。"又善读朱夫子家训，曰："善欲人知，不是真善。恶怨人见，便是大恶。"

[①] 大埠岗《熊氏族谱》卷一，光绪二十九年刊印本，谱存邵武市大埠岗镇竹源村墩上。

公虽未学，亦犹学中人也。父殁，善于修身，治家有法，克全父业。承遵遗训，孝友率于一门；克慎家谋，燕翼成于二子。惠加乡党，毫无怨辞，义重交游，人而能敬。公之素行，人皆称之曰"仁人"也。公殁于甲戌季冬十三日未时，距其生乾隆元年丙辰四月十三日戌时，享寿七十有九。配杨孺人，继娶朱孺人。皆克尽父道，相其妇子。生男三：长胜先、次胜义、三胜昌。女一。俱杨出。孙男九，女孙三。卜是年是月十六日，葬于本境村头墟地，肖螃蟹形，寅山申向兼庚甲三分。谨勒石以垂不朽。铭曰：

　　朒良其质，明敏之胸。谦以自牧，善行有容。

　　天生吉地，与公岁纵。庇荫后裔，耀祖光宗。

　　时皇清嘉庆二十二年岁次丁丑孟夏月　吉旦

　　族侄孙元溶端岩氏拜撰

【简跋】

此碑撰于清嘉庆二十二年（1817年），碑石未见，碑文录自大埠岗镇《熊氏族谱》卷一。[①] 撰文人熊端岩，子元溶，系墓主族侄孙。墓主熊孙臣，字君用，生于乾隆元年（1736年），殁于嘉庆十九年（1814年，甲戌），享寿79年。

克明公墓志铭
（嘉庆二十二年）

丁丑春三月既望，与同学人共游于万地福桥之上。遇公季嗣君孙众来侄馆舍，以公之墓志铭为请。侄愧不敏，不能颂扬公之德行也。侄昔闻诸先人有言曰：万地道龙公之子有一名宗德、字克明者，其人英敏有才识。曾祖讳邦忠，祖讳有旭。父讳道龙，字云从。当时人称公之父素封之家，好施济，修桥亭，为一乡之善士。母氏伊孺人，生公昆玉七人，公行居季。生平好学，诵诗读礼，手不离百家之篇。迨后成家，内则顺父敬母，心心常念乎冬夏；恭兄友弟，业相体乎根乳。义方教子，诸嗣君皆长大，各自立婚娶名邦。众令媳递

[①] 大埠岗《熊氏族谱》卷一，光绪二十九年刊印本，谱存邵武市大埠岗镇竹源村墩上。

彪归门，俱妇职和顺。一门节之以礼，实德天伦之乐事。外则乡党有事，公若遇之，力为排解，劝人同归于世好。戊午春，三修宗谱，举公编辑，尽心杰（竭）力，勤劳谱事。不觉三月有成，又得众人称之曰能，世之英敏人也。公清康熙四十七年戊子正月十七日寅时生，享寿六十有五。配张孺人。生男四：长孙望，次孙桐，三孙和，四孙众。孙男三，女孙二。乾隆壬辰冬十月初四日殁。公初葬本境茶头垾，后迁葬本境柿树背，地肖狮形，向作乙山辛兼卯酉三分。谨勒石不朽。铭曰：

檀一邱壑兮，乐乎山水之乡。绥辑乡闾兮，卓然一乡之望。与世刮扫兮，耽泉石之膏肓。有契庄叟兮，而缘督以为常。

时皇清嘉庆二十二年岁次丁丑孟夏月　吉旦

族侄孙元溶端岩氏拜撰

【简跋】

此碑撰于清嘉庆二十二年（1817年），碑石未见，碑文录自大埠岗镇《熊氏族谱》卷一。[①] 撰文人熊端岩，子元溶，系墓主族侄孙。墓主熊宗德，字克明，生于康熙四十七年（1708年），卒于乾隆壬辰年（1772年），享年65岁。

云从公墓志
（嘉庆二十二年）

公大宗百昌，小宗万地。曾祖国焕公，祖邦忠公。父有旭公，妣温孺人，生公昆玉三，公行居长。今尊庭五修家乘，令曾孙胜昌等怀公墓志，来侄吉芦馆舍为请。侄愧无知，未达公之事术，不能为铭，只考尊庭三修谱牒，载公正直公平。又考公古稀荣诞，邑侯王额以"行敦古道"，悬挂中堂，于是为之志。试思公之人也，有诸内必形诸外信乎，真而无伪。年方舞勺，克全亲亲大义。时及髫龄，窃戒骄奢淫佚。千金之子，素封之家。气真骨正，并不与世争巧艳；躬清宜雅，又不与俗同污浊。秉性骨鲠，俨然古道，而为一乡之政。至于建桥

[①] 大埠岗《熊氏族谱》卷一，光绪二十九年刊印本，谱存邵武市大埠岗镇竹源村墩上。

亭，修道路，赈贫给乏，惠加乡党，好善乐施，斯公之余德也。公清康熙九年庚戌春中和初二日戌时生，配伊孺人，系出名宗，勤修妇职，孝养公姑，助夫益子。生男七、女一，其孙会举者数十。乾隆四年己未秋七月十九日未时殁，享寿七十。公初葬本境下坑垅，迁葬上百昌己田内。不吉，又迁回本境屋背坑己租田内，地肖虎形，内作乾巽兼亥巳外向亥山巳。谨勒石，以垂不朽。

时皇清嘉庆二十二年岁次丁丑春月　谷旦

族曾侄孙端岩氏撰

【简跋】

此碑撰于清嘉庆二十二年（1817年），碑石未见，碑文录自大埠岗镇《熊氏族谱》卷一。[①] 撰文人熊端岩，子元溶，系墓主族曾侄孙。墓主熊云从，七十大寿时，知县赠以"行敦古道"匾额。生于康熙九年（1670年），卒于乾隆四年（1739年），享年70岁。

其佩黄先生墓志铭

（嘉庆二十四年）

公讳士珊，字其佩，姓黄氏，邵武琼里人也。己卯之秋，其嗣君方恒疕工修公墓，整旧其而新之。长孙岐，几载问字于予，因述公状，请予铭。仆才愧谫陋，未能表扬盛德，但乐道人之善，故弗辞。

公朴实不尚汰侈，虽少蒙先业，赀产赢余，而被服冠履敦尚俭素，毫无纨绔气习。且性好施与，建庙祀则解囊匕成。本处造利济桥，慨然输四十金，无吝色，并修圮路利行人，莫可胜纪。屋之左偏，筑楼为家塾，延名宿以训子，敬礼周至无惰容。及不幸即世，嗣君年才十六。以早失怙，故丧毕，弃书治家，葬公于车岑之社山，即所修礐为新者是也。盖公之殁，迄今四十余载矣。殁时年仅三十有五，寿无有矣。揆诸福善，天竟何如耶？岂丰于德者，啬于命耶？抑亦德之获报，不于其身，必于其子孙耶？故其长孙岐游吾门时，英姿卓荦，

[①] 大埠岗《熊氏族谱》卷一，光绪二十九年刊印本，谱存邵武市大埠岗镇竹源村墩上。

余一见心焉，契之。洎县试，李明府极加赞赏，果首拔。郡试，太守中亦拔前茅。院试，补弟子员。是虽初为之兆，亦已见天之报善为不爽，而公之含笑九泉，为无憾矣。公距生于乾隆十三年十月十四戌时，殁于嘉庆壬申年九月十八日亥时。娶肖氏，生子一：曰方恒，太学生。孙二：长曰岐，邑庠生；次曰岐，登仕郎。曾孙五：曰先梅，曰先梧，曰先檢，曰先榮，曰先棨。孙女三。呜呼！矩于寿而长发其祥，子子孙孙，继继绳绳。克昌厥后，是可铭也已。铭曰：

幽有光而潜有德，揆其不朽。有孙之杰，车岭之茔。刻兹碣。

副举人次山何其恭拜撰

【简跋】

此碑刊于清嘉庆二十四年（1819年，己卯），碑石未见，碑文录自肖家坊镇《黄氏族谱》卷首。[1] 撰文人何其恭，邵武宝积人，字长满，号次山。副贡生，"工诗古文辞"[2]，光绪《邵武府志》卷二一有传。墓主黄士珊，字其佩，例赠修职郎。生于乾隆十三年（1748年），殁于嘉庆十七年（1812年，壬申），享年65岁。其子黄方恒，字孝思，贡生。本书有收录其墓志铭（《皇清待诰赠例授修职郎显考文轩黄公墓志铭》）。

清饶宗本暨张氏合葬墓志
（道光三年）

皇清敕授登仕佐郎、例赠文林郎、显考饶公，讳宗本，字玉书，号立斋。公捐授州吏目，分发贵州，借补永从、贵定两县典史，乃貤赠儒林郎素轩公之长子也。祖居邵郡，迁居光泽县二十二都梅岐。娶张氏，系全都郡庠生象元公之次女，生男盛斯，媳张氏，孙原中、原光，孙媳付氏、王氏。妾胡氏。曾孙资约，字室张氏，中出。资才，字室王氏；资谟、资理，字室张氏、王氏，光出。副室谢氏，生男盛祺、盛璋，媳黄氏、张氏，妾李氏。孙原炯、原焰，字室黄氏，

---

[1] 肖家坊《黄氏族谱》卷首，1994年刊印本，谱存邵武市肖家坊镇琢石村。
[2] 光绪《邵武府志》卷二一《文苑·何其恭传》，2017年点校本，第629页。

祺出；原辉，璋出。副室陈氏，生男盛传，媳吕氏、妾赵氏。孙原简，字室张氏。原绥、原国，字室邱氏、吕氏，传出。公生于乾隆五年十二月十一日酉时，终于嘉庆四年五月廿六日丑时。妣例赠太孺人张老太君，生于雍正十二年十月初八日卯时，终于道光二年十二月初二日午时。卜今道光三年七月廿六日辰时，全茔合葬此邵武府南乡卅都廖家垇背后，土名罗家山，又名北窠，形呼白鹤衔诰，内向，坐子向午兼壬丙丙子丙午分金；外向，坐子向午兼癸丁庚子庚午分金。此山上界由坟心直上，至小金星顶上湾内，裁尺卅四丈。下界由坟心，直下七丈，左界由下，界直上至十五丈，又过横五丈八尺至垇，再由垇直上至上界，右界自上至下，俱系垇为界。

道光三年癸未七月廿六日墓志

【简跋】

此碑刊于清道光三年（1823年），现存邵武市博物馆。碑石共有4块，大小一致，碑高95厘米、宽54.5厘米、厚6.5厘米，楷书。碑名为编者加拟。撰文人系墓主子嗣。墓主为饶宗本夫妇。饶宗本，光泽人，字玉书，号立斋。太学生，捐授州吏目，历任贵州永从、贵定两县典史。乾隆五年（1740年）生，嘉庆四年（1799年）卒。妻张氏，雍正十二年（1734年）生，道光二年（1822年）卒。

皇清勅授登仕佐郎例贈文林郎
顯考饒公諱宗本字玉書號立齋
公捐授州吏目分發貴州借補永
綏貴定兩縣典史乃䟲贈儒林郎
素軒公之長子也 祖居邵郡迁
居光澤縣二十二都梅岐 娶張氏
係仝都郡庫生 象元公之次女
生男盛斯 媳張氏 孫原光 孫媳王付

氏妾胡氏曾孫資約字室張氏中
出資才字室王氏資理字室張氏
光出副室謝氏生男盛祺 媳黃氏
妾李氏孫原烱字室黃氏祺
輝璋出副室陳氏生男傳 媳趙呂
氏孫原簡字室張氏原綏字室呂
氏傳出 公生于乾隆五年十二
月十一日酉時終于嘉慶四年五

月七六日丑時 妣例贈太孺人
張老太君生于雍正十二年十月
初八日卯時終于道光二年十二
月初二日午時 卜今道光三年七
月廿六日辰時仝塋合塟此邵武
府南鄉卅都廖家排背後土名羅
家山又名北窠形呼白鶴銜誥內
卯坐子向午兼壬丙子丙午分

金外向坐子向午兼癸丁庚子庚
午分金此山上界由坎心直上至
小金星頂上灣內裁尺卅四丈下
界由坎心直下七丈左界由下界
直上至十五丈又過橫五丈八尺
至排上至上界右界
上至下俱係排為界
道光三年癸未七月廿六日墓誌

清太学生饶宗本暨张氏合葬墓志
（道光三年）

公讳宗本，字玉书，行一。由大学生捐授州吏目，分发贵州，借补永从县理苗厅、贵定县督捕厅。世居邵郡，祖迁光邑廿二都梅岐。公生于乾隆五年十二月十一酉时，终于嘉庆四年五月廿六丑时。妣例赠太孺人，生于雍正十二年十月初八卯时，终于道光二年十二月初二午时。卜今道光三年七月廿六辰时，仝茔合葬邵郡南乡卅都廖家埤背后，土名罗家山，又名北窠，形呼白鹤衔诰。内向，坐子向午兼壬丙丙子丙午分金；外向，坐子向午兼癸丁庚子庚午分金。此山上界由坟心直上，至小金星顶上湾内，裁尺卅四丈。下界由坟心，直下七丈，左界由下界，直上至十五丈，又过横五丈八尺至埤，再由埤直上至上界，右界自上至下，俱系埤为界。

【简跋】

此碑刊于清道光三年（1823年），现存邵武市博物馆，碑名为编者加拟。碑高82厘米、宽49厘米、厚8厘米，楷书。墓主为饶宗本夫妇，生平信息，参见前文《清敕授登仕佐郎例赠文林郎饶宗本暨太孺人张氏合葬墓志》"简跋"。

吴府世伯惟臣老先生大人墓志铭

(道光七年)

公讳荣钦,字惟臣,职枚公次子也。为人诚朴,务本力农,居家孝友,处世和平。当兄弟析箸时,家亦淡薄,而勤俭自励。性好施与,凡遇道路倾圮、桥梁损坏,无不捐资修理。至于穷苦无告之徒,尤时为周恤,是以邻里沐恩,贫乏感德,咸以善人目之。然公之得以施其惠者,亦由德配邓孺人,乃炉洋恩荣七品长寿公之孙女,克明大义,佐理家政,有顺无忤,故称公者,必兼及于孺人之贤也。生子三:长华增,登仕郎;次华纪,殇;三华程,太学生。孙女二,华增出。孙一,富暹,业儒,华程出。

公生于乾隆丁亥年八月廿八日午时,殁于道光丁亥年正月二十日卯时,享寿六十一,葬于野猪窠之阳,坐艮向坤兼丑未。维时富暹从予友庐仰高先生读书于会圣岩,适予至馆,暹知予颇识地理,遂述其龙穴砂水,并合先祖行状求铭于予。余虽未见其人,亦可知吉地每留于积德者,遂不禁乐道人善,欣然而为之铭。铭曰:

惟翁穴场,淑气苍苍。山环水绕,虎伏龙翔。卜扦斯地,善人之藏。形归窀穸,厥德益彰。勒诸贞珉,预卜其昌。

杉易(阳)邑增生、世教侄杨义熊顿首拜志

【简跋】

此碑刊于清道光七年(1827年),碑石未见,碑文录自肖家坊镇《延陵吴氏族谱》卷首。[①]撰文人杨义熊,泰宁人,邑增生。墓主吴荣钦,字惟臣,生于乾隆三十二年(1767年,丁亥),殁于道光七年(1827年,丁亥),享年61岁。

[①] 肖家坊《延陵吴氏族谱》卷首,1997年刊印本,谱存邵武市肖家坊镇将石村。

皇清诰授奉直大夫显考南轩君墓志
(道光十一年)

　　公讳朝松，字挺苍，号南轩，姓王氏，世居樵南道峰之阳。大父，太学魁。先公以忠厚成家，妣吴氏，继黄氏，子二：长朝辉，入太学。次即公也，幼嗜学，有远志。与兄事大父母，孝谨相交勉，及事继妣，亦如之。其兄弟怡怡，数十年如一日焉。年廿四，补邑弟子员。所为制艺论，必关于世道，法多求之古文。戊午，赴乡试。八月杪，伯父以疾卒。公归，闻耗于途，哀号行数里，入门颠蹶失声，旁观咸为掩泣。得其遗嘱数言，谓兄弟友爱数十年，临终不能一语相诀，他无奢望，但愿善勖诸儿，堂构相承，无坠前人绪云云。自是置举业，督家政，庭帏肃然。事罔钜细，无或忽者。教群从子弟，礼严而心恕，犹子及侄孙属，亦各敬事如父，戚族风焉。居乡崇信，直睦姻，任恤是敦。凡邑里有益公事，辄力勷成之。常夏研米平粜，不与时市逐低昂。岁饥，为粥道旁，以食饥者，暑则于亭设茗饮行旅。中岁究心岐黄，施药无吝。祖父儒贾相继，至公而酬酢益盛，事会盘错，而区画灼然，家无呼卢之戏，外绝雀角之端。亲串中有兄弟五人析产莫定者，咸欲得公一言。公至，仅数语，遂翕然无异议。其为人解纷释讼，事多类此。先时族简，自大父建祠、修谱、广祭，后族渐繁，而赀亦俭，公复扩之。嘉庆乙丑，援例捐职州同知，加二级，请诰赠祖若父并兄为奉直大夫，祖母、母、嫂氏为宜人。尝与郡城何明经树芳、张教授冕，同里明经傅鼐、文学张孝明诸公为文艺友，与傅穹、黄信淮二州牧、张太学光粹诸公为肝胆友，敬信至老不少衰。每示儿曹读书处世，交宜慎毋滥，汝辈集友，求益得凝重老成如数君子足矣。

　　不孝兄弟负辜于天，幼惨失怙，今十余年矣。追忆病革时，谕从兄及不孝等曰："树德务滋，家国一理。晏子有言：'常为常成，常行常至。'汝曹慎旃。"又曰："我死葬毋厚，勿求显贵志墓延虚誉。诸子婚娶，勿逾旧规。延师宜与侄孙辈同读。四侄妇守节，宜为报旌。"不孝等泣，志未敢忘。每思图寸进，缵绪前光，而辄未能，抱恨有穷期耶？

　　公生于乾隆戊子三月，终于嘉庆庚辰二月，享年五十有三。元配叶氏，泰邑儒林郎世荣公女。生女二：长适泰宁儒士丁正玢，次适南冈太学傅步瀛。继娶叶氏，泰宁处士叶绍绩公女。生子三：纻兰，县学生，娶江氏，庠生廷益公女；次建勋，县学生，娶叶氏，州司马荃谋公女，继娶黎氏；三裕才，太学生，娶李氏，国学仁譓公女。生女二：长适荼源吴太学其显，次适儒童叶远逵。副室吴氏，生子元恕，太学生，娶黄氏太学匡佐公女，继娶李氏。男孙：亨诏、亨仪、亨吉、亨庠、亨琼，恕出；亨寿，兰出；亨华、亨伦，才出。女孙七人：长、次，兰出；三，勋出；四、五，才出；六、七，恕出。道光十一年二月廿九日，葬于泰邑谢坊后龙，壬山丙向兼子午三分辛亥辛巳分金。呜呼！惟公蕴器幽隐，不获著于世，不孝等又不获生养以孝、葬荣以礼。泣勒数言于石，辞劣而心滋戚矣悲夫！

  皇清道光岁在重光单阏如月下浣

  不孝男纻兰谨志

  内兄叶宗宝填讳

  胞侄元恭书丹

  同邑王校书刻石

【简跋】

  此碑刊于清道光十一年（1831年），碑石未见，碑文录自大埠岗镇《太原王氏族谱》卷十八。[①] 撰文人王纻兰，墓主之子。书丹人王元恭，系墓主胞侄。墓主王朝松，字挺苍，号南轩，邑庠生。生于乾隆戊子年（1768年），终于嘉庆庚辰年（1820年），享年53岁。

皇清太学生廷扬傅先生墓志铭
（道光十一年）

  太学生讳宗显，字廷扬，派尔庸，行辉公之子也。行辉公卒时，先生年方十五，弱冠而孤，人咸危之。行辉公元配李太君，先生之生母也，母早卒；继

[①] 大埠岗《太原王氏族谱》卷十八，民国元年刊印本，谱存邵武市大埠岗镇竹源村杨家坊。

母谢太君,生子名尔康,十八天亡。自是不遑振卷,援例南雍。尝谓:"人生大端,不外养生、送死二事而已。"故当先人即世之后,继母疯疾之时,生养死葬,必慎、必谨,谓之为孝,谁曰不宜?

其生平克勤克俭,扩充产业,视遗产倍蓰焉。且其天真烂熳,隐德化人,观于舍药、施茶、造桥、修路;攻岐黄之学,习青囊之经,从不少靳。且元配陈孺人,以嘉柔之德,佐治夫君,方举长君,旋即弃世。长君章梅,连婚二次,仅生一子,夫妇相继沦亡,遗褓襁之孙,内无中馈,以祖代母,其时之况,瘁不可言矣。继娶胡氏,贤声朗著。前娶侧室郑氏,于归即殁。四娶蒋氏,生子章选,时先生年五十余矣,佥曰:"此天之所以报施善人也。"未几,而延生无术,二竖兴灾,一疾而逝,真可悼焉。

先生生于乾隆丁丑廿一(二)年十月廿八日未时,卒于嘉庆庚辰廿五年十一月十一日亥时,寿六十有四。元配陈公宗胜女,继娶太学生胡公廷光长女。侧室郑氏、蒋氏。子:章梅,娶朱公文明女,继娶许公云逊女,陈氏出;章选,娶饶公廷枢女,蒋氏出。孙:能恭,娶郡庠生廖公恩荣女,继娶朱公君赐长女,章梅出。曾孙:邦基,聘元公缵礼女。女孙幼,未字,俱能恭出。女一,适拿口陈全成。

以道光辛卯十一年七月初二日申时安葬于陶金,坐壬向丙兼子午。既志而系之。铭曰:

　　缅维先生,嵩岳降祥。生前品格,忠厚温良。敛华就实,暗淡含章。耆英硕德,名重樵阳。去矣何速,模范云亡。兹卜吉地,陶金之岗。山环水抱,终焉永藏。福绵后裔,奕世其昌。

世愚侄魏溥顿首拜撰

【简跋】

此碑刊于清道光十一年(1831年),碑石未见,碑文录自拿口镇《傅氏族谱》卷七。[①] 撰文人魏溥,生平事迹不详。墓主傅宗显,字廷扬,捐纳监生。善于经营,扩充产业。热心舍药、施茶、造桥、修路等义举,兼及中医和堪舆之学。生于乾隆二十二年(1757年),卒于嘉庆二十五年(1820年),享年64岁。

---

① 拿口《傅氏族谱》卷七,民国三十七年刊印本,谱存邵武市拿口镇加尚村。

皇清太学生德馨傅府君墓志铭
（道光十五年）

兄讳瑗，字德馨，派必琨，行汉奇，秉艺公之长子也。兄少时颖异，为父所器。因先人商贾，佐理需人，自是易业经营，撑持家务，策名成均。迨秉艺公仙逝，克勤克俭，诸凡循先人矩矱。严于课儿，友于兄弟。而为人尤忠厚醇朴，三尺见信，乡人咸推重焉。呜呼！年未周甲而荆花陨矣，雁翼戕矣，天何促人之甚哉！

兄元配李氏，生子二：曰朝选、朝遴，俱太学生。继娶何氏，生子二：曰朝举、朝宗。选娶太学生王公善麒长女，遴娶太学生胡公廷光次女，举聘朱公元理女，宗聘吴公延陵女。孙二：曰大兴，聘李公天嵩女，遴出；曰大成，聘元公缵述女，选出。女孙一，曰玉贞，幼，未字，遴出。

兄生于乾隆辛巳廿六年十二月初三日卯时，卒于嘉庆戊寅廿三年四月十六日巳时，存年五十有八。今于道光乙未十五年六月廿十四日戌时，葬于本乡之黄坑庵，坐丙向壬兼子午辛巳辛亥分金。山界：上至罗圈之外三丈为界，下至罗圈之外一丈四尺为界，左右俱以罗圈之外一丈四尺为界。

同怀弟瑛谨志

男朝选、〔朝〕遴、朝举、朝宗谨镌

余嫂李氏，胞兄德馨公之元配。赋质柔顺，律己端庄，孝敬以事舅姑，温恭以佐夫君。教子有方，治家有法，内助之贤，诚无愧焉。何意三辰构疾，竟溘然而逝，存年四十有一。距生于乾隆三十年乙酉正月十四日辰时，卒于嘉庆十年乙丑六月二十四日申时。生子二：长曰朝选，次曰朝遴。选娶王氏，生孙大成；遴娶胡氏，生孙大兴。其幼未娶者：三曰朝举，四曰朝宗，乃兄继娶现存何氏嫂之所生也。今侄告予曰："日月有期，请葬矣。"原为之卜，择道光乙未十五年六月二十四日戌时，改葬本乡之黄坑庵，与蘧堂公合葬共向。夫胞弟拜撰

男朝选、朝遴、朝举、朝宗授志谨镌石

【简跋】

此碑刊于清道光十五年（1835年），碑石未见，碑文录自拿口镇《傅氏族谱》

卷七。①撰文人及立石人为墓主之弟傅瑛、子傅朝选、傅朝遴等人，皆为监生。墓主傅瑗夫妇，傅瑗字德馨，傅俊士（号秉艺）长子。傅俊士经商致富，傅瑗协助打理，"易业经营，撑持家务，策名成均"，捐纳监生。卒于嘉庆二十三年（1818年），享年58岁。妻李氏，卒于嘉庆十年（1805年），享年41岁。

清故显考素轩葛府君暨显妣江孺人合葬墓志
（道光十五年）

■考素轩葛府君■墓志

■辉，号素轩，国学生■生讳映崌，石园公子也。■封，动作云为，时循礼法，恪守□人遗训，肄业诗书，终无怠志。因先祖年迈，欲公分理家务，遂援例成均。勤俭交励，增置田产，殆所谓恢宏先业者欤。叔祖映崑公之子斐文公无嗣，公奉祖命，以次男献廷嗣之。两房重任，尽力肩承。一生谨慎自矢，宽恕待人，邻族咸称其善焉。显妣江孺人，系太学生讳璜公之女。孝事翁姑，佐先考以诚敬，教儿孙以义方，四德无亏。孺人诚先君贤内助也。公生于乾隆己卯年七月初十日未时，卒于道光辛巳年十月初三日辰时，享年六十有三。妣生于乾隆庚辰年三月廿九日申时，卒于嘉庆壬申年八月廿六日午时，享年五十有三。

生男三：长贡廷，太学生，娶邑庠生龚讳桓公女；次献廷，

---
①拿口《傅氏族谱》卷七，民国三十七年刊印本，谱存邵武市拿口镇加尚村。

邑庠生，娶郡庠生曾讳熠章公女，出嗣二房；三觐廷，邑庠生，娶太学生李讳挺公女。女一，适李讳永祥。孙男六：上林，娶邑廪生张讳晓公女；上苑，娶江讳廷光公女，贡出；上宾，配邑庠生陈名大受公女；上贤，配萧名有松公女；上尊，幼未配，献出；上选，配太学生童名震文公女。女孙一，琼玉，字陈名亨铣，觐出。曾孙二：树南、钟南，俱幼未配。曾女孙二：明霞，幼未字，林出；凤霞，幼未字，苑出。婚配皆望族。今构置城北越王村饶姓祖山一片，坐落斫树窠，上界张宅，下界山脚，左右除坟园外各一丈，券内载明。兹择于道光乙未年十月十六日申时，奉考妣柩合葬是山，坐乙向辛，兼辰戌三分。不孝贡等，愧未能预具行状，请铭于当代贤人君子，阐扬潜德，辄私志其略，纳诸幽圹，以垂不朽云。

例授文林郎、甲午科举人、拣选知县、年愚侄朱杞顿首拜填讳

不孝男贡廷、觐廷泣血谨志

出嗣男献廷泪篆

【简跋】

此碑刊于清道光十五年（1835年），现存邵武市博物馆。石碑两块，第一块右上角残损，高27.4厘米、宽49.7厘米、厚1.8厘米，楷书。碑名为编者加拟。撰文人葛贡廷、葛觐廷，篆书人葛献廷，均为墓主子嗣。墓主葛某，号素轩，系葛映崪（号石园）之子。捐纳监生，善于经营，"勤俭交励，增置田产"，扩充家业。卒于道光元年（1821年，辛巳），享年63岁。

博野县知县何君墓表
（道光十五年）

君何氏，讳长敦，字厚勉，号礼堂，晚更礼门。先世卢江灊人，唐有金紫光禄大夫、国子祭酒逸者，家抚州邵武西乡，为今光泽县，君实后之。何氏自唐迄宋初，凡四世，居是地。后徙金溪，十余传至元泰宁县尹功敏，复还故居，于是世为光泽人。曾祖以烛，赠奉直大夫；本生曾祖以焘，贡生，赠文林郎；祖世垂，候选州同；考泽周，贡生，赠文林郎。君兄弟八人，序五。少鲁钝，读书期艾不上口。及发蒙，乃攻诵群经，善属文。年十九，补郡诸生。二十五，举嘉庆庚申乡试。四上春官，三膺荐剡，不中，大挑出为直隶知县。甫到官，畿南岁荒。君办正定以西数邑赈务，民获安。寻权新城县篆。岁余，更定兴、盐山、衡水等篆，遂即实饶阳。复岁余，改授博野。未莅，因公入都，摄宛平京县事。六阅月，还博野。所至，问民疾苦，缮葺堤堰、城濠，案无稽牍。在衡水，有妇溺井，入冤者于狱，君到，雪之。在新城，除沧、瀛教匪余孽，捕其渠者诛之，不及众。在盐山，清犴狱，据《周礼》"上罪桎拲而梏，中罪桎梏，下罪梏"，一切荷校，匪刑，令除去。在饶阳，获盗弗服，有请用夹拶者，公不许，久之，谳白。在博野，教民种木棉，募匠人仿南方织具，颁诸编氓，著为令。治数年，颂庭政清，女罪囹圄且空虚。政事之暇时，留心文物。先是，洪武中有傅俊为博野令，列名宦，君立石县城北，表之。近颜习斋、李恕谷，皆以学名于世，其遗书多散佚，采访得数种，雠校定本。所积余廉，先宗祖，次族党，置醮田五十亩以充祀产。置义田八十亩，以劝族学。间居，丹铅不释卷，于《易》《礼》《诗》《春秋》《三礼》《论语》《孟子》，取诸家异同，钩贯而条纂之。著有《恺乐堂经辨》三十卷，杂著及骈体文诗若干卷，文集六卷，制艺若干卷，棋谱一卷，皆未梓。

道光十有五年正月某日，以疾卒于官，享年六十有一。娶饶宜人，继娶邱宜人。子三：高华、高轩、高禺，皆国学生。孙秋涛，道光乙巳科进士，刑部主事。葬在某里某原。秋涛从余学，因奉父高华之命，持状属为文，以表于阡。用纪其实者，琢石书德，以告后来如右。

【简跋】

此碑刊于清道光十五年（1835年），碑石未见，碑文录自《籀经堂类稿》卷二一（清光绪九年刻本）。撰文人陈庆镛，字乾翔，泉州人。道光十二年进士，官至监察御史，精研汉学与金石学。墓主何长敦，字厚勉，号礼堂，光泽人。嘉庆五年（1800年）举人，历知新城、饶阳、博野等县，颇有政绩。著有《恺乐堂经辨》及诗集、文集若干卷。光绪《邵武府志》卷二十有传。孙何秋涛，字巨源，道光二十四年（1844年）进士，官刑部主事。著有《朔方备乘》，为清代史地学名著，是中国近代论述中俄关系的代表巨著。光绪《邵武府志》卷二十有传。

半耕萧先生墓志铭
（道光二十年）

先生讳楷，字连城，号半耕，晚自明其志，又号一心，闽邵武萧家坊之倜傥人也。少孝友，志于学，欲有所建白于世。尝言："士君子不获膺民社而有为，亦当处族党而有济。"以屡踬童子科，既又父辞世，未暇专心举业，援例入太学，晋职州司马。筑半耕家墅，以训子侄，代嫡堂遗孤侄劳家务，使得就读成名。凡族里戚友之俊秀，皆造焉。延师勤恳，以故墅中肄业，皆次弟（第）入胶庠，登贤书。素笃于祖族之坟茔，唱为修理。久远难稽者，查明则勒石以志，有疑者即以疑志之。尝劝族戚嫠妇以节孝，并恤孤，代为区处。有局戏及非僻者，严董戒之。或有未睦，悉为排解。凡举义皆以身任，因是远人之经历者闻其名，虽素未谋面，敢以重物相寄而不疑。先是，父兄之未去世也，先生之前母王，后母周，先生系后母出，其尊人临终悯先生年少，屡年就傅于外，遗嘱以后母勤女红所积产累千余金与之。先生兄亦曰："此弟所应得者。"而先生素性轻财让之曰："千金于我何加焉？盍为宾兴资，俾后之人颂母之德于不衰。"遂如其言。先生之居家行事类此，孝友睦姻、任恤之风可想已。岁乙未，从子选邑宰之任广西也，请偕行。先生不以老疾辞，在粤五载，播迁三地，日久启迪，训其不及，以劳瘁竟卒于义宁县官舍。噫！丈夫志在四方，马草裹尸，亦复何恨。先生之才，亦窥见一斑矣。独惜予犹忆馆巍冲坊时，先生将之粤，特以话别来予，谓先生辅治之余，又可藉之以游为学矣。言犹未已，方欲俟先生旋里，叩其所以以游为学者，并访所以莅州邑之人心风俗。孰意己亥秋，即闻讣，永不得与先生谋面。仅于庚子馆先生半耕家墅，痛迎先生数千里之归丧，次日得哀拜先生于灵前也。悲夫！

先生家世列谱牒不具载，生于乾隆庚子四十三（五）年五月十九卯时，殁于道光己亥十九年五月二十三日子时，享年六十。至二十年五月初七日，自广旋里。择七月二十四日申时葬于后龙鹕鹈山，先生父国学生洁亭公坟右，坐辛向乙兼酉卯。安人氏赵，全邑墈头乡太学生巍公女。子四：长莹，次辉，三炯，俱邑庠生；四燉，业儒。孙十一：玠、珮、瑛、瑱，莹出；瑂、琇、珅，辉出；琼、现、琮，炯出；瑶，燉出。铭曰：

善刀以藏，亦政于乡。寿跻周甲，客老远方。因所兆于焉，永藏若志，犹有未展兮。庇诸孙子，以为前人光。

副乡进士、年家眷弟宝积何其恭顿首拜撰

【简跋】

此碑刊于清道光二十年（1840年），碑石未见，碑文录自肖家坊镇《肖氏族谱》卷八。[①] 撰文人何其恭，字长满，号次山，邵武大埠岗宝积人。副贡生，工诗古文辞，光绪《邵武府志》卷二一有传。墓主萧楷，字连城，号半耕，捐纳监生。创办族学，修筑半耕家墅，供子弟就读。生于乾隆四十五年（1780年），殁于道光十九年（1839年），享年60岁。

广平府知府杨君墓志铭
（道光二十六年）

道光二十五年九月庚辰，广平府知府邵武杨君卒于京第。越明年，其孤宝

[①] 肖家坊《肖氏族谱》卷八，光绪二十九年刊印本，谱存邵武市肖家坊镇肖家坊村。

臣扶柩归，将葬于杭。既除导持状走泉州来丐铭，且曰："父遗命也，愿纪实以埋诸幽。"伏念曩寓都门，与君交最善，作文字谭，辄至更阑。既又缔以姻好，故余之识君为最晚，而知君为最深。于其卒也，余往临之，但见遗书数簏，一室洒如也，益以是为君重。

按状：君讳兆璜，字殡秋，号古生，系出关西。先世明时以功授邵武指挥同知，遂由江南占籍福建。祖春秀，妣李；父瑛，妣王，皆以君贵，赠如例。君以乾隆四十三年八月丙戌，生于从祖父镜村先生苏州府署中。六岁入塾，冠补弟子员，以《十三经注疏》未卒读，不与省试。好古文辞，问字于学博吴清夫贤湘，誉日驰。应当道聘，修《台湾志》。嘉庆戊辰，举于乡。己巳，捷南宫。目疾，乞假。辛未，补殿试，朝考入选，奉旨以知县用，授浙江金华令。癸酉，充同考官，得士邱登等八人。时有汪生家禧，文卷极幽奥，公击节赏之，荐不售。揭晓后，知经学士也，浙人以是服君眼。丙子，循例荐升知府。越年，选广西柳州。莅七月，母讳，去官。先是，郡有缌麻服侄殴其叔毙，君讯确，拟如法。而巡抚某素不相能，驳之。狱兴，天子遣使逮问。事白，坐某遣戍，而君以上讦，落职。久之，复前官，补直隶广平府知府，受篆执法如初。屡忤上官意，怒，欲致之罪，患无辞焉。五年，竟以送部归选，遂引官去。於戏！综君为仕，岳岳怀方，不为苟且之施，不为模棱之见。其有所便于民者，则兴之倡之，于金华皓桥通济，而行旅以安；于武安浚水滏河，而农曰以利；复建神祠于滏，旁祀元太史令郭若思，示民知所敬式。中岁挂冠十六载，游彭蠡，泛鼋赭，陟嵩岳，登太行，东逾瓯粤，北极燕蓟，足迹蹑十四省，所在皆有吟咏。晚就养春明，丹铅无暇席，手校二十四史。凡历代职官及舆地沿革，缕缕能详，而于国朝掌故，尤了如指掌。著有《太霞山房诗集》六卷，梓行，其余文编存于家，未辑。春秋六十有八，娶夫人刘氏，先卒。子三，中子宝臣，户部郎中，余殇。孙三人。女孙一人，许字余四男彦禄。今以道光某年某月某日卜壤于某所之阡，与刘夫人合葬，礼也。铭曰：

儿若狂躬，实敬直其方严。其性平居，屡慕子产之相郑。何负经世之良才，有志未竟，颠葆岁华，娄（屡）濒于窨窄。统为令，与为守，咸载口碑，而循颂德政。形诸激昂，著诸歌咏。其与柳柳州、宋广平，后先而称盛。

【简跋】

此碑刊于清道光二十六年（1846年），碑石未见，碑文录自《籀经堂类稿》卷二二（清光绪九年刻本）。撰文人陈庆镛，字乾翔，泉州人。道光十二年进士，官至监察御史，精研汉学与金石学。

墓主杨兆璜，字飧秋，号古生，明代邵武指挥同知杨春秀后裔。嘉庆十四年（1809年）进士，历任金华知县、广平知府，参修《台湾志》，著有《太霞山房诗集》（一作《东霞山馆诗钞》）。光绪《邵武府志》卷二一有传。其墓表（《诰授朝议大夫前直隶广平府知府杨公墓表》），本书亦收录。

诰授朝议大夫前直隶广平府知府杨公墓表
（道光二十六年）

惟清道光二十有五年冬，故广平府知府杨公卒于京师。明年，其孤宝臣匍匐扶柩，归其族之新茔于浙江海宁州，待时日而后葬。既以公状走求其乡陈御史庆镛，为文铭幽，又以书寓余，乞为文，将表诸阡。唯余及宝臣交最久，同官京师，以通家子见公，公从宝臣得余所为文，独许谓："异日当为一家言。"以其乡文人朱梅崖所为相况拟。今为公表墓，曷可不文辞。

按状：公姓杨氏，讳兆璜，字古生。先世江南，至明有以功授邵武指挥同知者，家焉，为邵武人。祖春秀，考煐，皆以公贵，赠大夫如公官。妣封恭人。公生六岁，就塾读书，目数行下。年二十，补县学生，以古文词受知郡教授吴先生贤湘，吴先生称畏友。家贫，橐笔出游，尝一渡海，赴人聘修《台湾志》，不合而归。读书邑之万峰庵，励志勤苦。嘉庆戊辰，中福建乡试举人。己巳，成进士。辛未，补殿试二甲，以知县发浙江，补金华令。癸酉，充浙江乡试同考官，得邱登等八人。阅汪家禧经文卷，曰："此汉经师说也。"力荐，不得售。汪故浙知名士，久沉抑者也。丙子，授豫东事，例捐，升知府，选广西柳州府。抵任七月，丁母忧，又以事弃官。道光壬午，复以筹备例捐复官。壬辰，选直隶广平府知府。历五年，送部引见，休致。公性高伉，不能逢世，两得郡守，皆以忤上官落其职。官柳州时，案有缌麻侄殴杀叔父者，论罪如律。上官素有嫌，劾以有心入人死罪，而公亦揭告大吏诸犯赃不法事，成大狱。钦差出，覆谳其案，与公所揭皆得实，大吏以罪论戍，公亦以揭上官，论革职。及官广平，且年将老矣，气益苍。或有讽公宜稍夷易以赴时者，公咄谓："吾辈读书，纵不能行所学，奈何使千载陶令笑人？"顾其材识，周远高掌，遥蹠挺然，能自树立。与人忼慨见肺腑，或以横亘相向，必洞擢其隐微，而莫之遁。当时，虽以穷凶巨奸魁特之才，挟其雷霆水火之势，日相寻于不测者，侃侃自将，不稍濡忍。或改易其所为，卒使其人波焰自戢。独彼阳逊而阴贼之者，肆其毒螫于不可知，则公又洒然谈笑，谓"若虽我陷，不能不我慑也"。所官能任事：在金华，成通济桥，民去思之。武安滏河旧有堤，岁久渐倾圮。邑令议复修，令民捐赀，而素不得民，官民相持，几变。公适以公不在郡，权守者大惶遽，公闻疾驰还，而先以雍正间成宪为示谕，驰晓之。及城，民已大定。又令民输资，悉自典出，入不由官，独戍持官者三人。而调令他邑，数月集事，以元太史令郭若思治滏有功，建滏水神祠祀焉。或昧所由，议以淫祠，公笑弗辩也。少壮盛才气，博览群书，自经史以下，纵横百家之言。及服官，虽繁剧，公余恒手一编，弗置所至，恒以数千卷相随。尤耽山水，弗视家人生产。自罢官柳州及得广平，中十余年邀游江湖，周历几遍天下。一至洛阳，观东都形胜，尤凭吊感激，作为歌诗，奇郁骀宕。登嵩高，冥搜累日，不欲还。时宝臣方偕家人困穷岭表，已十余年。一日忽得公家书，盈寸喜跃，开缄则累累十余纸，皆其所游嵩山奇胜，及考定涧瀍、伊洛水道，前代兴亡遗迹，弗及一言家中事也。晚罢广平，宝臣已援例为户部郎中，就养京师，时年六十余年矣。故旧雕零，胜流相过，犹能抵掌纵谈古今事，磬欬若钟簴，间出一语，恒令座客为之拊舌。四方传其丰采岸异，或望之不敢近。顾其中实坦然，理道阅事多所学，亦渐归淳约。京居湫隘，尝以亢坐堂皇，日携宝臣对校司马迁《史记》及《明史》二十四家之言。凡数周昧爽，丹铅必穷日力，至将曛黑，犹就风檐逐余景，故短于视。人望见之，但手中编疾而上下若不给者。又当时事艰，每薄暮阅邸抄，辄辍案起立，卷书叱咤，或继之涕洟。日慨然，大书，揭其壁曰："天下势而已矣，古今运而已矣。天地之德，好生而已矣；圣人之心，纯一而已矣。"书擘窠，而语尤旁魄。呜呼！

公之心，殆熟察夫天下古今之变，而深究数千年上下，学术治术之异同得失，用慨然于天时人事。穷通之际者，而为是言。呜呼！此人之所以有憾于天地之大，而圣人之心之有时而莫如何，而究归于纯一，以与天为极者故。晚尤服膺宗儒者言，谓其所学，实能纂继圣道于灭绝间。呜呼！彼纷纭驰骛者，何足以知之！余与晋江陈御史庆镛、会稽宋御史稷辰、建宁何刑部秋涛数君，皆及公晚岁辱知爱者。余最谫学，而窃好撰述，故独著公读书行事之大，以俟宝臣归葬，而表诸阡，或不诬邪。所著文若干卷，未刊。诗曰《东霞山馆集》，行于世。子宝臣，孙三人。

【简跋】

此碑刊于清道光二十六年（1846年），碑石未见，碑文录自《龙壁山房文集》卷七（清光绪七年陈宝箴刻本）。撰文人王拯，广西马平人，道光二十一年进士，晚清文学家。墓主杨兆璜，字殇秋，号古生，嘉庆十四年（1809年）进士，历任金华知县、广平知府。其生平事迹参见本书《广平府知府杨君墓志铭》"简跋"，兹不赘。

邑庠生松轩廖姻翁先生墓志铭

（咸丰元年）

坤舆磅礴郁结之气，必有巨人茂德，亭毒甄陶，培植而转移之，始足以奠安于不坠，弗仅郡国为然？降而至一乡、一坊，莫不皆然。孔子曰："十室之邑，必有忠信"。孟子所称"乡党自好者"，势异而理一也。若松轩廖公非其人欤？公文即家兄之子婿，余之侄婿，特乞状余铭公墓，曷敢以谢陋辞，遂援笔而为之墓志铭。

公讳溥，字宏宇，松轩其号也。公性嗜学，博览群书，少乃出其敏异之才，其经史甚费精神。念六，身游胶庠之门。比壮，力学益勤。试棘闱，虽不遇，而嗜学之志犹孜孜不辍也。而于事父母，恪恭不懈。礼师友，诚意不倦。待人处世，直道而行。及一日事务当前，为风教得失所关，则公义之色、果毅之操，有凛然不可犯者。且于宗族、姻戚、乡党有可钤（矜）、可恻者，委曲周致。

困乏则周恤之，艰险则排解之。由是，为一时文人才士所钦敬，乡党间里所詟服，更为后世所缅想焉。所谓"十室之邑，必有忠信"，而"乡党自好"，其敦崇古处，道范犹存，不诚为一乡一坊所倚赖者哉？卓哉！姻翁宜乎享寿期颐，何至周甲未及而游仙！

乡君生于嘉庆乙丑年又六月初四日戌时，卒于咸丰辛亥元年正月初六日丑时，享寿四十有八，其考终命乎。娶欧氏，生子三：贞辉、贞刚、贞瑞。孙二：经尧、经禹。生女二：长女德容，适本邑宝积邑庠生王石村先生次子盛嗣；次女忍容，适大常太学生张科晃公次子联爵。翁继母赵氏，合葬于后龙山，生亥巳兼乾巽丁亥丁巳分金。余既叙次其语，乃为铭曰：

缅维姻翁，淑善其躬。葆潜德以令终，昭示来许以庶几大同，永永安藏于幽宫。

邑庠生、姻眷教弟童日夔拜撰

【简跋】

此碑刊于清咸丰元年（1851年），碑石未见，碑文录自和平镇《武威廖氏族谱》卷二。[①] 撰文人童日夔，邵武人，邑庠生。墓主廖溥，字宏宇，号松轩，邑庠生。生于嘉庆十年（1805年，乙丑），卒于咸丰元年（1851年，辛亥），享寿48岁。

先祖母黄老太君墓表
（咸丰元年）

先祖推吾公《传》，既丐明经葛唐郊先生详载之矣，而先祖母墓志，尚未得其人以传之也。泰不敏，其敬考次之，书之墓道，以示我后人。

太君讳球，姓黄氏，和平旧市里人也。父存德，弟国宝，皆处士。太君幼有淑质，端静仁慈，善处姑姊、仲伯间。年二十，归我祖推吾公。推吾公性庄严，太君每曲以事之。是时，曾祖廷璧公及曾祖妣王老太君在堂，而推吾公昆季六人，

[①] 和平《武威廖氏族谱》卷二，民国七年刊印本，谱存邵武市和平镇坎头村。

叔侄、妯娌间家中凡数十口，悉以德宜之，王太君等皆喜。既乃勉推吾公以委身力举，家中事悉躬任，摒挡、箕帚、筐筥细碎，罔不毕具。推吾公无内顾忧用，得益穷治于经史百家，卓然为时名士。未几，曾祖及曾祖妣皆殁，太君哀毁尽礼，而推吾公之长兄陨命于仇。吾公直之官，仇且释，推吾公持刃直仇人胸，太君苦挽衣泣曰："奈何身委虎狼，有大吏在，可上控也。"终以是得伸。盖推吾公报仇之急，太君防身之密，两得之矣。后数年，泰母李太君复殁，泰与弟等俱太君抚养，渐以成人，而太君渐以老矣。

道光五年七日十五日卒，年六十三。呜呼哀哉！卒之四年，推吾公自择吉地葬于乌石坑祖坟上二顶。太君生三子：长即泰父化行，果斋公；次上达公；次上燮公。诸孙十人，泰为长。曾孙数十人，师仪为长。后推吾公卒，别葬石井桥聂坑将军按剑形，化行公附葬焉。而上燮公则附葬于太君之右。

忆泰人九岁，太君尝谓曰："邻某十三入泮矣，泰日待。"泰二十且过之，太君日勉学无忽。呜呼！太君弃世今二十余年矣，而泰且悠悠无成，若此，其将何以慰太君于地下也！

咸丰辛亥元年孟春月吉旦，孙时泰百拜谨志

【简跋】

此碑刊于清咸丰元年（1851年），碑石未见，碑文录自和平镇《仁顺梁氏族谱》卷首。[1] 撰文人梁时泰，号坤山，邵武和平坪上人，墓主之孙。咸丰元年举人，工诗文。[2] 墓主黄球，邵武和平旧市里人，黄存德女、梁推吾妻。道光五年（1825年）卒，享年63岁。

先孺人李君墓表
（咸丰元年）

先贤仲子有曰："昔由事二亲时，尝（常）食藜藿之食，为亲负米百里外。

---

[1] 和平《仁顺梁氏族谱》卷首，1998年第9次修订，谱存邵武市和平镇坪上村。
[2] 和平《仁顺梁氏族谱》卷首《梁坤山先生传》，1998年第9次修订，页83。

亲没后，南游楚，从车百乘，积粟万钟。累裀（茵）而坐，列鼎而食，愿欲食藜藿为亲负米，不可得也。"嗟乎！是则泰所以抱歉于终天矣，行年五十而湮殁无闻，其将何日为显亲时哉？少不得逮养，长不克树立，昊天罔极之恩，此生其长已耶！而何腼然于世也！无已，谨得将吾母行状，书之墓表，示子孙，以无忘。

  太君姓李氏，讳涟漪，和平旧市里人。李为巨族，盖忠定公裔也。父模林，处士；兄熙储，儒士。太君幼而沉慤，勤女红。年及笄，归我化行公，追事我祖推吾公、祖母黄太君。推吾公性严，内外无敢高声者。太君尊黄太君训，承事无懈。嘉庆甲子，推吾公与兄弟新析爨，饔飧多不继，太君悉以其积缗付果斋公，不敷，则典衣以继，而家中和乐，如未尝遇饥者。小叔上达、上燮二人尚未婚，待之无间，叔亦善事嫂。后泰将随推吾公离乡读书，始八岁，太君抱置膝上曰："是儿竟去矣！"泰是时不知其言之悲也。又二年，太君得乳痈病，百药不效，曰："吾其死矣，苦吾姑之井臼亲操也。"言讫，泪如雨下，黄太君慰之。而太君竟以是病不起。次年正月，遂逝，年三十三，葬于花坛上，我祖推吾公所择也。是时，仓卒寻穴，后相者谓此穴有真气，岂非福善之报欤？果斋公附葬推吾公之右，其事迹则福州闽县孝廉刘孝仁载之綦详，故不录。

  呜呼！太君之殁，今且四十年，泰所手植之墓木已十数围矣，而泰顽然以不肖之躯，虽举拔萃，终困朝考。仰视皇天白日，速其将何以为情哉！

  咸丰元年岁正月，不肖孤时泰百拜谨志，以示弟时焕等云

【简跋】

  此碑刊于清咸丰元年（1851年），碑石未见，碑文录自和平镇《仁顺梁氏族谱》卷首。[①]撰文人梁时泰，号坤山，邵武和平坪上人，墓主之子。咸丰元年举人，工诗文。墓主李涟漪，邵武和平旧市里人，李模林女、梁化行妻。嘉庆十七年（1812年）病逝，年仅33岁。

[①] 和平《仁顺梁氏族谱》卷首，1998年第9次修订，谱存邵武市和平镇坪上村。

亡妻赵孺人墓志铭
（咸丰元年）

赵孺人之祖太学生振声，父处士辉智，世居和平之坳头里。其叔廷伟，亦庠士也。孺人二十归余，二十六生长子学诗，榜名师仪，二十八生次子学谦，三十卒。卒之日，余时为诸生，家贫，殓以嫁衣，悬棺而附葬花坛上先祖母李老太君右。越六年，余登拔萃科第一。又二年，继娶曾孺人。次年，迁居邵城。迁邵之六年，始并李太君、赵孺人墓麓以右，而志铭尚有待也，今且五年矣。曾又且故，曾子学训已八岁，而余年五十，适族欲议修谱之役，是乌可不一言志之。

孺人体索肥壮，娴于内则。于归之时，得逮事吾祖母黄老太君，而李太君则不逮事矣。大父推吾公素严，孺人事之，能得其欢心。时予家食指繁多，后四年，黄太君仙逝，吾父化行公与二弟等析爨，家益贫，饔飧不继。孺人日夜勤劬。身衣敝衣。略无怨色，然予察其神气，已消瘦非前日健壮矣，余心以为忧。道光辛卯，余以七月赴省闱，适有星术者过，孺人令人持吾四柱，卜以中式，其人大言曰："是命不逮新矣！"孺人即簌簌泪下，自后日夜悲泣，遂寝疾，不复作人世间想。九月中，余旋里，则病入膏肓，刀圭无补，指示学诗等曰，是可悯也，遂卒。呜呼！孺人不暇自忧，其死而忧吾之死；不暇自忧，其生而忧吾之生。而吾竟生，而孺人竟死，且吾继配之曾孺人复死，而余尚生五十，年中风波若此，而吾又安居此世何为耶？铭曰：

汝已幻形，而游于冥兮，而我犹为人兮。更恶乎噎结，结卷以涕零兮。

咸丰辛亥元年正月望八日

坤山志

【简跋】

此碑刊于清咸丰元年（1851年），碑石未见，碑文录自和平镇《仁顺梁氏族谱》卷首。[①] 撰文人梁时泰，号坤山，邵武和平坪上人。咸丰元年举人，工诗文。墓主赵氏，邵武和平坎头人，赵辉智女、梁时泰妻，年仅三十而卒。

[①] 和平《仁顺梁氏族谱》卷首，1998年第9次修订，谱存邵武市和平镇坪上村。

亡妻曾孺人墓志铭
（咸丰元年）

赵孺人卒之八年，而余始继娶曾孺人。孺人初路，年十八，体弱不胜衣，余每靳之曰："幸得逮见乡之华巅也。"呜呼！其信然矣。孺人在城郡庠生廷佐公孙女，邑庠生鹏翰公之长女，处士文涛之妹。气质和平，夙知礼法，言不苟笑，事事精敏，尤能待赵生如己生。是时，学诗方十三，字谦方十一岁，爱惜调护，虽亲生无以过者。后二年，余赴京朝考，中途病归，而家道益窘，孺人笑谓曰："金钗可拔，胡不为取酒，以为生日面饼庆？"盖予是时已初度四十矣，予亦顾之而略无愧色。又二年，生女林书，适在城赵魁衢。更二年，生子学训。又三年，得心痛病，病二年，遂卒。卒之日，乡邻莫不叹息，谓此贤妇奈何顿亡。

时学训方五岁，与学诗丧母之年同，学谦〔丧〕母之年尚少二也。呜呼哀哉！自孺人于归后，予始决意迁居邵城。年来馆于建阳之书坊，束金颇充裕，愿孺人珍惜，无一毫多费也，衣皆百结，与赵孺人同。岂余之命宫多得内助欤？而一则三十以卒，一则二十七而卒，抑又何也！

孺人善知鉴，有某至吾家，听其言，曰："是人言甘，而徐不可信也"，后果然。学谦等或力倦，曰："是且息。"或怠惰，曰："是宜勉。"终其身，待赵生无间言。葬于邵城之故县后龙山，其不归葬祖居者，以路远，且予方将起家于邵城故也。因为铭曰：

得孺人之代匮兮，心适以调。讵泉茔之共赴兮，气郁以焦。曾人寿之几何兮？而予发遂已皤皤而萧萧。

咸丰元年岁在辛亥吉旦，坤山谨志

【简跋】

此碑刊于清咸丰元年（1851年），碑石未见，碑文录自和平镇《仁顺梁氏族谱》卷首。[①] 撰文人梁时泰，号坤山，邵武和平坪上人。咸丰元年举人，工诗文。墓主曾氏，邵武人，邑庠生曾鹏翰女、梁时泰继室。

[①] 和平《仁顺梁氏族谱》卷首，1998年第9次修订，谱存邵武市和平镇坪上村。

诰赠中宪大夫萧柳溪公碑记
（咸丰七年）

世有精忠亮节，足以维风教而感人心，未有泯湮弗彰者。一日碧血，千年白虹，精神犹能动天地，况人乎？吾兹于萧君而重有慨也。

君讳煊，字旭辉，号柳溪，邵武县人。道光辛巳，举于乡。乙未，大挑，以知县拣发广西。历署岑溪、义宁、武宣及上思州知州、龙胜通判、德胜同知，旋补灌阳，复移补贵县及阳朔、北流等县。所至辄有声，革陋规、惩讼师、缉土豪、诛营卒之有害于民者。复捐俸，为岑溪设义渡，为贵邑建书院，文风一时丕振。任灌阳，尤多惠政，士民为建生祠，政绩卓卓已，不愧循良吏矣。其任阳朔也，贼势正猖獗，所邻诸邑无固垒，人心风鹤，讹言日数起。君乃密定方略，募健儿得三千余，哀兵括食，为血战计。一日，贼猝至，势甚盛，红旗殷山。君孤军无援，自分必死，乃先办死所。后出誓师，啮指嚼龈，身先士卒，扬兵界上。贼知有备，乃遁去。上台廉其能，以军功保升同知，赏戴花翎。其调贵县也，海寇炽，剽疾若风，民怔忪无措。君乃白上台，旋出奇计，获海盗数百，悉置于法。复造战舰十余以御之，时有擒获。后擒贼首一名，以恩抚之，亲为释缚，贼感泣，誓不再寇。纵之去，海氛乃平。及任北流，危邑也，君知之而弗惧。邑盖毗邻容县，容为贼窟，贼飘飏无常，时肆侵暴。君甫下车，即募敢死士数百，亲教之战，日与同辛苦，以作其气。故与贼战，战必克，贼衔之。至咸丰七年二月，复大举来寇，君知势不敌，登陴固守，欲以不战懈之。无何，西门城忽陷，贼长驱入，君犹奋臂督精勇与之巷战，呼声振天，卒力竭，被执。贼诱之降，君更怒骂不绝口，乃拔佩刀自枪其喉以卒。贼首闻之，深悔恨，且罪其首执君者，盖贼亦素重其为循良吏也。噫！按北流之为邑弹丸耳，远在粤西南，徼守孤悬，无援之垒，而以身为长城之寄，可谓壮矣！而卒至毕命，遂志与城俱亡，且奋常山舌、衔温序须，自矢孤忠，卒成大节。呜呼烈哉！大吏以其状，上闻，蒙恩优恤，赠道衔，予云骑尉世职，酬以殊恩，宠加再世。噫！君之身可谓荣矣，君之心可以慰矣。至其生平之为人，其事亲孝，其待兄恭，其处友诚。为其姊请旌，以表其节。其行笃，其天全。迹其所为，皆足风世。生平喜藏书，兼富著作,有《柳汁堂文集》《晚香诗集》《公余纪事》《妄见妄闻录》《粤中述异》共若干卷。卒年六十有四,其子持其状,乞泐石之文。余谨按状,深有慨于君之为烈也,故为详记,以寿诸石。

赐进士出身、诰授中宪大夫、汀漳龙道、原任邵武府知府、湖北沔阳州世愚弟铁臣周揆源顿首撰

【简跋】

此碑刊于清咸丰七年(1857年),碑石未见,碑文录自肖家坊镇《肖氏族谱》卷八。[1] 撰文人周揆源,字铁臣,沔阳(今属湖北)人,道光六年(1826年)进士,原任邵武知府,时任福建汀漳龙道。墓主萧煊,字旭辉,号柳溪,道光元年(1821年)举人,历任广西灌阳、贵县、阳朔知县,全州知州,所至有政声。咸丰七年(1857年)太平军攻陷北流城,遇害。光绪《邵武府志》卷二二有传。子萧经堂,字玉泉,号少溪,同治六年(1867年)举人,光绪《邵武府志》卷二三有传。

皇清待诰赠例授修职郎显考文轩黄公墓志铭
(同治四年)

公讳方恒,字孝思,号文轩,黄府君例赠修职郎、太封翁其佩公之子也,世居二十四都,后迁三十六都之丰家。由太学生特授明经进士。赋性纯笃,孝友睦姻。其生平隆师重道,积善乐施,富而好礼。家郎文孙补博士弟子员,蝉联鹊起,邵邑人士咸器重之。岁丙辰,花甲称觥,制锦肖孝廉柳溪曾为寿文邮赠之。溯翁素行,足称固无庸赘矣。翁生于嘉庆二年丁巳十月三十日辰时,卒于同治四年乙丑七月初六日卯时,享年六十有九岁。生子二:长邑庠生,曰岐;次登仕郎,曰峴。〔孙〕六:先梅,业儒;先梧,邑庠生;先榆,先榮,业儒;先桥,先乐,俱幼读。曾孙四:扬名、光名、逊名、授名,俱幼读。女一,适南冈傅通材。孙女三:长适江行缙,次适杨敦厚,三适江富明。曾孙女五,俱

---

[1] 肖家坊《肖氏族谱》卷八,光绪二十九年刊印本,谱存邵武市肖家坊镇肖家坊村。

待字。卜今十一月二十四日辰时，附厝于车岺之社山，太对其佩公坟之圹右，首戍趾辰兼辛乙分金。愚忝属世谊，不揣固陋，因简以志之而铭焉。铭曰：

明经修行，植品端方。古心古貌，术善岐黄。

好施仗义，兰桂流芳。社山邱壑，美玉潜藏。

同治四年乙丑十一月　吉旦

恩进士、承德郎、侯选直隶州通判、杉易（阳）世愚弟谢南拜撰

【简跋】

此碑刊于清同治四年（1865年），碑石未见，碑文录自肖家坊镇《黄氏族谱》卷首。① 撰文人谢南，泰宁人，恩贡生、侯选直隶州通判。墓主黄方恒，字孝思，号文轩，贡生。生于嘉庆二年（1797年），卒于同治四年，享年69岁。其父黄士珊，字其佩，本书有收录其墓志铭（《其佩黄先生墓志铭》）。

候选同知琼斋公墓志铭

（同治六年）

公讳春江，字光玖，琼斋其号也。其始祖由宁化徙居和平，至公凡四世。公身长七尺，方面大颐，美须髯，有才智，好交游，不拘小节。有大力，常以两手举大石臼置几上。年及未冠，家贫不能给，以父命弃儒而商，经纪居积，十余年间，累赀巨万。公兄弟七人，公行六，其长与四与五俱早卒，余皆精敏，能佐父理家政。而疑难大事及在外诸重务，一以委公。由是走吴越，经沧海，以达燕齐，往来东昌、津沽，凡通都大邑、山川名胜，一切幽峭怪异奇险之地，罔不经所至。则名公巨卿、富商大贾朋酒之会、冠盖之场，以及青楼、酒肆、投壶、射覆、纵酒、征歌，胸襟洒落，见于眉宇其耳。公之名者，罔不识暇，则退居一室。应酬笺牍财货，往来动辄数万，条分缕析，不差毫末，其外事罔不密。入则一家长幼，相对怡然，宽和之中，循以礼法，其于亲亲罔不笃；外则邻里戚属，馈遗庆吊，富者如礼，贫者优恤，其所应者罔不周。和平为诸乡之会，地广人贫，

---

① 肖家坊《黄氏族谱》卷首，1994年刊印本，谱存邵武市肖家坊镇琢石村。

每岁饥，必平粜。公虑及久远，出仓谷数百硕，起义仓。时无董事者，肩其任，不果。行乡之五里外，有镇公桥，两山雄峙，中夹小溪，架木以渡，天雨小涨，桥梁漂没，公起建石梁，己出百金，命工伐石。事行，公病卒，又不果。然生平造桥梁，治道路，建庙宇，凡有义举，必以公为首善，而公无不应。公起家寒，素无先人庙祀，公与兄弟数人，度地取材，聿成寝宇。自始祖以下，一脉皆有祀焉。他如广祠租，设祀田、学田诸法，指不胜屈，其所以奠宗祖而遗子孙者，盖无不至也。咸丰丁巳，西匪陷邵。明年，以四路乡勇克复城池，公亦率兵往援。时赵观察至邵，郡绅张剑辉等五人出城迎接。乡勇以冒功杀之，讼连及公，诬陷系狱。人为公惧，公慷慨致辩，事白，卒得脱，言笑自若，晏如也。

公卒于同治六年六月初七日，享年六十有一，入赀为同知。宜人杨氏，早卒。继室曰涂，又曰吴。涂宜人勤俭朴讷，操作纺织，至老不倦，服饰如贫者。生子曰奇珍，国学生。孙曰祖周。女三：适廖、适徐、适邹。吴宜人亦躬自刻苦，生子菁华，邑庠生。孙祖祯、祖槐。孙女三。去年秋，乡有义仓之举，公之二子与诸兄侄会议，分割千八百金之产，以实其中，可谓能继其志者矣。将卜葬其父于和平南二十里三坑曰燕子泊梁。乞余铭，因为之铭曰：

幼处困，长而康。挟才智，游四方。生有所树立，而死得所藏。群山环绕，卉木青苍，息其中者为乐土。宜其历千百岁，而卜子孙之蕃昌。

愚弟杜璘光顿首谨撰

【简跋】

此碑刊于清同治六年（1867年），碑石未见，碑文录自和平镇《恒盛李氏宗谱》。[1] 撰文人杜璘光，邵武和平人，光绪二年（1876年）举人，历任景山宫官学汉教习、江西金溪知县。[2]

墓主李春江，字光玖，号琼斋，邵武和平人，捐纳同知。年少家贫，父命外出经商，大获成功。"走吴越，经沧海，以达燕齐，往来东昌、津沽，凡通都大邑、山川名胜……罔不经所至"，"十余年间，累赀巨万"。热心公益，倡办义仓、造桥梁、治道路、修庙宇、建祠堂、设祀田与学田。

---

[1] 和平《恒盛李氏宗谱》，2011年打印本，第41页，谱存邵武市和平镇和平村。
[2] 光绪《邵武府志》卷十七《选举》，2017年点校本，第483页。

诰赠奉政大夫貤封文林郎勤斋萧公墓志铭
（同治七年）

余守邵军之明年，岁在丁卯，适本省正科乡试，届即邑人士之赋鹿鸣、折丹桂者，睢川则黄君思弼，樵水则萧君经堂。经堂乃前任广西全州知州、北流殉难，加赠道衔、柳溪先生之次君也。事竣，踵署来谒，接其人尔雅温文，聪明正直，少年老成。余喜其英年鹗荐，文思清奇，将鲲鹏展翅，扶摇万里，未可量也。因招置门下，乐为栽培，予因得与经堂时相晤语。一日，经堂告予曰："先大夫为国捐躯，虽边远小臣，史例不得书。犹幸前任邵武府沔阳铁臣周夫子、津门蓉轩张夫子锡以表墓之文，并传其生平行政、为人之大略，以发潜德之幽光。先大夫虽死得名，公乡文播之，金石垂之久远，则死且不朽。惟是先伯勤劳一生，与先大夫翕和，至老弗衰，且存心行事，节节可为后人型式。今卒已久，而表墓之文，未得乞博雅君子一言以为宠。经堂惧其湮没弗彰，而中心抱歉无穷也，敢以表墓之辞请。"予力辞不获，虽笔墨荒芜，不足阐公于万一弗计也，谨次其状以应之。

按：公讳烈，字曰蕃，以一生勤劳。前任邵武知县夹公子庚宠锡之曰"勤斋"，纪实录也。敕赠文林郎、广西浔州府贵县知县萧凤仪公之长子；例赠儒林郎萧洁亭公之长孙；柳溪先生之胞兄也。由太学生，以柳溪先生贵，貤封文林郎、广西浔州府贵县知县，嗣晋，赠奉政大夫。性孝友温恭，为人宽厚和平，尊甫凤仪公甚爱之。凤仪公早世，公不获竭情以报，抱恨终天。其事尊慈黄太恭人也，尽爱尽敬，愉色婉容，养口体、亦养以志者也。太恭人寝疾，公与柳溪先生衣不解带，食不甘味，踞床以事之者数十日。逮其没，哀毁如礼，与弟同宿棺下，非其仁孝之心之根于至性，而不能自已者耶？其于柳溪先生也，方尊人甫殁，公惧以家务荒弟学，乃力督家政，俾弟卒至于有成。及柳溪先生之任西粤，凡妻孥田产，皆公掌理。公周恤备至，经画井然，俾弟无内顾之忧。抑且抚犹子如己子，教养婚配，靡不留心。自柳溪先生任粤后，与弟媳侄子辈聚处者数十年，未尝有异，即唐张氏之九世同居，不过此也。晚年思弟，予告荣归，优游林泉，叙天伦之乐事而不得。爰建棣华楼以见志，取唐李氏花萼相辉之义，亦可以见公志矣。

公为人宽和长厚，处乡里宗族，从无疾言遽色，温恭如也。人或有以急来告者，公悉周之，不立城□〔府〕。凡诸义举，有俾地方者，悉挥金以助。犹虑祖宗祀事无以洁粢丰盛，因捐若干亩以广蒸尝费。又虑族之贫乏者无所资也，乃与柳溪先生捐谷数十石，倡建义仓，虽值歉岁，咸有所赖。生平未尝贸易，而持筹握算，精明过人。手置田数千顷，建屋数处，较尊人时业且倍矣。公以己理家政太早，未获力学，以展厥志，乃延师课子侄于家塾。不十数年，而侄与孙游泮水、食廪饩、折丹桂、宦豫章，次第收厥效焉，公之志不可以少伸欤？公之愿不可以少慰欤？公生于乾隆戊申年三月廿三日，卒于咸丰壬子二年正月初五日，享年六十有四。葬泰邑福山堡萧湖里叶家山。配吴宜人，生子瑞，女三，俱适人。宜人先公而卒，葬本乡右沙社坪祖茔之侧。继娶王氏。孙□人。曾孙□人。元孙□人。其铭曰：

双峰之秀，金泉之灵。郁积磅礴，笃生斯人。孝友和惠，为世典型。福山之冈，萧湖之阳。卜云其吉，终焉永藏。孔安孔固，神魄斯藏，更千秋而万岁兮。庇诸孙蔚起，以绍乎书香，弗谓今人不古若兮。询如公其信芳，我志君慕兮，发潜德之幽光。

时维同治七年岁次戊辰春二月　吉旦

赐进士出身、钦加道衔、现任邵武知府加三级、东粤番禺世愚弟黼臣叶炳华顿首拜撰

【简跋】

此碑刊于清同治七年（1868年），碑石未见，碑文录自肖家坊镇《肖氏族谱》卷八。[①] 撰文人叶炳华，广东番禺人，进士，时任邵武知府。墓主萧烈，系全州知州萧煊（号柳溪）兄，字曰蕃，邵武肖家坊人。监生、赠奉政大夫，卒于咸丰二年（1852年），享年64岁。

[①] 肖家坊《肖氏族谱》卷八，光绪二十九年刊印本，谱存邵武市肖家坊镇肖家坊村。

文学卓峰姻翁墓志

(同治十年)

邵之南乡，有倜傥人曰卓峰，讳岐，字必纲，卓峰乃先生所自署。余之从堂娣夫也，与余同笔砚最久，因以女妻其家君先榮，则友而又姻娅矣。父文轩公，祖其佩公，曾祖仁佑公。其先世居于琼里，嗣以地隘人繁，文轩公有志乔迁，爰卜三十六都之三台坊，山明水秀，遂筑庐而家焉。文轩公举二子：长即公，次乃太学君步峰姻兄也。公生而敏慧，头角岐嶷，好读书，务求必得，尤留心经济。与余同师事次山何夫子，师尝许为大器。道光廿三年，邑侯李公梅生授置县试，冠军，督学使李公铁梅取进□官，有声黉序。先是，公同都百余年间无入泮者，公以英姿特起，为一都破其荒，族人喜甚。因向无学田，于祭产内抽数十亩，属公以为鼓励。公辞不肯受，族人奉益坚。尊甫文轩公属公暂受，公遵命谨领，仍代族经理。不数年，且代增置田四十秤，坐落使册，公复举以归诸族，族人德之。令继起而列胶庠者，有人谓非公倡之，且诱掖奖劝有以致之耶？公性孝友，事文轩公夫妇，修瀡必亲，曲尽其礼，务得其欢心以退。待弟太学君友爱有加，大被匡床，怡怡如也。太学君事公亦恭谨，极天伦之乐事。殆《书》所谓"惟孝，友于兄弟，克施有政"，亦谓"弟兄克恭厥兄"者欤？公自游庠后，弃举子业，恣情山水，任意遨游，以精青家术，为亲友相其阴阳，观其流泉，亦得其吉地以去。公虽不得竟厥志以丕展其经，猷霖雨苍生而以济人，俾乡里亲朋咸沾其惠，公可以无憾矣。

公生于嘉庆丙子年五月十七日辰时，殁于同治丁卯六年十二月二十日戌时，享年五十二。公德配肖孺人，余之从堂娣也，先公而逝。继配张氏。生子二：长曰先榮，次曰先樂。女一：适坪上江行缙。同治辛未年十二月初六，嗣君公樑葬于三十四都庙前坪之原，坐壬向丙兼子午。榮以公之行状，走告余曰："先君与公交最久，且深悉其谊。今葬有日矣，愿得公文以藏诸幽，以垂不朽。铭之莫如公宜。"余谊不获辞，爰不揣固陋，领状，谨而铭之。铭曰：

庙前之阳，公体所藏。泉甘而洁，草美而芳。孔安孔固，于焉永□。墓门肃肃，有蔚其光。翅瞻道□，景仰攸行。善必有后，卜世其昌。斯文鹊起，绍公辨香。于万□年，流泽□长。

同治辛未年冬月 吉旦

郡增生、世袭云骑尉、侯选训导姻弟萧堃拜撰

【简跋】

此碑刊于清同治十年（1871年，辛未），碑石未见，碑文录自肖家坊镇《黄氏族谱》卷首。[①] 撰文人萧堃，系墓主姻亲，邵武肖家坊人，郡增生、世袭云骑尉、侯选训导。墓主黄岐，字必纲，号卓峰，邑庠生。生于嘉庆二十一年（1816年，丙子），殁于同治六年（1867年），享年五十二。

诰封奉直大夫岐山府君墓志铭
（同治十一年）

　　岐山府君，德来同曾祖兄也，讳维周，行名德昌，援例州司马，以子知州职，诰赠奉直大夫。我廖氏先世发祥将邑，宋季，由北路隐避里坑。清兴，文选公肇基旧市，三传为曾祖儒士展思公，妣黄氏。四传为祖邑庠生光彪公，妣氏黄。五传为考，敕赠奉直大夫其泰公，妣氏李，赠太宜人。君兄弟四人，长殇，次德邵，三德辅。君行年四十一而孤，维时瓶无储粟，唯二兄支持，为君婚娶。后而二兄继殁，君仍业医药，极其拮据经营。不十年间，丧母迎吊，援例就职，渐次置产，而人口日烦，与三兄析箸时，颇称小康。未几，世变寇兴，君与德来节奉各大宪派，联董以筹备。迨咸丰丁巳、戊午两年，大股逆贼长驱入市，粮竭援绝，不得不携眷隐避深山，其祖屋及家庙均被贼毁。德来与君定议，停祭祖学租，为重建家庙之需。君独力任其事，己巳岁，奉主进祠。盖自兴工以至告竣，并未捐派族人一钱一工焉。若创建家谱，及本市有兴义举、培地脉诸务，亦必捐助，以赞襄。行医数十年，即救濒死之人，未尝贡以酬谢，甚有不偿药资者，亦不苛取。同治癸亥春，始命次子传琼运纸赴天津，三子传珍每年赴闽省转运，因而顺遂殷实，回视初年拮据，有霄

[①] 肖家坊《黄氏族谱》卷首，1994年刊印本，谱存邵武市肖家坊镇琢石村。

渊之判矣。君尝痛心以困而弃举业，迨长子生，厚其廪饩以教督，将其成矣，不幸夭折。及诸孙稍长，又独开馆，延师不惜烦劳厚费，招集里中子弟共造焉。由是籍邵邑学者先后接踵，今犹诵德不衰。而长孙家振亦入邑庠为诸生。呜呼，君以啬始，以丰终，佥谓君之福命，抑知平昔之仁慈素著，善气有所感召，遂得厚叨眷佑也哉。

先生生于嘉庆戊辰十三年七月十二日申时，卒于同治庚午九年六月十三日午时，享寿六十有三。配黄氏，本市太学生名贤公女。明惠和淑，克相君德。生子三：长传瑛，儒士，早世；次传琼，玉翘，援例知州职，诰封奉直大夫；三传珍，玉堂，太学生，分发广东县丞。孙五：家振，邑庠生；家挺，廪贡生；家抡，例授中书职，琼出。家拭，邑庠生；家撝，珍出。女三，长适三十四都邑庠生萧紫霞，次适茶源吴子逵，三适潮石吴玉珍。孙女五。

以同治壬申十一年十二月十二日，葬上埠凤形山，坐壬向丙兼己亥分金。琼兄弟乞铭于德来，窃以生与君同曾祖，少同学，长同事，垂老而险夷不同。君则有子克家，忽奄弃诸孤，德来则迍邅苟活，势将愈老愈困迫，而无可告语。曷若从君同归，早脱夭殁，免□轲潦倒于垂暮之为得。呜呼！是尤为可悲也夫。爰拭泪而铭曰：

创造艰难实由德，慷慨仗义秉正直。善作善□贻厥谋，二惠竞爽克绍猷。含笑归土瘗斯原。呜呼！斯原永栖千亿年。

同治十一年冬月吉日，应同治乙丑岁贡、候选儒学正堂、从弟德来元瑞顿首谨撰。

先兄一生行谊备举，而非溢美，垂裕后昆，可以昭示百代矣。

【简跋】

此碑刊于清同治十一年（1872年），碑石未见，碑文录自和平镇《樵南惇叙廖氏家谱》卷八。[①] 撰文人廖元瑞，系墓主从弟，字兰谷，谱名德来，岁贡生，邵武和平人，候选儒学正堂。光绪《邵武府志》卷二三有传。

墓主廖维周，谱名德昌，号岐山，邵武和平人。初贫困，后行医，经营医药，"不十年间……援例就职，渐次置产"，"颇称小康"。与堂弟廖元瑞筹办练

[①] 和平《樵南惇叙廖氏家谱》卷八，民国三十一年刊印本，谱存邵武市和平镇和平村。

勇，抗击太平军。同治二年（1863年，癸亥）春，"始命次子传琼运纸赴天津，三子传珍每年赴闽省转运，因而顺遂殷实"，成为富绅，诰赠奉直大夫。

光瑾公墓表
（光绪四年）

公讳国茂，号锦堂，以仲兄之子奇川援例貤封奉直大夫。生于嘉庆庚申十年十月十二日，卒于光绪丙子二年十月初六日，享寿七十有七，葬于三十五都孙家对面大坪山。其子太学生奇昌，以状来请于余曰："我先府君由困而丰，以劳瘁啬缩，致有赀产，生平自奉菲薄，而有利于人者则未尝少靳焉。先生知言君子，请识之，以遗后嗣。"余忝在戚属，不获辞，乃受状。

盖公之先世居宁化，其始迁祖只身来和平，躬耕食力。至四传曰熙雯者，为公之父，始有所兴创。公少，犹不给于衣食。兄弟七人：长早卒，二曰光琚，三即公也，其四与五亦早世，六曰光玖，七曰光瑞。四人者俱强干，能佐父起家。自公之先大夫殁后，诸兄弟多贾于外，更相往来，而公总理于家，一家大小数十人，皆听命于公，罔敢陨越。由是田园屋宇，相继日增，百废俱举。公与兄弟出赀，纠族人创建祠堂。族人力绌，不从，遂为其父熙雯公建享祠，而以本支祖先之庙貌闳廓。咸丰间，西匪由广西陷两湖，烽火达于豫章，四方戒严。公出赀修郡西之黄虎关，并及旁近七隘，郡尊彭公以急公好义奖之。丁巳、戊午之变，城乡皆遭兵燹，而郡中最酷。收复之后，建学官暨府县、衙署，皆以公首善。乡之城隍庙亦毁于火，旁有观音堂数楹，为公一人所独造者。他如周恤戚族，岁饿平粜，乡人至今称之。公身长七尺，精神强健，粗衣布履，以至于老。治家勤谨，无嗜好，寡交游。其次女适堂弟思履。余与公世有姻好，备闻其性情行事，因援笔记之，以表其墓云。

光绪四年四月中浣

乡进士、由景山教习候选知县、姻晚江心筠顿首拜撰

【简跋】

此碑刊于清光绪四年（1878年），碑石未见，碑文录自和平镇《恒盛李氏宗谱》。[①] 撰文人江心筠，邵武人，光绪二年（1876年）举人，时为候选知县。

墓主李国茂，字光瑾，号锦堂，邵武和平人。恒盛李氏世居宁化，始迁祖只身来和平，躬耕食力，至第四代李熙雯开始经商，家业兴旺。熙雯死后，诸子继续经营，墓主光瑾总理家政，光琚、光玖，光瑞诸兄弟多贾于外。"由是田园屋宇，相继日增，百废俱举。"墓主卒于光绪二年（1876年），享寿77岁。

邑庠生瑞堂公墓铭
（光绪八年）

蓬莱极海屿之大观，而览胜者，道阻水长，难训鼋桥而渡。维是山川路僻，景象一新，更令人情为之动。樵西名山亦多，惟云锦耸峙，玉屏拱秀，其间龙行脉衍，尤为吉气所钟。

壬寅年冬月，功定下榻书楼，予时常晤对。承溱不弃，以诗话往来，偶叙先君瑞堂公久停未葬，欲卜佳城，予闻其言而壮之。夫公达人也，少习诗书，长游艺圃，擢高科而励志，守丧孝行不竭。其为人之贤俊，视世之侥幸得志者，贤不肖何如也。至若守义不移妇之节，虽为人之所难，而公则无容心焉。予嘉其行而善之，如是者岂天心犹未复乎，地理犹未应乎？予因为之游览山峰，得一地名下道桥，龙分云锦，脉映玉屏，乙字出胎，辛垣入峡。金帐飞扬，列刚（冈）峦之体势；水星活泼，如马迹之参差。地庆吉祥，人钦康乐。虽如是，其敢自谓尽其精乎？予不过以其浅见拟焉耳。至于殿阁形垂，楼台象舞，不过以公德之所应得，溱等之所应承。所谓"莫之为而为者，天也"，予何有哉？后之人守先人之训，不忘节孝之行。登斯地，睹斯传，千载后犹想见公之大略焉。余忝德薄无知，敢拟考成之见？承溱不弃，屡以地学折衷，余乐其地而志其人，爰为歌曰：

[①] 和平《恒盛李氏宗谱》，2011年打印本，第38页，谱存邵武市和平镇和平村。

大节无亏兮，性本天然。流芳奕世兮，共仰名贤。佳城万代兮，福泽绵绵。贻谋燕翼兮，裕后光前。

时皇清光绪八年岁在壬午孟秋月 谷旦

通家弟霞烟主人拜题

【简跋】

此碑刊于清光绪八年（1882年），碑石未见，碑文录自沿山镇《樵西邹氏族谱》卷二。① 撰文人姓名及事迹不详，号霞烟主人，似为堪舆师。墓主邹瑞堂，邵武沿山人，邑庠生。族谱备注："复赐联一付刻于墓碑：'燕翼贻谋丕承丕显，鸿图巩固肯构肯堂'。时道光廿五年岁次乙巳仲夏月"。

诰封奉直大夫光琚墓表
（光绪十四年）

公讳国荣，字光琚，和平始迁祖四世孙。始祖讳应松，生鸿成，为公之曾祖。鸿成生模柄，模柄生子四，其季讳熙雯者即公之父。自王父以下，二世俱以公之弟援例赠奉政大夫。公以长子援例诰封奉直大夫，妣丁氏诰封宜人。公少贫甚，由农而贾，敦尚简实，有大度。初以赀，客豫章，继客东昌及津沽，铢积寸累，佐父起有赀产，故其父之兴创而公力居多。初公之客津沽也，同乡某雄于赀，气焰炫赫，时公以微赀贸易，某数以语侵公，公受其唐突不与较。一日，谈次，公以失言触某怒，竟批其颊。见者不平，公容之，惟引避而已。阅数年，公骤富，为津中大贾，某失利，资财荡尽，漂泊无所归，向公长跪乞怜。公悯其穷，竟以百金遗之。盖公已殁数十年，其事迹不概见，其及见公者，以为公之性情行谊大都类此。呜乎！其不可及也已。公以道光廿八年十一月初五日卒于津，享年五十有一。生子五：曰奇川，直隶州州判；曰奇峰，国学生；曰前杨，早卒；曰奇勋，国学生；曰前泮，早卒。女一，适聂。孙男十六人：楚材、因材，俱入泮；其援例从九〔品〕者，则吉祥、考详；入国学者，梦蛟、梦熊也。孙

---

① 沿山镇《樵西邹氏族谱》卷二，光绪八年刊印本，谱存邵武市沿山镇三元村。

女四人,适叶、适陈、适谢、适梁。曾孙九人。曾孙女六人。元孙一人。公与其妣丁氏,俱葬于朱家窠来龙上,虎形,未纳铭。

光绪十四年四月六日,其子奇勋以状请姻晚杜璘光为之表其墓

【简跋】

此碑刊于清光绪十四年(1888年),碑石未见,碑文录自和平镇《恒盛李氏宗谱》。① 撰文人杜璘光,邵武和平人,光绪二年(1876年)举人,历任景山官官学汉教习、江西金溪知县。

墓主李国荣,字光琚,李熙雯次子,邵武和平人。李熙雯起初务农,后率诸子经商致富,光琚出力甚多,墓志称其:"初以赀,客豫章,继客东昌及津沽,铢积寸累,佐父起有赀产,故其父之兴创而公力居多。"

岳母徐太孺人墓表
（光绪十四年）

光绪戊子暑夏,岳母徐太孺人病笃,祖漩趋事之。越数日,卒于内寝,时六月初七也,享年五十有八,于本年本月十二日,其子安诗举袝葬于黄家山之阳。家人哭之恸,邻里流涕。呜呼!太孺人之处于其躬,勤俭于其家,惠爱于子女戚族,足以系人思者,正无穷也。太孺人性好雅洁,浣濯必躬,生平衣履整饬如新出诸箧者。勤纺绩,工女红,子女咸效之,而秀整雅饬卒不及。又善持家,凡布帛之需、米盐之计、戚友馈遗之事,皆太孺人任之,井井然有条不紊也。庭户整洁,家无弃物,故翁姑夫子常得其欢,儿女子妇各勤厥职。祖漩受室之后,周旋太孺人之侧,凡六年,太孺人爱如己出。祖漩不得志于有司,太孺百端祈祷,而卒不能一慰其志以卒。是太孺人于祖漩无憾,而祖漩之抱憾宁有穷耶?祖漩不敏,不能为文,惟举所知者纪述一二,以表其墓,并以志祖漩无穷之思。如此。

光绪十四年岁著雍困敦仲秋月望日

愚子婿李祖漩谨识

---

① 和平《恒盛李氏宗谱》,2011年打印本,第37页,谱存邵武市和平镇和平村。

【简跋】

此碑刊于清光绪十四年（1888年），碑石未见，碑文录自大埠岗镇《五经黄氏宗谱》卷八。[①] 撰文人李祖漩，邵武人，系墓主女婿。墓主徐氏，黄安诗母，邵武大埠岗人，卒于光绪十四年（1888年，戊子），享年58岁。

子正公德配陈孺人墓铭
（光绪十四年）

樵南江富上坊子正黄公之原配孺人曰陈氏，同邑金泉下坊人也。考讳智昆，妣朱氏，尝钟爱之，孺人能顺其父母矣。年十二，嫔于黄氏，逮事其姑念九年。孺人之为妇也，缝缀必躬，烹饪必洁，蚤暮寒暑，饮食必以时。其夫少而失怙，诸弟尚幼，家又中落，孺人勤俭节省，以佐其家。宽和温肃，以待诸叔；义方严肃，以教育其子。夫营于外，孺人谋于内，一家雍睦悠然，各得不觉其家之窘也。于是家人德之，邻里称之，戚友族党传播之，皆以为贤也，内外儿女皆以为慈惠也。组紃织纴，皆以为巧，莫能及也。

孺人卒于光绪辛巳年三月十六日，享年四十有二。先子正公三年而卒，改葬于象山之阳。其子安通，躬亲教诲，爱慕其亲，又闻诸内外戚族之称其贤，因具述始末，乞余一言以铭诸墓。余以为孺人始得其为女之道，而顺其父母；继尽其为妇之道，而宜其家人；终有其教子之方，而俾至于成立。是不可不铭。铭曰：

家之贫也，妻宜贤。子之生也，教为先。称以妇德，皆曰然。铭诸幽室，其固其坚。

光绪十四年戊子九月朔日

丙子科举人、拣选知县、景山宫官学汉教习、夫愚弟杜璘光拜撰

【简跋】

此碑刊于清光绪十四年（1888年），碑石未见，碑文录自大埠岗镇《五

[①] 大埠岗《五经黄氏宗谱》卷八，民国元年刊印本，谱存邵武大埠岗镇江富村。

经黄氏宗谱》卷八。① 撰文人杜璘光,邵武人,光绪二年(1876年)举人,历任景山官官学汉教习、江西金溪知县。墓主陈氏,邵武金泉(今肖家坊)人,陈智昆女、黄子正妻。卒于光绪七年(1881年,辛巳),享年42岁。

太学生晴岚李公墓表
（光绪十四年）

公讳奇峰,字前桂,号晴岚,为诰封奉直大夫光琚公之次子。母曰丁氏,宜人。公天性纯厚,无外慕。少读书,不就,父为援例,入国学。处饶家,自幼至老,不入城市,不识水陆之险、舟车之劳。幼为父母及诸伯叔怜爱,未尝任以他事,公亦不以荣辱是非德怨萦于心。诸兄弟经营财产,务居积,而公无所谋;衣履服色竞相仿效,而公无所羡。出入粗衣布履,如贫家子。一家之中,自伯叔兄弟以及幼稚童仆,语言谈笑,未尝有所龃龉,故父母于他子无所爱,而独爱公。公之性情好尚,亦如其父母之心而无所忤。自封翁客天津,往往数年,公事母,出入必告,周旋膝下如婴儿。暇则课桑麻、说粳稻,种蔬一畦,与佣保共操作,入则饲豕养鸡。彼此杂职,乐而为之,六畜茁壮,园蔬瓜果,四时不缺。其母益欢,以为诸子经纪于外,不若公之能厥后。封翁卒于津,公哀毁如礼。其母太宜人以夫客死,哭恸丧明,饮食言动,一以赖公。每食由寝所逮庭中,公引之出,与同食,毕复,引入寝所。母坐室中,公周旋左右,或缕语竟日,一如女郎。盖封翁之殁,太宜人年五十,至七十三而卒,二十余年昕夕在侧,未尝稍懈。公配傅氏,勤俭庄肃,能佐事其姑,与姊妹妯娌未尝诟谇,端谨朴讷如其夫。生三子:吉祥、致祥、考祥。致祥业儒,余俱从口。女一,适叶。孙男三:佑徐、佑徕、佑从。孙女四。公处饶裕无所累,生平皆有父母兄弟妻子之乐,乃晚岁患足疾,十余年频发频愈,以致于殁。岂天地之付与善人,亦有乘除于其间耶?

论曰:自世俗以异能相尚,而一二有识者笃于践履,以澹泊矫之尚矣,然未必出其性也。公泊然无欲,不事雕饰,事其母五十余年如一日,孔子所谓"庸

① 大埠岗《五经黄氏宗谱》卷八,民国元年刊印本,谱存邵武大埠岗镇江富村。

德之行"至难能也,亦何取乎惊世骇俗之行耶?

姻晚杜璘光拜撰

【简跋】

此碑刊于清光绪十四年(1888年),碑石未见,碑文录自和平镇《恒盛李氏宗谱》。[1] 撰文人杜璘光,邵武和平人,光绪二年(1876年)举人,历任景山宫官学汉教习、江西金溪知县。

墓主李奇峰,字前桂,号晴岚,邵武和平人,富商李国荣(字光琚)次子,捐纳监生。卒于光绪十四年(1888年),享年61岁。

直隶州分州香泉李公墓表
(光绪十五年)

诰封奉直大夫光琚公之嫡子,讳奇川,号香泉。其长子杏村,娶曾氏,与余为母族姻亲。余自光绪壬午,补授邵武府学,学署毁于兵燹,余僦曾氏屋而居之,因识杏村及其家世。而香泉先生之殁已十一年矣,杏村以其父行状来请,辞不获。爰缀其生平事迹,识之以俟知言君子。

先生由农而贾,由困而亨,由家居而远游湖海,至六十有一而卒。其困也,人所不堪,而先生安之;其劳也,人所不耐,而先生任之。故其处饶裕而无所侈汰也,历烦颐而无所废弛也,遇贫贱而无所骄矜也。然处己虽约,而亲友之穷乏者得所倚;财用虽节,而乡里义举无不与。是皆阅历深,而甘苦悉也。呜呼!其不可及也已。先生卒于光绪四年六月初五日,援例入州同。妣邱宜人,早卒。继室罗宜人,生子二:曰楚材,曰因材,皆庠生。女三人。孙男四人。孙女六人。曾孙一人。葬于三十七都茶赔村之阳。

乡进士、特授邵武府儒学左堂、崇安姻晚暨锡畴盥手敬撰,以表其墓

【简跋】

此碑刊于清光绪十五年(1889年),碑石未见,碑文录自和平镇《恒盛

---

[1] 和平《恒盛李氏宗谱》,2011年打印本,第48页,谱存邵武市和平镇和平村。

李氏宗谱》。①撰文人暨锡畴，崇安人，举人，时任邵武府儒学训导。

墓主李奇川，邵武和平人，号香泉，富商李国荣（字光琚）长子，捐纳直隶州州判。卒于光绪四年（1878年），享年61岁。李国荣墓表（《诰封奉直大夫光琚墓表》），本书有收录。

则堂公墓志铭
（宣统元年）

宣统元年，岁次己酉麦秋之初，予与内弟拱垣，游于锦屏山赤笔坑之地，盖因葬予内祖也。始焉观其结穴，继焉察其来龙，领略八面形势，亦云详矣。予思此山穴甚包藏，砂甚回环。但属闭局，明眼易知，俗眼难识，洵称佳城也。爰题墓志以铭之。铭曰：

恭惟内祖，讳曰华程。则堂为号，胄出延陵。熙朝奉政，大夫典型。三孙绕膝，一子趋庭。粤稽祖妣，黄氏宜人。乃祖享寿，古稀七龄。缅兹寿藏，石岫朝屏。孩儿在抱，回顾母形。扦此穴者，次孙点睛。卜斯宅兆，安厝祖灵。生前盛德，族党皆称。没世不忘，特书墓铭。

愚孙婿萧智超顿首拜题

【简跋】

此碑刊于清宣统元年（1909年），碑石未见，碑文录自肖家坊镇《延陵吴氏族谱》卷首。②撰文人萧智超，邵武肖家坊人，系墓主孙女婿，似为堪舆师。墓主吴华程，号则堂，卒年七十。

---

① 和平《恒盛李氏宗谱》，2011年打印本，第46页，谱存邵武市和平镇和平村。
② 肖家坊《延陵吴氏族谱》卷首，1997年刊印本，谱存邵武市肖家坊镇将石村。

苏州府知府杨公墓志铭
（清中期）

余尝书杨君镜村测囚事，为作吏者法，已十余稔矣。今冬，其子书来，乞余铭墓。当杨君存时，余尚恐没其善行，故书而志之。今杨君亡，可不彰其所闻，慰孝子之心哉？

谨按：君讳灿，字镜村，号质亭，福建邵武府人。幼即入学食饩，以乾隆丙子举人发江南，权知上元县，实授宝应，调长洲，迁知高邮州，再迁常州府知府，调苏州。因公镌级补海门同知，年六十卒。君秀挺机警，长不满六尺，而精悍之色，溢于眉宇。所莅处除苛解娆，侃侃事上，温温接下，吏民帖然。长洲案牍麻起，兼开白茅河，君判决如流，疏浚得法。高邮大旱，布政使闵公不肯报灾，君争之。闵曰："汝擢守常州将行矣，何必强预人事。"君曰："官之于民，父也。安有父将远行，而忘其子之饥寒乎？"闵不能夺，卒如所请。乾隆五十年，海门灾。君请招商领照，赴运漕采米。屯户闻之，尽行出粜，价以大平。

总督高公出巡上元，有禹郭氏者诉次子尊玉淫其妹，已有身矣。高公大骇，命君鞫讯。君觉情状非是，乃阴召其小女，啖以果饵，得其情案，遂以定其邻。人聚而叹曰："天乎！"前三年，禹郭氏与奸夫解五，诬其长子积玉逼嫁阿妳。官不细询，已斩决矣。今解五欲占禹氏家产，故又唆其母、妹谋杀尊玉。微杨公则一门奇冤又谁雪哉？苏州顾周氏笞婢，婢缢死。前官疑周氏与其奴吴祥有奸，故杀以灭口，已刑逼诬伏矣。君曰："周道如砥，其直如矢，治狱不可以意为也。周氏笞婢致死，自有本罪；若以暗昧事陷人于十恶，非法也。"即省释之。抚军杨公魁谓余曰："子屡称杨守之贤，我犹未信。今春，张栾盗于阗玉事发，圣旨严切，我震悚不知所为，一时狱系累累。赖杨守部居别白，专诛栾而宽其误买玉者。奏上，果俞允，欢声如雷。我方信杨守之贤，而叹子之能知人。"余笑曰："是奚足哉。公知杨守终未尽也。"抚军惊问，余曰："买玉人杜开周常向余言玉案事平，渠感杨守超雪恩，邀诸贾人䪥金币为谢，昏夜致之，杨丝毫不受。此公所不知，杨所不言，而余所独知者也。"抚军为叹息者再。

君之降调也,为办常州府弓兵一案。天子怒其拟罪失入,特予降调,永停升迁。不知刑部所拟即君之初详也。抚军闵公三详三驳,君不得已迁就从之。及遭严谴,势不能再揭部科,又不能遣诸胸中,遂隐忍纡郁,妄笑,语昏乱,竟成狂易之疾,以至于死。呜呼,其可哀也已!夫人□氏。子学基,候选布政司理问。孙二人。以□年□月□日葬。铭曰:

镜能照物,无隐慝兮。君取自号,其仪一兮。施于为政,上下悦兮。苍苍者天,斯人也而有斯疾兮。固知寿为欺魄,天为㐭没,古有说兮。然而未竟所施,民思何极兮!吾不能临其穴,但能志其石。吁嗟,杨君安此室兮!

【简跋】

此碑未见,碑文录自《小仓山房集》卷三二。作者袁枚,浙江钱塘人,乾隆四年(1739年)进士,清乾嘉时期诗人、散文家。墓主杨灿,字镜村,号质亭,邵武人。乾隆二十一年(1756年,丙子)举人,官至苏州知府。光绪《邵武府志》卷二十有传。

李母吴宜人墓志铭
(民国六年)

和平李君芳蹊,余长子怀瑛外舅也。丁巳春,遗其子干材来舍,将君所撰太宜人行状,征铭于余,余以谫陋对。乃曰:"材,固先生旧徒也,知先生稔闻与家君往来最久者,孰如先生者乎?熟悉太宜人行事,无溢美、无失实,孰如先生者乎?先生不铭其谁?先生无辞。"

按状:"太宜人,吴姓,年二十一而归先府君,二十八而桃生。越六年,府君弃世。又四年,桃与伯兄分爨。方先府君之存也,时时羁旅于外,其安处家园者,岁仅十之一二。太宜人以妇道代子养翁姑,必诚必敬,待下人有恩。事无大小,择身任之,而衣食不嫌其粗恶,上下数十口相安无怨言。先府君之得以尽心于贾,而无内顾忧者,太宜人之力居多。性严而静,通达大体,不为妇人女子态。自分居后,日益刻苦。督桃读,不少假辞色,在馆则喜,否则诮谴立至。择师甚明，而待师亦厚，每岁修金必倍于他人。桃自十四岁以孝廉杜师豫堂游，讫于成立，无他读，中惟从岁贡萧师构南一年，杜师意也。书馆隔家十里许，间归视宜人时，恋恋不即去，宜人必故作厉词以遣之。桃六应童子试，不售，揭晓前数日，太宜人百端祈祷，夜则危坐，听犬吠声即惊起，闻人有获隽者则唏嘘屡日。噫！桃之不学，见弃于人而获罪于亲，几于厚地高天，无颜自立。犹幸宗祖之灵、师长之训，戊子春，始获一衿，以慰太宜人其心安、其力瘁矣。越四年，太宜人竟弃桃而逝。呜呼！太宜人之声音笑貌，自我不见者于今二十余载，其长养教育之恩，终身莫报。而嘉言懿行之流传阃内者，老成日形凋谢，后生小子或事远而难知哉，知之又未能言其所以然，诚恐如烟云之过即逝。惟勉而纪太宜人之行谊，求有道君子见之于文而告诸后世，庶稍慰桃哀慕之心焉。光绪辛卯年，杜师家居未仕，以孝廉掌理樵川书院，曾以其状闻于上官。蒙太守邱公赐"功侔画荻"匾，悬之于庙。又蒙邑侯蔡公赐"母仪可则"匾，悬之于庭。实至名归，褒语迭至，颇无遗憾。而藏诸幽者，至今尚形阙如，求诸人子爱亲之心，当不如是，此桃所以请铭之意也。"曰："若是忍不铭，况事之为余亲见者乎？"

太宜人生于道光乙未十五年七月廿三日酉时，卒于光绪辛卯十七年八月廿五日戌时，享年五十有七。有子二：长曰前林，涂太宜人出，另有传；次即君。孙男四：干材，中学毕业生，咨部奏奖优贡；韩材，登仕郎；翰材，中学毕业生，咨部奏奖拔贡，现为和平高等小学校长；济材，业商。孙女四。曾孙男佑孚。曾孙女四。以光绪丁酉年四月十二日午时葬于本邑三十七都茶坑之阳，乙山辛向。铭曰：

宜人之道，寓伸于屈。宜人之德，用晦而彰。彼苍者天，胡限之年。年不可必，其报有口。亦既有子，而又有孙。如日方升，如潮正长。懿哉宜人，含欢泉壤。

清世袭云骑尉、岁贡、夫姻晚萧钟岱盥手敬撰

【简跋】

此碑刊于清光绪十四年（1888年），碑石未见，碑文录自和平镇《恒盛李氏宗谱》。[①] 撰文人萧钟岱，邵武人，世袭云骑尉、岁贡生。

---

① 和平《恒盛李氏宗谱》，2011年打印本，第65-66页，谱存邵武市和平镇和平村。

墓主吴氏，系富商李春江（字光玖）妻、李菁华母，生于道光十五年（1835年），卒于光绪辛卯十七年（1891年），享年57岁。李菁华，字前桃，号芳蹊，贡生，热心公益。

后 记
POSTSCRIPT

《邵武历代碑铭集录》是一部旨在系统地收集整理与邵武相关的历代碑刻铭文的历史资料集，是一部研究闽西北历史文化的工具书。本书编撰过程中，我们秉持专业、严谨，兼顾便利阅读的编撰原则。

《邵武历代碑铭集录》编撰团队由西南大学相关师生与邵武市部分文史学者共同组成，由西南大学李军博士与邵武市政协蔡忠明主席、文史委傅再纯先生主编。2012年8月以来，李军博士将闽西北区域社会史作为研究主题，多次回到家乡邵武开展田野考察，收集到了包括碑铭、族谱在内的大量民间文献。2022年2月初，鉴于碑铭资料对于区域历史研究、文化传承和乡村振兴具有独特而珍贵的学术价值与现实意义；同时，因有感于在城市化急速推进过程中，乡村日益空虚，急需对历史碑铭开展抢救性保护和著录，李博士特向政协邵武市委员会提交了《关于编撰〈邵武历代碑铭集录〉的建议》，获得了蔡忠明主席的高度认可。在邵武市政协的鼎力支持下，建议的实施方案很快得到落实，一个高效协作的编撰团队随即诞生。

编撰团队在现有条件下，尽最大努力，对邵武历史碑铭资料进行了全面的调查、搜集与整理。一方面广泛征集线索，前往邵武各乡镇和古玩商店调研考察，通过实地访碑、拍照、测量、录文，力求最大限度地留存邵武碑铭实物的历史信息；另一方面充分利用各大图书馆、博物馆、档案馆与古籍文献平台，系统地爬梳文献，从文集、方志、族谱、金石志、今人论著等文献中辑录邵武历史碑铭。在此基础上，编撰团队对所获碑铭进行反复比对、逐一考辨、标点校注，并以"简跋"形式，简要说明碑铭的制作时间、刊立地点、流传情况、形制书体等，重点对碑铭的题署者（包括撰文、书丹、刻立人）和墓主等进行梳理，对碑铭所涉人物关系、重大史实等进行考释，以揭示该碑铭的史料价值，突出其对于区域社会产生的历史文化作用。

《邵武历代碑铭集录》得以顺利出版离不开编撰团队的精诚协作和辛勤付出。政协邵武市委员会积极筹集资金、协调人员、协助考察，为本书编撰工作的顺利开展提供坚实的保障条件。蔡忠明主席对全书的框架结构、编排体例提出许多建设性意见，并参与一些碑文的释读。李军博士前期积累的180多通碑铭和各版邵武方志、上百部族谱为编撰本书打下了扎实的史料基础，编撰任务启动后，更是孜孜不倦，时常工作至深夜。傅再纯和杨家茂先生不辞辛劳，利用休息时间，走乡串户，访碑拍照，对碑铭的搜集、录文、整理和解读，提出许多严谨中肯的意见。邵武民俗专家傅唤民先生、邵武市博物馆高绍萍副馆长、邵武市政协文史委原主任刘小明先生等无偿贡献出近100块墓志照片及录文，并对书稿提出宝贵的修改建议。此外，黄承坤、赵国进、李标国、廖孝德、李震煮、陈青燕、林辉、张金土等同志积极提供线索，热情协助。邵武市博物馆、邵武市档案馆为查阅资料提供便利。

　　在本书的编写过程中，我们得到了相关专家学者、热心人士的指导和帮助。南开大学中国社会史研究中心主任常建华教授的鼓励和肯定，让我们信心倍增。厦门大学梁勇教授拨冗作序，为本书增色不少。复旦大学巫能昌副教授、厦门大学郑莉副教授、闽江学院徐文彬副教授给予了热情支持。重庆工商大学派斯学院赵云霞女士、西南大学硕士生周远航同学，全程参与碑铭录文及句读工作。西南大学博士生于洪苑，硕士生夏恩、郝晓凯、徐擎硕、陈泳霖等同学参与本书的录文及校对工作。西南大学出版社总编室主任黄璜、人文社科分社段小佳副社长亲自担任本书责任编辑，他以严谨的专业素养，对我们修改完善书稿提供很大帮助。正是因为大家的默契合作、积极支持，这部近60万字的作品才能够在较短时间内出版面世，在此一并致以诚挚的谢意！

　　由于我们的学识有限，《邵武历代碑铭集录》难免会有一些错漏之处，敬请广大读者批评指正。

编著者

2023年11月